交通职业教育教学指导委员会推荐教材

全国交通高级技工学校、技师学院公路工程机械使用与维修专业教学用书

全国交通技师培训教材

公路工程机械液压与液力传动

Gonglu Gongcheng Jixie Yeya Yu Yeli Chuandong

主编　朱烈舜

主审　刘雅洲

人民交通出版社

内 容 提 要

本书是全国交通技师培训教材，由交通职业教育教学指导委员会公路（技工）专业指导委员会组织编写。书中主要介绍公路工程机械液压与液力传动的结构原理、常见故障及其排除方法，包括液压流体力学，液压泵、液压控制阀、液压缸（液压马达）、辅助元件的结构原理，故障现象、原因与排除方法，液力传动的原理与故障排除，常见公路工程机械液压系统分析和常见故障排除等。

本书是全国交通高级技工学校、技师学院公路工程机械使用与维修专业教学用书，也可作为职业培训和技能鉴定教材，或供有关人员学习参考。

图书在版编目(CIP)数据

公路工程机械液压与液力传动／朱烈舜主编．--北京：人民交通出版社，2007.10

ISBN 978-7-114-06652-8

Ⅰ．公…　Ⅱ．朱…　Ⅲ．①道路工程-工程机械-液压传动②道路工程-工程机械-液力传动　Ⅳ．U415.5

中国版本图书馆CIP数据核字（2007）第093980号

书　　名： 全国交通技师培训教材
公路工程机械液压与液力传动
著 作 者： 朱烈舜
责任编辑： 江　好
出版发行： 人民交通出版社股份有限公司
地　　址： （100011）北京市朝阳区安定门外外馆斜街3号
网　　址： http://www.ccpress.com.cn
销售电话： （010）85285838，85285977
总 经 销： 人民交通出版社股份有限公司发行部
经　　销： 各地新华书店
印　　刷： 北京市密东印刷有限公司
开　　本： 787×1092　1/16
印　　张： 26
插　　页： 1
字　　数： 626千
版　　次： 2007年10月　第1版
印　　次： 2015年9月　第1版　第4次印刷
书　　号： ISBN 978-7-114-06652-8
印　　数： 7001-9000册
定　　价： 46.00元

前言

QIANYAN

交通行业是一个劳动密集型行业，全行业约有4000万从业人员，其中90%以上是在交通建设、养护和运输服务等一线工作的，处于交通工程建设、养护和交通运输服务的终端环节，其素质和能力在很大程度上决定了交通发展的质量和效益。目前，各个专业和工种都普遍缺乏技能型人才，特别是高技能人才，公路施工与养护、筑路机械操作与维护等工种都属于交通行业技能型紧缺人才。

为了配合"交通行业技能型紧缺人才培养培训工程"的实施，加快高技能人才的培养培训步伐，交通职业教育教学指导委员会公路（技工）专业指导委员会组织全国交通类高级技工学校、技师学院的教师编写了《公路施工与养护》和《公路工程机械使用与维修》两个专业工种的技师培训教材。编写人员进行了广泛的一线走访，听取了工程施工与养护生产一线高技能人员的意见，使本套教材具有良好的实用性和先进性。本套教材填补了我国在公路施工与养护和公路工程机械使用与维修方面技师培养培训教材的空白，既可作为技师学院教学用书，又可作为在职培训技师用教材，对本行业高技能人才的培养培训具有重要的现实意义。

本套教材具有以下特点：

1. 教材内容与技师等级标准、考核标准相衔接，适应现代公路工程机械化施工与养护的要求。
2. 教材全部采用最新的标准和规范，符合先进性、科学性和实用性的要求。
3. 教材编写满足理实一体化和模块式的教学方式，体现职业教育特色，重点培养学生的实际操作技能。
4. 每个单元后均附有思考题，力求提高学生思考问题、解决实际问题的能力，以达到技师标准的要求。

《公路工程机械液压与液力传动》是全国交通高级技工学校、技师学院公路工程机械使用与维修专业通用教材之一，书中主要介绍公路工程机械液压与液力传动的结构原理、常见故障及其排除方法，包括液压流体力学，液压泵、液压控制阀、液压缸（液压马达）、辅助元件的结构原理，故障现象、原因与排除方法，液力传动的原理与故障排除，常见公路工程机械液压系统分析和常见故障排除。

参加本书编写工作的有：北京市路政局技工学校李英奇（编写单元一，单元七的课题一、二），山东交通职业学院钟宝华（编写单元二，单元七的课题三），广西公路技工学校肖荣（编写单元三，单元七的课题五），山西省交通技师学院卫云贵（编写单元四～六，单元七的课题四），山东省公路高级技工学校朱烈舜（编写单元七的课题六～九）。全书由朱烈舜担任主编，河南南阳市公路技工学校刘雅洲担任主审。

本套教材在编写过程中得到了全国20余所交通类职业院校领导、工程施工养护领域的专家及一线高技能人员的大力支持和帮助，共有70余名专业教师参与了教材的编审工作，在此表示感谢。

由于我们的业务水平和教学经验有限，编审人员工作繁忙、时间仓促，书中难免有不妥之处，恳切希望使用本书的教师和读者批评指正。

交通职业教育教学指导委员会

公路（技工）专业指导委员会

二〇〇七年四月

目录

MULU

Danyuanyi

单元一

液压流体力学

知识点

1. 液压传动的组成、工作原理、优缺点,液压传动的各种概念;
2. 工作液体的性质及液体的力学规律;
3. 液压系统的压力损失和流量损失以及功率计算。

技能点

进行液压传动功率的计算。

课题一 液压传动基本概念

一般工程机械都是由动力机构、传动机构、工作机构和控制部分4部分组成。传动机构是将动力机构(电动机、内燃机等)的输出功率传送给工作机构的一个重要部分。传动机构根据其传动形式的不同,可分为机械传动、电力传动、气压传动、液体传动以及它们的组合——复合传动等。

用液体作为工作介质进行能量传递的传动方式称为液体传动。按照其工作原理的不同,液体传动又可分为液压传动和液力传动两种形式。液压传动主要是利用液体的压力能来传递能量;而液力传动则主要是利用液体的动能来传递能量。

下面介绍液压传动的工作原理、组成、用途、优缺点及液压传动的发展史。

一、液压传动的工作原理和基本组成

1. 液压传动的工作原理

图1-1-1a)所示是液压千斤顶的工作原理图,液压千斤顶由油箱、大活塞、小活塞、大油缸、小油缸、止回阀1和止回阀2、杠杆手柄、放油阀组成。活塞与油缸之间保持良好的配合关系,能实现可靠的密封。小油缸、大油缸、油箱以及它们之间的连接通道构成一个密闭的容器,里

面充满液压油。

如图 1-1-1b)所示，当抬起杠杆手柄时，带动小活塞向上运动，小活塞下腔密封容积增大形成局部真空时，止回阀 2 在负载的作用下处于关闭状态，止回阀 1 在大气压的作用下打开，于是油箱里的油液在大气压的作用下经过吸油管及止回阀 1 进入小油缸，完成一次吸油动作。

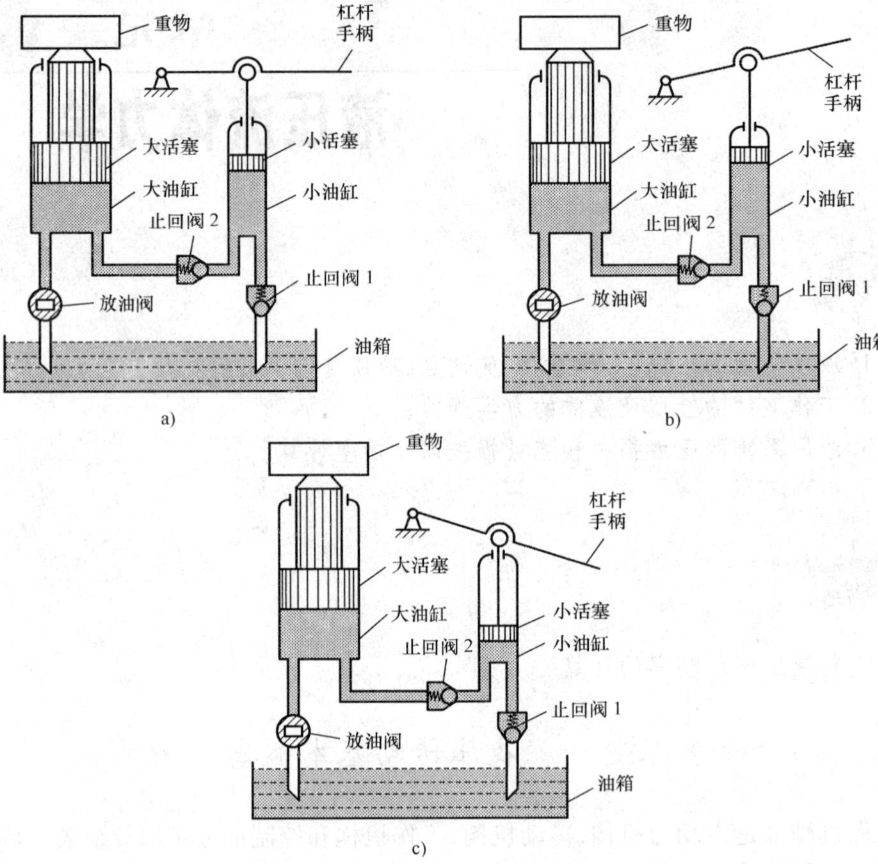

图 1-1-1　油压千斤顶工作原理图

如图 1-1-1c)所示，当用力压下杠杆手柄时，小活塞向下运动挤压其下腔油液，密封容积减小，油压升高，止回阀 1 处于关闭状态，而止回阀 2 在压力油的作用下打开，于是压力油通过止回阀 2 流入大油缸内，大活塞在压力油的作用下将重物顶起，完成一次压油动作。

再次提起杠杆手柄时，大油缸内的压力油力图倒流入小油缸，此时止回阀 2 自动关闭，使油液不能倒流，保证了重物不致落下。这样，反复地抬、压杠杆手柄，不断交替进行着吸油和压油过程，使压力油不断地被压入大油缸，将重物不断升高，从而达到起重的目的。当需放下重物时，将放油阀旋转 90°，大活塞在自重和负载的作用下向下运动实现回程，大油缸的油液排回油箱。这就是液压千斤顶的工作过程。

通过对液压千斤顶工作过程的分析，可见其工作需要有两个基本条件：一是处于密封容器内的液体为工作介质并且由于大小油缸工作容积的变化而能够流动，从而实现能量的传递；二是这些液体具有压力。能够流动并具有一定压力的液体能对外做功，我们说它具有压力能。

液压千斤顶就是利用油液的压力能将作用在杠杆手柄上的力和杠杆的移动转变为顶起重物的力和重物在此力作用下的升起。压下杠杆小油缸输出压力油,将机械能转换成油液的压力能,压力油进入大油缸推动活塞顶起重物,将油液的压力能又转换成机械能。由此可见,液压传动是以液体为工作介质,利用液体的压力能实现动力传递的。

2. 液压传动系统的基本组成

现以图 1-1-2 所示推土机的铲刀升降液压系统来说明液压传动系统的基本组成。该系统

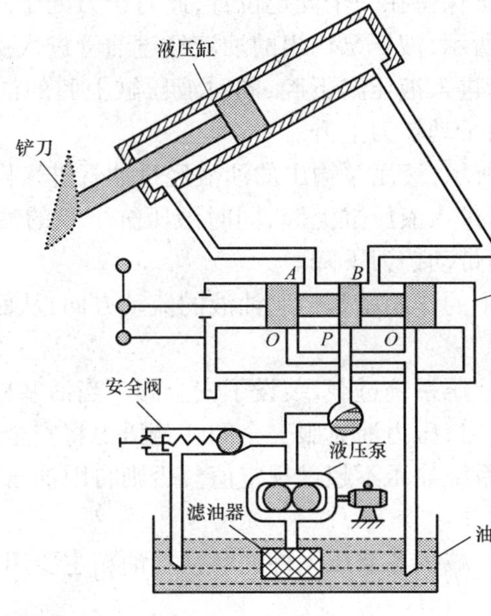

a)

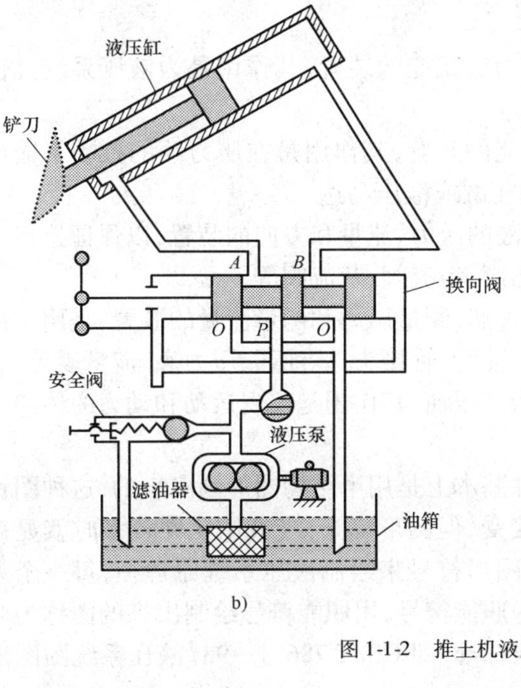

b)

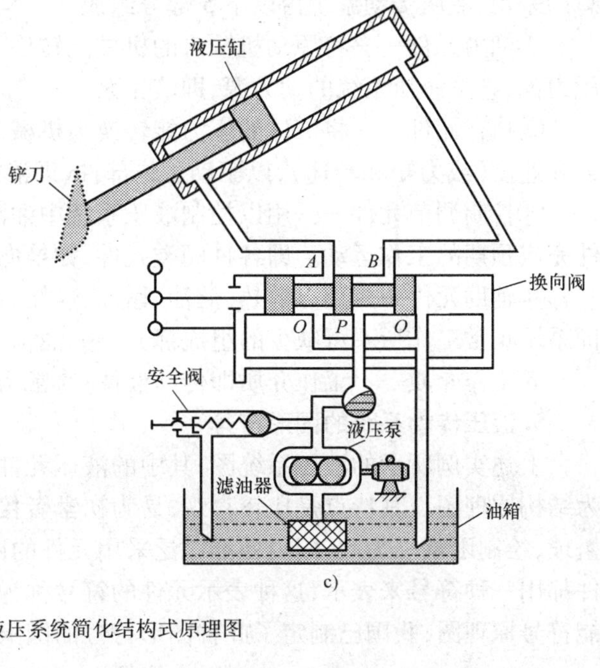

c)

图 1-1-2　推土机液压系统简化结构式原理图

主要由液压泵、液压缸、换向阀、安全阀、滤油器、油箱、油管等组成。液压泵由发动机带动从油箱内吸油，并将压力油输入工作系统管路。这样，液压泵就将发动机的机械能转换成油液的压力能，成为推动铲刀升降油缸的动力来源。

在换向阀的作用下，铲刀升降油缸可以有 3 种工作状态：

①铲刀固定——如图 1-1-2a）所示，液压泵输出的油液首先经过油管进入换向阀内，在图示位置时油液进入换向阀后又经过油管流回油箱，换向阀使液压缸两腔的油口被封闭，液压缸两腔内的油液无法流动，因而活塞被保持在一个固定位置，此时铲刀处于固定位，高度不变。

②铲刀上升——如图 1-1-2b）所示，液压泵输出的油液经过油管进入换向阀内。在图示位置时油液进入换向阀后又经过油管进入液压缸下腔，同时液压缸上腔的油液经换向阀回到油箱，此时压力油推动活塞上移，从而带动铲刀上升。

③铲刀下降——如图 1-1-2c）所示，液压泵输出的油液经过油管进入换向阀内。在图示位置时油液进入换向阀后又经过油管进入液压缸上腔，同时液压缸下腔的油液经换向阀回到油箱，此时压力油推动活塞下移，从而带动铲刀下降。

由此可见，换向阀在液压系统中的作用就是控制油液的流动方向，从而使铲刀处于不同的工作状态。

为了限制系统最高压力，防止液压系统过载，装设了安全阀。当活塞杆受到的外荷载过大而使系统压力超过所允许的设计值时，压力油克服安全阀弹簧压力将安全阀开启，液压泵输出的油液便可经安全阀排回油箱，使系统油压不超过规定值。否则将因油压不断增加，引起系统中各零部件损坏。

滤油器用以滤去油液中的杂质，减少各液压元件的磨损。油箱主要用来储存油液，另外还有散热作用。

从上可知，液压系统是为了完成某种工作任务而由各具特定功能的液压元件组成的整体。总的来说，液压传动系统由以下 5 部分组成。

①动力元件——将原动机输入的机械能转换为液压能的装置，其作用是为液压系统提供压力油，它是液压系统的动力源，即液压泵。

②执行元件——将液体的压力能转换为机械能的装置，其作用是在压力油的推动下输出力和速度（或力矩和转速），以驱动工作部件，即液压缸或液压马达。

③控制调节元件——用以控制液压系统中油液的压力、流量和方向的装置，以保证执行元件完成预期的工作运动。即各种阀类元件，如换向阀、溢流阀、节流阀等。

④辅助元件——用以散热、储油、输油、连接、过滤、测量压力和测量流量的装置，是用来保证系统正常工作所不可缺少的组成部分。如油箱、油管、管接头、滤油器、压力表、流量表等。

⑤工作介质——工作介质即传动液体，通常为液压油，其作用是实现运动和动力的传递。

3. 液压传动系统的图形符号

上述实例所示的液压系统图，其中的液压元件基本上是用半结构图形画出来的，这种图称为结构原理图。其特点是比较直观，易为初学者接受，但图形复杂，当液压元件较多时就显得繁琐，绘制困难。为此，国内外都广泛采用元件的图形符号来绘制液压系统原理图，每一个元件都用一种符号来表示，这种表示元件的符号称为职能符号，用职能符号绘制出来的图称为职能符号原理图，我国已制定了此种图形符号的国家标准，即 GB/T 786.1—93《液压系统图图形符号》。如图1-1-3即为用职能符号绘制的推土机液压系统的原理图。图形符号脱离了元件的具体结构，只表示元件的职能，使系统图简化，原理简单明了，便于阅读、分析、设计和绘制。

应当说明的是，液压系统图的图形符号只表示元件的职能、连接系统的通路，不表示元件的具体结构和参数，也不表示系统管路的具体位置及元件的安装位置；图形符号通常均以元件的静止位置或中立位置表示；符号在系统中的布置除有方向性的元件（油箱、仪表）外，根据具体情况可水平或垂直绘制；当需要标明元件的名称、型号和参数时，一般在系统图的零件表中说明，必要时可标注在元件图形符号的旁边。另外，若液压元件无法用图形符号表达时，仍允许采用结构原理图表示。

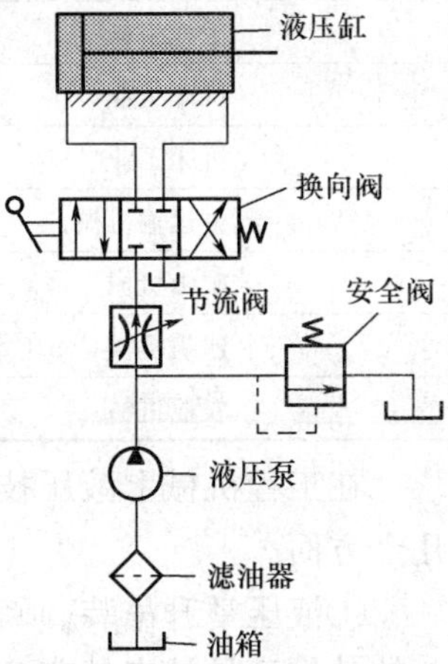

图1-1-3　推土机液压系统原理图

二、液压传动的优缺点、用途

1. 液压传动的优缺点

液压传动与其他传动方式相比，有以下优点：

①液压传动易获得很大的输出力或力矩，可实现低速大吨位运动，且质量轻、体积小，即单位质量输出功率大，因而使得机械质量轻、结构紧凑。通常液压泵和液压马达与同功率的电机相比其外形尺寸仅为后者的12%～13%，质量为后者的10%～20%，如起质量为5t的液压起重机，每台可比机械传动式起重机械减轻自重3～5t。随着液压系统工作压力的进一步提高，这一特点将更加突出。

②液压传动能很方便地实现无级调速，且调速范围大、运动平稳、不易受外界负载的影响。这是一般机械传动所无法实现的。液压传动的调速范围可达1000:1。

③液压传动在工作中动作迅速、换向快；换向时不易使运动部件受冲击，因而可实现频繁换向；与电力系统相比，液压马达比电动机有较高的力矩——惯量比。液压马达的力矩——惯量比是20，而电动机是2，所以其加速性能较强，可实现高频正反转。

④液压系统操作简单，调速控制方便，易于实现自动化。特别是和机、电联合使用，能方便实现复杂的自动工作循环，便于实现远程控制。

⑤液压系统便于实现过载保护，使用安全可靠。同时以液压油为介质，相对运动表面间可实现自润滑，故元件的使用寿命长。

⑥液压元件易于实现系列化、标准化和通用化，便于设计、制造、维修和推广使用。

但是液压传动和其他传动相比也存在一些缺点：

①油液泄漏和液体的可压缩性影响了执行元件运动的准确性，故无法保证严格的传动比，因而不能用于高精度的定比传动。

②能量损失（流量损失和压力损失）较大，因而传动效率低，不适宜做远距离传动。

③对油温的变化比较敏感，不宜在低温和高温条件下工作。

④液压元件配合精度要求高，加工工艺较难，制造成本高，发生故障时，不易查找原因，维修也较困难。

2. 液压传动的用途

液压传动在机械设备中的应用非常广泛，具体在各类机械的应用情况见表1-1-1。

液压传动的用途　　表 1-1-1

行 业 名 称	应用场所举例
工程机械	挖掘机、装载机、推土机、压路机、平地机、铲运机等
汽车工业	自卸式汽车、平板车、高空作业车、汽车中的转向器、减振器等
机床工业	磨床、铣床、刨床、拉床、自动和半自动车床、组合机床、数控机床等
起重运输机械	汽车吊、港口龙门吊、叉车、装卸机械、皮带运输机等
矿山机械	凿岩机、开掘机、开采机、破碎机、提升机、减压支架等
建筑机械	打桩机、液压千斤顶等
农业机械	联合收割机、拖拉机等

在工程机械上液压技术应用非常广泛，从现有的工程机械来看，液压技术主要应用在以下几个方面。

①液压举升吊装、倾斜翻转及水平回转。用液压传动来推动工作装置完成各种简单或复杂的动作已是越来越普遍采用的方法。例如推土机铲刀的提升和下降，装载机铲斗的翻转举升，挖掘机则采用多个液压缸和液压马达的协调动作完成铲斗的升降、回转、挖土、卸土等各种复杂的运动工序。

②液压驱动。所谓液压驱动就是利用液压系统驱动液压马达直接带动行走机械或其他旋转工作部件做旋转运动。如在挖掘机、沥青混凝土摊铺机和铲土运输机械上采用液压传动代替机械传动，可以部分或全部省去离合器、变速器、传动轴、差速器等部件，从而便于在总体设计上实现最优化。目前，大部分液压挖掘机、摊铺机的行走部分都采用了液压驱动，使底盘结构大大简化，重量大大减轻，易于改型和发展新品种。

③液压转向液压助力。在一些大功率的行走式工程机械上，普遍采用全液压转向机或液压助力器来实现转向，使操纵机械大大简化，操纵轻巧、灵便。加之采用液压换挡变速，使各类机械的操作手柄大为减少，从而减轻了驾驶员的劳动强度，提高了作业效率。

④液压支承。起重机、挖掘机等固定作业位置的机械采用液压支腿，从而大大缩短了作业准备时间；同时液压支腿采用液压锁锁紧，提高了机械作业时的稳定性。

采用液压技术极大地促进了工程机械的发展，既表现在产品结构的改进、性能的提高上，也表现在工程机械的规格、品种和数量的增加即工程机械的发展速度上。由于液压元件易于实现标准化、系列化、通用化，布置灵活，从而使整机的结构简单，因而研制一种新型的工程机械所费时间较短。我国和世界各国工程机械近年来发展迅速，液压技术的采用起到了至关重要的作用。

三、液压传动的发展史

现今，采用液压传动的程度已成为衡量一个国家工业水平的重要标志之一。如发达国家生产的95%的工程机械、90%的数控加工中心、95%以上的自动生产线都采用了液压传动技术。

液压传动相对于机械传动来说，是一门新学科。从 17 世纪中叶帕斯卡提出静压传递原理、18 世纪英国制成第一台水压机至今，液压传动已有二三百年的历史。由于早期没有成熟的液压传动技术和液压元件，因而没有得到普遍的应用，到19世纪末德国才制成了液压龙门刨床，美国制成了液压转塔车床和磨床，而一些通用机床到20世纪30年代才用上了液压传动。在第二次世界大战期间，由于军事上需要反应快、重量轻、功率大的各种武器装备，从而促进了液压技术的发展。战后，液压技术迅速转为民用，随着工业水平的不断提高，各种液压元件的研制和完善，各类液压元件的标准化、系列化和通用化，使它在机械制造、工程机械、农业机械、汽车制造等行业得到了推广使用。20世纪60年代以来，随着原子能、空间技术、计算机技术的发展，液压技术也得到了很大的发展，并渗透到各个工业领域中去，液压技术开始向高压、高速、大功率、高效率、低噪声、低能耗、经久耐用、高度集成化等方向发展。从20世纪70年代开始，电子学和计算机进入了液压技术领域，使液压元件性能优化、成本降低、操作简化、自动化水平提高、可靠性增加。因此，近年来液压行业对于计算机的应用给予极大的关注，其中计算机辅助设计即CAD技术的推广使用和数字控制液压元件的研制开发尤其突出。另外，减小元件的体积和重量，提高元件的寿命，研制新介质，以及污染控制技术等方面也是当前液压传动及控制技术发展和研究的方向。

我国的液压工业开始于20世纪50年代，最初只用于机床和锻压设备，后来又用于拖拉机和工程机械。自1964年开始从国外引进液压元件生产技术，同时自行设计液压产品以来，我国生产的液压元件已形成系列，并在各种机械设备上得到了广泛的应用。目前，我国在消化、推广从国外引进的先进液压技术的同时，大力开展国产液压新产品的研制工作，并已取得了一定成效。40多年来，我国的液压工业从无到有，发展很快，取得了很大的成就。但我国的液压元件与国外先进的同类产品相比，在性能、种类、规格上仍存在着一定的差距。为了加速赶超世界先进水平，我国20世纪80年代起瞄准世界发展主流的液压元件系列型式，有计划地引进、消化、吸收国外先进的液压技术和产品，并对我国现行生产的液压产品进行清理整顿，合理调整产品结构，大力开展产品国产化工作，已取得初步成果。可以预见，随着液压技术进一步的发展，它在国民经济各个领域的应用也将会越来越广泛。

思考题

1. 液体传动有哪两种形式？它们的主要区别是什么？

2. 液压传动的基本工作原理是什么？

3. 液压传动系统主要由哪几部分组成？各组成部分的作用是什么？

4. 绘制液压系统图时，为何要采用职能符号表示液压元件？试画出几种主要液压元件的图形符号。

5. 与其他传动形式相比，液压传动的主要优缺点是什么？

6. 举例说明液压技术在工程机械上的应用。

课题二　液压传动的工作液体

在液压系统中，用来传递动力和运动的工作介质即液压传动的工作液体是液压油。液压系统能否可靠有效地工作，在很大程度上取决于系统中的工作液体。因此，了解液压油的基本性质、工作性能,对于正确理解液压传动原理与规律和正确使用液压系统都是非常必要的。

一、液压油的物理性质

1. 密度和重度

单位体积液体的质量称为液体的密度,以 ρ 表示;单位体积所具有的重力叫做重度 γ。

$$\rho = \frac{m}{V} \qquad (\mathrm{kg/m^3}) \tag{1-2-1}$$

$$\gamma = \rho \cdot g \qquad (\mathrm{N/m^3}) \tag{1-2-2}$$

式中:m——液体质量,kg;

V——液体体积,m^3;

g——重力加速度,m/s^2。

液体的密度和重度都随着压力和温度的变化而变化,随压力的变化体现在液压油的压缩性,随温度的变化体现在液压油的热胀冷缩特性。我国采用油温为 20℃ 的液压油密度为液压油的标准密度,以 ρ_{20} 表示,工程机械常用液压油密度为 $\rho_{20} = 880\mathrm{kg/m^3}$ 左右。但是在一般条件下,温度和压力引起的密度和重度变化很小,可近似认为液压油的密度和重度是固定不变的。

2. 压缩性

液体的压缩性是指液体受压力作用后体积减小的性质。

液压体压缩性的大小可用体积压缩系数 β 来表示,是指液体所受的压力每增加一个单位压力时,体积的相对变化量,即:

$$\beta = -\frac{1}{\Delta p} \cdot \frac{\Delta V}{V} \tag{1-2-3}$$

式中:Δp——液体压力的变化值,Pa;

ΔV——液体体积在压力变化 Δp 时,其体积的变化量,m^3;

V——液体的初始体积,m^3。

式中负号是因为压力增大时,液体体积反而减小,反之则增大。为了使 β 为正值,故加一负号。液体体积压缩系数的倒数,称为液体体积弹性模量,用 K 表示,即:

$$K = \frac{1}{\beta} \tag{1-2-4}$$

体积弹性模量 K 表示液体产生单位体积相对变化量时所需要的压力增量。在使用中,可用 K 值来说明液体抵抗压缩能力的大小,常用液压油的压缩系数 $\beta = (5 \sim 7) \times 10^{-10}\mathrm{m^2/N}$,故 $K = (1.4 \sim 2) \times 10^3\mathrm{MPa}$,钢的弹性模量为 $2.06 \times 10^5\mathrm{MPa}$,可见液压油的弹性模量非常小,仅为钢的弹性模量的 1.65% 左右,即液体的可压缩性约为钢的 100 ~ 150 倍。

但在一般液压系统压力不高时,油液的压缩性可以忽略不计。而在压力变化很大和传动要求较高的高压系统中,在液体由高压到低压突然转换的瞬间,压缩后的液体突然膨胀而造成冲击,这种场合必须考虑到液体的压缩性。

如果液压油中混入一定量的处于游离状态的气体,会使实际的压缩性显著增加,也就是使液体的弹性模量降低,最终严重影响液压系统的工作性能,故在液压系统中应使油液中的空气含量减少到最低限度。由于油液中的气体难以完全排除,在工程计算中常取液压油的体积弹

性模量 $K = 0.7 \times 10^3$ MPa 左右。

液压油的体积弹性模量与温度、压力有关。温度升高时，K 值减小，在液压油正常的工作温度范围内，K 值会有 5% ~25% 的变化。压力增大时，K 值增大；反之则减小，但这种变化不呈线性关系。当压力大于 3MPa 时，K 值基本上不再增大。

液压油的可压缩性对液压传动系统的动态性能影响较大，但当液压传动系统在静态（稳态）下工作时，一般不予考虑。

3. 热膨胀性

液体的热膨胀性是指液体因温度升高而体积增大的性质。

液体的热膨胀性用液体的膨胀系数表示。其定义为：在一定压强下，单位温度升高，液体体积的相对增加值，即：

$$\alpha_V = \frac{1}{V} \cdot \frac{dV}{dT} = \frac{1}{\rho} \cdot \frac{d\rho}{dT} \tag{1-2-5}$$

α_V 值愈大，液体愈易热胀。α_V 的单位是温度的倒数 $\frac{1}{c}$ 或 $\frac{1}{k}$。液体的膨胀系数也是随压强和温度而变化。

液体的热膨胀性是很微小的，再加之液压传动系统的温升不能超过允许值，所以在一般情况下可忽略不计。

4. 黏性

液体在外力作用下流动或有流动趋势时，液体内分子间的内聚力要阻止液体分子的相对运动，由此产生一种内摩擦力，这种性质称为液体的黏性。黏性是流体固有的属性，但只有在流动时才呈现出来。静止流体不呈现出黏性，黏性是液压油最重要的特性之一。

1）牛顿液体内摩擦定律

液体在外力作用下流动时，由于液体的黏性以及液体和固体壁面间的附着力，会使液体内部各液层间的流动速度大小不等。如图 1-2-1 所示，在两平行平板间充满液体，下平板不动，上平板以速度 u_0 向右平移。由于液体的附着力和黏性的作用，两平板间的液体也随之流动。可以把液体流动看成许多无限薄的液体流层，紧贴上平板的流层速度为 u_0，紧贴下平板的流层速度为零，而中间各层液体速度则从上到下按递减规律，呈线性分布。

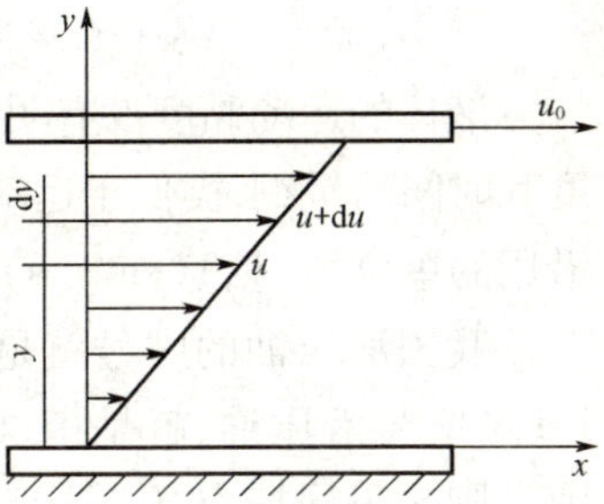

图 1-2-1 液体的黏性示意图

由于液体流动各层的运动速度不相等，运动较快的流层带动运动较慢的流层；或者说，运动较慢的流层阻滞运动较快的流层。这样，运动较快的流层在运动较慢的流层上流过时，类似于固体表面之间相对滑动过程，相邻液层之间必然产生内摩擦力。内摩擦力的方向总是与相对运动趋势相反。

通过大量的实验和理论研究，1686 年牛顿通过著名的平板试验，发现了液体内摩擦定律：

液体流动时相邻液体流层间的内摩擦力 F 与液层接触面积 A，液层相对运动的速度梯度 $\frac{du}{dy}$ 成正比。

$$F = \mu A \frac{du}{dy} \tag{1-2-6}$$

式中：μ——比例常数，称为黏性系数或动力黏度系数。

若以 τ 表示内摩擦切应力，即液层间在单位面积上的内摩擦力，则液体流动时相邻液层单位面积上的内摩擦力 τ 与液体运动时的速度梯度成正比。

$$\tau = \frac{F}{A} = \mu \frac{\mathrm{d}u}{\mathrm{d}y} \tag{1-2-7}$$

以上两式称为牛顿液体内摩擦定律。

2）黏度

黏性的大小用黏度来表示。黏度是液体流动的缓慢程度的度量。当黏度较低时，液体较稀很容易流动，难流动的液体具有较高的黏度。

常用的黏度有3种：即动力黏度、运动黏度和相对黏度。

①动力黏度——又称为绝对黏度，用动力黏度系数 μ 表示。

由牛顿液体内摩擦定律可得：

$$\mu = \frac{F}{A\dfrac{\mathrm{d}u}{\mathrm{d}y}} = \frac{\tau}{\dfrac{\mathrm{d}u}{\mathrm{d}y}} \tag{1-2-8}$$

由此可知液体动力黏度的物理意义是：液体在单位速度梯度下流动或有流动趋势时，相接触的液层间单位面积上产生的内摩擦力。

动力黏度的单位为 Pa · s（1 Pa · s = 1 N · s/m^2），以前沿用的单位为 P（泊），它们之间的关系是：1 Pa · s = 10 P。

②运动黏度——液体的动力黏度 μ 与其密度 ρ 的比值称为液体的运动黏度，用 ν 即：

$$\nu = \frac{\mu}{\rho} \tag{1-2-9}$$

液体的运动黏度没有明确的物理意义，但它在工程实际中经常用到。因为它的单位只有长度和时间的量纲，类似于运动学的量，所以被称为运动黏度。它的法定计量单位为 m^2/ s，与以前沿用的单位 St（斯）（cm^2/ s）之前的关系是：1m^2/ s = 10^{4}cm^2/ s(St) = 10^{6}mm^2/ s(cSt)（厘斯）。

我国液压油的牌号就是用它在温度为40℃时的运动黏度平均值 cSt（厘斯）来标号，例如 L-HV32 号液压油，就是指这种油在40℃时的运动黏度，平均值为32mm^2/ s。我国的液压油旧牌号则是采用按50℃时运动黏度的平均值表示的。

动力黏度和运动黏度为绝对黏度，不易直接测量，一般用于理论计算。

③相对黏度——又称条件黏度，是以液体的黏度与水的黏度比较的相对值表示的黏度，是采用特定的黏度计在规定的条件下测量出来的黏度。

由于测定仪器和条件不同，各国采用的相对黏度也不同，英国用雷氏黏度（R_1S），美国采用塞氏黏度（SSU），法国采用巴氏黏度（$°B$），而我国、前苏联和德国采用的是恩氏黏度（用$°E$表示）。

恩氏黏度用恩氏黏度计来测定。即将200 mL 被测液体装入黏度计的容器内，容器周围充水，电热器通过水使液体均匀升温到温度 t（℃），测出液体由容器底部直径 ϕ2.8 mm 的小孔流尽所需的时间 t_1 和同体积蒸馏水在20℃时流过同一小孔所需时间 t_2（通常平均值 t_2 = 51s）的比值，这一比值即被称为被测液体在这一温度 t 时的恩氏黏度$°E$，即：

$$°E_t = \frac{t_1}{t_2} \tag{1-2-10}$$

一般以20℃、40℃、100℃作为测定液体恩氏黏度的标准温度，由此而得到的恩氏黏度分别用$°E_{20}$、$°E_{40}$、$°E_{100}$来标记。

恩氏黏度与运动黏度的换算关系为：

$$\nu = \left(7.31°E - \frac{6.31}{°E}\right) \times 10^{-6} \tag{1-2-11}$$

还可以利用各种手册上绘制好的黏温图及标尺来进行黏度换算。

④调和油的黏度。选择合适黏度的液压油，对液压系统的工作性能起着至关重要的作用。但有时一种液压油的黏度不符合要求，这时可用同一型号两种不同黏度的液压油按适当比例混合起来使用以达到要求的黏度，这种混合油称为调和油。调和油的黏度可用下式计算：

$$°E = \frac{a°E_1 + b°E_2 - c(°E_1 - °E_2)}{100} \tag{1-2-12}$$

式中：$°E_1$、$°E_2$——调和前两种油液的恩氏黏度，且$°E_1 > °E_2$；

$°E$——调和后的调和油的恩氏黏度；

a、b——参加调和的两种油各占的百分数，$a + b = 100$；

c——实验系数，取值见表1-2-1所示。

调和油实验系数表 表1-2-1

a	10	20	30	40	50	60	70	80	90
b	90	80	70	60	50	40	30	20	10
c	6.7	13.1	17.9	22.1	25.5	27.9	28.2	25	17

3）黏度与压力和温度的关系

事实上，液体的黏度是随着液体的温度和压力而变化的。

（1）黏度与压力的关系

液体所受的压力增加时，其分子间的距离将减小，于是内聚力增加，黏度也随之略增大，液体的黏度与压力的关系公式如下：

$$\nu_p = \nu_0(1 + b \cdot p) \tag{1-2-13}$$

式中：ν_p——压力为p时的运动黏度；

ν_0——在一个大气压（101.325kPa）下的运动黏度；

p——液体所受的压力；

b——系数，对于一般液压油：$b = 0.002 \sim 0.003(\mathrm{Pa})^{-1}$。

由上式可知，对于一般液压系统压力在20MPa以下时，黏度增大的数值很小，可以忽略不计。当压力较高或压力变化较大时，则需考虑压力对黏度的影响。

（2）黏度与温度的关系

液压油的黏度对温度的变化十分敏感，温度升高，黏度下降。这种油液的黏度随温度变化的性质称为黏温特性。油液黏性变化会直接影响液压系统的工作性能和泄漏量，因此要求液压油的黏性随温度的变化越小越好。油温在20～80℃范围内，黏温关系可用如下经验公式表示：

$$\mu = \mu_0 e^{-\lambda(t-t_0)} \tag{1-2-14}$$

式中：μ、μ_0——分别为温度为 t 和 t_0 时该油液的动力黏度；

λ——取决于油液物理性能的黏温系数。对矿物系液压油可取 $\lambda = (1.8 \sim 3.6) \times 10^{-2}[℃]^{-1}$。

液压油黏度与温度的关系亦可以从黏温图上查得。如图 1-2-2 所示为各类型液压油的黏温图。

如图 1-2-3 所示为国产常用液压油的黏温图。

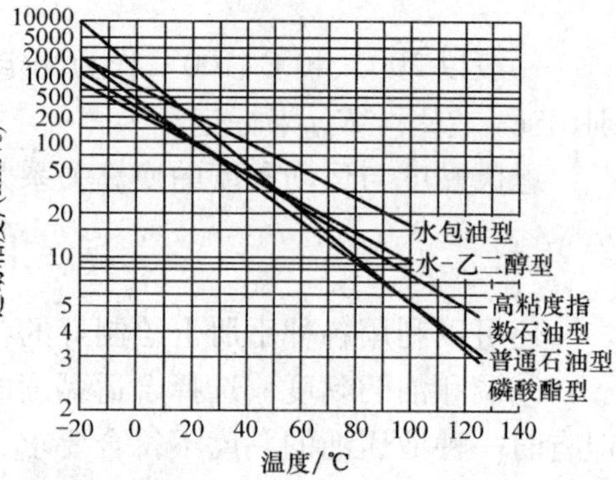

图 1-2-2　各类型液压油的黏温图

液压油的黏性随温度变化而变化的程度可用黏度指数 VI 来衡量。它表示被测油液的黏性随温度变化的程度与标准液压油的黏性随温度变化的程度之间的相对比较值。黏度指数 VI 越大表示其黏性受温度的影响越小，即黏温特性好；反之则差。

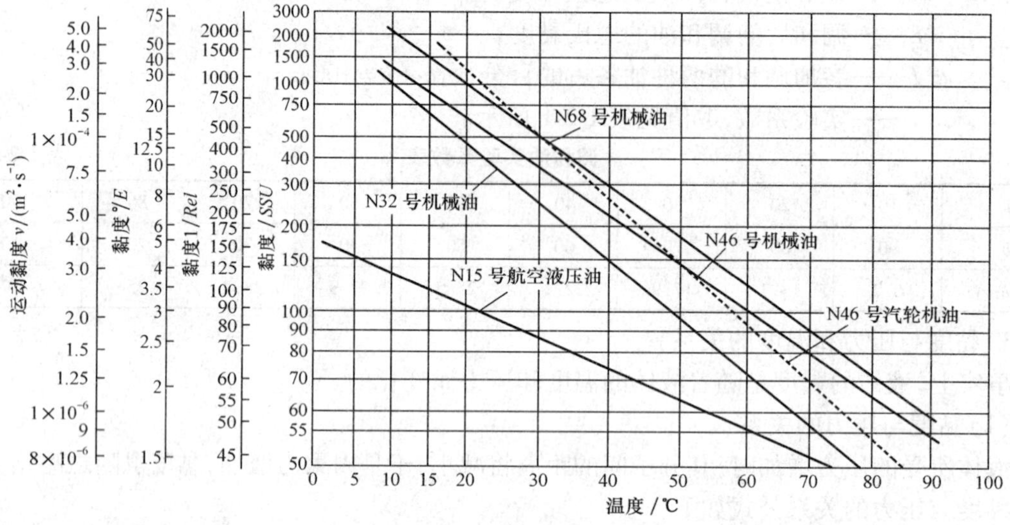

图 1-2-3　国产常用液压油的黏温图

过去，为了使油的黏度指数在 0～100 之间变化，将当时黏温特性最差的环烷基油定为 VI = 0；而将当时黏温特性最好的石蜡基油定其 VI = 100，以此两类油作为确定黏度指数的标准油。近年来，由于炼油技术的发展，油的品种大增，黏度指数高于 100 和低于 0 的油相继出现，因而原来设定的标准只具有参考价值，而 VI = 0 和 VI = 100 也失去作为液压油黏温变化界限的意义。目前，液压油的黏度指数 VI 一般要求在 90 以上，精制的掺有添加剂的液压油可达 100 以上。

黏度指数可根据国标 GB 1995—80《石油产品黏度指数计算法》中规定黏度指数计算公式进行计算。但在实际工作中，只要知道液压油在 40℃和 100℃时的运动黏度后，其黏度指数数值可在国标 GB 2541—81《石油产品黏度指数计算表》中直接查到，不用计算。

5. 液压油的其他性质

1）闪点

闪点是油液由加热到蒸发的油气与空气混合后，接触明火能发生闪光时油液的最低温度。

闪点测量方法有开环法和闭环法两种,液压油多用开环法测量。

闪点是油液防火性能的重要指标。闪点高,表明低沸点馏分少,油液在高温下的安全性好。因而,闪点低的液压油不宜在高温下使用。

2)凝点

凝点是油液在试验条件下,冷却到失去流动性时的最高温度。液压油凝点测定按GB 510—83进行。

液压油的凝点影响液压油的低温流动性。凝点越高,低温流动性越差,一般认为,在凝点以上10℃时的液压油的流动性是较好的。

3)化学稳定性和热稳定性

化学稳定性是指油液抵抗与含氧物质特别是与空气起化学反应的能力。油液与空气或其他氧化剂接触会发生氧化反应生成酸性物质,使油质变坏。此外,油液还可能与其他物质发生反应。例如,溶解于橡胶密封圈中的某些增塑剂使橡胶膨胀失去弹性,使密封失效;或与油漆作用产生悬浮物堵塞液压元件小孔,影响系统正常工作;如果油与混入的水起反应,则可能生成油水乳浊液,使油的润滑性能降低,并加速金属表面生锈和其他腐蚀过程。

热稳定性是指油液在高温时抵抗化学反应的能力。温度升高时,油液的化学反应将加快,油分子裂化,并且可能产生沥青焦油等树脂状物质。这些杂质黏附在油路各处,堵塞液压元件小孔并卡住阀芯,影响系统正常工作。

4)酸值

酸值是中和液压油中的全部酸性物质所需氢氧化钾的毫克数,以 KOH/g 的 mg 数表示。酸值用《石油产品酸值测定法》(GB/T 264—83)测定。

酸值是控制液压油使用性能的重要指标之一。酸值大的油液容易造成机件腐蚀,并加快油液变质增加机械磨损。因此,根据设备的使用条件,规定了可用的最高酸值。

5)腐蚀

腐蚀是液压油在规定条件下对规定金属试片的腐蚀作用。腐蚀试验一般按《润滑油腐蚀试验法》(SY2620—77)进行。对所选液压油要求腐蚀试验合格。

二、对液压油的要求

液压油在工作中既是传递能量的介质,又是液压元件的润滑剂,还是液压系统的冷却剂。要保证液压系统正常工作,液压油必须满足以下必要的性能要求。

①具有适当的黏度和黏温特性。液压油的黏度应能使系统的漏损和摩擦之功率损失总和为最小,且使系统的优良工作性能不受温度变化的影响。一般液压系统所用液压油的黏度大多在恩氏黏度$°E_{50}$值 2 ~8(运动黏度为 $11.5 \times 10^{-6} \sim 60 \times 10^{-6}\ m^2/s$)的范围内。黏度指数在90 以上,优良的在 100 以上。

②具有良好的润滑性能和足够的油膜强度,使系统中的各摩擦表面获得足够的润滑而不致破坏。

③具有良好的化学稳定性和热稳定性,即能够抗氧化、抗水解,从而在储存和使用过程中不易变质,最终达到较长的使用寿命。

④热膨胀系数低、凝点低、闪点和燃点高,以保证一年四季及不同环境下的使用。

⑤杂质少，抗泡沫性和抗乳化性好。因为气泡是可压缩的，而且在其突然压缩时会放出大量的热，造成局部过热，使周围油液迅速氧化变质；气泡还是产生剧烈振动的主要原因之一。

⑥具有良好的抗腐蚀性、防锈性和相容性（指对密封材料不侵蚀、不溶胀的性质），以免腐蚀机件和管道，破坏密封装置。

三、工作液体的种类及工作性能

液压油的种类很多，在液压传动系统中所用的工作液体大多数是石油基液压油，但也有合成液体、水包油乳化液（也称为高水基）和油包水乳化液等。因而将液压油分为三大类型：石油型、合成型和乳化型。

石油型液压油是以机械油为原料，精炼后按需要加入适当添加剂而成。这类液压油润滑性能好，但抗燃性较差。在高温、易燃、易爆的工作场合，为了安全起见，应该在系统中使用合成型和乳化型，如膦酸酯，水—乙二醇等合成液或油包水、水包油等乳化液。

按国标规定，液压油属于石油类产品 L 类（润滑剂和有关产品）中的 H 组（液压系统用油）。其一般形式是：

类　品种　数字

L—HM　32

牌号（黏度等级）

品种（具有抗磨性）

类别（润滑剂及有关产品）

具体种类见表 1-2-2。

液压传动工作液体　　表 1-2-2

<table>
<tr><td rowspan="9">液压传动
工作液体</td><td>石油型液压油</td><td colspan="3">无抑制剂（添加剂）（L—HH）
HH + 抗氧化剂、防锈剂（L—HL）
HL + 抗磨剂（L—HM）
HL + 增黏剂（L—HR）（GB 11118.1—94 不设此等级，可用 L—HV 代替）
HM + 增黏剂（L—HV）
HM + 防滑剂（L—HG）
HV + 抗低温启动性能（无特定难燃性的合成烃油 L—HS）</td></tr>
<tr><td rowspan="4">环境可接受液压液</td><td colspan="3">甘油三酸酯（L—HETG）</td></tr>
<tr><td colspan="3">聚乙二醇（L—HEPG）</td></tr>
<tr><td colspan="3">合成酯（L—HEES）</td></tr>
<tr><td colspan="3">聚 α 烯烃和相关烃类产品（L—HEPR）</td></tr>
<tr><td rowspan="4">难燃型液压液</td><td rowspan="3">乳化型液压液</td><td rowspan="2">高含水液压液
（L—HFA）</td><td>水包油乳化液（L—HFAE）</td></tr>
<tr><td>水的化学溶液（L—HFAS）</td></tr>
<tr><td colspan="2">油包水乳化液（L—HFB）
水—乙二醇（L—HFC）</td></tr>
<tr><td>合成型液压液</td><td colspan="2">膦酸酯液（L—HFDR）
其他合成液压液（L—HFDU）</td></tr>
</table>

工程机械液压系统常用的液压油有 L—HL 液压油、L—HM 液压油、L—HV 液压油和拖拉机传动、液压两用油。

1. L—HL 液压油

L—HL 液压油为普通液压油，有 L—HL15、L—HL22、L—HL32、L—HL46、L—HL68 和 L—HL100 等 6 个品种，只设一等品。它是精制矿物油并添加有抗氧化剂、防锈剂和抗泡沫剂等，黏温特性较好，抗氧化安定性好。它适用于环境温度 0℃以上的中高压系统。常用 L—HL32、L—HL46、L—HL68。

2. L—HM 液压油

L—HM 液压油为抗磨液压油，一等品有 L—HM15、L—HM22、L—HM32、L—HM46、L—HM68、L-HM100、L—HM150 等 7 个黏度等级，优等品无后两个等级：L—HM100、L—HM150。它是精制矿物油并添加有抗氧化剂、防锈剂及抗磨剂，具有良好的抗氧化、防锈和抗磨性能，适用于中压、高压工程机械，港口机械和车辆的液压系统。在液压油产品标准 GB 11118.1—94 中，L—HM 液压油一等品与法国 NF E48—603 和德国 DIN51524（Ⅱ）规格相当，优等品质量水平与美国 Denison HF—0 理化性能相当。常用的有 L—HM32、L—HM46、L—HM68。

3. L—HV 液压油

L—HV 液压油为低温液压油，一等品有 L—HV15、L—HV22、L—HV32、L—HV46、L—HV68、L—HV100、L—HV150 等 7 个黏度等级，优等品没有 L—HV150 这一等级。它是在 L—HM 的基础上再添加增黏剂，具有良好的黏温性能（黏度指数不小于 160）和较低的凝点（不高于 -35℃），以及良好的抗氧、抗泡、抗磨、防锈和一定的抗剪切性能，适用于寒区（-30℃以上）或温度变化范围较大的野外作业工程机械引进设备和车辆的中压、高压液压系统。常用的有 L—HV32、L—HV46、L—HV68。

4. 拖拉机传动、液压两用油

此油是由精制的中性油加多种添加剂调制而成，按 40℃运动黏度分为 68、100 和 100D 3 个牌号。其具有适宜的黏度，良好的黏温性能，较好的抗磨性，较高的油膜强度和较好的抗氧化、抗泡、抗乳化和防腐性能。主要用于传动与液压系统同用一个油箱的大、中型拖拉机和工程机械，也可用于引进的同类机械设备（如美国约翰·迪尔 4440 拖拉机，D6D 工程机械等）。

5. 其他特殊类型液压油

另外，还有高压抗磨液压油、清净液压油、低凝液压油、多级液压油等不同品种，在此不作详细介绍。

6. 国外液压油相关标准简介

欧美国家有代表性的液压油规格主要有德国国家工业标准 DIN 51524（Ⅱ）—1985（HM 级），DIN 51524（Ⅲ）—1990（HV 级）；法国国家标准 NF E48-603-1983，包括 HH、HL、HM、HV；美国 Denison 公司规格，HF—1 为抗氧防锈 HL 型，HF—2、HF—0 为 HM 抗磨型规格，其中 HF—0 规格对水解安定性和氧化腐蚀性提出更高要求，还增设了热稳定性、过滤性和高压叶片泵及高压柱塞泵试验，代表了国际上液压油产品的最高水平。

美国 Cincinnati-Milacron 公司规格，其中 P—38、P—55、P—57 为抗氧防锈 HL 型；P—68（ISO32）、P—69（ISO46）、P—70（ISO68）为抗磨 HM 型；P—75A、P—75B 和 P—75C 为抗磨专用型。

美国 Vickers 公司规格，主要是抗磨液压油 Vickers M—2950—S(35VQ25t)和 Vickers I—286—S(V—104C)两种规格。

ISO 国际标准化组织规格，ISO/TC28/SC4 分技术委员会已出台了 ISO 11158—1997(包括 HL、HM、HG、HV、HS)矿油型和合成烃型液压油产品标准，ISO 12922—1999 难燃液压液，ISO/DIS 15380—2000 环境可接受的液压油产品标准。已将环保型绿色液压油正式列到规格标准中。国外液压油规格标准虽侧重点有所不同，有些规格质量水平一般，但国外一些石油公司产品说明书中经常注明这些产品同时符合 DIN 51524、NF E48—603、Denison HF—0，ISO/CD 11158 等典型规格，说明这些产品实际水平高于官方水平。

四、液压油的选择

正确合理地选择液压油是液压系统设计和使用应考虑的重要内容之一，对保证液压传动系统正常工作、延长液压传动系统及液压元件的使用寿命以及提高液压系统的工作可靠性等都有重要影响。

液压油的选用主要根据液压传动系统的工作环境及工作性质来选择，具体选用时可从以下几方面考虑。

1. 液压油的类型

根据使用要求和运转条件(防火、防锈、防蚀、抗泡沫、抗氧化要求及工作环境温度)，使用压力(低压、中压、高压)，油液的使用寿命、品质和价格等选定液压油的类型。

若选用了石油型液压油，在客观条件受到限制时或在简单的液压传动系统中，可选用普通液压油或汽轮机油，否则可根据情况不同选择抗磨型液压油 L—HM 或低温液压油 L—HV 等。若系统靠近 300℃以上的高温的表面热源或有明火场所，就要选择难燃型液压油，对液压油用量大的液压传动系统建议选用乳化型液压液，用量小的选用合成型液压液。

2. 液压油的黏度选择

液压油的类型确定后，再选择液压油的黏度，并以此决定液压油的牌号。黏度太大，液流的压力损失和发热大，使系统的效率降低；黏度太小，泄漏增大，也会使液压系统的效率降低。因此应选择适当的黏度以保证系统正常、高效、可靠地工作。有关黏度的确定一般可从以下几方面考虑。

①工作环境温度——工作环境温度高时应选择黏度较高的液压油，反之选用黏度较低的油液。

②液压系统工作压力——压力高时宜选用黏度较高的液压油，因为高压时更易产生泄漏；压力低时则宜选用黏度较低的油液。一般当工作压力小于 7 MPa 时，可选用运动黏度 υ 为 $32\times10^{-6}\sim68\times10^{-6}\mathrm{m^2/s}$ 的油液；当压力为 7 ~ 20 MPa 时，可选用运动黏度 υ 为 $90\times10^{-6}\mathrm{m^2/s}$ 的油液。

③液压系统运动速度——当工作部件运动速度较高时，油液流动速度也较高，能量损失也随之增大，而泄漏相对减少，因此宜选用黏度较低的油液以减少能量损失；反之流速低，泄漏较大，则宜选用黏度较高的油液。

④液压泵类型——在液压传动系统中，液压泵的工作条件最为严峻。它不但压力大、转速和温度高，而且液压油被泵吸入和被泵压出时要受到剪切作用，所以一般根据液压泵的要求来

确定液压油的黏度，各种液压泵的合适黏度范围及推荐用油见表1-2-3。

液压泵的合适黏度范围及推荐用油表

表1-2-3

名　称	黏度范围(mm^2/s)(cSt)		工作压力(MPa)	工作温度(℃)	推　荐　用　油
	允许	最佳			
叶片泵(1 200 r/min)	16~220	26~54	7	5~40	L—HH32，L—HH46
				40~80	L—HH46，L—HH68
叶片泵(1 800 r/min)	20~220	25~54	14以上	5~40	L—HL32，L—HL46
				40~80	L—HL46，L—HL68
齿轮泵	4~220	25~54	12.5以下	5~40	L—HL32，L—HL46
				40~80	L—HL46，L—HL68
			10~20	5~40	L—HL46，L—HL68
				40~80	L—HM46，L—HM68
			16~32	5~40	L—HM32，L—HM46
				40~80	L—HM46，L—HM68
径向柱塞泵	10~65	16~48	14~35	5~40	L—HM32，L—HM46
				40~80	L—HM46，L—HM68
轴向柱塞泵	4~76	16~47	35以上	5~40	L—HM32，L—HM46
				40~80	L—HM68，L—HM100

在实际使用中，一般情况可按液压机械及泵、阀类元件产品说明书指定的液压油品种选用。

思考题

1. 液压油的物理性质有哪些？
2. 什么是液体的黏性？常用的黏度表示方法有哪几种？并分别写出其度量单位。
3. 油液的黏度与温度、压力有什么关系？
4. 液压系统对液压油的性能要求有哪些？熟悉工程机械液压系统常用液压油的牌号和使用场合。
5. 液压油的牌号与黏度有什么关系？如何选用液压油？

课题三　静止液体力学基本规律

静止液体是指液体内部质点间没有相对位移，处于相对平衡状态的液体。讨论静止液体力学基本规律主要是研究静止液体的平衡规律以及这些规律在工程上的应用，即液体静力学。

一、液体静压力及其特性

1. 液体静压力

如图1-3-1所示为一密闭液压缸简图。在理想状态(指油液不可压缩，管路、元件不变形，油路无泄漏)下,油液充满密闭液压缸的下腔,当面积为 A 的活塞上受到外力 F 作用,由于油液不可压缩并处于封闭容积,所以液压缸下腔的油液就处于被挤压状态,从而形成了液体的压力。

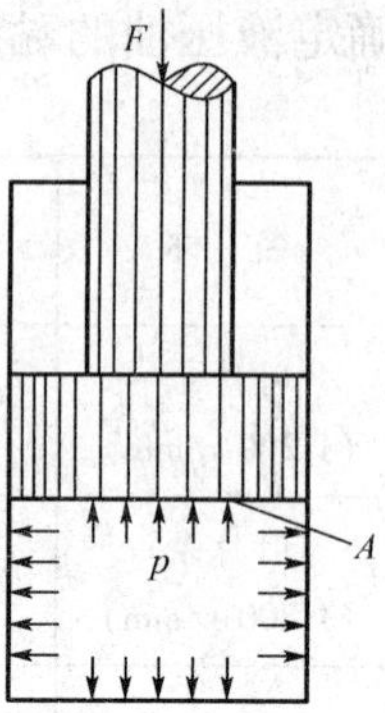

图 1-3-1　压力形成示意图

当液体相对静止时,垂直作用于液体表面单位面积上的外力称为压力,它在物理学中称为压强,但在液压传动中称为压力,由于此压力是静止油液产生的,又称静压力,以 p 表示,即:

$$p = \frac{F}{A} \tag{1-3-1}$$

在 SI 制中压力的单位为 Pa(帕斯卡)或 N/m^2(牛/米^2)。由于 Pa 单位太小,工程使用不便,因而采用 kPa(千帕)和 MPa(兆帕)。

$$1\ \text{MPa} = 10^3\ \text{kPa} = 10^6\ \text{Pa}$$

2. 液体静压力的特性

静压力有如下重要性质。

①液体静压力永远垂直于承压表面,其方向和该面的法线方向一致,即静止液体承受的只是法向压力,而不承受剪切力和拉力。这是因为液体只能抵抗压缩,不像其他材料那样可以受拉或剪切。

②静止液体内任意点所受到的各个方向上的静压力都相等。

二、液体静力学的基本方程和帕斯卡定律

1. 液体静力学基本方程

如图 1-3-2 所示,在重力作用下,密度为 ρ 的液体在容器中处于静止状态,作用在液面上的压力为 p_0,若计算离液面深度为 h 处某点的压力 p,可以假想从液面往下切取高度为 h 底面积为 ΔA 一个微小圆柱体作为研究对象。通过分析微小圆柱体所受的作用力,整理可得:

$$p = p_0 + \rho g h \tag{1-3-2}$$

式(1-3-2)就称为液体静力学基本方程。由上式可知,在重力作用下的静止液体,其压力分布有如下特点。

①静止液体内任一点处的压力是作用于液面上的压力 p_0 和液体自重所产生的压力 ρgh 之和。当液面与大气接触且无其他作用力时,p_0 为大气压力 p_a,故 $p = p_a + \rho gh$。

②静止液体内的压力 p 随液体深度 h 呈直线规律分布。

③距液面深度相同的各点组成了等压面,重力作用下静止油液的等压面为水平面。

将式(1-3-2)作进一步推广,如图 1-3-3 所示密封容器内压力为 p_0,取一基准平面 M-M 为相对高度的起始点,则距 M-M 基准平面 h 处 A 点的压力,按式(1-3-2)可写成:

$$p = p_0 + \rho g(h_0 - h) \tag{1-3-3}$$

则:

$$\frac{p}{\rho} + gh = \frac{p_0}{\rho} + gh_0 = 常数 \tag{1-3-4}$$

式中:gh ——单位质量液体的位能,称为位置水头;

$\frac{p}{\rho}$ ——单位质量液体的压力能,称为压力水头。

式(1-3-4)的物理意义为:①在有重力作用的静力场中,其任一点处的压力势能(压力水头)和位置势能(位置水头)之和为一常数;②压力势能与位置势能可以相互转换。

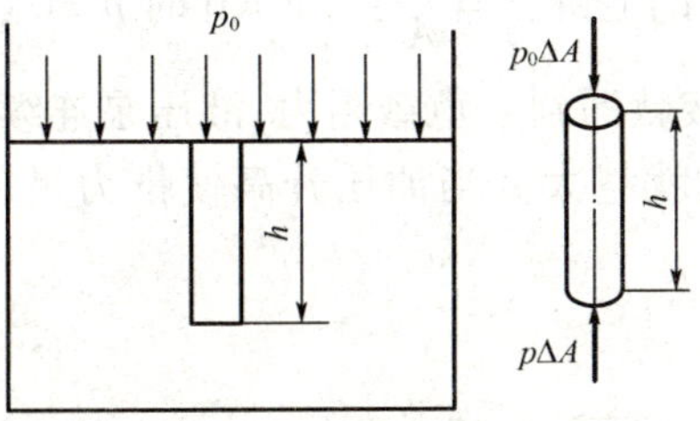

图 1-3-2　液体静压力

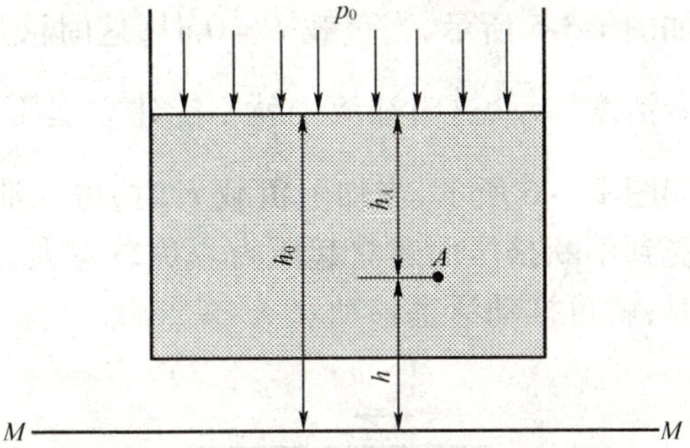

图 1-3-3　静压力基本方程式的物理意义

2. 帕斯卡原理与压力传递

如图 1-3-1 所示密闭容器内的静止液体,根据式 $p=p_0+\rho gh$ 可知:当外力 F 变化引起外加压力 p_F 对液体自由表面上的压力改变多少,则液体任一点的压力 p 也改变多少。

即在密闭容器里的静止液体中当一处受到压力作用时,这个压力将通过油液传到连通器的任意点上,而且其压力值处处相等,这就是帕斯卡原理,也称静压传递原理。

通常在液压传动中,由于液压装置的安装高度相差不大,当液体受外力作用时,外力作用产生的压力比液体自重所产生的压力 ρgh 大得多,从而在液压传动系统中液体自重所引起的压力一般都忽略不计,从而可以认为系统中相对静止液体内各点压力均相等。

静压传递原理是液压传动的基本原理之一。如图 1-3-4 所示液压千斤顶的工作原理图是静压传递原理的具体应用。

设大、小活塞面积分别为 A_1、A_2,且自重不计。大活塞上放置重物 G,当压下杠杆时,在小活塞上加作用力 F_1,使小活塞挤压油腔中油液,连通器中油液受活塞的阻碍,产生"前阻后推"的作用而产生的压力。

$$p_F=\frac{F_1}{A_1}$$

由帕斯卡原理知,压力 p_F 将等值传到容器中液体各点,这个压力也作用于大活塞有效作用面积 A_2 上,产生向上的液压推力 $F_2=p_FA_2$。

则:
$$p_F=\frac{F_1}{A_1}=\frac{F_2}{A_2} \tag{1-3-5}$$

最后得出结论:
$$F_2=F_1\frac{A_2}{A_1} \tag{1-3-6}$$

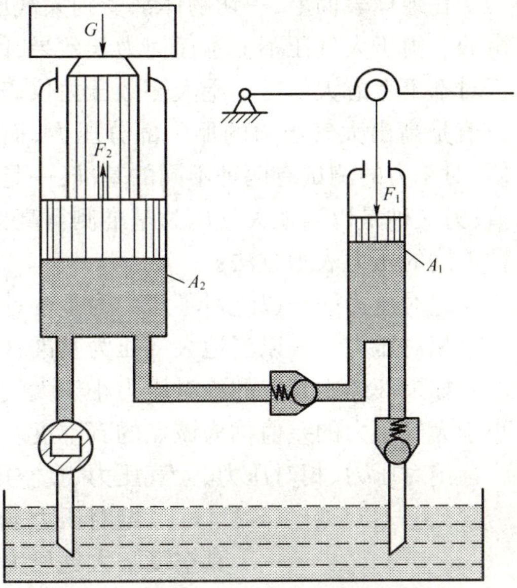

图 1-3-4　液压千斤顶工作原理图

由此可知,当两活塞的面积比 $\frac{A_2}{A_1}$ 足够大时,只需在小活塞上加不大的力就可以在大活塞上得到很大的推力将重物举起，从而体现了液压有关装置的力的放大作用。用液压千斤顶可以举起几吨重的汽车，其原理就在于此。

3. 液压系统压力的形成

如图 1-3-5 所示，当负载 $F=0$ 时，这时液压泵输入液压缸的油液没有遇到任何阻力而只是推着活塞移动，这时油液中就不能建立起压力。从理论上讲，$p=\frac{F}{A}$，当 $F=0$ 时 $p=0$。

如图 1-3-6 所示，当加上负载 F 时，进入油缸的油液就遇到了负载阻力，液压泵连续供油，油液受到不断挤压而建立起压力。负载越大，这个压力就越大。当油压升高使推力足以克服负载时，就可推动活塞移动。

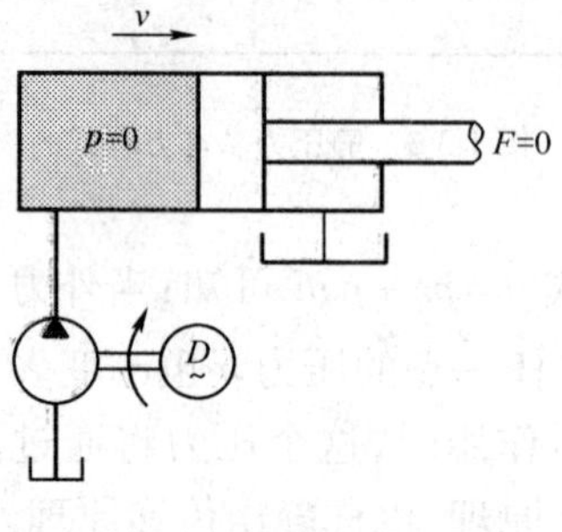

图 1-3-5　无负载时的油液压力

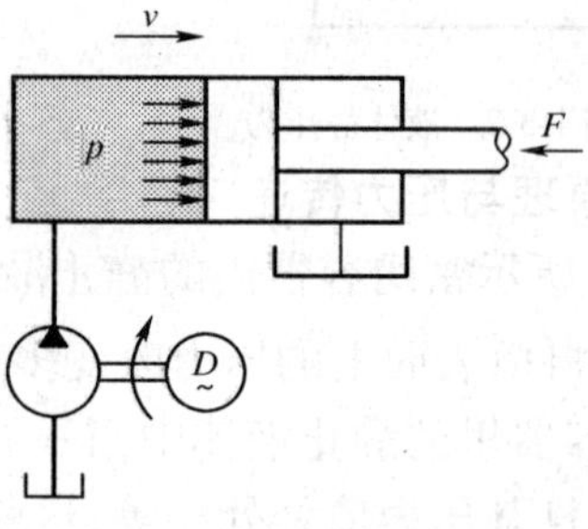

图 1-3-6　有负载时的油液压力

由此可见，液压传动系统中的油压只是在有负载时才建立起来的，其大小与负载的大小成正比，随负载大小而变化。

三、压力的表示方法

在地球表面上，一切物体都受到大气压的作用。工程上各种物体所受的大气压是自成平衡的。由于大气压不显示任何力学效果，因而在液压系统或其他工程应用中，在进行各种力分析时都不考虑大气压。绝大多数压力仪表中，大气压力并不能使仪表指针动作，实际测出的压力值是高出大气压力的那一部分压力，而不是被测压力的绝对值。因而，为了实用和测量方便，对压力的测试有两种不同的基准：一是以绝对零压力为基准测试的包括大气压在内的压力值；另一种是以当地大气压为基准测得高出大气压的那部分压力值。两种不同的基准得到两种不同的压力表示方法：

绝对压力——以绝对零压力为基准计算的压力数。

相对压力——以当地大气压为基准计算的压力数，又称为表压力。

如果液体中某点的绝对压力小于大气压力，那么习惯上说此点具有真空度，并称绝对压力小于大气压力的差值称为该点的真空度。

绝对压力、相对压力、大气压力、真空度的关系如下：

$$绝对压力 = 相对压力 + 大气压力$$

$$真空度 = 大气压力 - 绝对压力 = 负的相对压力$$

图 1-3-7 即绝对压力、相对压力与真空度的关系图。

绝对压力是以绝对真空为基准起算的压力，所以均为正值；相对压力是以大气压力为基准起算的压力，其值可正可负。在基准以上的正值叫表压力，在基准以下的负值的绝对值叫真空度。

相对压力即表压力与真空度有着相反的关系，所以真空度又称为负表压力。对于具体的某一点来说如果有表压力，就没有真空度；有真空度，就没有表压力。这里应注意，真空度不是绝对压力，而是该点绝对压力值与大气压力值相比较的不足部分。

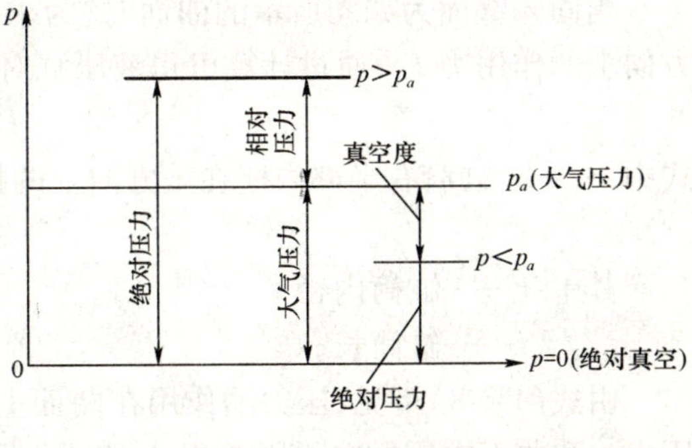

图 1-3-7　绝对压力、相对压力与真空度的关系图

四、液体作用在固体壁面上的力

静止油液中的压力可以认为是处处相等的。因此，可以将作用在液压元件上的液压力看成是均匀分布的压力。

当静止液体和固体壁面相接触时。固体壁面上各点在某一方向上所受静压作用力的总和，就是液体在该方向上作用于固体壁面上的力。

1. 压力油作用在平面上的力

固体壁面为一平面时，如不计重力作用（即忽略 ρgh 项），平面上各点处的静压力大小相等。作用在固体壁面上的力 F 等于静压力 p 与承压面积 A 的乘积，其作用力方向垂直于壁面，即：

$$F = pA \tag{1-3-7}$$

2. 压力油作用在曲面上的力

在液压传动中，常需要计算压力油作用在圆柱形表面、圆锥形表面和球面上的作用力。这些表面均是曲面，压力油作用在曲面上的所有压力的方向均垂直于曲面，所以是互相不平行的。在工程上通常只需要计算作用于曲面上的力在某一指定方向上的分力。当计算压力油作用在曲面上的力时，首先应明确要计算的是哪一指定方向上的力。

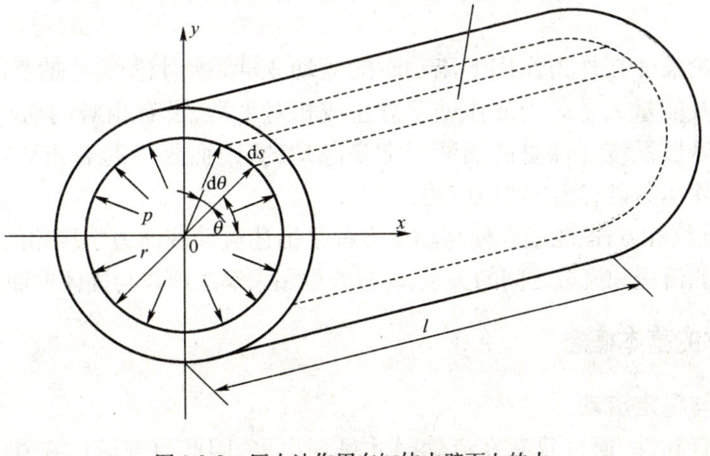

图 1-3-8　压力油作用在缸体内壁面上的力

现以如图 1-3-8 所示液压缸体内壁所形成的圆柱形曲面为研究对象说明压力油作用在曲面上的力如何计算。

当固体壁面为如图所示的曲面时,为求压力为 p 的液压油对液压缸右半部缸筒内壁在 x 方向上的作用力 F_x,通过计算可得液压缸对缸筒内壁在 x 方向上的作用力为:

$$F_x = pA_x \tag{1-3-8}$$

式中:A_x——缸筒右半部内壁在 x 方向上的投影面积,其值为

$$A_x = 2rl$$

其中:r——缸筒内径;

l——缸筒长。

由式(1-3-8)可见,压力油作用在曲面上液压作用力在沿 x 方向上的作用力 F_x 等于液体压力 p 和曲面在该方向投影面积 $A_x(2rl)$ 的乘积。因此,压力油作用在曲面某一方向上的力等于油的压力与曲面在该方向的垂直平面上的投影面积的乘积。

对于球形表面所受的液压力按上面结论计算得:

$$F = \frac{\pi}{4}d^2 p \quad (\mathrm{N}) \tag{1-3-9}$$

思考题

1. 何谓液体的压力?静压力的特性是什么?写出液体静压力基本方程并说明其物理意义。
2. 什么是帕斯卡原理?举例说明帕斯卡原理的应用。
3. 液压系统的压力是怎样形成的?
4. 什么是绝对压力、相对压力、真空度?它们之间有什么关系?
5. 压力油作用在平面上的力等于什么?压力油作用在曲面某一方向上的力等于什么?

课题四　流动液体力学基本规律

本节主要讨论液体在外力作用下流动时的运动规律,即讨论作用在液体上的力与液体运动之间的关系以及能量关系。当液体处于静止或相对平衡,没有相对运动时,液体的黏性不起作用。而在实际液压系统元件里的油液经常是流动的,因而黏性起着重要的作用。液体表面所显示的表面力除压力外,还出现切应力。

流动液体的连续性方程、能量方程与动量方程是描述流动液体力学规律的 3 个基本方程。前两个方程解决压力、流速和流量之间的关系,动量方程用来解决液体与固体壁面作用力的关系。

一、流动液体的基本概念

1. 理想流体与稳定流动

实际液体具有黏性,而且只有在流动时才呈现出来,因此研究液体在外力作用下流动时就必须考虑到黏性的影响,但这个问题非常复杂,所以在开始分析时,可以假设液体没有黏性,寻

找出液体流动的基本规律后，再考虑黏性作用的影响，并通过实验验证的方法对假设的理想结论进行修正或补充，使之比较符合实际情况。对液体的可压缩性也可以采用同样的办法处理。用这种处理问题的方法，既使问题简单化，又使得到的结论在实际应用中亦有足够的精确度。因此，把既无黏性又无压缩性的假想液体称为理想流体；而把实际中既有黏性又有压缩性的液体称为实际液体。

液体流动时，如果液体中任一点的压力、速度和密度等运动参数都不随时间变化，则这种流动称为稳定流动（或定常流动、恒定流动）；反之，如果压力、速度和密度中的任一个参数随时间变化，则称这种流动为非稳定流动。稳定流动与时间无关，研究比较方便。一般在液压传动中研究静态特性时，可认为流动是稳定流动；而在研究其动态性能时则必须按非稳定流动来考虑。

2. 流量与平均流速

流量和平均流速是描述液体流动的主要参数，在液压传动中，当液体在管道中流动时，通常将垂直于液体流动方向的截面称为通流截面或过流断面。

1）流量

在单位时间内流过某一通流截面的液体体积称为体积流量，简称为流量，用 Q 表示，单位为 m^3/s 或 L/min，它们之间的关系为 $1\ m^3/s = 60\ 000\ L/min$。

由流量定义得：

$$Q = \frac{V}{t} \tag{1-4-1}$$

式中：V——液体的体积；

t——时间。

2）平均流速

如图 1-4-1a）所示，通过对液流通过如图所示的微小通流截面 dA 进行分析可知，要求得 Q，必须先知道流速在整个通流截面上的分布规律，实际上，对于流动的液体，由于黏性力的作用，在整个通流截面上各点的流速 u 是不相等的，其分布规律也比较复杂，不易确定，如图1-4-1b）所示是按抛物线分布的。因此在工程实际使用中，可以采用平均流速来简化分析计算。

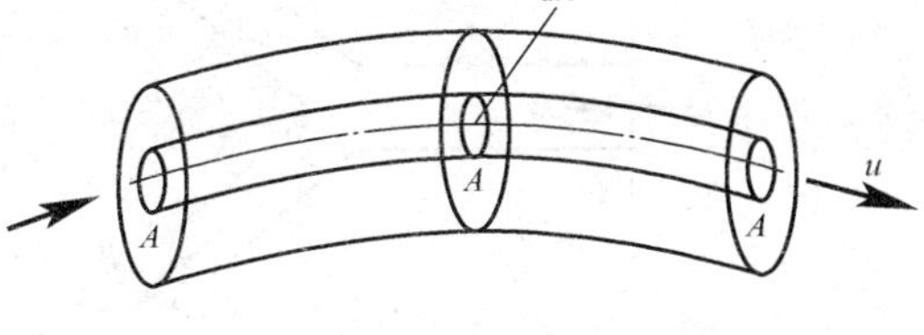

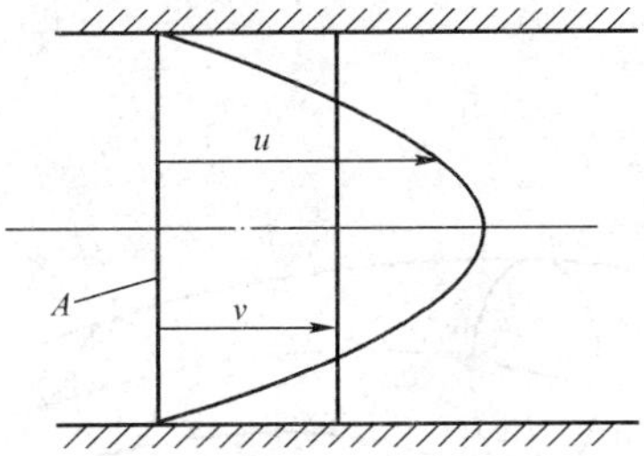

图 1-4-1　流量和平均速度

平均流速 v 是假设通过某一通流截面上各点的流速均匀分布，液体通过此通流截面的流速即为平均流速，因而实际流速流过的流量等于以平均流速流过的流量，即：

$$Q = vA \tag{1-4-2}$$

由此可得在通流截面 A 上的平均流速为：

$$v = \frac{Q}{A} \tag{1-4-3}$$

在实际工程中，人们关心的往往是整个液体在某特定空间或特定区域内的平均运动情况，因此平均流速 v 才具有实际应用价值。例如，在液压缸工作时，活塞的运动速度就等于缸体内液体的平均流速。可以根据上式建立起活塞运动速度 v、液压缸有效面积 A(即通流截面)和流量 Q 三者之间的关系。当液压缸的有效面积 A 不变时，活塞运动速度 v 取决于输入液压缸的流量 Q。

二、流动液体的流量连续方程

连续性方程是质量守恒定律在液体力学中的一种表达形式。

当理想液体在管中做稳定流动时，假定液体是不可压缩的，即密度 ρ 是常数，从宏观上说液体微团是连续均布的。因此在稳定流动时，根据质量守恒定律，液体在管内既不能增多，也不能减少，因此在单位时间内流过管道每一截面的液体质量一定是相等的。这就是液流的连续性原理。

如图 1-4-2 所示，设液体在管道中做稳定流动，若任取两个过流截面 1、2，其截面积分别为 A_1 和 A_2，两截面中液流的平均流速分别为 v_1 和 v_2，根据连续性原理，在单位时间内流过两个截面的液体质量应相等，即：

$$\rho \cdot v_1 \cdot A_1 = \rho \cdot v_2 \cdot A_2 = \text{常量} \tag{1-4-4}$$

则：

$$v_1 \cdot A_1 = v_2 \cdot A_2 = \text{常量} \tag{1-4-5}$$

因此：

$$Q = Av = \text{常量} \tag{1-4-6}$$

式(1-4-6)就是流动液体的流量连续性方程，它说明液体在单位时间内流经无分支管道的每一过流截面的流量都相等，即管道截面面积与平均流速成反比，即管粗流速低，管细流速快。

流量的连续性方程应用很广，上面的情况是无分支管道的情况，在有分支管道和汇合管中则有类似关系，如图 1-4-3 所示的有分支管道中，则应具有下列关系：

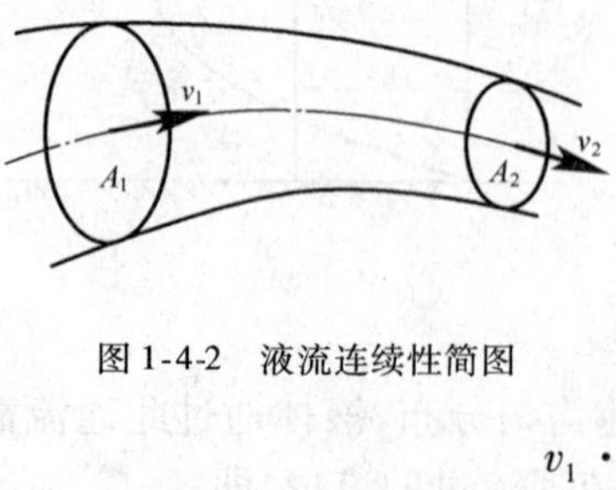

图 1-4-2　液流连续性简图

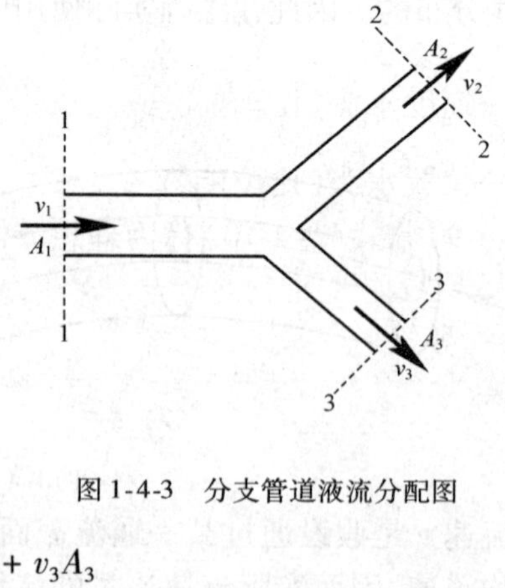

图 1-4-3　分支管道液流分配图

$$v_1 \cdot A_1 = v_2 \cdot A_2 + v_3 A_3 \tag{1-4-7}$$

或

$$Q_1 = Q_2 + Q_3 \tag{1-4-8}$$

根据上述关系，如保证 Q_1 不变，其他两项中任改变一项，另一项相应发生变化，这就是后面节流调速回路所应用的原理。

三、流动液体的能量方程(伯努利方程)

流动液体的能量方程是17世纪意大利科学家丹尼尔·伯努利发现的,因此又称为伯努利方程,是能量守恒定律在液体力学中的一种表达形式。

为了研究方便,我们先讨论理想液体的伯努利方程,然后再对它进行修正,最后给出实际液体的伯努利方程。

1. 理想流体能量方程

在17世纪,由于当时人们对能量守恒定律认识不够,意大利科学家丹尼尔·伯努利是通过对液流中微小流速进行受力分析,如图1-4-4所示为一液流管道。

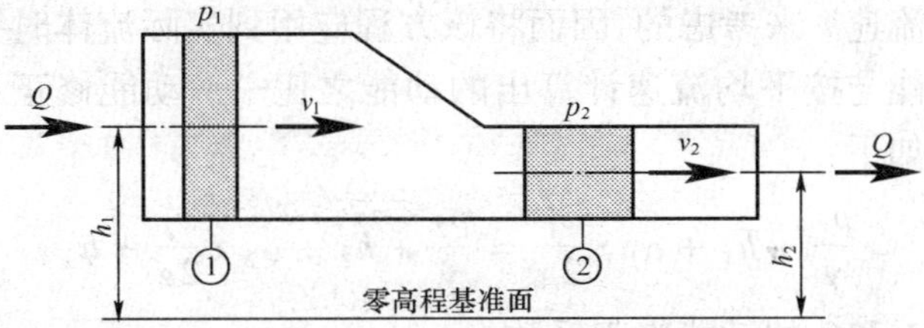

图1-4-4　伯努利方程示意图

为研究方便,假定其为理想液体,并为稳定流动。最终得到如下方程(由于分析过程较为复杂,这里不再详细阐述):

$$\frac{p_1}{\gamma}+h_1+\frac{v_1^2}{2g}=\frac{p_2}{\gamma}+h_2+\frac{v_2^2}{2g} \tag{1-4-9}$$

即:

$$h+\frac{p}{\gamma}+\frac{v^2}{2g}=\text{常数} \tag{1-4-10}$$

式中:γ——液体重度,$\gamma=\frac{mg}{V}=\rho\cdot g$;

$\frac{p}{\gamma}$——压力水头(比压能);

$\frac{v^2}{2g}$——速度水头(比动能);

h——位置水头(比位能)。

式(1-4-9)和式(1-4-10)称为理想流体的能量方程式,也称为理想流体的伯努利方程式。

伯努利方程式所表达的物理意义为:

①做稳定流动的理想流体具有3种形式的能量,即动能、位置势能和压力势能。

②流场中各截面总能量为常量,即满足能量守恒定律。

③3种能量形式可以相互转化。

伯努利方程的发现也再次证明了在流体力学中一样遵循能量守恒定律,为人类认识能量守恒定律又推进了一步。

从伯努利方程式还可看出:当管道水平放置,管内各截面的位置高度可认为相等或位置高度的影响可以忽略不计时,液体的速度越高,它的压力越低。例如在粗细不等的管道中流动,在截面细的地方,液体的流速较高,液体的压力就较低,相反,在截面粗的部分,则流速较低,而压力较高。

2. 实际液体的伯努利方程

实际液体在流动时,由于液体存在黏性,会产生内摩擦力,从而消耗一部分能量;管道局部形状和尺寸的骤然变化也会使液体产生振动,也消耗能量。因此实际液体流动时有能量损失,这里可设微元体从截面1流到截面2损耗的能量为 h_w,则实际液体微小流束做稳定流动时的伯努利方程为:

$$\frac{p_1}{\gamma} + h_1 + \frac{v_1^2}{2g} = \frac{p_2}{\gamma} + h_2 + \frac{v_2^2}{2g} + h_w \tag{1-4-11}$$

同时由于黏性的存在,管道过流载面上液流速度分布也不是均匀的,而理想流体伯努利方程中动能项是按平均流速 v 来考虑的,因而将该方程应用到实际流体时要进行修正,因而还要在原式中增加实际动能与按平均流速计算出的动能之比——动能修正系数 α,则实际液体的伯努利方程可以表示如下:

$$\frac{p_1}{\gamma} + h_1 + \alpha_1 \cdot \frac{v_1^2}{2g} = \frac{p_2}{\gamma} + h_2 + \alpha_2 \cdot \frac{v_2^2}{2g} + h_w \tag{1-4-12}$$

式中:α_1、α_2——截面1和2的动能修正系数;

h_w——单位重量液体从截面1流到截面2过程中的能量损耗,又称能量损失水头。

式(1-4-12)为伯努利方程的一般形式,该方程实际上包含了静压力和理想流动液流两种情况:

①当 $v_1 = v_2 = 0$ 时,液体处于静止状态,自然有 $h_w = 0$,方程为静压力方程。

②当 $v_1 \neq 0$ 或 $v_2 \neq 0$,$\alpha_1 = \alpha_2 = 1$,$h_w = 0$ 时,对应于理想流体伯努利方程。

伯努利方程的物理意义是单位重量液体的能量守恒,在液压系统的计算中,通常将上式写成另外一种形式,即:

$$p_1 + \rho g h_1 + \frac{1}{2}\rho\alpha_1 v_1^2 = p_2 + \rho g h_2 + \frac{1}{2}\rho\alpha_2 v_2^2 + \Delta p_w \tag{1-4-13}$$

式中:h_1、h_2——分别为液体在流动时的不同高度;

Δp_w——液体流动时的压力损失。

伯努利方程揭示了液体流动过程中的能量变化规律。它指出,对于流动的液体来说,如果没有能量的输入和输出,液体内的总能量是不变的。它是流体力学中一个重要的基本方程。它不仅是进行液压传动系统分析的基础,而且还可以对多种液压问题进行研究和计算。

在实际液压传动中,当不计液体流动中的摩擦损失时,油管位置高度和油液流速的变化对压力的影响是很小的。在液压系统中,油管内流速一般不超过6 m/s,位置高度也不能超过10m;如将油管内单位体积液体的动能和势能加起来,折算成液体的压力能也不超过0.1MPa。因此,当管内压力较高时,这两部分能量可以忽略不计。

四、流动液体动量方程

1. 流动液体动量方程

流动液体的动量方程式也是流体力学基本方程之一。它是研究液体运动时动量的变化与作用在液体上的外力之间的关系。

根据流动液体的特性，其动量定理可以这样叙述：

在某一时间间隔内，流出控制容积的液体所具有的动量与流入控制容积的液体所具有的动量之差，应等于同一时间间隔内作用于控制容积液体上外力的冲量。

根据动量定理，对于理想流体稳定流动可推导出动量方程为：

$$\sum F=\rho \cdot Q \cdot (v_2-v_1) \tag{1-4-14}$$

式中：$\sum F$——作用在控制容积的液体上的合外力；

ρ——流体密度；

v_1、v_2——出入口平均速度；

Q——流量。

式中，F、v_1、v_2 均是矢量，在应用时可根据具体问题将式中各个矢量分解为所需研究方向的投影值，就可以列出在该指定方向上的动量方程。

2. 动量方程的应用

在液压传动中常用滑阀和锥阀来控制油液的压力、流量和流动方向。当油液从滑阀或锥阀的阀口流入及流出时，液流速度的大小和方向将发生变化。液流将有作用力作用在滑阀或锥阀的阀芯上，这个力称作液动力，可用流动液体的动量方程求得。

如图1-4-5a）与1-4-5b）中所示的滑阀中，液体流动方向相反，设液体为理想流体，流动为稳定流动，则可利用动量方程来计算阀芯所受到的液动力。

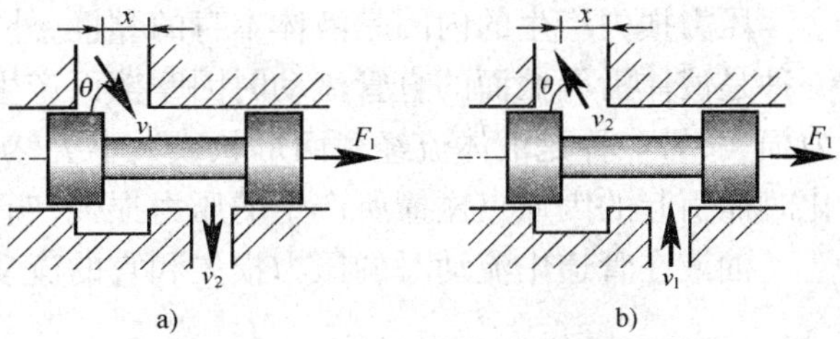

图1-4-5　液体作用在滑阀上的液动力

首先取图中阀体与阀芯所形成的容积为控制体，来研究该控制体中液体受力情况和动量变化。

如图1-4-5a）所示，液流初速在轴向的分量为 $v_1=v\cdot\cos\theta$，液流末速在轴向的投影为0，根据动量方程，这部分液体在轴向受到阀芯的作用力为：

$$F'=\rho Q(0-v\cdot\cos\theta) \tag{1-4-15}$$

由于阀芯上所受到轴向力与液体所受到的轴向力大小相等，方向相反，因此，液流对阀芯的作用力为：

$$F=-F'=\rho Q\cdot v\cdot\cos\theta \tag{1-4-16}$$

力 F 的方向与液流速度 v 沿阀芯轴向投影方向一致，即向右，它是使阀口趋于关闭的力。

如图1-4-5b）所示，液流初速在轴向的投影为0，液流末速在轴向的分量为 $v\cdot\cos\theta$，则这部分液体在轴向受到阀芯的作用力为：

$$F'=\rho Q\cdot v\cdot\cos\theta \tag{1-4-17}$$

因此，液流对阀芯的作用力为：

$$F=-F'=-\rho Q\cdot v\cdot\cos\theta \tag{1-4-18}$$

这时力 F 的方向与液流速度 v 沿阀芯轴向投影方向相反，也向右，它也是使阀口趋于关闭的力。

从以上分析可看出，只要阀口处于开启状态，不论液流方向如何，都会产生液动力使阀芯有关闭的趋势，由于阀口流速很高，因而此力往往很大，相应的操纵力也须很大，尤其对大流量的阀在高压下工作(此时 v 也很大),这个力更大。因此轴向液动力对液压系统的工作性能是不利的,它增加了移动滑阀所需的操纵力,降低了滑阀工作的灵敏度,有时还会引起系统的振动。因此,在工作性能要求较高的液压系统中,往往采取一定的措施以消除轴向液动力的影响,对大流量的换向阀则要求采用液动或电—液动操纵。

思考题

1. 解释下述概念:理想流体、稳定流动、流量、平均流速。
2. 流动液体的流量连续方程的本质是什么?其物理意义是什么?
3. 说明伯努利方程的物理意义并指出理想液体伯努利方程和实际液体伯努利方程的区别。
4. 什么是流动液体的动量方程?举例说明动量方程的应用。

课题五　液体流动中的压力损失

液体在管道中流动时,克服由液体黏性而产生的摩擦力及液体质点碰撞所消耗的能量,称为能量损失。这种能量损失主要表现为压力损失。

压力损失产生的内因是液体本身的黏性,外因是管道结构和流态。压力损失可分为两种:一种是液体沿等截面的直管流动时因摩擦而产生的压力损失,叫作沿程压力损失,也叫直管压力损失;另一种是液体流经截面形状或大小突然变化的局部装置致使流速大小和方向发生变化时而引起的因质点碰撞所产生的压力损失,叫作局部压力损失。

油液在管道中流动时的压力损失和它的流动状态有关。

一、两种流态和雷诺数

1. 层流和紊流

液体的流动有两种状态:层流和紊流。这可以通过雷诺实验观察得到。

雷诺试验装置如图 1-5-1 所示,大水箱由进水管不断供水,多余的液体从隔板上端溢走,

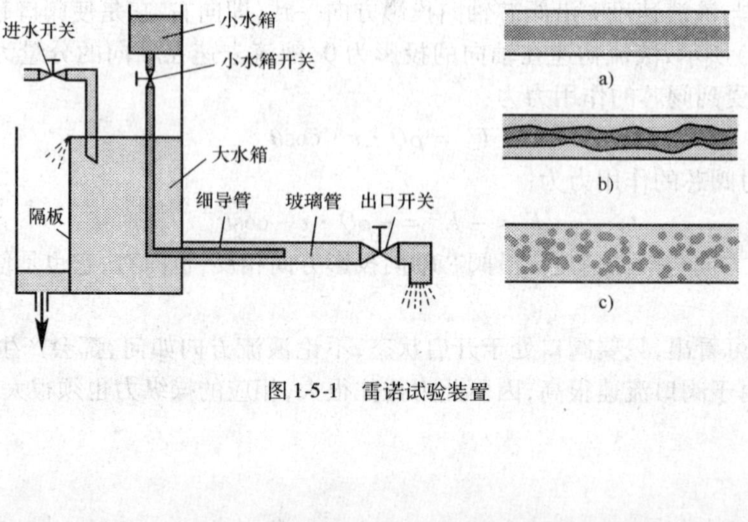

图 1-5-1　雷诺试验装置

因而保持稳定的实验水位。水箱下部装有玻璃管，出口处用开关来控制管内液体的流速。小水箱中装有红颜色水，将小水箱下部开关打开后红色水经细导管流入水平玻璃管中，实验开始时先渐开出口开关，当实验水流速度较低时，红色水在玻璃管中呈一条明显的直线，与玻璃管中的清水流互不混杂，如图1-5-1a)所示。这说明管中水是分层的，液体质点沿管道做直线顺序流动时，流体微团只有轴向运动而无横向运动，流体呈现出互不混杂的线状或层状，这种流动状态称为层流。

接着逐渐开大出口开关，加大实验水流速，可以看到红线开始呈波纹状，层流被逐渐破坏，此时为过渡阶段，如图1-5-1b)所示。继续开大出口开关，当流速增加到一定值时，红色水流和清水完全混合，红线便完全消失，如图1-5-1c)所示，说明流体微团除轴向主运动外，还会产生径向运动。流体微团除相互摩擦外，还会相互碰撞，呈现出紊乱、混合、无序的状态，这种状态称为紊流。

在紊流状态下，若将出口开关逐步关小，当流速减至一定值时，红线又出现，水流又重新恢复为层流。

上述实验说明，同一液体、同一管道，由于流速不同可以形成两种完全不同的流动状态。因此，流速是决定流态的一个重要因素。

物理学家雷诺曾用多种管径的管子和不同的液体进行实验，发现流体在管中的流动状态不仅与管内液体的流速有关，还与管道直径及液体的黏度、密度有关，因此，不能仅以流速作为判别流态的标准。

2. 雷诺数

实验证明，液体在圆形管道中的流动状态取决于液体在管道中的平均流速、管道直径、液体的运动黏度，液体流动状态是以上述3个参数所确定的一个无量纲数就是雷诺数来判定，用 Re 表示：

$$Re = \frac{vd}{\upsilon} \tag{1-5-1}$$

对于非圆形截面管道，雷诺数可用下式表示，即：

$$Re = \frac{vd_H}{\upsilon} \tag{1-5-2}$$

式中：v——平均流速；

υ——运动黏度；

d_H——水力直径。

水力直径可用式(1-5-3)计算：

$$d_H = \frac{4A}{\chi} \tag{1-5-3}$$

式中：A——过流断面积；

χ——有效截面的管壁周长，即湿周。

由式(1-5-3)可知，面积相等但形状不同的通流截面，其水力直径是不同的。水力直径的大小对通流能力的影响很大，水力直径大，意味着液流和管壁的接触周长小，管壁对液流的阻力小，通流能力大，这时，即使通流截面积小，也不容易阻塞。

雷诺数 Re 综合反映流体黏性、管道水力特性及通流量对流态和阻力特性的影响。它表明流动液体的迁移性与黏度摩擦力之比。Re 大,表明液体流动所受的惯性力起主导作用,液体质点能冲破流层的黏性约束,具有脉动速度而呈紊流;Re 小,表明液流之间的黏性摩擦力起主导作用,液体质点只能沿着所处流层做层次分明的稳定轴向运动而呈层流。

液体流动呈现出的流态是层流还是紊流,可利用雷诺数来判别,对于不同情况下的液体流动状态,如果液体流动时的雷诺数 Re 相同,它的流动状态也就相同。

实验指出:液体从层流变为紊流时的雷诺数大于由紊流变为层流时的雷诺数,前者称为上临界雷诺数,后者为下临界雷诺数。工程中是以下临界雷诺数 Re_c 作为液流状态判断依据,以后本书所说的临界雷诺数即为下临界雷诺数。当 $Re < Re_c$ 时,液流处于层流状态;而当 $Re \geqslant Re_c$ 时,液流状态为紊流。常见管道的液流临界雷诺数,见表 1-5-1。

常见管道的临界雷诺数 表 1-5-1

管道的形状	临界雷诺数 Re_c	管道的形状	临界雷诺数 Re_c
光滑的金属圆管	2320	带沉割槽的同心环状缝隙	700
橡胶软管	1600 ~ 2000	带沉割槽的偏心环状缝隙	400
光滑的同心环状缝隙	1100	圆柱形滑阀阀口	260
光滑的偏心环状缝隙	1000	锥阀阀口	20 ~ 100

二、沿程压力损失

沿程压力损失主要取决于管道的长度、内径,液体的流速和黏性。液体流态不同,直管压力损失也不同。液体的流动状态不同,所产生的沿程压力损失也有所不同。

1. 层流时的沿程压力损失

层流时液体质点做有规则的流动,是液压传动中最常见的现象。在设计和使用液压传动系统时,都希望管道中的液流保持这种流动状态。

如图 1-5-2 所示为液体在等径水平直管中做层流流动的情况,管内径为 d,以液流中一段长为 l,与管轴重合的微小圆柱体作为研究对象,分析可得沿程压力损失 Δp_λ 为:

$$\Delta p_\lambda = \frac{32\mu l v}{d^2} \tag{1-5-4}$$

式中:μ——液体的动力黏度;

v——截面的平均流速。

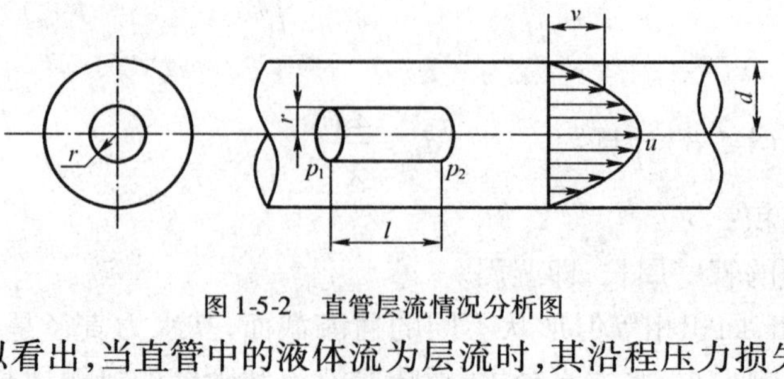

图 1-5-2 直管层流情况分析图

从式(1-5-4)可以看出,当直管中的液体流为层流时,其沿程压力损失与液体黏度、管长、流速成正比,而与管径的平方成反比。

在实际计算系统中的压力损失,常将上式改写为如下形式:

$$\Delta p_{\lambda} = \lambda \cdot \frac{l}{d} \cdot \frac{\rho v^2}{2} \tag{1-5-5}$$

式中：λ——沿程阻力系数，对于圆管层流，理论值 $\lambda = \frac{64}{Re}$，考虑到实际圆管截面有变形，以及靠近管壁处的液层可能被冷却等因素，阻力略有增大，在实际计算时，可对金属管取 $\lambda = \frac{75}{Re}$，橡胶管 $\lambda = \frac{80}{Re}$；

l——管子的长度，m；

d——管子的内径，m；

ρ——液体密度，kg/m^3；

v——截面的平均流速，m/s。

2. 紊流时的沿程压力损失

液体在紊流状态下运动时的沿程压力损失要大于层流时，因为液体流动时除了克服流层之间的内摩擦力外还要克服由于液流扰动时产生的附加紊流摩擦力，而紊流摩擦力远比层流之间的摩擦力大。

紊流时计算沿程压力损失的公式在形式上与层流相同，即：

$$\Delta p_{\lambda} = \lambda \cdot \frac{l}{d} \cdot \frac{\rho v^2}{2} \tag{1-5-6}$$

但式中的沿程阻力系数 λ 除与雷诺数有关外，还与管壁的粗糙度有关，即 $\lambda = f\left(Re, \frac{\Delta}{d}\right)$，这里的 Δ 为管壁的绝对粗糙度，它与管径 d 的比值 $\frac{\Delta}{d}$ 称为相对粗糙度。

λ 值一般由经验公式求得，对于光滑圆管：

$$\lambda = \frac{0.316\,4}{\sqrt[4]{Re}} \tag{1-5-7}$$

由于液压传动中对流速有一定的限制，雷诺数一般都不是很大。在 $Re < 10^5$ 范围内，都按光滑管摩擦阻力系数的公式进行计算。因此，有关粗糙管的阻力计算这里就不再介绍了。

三、局部压力损失

液体流经管道的弯头、接头、突变截面以及阀口、滤网等局部装置时，液体流方向和流速发生变化，在这些地方形成漩涡，并发生强烈的撞击现象，造成能量损失，这是产生局部压力损失的原因。

当液体流过上述各局部装置时，流动状况极为复杂，影响因素较多，因此局部压力损失值不易从理论上进行分析计算，一般要依靠实验来确定。

局部压力损失的计算公式为：

$$\Delta p_{\xi} = \xi \frac{\rho v^2}{2} \tag{1-5-8}$$

式中：ξ——局部阻力系数；

v——液体的流速；

ρ——液体密度。

由于流动情况极为复杂，影响因素很多，因而不同的局部装置的局部阻力系数 ξ 也不同，除极少数可由理论计算得到外，一般都由实验求得，具体的局部阻力系数值可参考相关的计算手册。

液体流过各种阀类的局部损失也可由上式计算，但因阀内的通道结构复杂，一般当液体流过各种阀类时的局部压力损失常用下面的经验公式进行计算：

$$\Delta p_v = \Delta p_n \left(\frac{Q}{Q_n} \right)^2 \tag{1-5-9}$$

式中：p_n——阀在额定流量下的压力损失（可从阀的产品样本或设计手册中查出）；

Q——阀的实际流量；

Q_n——阀的额定流量。

四、管路系统的总压力损失

整个管路系统的总压力损失应为所有沿程压力损失和所有局部压力损失之和，即：

$$\sum \Delta p = \sum \Delta p_\lambda + \sum \Delta p_\xi \tag{1-5-10}$$

液压传动中的压力损失，绝对大部分转变为热能，造成系统温度增高，泄漏增大，使液压传动系统效率降低，影响系统的工作性能。所以应注意尽量减少压力损失，从计算公式可知，流速、管道长度，管道截面突变，管道内壁的加工质量等，都是影响压力损失的因素，在实际使用中一般应从以下两个方面来减少压力损失。

1. 限制流速

在影响压力损失的因素中流速影响最大，流速越大压力损失越大，故在液压传动系统中管道的流速在不加大结构尺寸的情况下应有一定的限制，在中高压工程机械液压系统中，常取以下流速范围：

压力管道：$v = 3 \sim 6$ m/s；

回油管道：$v \leqslant 3$ m/s；

吸油口：$v = 0.5 \sim 1.5$ m/s；

阀口：$v = 5 \sim 8$ m/s。

2. 减小液阻

在布置管道时尽可能缩短管道长度，减少弯头、接头，尽量采用等径管道，减小管壁粗糙度，增大输管直径，选用压降小的阀件，提高配管质量等等，都能减小液阻。

思考题

1. 什么是层流、紊流、雷诺数？如何判断液体的流动状态？
2. 液体在管路中流动的压力损失有哪几种？如何选择阻力系数值？
3. 压力损失造成哪些不良影响？怎样尽量减少系统的压力损失？

课题六　液体流动中的流量损失和功率计算

在液压系统中，经常遇到液体流过缝隙和小孔的情况。在液压传动中常利用液体流经阀的小孔或缝隙来控制压力和流量，从而进行调压或调速。同时，液压元件的泄漏也属于缝隙流动。因此，需要研究液体在孔口和缝隙中的流动规律，了解影响它们的因素，最终达到正确地分析液压元件和系统工作性能的目的。

一、液体流经小孔时的流量

在液压传动中，经常利用调节节流孔口截面积的办法来实现流量和压力的控制。

根据节流孔口的长径比不同，节流孔可分为薄壁孔、短孔（又称厚壁节流孔）和细长孔 3 种类型。液体在不同的节流孔口中的流动特性是不同的。

1. 薄壁孔

薄壁孔是指长径比 $l/d \leqslant 0.5$ 的节流孔。

如图 1-6-1 所示为进口边做成刀刃形的典型薄壁孔口，液流通过孔口时要发生收缩现象，由于流体质点具有惯性，管流收缩和扩大均不会出现流线突折，因而管流必然在孔前开始收缩，在靠近孔口的后方出现收缩最大的通流截面，接着管流又逐渐扩大至附壁。

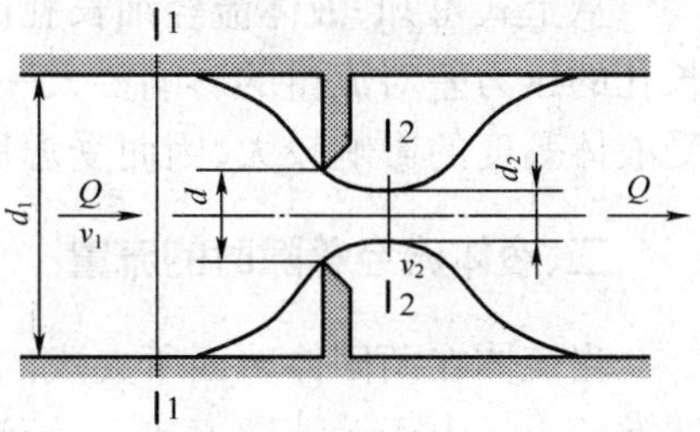

图 1-6-1 薄壁孔液流

油液以压力 p_1 流过直径为 d、截面面积为 S 的薄壁小孔后，压力降为 p_2。在图中取孔前通道断面 1-1 和收缩断面 2-2，可通过伯努利方程计算求得：

$$v_2 = \sqrt{\frac{2}{\rho}\Delta p} \tag{1-6-1}$$

式中：Δp——薄孔前后的压力差（$\Delta p = p_1 - p_2$）。

因此，通过薄壁小孔的流量：

$$Q = v_2 S = S\sqrt{\frac{2}{\rho}\Delta p} \tag{1-6-2}$$

由于式(1-6-1)和式(1-6-2)是根据理想液体的伯努利方程推导出来的。由于黏性的影响，油液经过小孔的实际流速要比上式求出的流速略小一些，特别是液流经过小孔时所产生的收缩作用，使液流收缩喉部面积小于薄壁小孔的面积，这对小孔的流量影响甚大。因此，在利用上式进行计算时，必须综合考虑上述因素的影响，通常在式中要乘以流量系数。这样，液体流经薄壁小孔的流量公式为：

$$Q = C_Q S\sqrt{\frac{2}{\rho}\Delta p}$$

式中：C_Q——流量系数，可由实验确定，一般取 0.60 ~ 0.65；

S——孔口节流面积；

Δp——孔口前后压差。

由上式可知，液体流经薄壁小孔的流量与小孔前后的压力差 Δp 的平方根成正比。

薄壁孔口由于流程短，因此液体流经薄壁小孔时摩擦阻力很小，因而流量受油液黏性影响很小，因此薄壁节流孔对油温的变化不敏感，流量相对稳定，这是液体流经薄壁小孔的一个特点。

2. 短孔

$0.5 < l/d < 4$ 的节流孔称为短孔或厚壁孔。当液体流经短孔入口处亦发生收缩现象，但

很快又在短孔内扩大至附壁。短孔的流量公式与薄壁孔相同如下：

$$Q = C_Q S\sqrt{\frac{2}{\rho}\Delta p} \tag{1-6-3}$$

但流量系数 C_Q 取 0.82。短孔比薄壁孔易制，因此经常用作固定节流器。

3. 细长孔

长径比 $l/d>4$ 的节流孔称为细长孔，如压力控制阀中的阻尼孔一般均为细长孔。

液体流经细长孔时，受黏性的作用较大，因而流动不畅，流速低，一般呈层流状态。

细长孔的流量公式为：

$$Q = \frac{\pi d^4 \Delta p}{128\mu l} \tag{1-6-4}$$

从上式可知，液体流经细长孔的流量与小孔前后的压力差成正比，因而与薄壁孔相比，细长孔的压力差对流量的影响要大一些。同时流量还与液体的动力黏度 μ 成反比，说明细长孔受液体黏度的影响较大，因而受温度影响也较大，这与薄壁孔有所不同。

二、液体流经缝隙时的流量

当流体在两固体壁面所夹成的窄缝中流动称为缝隙流动，缝隙的高度与长度和宽度之比通常较小。由于缝隙通道狭窄，液流受壁面的影响较大，流速低，因此缝隙液流的流态一般为层流。

缝隙流动在液压传动中会经常遇到，液压元件内各零件间要保证相对运动，就必须有适当的间隙，有间隙就会有缝隙流动。缝隙的大小对液压元件的性能有很大的影响，缝隙可使相对运动的两零件表面之间保存一层油膜，以增加润滑、减小摩擦和减轻零件表面磨损，因而缝隙太小会使零件卡死。但缝隙太大，会造成泄漏使系统效率和传动精度降低以及污染环境。而且当缝隙不均匀时，还会使有些零件（如滑阀中的阀芯）受力不均匀，而造成卡紧等现象。

液压元件中常见的缝隙有两种：一是由两个平行平面所形成的平行平板缝隙；另一种是两个内、外圆柱表面形成的圆环缝隙。液体流经这些缝隙的流量就是缝隙泄漏流量。

1. 平行平板缝隙流量

如图 1-6-2 所示为液体流经平行平板缝隙的情况，缝隙高度为 h，长度为 l，宽度为 b，缝隙前后的压力差为 Δp，图中液体沿 x 方向流动。经理论推导可得流量方程：

$$Q = \frac{b \cdot h^3}{12\mu l}\Delta p \pm \frac{u_0}{2}bh \tag{1-6-5}$$

式中：μ——动力黏度。

当平板运动方向与压差方向相同时，取“+”号，方向相反时，取“-”号。

当平行平板间没有相对运动时（$u_0=0$），流量计算公式为：

$$Q = \frac{b \cdot h^3}{12\mu l}\Delta p \tag{1-6-6}$$

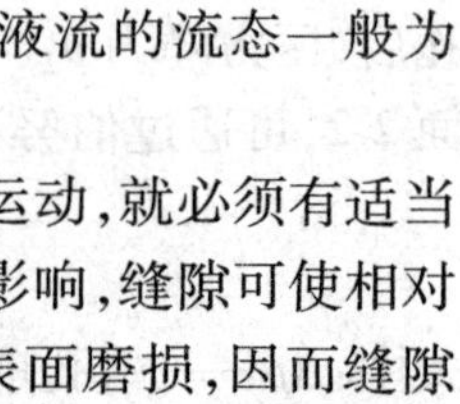

图 1-6-2　平板缝隙流量

分析上面流量公式可知：

①缝隙流量 Q 与缝隙高度 h 的立方成正比，说明泄漏流量受缝隙高

度的影响最大，因此在采用间隙密封的地方，要减少泄漏量最有效的办法就是提高配合面加工精度，减小间隙量。当然，缝隙高度 h 也不是越小越好，h 的减小会使液压元件的摩擦增加，因而要选择一个最佳的 h 值。

②缝隙流量 Q 与缝隙前后压力差 Δp 成正比，说明压力差增加，泄漏量增大，因此液压系统压力越高，密封越困难，因此高压系统对配合面的加工精度要求更高。

③缝隙流量 Q 与缝隙宽度 b 成正比，说明泄漏宽度增加，泄漏量增加，因此要控制泄漏要尽量减少缝隙宽度。

④缝隙流量 Q 与液体黏度 μ 成反比，说明液体黏度增加可减少泄漏量，由于液体具有黏温性能，因此不但要严格选择适当黏度的液压油，而且还要控制液压系统的工作温度。

⑤缝隙流量 Q 与缝隙长度 l 成反比，说明增加密封长度，可使泄漏减小，在有些液压元件中为了增加密封长度而采用多级密封。

2. 圆环缝隙流量

在液压元件中，如液压缸的活塞与缸筒之间，液压阀的阀芯和阀孔之间，都存在着圆环缝隙。但由于阀芯自重和制造上的原因等往往使孔和圆柱体的配合不易保证同心，而存在一定的偏心度，这对液体的流动（即泄漏）是有影响的。

因此下面从同心圆环与偏心圆环两种情况来进行分析圆环缝隙的流量。

1）流过同心圆环缝隙的流量

如图 1-6-3 所示的同心圆环缝隙，其内径为 d，缝隙值为 h，缝隙长度为 l。可将同心圆环缝隙沿圆周方向展开，则圆环缝隙流动就可当作缝隙宽度为 πd 的平板缝隙流动，从而求得流量公式为：

$$Q = \frac{\pi d \cdot h^3}{12\mu l}\Delta p \pm \frac{\pi d h u_0}{2} \tag{1-6-7}$$

当相对运动速度 $u_0 = 0$ 时，即内外表面之间无相对运动的同心圆环缝隙流量公式：

$$Q = \frac{\pi d \cdot h^3}{12\mu l}\Delta p \tag{1-6-8}$$

2）流过偏心圆环缝隙的流量

当两圆柱不同心时便形成如图 1-6-4 所示的偏心圆环缝隙，液体流经偏心圆环缝隙时的流量不能用流过同心圆环缝隙时的流量公式直接计算，还应考虑偏心量对流量的影响，其计算公式如下：

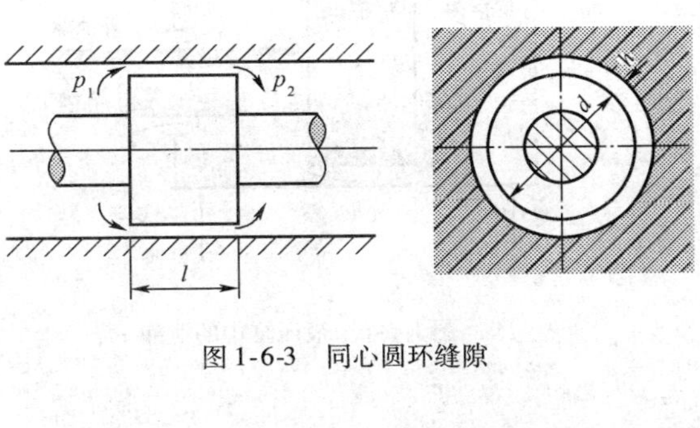

图 1-6-3　同心圆环缝隙

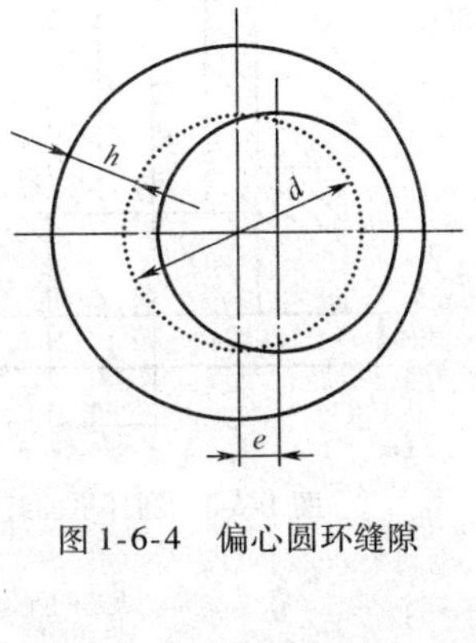

图 1-6-4　偏心圆环缝隙

$$Q = \frac{\pi d \cdot h^3}{12\mu l}\Delta p(1 + 1.5\varepsilon^2) \pm \frac{\pi d h u_0}{2} \tag{1-6-9}$$

式中：ε——相对偏心率，$\varepsilon = \frac{e}{h}$。

当相对运动速度速度 $u_0 = 0$ 时，其流量公式为：

$$Q = \frac{\pi d \cdot h^3}{12\mu l}\Delta p(1 + 1.5\varepsilon^2) \tag{1-6-10}$$

从式(1-6-10)可知，当 $\varepsilon = 0$ 时，它就是同心圆环缝隙的流量公式；当 $\varepsilon = 1$ 时，即偏心量达到最大值时，可得到偏心圆环缝隙的最大流量为：

$$Q_{\max} = \frac{\pi d \cdot h^3}{12\mu l}\Delta p(1 + 1.5) = 2.5Q \tag{1-6-11}$$

说明在理论上当偏心量为最大值时，其流量为同心圆环缝隙流量的 2.5 倍，在实用中可估计为 2 倍。因此为减小圆环缝隙的泄漏量，应将液压元件中相互配合的零件尽量处于同心状态。

3）圆环平面缝隙流量

除了以上两种缝隙，还有一种缝隙为圆环平面缝隙，如图 1-6-5 所示，这里，圆环与平面缝隙之间无相对运动，液体自圆环中心向外辐射流出。

设圆环的大、小半径分别为 R 和 r，它与平面间的缝隙值为 h，缝隙前后油液的压力差为 Δp，则流经缝隙的流量公式为：

$$Q = \frac{\pi h^3}{6\mu \ln \frac{R}{r}}\Delta p \tag{1-6-12}$$

三、泄漏和流量损失

泄漏分为内泄漏和外泄漏两种。外泄漏是由于液压元件连接部位密封不严所引起的，使系统内部的油液流到系统外部，应通过改进密封条件来消除。内泄漏是液压元件内部配合表面间的泄漏（一般指液压元件内部高、低压腔之间的泄漏），是无法避免的，这种泄漏与配合间隙、封油长度、运动件直径、两端压差、油液黏度、元件加工质量等多种因素有关。所有泄漏都是油液从高压区向低压区流动造成的。如图 1-6-6 所示为液压缸中的两种泄漏现象。

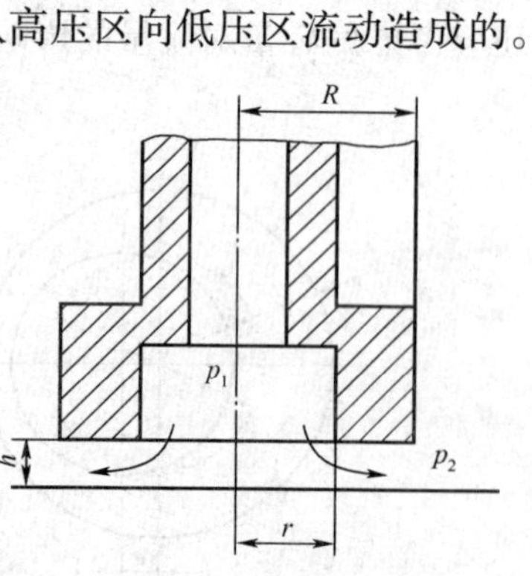

图 1-6-5　圆环平面缝隙

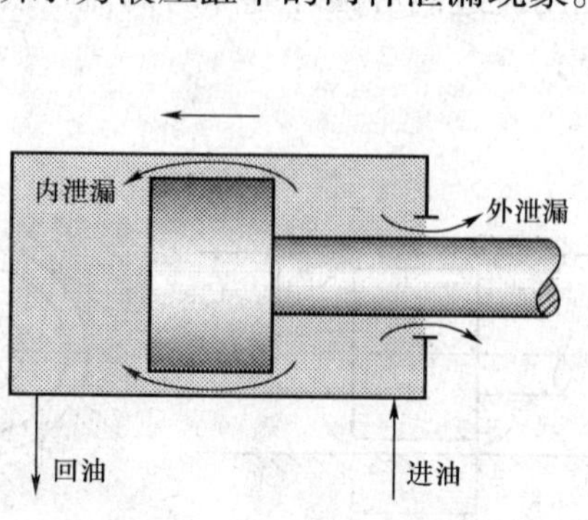

图 1-6-6　液压缸中的泄漏

泄漏引起的流量减少值称流量损失,使液压泵输出的流量不能全部流入液压缸等执行元件转变成工作机构的速度。工作实践中一般也采用近似估算的方法来衡量流量损失,即:

$$Q_{泵} = K_{漏} Q_{缸} \tag{1-6-13}$$

式中:$Q_{泵}$——液压泵输出的流量,L/min;

$Q_{缸}$——液压缸的最大流量,L/min;

$K_{漏}$——系统的泄漏系数,一般等于1.1~1.3,系统复杂或管路较长取大值,反之取小值。

四、液压传动功率

1. 液压传动功率的概念

功率是指单位时间所做的功,用 P 表示,单位为瓦(W)或千瓦(kW)。液压系统中,液压泵输入功率为机械功率,输出功率为液压功率;液压油缸(或液压马达)输入功率是液压功率,输出功率为机械功率。

2. 液压传动功率的计算

1)液压缸的输出功率

因为功率等于力和速度的乘积,则液压缸的输出功率就等于负载阻力 F 乘以活塞(或液压缸)的运动速度 v,即:

$$P = Fv \tag{1-6-14}$$

由于 $F = p_{缸} A$,$v = \dfrac{Q_{缸}}{A}$;所以液压缸输出功率 $P_{缸}$ 又可写为:

$$P_{缸} = p_{缸} Q_{缸} \tag{1-6-15}$$

式中:$P_{缸}$——液压缸的输出功率,W;

$p_{缸}$——液压缸的最高工作压力,Pa;

$Q_{缸}$——液压缸的最大流量,L/min。

式(1-6-15)为液压缸输出功率,在不考虑液压缸本身效率时,液压缸输入功率等于输出功率。

2)液压泵的输出功率

在不考虑泵至油缸油路中各种损失时,泵的输出功率应等于液压缸输入功率,即泵的输出功率 $P_{泵}$ 为:

$$P_{泵} = p_{泵} Q_{泵} \tag{1-6-16}$$

式中:$P_{泵}$——液压泵的输出功率,W;

$p_{泵}$——液压泵的最高工作压力,Pa;

$Q_{泵}$——液压泵的最大流量,L/min,对定量泵而言,即为该泵的额定流量。

3)驱动液压泵的电动机功率的计算

由于泵在工作中也存在着因泄漏和机械摩擦所造成流量损失及机械损失,所以驱动液压泵的电动机所需的功率比液压泵输出功率要大一些,两者的比值用 $\eta_{总}$ 表示,即:

$$\eta_{总} = \frac{P_{泵}}{P_{电}} \tag{1-6-17}$$

式中:$\eta_{总}$——液压泵的总效率(一般计算时,外啮合齿轮泵的 $\eta_{总}$ 取0.63~0.9;叶片泵的 $\eta_{总}$

取0.75~0.85;柱塞泵的 $\eta_{总}$ 取0.8~0.9,或参照液压泵的产品目录);

$P_{泵}$——液压泵的输出功率,kW;

$P_{电}$——驱动液压泵的电动机功率,kW。

由式(1-6-17)可计算出驱动液压泵的电动机功率:

$$P_{电}=\frac{P_{泵}}{\eta_{总}}=\frac{P_{泵}Q_{泵}}{\eta_{总}} \tag{1-6-18}$$

思考题

1. 通过公式说明液体流经薄壁孔和细长孔的不同特点。
2. 通过平行平板缝隙流量公式说明各参数与泄漏值的关系。
3. 通过对流过偏心圆环缝隙与同心圆环缝隙的流量对比,说明如何减小圆环缝隙的泄漏量?
4. 什么是外泄漏和内泄漏?
5. 液压传动功率如何计算?

课题七　液压系统故障现象

液压工程机械的故障主要表现在液压系统或其回路中的元件损坏,并伴随有漏油、发热、振动、噪声等现象,导致系统不能发挥正常功能。

液压系统常见故障种类很多:液压冲击、气穴、振动、噪声、液压卡紧和液压系统的温升。

一、液压冲击

在液压系统中,由于某种原因造成油液压力在某一瞬间突然急剧上升产生很高的压力峰值,并形成压力波传播于充满油液的管道中,这种现象称为液压冲击。

1. 液压冲击的危害

液压冲击产生的冲击压力可高达正常工作压力的好几倍,常使得密封元件、管道或其他液压元件损坏,并产生振动和噪声,有时冲击会使某些液压元件如压力继电器、顺序阀等产生误动作,影响系统正常工作。液压冲击严重时可使系统完全破坏造成损失,如国外曾有飞机因液压冲击发生液压管道爆裂造成机毁人亡的事故。

2. 液压冲击产生的原因

液压系统中产生液压冲击的原因很多,如液流速度突变(如关闭阀门)或突然改变液流方向(换向)等因素都将会引起系统中油液压力的猛然升高而产生液压冲击。

在阀门突然关闭或运动部件快速制动等情况下,液体在系统中的流动会突然受阻。这时,由于液流的惯性作用,液体就从受阻端开始,迅速将动能逐层转换为液压能,因而产生了压力冲击波。此后,这个压力波又从该端开始反向传递,将压力能逐层转化为动能,这使得液体又反向流动。然后,在另一端又再次将动能转化为压力能,如此反复地进行能量转换。由于这种压力波的迅速往复传播,便在系统内形成压力振荡。这一振荡过程,由于液体受到摩擦力以及液体和管壁的弹性作用不断消耗能量，才使振荡过程逐渐衰减而趋向稳定，产生液压冲击的本质是动量变化。

二、气穴现象

在液压系统中，由于流速突然变大、供油不足等原因，压力会迅速下降至低于空气分离压（空气从油中分离的压力），溶解于油液中的空气从油中大量分离出来产生气泡，当压力继续降低至低于当时温度下的饱和蒸气压时，油液则汽化沸腾而产生大量气泡。所有这些气泡呈游离状态混杂在油液中，使原来充满在管道和元件中的液体成为不连续状态，这种现象称为气穴现象。

气穴的危害主要有以下几个方面。

①引起液压冲击、振动、噪声。液体在低压部分产生气穴后，到高压部分将会急剧溃灭时，其周围的高压液体会迅速填补原来气泡所占据的空间，因而产生无数局部的液压冲击，使局部的压力和温度急剧上升，从而引起噪声、振动等有害现象。

②液压系统受到气穴引起的液压冲击而造成零件的损坏。

③产生气蚀。接触气穴区的管壁和液压元件表面因反复受到液压冲击和高温的作用，以及气泡中氧气的氧化作用，零件表面将产生腐蚀。这种气穴现象产生的零件腐蚀，一般称为气蚀。

④气穴现象分离出来的气泡有时聚集在管道的最高处或流道狭窄处形成气塞，使油液不通畅甚至断流，使系统不能正常工作。

⑤降低泵的吸油能力，增加泵的压力和流量的脉动，使泵的零件受到冲击荷载，降低工作寿命。

三、振动和噪声

振动和噪声现在已成为社会公害，目前液压技术正朝着高压、高速、大功率方向发展，因而振动与噪声问题更需要加以研究。

振动和噪声是同一物理现象的两种表现。振动带来噪声，振动影响液压系统的正常工作和性能，而且缩短液压元件的寿命，使管道接头松动，引起漏油和破坏；噪声恶化劳动条件，引起操作人员疲劳。

液压系统的振动（噪声）可分为机械振动（噪声）和流体振动（噪声），而且两大类振动产生耦合作用，其机理极为复杂，理论研究是一个非常复杂的问题。

四、液压卡紧

液压系统中产生液压卡紧，一般是指当阀芯停止运动一段时间后，产生很大阻力，致使阀芯重新移动十分困难。这种现象容易增加滑阀的磨损，降低元件的使用寿命，同时会使系统运行产生不良后果。

产生液压卡紧的原因主要有如下几个方面。

1. 径向力不平衡引起的液压卡紧

液压滑阀副几何形状误差和同轴度变化引起径向不平衡的液压力，是产生液压卡紧的主要原因。

2. 油液中极性分子的吸附作用产生的卡紧

在产生液压卡紧之后，由于油液中的极性分子的吸附作用，使液压卡紧现象会在稍长的时间后才会消失。

3. 杂质楔入间隙引起的液压卡紧

油液中杂质楔入间隙也会形成液压卡紧。

五、液压系统中的温升

液压系统中油温升高的原因很多，下面从几个方面来分析液压系统温升的原因。

1. 液压系统设计不合理产生的系统温升

液压系统在工作过程中有大量压力损失而使油温过高，如液压元件规格选用不合理；系统中存在多余的元件和回路；节流方式不当；系统在非工作过程中，无有效的卸荷措施，使大量压力油损耗而使油液发热等。

2. 压力损耗大使压力能转换为热能

最常见的是管路设计、安装不合理，致使压力损失加大以及管路维护清洗不及时所造成。

3. 容积损耗大（泄漏严重）而引起的油液发热

系统各连接处泄漏、密封装置损坏泄漏，运动零件磨损后增加泄漏造成容积损失而发热。

4. 机械损耗大而引起的油液发热

机械损耗经常是由于液压元件的加工精度和装配质量不良，安装精度差，密封件安装不当而造成的。

5. 压力调整过高而引起的

不能在不良的工况下，采用提高系统压力来保证正常工作。这样会增加能量损耗，使油液发热。

6. 油箱体积小、散热条件差

7. 液压油选用不当引起的

使用了黏度高的工作油，黏性阻力增加，而使油温升高；使用了消泡性差的工作油，由于气泡的绝热压缩，使油温上升；在高温暴晒下工作，工作油劣化加剧，使油温上升。

8. 操作不当引起的

操作换向阀过猛，经常处于系统溢流等也会使油温加速上升，因此在操作中要注意。

思考题

1. 什么是液压冲击？产生的原因有哪些？造成哪些危害？采取哪些措施可减小液压冲击？
2. 什么是气穴现象？造成哪些不良影响？可采取哪些措施预防气穴现象？
3. 如何防止振动与噪声？
4. 什么是液压卡紧？液压卡紧产生的原因有哪些？如何预防液压卡紧？
5. 减小液压系统中温升的措施有哪些？

Danyuaner

单元二

液压泵与液压马达

知识点

1. 液压泵及液压马达的用途、分类、工作原理和技术性能；
2. 液压泵及液压马达的结构及拆装步骤；
3. 液压泵及液压马达常见故障及排除方法。

技能点

1. 进行常见液压泵、液压马达的拆装；
2. 进行液压泵、液压马达常见故障的诊断排除。

液压传动中，液压泵和液压马达是能量转换装置。

液压泵是将所输入的电动机（或其他发动机）的机械能转换成为油液的压力能的装置，是液压系统的心脏。在液压系统中，液压泵是动力元件，是液压系统的重要组成部分。

液压马达则是将所输入的流动油液的压力能转换为旋转运动形式的机械能的装置。在液压系统中，液压马达是执行性元件。从原理上讲，液压泵和液压马达是可逆的，同类型的液压泵和液压马达在结构上是相似的。但由于使用目的不同，导致结构上的某些差异。

液压泵（马达）的类型很多。

按排量是否可调分：

液压泵 { 定量泵（马达）; 变量泵（马达） }

按结构形式分：

- 液压泵
  - 齿轮泵
    - 按啮合形式
      - 外啮合
      - 内啮合
        - 渐开线内啮合
        - 摆线内啮合
    - 按泵的结构
      - 单级
      - 双级
      - 双联
  - 叶片泵
    - 按工作特性
      - 单作用
        - 定量
        - 变量
      - 双作用
    - 按泵的结构
      - 单级
      - 双级
      - 双联
  - 柱塞泵
    - 按泵的结构
      - 轴向
        - 斜盘式
        - 斜轴式
      - 径向
        - 曲轴式
        - 回转式
    - 按工作特性
      - 定量
      - 变量
  - 螺杆泵
  - 钢球泵

根据常用基础标准中压力分级：

- 液压泵
  - 低压泵→额定压力为 0 ~ 2.5MPa
  - 中压泵→额定压力为 2.5 ~ 8MPa
  - 中高压泵→额定压力为 8 ~ 16MPa
  - 高压泵→额定压力为 16 ~ 32MPa
  - 超高压泵→额定压力为超过 32MPa

按马达输出转矩大小分：

- 液压马达
  - 高速小转矩
    - 齿轮式
    - 叶片式
      - 定量
      - 变量
    - 轴向柱塞式
      - 定量
      - 变量
    - 钢球式
  - 低速大转矩
    - 柱塞式
      - 径向
        - 曲轴连杆式
        - 静力平衡式
        - 内曲线多作用式
      - 轴向
        - 斜盘式
        - 斜轴式
    - 摆线转子式
    - 钢球式

课题一 齿轮泵与齿轮马达

一、齿轮泵的工作原理及主要性能参数

齿轮泵是一种定量泵，具有结构简单，体积小，重量轻，价格便宜，抗污染能力强，自吸性能好，工作可靠且维修方便等优点。目前我国生产的适用于工程机械使用的中、高压齿轮泵，其压力已可达21MPa以上。

齿轮泵一般可分为外啮合和内啮合两种。二者对比，内啮合齿轮泵结构紧凑，运转平稳，噪声小，有良好的高速性能，但加工复杂，流量脉动大，高压低速时容积效率低；外啮合齿轮泵工艺简单，加工方便。所以，目前渐开线圆柱直齿形的外啮合齿轮泵使用得比较多，下面以外啮合齿轮泵为例介绍。

1. 外啮合齿轮泵的工作原理

图2-1-1所示为外啮合齿轮泵的工作原理图。一对相互啮合的齿轮安装于壳体内部，齿轮的两端面以端盖密封。两齿轮将壳体内部分成左右两个互不相通的 *A* 腔和 *B* 腔，在壳体上开有两个孔分别和 *A* 腔、*B* 腔相通。当齿轮按图示方向旋转时，在 *B* 腔啮合着的轮齿逐渐脱开啮合，使该腔容积逐渐增大，形成局部真空。油箱内的油液在大气压的作用下经油管和壳体上的吸油口进入 *B* 腔（吸油腔）。吸入到 *B* 腔齿间的油液在密封的工作空间中随着齿轮旋转，沿泵体内壁带入到 *A* 腔，而轮齿在 *A* 腔逐渐进入啮合，密封工作空间逐渐减小，使齿间的油液被挤压并经压油口排出（*A* 腔为压油腔）。当齿轮不断地旋转时，*B* 腔就不断地从油箱中吸油，*A* 腔就连续不断地输出压力油。

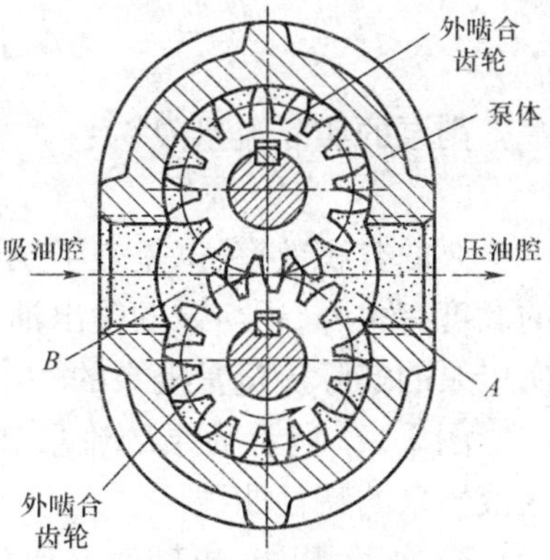

图2-1-1 外啮合齿轮泵工作原理图

齿轮泵吸、压油腔是分别独立的，所以齿轮泵不需要专门的配流机构，故其结构简单。齿轮泵的结构决定它只能是定量泵。

2. 齿轮泵的主要性能参数

1）压力

液压泵的工作压力取决于系统中阻止油液流动的阻力，即取决于外界荷载，随荷载的变化而变化。

为充分发挥泵的效率和保障工作安全，液压泵的产品目录中（或说明书）通常规定两种压力：额定压力和最大压力。一般在泵铭牌上所标的是额定压力。额定压力是指液压泵在正常工作条件下按试验标准规定能连续运转的最高压力。额定压力使泵能充分发挥效能，并保证工作期限。最大压力是指按试验标准规定，泵在短时间内超载所允许的极限压力（由液压系统中的安全阀限定）。液压泵所能达到的最大压力由工作空间的密封性能和泵的强度而定，而液压泵工作过程中的实际工作压力决定于外界负载。压力一般用 p 表示，压力的法定计量单位是帕斯卡（Pa）。

2）排量、流量和容积效率

液压泵的排量是指泵每转一弧度所排出液体的体积，以 q 表示，其法定计量单位为 m^3/rad。排量恒定的泵为定量泵，排量调节可变的泵为变量泵。

液压泵的流量是指泵在单位时间内输出的液体的体积，以 Q 表示，其法定计量单位为 m^3/s。

在一定压力下工作的液压泵的各密封间隙有泄漏。所以泵的排量和流量都有理论值和实际值之分。

液压泵的理论排量 q_0 取决于结构参数，其计算公式可从有关液压手册查阅。

泵的理论流量等于理论排量 q_0 和角速度 ω(m^2/s)的乘积，即：

$$Q_0 = q_0 \cdot \omega \qquad (m^3/s) \tag{2-1-1}$$

因为泄漏，泵的实际流量 Q 小于理论流量 Q_0；若泵的泄漏量为 ΔQ，则实际流量 Q 应为：

$$Q = Q_0 - \Delta Q \tag{2-1-2}$$

液压泵的实际流量与理论流量之比称为泵的容积效率，即：

$$\eta_V = \frac{Q}{Q_0} = \frac{Q_0 - \Delta Q}{Q_0} = 1 - \frac{\Delta Q}{Q_0} \tag{2-1-3}$$

则泵的实际流量 Q 为：

$$Q = Q_0 \eta_V \tag{2-1-4}$$

泵的容积效率 η_V 是表示泵的内在质量的一个重要指标。泵的泄漏量除了与密封间隙、油的黏度有关外，还与泵的输出油压有关。压力升高，泄漏量增加。所以泵的实际流量是随泵的输出油压变化而变化的。

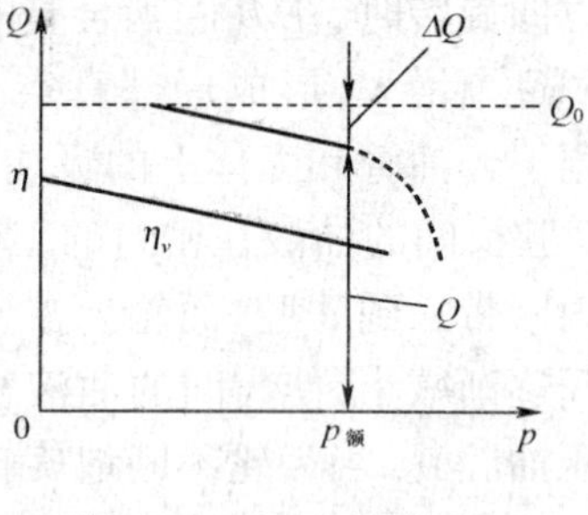

图 2-1-2　液压泵特性曲线

图 2-1-2 所示为泵的流量和压力之间的关系曲线，这种曲线叫液压泵的特性曲线。

3）功率、扭矩、机械效率和总效率

液压泵的理论输出功率为 pQ_0，理论输入功率为 $M_0\omega$。不考虑能量损失，则：

$$pQ_0 = M_0\omega \tag{2-1-5}$$

式中：p、Q_0——泵的工作压力(Pa)、泵的理论流量(m^3/s)；

M_0、ω——驱动泵所需理论扭矩(N·m)、泵的角速度(rad/s)。

将 $Q_0 = q_0\omega$ 代入式(2-1-5)，消去 ω 得驱动泵的理论扭矩 M_0 为：

$$M_0 = pq_0 \qquad (N \cdot m) \tag{2-1-6}$$

由于有液体摩擦和机械摩擦损耗，所以输入扭矩也有理论与实际之分，实际输入扭矩 M 大于理论输入扭矩。泵的机械效率为理论输入扭矩 M_0 与实际输入扭矩之比，即：

$$\eta_m = \frac{M_0}{M} \tag{2-1-7}$$

泵的总效率 η 为泵的实际输出功率 pQ 与实际驱动液压泵所需的功率 $M\omega$ 之比，即：

$$\eta = \frac{pQ}{M\omega} \tag{2-1-8}$$

4）自吸能力

液压泵的自吸能力是指泵在额定角速度下从位置低于泵的开式油箱中自行吸油的能力。

自吸能力的大小常以吸油高度或真空度表示。

泵的自吸的实质是泵在工作时吸油腔形成局部真空，开式油箱中油液在大气压力作用下流入吸油腔。吸油腔真空度越大，吸油高度就越高，泵的自吸能力也就越大。但吸油腔的真空度往往受到气蚀条件的限制。一般泵所允许的吸油高不超过500mm。

二、齿轮泵的结构

1. 总体结构

如图2-1-3所示为CB—B型外啮合齿轮泵结构图，主要由一对相互啮合的齿轮、泵体以及前、后端盖等主要零件组成。在端盖上开有卸荷槽，以消除困油现象。其型号“CB”是“齿”、“泵”二字汉语拼音的第一个字母。

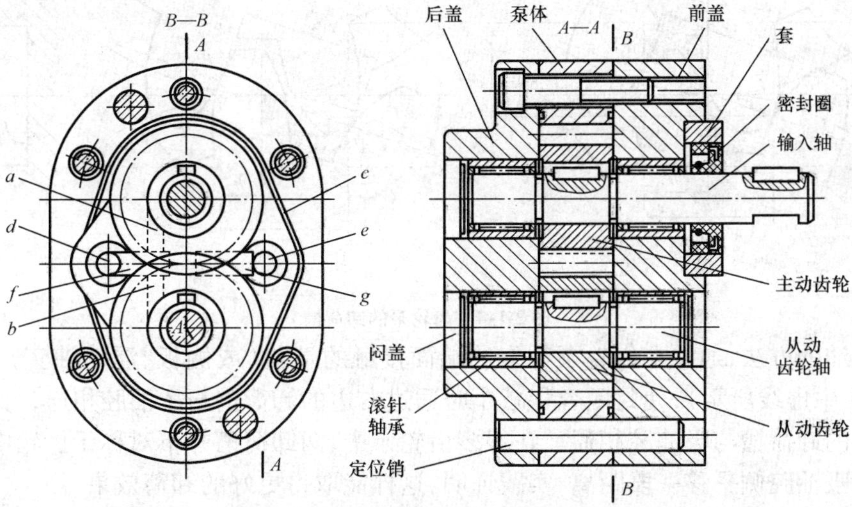

图2-1-3　CB—B型齿轮泵的结构

CB—B型齿轮泵是我国最基本最为典型的外啮合齿轮泵，属低压系列。它由前泵盖、泵体和后盖组成。一对齿数相同的齿轮装在泵体内，它们采用平键连接在主动轴和从动轴上。输入轴与从动齿轮轴由前盖和后盖上4只滚针轴承来支承。圆锥定位销将泵体与前、后盖定位，由6个螺钉紧定。为保证传动灵活，齿轮端面与泵盖间的轴向间隙为0.025～0.06 mm，齿顶与泵体内壁的径向间隙一般为0.13～0.26 mm。前盖上压有套，其内孔中嵌装着密封圈可防止输入轴转动时油液的向外甩出。

CB—B型采用内泄漏结构，前后端盖上都铣有槽a和b，使轴向泄漏的油液经通道a和b，使轴向泄漏油液经通道a和b流回吸油腔（图2-1-3）。

泵体的两端面上都铣有压力卸荷槽c，侧面泄漏的油液由此槽流向吸油腔，这样既可防止向外泄漏，又可降低泵体与泵盖接合面处的压力，并减少紧固螺钉的拉力。闷盖和油封可防止油向外泄漏及空气进入工作腔内。

齿轮泵具有结构简单，工作可靠，成本低以及对液压油的污染不太敏感，便于维护等优点；缺点是噪音高，流量脉动较大并只能作定量泵使用。

外啮合齿轮泵的结构要点如下。

1）困油现象及其消除措施

齿轮泵在平稳地工作时，齿轮啮合的重合系数必须大于 1，因而有时会有两对轮齿同时进入啮合。此时就有一部分油液被围困在两对轮齿所形成的封闭腔之内，这个封闭容积称为困油容积，如图 2-1-4 所示。该困油容积先随齿轮转动逐渐减少，以后又逐渐增大。这种现象被称为齿轮泵的困油现象，它将引起噪声、振动和气蚀。解释如下：困油容积减小会使被困油液受挤而产生高压，并从缝隙中流出，导致油液发热，轴承等机件也受到附加的不平衡负载作用。困油容积增大又会造成局部真空，使溶入油中的气体分离出来，产生气穴，如果气穴现象产生的气泡流入高压区域的管壁或其他液压元件的金属表面处，气泡被挤破后，空气中所含的氧气对金属表面具有较强的氧化腐蚀作用，这种因气穴现象造成的零件腐蚀现象，一般称为气蚀。

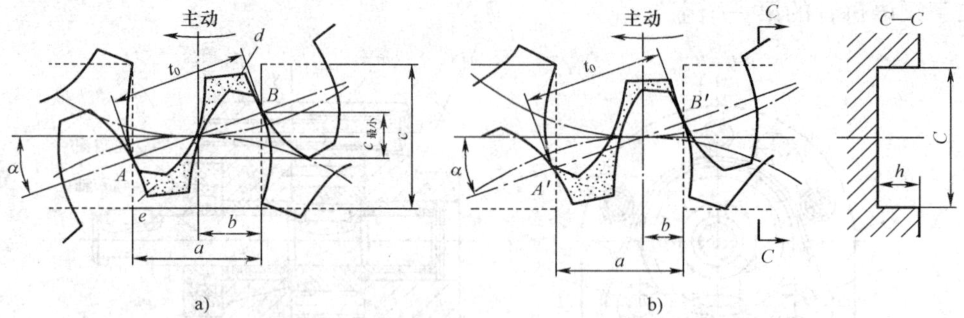

图 2-1-4　齿轮泵的卸荷槽

消除困油的方法，通常在齿轮泵与齿轮端面接触的端盖（或侧板、浮动轴套）上开卸荷槽（如图 2-1-4 中虚线所示），使封闭容积减小时通过右边的卸荷槽与压油腔相通，封闭容积增大时通过左边的卸荷槽与吸油腔相通。在很多齿轮泵中，两卸荷槽并不对称于齿轮中心线分布，而是整个向吸油腔侧平移一段距离，实践证明，这样能取得更好的卸荷效果。

部分齿轮泵采用卸荷盲孔消除齿轮泵困油现象，如图 2-1-5 所示，这种卸荷盲孔也多为非对称结构。CB—B 型齿轮泵采用这种结构，该措施的优点是加工容易。

2）径向作用力不平衡

在齿轮泵中，液体作用在齿轮外缘的压力是不均匀的，从低压腔到高压腔压力沿齿轮旋转方向逐齿递增。同时，齿轮传递转矩所产生的力也作用在齿轮（及轴）上。两者的合力，使齿轮和轴受到径向不平衡力的作用，如图 2-1-6 所示，F_1 为齿轮外缘上液体压力简化到轴上的力，F_2 为齿轮之间的啮合力简化到轴上的力，F 为齿轮轴上所受到的合力。齿轮工作压力越高，径向不平衡力也越大。径向不平衡力很大时能使泵轴弯曲，导致齿顶接触泵体，产生摩擦；同时也加速轴承的磨损，降低轴承的使用寿命。为了减小径向不平衡力的影响，常采取缩小压油口的办法，使压油腔的压力油仅作用在一个齿到两个齿的范围内；同时适当增大径向间隙，使齿顶不和泵体接触。

3）端面泄漏及端面间隙的自动补偿

齿轮泵压油腔的压力油可通过 3 条途径从压油腔泄漏到吸油腔去：一是通过齿轮的啮合处的间隙；二是通过泵体内表面和齿轮齿顶圆间的径向间隙；三是通过齿轮两端面和盖板间的端面间隙。在三类间隙中，以端面间隙的泄漏量最大，约占总泄漏量的 75% ~80%。泵的压力愈高，间隙泄漏就愈大，因此一般齿轮泵只适应于低压，且其容积效率也很低。为减小泄漏，用设计较小间隙的方法并不能取得好的效果,因为泵在经过一段时间运转后,由于磨损而使间隙变大,泄漏又会增加。为使齿轮泵能在高压下工作,并具有较高的容积效率,需要从结构上采取措施对端面间隙进行自动补偿。

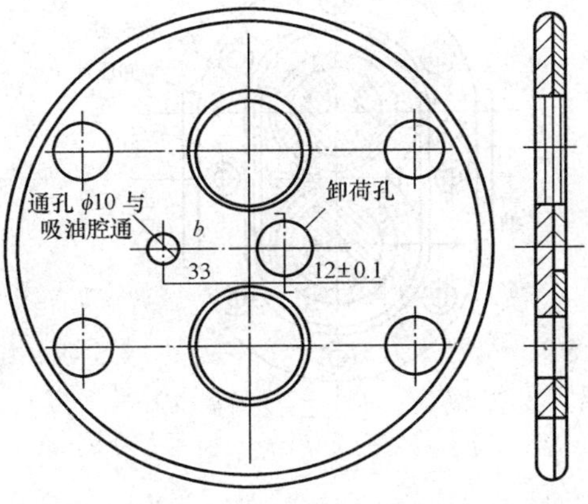

图 2-1-5　圆形卸荷盲孔

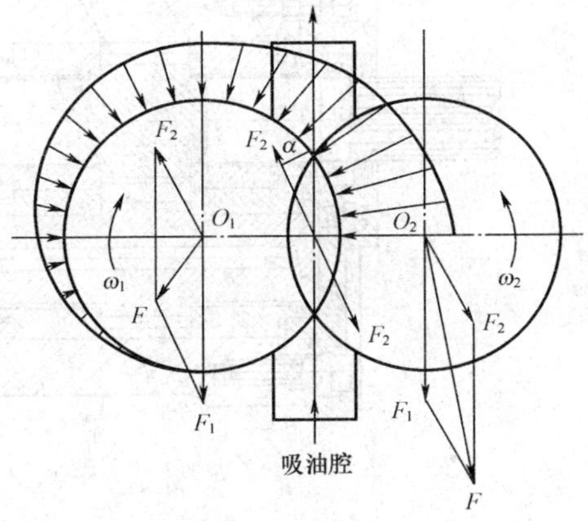

图 2-1-6　齿轮泵径向受力简图

通常采用的端面间隙自动补偿装置有浮动轴套式和弹性侧板式两种,其原理都是引入压力油使轴套或侧板紧贴齿轮端面。压力愈高,贴得越紧,因而自动补偿端面磨损和减小间隙。如图 2-1-7 所示为采用浮动轴套的中高压齿轮泵的一种典型结构,图中两个轴套是浮动安装的,轴套左侧的空腔均与泵的压油腔相通。当泵工作时,浮动轴套受左侧油作用而向右移动,将齿轮两侧面压紧,从而自动补偿了端面间隙。这种齿轮泵的额定工作压力可达 10 ~ 16 MPa,容积效率不低于 0.9。

2. 分解图

如图 2-1-8 所示为 CB—B 型齿轮泵的分解图。

3. 拆装步骤

外啮合齿轮泵的拆卸步骤如下(以 CB—B 型齿轮泵为例)。

①用内六角扳手将输出轴侧的端盖螺钉拧松(拧松之前在端盖与本体的结合处作上记号)并取出螺钉。

注意:CB—B 型齿轮泵拆开前,必须用柴油或煤油清洗全部零件,并用压缩空气吹净。

②用螺丝刀轻轻沿端盖与本体的结合面处将端盖撬松。

注意:不要撬太深,以免划伤密封面,因密封主要靠两密封面的加工精度及泵体密封面上的卸油槽来实现的。

③将端盖板拆下,将主、从动齿轮取出。

注意:将主、从动齿轮与对应位置做好记号。

④用煤油或轻柴油将拆下的所有零部件进行清洗并放于容器内妥善保管,以备检查和测量。

外啮合齿轮泵的装配步骤如下。

外啮合齿轮泵的装配按拆卸相反的顺序进行。

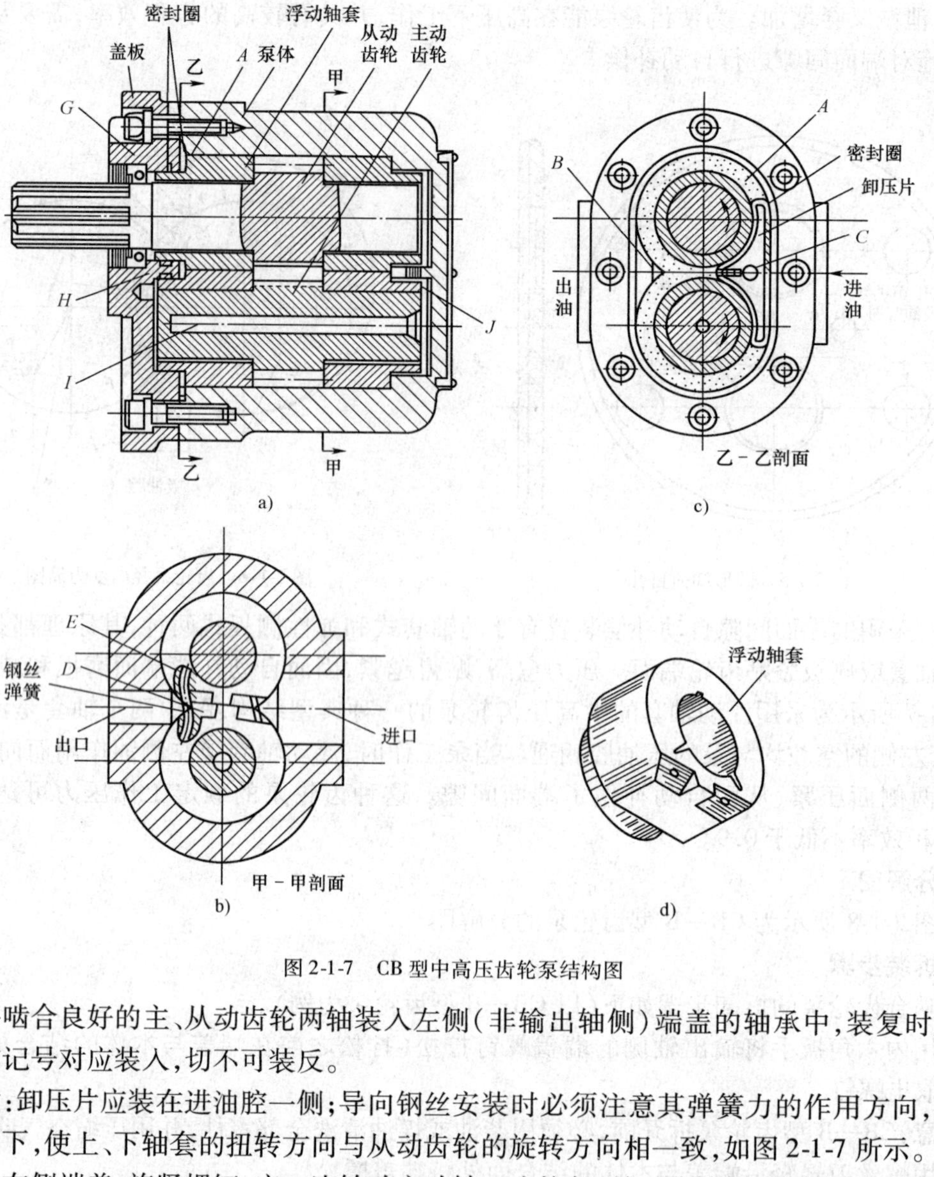

图 2-1-7　CB 型中高压齿轮泵结构图

①将啮合良好的主、从动齿轮两轴装入左侧(非输出轴侧)端盖的轴承中,装复时应按拆卸时所作记号对应装入,切不可装反。

注意:卸压片应装在进油腔一侧;导向钢丝安装时必须注意其弹簧力的作用方向,在弹簧力的作用下,使上、下轴套的扭转方向与从动齿轮的旋转方向相一致,如图 2-1-7 所示。

②装右侧端盖,旋紧螺钉,应一边转动主动轴一边拧紧,并对称拧紧,以保证端面间隙均匀一致。

注意:泵盖紧固螺钉应交替均匀拧紧,内六角螺钉头部不得凸出泵盖外端表面。

③装复联轴器,将电动机装好,对好联轴器,调整同轴度,保证转动灵活。

三、齿轮泵的故障诊断与排除

1. 排除齿轮泵故障的参考顺序

排除液压泵不能正常工作的故障,可参考如下顺序。

①明确液压泵产生的故障性质。如噪声大压力波动严重;输油量不足或压力调不高;泵旋

转不通畅或咬死;CB 型齿轮泵的压盖或骨架油封有时松动;泵严重发热(泵温应低于 65℃);外泄漏等。

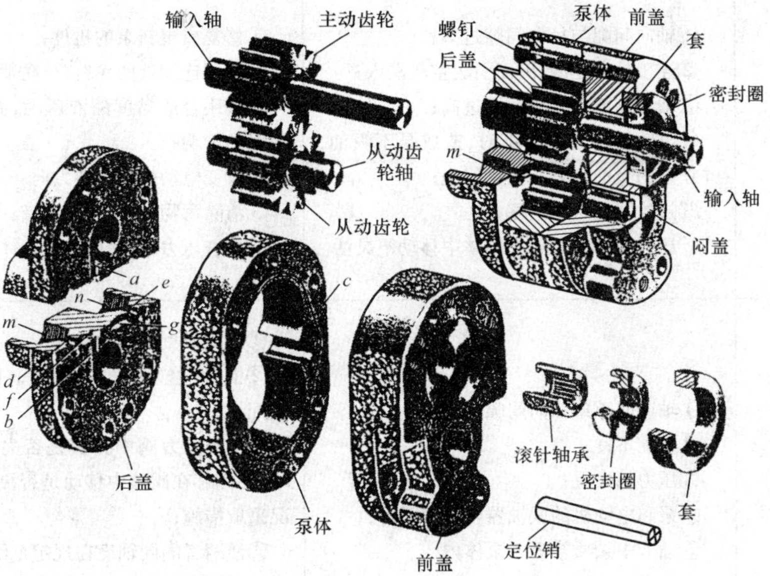

图 2-1-8 CB—B 型齿轮泵的分解图

②列出对故障可能发生影响的元件目录。如外泄漏,可以认为是密封件密封不严或回油口堵塞造成的,此时应列出对泵的密封或回油口堵塞造成影响的元件目录,有重点地进行检查试验,对不合适的元件进行修理或更换。

2. 齿轮泵的故障分析与排除方法

齿轮泵的常见故障、原因和排除方法,见表 2-1-1。

齿轮泵的常见故障、原因和排除方法 表 2-1-1

故 障	原 因	排 除 方 法
噪声大压力波动严重	①过滤器被污染物堵塞或吸油管贴近过滤器底面; ②油管露出油面或伸入油箱较浅或吸油位置太高; ③油箱中的油液不足; ④CB 型齿轮泵由于泵体与泵盖是硬性接触(不用纸垫),若泵体与泵盖的平直性不好,泵旋转时会吸入空气;泵的密封性不好,接触面或管道接触处有油漏,也容易使空气混入; ⑤泵和电动机的联轴器碰撞; ⑥轮齿的齿形精度不好; ⑦CB 型齿轮泵骨架式油封损坏或装配时骨架油封内弹簧脱落	①清除过滤器滤网上的污物;吸油管不得贴近过滤器底面,否则会造成吸油不畅; ②油管应伸入油箱内 2/3 深,吸油位置不得超过 500 mm; ③按油标规定线加注油液; ④若泵体与泵盖的平直性不好,可在平板上用金刚砂研磨,使其平直度不超过 5μm(同时注意垂直度要求),并且紧固各连接件,严防泄漏; ⑤联轴器中的橡皮圈损坏需要调换,装配时应保证同轴度要求; ⑥调换齿轮或修整齿形; ⑦检查骨架油封,若损坏则应更换,避免吸入空气

续上表

故　障	原　因	排除方法
输出油量不足或压力提不高	①轴向间隙与径向间隙过大； ②连接处有泄漏，因而引起空气混入； ③油液黏度太高或油温过高； ④电动机旋转方向不对，造成泵不吸油，并在泵的吸油口处有大量气泡； ⑤过滤器或管道堵塞； ⑥压力阀中的阀芯在阀体中移动不灵活	①修复或更新泵的机件； ②紧固连接处的螺钉，严防泄漏； ③选用合适黏度的液压油，并注意气温变化对油温的影响； ④改变电动机的旋转方向； ⑤清除污物，定期更换油液； ⑥检查压力阀，使阀芯在阀体中移动灵活
泵旋转不通畅或咬死	①轴向间隙或径向间隙太小； ②装配不良； ③压力阀失灵； ④泵和电动机的联轴器同轴度不好； ⑤油液中杂质被吸入泵体内	①修复或更换泵的机件； ②根据"修复后的齿轮泵装配注意事项"进行装配； ③检查压力阀中弹簧是否失灵、阀上小孔是否堵塞、阀芯在阀体中移动是否灵活等，根据具体情况采取措施； ④使两者的同轴度在规定范围内； ⑤严防周围灰尘、铁屑及冷却水等污物进入油箱，保持油液清洁
CB 型齿轮泵的压盖或骨架油封有时松动	①压盖堵塞了前后盖板的回油通道，造成回油不通畅而产生很高压力； ②骨架油封与泵的前盖配合松动； ③装配时，若泵体装反，使出油口与卸荷槽相通，形成压力，冲击骨架油封； ④泄漏通道被污物阻塞	①将压盖取出重新压进，并注意不要堵塞回油通道； ②检查骨架油封外圈与泵的前盖配合间隙，骨架油封应压入泵的前盖，若间隙过大，应更换新的骨架油封； ③纠正泵体的装配方向； ④清除泄漏通道上的污物
泵严重发热（泵温应低于65℃）	①油液黏度过高； ②油箱小、散热不好； ③泵的径向间隙或轴向间隙过小； ④卸荷方法不当或泵连续溢流时间过长； ⑤油在油管中流速过高，压力损失过大	①更换适当的油液； ②加大油箱容积或增设冷却器； ③调整间隙或调换齿轮； ④改进卸荷方法或减少泵连续溢流时间； ⑤加粗油管，调整系统布局
外泄漏	①泵盖上的回油孔堵塞； ②泵盖与密封圈配合过松； ③密封圈失效或装配不当； ④零件密封面划痕严重	①清洗回油孔； ②调整配合间隙； ③更换密封圈或重新装配； ④修磨或更换零件

CB 齿轮泵修理技术尺寸参数如表 2-1-2。

修理技术尺寸参数(mm)　　　　表 2-1-2

序号	配合名称	标准尺寸	间隙(+)　过盈(-)			备　注
			标准的	允许不修的	极限的	
1	油泵盖 轴套	$35^{+0.050}$ $35.5^{-0.010}_{-0.032}$	+0.010 +0.082	+0.030	+0.035	
2	油泵壳体 轴套	$55^{+0.030}$ $55^{-0.030}_{-0.060}$	+0.030 +0.090	+0.12	+0.15	泵 CB46 泵 CB32
3	油泵壳体 主动齿轮 从动齿轮	$55^{+0.030}$ $55^{-0.005}_{-0.145}$	+0.095 +0.175	+0.30	+0.35	
4	轴套 主动齿轮 从动齿轮	$26^{+0.015}$ $26^{-0.645}_{-0.006}$	+0.045 +0.075	+0.15	+0.20	

四、齿轮马达的工作原理及主要性能参数

1. 齿轮马达的工作原理

齿轮外啮合齿轮液压马达工作原理如图 2-1-9 所示。当高压油进入齿轮马达的进油腔(由齿 1、2、3 和 1′、2′、3′、4′的表面以及泵体和端盖的有关内表面组成)之后,由于啮合点半径 x 和 y 永远小于齿顶圆半径,因而在齿 1 和 2′的齿面上,便产生如箭头所示的不平衡的液压力。该液压力就相对于轴线 O_1 和 O_2 产生转矩。在该转矩的作用下,齿轮马达按图示箭头方向旋转,拖动外负载做功。

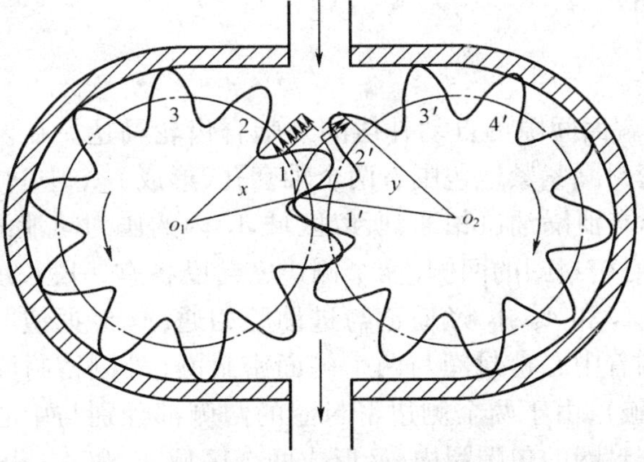

图 2-1-9　齿轮马达工作原理

随着齿轮的旋转,齿 1 和 1′所扫过的容积要比齿 3 和 4′,所扫过的容积小,这样进油腔的容积不断增加,高压油便不断进入。同时,又被不断地带到回油腔排出。这就是齿轮马达按容积变化进行工作的原理。在齿轮马达的排量一定时,马达的输出轴转速只与输入流量有关,而

输出转矩则随外负载变化而变化。随着齿轮的旋转,啮合点是不断变化(即 x 和 y 是变量),即输入瞬时流量为一定值时,齿轮马达的输出转速和输出转矩也是脉动的。所以齿轮马达的低速性能差。

2. 齿轮马达的主要性能参数

1)排量

齿轮马达排量计算方法与齿轮泵完全相同,即:

$$q_{\mathrm{M}} = 2\pi Z m^2 B \tag{2-1-9}$$

式中:Z——齿轮齿数;

m——齿轮模数;

B——齿宽。

2)输出转速

齿轮马达输出转速为:

$$n_{\mathrm{M}} = \frac{Q_{\mathrm{M}}\eta_{\mathrm{M}_V}}{2\pi Z m^2 B} \tag{2-1-10}$$

式中:Q_{M}——马达的实际流量;

η_{M_V}——马达容积效率;

n_{M}——马达输出转速。

3)输出转矩

齿轮马达的输出转矩为:

$$M_{\mathrm{M}} = \Delta p_{\mathrm{M}} Z m^2 B \eta_{\mathrm{M}_m} \tag{2-1-11}$$

式中:Δp_{M}——齿轮马达压力差;

η_{M_m}——齿轮马达机械效率。

上面计算的转速和转矩为平均值。

五、齿轮马达的结构

1. 外啮合齿轮马达

如图 2-1-10 所示为端面间隙可自动补偿的外啮合齿轮马达。在两轴套的外端对称地布置着 4 个密封圈,中心密封圈紧紧地包围着两个轴套孔,形成一个中间收缩的 8 字形区域 A_1,因区域 A_1 通过两个轴承与泄漏油口相通,所以区域 A_1 内的压力与泄漏油腔压力相等。侧边密封圈对称地布置在中心密封圈的两侧(两个侧边密封圈各有一段长度直接与中心密封圈接触),分别形成菱形区域 A_2 和 A_3,A_2 经通道与进油腔相通,A_3 经通道与回油腔相通。外围密封圈也布置成菱形,包围着中心密封圈与两个侧面密封圈(外围密封圈上有两端长度分别与两个侧边密封圈直接接触),由于两个侧边密封圈的两侧都分别与中心密封圈和外围密封圈直接接触,所以在外围密封圈的包围圈内,又形成两个区域 A_4 和 A_5,由于渗漏和串油的原因,所以 A_4 和 A_5 内的压力很接近于高压腔压力。

为了简化加工和装配工艺,外围密封圈夹在壳体与前盖(或后盖)之间,中心密封圈夹在轴套和前盖(后盖)之间;而两个侧边密封圈与外围密封圈相接近的部分保持在壳体和前盖(后盖)之间。所有密封圈都嵌在前盖(后盖)凹槽中。各密封圈之间互相接近的部分,采用直接接触的办法，可简化工艺，降低成本。

当马达正转时，A_1 内的压力等于泄漏压力，A_2 内的压力等于高压腔压力，A_3 内的压力等于低压腔压力，A_4 和 A_5 内的压力是相等的，它们稍低于（很接近于）高压腔的压力。

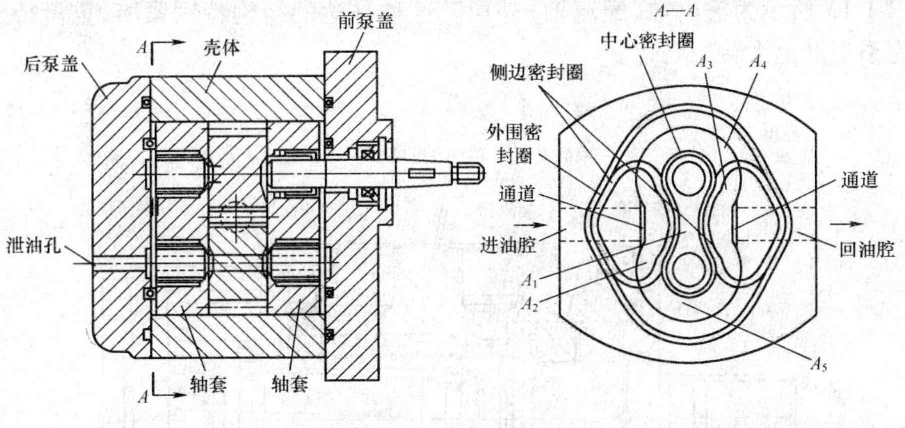

图 2-1-10 端面间隙可自动补偿的外啮合齿轮马达

当马达反转时，由于高低压腔交换位置，此时 A_2 内的压力就等于低压腔压力，A_3 内的压力等于高压腔的压力，A_4 和 A_5 仍然稍低于（很接近于）高压腔压力。所以轴套对齿轮总的压紧力和正转时相同。

外啮合齿轮马达与外啮合齿轮泵几乎相同，构造简单，抗污染能力强，价格低廉，但泄漏量大，扭矩变化大，轴承承载大而寿命短。在实际结构上和齿轮泵还是有差别的，主要体现在以下几个方面。

①进、出油通道对称，孔径相同，以便正、反转时性能一样。

②采用外泄油孔。因为马达回油有背压，另一方面马达正、反转时，其进回油腔也互相变化。如果采用内部泄油，容易将轴端密封圈冲坏，所以齿轮马达与齿轮泵不同，必须采用外泄油孔。

③轴向间隙自动补偿的浮动侧板，必须适应正、反转时都能工作的结构。同时，解决困油现象的卸荷槽，必须是对称布置的结构。

④应用滚动轴承较多，主要为了减少摩擦损失而改善起动性能。

2. 内啮合摆线齿轮马达（摆线马达）

内啮合摆线齿轮马达结构紧凑、体积小、输出转矩大、低速稳定性好、转动惯量小，额定压力一般为 10 ~ 12 MPa，是一种小型低速大转矩液压马达。在工程机械全液压转向器上被广泛应用。

BM 型内啮合摆线马达的结构如图 2-1-11 所示。它由内齿轮定子、转子摆轮、鼓形花键轴、配油盘、输油（配流）轴、泵体、前后端盖等组成，该马达内齿轮固定不动成为定子。因此摆线齿轮转子在啮合过程中一方面绕自身轴线自转，一方面绕定子轴线高速反向公转。从图 2-1-12中可以看出，摆线齿轮转子与内齿轮定子的啮合情况以及在不同位置时配油轴的配油情况。图 2-1-12a）是起始状态，5、6、7 齿间进压力油，2、3、4 齿间排油，1 齿间处在排油到进油的过渡状态。图 2-1-12b）是转过 1/14 转的情形，这时配油状态为 1、2、3 齿间进入压力油，5、6、7 齿间排油，4 齿间处在排油到进油的过渡状态。图 2-1-12c）是转过 1/7 转的情形，这时 4、

5、6 齿间进入压力油，1、2、3 齿间排油，7 齿间处在过渡状态。图 2-1-12d）是转子转过一个齿即转过一个齿即转动 1/6，各齿间都已完成一次进油和排油。转子自转一圈（即绕定子轴线公转 6 圈），转子每个齿又回到原来的起始啮合位置，这时 7 个齿间的密封工作空间各自进、排油 6 次。图 2-1-13 所示为输出轴（配流轴）外形。这种马达的结构特别紧凑，重量特别轻，而排量大，成为小型低速大转矩马达。

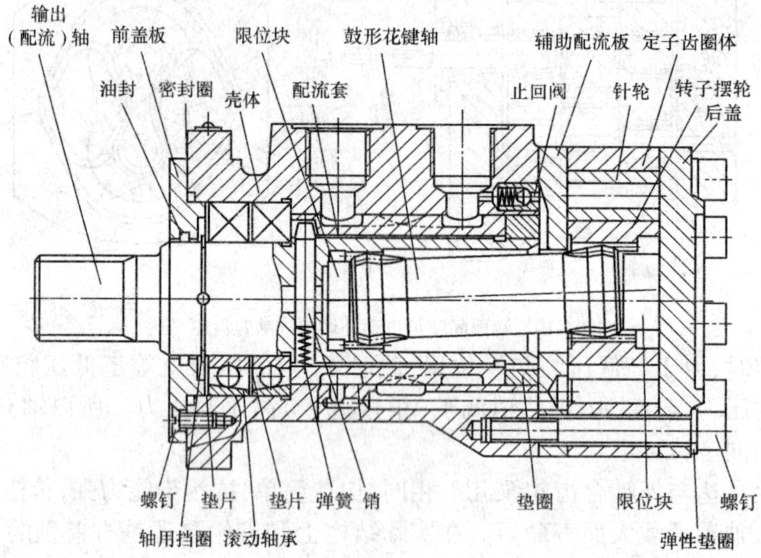

图 2-1-11　BM 型内啮合摆线马达结构

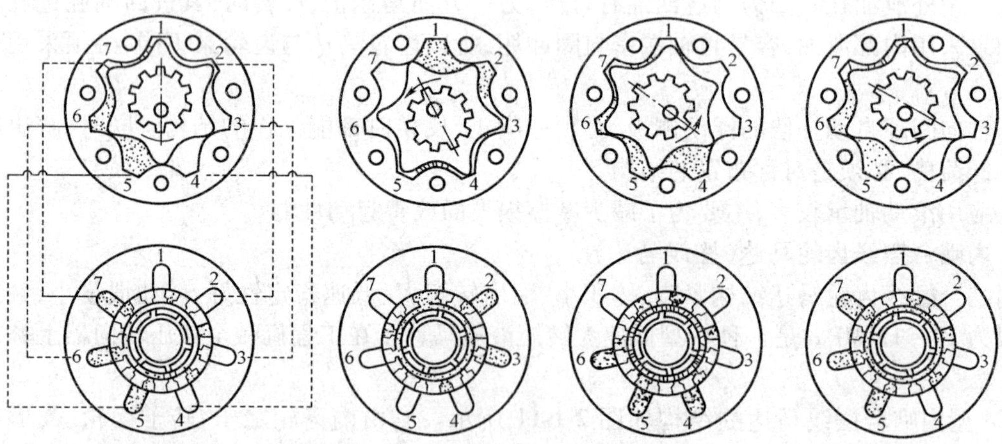

图 2-1-12　内啮合摆线齿轮马达配油原理

a）起始状态；b）轴转 1/14 周；c）轴转 1/7 周；d）轴转 1/6 周

3. BM 型马达的剖视

如图 2-1-14 所示为 BM 型马达剖视图。

4. 马达的拆卸与装配

1）拆卸

拆卸步骤：

①旋下后盖固定螺钉，拆下后盖、限位块、定子、转子、针轮、辅助配流板。

②取出鼓形花键轴、限位块，取出止回阀座、阀芯、弹簧，取出固定配油套的垫圈。

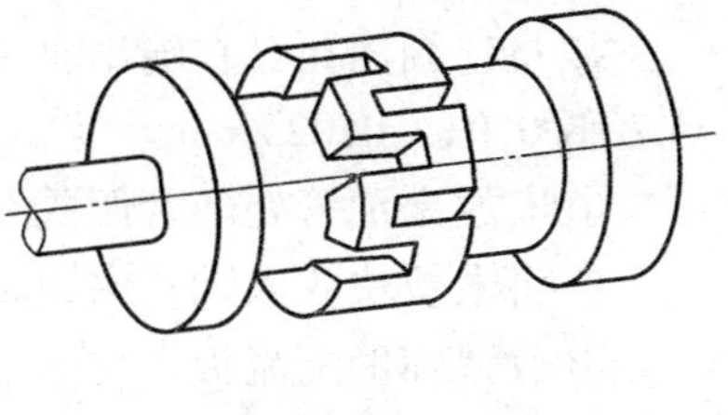

图 2-1-13　输出轴（配流轴）外形

③旋下前盖板固定螺钉，取下前盖板，从马达输出轴一端取出输出轴总成。

④从输出轴总成上取下配流套、圆柱销、弹簧。从另一端用卡簧钳取下轴用挡圈，用轴承位器取下滚动轴承。

拆卸完毕。

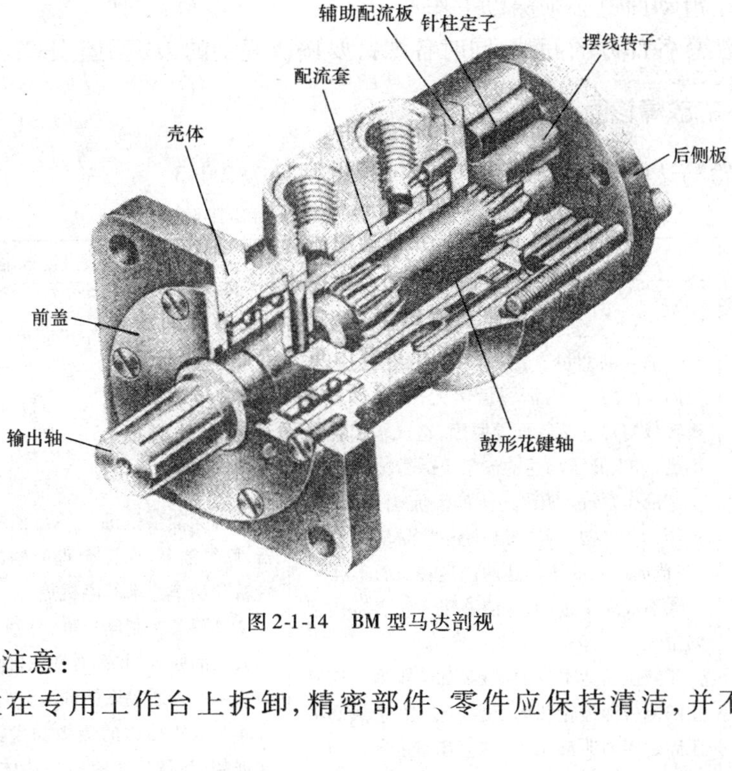

图 2-1-14　BM 型马达剖视

拆卸时应当注意：

①马达应放在专用工作台上拆卸，精密部件、零件应保持清洁，并不得擦伤或碰伤其表面。

②马达拆卸后，原则上应将所有的 O 形密封圈、X 形密封圈、油封等密封件全部更换。

2）装配

装配步骤如下：

①将两只滚动轴承及其内隔圈处垫片装在输出轴的轴颈处，并用轴用挡圈轴向定位。

②将弹簧、圆柱销放入轴的径向孔内，轴上套入配流套后，将销头部插入套的槽中。

③将上述组件从马达输出轴一端装入壳体的孔内，并使轴承外钢圈抵紧壳体孔内的凸肩。

④将带有密封圈的前盖板用螺钉紧固在壳体上，并使输出轴能平滑顺利转动，垫片用来调

整轴向间隙和输出轴转动的灵活程度。

⑤将垫圈内孔套在输出轴上,其内端面推紧配流套,测量另一端面,应与壳体的端面齐平或者低 0.01 ~0.025 mm。

⑥安放出油管处的背压阀。

⑦将限位块放入轴孔内,将双端球面花键轴一端套入轴的花键槽内。

⑧放置辅助配流板。

⑨放置转子、定子、针轮的组合件,将转子的花键槽套进轴的球面花键上。

⑩放入限位块,用螺钉将后盖和辅助配流板、定子、转子等紧固在壳体上。

在装配过程中应当注意:

①应该调换的零件全部更换,然后彻底清洗所有的零件,做好装配的准备工作。

②装配应按顺序进行。对于装配时须用力压力的零部件(例如轴承和油封、密封圈等)应涂以工作油。对于滑动面也必须涂以工作油。

装配时还应注意各部分的间隙,同时各螺钉要按所规定的力矩用定矩扳手拧紧。

六、齿轮马达的故障诊断与排除

外啮合式齿轮马达的常见故障、原因及排除方法见表 2-1-3。

外啮合齿轮马达的常见故障、原因和排除方法 表 2-1-3

故 障	原 因	排除方法
转速降低,输出扭矩降低	①油泵供油量不足。油泵因磨损轴向和径向间隙增大,内泄漏量增大;或者油泵电机转数与功率不匹配等原因,造成输出油量不足,进入液压马达的流量也减少。 ②液压系统调压阀(例如溢流阀)调压失灵压力上不去,各控制阀内泄漏量大等原因,造成进入液压马达的流量和压力不够。 ③油液黏度过小,致使液压系统各部内泄漏量大。 ④液压马达本身的原因:如 CM 型液压马达的侧板和齿轮两侧面磨损拉伤,造成高低压腔之间内泄漏量大,甚至串腔;YMC 型液压马达由于没有间隙补偿,转子和定子以线接触进行密封,且整台液压马达中的密封线较长,因而引起泄漏,效率低。特别是当转子和定子接触线因齿形精度差或者拉伤时,泄漏更为严重,造成转速下降,输出扭矩降低。 ⑤工作负载较大,转速降低。 ⑥液压马达本身径向间隙超差	①排除油泵供油量不足的故障,例如清洗滤油器,修复油泵,保证合理的轴向间隙,更换能满足转数和功率要求的电机等。 ②排除各控制阀故障,特别是溢流阀,应检查调压失灵的原因,并针对性地排除。 ③选用合适黏度的油液。 ④对液压马达的侧板和齿轮两面研磨修复,并保证装配间隙,即液压马达体也要研磨成相应的尺寸。 ⑤检查负载过大的原因,并排除之。 ⑥修复或更换液压马达以减少径向间隙

续上表

故　障	原　因	排除方法
噪声过大，并伴之振动和发热	①系统吸进空气的原因：滤油器因污物堵塞；泵进油管接头漏气；油箱油面太低；油液老化，消泡性能差等原因，造成空气泡进入液压马达内。 ②液压马达本身的原因：齿轮齿形精度不好或接触不良；轴向间隙过小；液压马达滚针轴承破裂；液压马达个别零件损坏；齿轮内孔与端面不垂直，液压马达前后盖轴承孔不平行等原因，造成旋转不均衡，机械摩擦严重，噪声大和振动现象	①排除液压系统进气的故障，例如：清洗滤油器，减少液压油的污染；泵进油管路管接头拧紧，密封破损的予以更换；油箱油液补充添加至油标要求位置；油液污染老化严重的予以更换等。 ②消除液压马达的径向不平衡力和轴向不平衡力产生的振动，例如：对研齿轮或更换齿轮；研磨有关零件，重配轴向间隙；更换破损的轴承；修复齿轮和有关零件的精度；更换损坏的零件；避免输出轴过大的不平衡径向负载
油封漏油	①泄油管的压力高。 ②液压马达轴油封破损	①泄油管要单独引回油池，而不要共用液压马达回油管路；泄漏管通路因污物堵塞或设计过小时，要设法使泄油管油液畅通流口油箱。 ②油封破损的，予以更换，并检查马达轴的拉伤情况，根据情况研磨修复，避免再次拉伤油封

BM系列摆线马达的常见故障、原因和排除方法见表2-1-4。

BM系列摆线马达的常见故障、原因和排除方法　　表2-1-4

故　障	零部件表面现象	原　因	排除方法
内漏增加，容积效率降低	①摆线转子啮合副的磨损及咬合； ②端面配流零件磨损； ③密封件硬化、老化、损坏； ④滑动部件异常磨损	工作液污染，油温太高	拆检马达，更换工作液，降低油温
马达发热	①止推垫圈磨损； ②轴承损坏	安装不良，背压大	改进安装，更换损坏件，降低背压
制动时有异常声音	摆线转子啮合副及配流部分点蚀	气穴	防止气穴发生
轴封漏油	轴封损坏	背压大	降低背压
转速不稳定	轴承损坏	轴所受外力过大，安装不良	降低轴所受外力，改进安装

思考题

1. 外啮合齿轮泵中存在几种可能产生泄漏的途径？为了减少泄漏，主要采取了哪些措施？
2. 齿轮泵在结构上的几个共性问题是什么？对泵的性能有什么影响？如何解决？
3. 齿轮泵的拆装应注意哪些问题？
4. 外啮合齿轮泵与外啮合齿轮马达在结构上有哪些区别？
5. 齿轮马达常见故障有哪些？

6. 齿轮泵径向不平衡力是如何产生的？怎样克服？

7. 液压泵的工作压力取决于什么？它对泵的理论流量、实际流量有无影响？为什么？

课题二　叶片泵与叶片马达

叶片式液压泵简称为叶片泵。在各类液压泵中，在相同压力级条件下它的输出功率与自重之比值几乎是最高的，也就是在输出同样液压功率时，它的自重是最轻的。叶片泵是近代液压技术发展中最早使用的一种液压泵。目前我国所使用的叶片泵以 YB1 型为主，其工作压力可达 6.3 ~ 16 MPa。其应用范围也从传统的机床液压系统扩展到塑料机械、冶金机械、锻压机械和工程起重运输车辆等中高压液压装置中。

叶片泵具有运动平稳，噪声小，流量均匀性好，容积效率高等优点。但其缺点是自吸性能差，转速不宜太高，对液压油的污染比较敏感，结构较复杂。

一、叶片泵的工作原理及主要性能参数

1. 单作用叶片泵的工作原理及流量计算

1）单作用叶片泵的工作原理

如图 2-2-1 所示为单作用叶片泵的工作原理图。单作用叶片泵由定子、转子、叶片和配油盘、端盖等组成。定子具有圆柱形的内表面，定子和转子间有偏心距 e。叶片装在转子叶片槽中，并可在槽内滑动。当转子回转时，叶片在离心力（及叶片底部压力油）的作用下，使叶片顶部紧靠在定子内表面上。这样在相临的两叶片、定子内壁和侧板之间就形成了若干个密封空间。当转子按图示方向旋转时，图 2-2-1 下半部的叶片逐渐伸出，每两个叶片间的密封空间逐渐增大形成局部真空，在大气压的作用下油液从吸油窗口被吸入，即为吸油过程；随着转子的旋转，在图 2-2-1 上半部，每两个叶片间的密封空间逐渐减小压力升高而排出液体，即排油过程。在吸油腔和压油腔之间有一段封油区将两腔隔开。

当转子旋转一周，各叶片间工作容积各完成一次吸油与压油过程，因此称为单作用式叶片泵。因转子受不平衡径向液压力作用，轴承负荷较大，又称为非平衡式叶片泵。由于轴承承受负荷大，压力提高受到限制，故单作用式叶片泵工作压力较低，一般为 2.5 ~ 7MPa。

若将单作用叶片泵的偏心距 e 做成可调的，则可成为变量泵。单作用叶片泵多为变量泵。

YBX 外反馈限压式变量叶片泵是一种单作用式叶片泵。它是利用泵的排油压力进行外反馈作用，进而改变泵的偏心量来实现变量的，变量压力是通过泵上的调节螺钉来进行限定。

YBX 系列泵的限压变量工作原理：如图 2-2-2 所示，转子的中心 O_1 固定的，而定子则制成可以左右移动的，它在限压弹簧的作用下，被推向左端，使定子中心 O_2 和转子中心 O_1 之间有一初始偏心量 e_0，它决定了泵的最大流量 Q_{max}。定子左侧装有反馈液压缸，其油腔与泵出口相通。在泵工作过程中，液压缸活塞对定子施加向右的反馈力 pA（其中 p 为液压泵的出口压力，A 为活塞有效作用面积，如图 2-2-2 所示）。若泵的工作压力达到 $p_{限}$ 值时，定子所受的液压力与弹簧力相平衡，有 $p_{限} A = kx_0$（k 为弹簧刚度，x_0 为弹簧的预压缩量），则 $p_{限}$ 称为泵的限定压力，如图 2-2-3 所示。当泵的工作压力 $p < p_{限}$（即 $pA < kx_0$）时，流量按 AB 段变化，泵只有泄漏损失，而偏心距 e 不变；当泵的供油压力超过 $p_{限}$ 时，限压弹簧被压缩，偏心距 e 减小，泵的流量

也随之迅速下降。

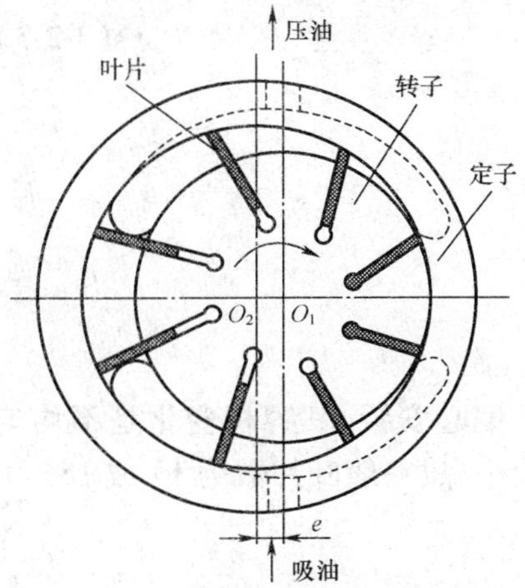

图 2-2-1　单作用叶片泵的工作原理图

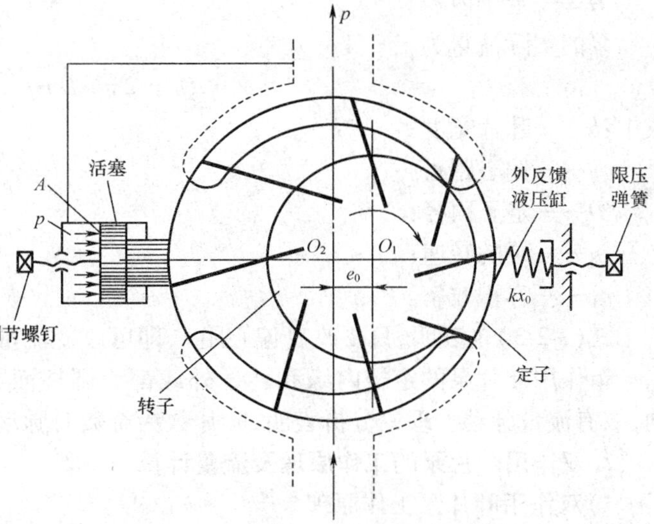

图 2-2-2　外反馈限压变量叶片泵工作原理

2)单作用叶片泵的流量计算

单作用叶片泵的排量和流量如图 2-2-4 所示,当单作用叶片泵的转子每转一转时,每两相

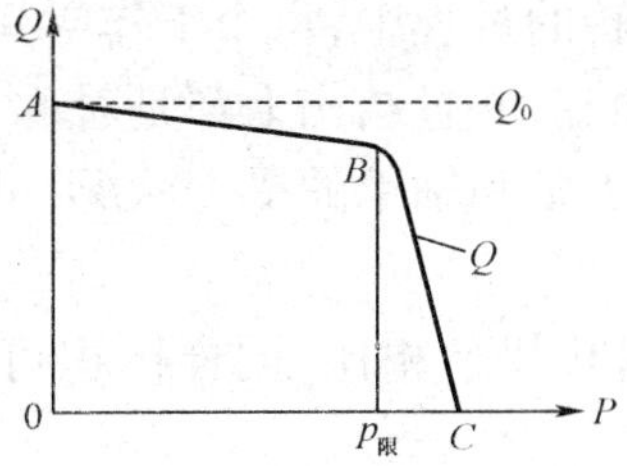

图 2-2-3　限压式变量泵的流量压力特性曲线

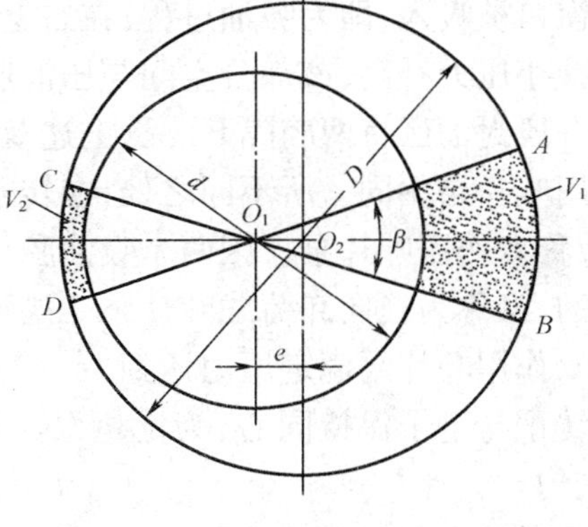

图 2-2-4　单作用叶片泵排量计算图

邻叶片间的密封容积变化量为 V_1-V_2。若近似把 AB 和 CD 看作是中心 O_1 的圆弧,当定子内径为 D 时,此两圆满弧的半径即分别为$\left(\frac{D}{2}+e\right)$和$\left(\frac{D}{2}-e\right)$。设转子直径为 d,叶片宽度为 b,叶片数为 Z,则有:

$$q = (V_1 - V_2)Z \tag{2-2-1}$$

式中:q——排量。

加以整理即得单作用叶片泵的理论排量近似表达式:

$$q = 2\pi beD \tag{2-2-2}$$

式中:b——叶片宽度;

e——偏心距；

D——定子内径。

泵的实际流量为：

$$Q = 2\pi beDn\eta_V \tag{2-2-3}$$

式中：b——叶片宽度；

e——偏心距；

D——定子内径；

n——泵的转速；

η_V——容积效率。

式(2-2-3)也表明，只要改变偏心距 e，即可改变流量。

单作用叶片泵的定子内缘和转子外缘都为圆柱面，由于偏心安置，其容积变化是不均匀的，故有流量脉动。理论分析表明，叶片数为奇数时脉动率较小，故一般叶片数为 13 或 15。

2. 双作用叶片泵的工作原理及流量计算

1）双作用叶片泵工作原理

如图 2-2-5 所示为双作用叶片泵的工作原理图。双作用叶片泵由转子、定子、叶片、两侧的配油盘及壳体等主要零件组成。转子和定子中心重合，定子内表面近似椭圆形，由两段较长的半径 R 和两段较短的半径 r 的圆弧和 4 段过渡曲线组成。当转子按图示方向旋转时，两叶片所夹的密封空间在左上和右下的过渡曲线范围内逐渐增大，形成真空度，在大气压的作用下油液从吸油窗口被吸入，即为吸油过程；在右上和左下过渡曲线范围内逐渐缩小，叶片间的工作空间逐渐减小压力升高，该部分空间与压油腔相通，排出液体，即排油过程。在吸油腔和压油腔之间有一段封油区将两腔隔开。从上述双作用叶片泵的工作过程来看，其吸油和压油的过程与单作用叶片泵相同。所不同之处，在转子每转一转的过程中，每个工作空间完成两次吸油和压油，故称双作用叶片泵。因两个吸油腔、两个压油腔，并且结构上都是对称布置的，故径向力是平衡的，又称为径向卸荷式叶片泵。这种泵改善了轴和轴承的受力状况，可以提高工作压力。目前双作用叶片泵额定压力达到 16～21MPa。

这种泵转子与定子保持同心，为定量泵。与单作用叶片泵相比，同样体积可得到较大流量，且流量均匀。

2）双作用叶片泵的流量计算

双作用叶片泵的排量和流量，由图 2-2-6 可知，当叶片每伸缩 1 次时，每两片叶片间油液的排出量等于大半径 R 圆弧段的容积与小半径 r 圆弧段的容积之差。若叶片数为 Z，则双作用叶片泵每转排油量应等于上述容积差的 $2Z$ 倍。当忽略叶片本身所占体积时，双作用叶片泵的排量可按下式计算：

$$q = 2\pi(R^2 - r^2)b \tag{2-2-4}$$

泵的实际流量则为：

$$Q = qn\eta_V = 2\pi(R^2 - r^2)bn\eta_V \tag{2-2-5}$$

式中：b——叶片宽度；

n——转速；

η_V——容积效率。

由于叶片厚度等原因，双作用叶片泵流量存在一定脉动，但脉动率除螺杆泵外是各泵中最小的。实践证明，流量脉动率在叶片数为4的整数倍且大于8时为最小。故双作用叶片泵的叶片数通常取为12。

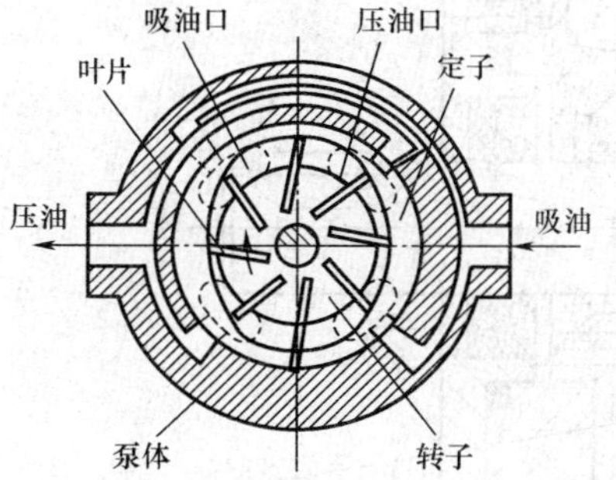

图2-2-5　双作用叶片泵的工作原理图

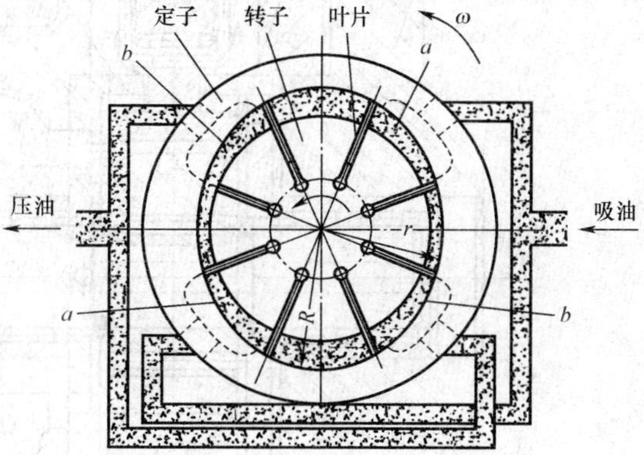

图2-2-6　双作用叶片泵的工作原理

二、叶片泵的结构

1. 单作用叶片泵

1）总体结构

YBX系列限压变量泵的装配结构如图2-2-7所示，其具体的变量原理如图2-2-7所示。

主体部分的主要零件有安装着转子及叶片的传动轴，两端各用两只滚动轴承，其伸出端被安装在泵体中，另一端安装在泵盖内，泵盖与泵体用螺钉固接在一起。

泵在运行时如图2-2-8所示的逆时针转动，油液从泵体中的吸油口通过配流盘窗口 a 被泵吸入后，压力油从配流盘压油窗口 b 通向出油口。

YBX变量泵的横向两端分别装有两只座盖，如图2-2-7所示的左端的限压座盖的中间有限压螺钉，通过弹簧座，推动弹簧，压着限位支承套的凸出头部，穿过隔套圈中对应的通孔而抵在定子的左端外圆柱面上，并将定子推向右端，抵靠着右端的活塞，使定子中心 O_2 和转子中心 O_1（见图2-2-8）之间存在一原始偏心距 e_0，由此而决定了泵的最大流量。

如果转动流量调节螺钉，推动柱塞，通过活塞的凸出头部，穿过隔套圈的通孔，抵推着定子并将其向左端推动，从而减小 e_0 的尺寸距离，泵的流量便减小。

外反馈变量泵的泵体上，都钻有斜孔 c（见图2-2-7），压油腔 b 中的压力油通过孔 c 流入 d 腔，作用在活塞的右端面上，当此液压作用力大于左端限压调节螺钉，即可调节弹簧定子的作用力，从而可改变泵的限定工作压力。

上、下滑块，中间滚针，滚针架用弹簧扣合成一体，下滑块下端圆弧面穿过隔套的 f 通槽支承着受液压作用而上抬的定子，上盖板最终承受着这股液压力。

主要零件分析：

定子的内表面和转子的外表面是圆柱面。转子中心固定，定子中心可以左右移动。定子径向开有条槽可以安置叶片。

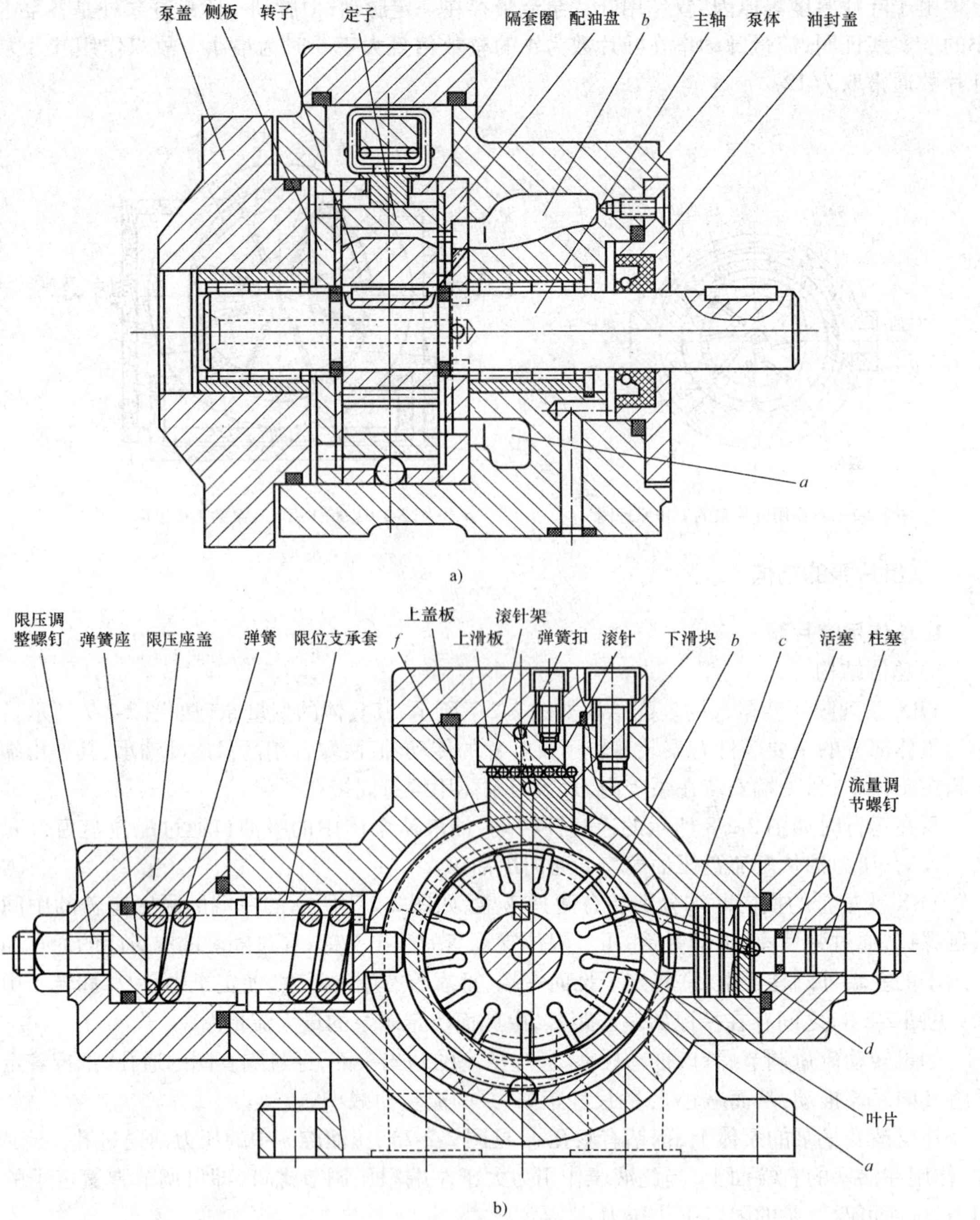

图 2-2-7　YBX 系列变量叶片泵的结构

该泵共有 13 个叶片，流量脉动较偶数小。叶片后倾角为 24°，有利于叶片在惯性力的作用下向外伸出。

配流盘上有 4 个圆弧槽，其中 a 为压油窗口，c 为吸油窗口，b 和 d 是通叶片底部的油槽。a 与 b 接通，c 与 d 接通。这样可以保证，压油腔一侧的叶片底部油槽和压油腔相通，吸油腔一侧的叶片底部油槽与吸油腔相通，保持叶片的底部和顶部所受的液压力是平衡的。

滑块用来支持定子，并承受压力油对定子的作用力。

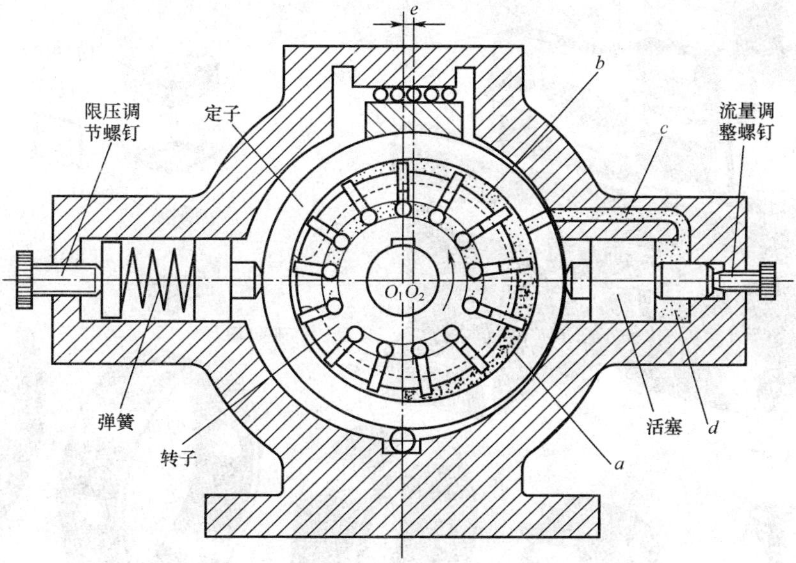

图 2-2-8　YBX 系列变量泵原理图

压力调节装置由调压弹簧、调压螺钉和弹簧座组成。调节弹簧的预压缩量，可以改变泵的限定压力。

调节螺钉可以改变活塞的原始位置，也改变了定子与转子的原始偏心量，从而改变泵的最大流量。

泵的出口压力作用在活塞上，活塞对定子产生反馈力。

2）分解图

沿轴向（主体部分）剖开的轴侧装配图如图 2-2-9 所示；沿横向剖开（外反馈变量部分）的轴侧图如图 2-2-10 所示。

3）拆卸步骤

以限压式变量泵 YBX 为例介绍。

①松开限压座盖固定螺钉，依次取出限压座盖、弹簧座、弹簧、限位支承套。

②松开活塞压盖固定螺钉，依次取出活塞压盖、活塞。

③松开上盖板固定螺钉，拆下滑块压盖，取出上滑块、滚针、下滑块。

④松开传动轴左右端盖固定螺钉，拆下传动轴左右端盖，取出侧板、定子、转子传动轴组件、隔套圈、配流盘、定位销。

⑤分解转子传动轴总成。用专用卡簧钳取下卡簧，依次取下转子叶片总成（注意叶片尽量不要与转子分离）、平键、转子传动轴。

4）装配步骤

将拆卸后的零件清洗、检验、分析，然后按如下顺序装配。

①按记号将泵体与泵体前端盖装在一起，拧入固定螺钉。

②将配油盘装入泵体，装入配油盘与泵体的定位销。

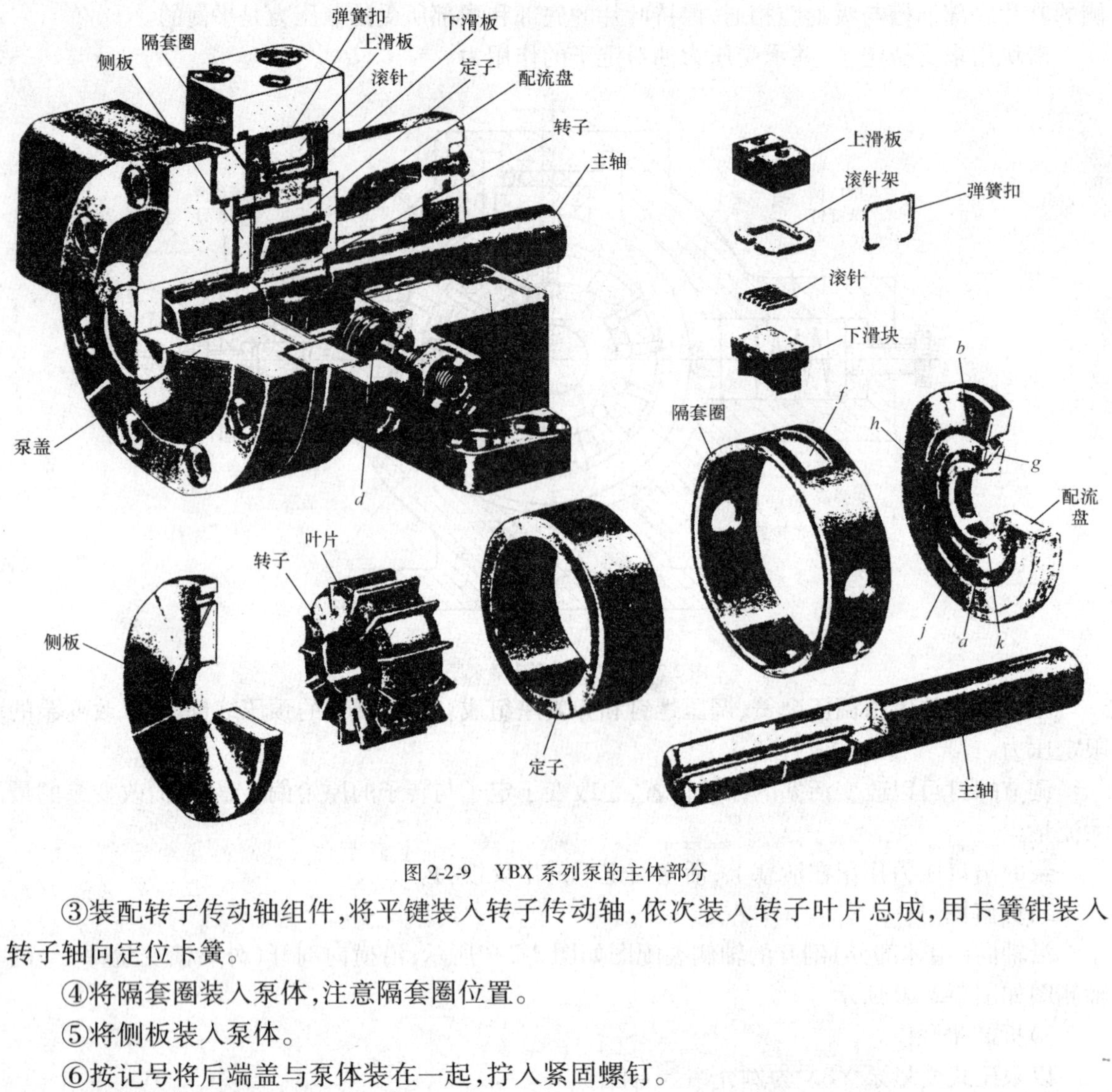

图 2-2-9　YBX 系列泵的主体部分

③装配转子传动轴组件,将平键装入转子传动轴,依次装入转子叶片总成,用卡簧钳装入转子轴向定位卡簧。

④将隔套圈装入泵体,注意隔套圈位置。

⑤将侧板装入泵体。

⑥按记号将后端盖与泵体装在一起,拧入紧固螺钉。

⑦依次装入下滑块、滚针、上滑块、上盖板,拧入上盖板固定螺钉。

⑧依次装入活塞、活塞压盖,拧入活塞盖固定螺钉。

⑨依次装入限位支承套、弹簧、弹簧座、限压座盖,拧入限压座盖固定螺钉。

2. 双作用叶片泵

1)总体结构

YB 型叶片泵是性能较好的双作用叶片泵,额定压力为 6.5 ~ 10.5 MPa。其结构如图 2-2-11所示。泵体由左右两部分组成,用螺钉连成一体。泵体内安放定子、转子及左右两个配油盘。两配油盘紧压在定子的两侧面上,并用圆柱销使这 3 个部件在泵体内定位,保证配油盘上的吸压油窗口位置与定子内曲线段对准。转子上均匀地开有 12 条径向槽,槽内装有叶片,叶片与槽的配合间隙为 0.01 ~ 0.02 mm,叶片可在槽内自由滑动。转子通过内花键与传动轴相连接,传动轴两端分别支承在滚动轴承和滚珠轴承上,工作时传动轴带动转子转动。密封圈安装在端盖上，防止油液泄漏和空气进入。工作时转子逆时针旋转。

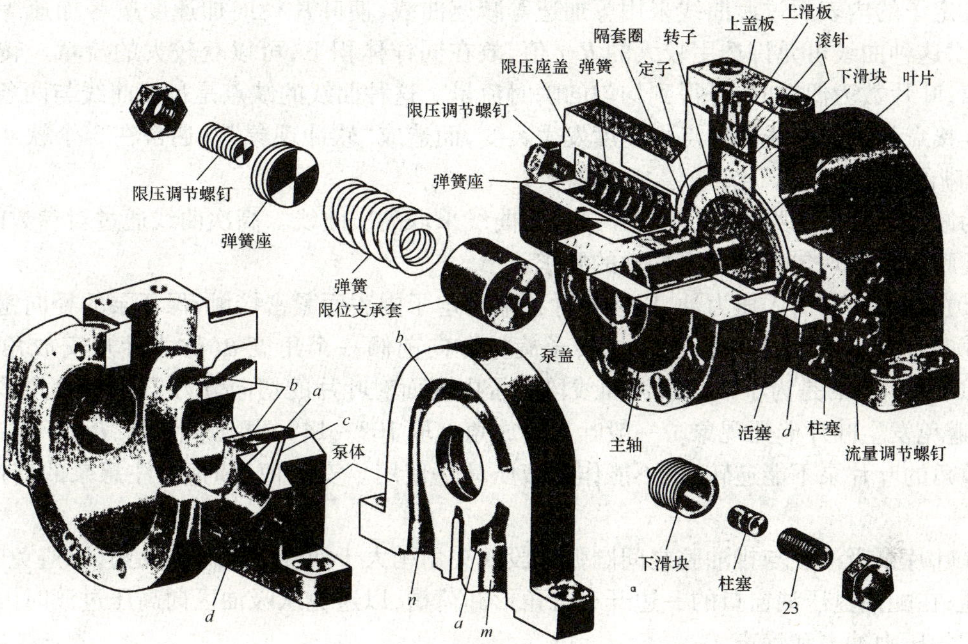

图 2-2-10　变量部分

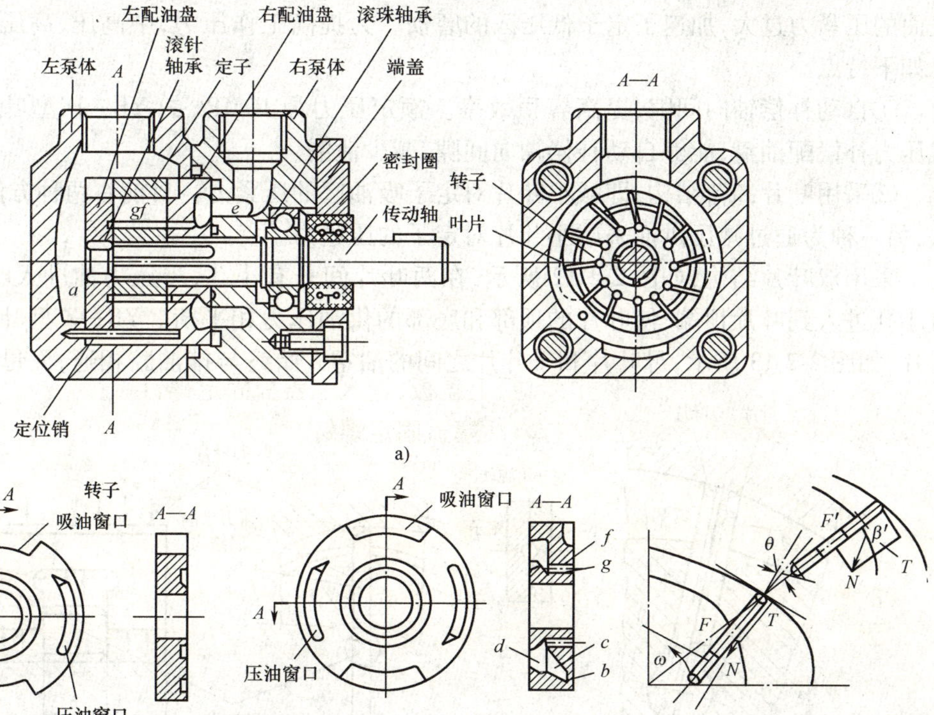

图 2-2-11　YB 型双作用叶片泵结构

为保证良好的工作性能,YB 型叶片泵在结构上采取如下措施。

①定子的内表面过渡曲线采用等加速等减速曲线,使叶片径向加速度按等加速等减速规律变化,这种曲线可允许选用较大的 R/r 值,故在同样体积下,可以获较大的流量。转子转速为常值,叶片数为偶数时,可得到均匀的瞬时流量。这种曲线的缺点是过渡曲线与两条圆弧曲线的连接点及过渡曲线的中点加速度发生突变,而造成“软冲现象”。通常在 3 个软冲点处有 3 道清晰的磨痕。

为减小叶片泵的噪声,有的叶片泵过渡曲线采取高次曲线。高次曲线通过对参数的调整,可满足瞬时流量均匀性和减小振动的要求。

②在叶片底部引入压力油,以使叶片顶端与定子内表面紧密接触,保证泵的径向密封。

③叶片槽不是径向开设,而是按转子旋转方向前倾一个角度 θ(称为叶片安放角),如图 2-2-10b)所示目的是为了减小过渡曲线段定子内表面对叶片的切向分力 T,以使叶片减小摩擦磨损,避免发生叶片卡死现象。一般叶片安放角 θ 取 10° ~ 14°,YB 型叶片泵 $\theta = 13°$。具有叶片安放角的叶片泵不能逆转,也不能作为液压马达使用。安装使用时,应注意泵的转向,避免装错。

④叶片泵吸油腔与排油腔之间圆弧区段的夹角稍大于两叶片之间的夹角,以避免吸、排油区互通;在配油盘压油窗口的一边开有三角形卸荷槽,以避免从吸油区向高压过渡时因压力突变引起的压力冲击和噪声。

叶片泵的输出压力向高压化发展,存在的主要问题是泄漏量过大和吸油区叶片对定子内表面的压紧力过大,加速了定子低压区的磨损。为提高工作压力,中高压、高压叶片泵的结构有如下特点。

①自动补偿轴向间隙,提高容积效率。额定压力为 10MPa 的 YB—D 型叶片泵采用浮动式压力补偿配油盘,能够自动补偿轴向间隙,减少泄漏。

②采用叶片卸荷结构,即减小叶片对定子吸油区的压紧力。目前有两种方法,一种是平衡法,另一种为通过减压供油来减小叶片对定子的压紧力。

采用双叶片结构,如图 2-2-12 所示,在两叶片间开有小孔,当压力油进入叶片底部时,通过小孔进入到叶片顶端,使叶片的顶部和底部的供油压力相平衡。YB—Z 型叶片泵采用子母叶片,如图 2-2-13 所示,母叶片和子叶片之间的油室 e 始终与排油腔相通,而母叶片底腔 a 则

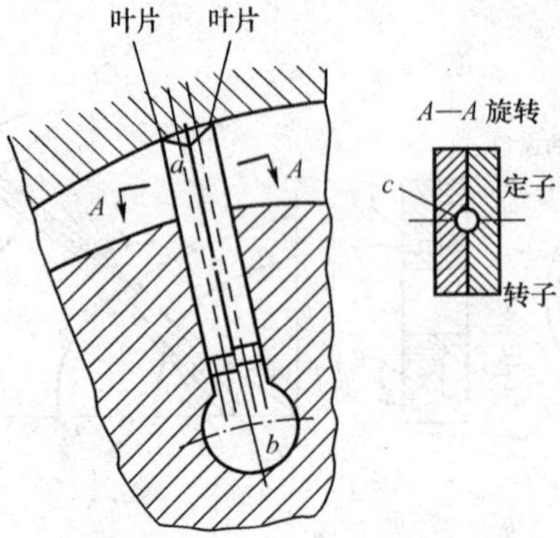

图 2-2-12　双叶片结构

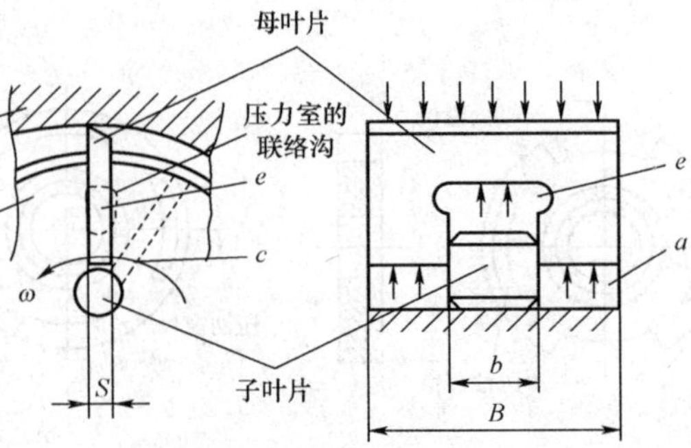

图 2-2-13　子母叶片式结构

经转子的孔 b 和所在油腔相通。这样当叶片处在吸油区时，有效降低了叶片对定子内表面的压紧力，额定压力达 16 MPa；YB2 型叶片泵在泵体内用减压阀控制吸油区叶片底部的油压力，使泵工作压力显著提高，额定压力为 16 MPa，最高压力为 20 MPa。

2）分解图

如图 2-2-14 所示为 YB1 系列泵的分解图。

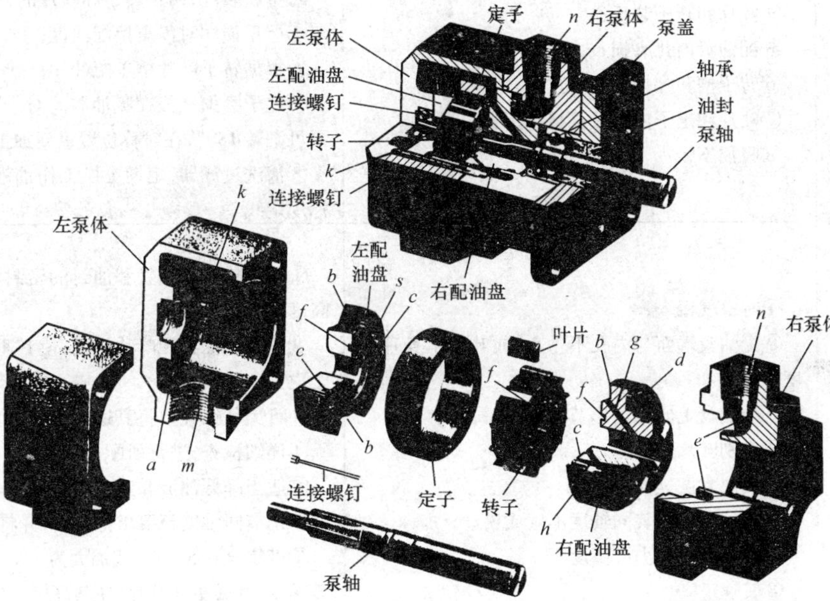

图 2-2-14　YB1 系列泵的分解图

3）拆卸步骤

①松开 4 个泵体固定螺钉，拆下后泵体，取出泵芯组件（由左、右配油盘和定子、转子及其叶片、两只螺钉组成）。

②松开前泵盖固定螺钉，拆下前泵盖，用专用工具取出油封。

③用卡簧钳拆下轴承挡圈，拆下泵轴，取出轴承。

④拆卸泵芯组件。松开固定螺钉，依次取下左配油盘、定子、转子及其叶片、右配油盘。拆卸后清洗、检验、分析，准备装配。

4）装配步骤

①将左配油盘、定子、转子及其叶片、右配油盘按标记装配在一起，拧入固定螺钉。

②将轴承、油封、泵轴依次装入前泵盖，拧入前泵盖固定螺钉。

③将泵芯组件装入前泵盖，装上后泵体，拧入并旋紧泵体固定螺钉。

注意装配油封时要用专用工具。

三、叶片泵的故障诊断与排除

叶片泵常见故障及排除方法，见表 2-2-1。

叶片泵常见故障及排除方法　　表 2-2-1

故障	原　因	解　决　方　法
输油量不足，提不高压力	①各连接处密封不严，吸入空气； ②个别叶片移动不灵活； ③轴向间隙和径向间隙过大； ④叶片和转子装反； ⑤配油盘内孔磨损； ⑥转子槽和叶片的间隙过大； ⑦叶片和定子内环曲面接触不良； ⑧吸油不畅	①检查吸油口及各连接处是否泄漏，紧固各连接处； ②不灵活的叶片应单槽研配； ③修复或更换有关零件； ④重新装配，纠正转子和叶片的方向； ⑤严重损坏时需更换配油盘； ⑥根据转子叶片槽单配叶片； ⑦定子磨损一般在吸油腔。对于双作用式叶片泵可翻转 180°，在对称位置重新加工定位孔； ⑧清洗过滤器，定期更换工作油液，并加油至油标规定线
噪声和振动严重	①有空气侵入； ②配油盘端面与内孔不垂直，或叶片本身垂直度不好； ③配油盘上的三角形节流槽太短； ④个别叶片过紧； ⑤油液黏度过高； ⑥联轴器的安装同轴度不好或松动； ⑦叶片倒角太小或高度不一致； ⑧转速过高； ⑨轴的密封圈过紧（用手摸轴和轴盖有烫手现象）； ⑩吸油不畅，或油面过低； ⑪定子曲线面拉毛	①详细检查吸油管和油封的密封情况及油面的高度是否正常； ②修磨配油盘和叶片侧面，使其垂直度在 10μm 之内； ③可用什锦锉刀将其适当修长； ④详细检查，进行研配； ⑤适当降低油液黏度； ⑥调节同轴度至要求范围内，并将螺钉紧固好； ⑦可将原 0.5×45°或加大为 1×45°或加工成圆弧形，修磨或更换叶片，使其高度一致； ⑧适当降低转速； ⑨适当调整密封圈，使之松紧适度； ⑩清理吸油油路，使之通畅，或加油至油面要求高度； ⑪应抛光或修磨
漏油	①密封圈安装不良或损坏； ②油封材料选择不当； ③各密封面接触不良； ④油封背压过高	①重新安装或更换； ②应选用耐油橡胶的油封； ③检查叶片泵内各结合面是否产生变形或有毛刺，并进行修整，例如配油盘与转子之间的轴向间隙过大，其值为 0.015～0.02 mm； ④应保证油封背压在耐压值以下
油量不足	①径向间隙过大； ②轴向间隙过大； ③叶片与转子槽的配合间隙过大； ④定子内曲线磨损； ⑤进油不畅	①配油盘内孔或花键轴磨损较严重，需更换； ②控制间隙在 0.04～0.07 mm 内； ③重新研配叶片间隙，要求将间隙控制在 0.013～0.018 mm 内； ④在专用磨床上修磨或更换定子； ⑤清洗过滤器，定期更换工作油液

续上表

故障	原因	解决方法
泵不出油，压力表显示没有压力	①油箱液面过低； ②吸油管或滤油器污物堵塞； ③吸油腔部分（油封，泵体吸油管接头）漏气； ④叶片在转子槽内被卡住，甩不出来，或者叶片折断，造成高、低压腔互通。叶片与槽配合过紧（应为配合间隙为0.015～0.02 mm的滑动配合）； ⑤配油盘缺损及配油盘与泵体接触不良，造成密封区域被沟通，配油盘侧面有微小变形； ⑥电机反转； ⑦泵的转速太低； ⑧油液黏度过大； ⑨未装连接器或花键轴不转或花键轴扭断等； ⑩吸油管过长； ⑪泵体质量，有砂眼、气孔等	①向油箱内加液压油至规定油面； ②清除被堵堵塞部位的污物； ③吸油腔是否有砂眼或气孔，有则更换泵体；吸油管是否有裂缝，管接头螺母是否拧紧，油封密封性能及质量好坏如何； ④检查配合间隙，不合适应当研配；检查叶片是否变形，若变形需更换； ⑤修整配油盘与转子的接触面； ⑥将电机反接旋转； ⑦调整转速更换电机； ⑧改用适当黏度的油液； ⑨装上连接键，更换花键轴； ⑩缩短吸油管长度； ⑪调换新泵体
其他故障	①困油现象； ②定子曲线表面拉毛； ③配油盘端面与内孔不垂直，造成偏磨； ④配油盘的端面被划伤	①应修理配油盘的三角槽； ②应进行修磨和抛光； ③应修磨配油盘，使端面与内孔的垂直度为0.01mm； ④应重新修研

四、叶片马达的工作原理及主要性能参数

叶片液压马达一般为高速小转矩马达，其体积小、结构简单、紧凑、转动惯量小，回转跟随性好，启动和制动迅速，能承受频繁的正反向切换，且动作灵敏，因此，在磨床、自动生产线及随动系统中广泛应用。

叶片马达的主要缺点是：叶片顶端对定子内表面摩擦磨损大，泄漏量大，工作压力不高，传递扭矩不大，低速和启动机械效率不高，低速运行稳定性欠佳，对油液清洁度要求较高。

1. 单作用叶片马达

1）单作叶片马达基本工作原理

单作用叶片马达的工作原理如图2-2-15所示。当转子按如图示方向旋转时，A为进液口，B为排液口，位于进液腔的叶片1、2和位于排液腔的叶片4、5、6，因每个叶片两侧所受的液体作用力相互平衡，对转子中心不产生转矩。位于密封区的叶片3、7，每个叶片两侧伸出面积相同，但每个叶片左侧和右侧所受液体压力不等，故每个叶片左右两侧所受液体作用力是不平衡的。作用在叶片3上液体作用力对转子产生顺时针转矩，而作用在叶片7上液体作用力产生逆时针转矩。由于叶片3伸出面积大于叶片7伸出

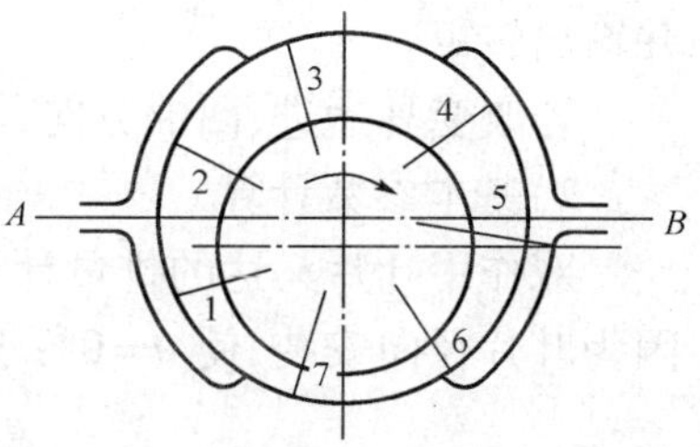

图2-2-15 单作用叶片马达的工作原理

面积,所以顺时针转矩大于逆时针转矩,马达输出轴仍按顺时针方向旋转并输出转矩。随着转子的转动,进液口的液体被带到排液口 B 排出。

若改变马达进、回液方向,则马达就会改变旋转方向。

2)叶片马达基本参数计算

单作用叶片马达的排量 q_M 为:

$$q_M = 2\pi BDe \tag{2-2-6}$$

式中:q_M——马达的排量;

B——转子宽度;

D——定子直径;

e——偏心距。

单作用叶片马达的输出转速和转矩为:

$$n_M = \frac{Q_M \eta_{M_V}}{2\pi BDe} \tag{2-2-7}$$

$$M_M = \Delta p_M BDe\eta_{M_m} \tag{2-2-8}$$

式中:B——转子宽度;

D——定子直径;

e——偏心距;

n_M——马达的输出转速;

Q_M——马达的实际流量;

η_{M_V}——马达容积效率;

M_M——马达的输出转矩;

Δp_M——马达进出口压力差;

η_{M_m}——马达的机械效率。

2. 双作用叶片马达

1)基本工作原理

双作用叶片马达的工作原理如图 2-2-16 所示。与单作用叶片马达道理相同,若 a 为配油盘的进液孔,b 为排液孔,液体作用在叶片 1、3、5、7 两侧,因两侧液体压力相等,面积相同,故对转子不产生转矩。压力油作用在叶片 2、6 两侧对转子产生顺时针转矩,而压力油作用在叶片 4、8 两侧对转子产生逆时针转矩。由于叶片 2、6 所受压力油的作用力大于叶片 4、8 所受压力油的作用力,因此,转子按顺时针方向旋转并输出转矩。

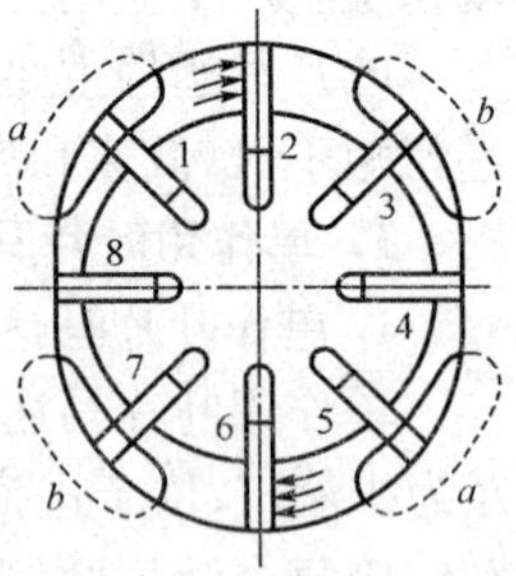

图 2-2-16　双作用叶片马达工作原理

若改变马达进、回油方向,马达转向将随之改变。

2)基本参数计算

双作用叶片马达的排量计算公式与双作用叶片泵基本相同,只是因为叶片径向安装,使 $\theta=0°$;于是排量为:

$$q_M = 2B(R-r)[\pi(R+r) - \delta Z] \tag{2-2-9}$$

式中:B——转子宽度;

R——定子长半径；

r——定子短半径；

δ——叶片厚度；

Z——叶片数目。

双作用叶片马达输出转速和转矩为：

$$n_M = \frac{Q_M \eta_{M_V}}{2B(R-r)[\pi(R+r)-\delta Z]} \tag{2-2-10}$$

$$M_M = \Delta p_M B(R-r)\left[(R+r)-\frac{\delta Z}{\pi}\right]\eta_{M_m} \tag{2-2-11}$$

式中：n_M——马达的输出转转速；

B——转子宽度；

R——定子长半径；

r——定子短半径；

δ——叶片厚度；

Z——叶片数目；

Q_M——马达实际流量；

Δp_M——马达进出口压力差；

η_{M_V}——马达容积效率；

η_{M_m}——马达机械效率。

3. 四作用低速大扭矩液压马达

如图 2-2-17 为 MHT 系列低速大扭矩叶片马达的工作原理图。它为四作用径向力平衡结构。轴旋转 1 周，进、出油各 4 次，定子兼有配流作用。定子上装有 4 个被弹簧推压着的滑动叶片，将高压区与低压区分开。每个转子叶片的底部也装配着螺旋弹簧，保证启动时，叶片紧贴在定子表面上。

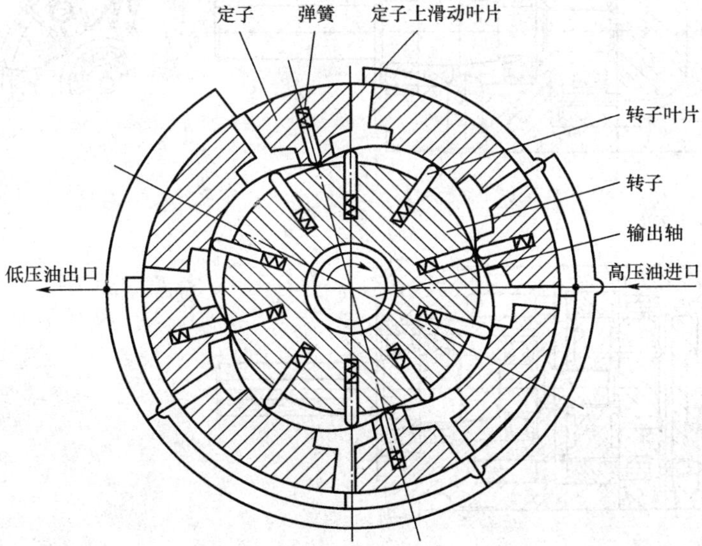

图 2-2-17　四作用叶片马达工作原理图

这种马达使用直径较大的转子、定子,使液压力推动叶片的作用半径尽可能大,定子内表面圆周上的4段曲线凸起,构成4个工作腔器,叶片在转子每转中伸缩作用4次,因此,可获较大的输出扭矩。

由于结构简单紧凑,轴向尺寸小,这种马达还可以十分方便地将2~4联定子、转子、叶片组件并排叠加在一起,只使用一对带进、出口的前、后盖组成多列结构,数倍地增大输出扭矩。

五、叶片马达的结构

叶片马达的结构与叶片泵基本相同,但是由于用途不同,在结构上面有所差异。下面以YM型叶片马达为例说明其结构特点。双作用叶片马达结构如图2-2-18所示,这是最具有代表性的普通高速叶片马达,为双作用式。配油盘有两个进油窗口和两个出油口,叶片数为10或12。叶片由燕形弹簧顶出并压紧定子内表面(见图2-2-18中C—C放大部分图样,图中只画了一根弹簧)。弹簧摆动中心用销子支承在转子侧面,每根弹簧的两摇臂端分别压着相隔90°的两个叶片的根部。马达回转时,由定子曲线的变化决定一根弹簧所作用的两叶片。当一叶片从槽中伸出时,所作用的另一叶片正好缩进槽中相同的行程,两叶片外露长度之和几乎保持不变。因此运动过程中弹簧只是随叶片的伸缩而绕轴销摆动,扭曲变形量几乎没有变化,使弹簧在高速回转时免受频繁的交变荷载,延长了弹簧的使用寿命。

为了保证马达反转,交换进、出油口时不影响叶片根部通压力油,用了一组特殊的单向选择阀(梭阀)(见图2-2-18中俯视图),从马达的进、出油口A、B中选择进油口的压力通入叶片根部(图2-2-19为原理图)。

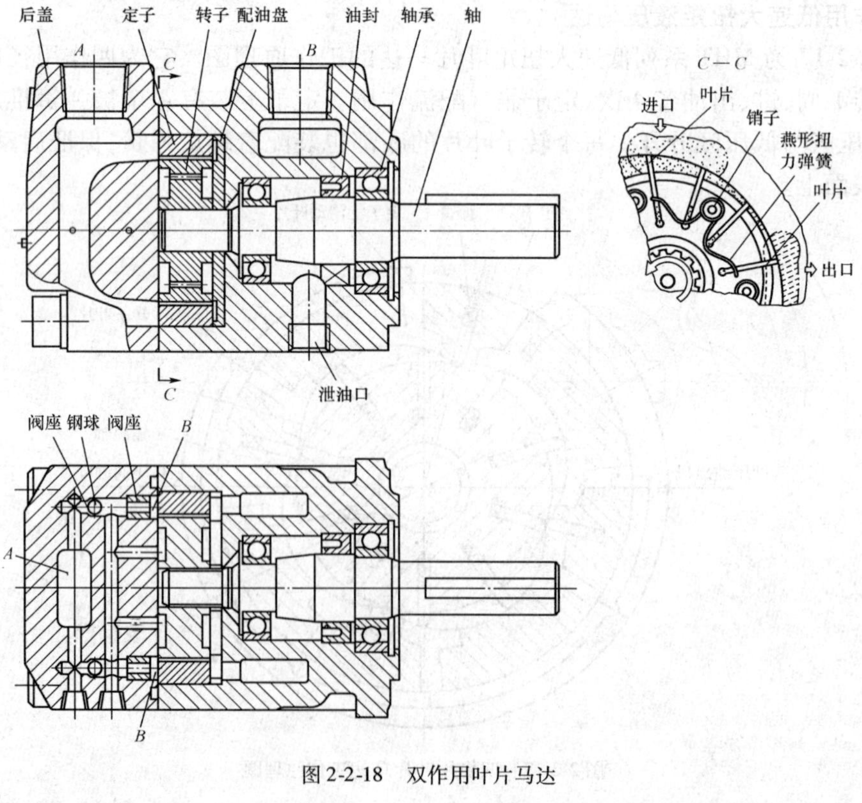

图2-2-18　双作用叶片马达

为保证叶片马达初始密封性能，形成足够的启动转矩，在马达转子两侧开有环形槽，在槽中装有燕形扭力弹簧，并将燕形扭力弹簧套在小轴上，如图 2-2-20 所示。燕形扭力弹簧的两臂各顶在一叶片的底部。被燕形弹簧所预紧的两叶片互成 90°。

叶片径向放置，叶片顶端两侧均有倒角，进、出油口对称适应马达正反转要求。

在泵中装有 2 个止回阀，以保证马达换向时（高压、低压油口互换）叶片底部始终受到高压油作用，使叶片与定子表面始终不脱离接触。

止回阀的工作过程如图 2-2-21 所示。当马达的进、出油口互换时，即马达换向时，使叶片底部始终与高压油相通。当配油窗口Ⅰ、Ⅱ为进油时，通过止回阀 a 与叶片根部相通。当配油窗口Ⅲ、Ⅳ为进油时，通过止回阀 b 与叶片根部相通。这样使叶片在任何情况下都能紧靠定子内表面，保证密封，具有较高的容积效率。

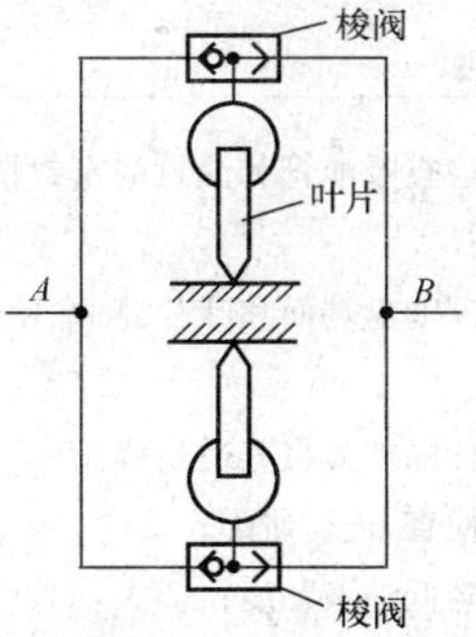

图 2-2-19 叶片马达的叶片根部通油原理图

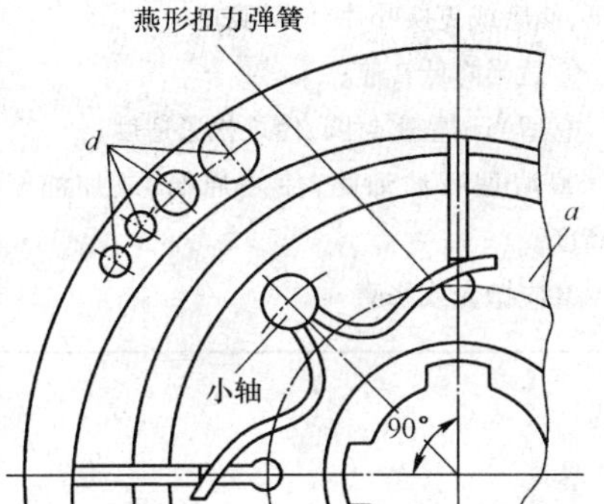

图 2-2-20 叶片马达的弹簧结构

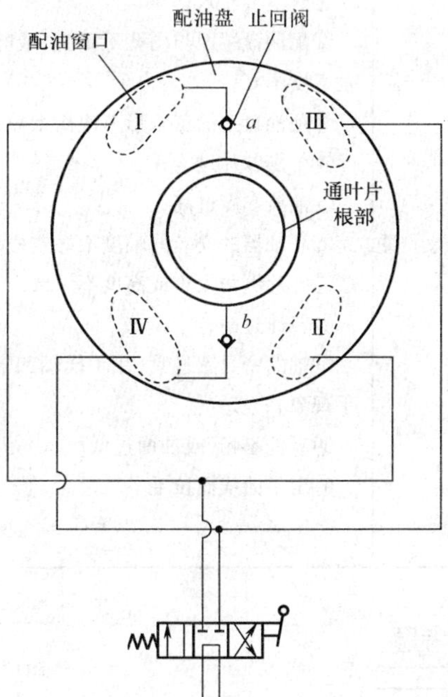

图 2-2-21 叶片马达中止回阀作用原理

采用外泄漏结构，泄油经泄油管引回油箱。

六、叶片马达的故障诊断与排除

叶片马达常见故障及排除方法见表 2-2-2。

叶片马达常见故障及排除方法　　表 2-2-2

故　障	原　因	解决办法
输油量不足，提不高压力	①各连接处密封不严，吸入空气； ②个别叶片移动不灵活； ③轴向间隙和径向间隙过大； ④叶片和转子装反； ⑤配油盘内孔磨损； ⑥转子槽和叶片的间隙过大； ⑦叶片和定子内环曲面接触不良； ⑧吸油不通畅	①检查吸油口及各连接处是否泄漏，紧固各连接处； ②不灵活的叶片应单槽研配； ③修复或更换有关零件； ④重新装配，纠正转子和叶片的方向； ⑤严重损坏时需更换； ⑥根据转子叶片槽单配叶片； ⑦定子磨损一般在吸油腔，对于双作用式叶片马达，可翻转 180°，在对称位置重新加工定位孔； ⑧清洗过滤器，定期更换工作油液，并加油至油标规定线
噪声和振动严重	①有空气侵入； ②配油盘端面与内孔不垂直，或叶片本身垂直度不好； ③配油盘上的三角形节流槽太短； ④个别叶片过紧； ⑤油液黏度过高； ⑥联轴器的安装同轴度不好或松动； ⑦叶片倒角太小或高度不一致； ⑧转速过高； ⑨轴的密封圈过紧（用手摸轴和轴盖有烫手现象）； ⑩吸油不畅，或油面过低； ⑪定子曲线面拉毛	①详细检查吸油管和油封的密封情况及油面的高度是否正常； ②修磨配油盘端面和叶片侧面，使其垂直度在 10μm 之内； ③可用什锦锉刀将其适当修长； ④详细检查，进行研配； ⑤适当降低油液黏度； ⑥调节同轴度至要求范围内，并将螺钉紧固好； ⑦可将原 0.5×45°倒角加大为 1×45°或加工成圆弧形；修磨或更换叶片，使其高度一致； ⑧适当降低转速； ⑨适当调整密封圈，使之松紧适度； ⑩清理吸油油路，使之通畅，或加油至油面要求高度； ⑪应抛光或修磨

思考题

1. 单作用叶片泵和双作用叶片泵在结构上和工作原理上的主要区别是什么？为提高叶片泵的工作压力，在结构上可采取什么措施？

2. 双作用叶片泵为什么会有困油现象？如何消除？

3. 叶片泵与叶片马达有哪些相同点与不同点？

4. 叶片泵的叶片安装方式有哪几种？举例说明其应用。

5. 双作用叶片泵定子过渡曲线通常有哪几种？各有什么特点？

6. 双作用叶片泵采用偶数叶片的目的是什么？

课题三　柱塞泵与柱塞马达

柱塞式液压泵简称柱塞泵，是利用柱塞在缸体的柱塞孔中作往复运动时产生的容积变化来进行工作的。根据柱塞分布方向的不同，柱塞泵分为径向柱塞泵和轴向柱塞泵。柱塞轴线与缸体轴线垂直的称为径向柱塞泵；柱塞轴线平行油缸体旋转轴线的称为轴向柱塞泵，该泵的柱塞在缸体内轴向排列并沿圆周均匀分布。

一、柱塞泵的工作原理及主要性能参数

1. 径向柱塞泵工作原理

如图 2-3-1 所示为一径向柱塞泵的工作原理图。该泵主要由定子、多个径向均匀分布的柱塞、缸体和配油轴等组成。密封容积由柱塞、缸体、配油轴共同围成。定子和缸体偏心安装，当缸体在原动机带动下如图示方向旋转时，在离心力（或低压油）的作用下柱塞经过上半周时向外伸出并与定子的内表面贴合，柱塞、缸体、配油轴围成的密封容积逐渐增大形成局部真空。此时经过衬套（衬套压紧在缸体内和缸体一起旋转）上的油孔和固定的配油轴上的吸油口 b 从油箱吸油；当柱塞转到下半周时，定子内壁将柱塞向里推，缸内密封容积逐渐减小，油液经配油轴的压油口 c 压出。缸体旋转一周，缸孔内各密封容积吸、压油各一次。缸体不断旋转即可连续输出压力油。这就是径向柱塞泵的工作原理。如果改变定子与转子偏心距的大小，泵的排量也改变，故可做成变量泵。若偏心距方向改变，则排量方向也改变，故可做成双向泵。

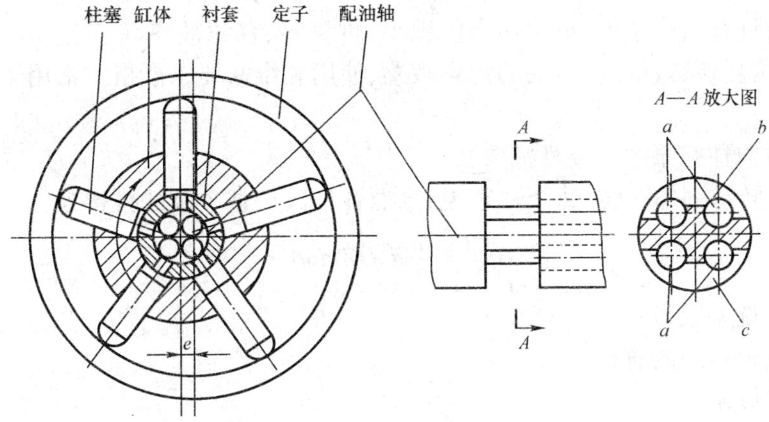

图 2-3-1　回转式径向柱塞泵的工作原理

径向柱塞泵具有性能稳定，耐冲击性能好，工作可靠等优点。但结构复杂，体积大，自吸能力差，配油轴受径向力的作用，容易磨损等，故其应用受到一定的限制。

2. 斜盘式轴向柱塞泵工作原理及主要性能参数

1）斜盘式轴向柱塞泵的工作原理

轴向柱塞泵是指柱塞的轴线与传动轴的轴线平行或略有倾斜的柱塞泵，轴向柱塞泵分为直轴式和斜轴式两种。

如图 2-3-2 所示为一斜盘式轴向柱塞泵的工作原理简图。它主要由柱塞、缸体、配油盘和

斜盘等零件组成。柱塞安装在缸体的柱塞孔中，平行于传动轴，并沿圆周均匀分布。由低压泵供给的油液，经过配油盘上的吸油窗口进入柱塞孔，使柱塞的一端顶在斜盘上。配油盘和斜盘均固定不动。当原动机通过传动轴带动缸体旋转时，在低压油及斜盘作用下，柱塞就在柱塞孔中直线往复运动。当柱塞伸出时，柱塞孔密封空间容积增大，形成局部真空，此时油液经配油盘吸入（或供入）；当柱塞被斜盘压入柱塞孔中时，密封空间容积减小，油液压力升高，油液经过配油盘上的压油窗口压出。如改变斜盘倾角的大小，就能改变柱塞的行程长度，也就改变了泵的排量；如改变斜盘倾角的方向，就能改变泵的吸、压油的方向，这就成为双向变量轴向柱塞泵。

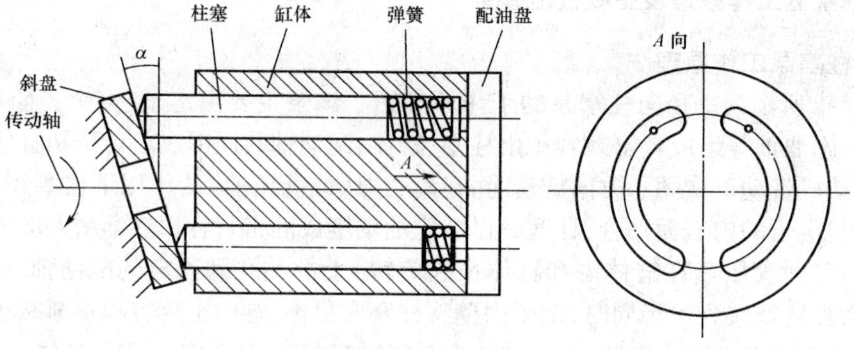

图 2-3-2　斜盘式轴向柱塞泵的工作原理图

斜轴式柱塞泵，这种泵的缸体相对传动轴线成倾斜角，传动轴和柱塞间采用万向铰链或齿轮等方式连接。

轴向柱塞泵具有结构紧凑、单位功率体积小、重量轻、容积效率高、工作压力高、易变量等优点；缺点是结构复杂、造价高、对油的污染敏感、使用和维修要求严格。常用于大功率液压传动系统中。

2）斜盘式轴向柱塞泵的主要性能参数

平均流量。转动刚体一转，每个柱塞吸、排油各一次。整个泵的排量为：

$$q_B = \frac{\pi}{4}d^2 DZ\tan\delta \tag{2-3-1}$$

式中：Z——泵的柱塞数目；

D——柱塞分布图的直径；

δ——斜盘倾角。

泵的理论流量和实际流量分别为：

$$Q_{Bt} = q_B\eta_B = \frac{\pi}{4}d^2 DZn_B\tan\delta \tag{2-3-2}$$

$$Q_B = Q_{Bt}\eta_{B_V} = \frac{\pi}{4}d^2 DZn_B\eta_{B_V}\tan\delta \tag{2-3-3}$$

式中：q_B——泵的排量；

n_B——泵的转速；

η_{B_V}——泵的容积效率；

Q_{Bt}——泵的理论流量；

Q_B——泵的实际流量;

其他符号含义同前。

3. 斜轴式轴向柱塞泵工作原理及主要性能参数

柱塞缸体的轴线与泵传动轴线相交成某一角度的轴向柱塞泵,称为斜轴式轴向柱塞泵,简称为斜轴泵。

斜轴泵与斜盘泵相比较,具有变量调节范围大,结构强度高,抗污染性能好,寿命长等优点。它的缺点是结构尺寸大、结构复杂等。

斜轴式轴向柱塞泵主要有两种形式:即双铰泵和无铰泵。

1)双铰泵

双铰泵的工作原理如图2-3-3所示。它采用两个单万向铰串联连接方式,带动缸体旋转。当传动轴端部的主轴盘旋转时,通过双万向铰带动柱塞缸体旋转。同时,主轴盘通过连杆带动柱塞往复运动,经过配油盘进行吸、排油。

双铰泵的双铰带动缸体旋转时,只用来克服缸体与配油盘间摩擦力矩,有效力矩是靠连杆受力来完成的。由于双铰泵结构复杂,制造加工精度要求高,目前生产和应用很少。在双铰泵的基础上,又设计制造出了无铰泵。

2)无铰泵

无铰泵的工作原理如图2-3-4所示。缸体通过中心销轴在壳体内,连杆的一端与传动轴端部主轴盘铰接,另一端的球头装在柱塞内。当传动轴旋转时,连杆的侧面与柱塞内壁接触并通过柱塞带动缸体转动。同时,柱塞在缸体的柱塞孔中做往复运动,通过配油盘进行吸油和排油。

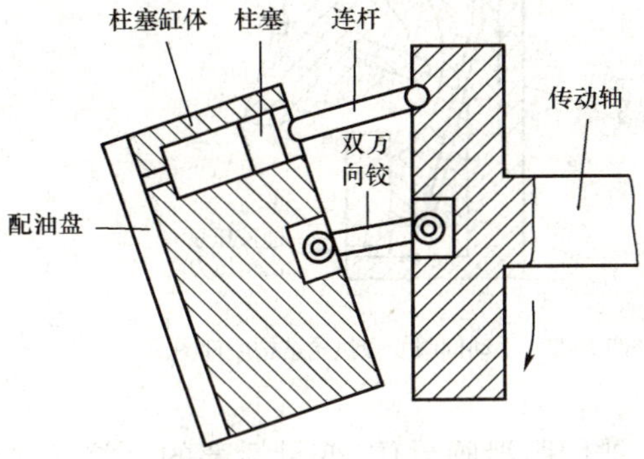

图2-3-3 双铰泵工作原理

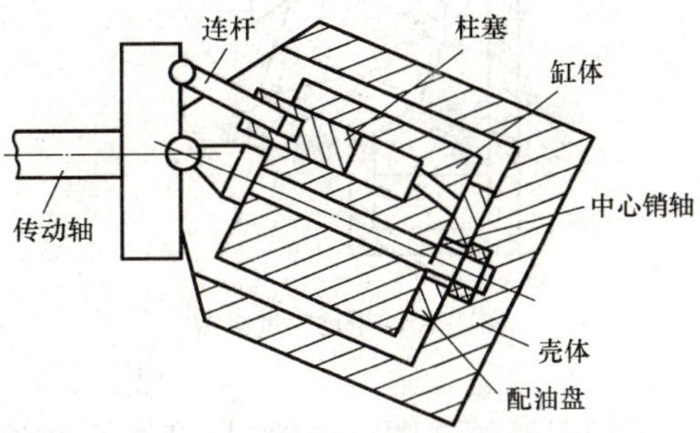

图2-3-4 无铰泵工作原理

可见,无铰泵是传动轴通过连杆、柱塞带动缸体旋转,由连杆的锥形表面与柱塞内壁接触来传递扭矩的。

若改变柱塞(缸体)相对于传动轴的倾角大小,即可实现改变油泵的流量。因此,此种泵又称为摆缸泵。

4. 变量控制机构

变量控制机构的作用是通过改变泵的倾角,而改变泵的流量。按控制方式不同,变量控制机构可分为手动变量控制机构、手动伺服变量控制机构和恒功率变量控制机构等。下面将简单介绍它们的工作原理。

1)手动变量控制机构

它是利用手直接操纵改变斜盘的倾角的机械装置,称为手动变量机构。如图 2-3-5 所示,这种机械通过手轮转动螺杆,带动变量活塞移动,通过销轴使支承在耳轴上的斜盘绕钢球 A 摆动,以达到改变斜盘倾角 δ 而调节流量的目的。

由于柱塞与斜盘间的作用力较大,改变斜盘倾角所需克服斜盘阻力很大,因此,手动变量机构不能在油泵工作过程中变量。通常当流量达到要求时,用锁紧机构锁紧。所以,这种变量控制机构尽管结构简单,但操纵力大且不灵便,仅适用于中小功率的液压泵中。

2)手动伺服变量控制机构

该机构实质上是一个阀控液压缸动力机构,它是通过操纵杆,利用控制变量活塞的运动,从而改斜盘倾角来实现调节流量的目的。

手动伺服变量机构结构原理如图 2-3-6 所示,它由伺服滑阀、随动活塞和变量壳体组成。随动活塞中的孔道 b 和 e 分别沟通下腔 a 和上腔 d。下腔 a 始终与高压油相通,上腔 d 的压力受伺服阀的控制。

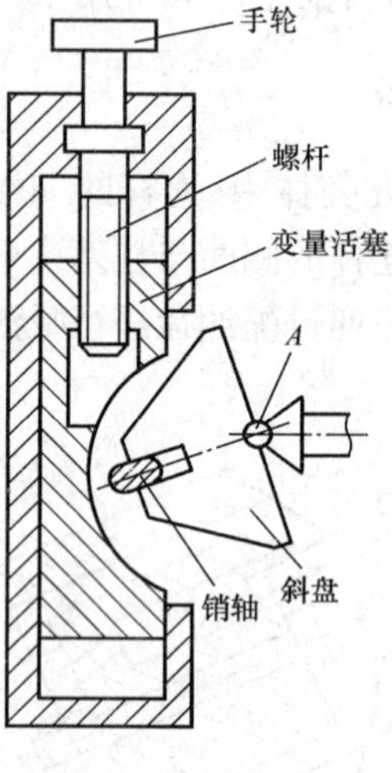

图 2-3-5　手动变量机构

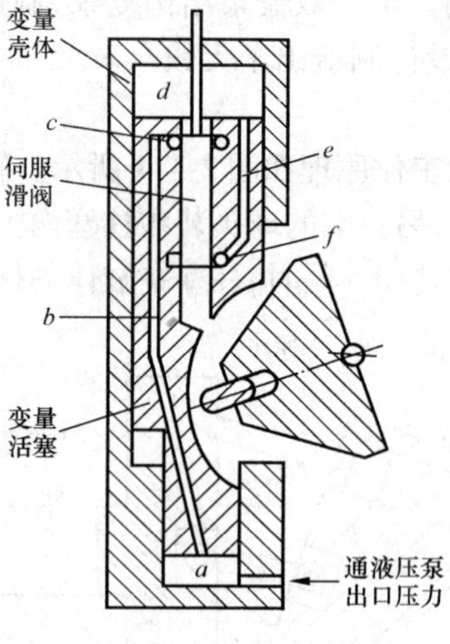

图 2-3-6　手动伺服变量机构结构原理图

当伺服滑阀在图示位置时(变量活塞油口 c 和 f 被伺服滑阀封住,变量活塞的上腔 d 的油液被封闭),变量活塞被固定在图示位置上,斜盘倾角不变,油泵稳定在一定相应的流量下工作。

当伺服滑阀向下移动时,油口 c 被打开,油口 f 被封闭,a 腔的压力油经通道 b 和油口 c 进入变量活塞的上腔 d。由于变量活塞上腔 d 的作用面积大于下腔 a 的作用面积,变量活塞在上下液压力差的作用下向下移动,带动斜盘倾角增大,直到变量活塞油口 c 重新被伺服活塞封住为止。于是,油泵就在某增大了的流量下工作。变量活塞向下移动量刚好等于伺服滑阀的向下移动量。

当伺服滑阀向上移动时,伺服滑阀将油口 c 封住,油口 f 被打开,上腔 d 经通道 e 和油口 f 与油箱接通而卸压,变量活塞在下腔液压力作用下向上移动,带动斜盘倾角减小,直到油口 f 重新被伺服滑阀封住为止,于是,油泵就在某一减小了的流量下工作。

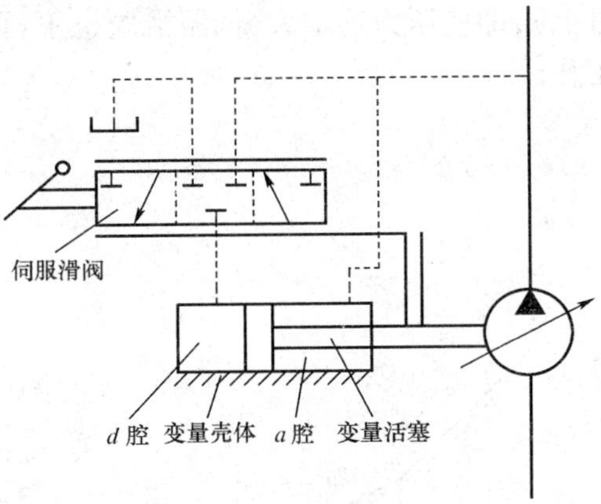

图 2-3-7　手动伺服变量机构工作原理图

如图 2-3-7 所示为手动伺服变量机构图形符号表示的工作原理图。

如上所述,手动伺服变量控制机构是通过很小外力使伺服滑阀移动,然后靠变量活塞上的液压力来改变斜盘的倾角,所以伺服变量控制机构对力具有放大作用。另外,由于被调节量(斜盘倾角)能迅速跟随给定量(伺服滑阀位移)进行变化,因此,手动伺服变量控制机构又称为手动随动变量控制机构。

手动伺服变量控制机构使用方便,应用范围很广,常用于机床、工程机械、起重运输机械、矿山机械等传动系统中。

3)恒功率变量控制机构

恒功率变量控制机构能使斜盘倾角即泵的流量随排油压力的变化而变化,从而达到泵的输出功率基本不变的目的。所以这种变量控制机构能满足某些工作机械在小负载下获得高速,在大负载下获得低速,而保持功率不变的需要。

恒功率变量控制机构与手动伺服变量机构相类似,如图 2-3-8 所示为恒功率变量机构结构原理图。当伺服滑阀上移时,变量活塞上腔 d 经通道 e、油口 f 和通道 h 回油,于是,变量活塞在下腔 a 的压力油作用下上移,使泵斜盘倾角减小。当伺服滑阀下移时,a 腔的压力油经通道 b,油口 c 进入 d 腔,因变量活塞上腔作用面积大于下腔作用面积,所以变量活塞在上下液压力差的作用下往下移动,使斜盘倾角增大。

如图 2-3-9 所示为恒功率变量机构图形符号原理图。

如图 2-3-10 所示为恒功率变量泵工作特性。由图可以看出:

当泵的工作压力 p 小于伺服滑阀上移所需的最小压力 p_0 时(即作用在伺服滑阀环形面积上的液压力小于外弹簧的预紧力),伺服滑阀处于最低位置,泵在最大流量下(即 A_0A 段)工作。

当 $p_0 < p < p_1$ 时(即作用在伺服滑阀环形面积上液压力大于外弹簧预紧力而小于内外两个弹簧的预紧力),仅外弹簧被压缩,伺服滑阀上移,斜盘倾角减小,油泵流量减小,泵在曲线 AB 段工作。

当 $p_1 < p < p_2$ 时(滑阀环形面积上的液压力大于内外两个弹簧的预紧力,内外弹簧均被压缩),伺服滑阀继续上移,泵的流量继续减小,泵在 BC 段工作。

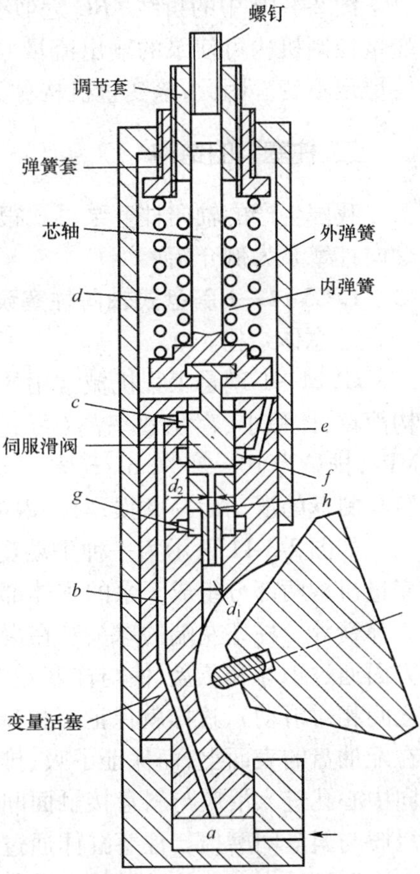

图 2-3-8　恒功率变量控制机构结构原理图

当 $p_2 < p < p_3$ 时(与伺服滑阀相连的芯轴顶到螺钉上),即使压力再增大,伺服滑阀也不再上移,斜盘倾角不再减小,流量不再降低,泵在 *CD* 段工作。

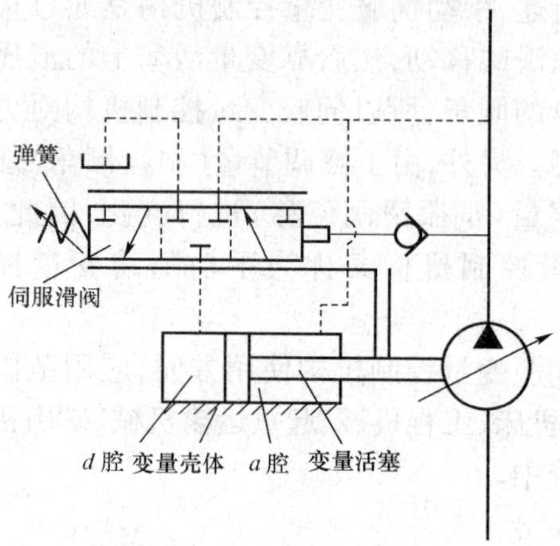

图 2-3-9 恒功率变量控制机构图形符号原理图

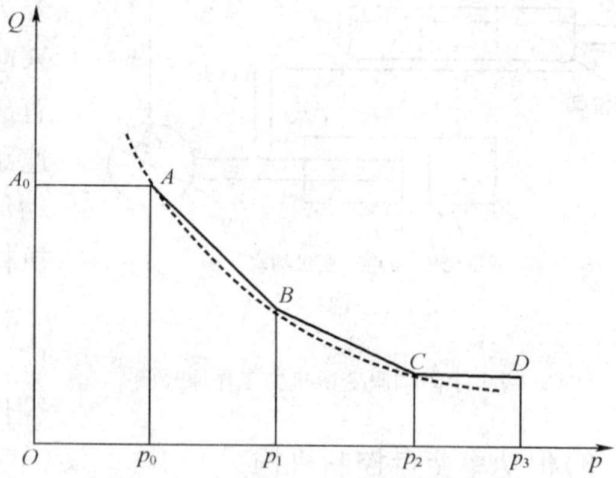

图 2-3-10 恒功率变量泵工作特性

当泵的工作压力达到 p_3 时,液压传动系统中的限压保护元件应动作,使压力不再增高。

图 2-3-10 中的折线 *ABC* 近似于双曲线,这说明泵的功率 $N = pQ \approx$ 常数。也就是说,这种变量控制机构可使泵的输出流量 Q 随工作压力 p 的变化而自动发生变化,使泵的功率近似保持恒定不变。因此,该变量机构称为恒功率变量控制机构。

二、柱塞泵的结构

我国生产的轴向柱塞泵形式很多,这里仅以工程机械中应用较广的 CY14—1 型和斜轴式轴向柱塞泵为例介绍。

1. CY14—1 斜盘式轴向柱塞泵

1)总体结构

CY14—1 型是工程机械常用的轴向柱塞泵,它是依靠斜盘倾角变量的。该轴向柱塞泵结构简单,体积小,容积效率高(可达 95% 左右),额定压力可达 32 MPa,最大限度压力为 40 MPa,排量为 10 ~ 250 cm^3/r(多种规格),转速为 1500 ~ 2000 r/min。这种泵的主要缺点是滑履与斜盘的滑动面易磨损,对油液的清洁度要求较高。

如图 2-3-11 所示为一种手动变量的直轴斜盘式轴向柱塞泵的实际结构。它由泵主体和变量机构两部分组成。泵的主体部分主要有斜盘、缸体、柱塞、滑履、压盘、配油盘、传动轴、中心弹簧等。柱塞左端的球头装在滑履内,二者之间可作任意方向摆动。中心弹簧的作用是:一方面通过钢球和压盘,使与柱塞左端球头铰接在一起的滑履紧靠在斜盘上(允许滑履与斜盘之间相对滑动),这样就保证了柱塞相对于缸孔的伸出运动。另一方面使柱塞缸体向右紧靠在配油盘的表面上,而保证了吸、排油腔的密封。柱塞底部密封容积中的部分压力油经柱塞轴向中心孔进入滑履与斜盘接触面间缝隙而形成了一层很薄的油膜,起到静压支承作用,以减小滑履与斜盘间磨损。柱塞缸体通过一个大型滚柱轴承,来平衡斜盘通过柱塞对缸体产生的径向力和翻转力矩。传动轴的左端与缸体用花键配合。柱塞底部的密封容积变化通过配油盘的配油孔倾角 δ 的大小来调节。

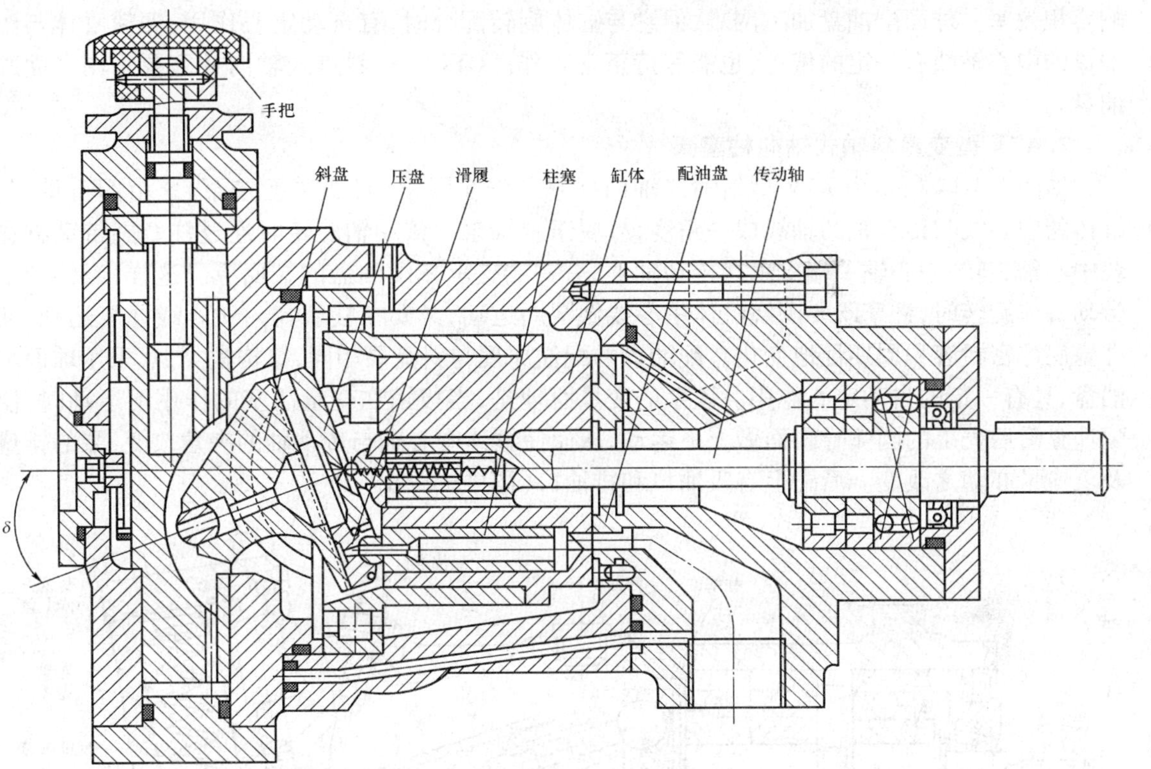

图 2-3-11 轴向柱塞式手动变量泵

2）主要零件的构造

①滑履。为改善柱塞与斜盘接触性能，通常采用滑履（又称滑靴）结构，如图 2-3-12 所示。滑履与柱塞为球头铰接。中心弹簧通过钢球、回程盘带动滑履压向斜盘的表面。油可以通过柱塞和滑履的中心孔而进入滑履与斜盘的接触表面。

②配油盘的结构形式。配油盘是轴向柱塞泵的关键零件之一，它的作用是分配油液，帮助轴向柱塞泵完成吸、排油任务。

配油盘大体分为两种：一种是如图 2-3-13a）所示的平面配油盘，另一种是如图 2-3-13b）所示的球面配油盘。平面配油盘容易加工，但当颠覆力矩较大时，加剧磨损，并容易“张口”而影

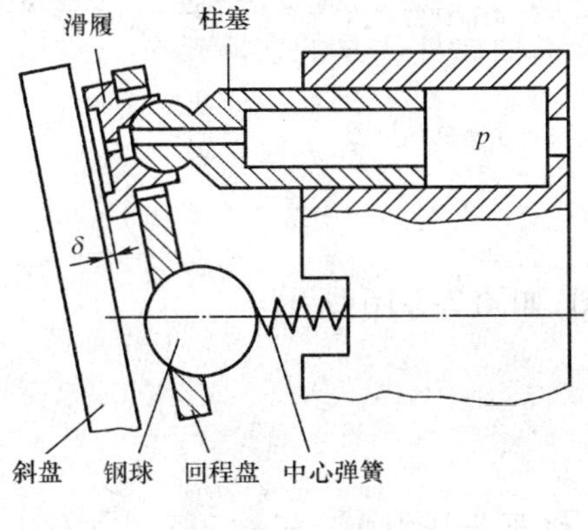

图 2-3-12 滑履

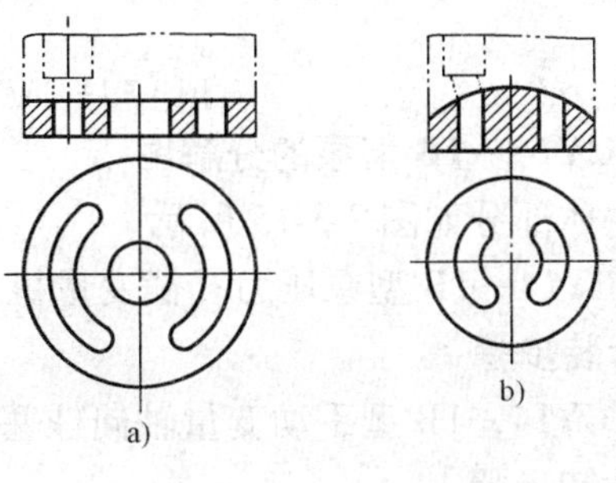

图 2-3-13 配油盘

响容积效率。球面配油盘加工困难，但它与缸体旋转配合时，有自动定心作用，即使缸体与配油盘的中心轴线有一定的偏差，也能保持正常工作。CY14—1 斜盘式轴向柱塞泵采用平面配油盘。

2. A7V 型变量斜轴式轴向柱塞泵

如图 2-3-14 所示为 A7V 型斜轴式轴向柱塞泵的实际结构（属于无铰泵）。由图可见，其缸体的中心线与传动轴的轴线成一角度，故属于斜轴泵。传动轴旋转时通过柱塞副带动缸体绕中心轴旋转，中心轴一端支承在传动轴上，另一端支承在配油盘的端面上。这样，当传动轴带动缸体旋转时，柱塞既要围绕缸体中心线做圆周运动，又要在柱塞孔内做直线往复运动，使柱塞底部密封容积周期性地变化。配油盘的配油原理与斜盘泵相同，结构也类似，采用球面配油盘，具有一定的自动定心作用。该泵的变量原理是，当拔销在变量活塞的作用下运动时，使配油盘沿后壳上的圆弧导轨面做上下运动，从而使缸体中心轴与传动轴的夹角改变，泵的排量及至流量亦随之改变。后壳上有吸油口和排油口（图中未画出）。

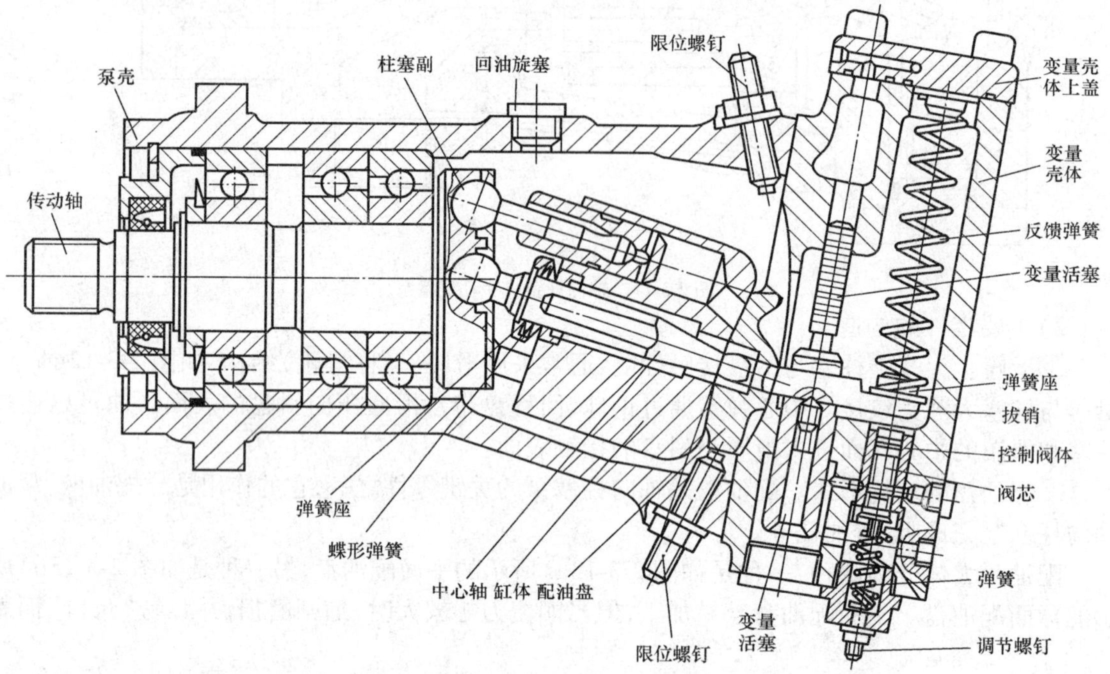

图 2-3-14　A7V 型斜轴式轴向柱塞泵结构图

3. YCY14—1B 型泵的分解图

1）主体部分如图 2-3-15 所示。

2）YCY14—1B 型泵压力补偿变量机构解体图，如图 2-3-16 所示。

4. 拆装步骤

以 YCY14—1B 型手动变量轴向柱塞泵为例。

1）拆卸步骤

（1）松开变量机构与泵的主体部分固定螺钉，将泵分开为变量机构和泵的主体两部分

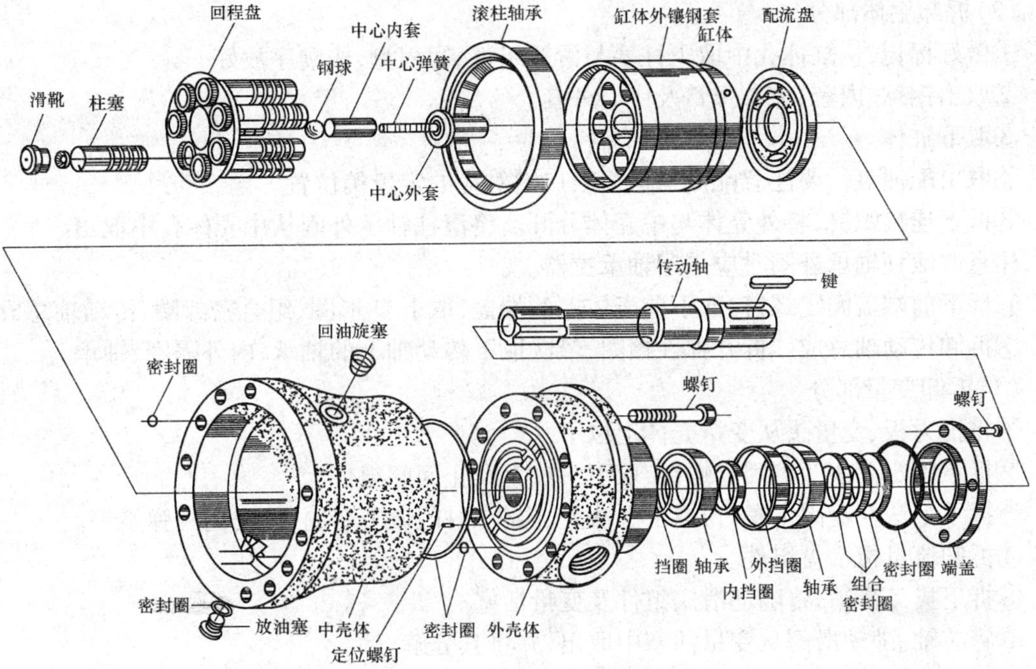

图 2-3-15　YCY14—1B 型泵主体部分解体图

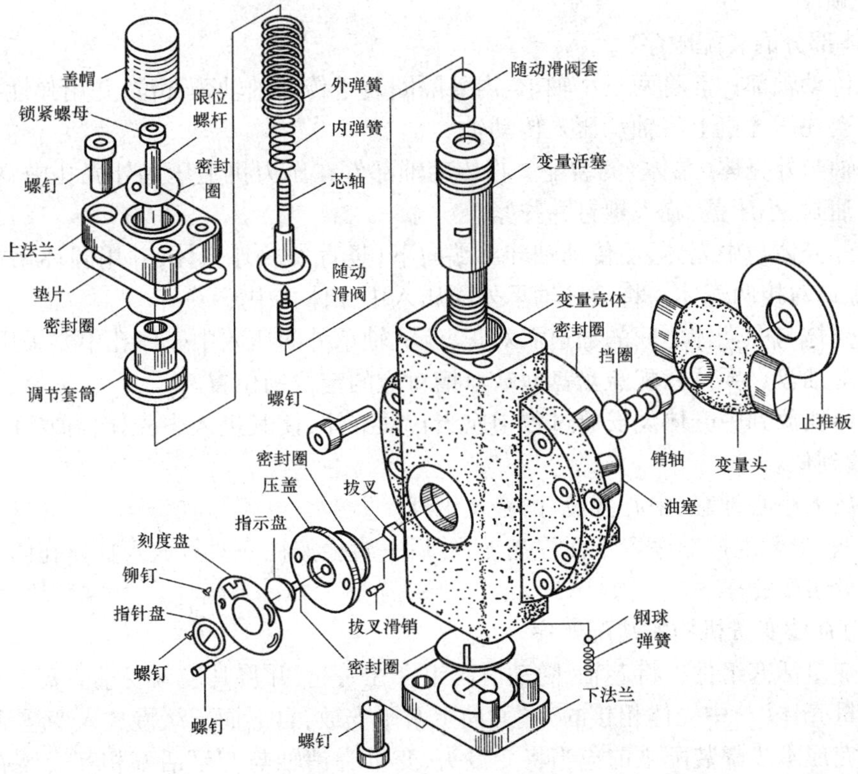

图 2-3-16　压力补偿变量机构解体图

(2)拆卸主体部分

①做好标记,从缸体孔中取下柱塞与滑靴组件、回程盘,按顺序放好。

②取出钢球、内套、中心弹簧及中心外套。

③取下缸体。

④取出配油盘。要注意配流盘盘面缺口槽对应的定位销位置。

⑤拆下连接螺钉,将外壳体与中壳体分开。将滚柱轴承外圈从中壳体孔中取出。

注意取滚柱轴承外圈时应采用轴承拉器。

⑥拆下前端盖固定螺钉,取下前壳体上的端盖,取下O形圈、组合密封圈、传动轴总成。

⑦拆卸传动轴总成。拆开弹性挡圈,依次取下传动轴上的轴承、内外隔圈、轴承。

(3)拆卸变量部分

①将推力板、变量头从变量壳体上取下。

②拆下固定下法兰盘固定螺钉,取下下法兰及止回阀组件。

③拆下上法兰盘固定螺钉,取下上法兰、限位螺杆、调节套筒、取出内外弹簧等。

④拆卸流量指示盘组件。

⑤拆下拔叉滑销,将随动滑阀组件及变量活塞。

⑥将芯轴、随动滑阀从变量活塞中取出,并将其分解。

拆卸完毕。

2)装配顺序

(1)主体部分的装配顺序

①装配传动轴部件。将两只小轴承、内外隔圈装于传动轴轴颈部位,并用弹性挡圈锁牢。

注意应当在压力机上将轴承压入传动轴。

②传动轴与外壳体(泵体)的装配。将传动轴部件在压力机上压入外壳孔中,在外壳体外端面上装上油封、小压盖,旋入螺钉并拧紧。

③对接外壳体与中壳体,使传动轴伸出端向下,竖直安放外壳体,并用圆环物或高垫块垫置稳固,用螺钉对接两壳体。将滚柱轴承外圈压入中壳体孔中。

注意外壳体与中壳体之间的油道需对正,流柱轴承外圈压入中壳体孔中要采用压力机。

④安放配油盘。要注意配流盘盘面缺口槽对应的定位销位置。

⑤将缸体安放到中壳体。安放过程中应当转动缸体,使其进入中壳体(泵壳)内的轴承外圈孔中,安放到位。

⑥依次放入中心外套、中心弹簧、内套及钢球。

⑦将柱塞、滑靴组按顺序置于回程盘上,然后垂直地按柱塞对号放入缸体孔内。

主体部分装配完毕。

(2)压力补偿变量机构的装配顺序

①装配变量活塞组件。将芯轴、随动滑阀组合在一起,并将其装入变量活塞。

②将变量壳体(与中壳体相接的)端面向上水平安放,自上而下缓慢放入变量活塞组件。

注意在完成本步骤装配之前应当将变量头、变量头销轴与变量活塞相互套装在变量壳体中,检查在摆动范围内有无卡阻,斜倾角是否够度,配合若不松动,可再取下变量头、变量头销轴后继续往下装配。

③装配流量指示盘组件，将指示盘穿过压盖的内孔用连接锁与拨叉组装后，一齐装入变量壳体的孔内，并把拨叉口横向安放。

④在变量活塞上装入并旋紧拨叉滑销螺钉，然后转动变量活塞，使滑销螺钉滑入拨叉的叉槽内。

⑤在芯轴上放入内外弹簧，将组合套筒旋进上法兰并处于最上面位置，然后将上法兰与变量壳体连接并注意有关密封圈与垫片不使遗落或损坏，装上限位螺钉等附件。

⑥装配止回阀组件和下法兰。

注意将下法兰上的油道孔与变量壳体上的油道孔对正。

⑦将变量头、推力板置于竖直安放的油泵主体的回程盘上。

⑧合装主体与变量机构。将变量部分扣于泵的主体部分上，并用干净扁铁条使变量头销轴滑入变量活塞的相应孔中。

⑨旋紧螺钉时，一面转动传动轴，一面均匀坚固，应做到转动灵活。

变量泵装配完毕。

三、柱塞泵的故障诊断与排除

在实际使用中的柱塞泵以轴向柱塞泵为主，下面以 YCY14—1B 型轴向柱塞泵为例。该泵在使用过程中的常见故障是：系统升不起压或压力提不高；油泵打不出油或流量不足；油液温升太高；油泵噪声过大；漏油严重；压力补偿机构运动失灵等。这些故障产生的原因及排除方法见表 2-3-1。

柱塞泵常见故障产生原因及排除方法　　表 2-3-1

故　障	原　因	排除办法
液压泵输出流量不足或无流量输出	①油面太低，滤网阻塞，吸入阻力太大； ②中心回程弹簧太短或折断，柱塞不能回程，配流盘与缸体密封不好； ③配流盘或缸体表面拉毛，配合密封状态不好； ④柱塞磨损，内泄漏严重； ⑤泵体径向力引起缸体与配流盘向产生楔状空隙，吸压油腔沟通	①加足油量，清洗滤网； ②更换中心回程弹簧； ③轻者通过研磨抛光后继续使用，严重者予以更换； ④更换柱塞，达到规定间隙； ⑤采用弹性联轴器传动
噪声过大	①配流盘装错； ②吸油管直径太小或弯曲太多，使吸油阻力增大，吸入不足； ③油面太低，油面上空气被吸入泵内； ④吸油管漏气或堵塞，空气或汽化油液被泵吸入； ⑤工作油液不合要求或油液黏度太大； ⑥油温太高，油沫汽化，油箱中隔层或滤网太粗； ⑦泵与电动机同轴度超差过大，使轴受径向力增大； ⑧油泵柱塞与滑靴结合处松动或泵内零件严重损坏	①纠正配流盘的装配； ②加大吸油管径，减少弯头，降低吸油阻力； ③加足油量，提高油面； ④更换垫片，拧紧管接头，清洗吸油管，消除堵塞； ⑤更换工作油液或降低油液黏度； ⑥加强油液冷却或使隔层、滤网符合规定要求； ⑦调整安装位置，保证同轴度在 0.1mm 之内； ⑧立即停止油泵工作，进行解体检查，更换有关零件

续上表

故 障	原 因	排除办法
斜盘零角度时仍有排油量	①斜盘耳轴磨损； ②控制器的位置偏离、松动或损坏等	①更换斜盘或研磨耳轴； ②重新调零、紧固或更换控制器元件以及调整控制油压力等来解决
变量操纵机构操纵失灵	①变量活塞，随动滑阀套的孔道堵塞或错位； ②随动滑阀拉毛、损伤、弯曲或扭曲； ③变量活塞咬毛、卡阻； ④弹簧芯轴弯曲而卡阻； ⑤油泵回油管阻塞，回油背压太高，使变量活塞上腔处油液难以卸压； ⑥指示盘拔叉螺钉脱落； ⑦因油液不清洁、变质或黏度过大或过小造成操纵失灵	①清洗疏通有关孔道并使安装位置正确； ②修研或更换； ③进行解体修整或更换； ④修整或更换； ⑤检查回油管，使回油背压 0.3×100 Pa 以下； ⑥检查修理达规定要求； ⑦清洁或更换油液
油泵一开车就变量	①变量活塞中腔堵塞不通，腔无压力； ②调节弹簧未调好，外弹簧无预紧力	①清洗疏通孔道； ②调整弹簧，使油泵按规定的流量特性曲线工作
油液温升太快	①油箱太小或系统无冷却装置； ②油液黏度太高或污染严重； ③泵内漏损或阀的漏损太大，运动件磨损或配合间隙过大	①增大油箱容积，或按规定要求增加冷却装置； ②适当降低油液黏度或更换油液； ③检修或更换有关零件
泵的密封处渗漏	①主要原因是密封圈损坏老化造成的。应具体检查渗漏部位。 ②轴端骨架油封处渗漏： a. 骨架油封磨损； b. 泵轴与电动机未采用同一基础，连接支座或法兰刚性不足； c. 油泵与电动机未采用同一基础，连接支座或法兰刚性不足； d. 传动轴磨损； e. 油泵内渗漏增加，低压腔油压超过 0.05 MPa 骨架油封损坏。 ③O 形密封圈处渗漏： a. 变量壳体（端盖）与泵壳连接部位渗漏； b. 变量壳体上下法兰、拉杆、封头帽、轴端法兰等 O 形密封圈处渗漏，其原因同 a、c；YCY14—1B 泵变量壳体上法兰渗漏	①拆检密封部位，详细检查 O 形圈和骨架油封损坏部分，及配合部位的划伤、磕碰、毛刺等，并修磨干净，更换新密封圈。 ②轴端骨架油封处渗漏： a. 更换骨架油封； b. 按要求重新校对同轴度并达到规定精度； c. 泵电动机采用一基础，更换支座或法兰； d. 轻微磨损可用金刚砂纸、油石修正，严重偏磨应返回制造厂更换传动轴； e. 检修柱塞副和缸体配油副两对运动件，更换骨架油封，在装配油封时应用专用工具，不允许用手锤击油封，唇边应向压力油侧，以保证密封。 ③O 形密封圈处渗漏： a. 更换 O 形密封圈或修正划伤、碰毛部位； b. 拆开密封部位，处理方法同 a； c. 更换青壳纸垫或更换弹簧芯轴，其配合间隙在 0.006～0.01 mm 或研磨法兰平面

续上表

故　障	原　因	排除办法
输出压力异常	①输出压力不上升： a. 溢流阀有故障或调整压力过低，使系统压力上不去； b. 止回阀、换向阀及液压执行元件（液压缸、液压马达）有较大泄漏，系统压力上不去； c. 液压泵本身自吸进油管道漏气或因油中杂质划伤零件造成内漏过甚等。 ②输出压力过高： a. 系统外负荷上升，泵压力随负荷上升而增加，这是正常的； b. 若负荷一定，而泵压力却超过负荷压力的对应压力值时，则应检查泵外的元件，如换向阀、执行元件、传动装置、油管等	①输出压力不上升： a. 检修或更换溢流阀，或重新检查调整压力； b. 找出泄漏处，更换元件； c. 紧固或更换元件，以提高压力。 ②输出压力过高： a. 正常现象，无需处理； b. 一般压力过高应调整溢流阀进行确定

四、柱塞马达的工作原理及主要性能参数

1. 轴向柱塞马达

1）轴向柱塞马达的工作原理

同轴向柱塞泵一样，轴向柱塞马达也分为直轴式和斜轴式两种形式。现以直轴式为例，介绍轴向柱塞马达的工作原理。

轴向柱塞马达的工作原理图如图 2-3-17 所示。该马达主要由缸体、柱塞、配油盘、斜盘、输出轴等组成。斜盘和配油盘固定不动，缸体和马达传动轴连接在一起，柱塞通过缸体带动传动轴绕其水平轴线旋转。

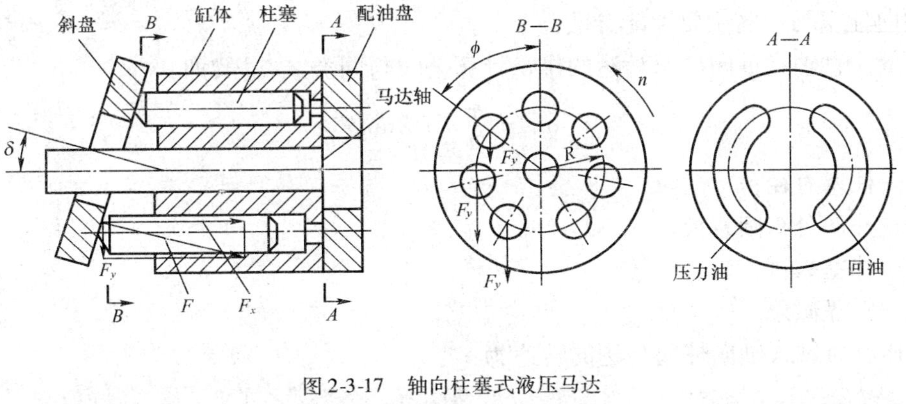

图 2-3-17　轴向柱塞式液压马达

轴向柱塞马达的工作是靠缸体内表面、每个柱塞端面及配油盘端面共同围成的几个密封空间容积的变化来工作的。若进油压力为 p，回油压力 $p'=0$，则当压力油经配油盘进油孔进入所对应的柱塞孔时，处在进油区一侧的各个柱塞在压力油作用下往外顶出而压在斜盘上，斜盘将对这些柱塞产生一个法向力 F。力 F 的水平分力 F_x 对输出轴不产生转矩，它与柱塞上的

液压力相平衡(忽略柱塞的惯性力和摩擦力),即:

$$F_x = p\frac{\pi}{4}d^2 \tag{2-3-4}$$

式中:p——进油压力;

d——柱塞直径;

F_x——斜盘对柱塞法向力的水平(轴向)分量。

力 F 的垂直分力 F_y 使每个柱塞对转动刚体中心都产生一个逆时针方向(从左向右看)的转矩,使传动轴沿逆时针方向转动。F_y 的表达式为:

$$F_y = F_x\tan\delta \tag{2-3-5}$$

式中:F_y——作用在柱塞上的垂直分力;

δ——斜盘倾角。

每个柱塞上垂直分力对回转中心产生的转矩为:

$$M_i = F_y h = F_y R\sin\phi_i \tag{2-3-6}$$

式中:F_y——作用在柱塞上的垂直分力;

h——力 F_y 对缸体轴线垂直距离;

R——柱塞分布圆半径;

ϕ_i——柱塞的方位角。

轴向柱塞马达的瞬时输出转矩为处于进油区内各个柱塞瞬时转矩的总和,即:

$$M = \sum_{i=1}^{k}M_i = \frac{\pi}{4}d^2pR\tan\delta\sum_{i=1}^{k}\sin\phi_i \tag{2-3-7}$$

式中:k——同时位于进油区的柱塞数目。

可见,轴向柱塞马达瞬时转矩的变化规律与轴向柱塞泵瞬时流量的变化规律完全相同,也是按正弦规律脉动的。该转矩通过缸体带动输出轴逆时针(从左往右看)转动而做功。

若改变马达的进、回油方向,就会改变马达的旋转方向。

2)轴向柱塞马达的主要性能参数

①排量。直轴式轴向柱塞马达的排量计算公式与同类泵一样,即:

$$q_M = \frac{\pi}{4}d^2DZ\tan\delta \tag{2-3-8}$$

式中:d——柱塞直径;

D——柱塞分布圆直径;

Z——柱塞数目;

δ——斜盘倾角。

②转速。直轴式轴向柱塞马达的转速为:

$$n_M = \frac{4Q_M\eta_{M_V}}{\pi d^2DZ\tan\delta} \tag{2-3-9}$$

式中:Q_M——马达的实际流量;

η_{M_V}——马达的容积效率。

③转矩。轴向柱马达的输出转矩为:

$$M_{\mathrm{M}} = \frac{1}{8}\Delta p_{\mathrm{M}} d^2 DZ\tan\delta\eta_{\mathrm{M}_m} \tag{2-3-10}$$

式中：Δp_{M_m}——马达进、出口压力差；

η_{M_m}——马达机械效率。

2. 径向柱塞马达

径向柱塞马达目前主要有3种结构形式，即曲轴连杆式、静力平衡式和内曲线多作用式。

1）曲轴连杆式低速大转矩马达

曲轴连杆式低速大转矩马达是国内外应用较早的一种，国外也称“斯达发”（Staffa）马达。该马达工作原理可用图2-3-18所示。

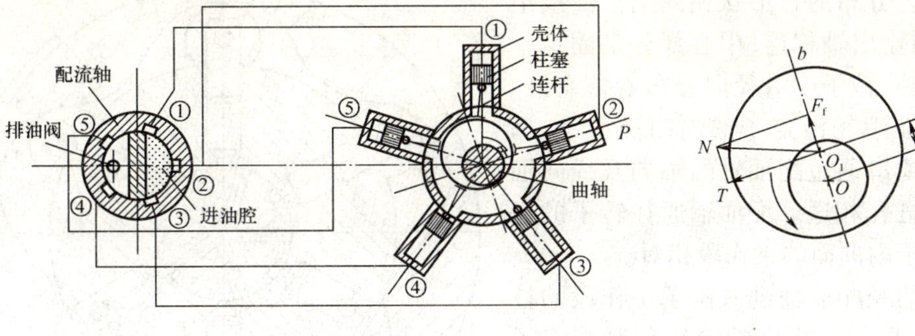

图2-3-18　曲轴连杆式低速大转矩马达

在壳体的圆周放射状均匀布置了5个（或7个）缸。缸中的柱塞通过球铰与连杆相连接。连杆端部的圆柱面与曲轴的偏心轮（偏心轮的圆心为O_1，它与曲轴旋转中心O的偏心距$OO_1=e$）相接触。曲轴的一端通过十字接头与配流轴相连。配流轴上“隔墙”两侧分别为进油腔和排油腔。

高压油进入马达进油腔后，经过壳体的槽①、②、③引到相对应的柱塞缸①、②、③中去。高压油产生的液压力作用于柱塞顶部，并通过连杆传递到曲轴的偏心轮上。该力的方向分别沿着该缸连杆的中心线，并指向偏心轮的中心O_1。如图2-3-18b）所示，柱塞②作用在偏心轮上的力为N，该力可分解为两个力：法向力F_f（力的作用线与连心线OO_1重合）和切向力T。法向力F_f对曲轴的旋转中心O不产生力矩，切向力T对于曲轴的旋转中心O产生转矩，使曲轴绕逆时针方向旋转。

此时曲轴旋转的总转矩应等于与高压腔相通的柱塞缸（在图2-3-18所示情况下为①、②、③）所产生的转矩之和。

曲轴旋转时，缸①、②、③的容积增大，④、⑤的容积变小，油液通过壳体油道④、⑤经配流轴的排油腔排出。

当配流轴随马达转过一个角度后，配流轴“隔墙”封闭了油道③，此缸与高、低压腔均不相通，缸①、缸②通高压油，使马达产生转矩，缸④和缸⑤排油。当曲轴连同配流轴再转过一个角度后，缸⑤、②、①通高压油，使马达产生转矩，缸③、④排油，由于配流轴随曲轴一起旋转，进油腔和排油腔分别与各柱塞缸依次接通，从而保证曲轴连续旋转。

将马达的进出油口对换后,可实现马达的正、反转。

以上是壳体固定、曲轴旋转的情况。如果将曲轴固定,进、排油管直接接到配流轴中,就能达到外壳旋转的目的。外壳旋转的马达用来驱动车轮、卷筒等装置十分方便。

太原矿山机器厂已生产的 JMD 系列马达即属此种。其额定工作压力 16 MPa,最大工作压力 22 MPa,转速 0 ~400 r/min,排量 0.20 ~6.140 L/r。

2)内曲线多作用径向柱塞马达

内曲线多作用径向柱塞马达通常称为内曲线马达。图 2-3-19 是这种马达的工作原理图。它由定子、转子(也称缸体)、配油轴、柱塞和滚轮组等主要零件组成。定子的内表面由几段均匀分布的且形状相同的内曲线组成,转子与输出轴相连,中心部分是固定不动的配油轴,转子中沿径向分布着柱塞缸。柱塞的顶端滚轮沿定子的内曲面滚动,马达的进排油口通过配油轴的轴向及径向油道与柱塞缸孔相通。配油轴通往转子的进油道与定子内曲面的工作段相对。

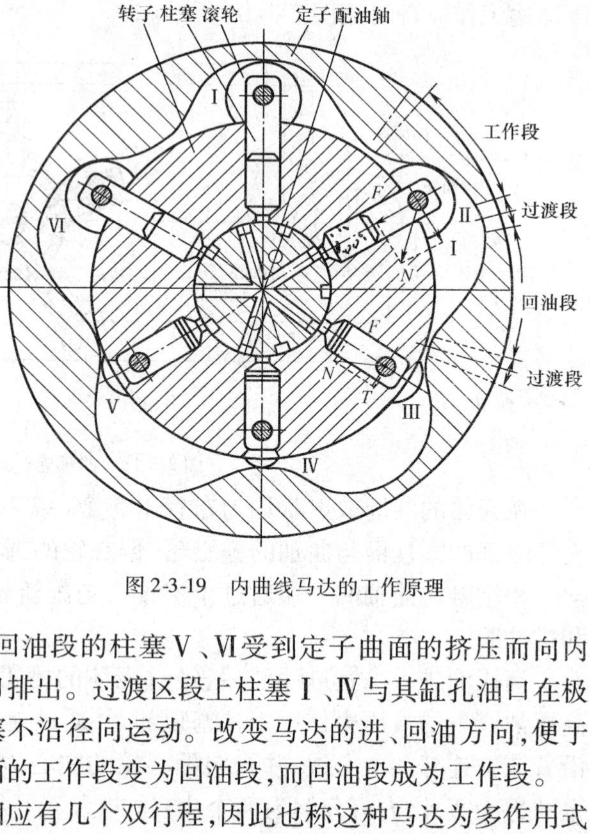

图 2-3-19 内曲线马达的工作原理

压力油经配油轴进入位于工作段的柱塞缸孔Ⅱ、Ⅲ使其相应的滚轮顶紧在定子曲面上。在接触点上,定子给滚轮一个反作用力 N,其方向垂直于定子的内曲面,作用线通过滚轮中心。力 N 可分解为径向分力 F 和切向分力 T。力 F 与柱塞缸孔油压作用力平衡;力 T 通过滚轮和柱塞作用于转子产生转矩,使转子转动。与此同时,处于回油段的柱塞Ⅴ、Ⅵ受到定子曲面的挤压而向内收缩,其缸孔内油液经配油轴回油道从出油口排出。过渡区段上柱塞Ⅰ、Ⅳ与其缸孔油口在极短时间内被配油轴的密封间隙封闭,此时柱塞不沿径向运动。改变马达的进、回油方向,便于工作,可改变马达的旋转方向。这时定子曲面的工作段变为回油段,而回油段成为工作段。

这种马达的转子每转 1 周,每个柱塞便相应有几个双行程,因此也称这种马达为多作用式马达。显然,如果体积相等,多作用式马达比单作用式(转子每转一周每个柱塞只有一次双行程,如曲轴连杆式、静力平衡式)马达的排量大得多,而且这种马达的柱塞缸孔既可以做成单排的,也可做成双排或三排,所以输出转矩比单作用式大得多。

3)静力平衡式径向柱塞马达

静力平衡式径向柱塞马达是从曲轴连杆式马达发展而来的。它的主要特点是取消了连杆,并且在主要摩擦副间实现了液压静力平衡,改善了工作性能。

如图 2-3-20 所示是静力平衡式液压马达的结构简图。柱塞沿径向装在壳体的各柱塞缸内。弹簧将柱塞压在压力环的外端面上,而压力环嵌装在五星轮的 5 个平面中。五星轮套在传动轴的偏心轮上。柱塞、压力环、五星轮都开有中间通孔。传动轴用一对滚动轴承支承,其一端作为输出轴,另一端加工有 2 个环形槽与进、排油口连通。该马达不需要专门的配油轴,而在偏心轮上对称地切去两弓形面形成2个月牙腔室，分别作为配油的进油窗口。压力油从口 *L* 及传动轴的轴向孔进入月牙腔室，再经过五星轮上的径向孔和柱塞底部的通孔进入2个或3个柱塞缸。同时随着传动轴的旋转，其他柱塞的排油回到另一月牙腔室后经相应的轴向孔由油口 *K* 排出，此时马达传动轴按图2-3-20所示方向旋转。若压力油从 *K* 口进入，从 *L* 口排出，则马达转向相反。

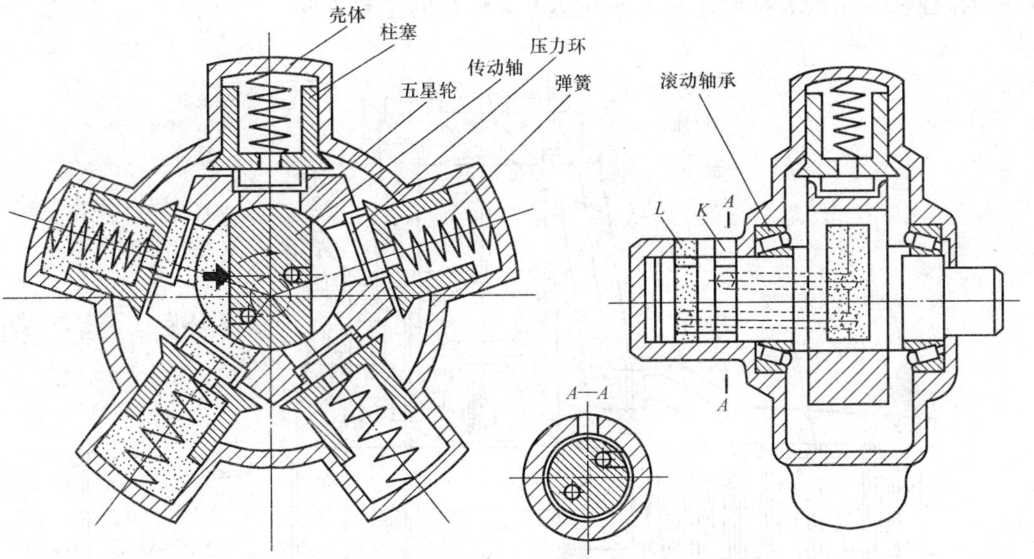

图2-3-20 静力平衡式液压马达结构简图

工作时，柱塞与压力环之间、五星轮与传动轴的偏心轮之间不靠配油表面的直接接触来传递力，而是通过压力油进入柱塞、压力环、五星轮和传动轴偏心轮之间所形成的密封空间中形成压力，直接作用在传动轴上的偏心轮被切除的一个侧面上，产生转矩，驱动传动轴旋转。传动轴旋转时，柱塞和五星轮都做平动，柱塞与压力环之间的接触面做相对滑动，这样保证了柱塞与压力环之间具有一定的密封性。在工作中，柱塞、压力环和五星轮基本上处于静力平衡状态，使三者相对运动时不至于产生严重磨损，故称为静力平衡式径向柱塞马达。

静力平衡式液压马达额定压力为10～16 MPa，最大压力达31.5 MPa，具有良好的起动性能和较高的机械效率，运转平稳，噪声小，工作可靠。适用于各类机械的行走、牵引、驱动以及提升机构的液压系统。

五、柱塞马达的结构

1. 曲轴连杆式低速大转矩马达

1）总体结构

CLJM系列马达是一种曲轴连杆结构单作用径向柱塞液压马达，属于低速大转矩液压马达。如图2-3-21所示为CLJM型液压马达的内部结构图。该马达由柱塞、连杆、曲轴、星形壳体以及配流轴等组成。该马达的星形壳体上有径向布置的5个柱塞缸孔，每个缸孔中装配一个活塞，每个活塞的球窝中部均铰接着连杆的球头。曲轴两侧的主轴颈上，装有两只圆锥形滚柱轴承，曲轴用这2只轴承支承并定位于壳体及壳体前盖的相应孔中。曲轴内端的凹槽，通过十字形滑块联轴器带动配流轴同步旋转。

径向柱塞马达输出转速低、驱动转矩大,多称为低速大转矩马达,多用于工程机械上的工作机构。例如起重机的卷筒,履带挖掘机的履带驱动轮等,转速一般为 100 r/min 以下,而转矩有时却要求几万牛米。为增大马达的输出转矩,根据马达转矩公式可知,可增大压力 p 和排量 q 来达到。低速马达工作压力多在 10 ~ 20 MPa,有的达到 25 ~ 30 MPa。压力增高会受到材料强度的限制,因而增大排量 q 是低速马达增大转矩的主要方向。

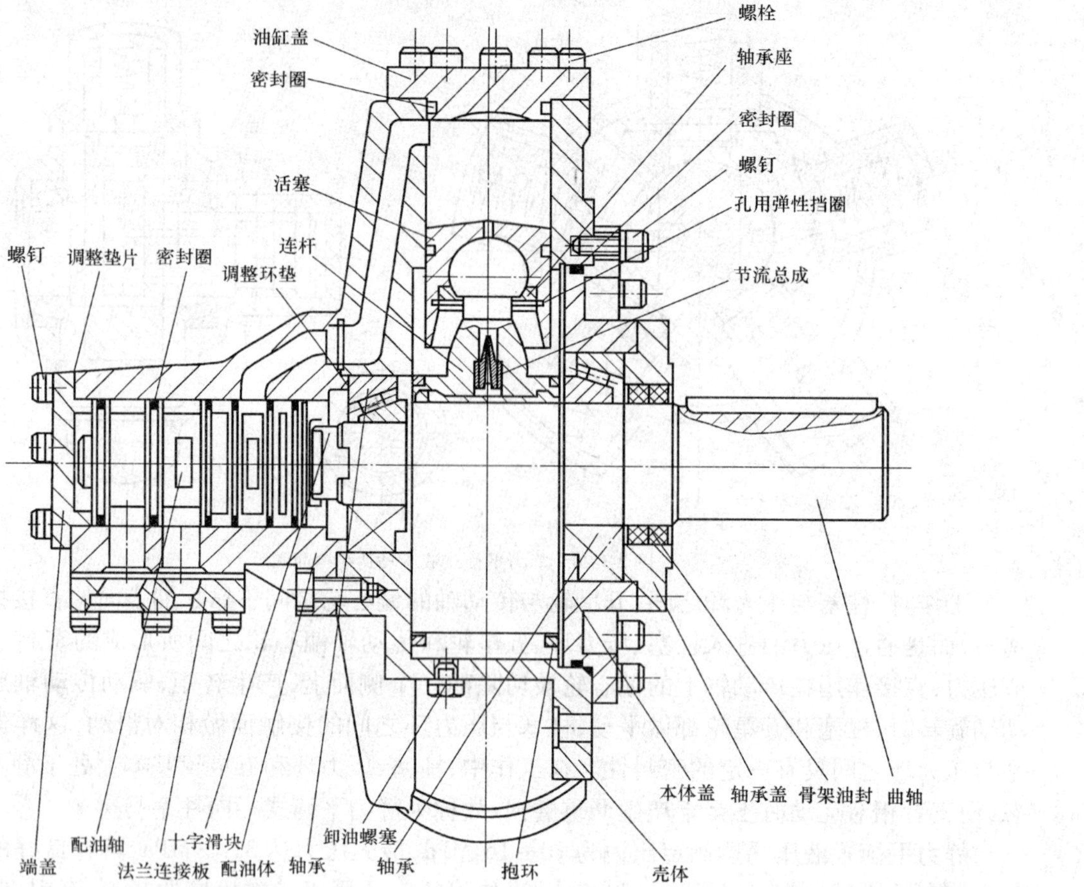

图 2-3-21　CLJM 型马达结构图

2）CLJM 型马达的分解图

如图 2-3-22 所示为 CLJM 型马达主要零件立体分解图。如图 2-3-23 所示为 CLJM 型马达剖切立体图。

3）拆装步骤（以 CLJM 型马达为例）

（1）拆卸顺序

拆卸前的准备：

①旋开泄油螺塞,放尽马达里的余油。

②初次解体,为防止重装后旋向变化,需在输出轴端面和配油轴端面做上同方位记号。

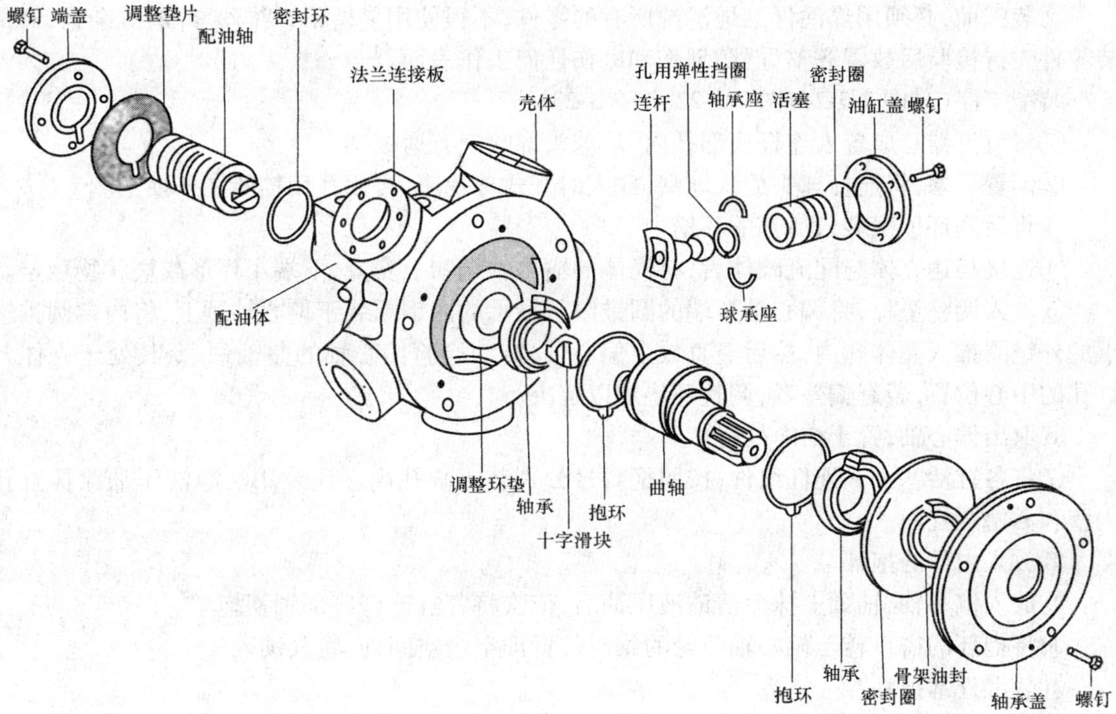

图 2-3-22 CLJM 型马达主要零件立体分解图

解体程序：

①拆去端盖，用干净螺钉旋入配油轴中心螺孔内，吊出该轴，并取出十字滑块。

②将输出轴端垂直向上，卸去本体盖。

③取出上连杆抱环，旋转偏心轴，使连杆逐个与下抱环及偏心轴脱离，并将连杆活塞组件推至各自油缸深处，只留下一只连杆与偏心轴暂不分离。

④将螺钉旋入偏心轴端螺孔内，吊出偏心轴。

⑤取出下抱环，依次在连杆大端上打上记号，逐一取出连杆、活塞组件，并将活塞与油缸对应做上记号，以便装复时仍能保证原装配间隙。

⑥分解活塞连杆组件：松开孔用弹性挡圈，取出球承座、活塞和连杆。

(2)装配顺序

准备工作：

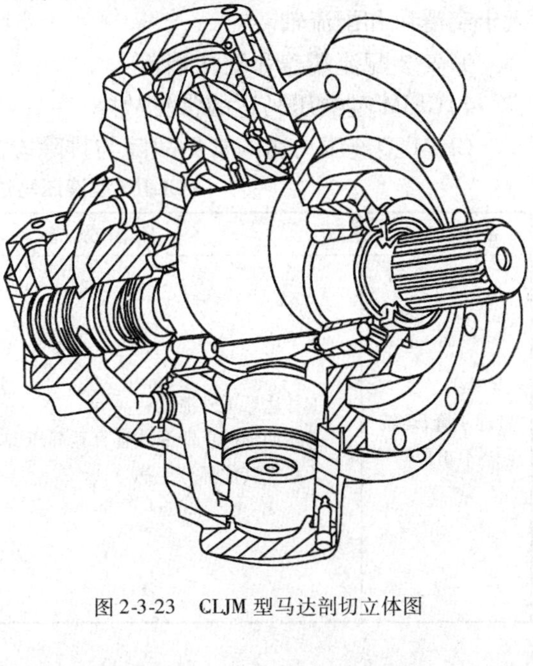

图 2-3-23 CLJM 型马达剖切立体图

①装配前的准备工作,主要是配备好洁净的场地、工具与器皿、器具。

②装配前,必须用煤油仔细地清洗所有的零件,不得使用易留下纤维丝、碎屑等杂物,对待装零件先行检验后放置齐整,严防划伤和碰伤任何工作表面。

装配工序(见图2-3-21、图2-3-22、图2-3-23)。

①将节流器总成置入连杆底部孔内,从球头部吹气有通畅感。

②倒置活塞,将连杆球头放入球窝,放入对开式球承座,再用孔用挡圈在外锁牢。

③将活塞环依次装入活塞的环槽中。

④连接马达壳体与配流阀体后,将壳体的输出轴端朝上安置,下端用环形或块状物稳定。

⑤放入调整垫片,将偏心轴两端的圆锥滚子轴承的内钢圈装于偏心轴颈上,将内端圆锥轴承的外钢圈推入壳体孔内,然后竖直放上偏心轴,转动检验偏心轴的曲轴颈,令其处于壳体各缸孔的中心位置,若有偏差者,调整环垫加以解决。

⑥取出偏心轴,置于洁净处待装。

⑦将各缸活塞——连杆组件,按照配对号分别装入缸孔内。注意用洁净液压油涂抹缸孔内壁和活塞圆柱面。

⑧放入内部的抱环。

⑨放入偏心轴,轴颈上抹涂清洁液压油后,依次将各缸连杆底部轴瓦抱牢。

⑩将抱环的搭口转至偏心轴凸轮的相对位置即空余空间处,将其锁入。

⑪装上外部抱环。

⑫将孔内分别嵌有圆锥轴承外钢圈和油封的端盖装上壳体,顺次紧固螺钉,转动偏心轴,应灵活无阻滞。

⑬将马达翻身安置,使配流端向上,下部垫置稳当。

⑭将配流轴上的密封环装入环槽内。

⑮注意马达正转、反转即配流轴与偏心轴端十字滑块一字槽的相对位置,使其正确后,放入十字滑块和配流轴。

⑯安装配流端盖和缸孔端盖。

4)CLJM 型液压马达的常见故障

CLJM 型液压马达的常见故障与排除方法见表2-3-2。

CLJM 型液压马达的常见故障与排除方法 表2-3-2

故障现象	原因分析	排除办法
转速下降,运转不正常	①马达严重外泄漏; ②配油轴严重泄漏或连杆瓦静压支承失效; ③系统其他部分毛病	①检查球铰副的结合面;检查连杆瓦面与偏心轴间的接触情况;检查活塞与缸体间的密封;以上因素处理后,检查油的黏度和工作油温;检查密封环损坏情况,并予以更换; ②检查节流器是否堵塞;检查过滤帽,清洗或更换; ③检查系统,并排除

续上表

故障现象	原因分析	排除办法
无压力或压力很高，而马达不转	①无压力油或压力未达到使用要求； ②十字接轴折断； ③运动件摩擦副相互咬死	①检查供油系统； ②拆卸更换零件； ③拆卸检修
输出扭矩下降	配油轴与配油体严重磨损或咬死；球铰副咬坏；活塞与缸体严重磨损；连杆瓦面烧坏；轴承损坏或滚子咬坏	分别检查，予以调整修复或更换；检查系统中的油液的过滤精度，使之达到本系统说明书中的要求
内部噪声过大	连杆抱环断裂；连杆瓦面巴氏合金脱落；同无压力或压力很高而马达不转的部分原因	更换零件；同无压力或压力很高而马达不转的排除方法
马达爬行	①摩擦阻力大小不均匀，不稳定，摩擦副油膜破裂； ②泄漏不稳定	①拆检零件磨损和润滑状况； ②选择合适黏度的干净油液，检查泄漏部位，采取防漏措施
温升太快	①系统冷却不够； ②主要零件磨损严重，同无压力或压力很高而马达不转的部分原因	①检查、改善； ②同无压力或压力很高而马达不转的排除方法
结合面和轴封处油液渗漏	①螺栓未拧紧，紧固程度不均匀； ②有关 O 形圈、油封老化或损坏； ③壳腔压力高	①检查后重新紧固； ②更换密封件； ③检查系统油路是否符合说明书要求
异常声响	①油泵进油口滤油器被堵塞； ②有空气进入内部； ③油液被污泥，有气泡混入； ④联轴器不同心； ⑤油液黏度太大； ⑥马达脱空或撞击； ⑦外界振动	①清洗滤网、滤芯； ②检查有进气部位的密封； ③更换油； ④校正同轴度； ⑤更换黏度较低的液压油； ⑥增加回油腔背压； ⑦采取防振措施

2. 斜盘式轴向柱塞液压马达

1）总体结构

斜盘式轴向柱塞液压马达具有结构紧凑、体积小、重量轻、工作压力高、转速范围宽、低速稳定性好、起动机械效率高等诸多优点。广泛地应用于国内外工程机械、起重运输机械、建筑机械、船舶、交通、矿山、冶金及机床等多种行业。

TXM 系列液压马达是 XM 系列斜盘式液压马达更新换代产品，其特点是工作可靠运转平稳，寿命长，扭矩大。如图 2-3-24 所示为 TXM 系列液压马达内部结构图。该马达主要由传动轴、轴承、缸体、柱塞、滑靴、滑靴压盘、球铰、顶杆等零件组装而成。

2）分解图

如图 2-3-25 所示为 TXM 系列液压马达主要零件分解立体图。

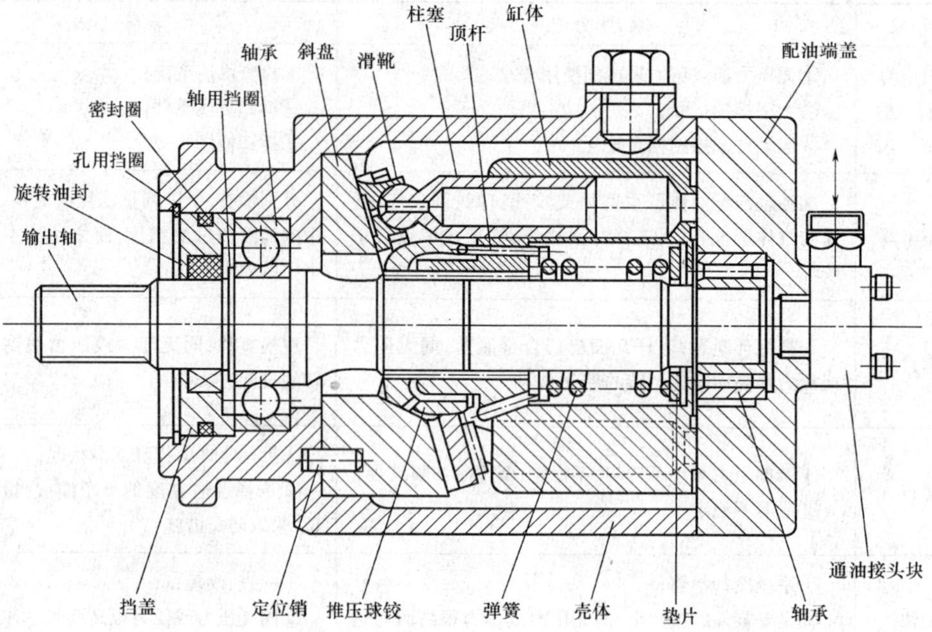

图 2-3-24　TXM 系列马达内部结构

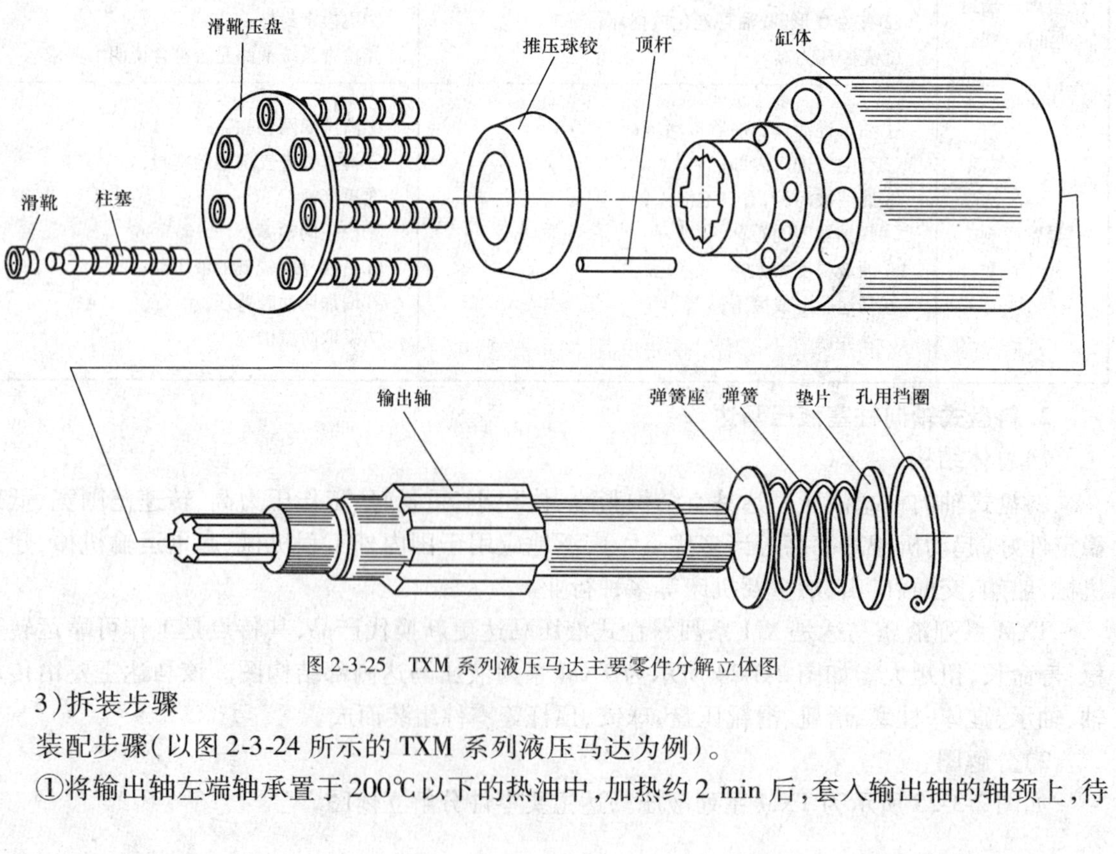

图 2-3-25　TXM 系列液压马达主要零件分解立体图

3）拆装步骤

装配步骤（以图 2-3-24 所示的 TXM 系列液压马达为例）。

①将输出轴左端轴承置于 200℃以下的热油中，加热约 2 min 后，套入输出轴的轴颈上，待

其冷却后，锁上轴用挡圈。

②将输出轴套入壳体内，轻敲滚动轴承的外钢圈，使其与壳体颈部的凸肩贴合。

③将内孔嵌有旋转油封，外圆柱面上套有静密封圈的挡盖，并推入壳体的孔内，抵紧轴承的外钢圈，为防止挡盖轴向移动，用孔用弹性挡圈将其锁住。

④把定位销压入壳体的销孔中后，将斜盘推入壳体中，并由圆柱销将其定位。

⑤在缸体的内孔中，顺次放入弹簧座、弹簧、垫片，轻压垫片后，用卡簧钳将孔用挡圈压入缸体的孔槽内。

⑥将顶杆放入缸体的相关通孔中，右端抵着弹簧座，另一端上套入推压球铰。

⑦在推压球铰的另一端放上滑靴压盘(即泵中的回程盘)。

⑧把滑靴——柱塞副穿过滑靴压盘的相关孔后，把柱塞轻轻推入缸体对应柱塞孔中。

⑨将滑靴压盘——缸体及其所包容的前述各零件，向壳体内推入，当缸体的花键孔顺当穿过输出轴的花键后，将滑靴推置于斜盘上。

⑩将配油端盖端的轴承压入配流端盖的孔内，并令轴承的内钢圈座孔与轴内端的轴颈有着可轻压入内的过渡配合间隙。

⑪将嵌有轴承的配流端盖轻轻敲入输出轴的内轴颈上，然后装上螺钉。一边转动输出轴，一边拧紧螺钉，使配流端盖与壳体的端面紧紧贴合，螺钉紧固定力矩通常为 50 N · m 左右。装配后主轴应能均匀转动。

⑫安装通油接头块。

拆卸步骤：

①拆卸通油接头块。

②旋下配油端盖与壳体的紧固螺钉，取下配油端盖及配油端盖中轴承。

③取出滑靴压盘——缸体总成。从该总成中取下，做好标记，依次拆下滑靴——柱塞副、压盘、缸体，从缸体中用卡簧钳取下孔用挡圈。

④依次取出垫片、弹簧、弹簧座、顶杆、推压球铰。

⑤取出斜盘、定位销。

⑥取出输出轴端孔用挡圈，取下挡盖，从挡盖中取下旋转油封、密封圈。

⑦将输出轴及轴承一起取出，将轴承用轴承拉器取下。

4)常见故障及排除

XM 系列、TXM 系列和 TXMZ 系列液压马达的常见故障与排除方法见表 2-3-3。

XM 系列、TXM 系列和 TXMZ 系列液压马达的常见故障与排除方法　　表 2-3-3

故障现象	原因分析	排除办法
压力升不上	①供油泵损坏； ②溢流阀调整压力太低或阀有故障； ③系统有泄漏； ④主要摩擦副磨损，内泄漏增大	①检查油泵； ②调整溢流阀压力或检修溢流阀； ③对系统管道和元件进行检查； ④拆开检查修理零件

续上表

故障现象	原因分析	排除办法
过度发热	①油液黏度太高； ②不正常磨损； ③工作压力过高； ④转速过高； ⑤冷却器作用不大或油箱容量太小； ⑥环境温度过高	①更换推荐液压油； ②拆开马达检查； ③检查管路阻力及负荷； ④减小供油泵排量； ⑤检查冷却器或增大油箱容积； ⑥采取其他降温措施
噪声太大	①进油管吸入空气； ②油的黏度太高； ③马达输出轴与被传动机械不同轴； ④马达转速太高； ⑤超负荷运行	①检查排除漏气部位； ②更换合适黏度液压油； ③重新安装调整； ④减小供油泵排量； ⑤降低被传动机械工作荷载
内泄量大	①油的黏度太低； ②配油盘、斜盘、缸体、柱塞、滑靴等主要零件部件严重磨损或损坏； ③配油盘与壳体平面没有贴紧； ④缸体花键与平面垂直度超差	①使用符合黏度的液压油； ②拆开马达检查零件，修复或更换； ③拆开重新装配； ④检查后修正

3. 其他结构的液压马达简介

1）内曲线液压马达

内曲线马达额定压力多为 25 MPa，最大压力为 32 MPa。它具有性能参数高、结构紧凑、工作可靠、噪声低、维护方便等特点。它可以不经机械减速和增力机构而直接驱动低速重载的工作机构，广泛应用各类机械的液压系统。如图2-3-26所示为 NJM 型内曲线马达结构图。

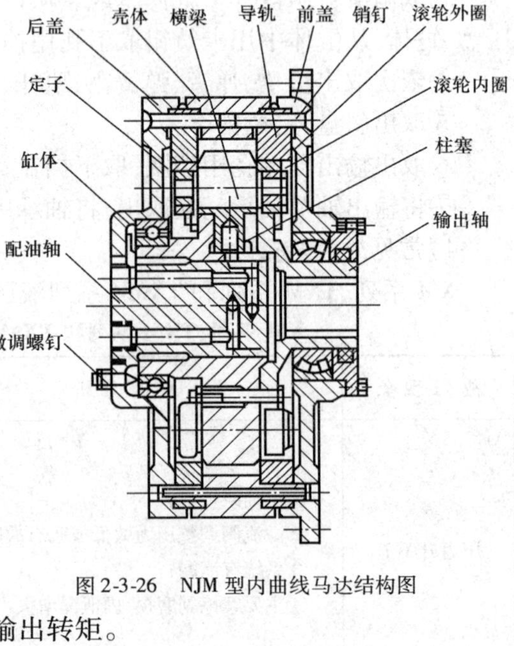

图 2-3-26　NJM 型内曲线马达结构图

2）斜轴式轴向液压柱塞马达

如图 2-3-27 所示为 125EX—8WP1 型斜轴式轴向液压柱塞马达，其内部结构与同种形式的泵基本相同。因马达缸体相对于轴线摆角固定不变，因此该马达为定量马达。当压力油经马达后盖 K 和配油盘进入柱塞孔后，柱塞底部作用的液压力经球头连杆作用到主轴盘球窝内，它垂直于主轴轴线的分力便对主轴产生转矩，使主轴旋转并输出转矩。

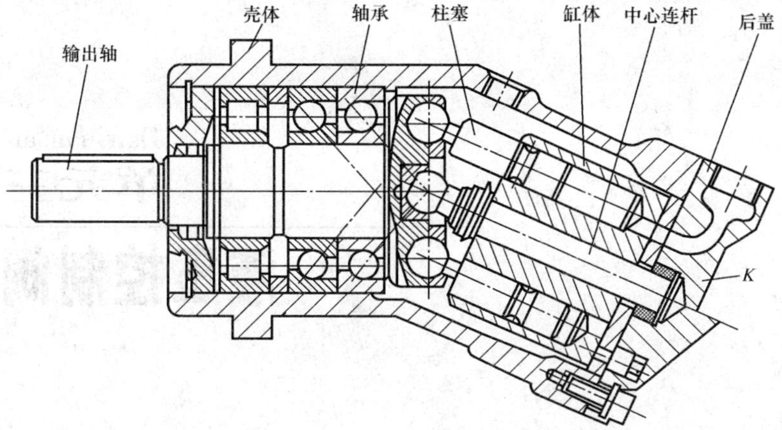

图 2-3-27 125EX—8WP1 型液压马达结构图

思考题

1. 柱塞泵的密封工作容积由哪些零件组成？密封腔有几个？

2. 手动伺服变量机构由哪些零件组成？如何调节泵的流量？

3. 斜盘泵的中心弹簧有何作用？

4. 柱塞泵是怎样完成吸油和压油过程的？

5. 为什么轴向柱塞泵适合于高压？

6. 各类液压泵中，哪些能实现单向变量或双向变量？

7. 分别说明齿轮泵、叶片泵、轴向柱塞泵和径向柱塞泵吸油、压油的主要特点。通常哪一种泵的自吸能力最好？哪一种最差？为什么？

8. 液压泵、液压马达配流方式有哪几种？试举例说明。

Danyuansan

单元三

液压控制阀

知识点

1. 方向控制阀、压力控制阀、流量控制阀的结构原理与故障排除方法；
2. 电液伺服阀、电液比例阀的结构原理与故障排除方法。

技能点

进行方向控制阀、压力控制阀、流量控制阀的故障排除。

液压系统中用来控制油液的流动方向、调节其压力和流量的阀统称液压控制阀，在工程机械液压系统中常用的液压控制阀有方向控制阀、压力控制阀和流量控制阀等3大类。方向控制阀利用通流通道更换控制着油液的流动方向，而压力控制阀和流量控制阀利用通流截面的节流作用控制着系统的压力和流量，虽然液压控制阀存在着各种各样不同的类型，但也有一些基本共同点：

①液压控制阀均由阀体、阀芯（转阀或滑阀）和驱使阀芯动作的元部件（如弹簧、电磁铁）组成。

②液压控制阀的开口大小，阀进、出口间压差以及流过阀的流量之间的关系都符合孔口流量公式，仅是各种阀控制的参数各不相同而已。

液压控制阀的分类方法，见表3-0-1。

液压控制阀的分类 表3-0-1

分类方法	种类	详细分类
按机能分类	方向控制阀	止回阀、液控止回阀、换向阀、行程减速阀、梭阀、比例方向阀、溢流阀
	压力控制阀	顺序阀、卸荷阀、平衡阀、减压阀、比例压力控制阀、压力继电器
	流量控制阀	节流阀、单向节流阀、调速阀、分流阀、集流阀、比例流量控制阀

续上表

分类方法	种　类	详　细　分　类
按结构分类	滑阀	圆柱滑阀、旋转阀、平板滑阀
	座阀	椎阀、球阀、喷嘴挡板阀
	射流管阀	射流阀
按操作法分类	手动阀	手把及手轮、踏板、杠杆
	机动阀	挡块及碰块、弹簧、液压、气动
	电磁阀	电磁铁控制、伺服电动机和步进电动机控制
	液控阀	先导液控阀
	电液控制阀	电液控制阀
按连接方式分类	管式连接	螺纹式连接、法兰式连接
	板式及叠加式连接	单层连接板式、双层连接板式、整体连接板式、叠加阀
	插装式连接	螺纹式插装(二、三、四通插装阀)、法兰式插装(二通插装阀)
按控制方式分类	电液比例阀	电液比例压力阀、电源比例流量阀、电液比例换向阀、电流比例复合阀、电流比例多路阀
	伺服阀	单、两级(喷嘴挡板式、动圈式)电液流量伺服阀
	数字控制阀	数字控制压力控制流量阀与方向阀

各种类型液压控制阀的基本工作参数是额定压力和额定流量,不同的额定压力和额定流量使得每种液压控制阀具有多种规格。

课题一　方向控制阀

方向控制阀是通过控制液体流动的方向或液流通断来操纵执行元件的运动,如推土机的推土板升降,液压油缸的伸缩与停止,挖掘机的行走液压马达的前进、后退与停止等。在工程机械液压系统中常用的方向控制阀有止回阀和换向阀。

一、止回阀

止回阀有普通止回阀和液控止回阀两种。

1. 普通止回阀

普通止回阀使液体只能沿一个方向通过,在工程机械液压系统中可用于液压泵的出口,防止系统油液倒流;也用于多系统回路中隔开油路之间的联系,防止各油路之间相互干扰;还可用作旁通阀,与其他类型的液压阀相并联,从而构成组合阀。

1)止回阀的工作原理图和图形符号

图 3-1-1 为止回阀的工作原理图和图形符号。当如图 3-1-1a)液流正向流动(右→左)时,克服弹簧力将阀芯顶开,液流由右侧流向左侧;当如图 3-1-1b)液流反向流入(左→右)时,阀芯在液压力和弹簧力的作用下关闭阀口,使液流截止而无法流动。止回阀实质上是利用流向所形成的压力差使阀芯开启或关闭。

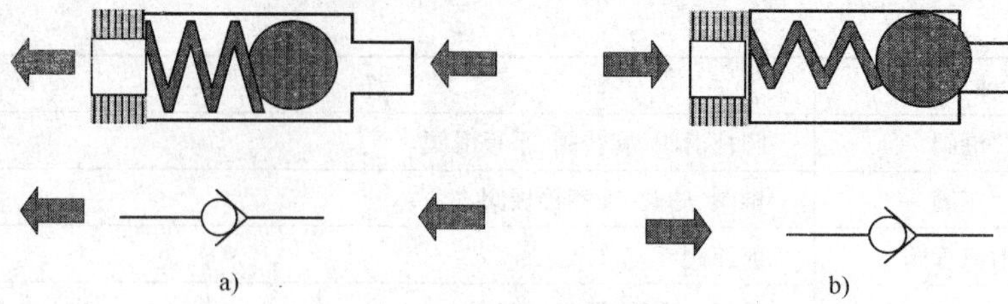

图 3-1-1　普通止回阀的原理

a) 液体正向流动；b) 液体反向流动

2) 止回阀的结构与主要用途

止回阀按进出口流道的布置形式可分为直通式和直角式两种，其结构分别如图 3-1-2a)、b)、c)，其中图 3-1-2a) 为板式连接的直角式止回阀，液流顶开阀芯后从阀体内部的铸造通道流出，压力损失小，维修时只要打开端部螺塞就可进行。图 3-1-2b)、c) 为管式连接的直通式止回阀，可直接装在管路上，比较简单，但液流阻力损失较大且维修装拆及更换弹簧不便。

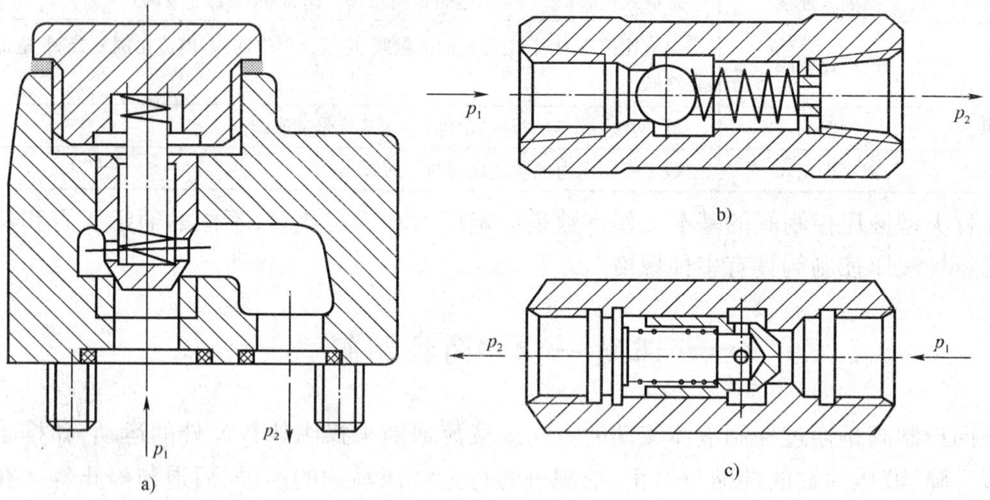

图 3-1-2　止回阀的典型结构

a) 直角式止回阀(板式连接)；b) 阀芯为球芯的直通式止回阀(管式连接)；c) 阀芯为锥芯的直通式止回阀(管式连接)

止回阀按阀芯的结构型式又可分为钢球式和锥阀式两种。图 3-1-2b) 是阀芯为球阀的止回阀，其结构简单，但密封容易失效，工作时容易产生振动和噪声，一般用于流量较小的管路。图 3-1-2c) 是阀芯为锥阀的止回阀，这种止回阀的结构较复杂，但其导向性和密封性好和工作平稳，在工程机械液压系统中被广泛应用，图 3-1-3 为普通止回阀实物。

止回阀开启压力很小，所以止回阀中的弹簧很软。如将软弹簧更换成合适的硬弹簧，可使用在液压系统的回油路上作背压阀，用以产生 0.2 ~ 0.6 MPa 的背压力，可以有效避免空气进入液压系统。

3) 普通止回阀拆装

可参考图 3-1-4 普通止回阀解体图进行和以下步骤：

①拆下连接螺钉。

②拆下顶部的螺塞，取出弹簧和阀芯。

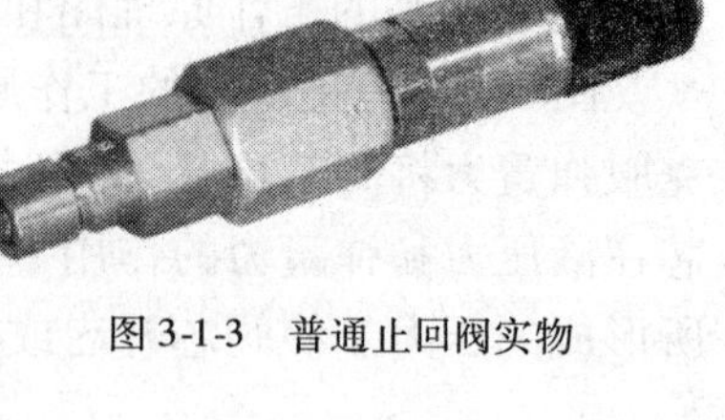

图 3-1-3　普通止回阀实物

③清洗阀各部件,检查阀芯与阀体孔的磨损度、配合间隙,弹簧的弹性和弯曲度。

④检查密封件,老化或失效时更换。

安装时可根据以上顺序装复,并注意调整、测试到规定的压力值。

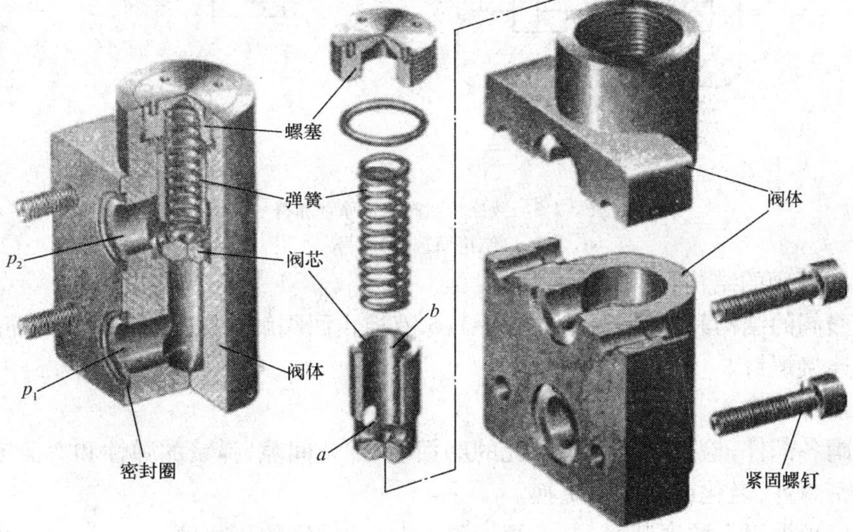

图 3-1-4 普通止回阀解体图

4)普通止回阀常见故障

普通止回阀常见故障及排除方法见表 3-1-1。

普通止回阀常见故障及排除方法 表 3-1-1

现象	原因	方法
发生异常声音	油的流量超过允许值	更大流量的阀
	与其他阀共振	可改变阀的稳定压力,也可调试弹簧的强弱
	在卸压止回阀中,用于立式大液压缸等回路,没有卸压装置	补充卸压装置回路
阀与阀座有严重泄漏	阀座锥面密封不好	重新研配
	滑阀或阀座拉毛	重新研配
	阀座碎裂	更换并研配阀座
不起止回阀作用	阀体孔变形,使滑阀在阀体内咬住	修研阀体孔
	滑阀配合时有毛刺,使滑阀不能正常工作	修理,去毛刺
	滑阀变形胀大,使滑阀在阀体内咬住	修研滑阀外径
结合处渗漏	螺钉或管螺纹没拧紧	拧紧螺钉或管螺纹

2. 液控止回阀

1)液控止回阀的结构原理

图 3-1-5 为液控止回阀的工作原理图和图形符号。当控制油口 C 无压力油($p_C=0$)通入时,它和普通止回阀一样,压力油只能从由 A 腔流向 B 腔,不能反向倒流。若从控制油口 C 通入控制油 p_C 时,即可推动控制活塞,将推阀芯顶开,从而实现液控止回阀的反向开启,此时液

流可从 B 腔流向 A 腔。

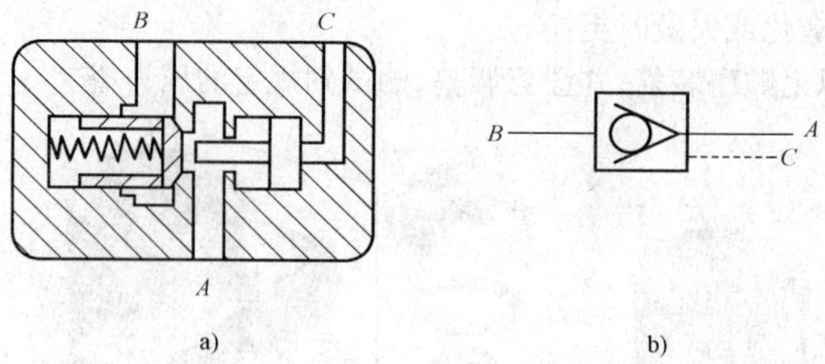

图 3-1-5　液控止回阀结构原理和符号

a）结构原理；b）符号

2）液控止回阀的结构和拆装

液控止回阀的结构和拆装，可参照图 3-1-6 液控止回阀解体图按以下步骤进行：

①拆下连接螺钉。

②拆下顶部的螺塞，取出弹簧和阀芯。

③清洗阀各部件，检查阀芯与阀体孔的磨损度、配合间隙，弹簧的弹性和弯曲度。

④检查密封件，老化或失效时更换。

安装时可根据以上顺序装复，并注意调整、测试到规定的压力值。

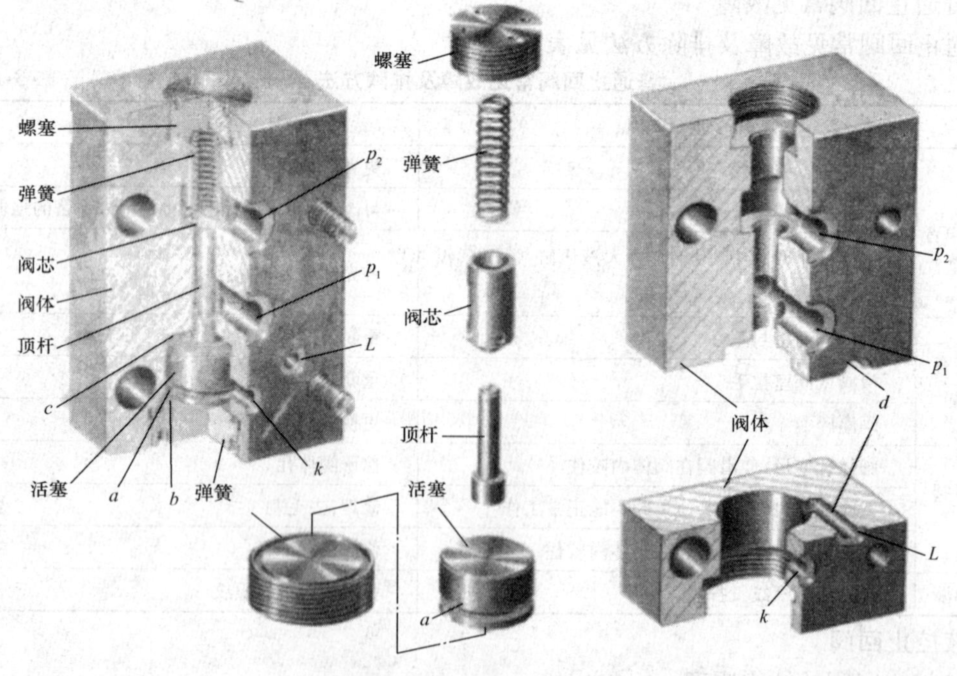

图 3-1-6　液控止回阀解体图

3）液控止回阀的常见故障与排除

液控止回阀的常见故障与排除方法见表 3-1-2。

液控止回阀常见故障及排除方法 表 3-1-2

故障现象	原因分析		排除方法
油液不逆流	止回阀打不开	①控制压力过低	①提高控制压力,使之达到要求值
		②控制管道接头漏油严重或管道弯曲或被压扁,使油不通畅	②紧固接头,消除漏油或更换管子
		③控制阀芯卡死(加工精度低,油液过脏)	③清洗修配,使阀芯灵活
		④控制阀端盖处漏油	④紧固端盖螺栓,并保证拧紧力矩均匀
		⑤止回阀卡死(如弹簧弯曲,止回阀加工精度低,油液过脏)	⑤清洗、修配,使阀芯灵活;更换弹簧;过滤或更换油液
		⑥控制滑阀泄漏孔被堵(如泄漏孔处泄漏管未接,泄漏管被压扁,泄漏不通畅;泄漏管错接在压力管路上)	⑥检查泄漏管道,泄漏管应单独接回油箱
逆方向不密封,有泄漏	逆流时止回阀不密封	①止回阀在全开位置上卡死: a. 阀芯与阀孔配合过紧; b. 弹簧弯曲、变形、太弱	a. 修配,使阀芯移动灵活; b. 更新弹簧
		②止回阀锥面与阀座锥面接触不均匀: a. 阀芯锥面与阀座同轴度差; b. 阀芯外径与锥面不同轴; c. 阀座外径与锥面不同轴; d. 油液过脏	a. 检修或更换; b. 检修或更换; c. 检修或更换; d. 过滤油液或更换
		③控制阀芯在顶出位置上卡死	③修配达到移动灵活
		④预控锥阀接触不良	④检查原因并排除
噪声	选用错误	通过阀的流量超过允许值	更换适宜的规格
	共振	和别的阀发生共振	更换弹簧,消除共振

二、换向阀

工程机械的各种频繁、反复的动作均靠操作换向阀来完成,换向阀利用阀芯对阀体的相对位置改变来控制油路接通、关断或改变油液流动方向,以满足执行元件的起、停和运动方向等要求。

换向阀按阀的结构形式、操纵方式、工作位置数和控制的通道数的不同,分为各种不同的类型。

1. 换向阀的"通"和"位"

换向阀的"通"是指阀上各种接油管的进、出口,进油口通常标为 P,回油口则标为 R 或 T,出油口则以 A、B 来表示,如"二通阀"、"三通阀"、"四通阀"是指换向阀的阀体上有 2 个、3 个、4 个各不相通且可与系统中不同油管相连的油道接口。

换向阀的"位"则是指阀内阀芯可移动的位置数,如"二位阀"、"三位阀"是指换向阀的阀芯有 2 个或 3 个不同的工作位置。不同油道之间只能通过阀芯移位时阀口的开关来沟通。如图 3-1-7 所示的手动换向阀有 3 个切换位置，4 个接口，称该阀为三位四通换向阀。该阀的 3 个工作位置与阀芯在阀体中的对应位置如图 3-1-7 所示。

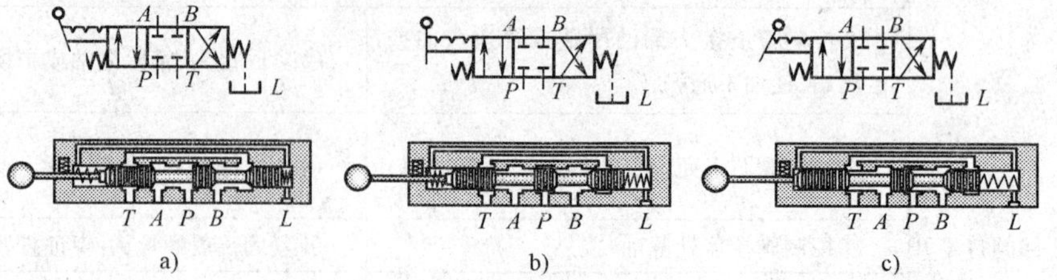

图 3-1-7　三位四通换向阀

a）手柄左扳，阀左位工作；b）松开手柄，阀中位工作；c）手柄右扳，阀右位工作

2. 换向机能

常见的滑阀式换向阀主体部分的结构形式和图形符号见表 3-1-3，表中图形符号的含义如下。

常见滑阀式换向阀主体部分的结构形式和图形符号　　表 3-1-3

名　称	结 构 原 理 图	图 形 符 号
二位二通	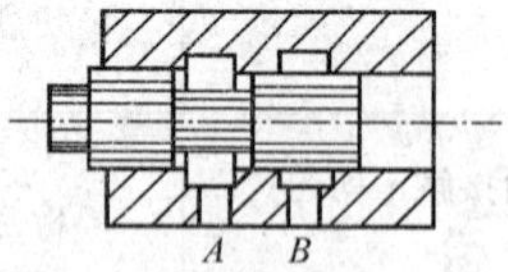	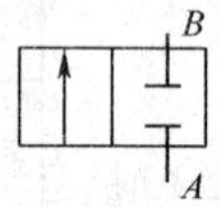
二位三通	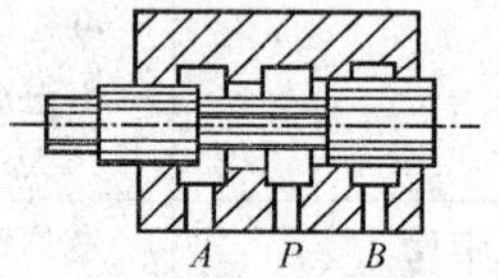	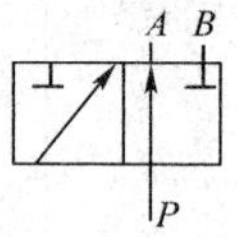
二位四通	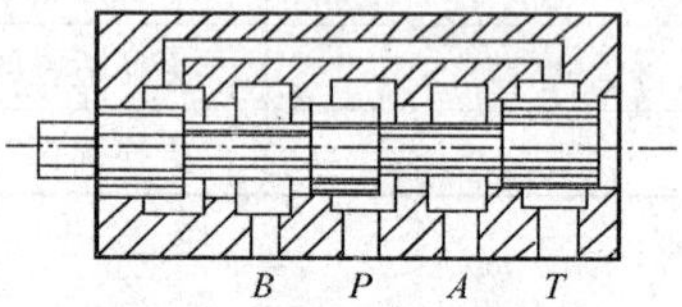	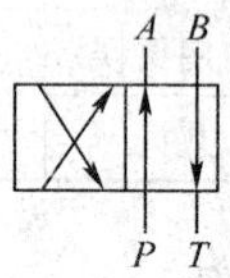
三位四通	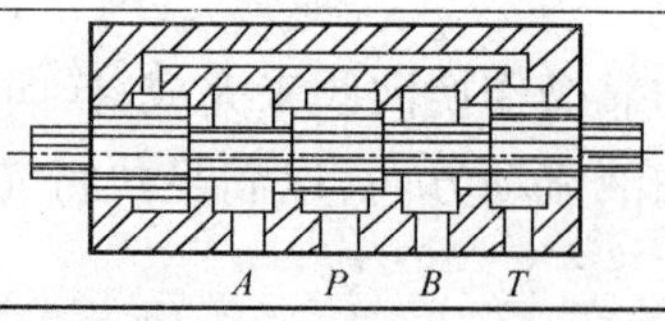	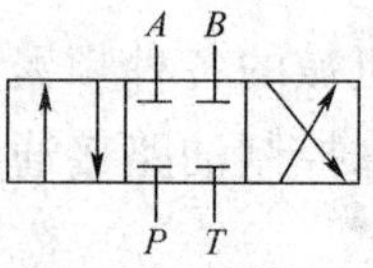

①用方框表示阀的工作位置，有几个方框就表示有几“位”。

②方框内的箭头表示油路处于接通状态，但箭头方向不一定表示液流的实际方向。

③方框内符号“┴”或“┬”表示该通路不通。

④方框外部连接的接口数有几个，就表示几“通”。

⑤换向阀都有两个或两个以上的工作位置，其中一个为常态位，即阀芯未受到操纵力时所处的位置。图形符号中的中位是三位阀的常态位。利用弹簧复位的二位阀则以靠近弹簧的方框内的通路状态为其常态位。绘制系统图时，油路一般应连接在换向阀的常态位上。

3. 滑阀机能

滑阀式换向阀处于中间位置或原始位置时，阀中各油口的连通方式称为换向阀的滑阀机能。滑阀机能直接影响执行元件的工作状态，不同的滑阀机能可满足系统的不同要求。这里介绍二位二通和三位四通换向阀的滑阀机能。

1）二位二通换向阀

二位二通换向阀其两个油口之间的状态只有两种；通或断如图 1-3-8a）所示。自动复位式（如弹簧复位）的二位二通换向阀的滑阀机能有常闭式（O 型）和常开式（H 型）两种如图 1-3-8c）所示 。

2）三位四通换向阀

三位四通换向阀的滑阀机能有很多种，常见的是表 3-1-4 中所列的几种。中间一个方框表示其原始位置，左右方框表示两个换向位，其左位和右位各油口的连通方式均为直通或交叉相通，所以只用一个字母来表示中位的型式。另外，三位四通换向阀还有两个过渡位置，当对换向阀从一个工位过渡到另一个工位的各油口间通断关系亦有要求时，还根据过渡位置各油口连通状态及阀口节流形式尚可派生出其他滑阀机能。在液压符号中，这种过渡机能被画在各工位通路符号之间，并用虚线与之隔开。

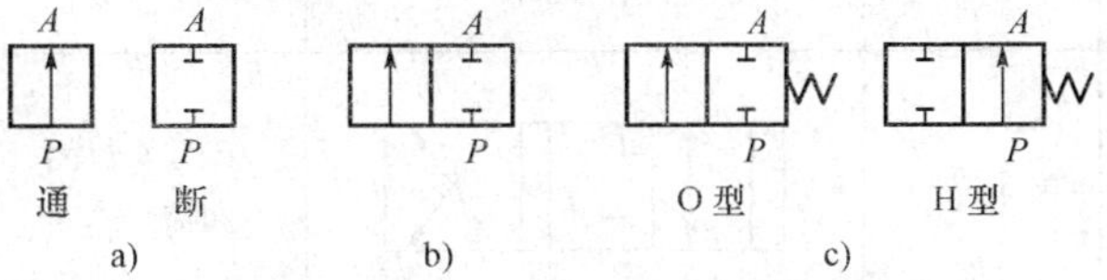

图 3-1-8　二位二通换向阀的滑阀机能

三位四通阀常用的滑阀机能　　　　表 3-1-4

型 式	符 号	中位油口状况、特点及应用
O 型	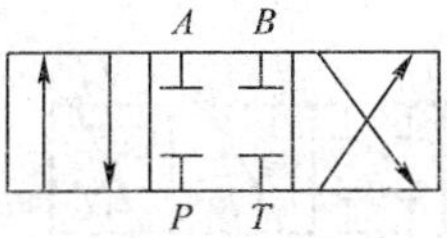	P、A、B、T 口全封闭，液压缸闭锁，可用于多个换向阀并联工作
H 型	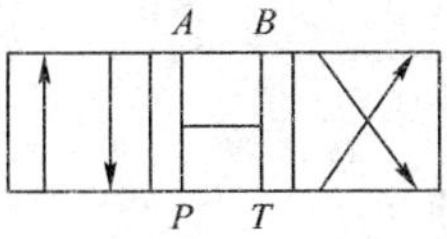	P、A、B、T 口全通；活塞浮动，在外力作用下可移动，泵卸荷
Y 型	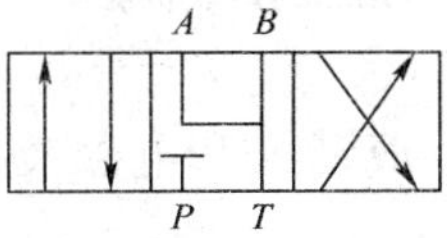	P 封闭，A、B、T 口相通；活塞浮动，在外力作用下可移动，泵不卸荷
K 型	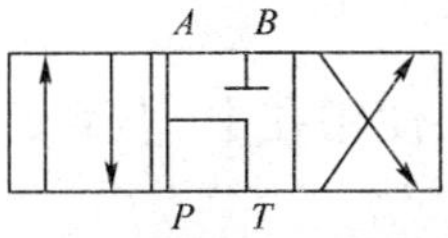	P、A、T 口相通，B 口封闭；活塞处于闭锁状态，泵卸荷
M 型	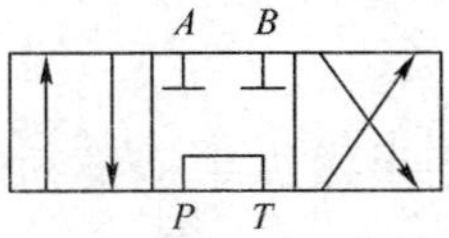	P、T 口相通，A 与 B 口均封闭；活塞闭锁不动，泵卸荷，也可用多个 M 型换向阀并联工作

续上表

型式	符号	中位油口状况、特点及应用
X 型		四油口处于半开启状态，泵基本上卸荷，但仍保持一定压力
P 型	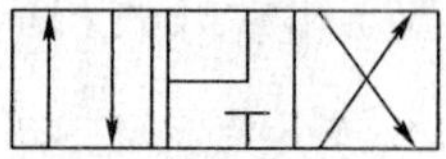	*P*、*A*、*B* 口相通，*T* 封闭；泵与缸两腔相通，可组成差动回路
J 型	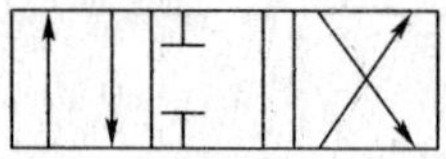	*P* 与 *A* 封闭，*B* 与 *T* 相通；活塞停止，但在外力作用下可向一边移动，泵不卸荷
C 型	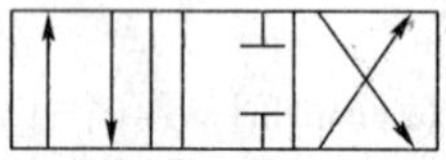	*P* 与 *A* 相通；*B* 与 *T* 封闭；活塞处于停止位置
U 型	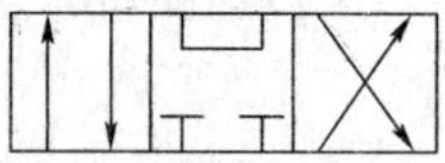	*P* 和 *T* 封闭，*A* 与 *B* 相通；活塞浮动，在外力作用下可移动，泵不卸荷

如图 3-1-9 所示为 O 型三位四通换向阀的两种不同过渡机能。

图 3-1-9　O 型三位四通滑阀的过渡机能

a）先使 *T* 与 *A*（或 *B*）相通的过渡机能；b）先使 *P* 与 *A*（或 *B*）相通的过渡机能

4. 换向阀的操纵方式

在工程机械液压系统中，常用的换向阀有手动式、电磁式、液动式和电磁液控式等 4 种操纵方式。

1）手动换向阀

手动换向阀具有结构简单、价格低、容易维修的特点，主要使用在中、小型工程机械或大型工程机械的先导系统中。

（1）结构原理

手动换向阀的结构主要有弹簧复位和钢珠定位两种型式。

如图 3-1-10a）所示为钢球定位式三位四通手动换向阀，用手操纵手柄推动阀芯相对阀体移动后，可以通过钢球使阀芯稳定在 3 个不同的工作位置上。

如图3-1-10b)所示为弹簧自动复位式三位四通手动换向阀。通过手柄推动阀芯后,要想维持在极端位置,必须用手扳住手柄不放,一旦松开了手柄,阀芯会在弹簧力的作用下,自动弹回中位。

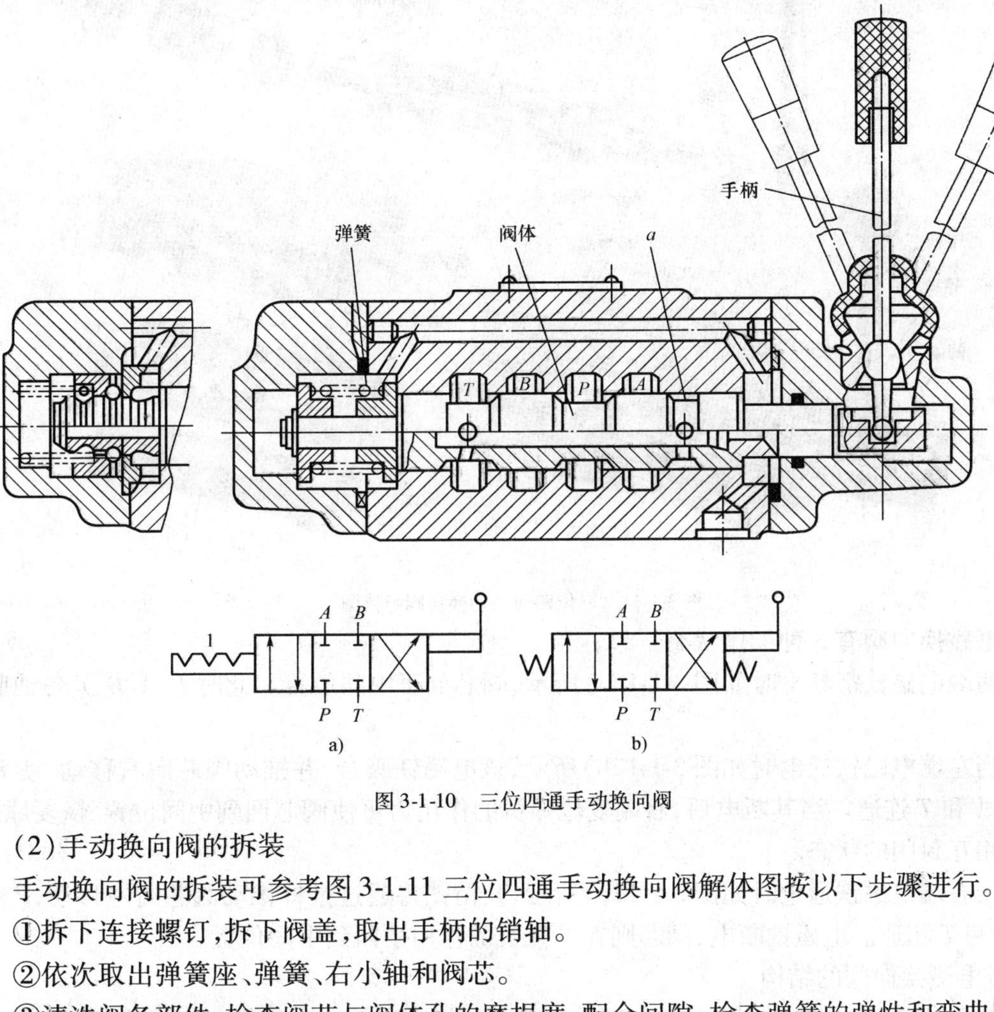

图3-1-10 三位四通手动换向阀

(2)手动换向阀的拆装

手动换向阀的拆装可参考图3-1-11三位四通手动换向阀解体图按以下步骤进行。

①拆下连接螺钉,拆下阀盖,取出手柄的销轴。

②依次取出弹簧座、弹簧、右小轴和阀芯。

③清洗阀各部件,检查阀芯与阀体孔的磨损度、配合间隙,检查弹簧的弹性和弯曲度。

④检查密封件,老化或失效时更换。

安装时可根据以上顺序装复,并注意检查、测试操作阀的灵敏度和复位功能是否正常。

2)电磁换向阀

电磁换向阀是利用电磁铁吸力推动阀芯来改变阀的工作位置。

在工程机械的液压系统中,可利用按钮开关、行程开关、限位开关和压力继电器等发出的信号进行远程控制电磁换向阀,从而实现减轻操作强度和自动控制。

(1)电磁换向阀的工作原理

如图3-1-12所示为三位四通O型滑阀机能的电磁换向阀,阀体内有3个环形沉割槽,中间为进油腔P,与其相邻的是工作油腔A和B。两端还有2个互相连通的回油腔T。阀芯两端分别装有弹簧座、复位弹簧和推杆,阀体两端各装1个电磁铁。工程机械中一般使用24V直流电压，作为专用直流电源。

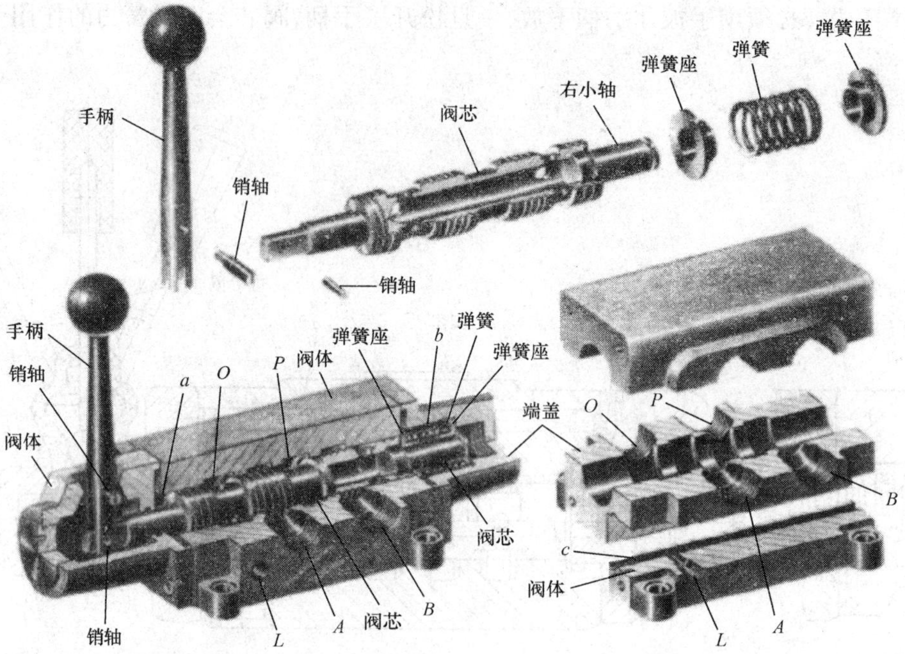

图 3-1-11　三位四通手动换向阀解体图

该电磁换向阀有 3 种工作状态。

①两端电磁铁都断电时如图 3-1-12a）所示，阀芯处于中间位置。此时 P、A、B、T 各油腔互不相通。

②当左端电磁铁通电时如图 3-1-12b）所示，该电磁铁吸合，并推动阀芯向右移动，使 P 和 B 连通，A 和 T 连通。当其断电后，右端复位弹簧的作用力可使阀芯回到中间位置，恢复原来 4 个油腔相互封闭的状态。

③当右端电磁铁通电时如图 3-1-12c）所示，其衔铁将通过推杆推动阀芯向左移动，P 和 A 相通、B 和 T 相通。电磁铁断电，阀芯则在左弹簧的作用下回到中间位置。

（2）电磁换向阀的结构

如图 3-1-13 所示为直流湿式三位四通电磁换向阀。当两边电磁铁都不通电时，阀芯在两边对中弹簧的作用下处于中位，P、T、A、B 口互不相通；当右边电磁铁通电时，推杆将阀芯推向左端，P 与 A 通，B 与 T 通，当左边电磁铁通电时，P 与 B 通，A 与 T 通。电磁铁的吸力有限，电磁换向阀只适用于小流量回路。

（3）电磁换向阀的拆装

电磁换向阀的拆装可参照图 3-1-14 三位四通电磁换向阀解体图按以下步骤进行。

①拆下左、右电磁铁连接螺钉。

②依次取出挡板、卡环、定位套、推杆、弹簧和阀芯。

③清洗阀各部件，检查阀芯与阀体孔的磨损度、配合间隙，检查弹簧的弹性和弯曲度。

④检查密封件，老化或失效时更换。

安装时可根据以上顺序装复，并注意测试到左、右电磁铁通电时是否有相应动作。

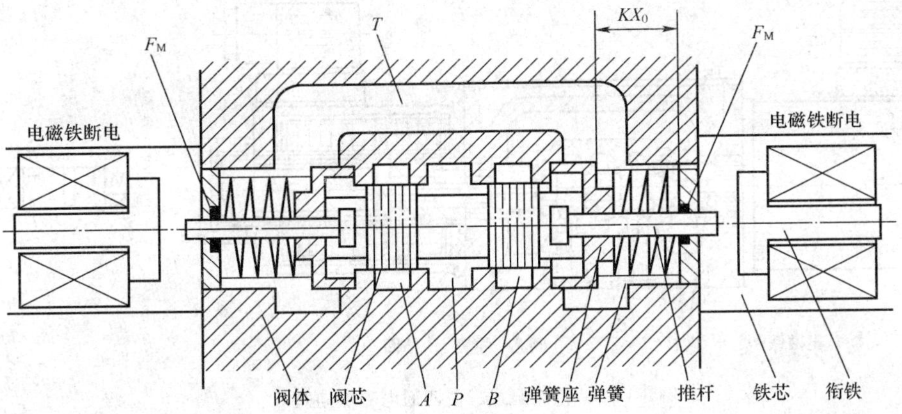

a)

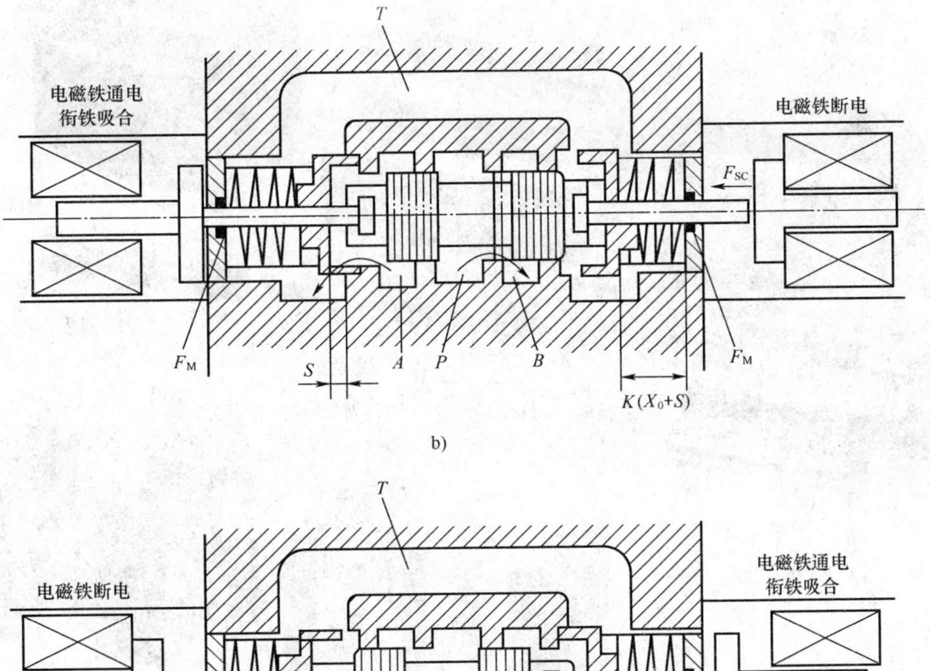

b)

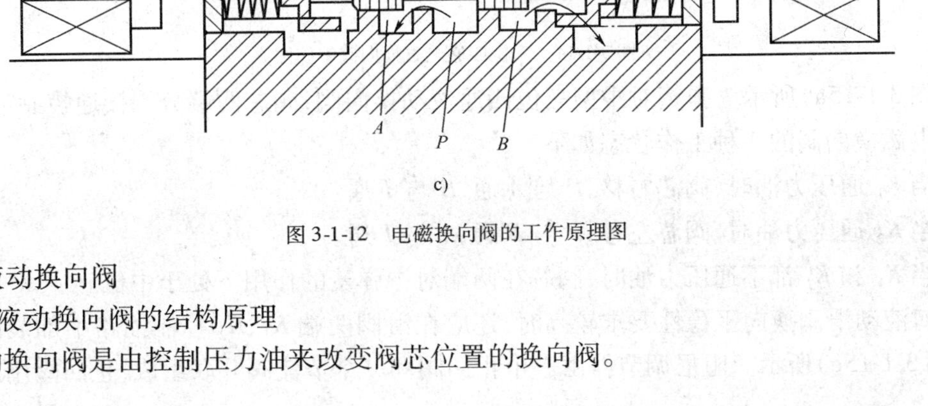

c)

图 3-1-12　电磁换向阀的工作原理图

3）液动换向阀

（1）液动换向阀的结构原理

液动换向阀是由控制压力油来改变阀芯位置的换向阀。

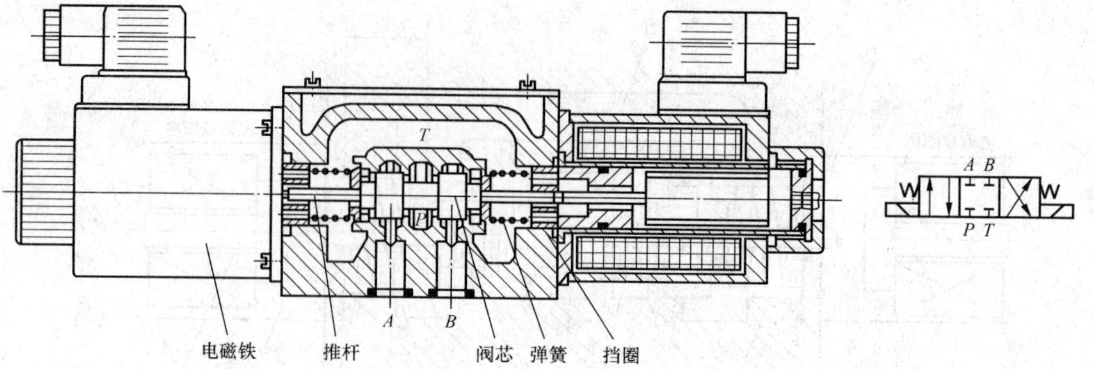

图 3-1-13　直流湿式三位四通电磁换向阀

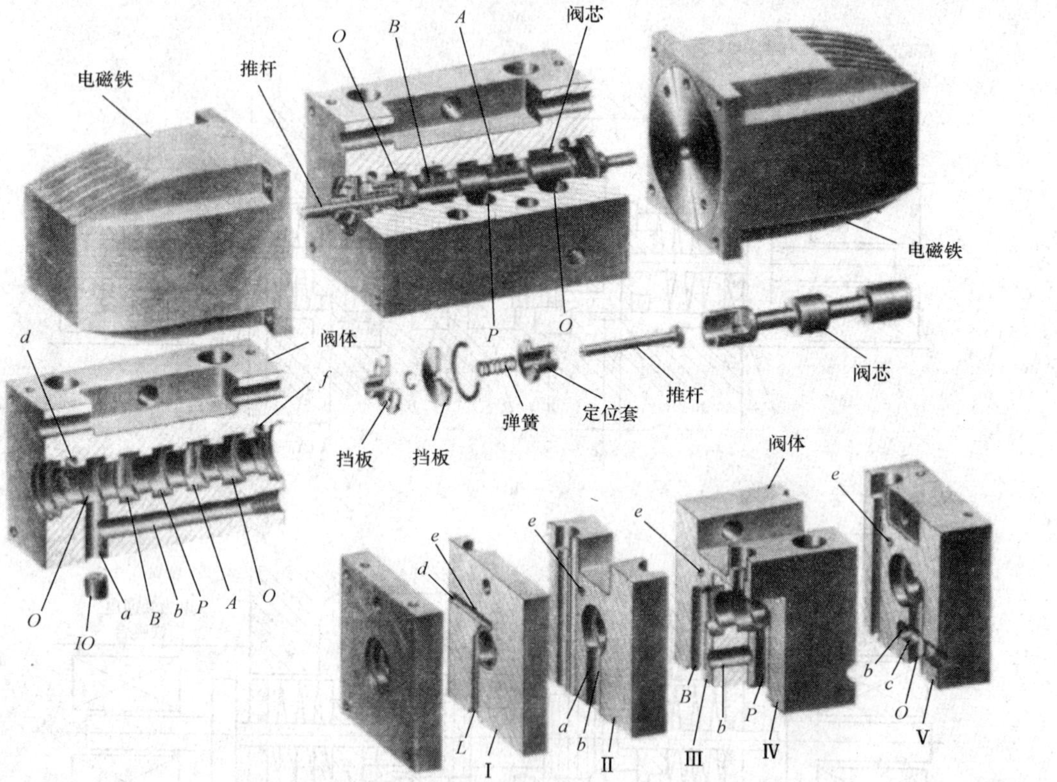

图 3-1-14　三位四通电磁换向阀解体图

如图 3-1-15a)所示为弹簧对中型三位四通液动换向阀,阀芯两端分别接通控制油口 K_1 和 K_2。该电磁换向阀的 3 种工作状态如下。

①当 K_1 通压力油时,阀芯右移,P 与 A 通,B 与 T 通。

②当 K_2 通压力油时,阀芯左移,P 与 B 通,A 与 T 通。

③当 K_1 和 K_2 都不通压力油时,阀芯在两端对中弹簧的作用下处于中位。

当对液动滑阀换向平稳性要求较高时,还应在滑阀两端 K_1、K_2 控制油路中加装阻尼调节器,如图 3-1-15c)所示。阻尼调节器由一个止回阀和一个节流阀并联组成,止回阀用来保证滑阀端面进油畅通，而节流阀用于滑阀端面回油的节流，调节节流阀开口大小即可调整阀芯的动作时间。

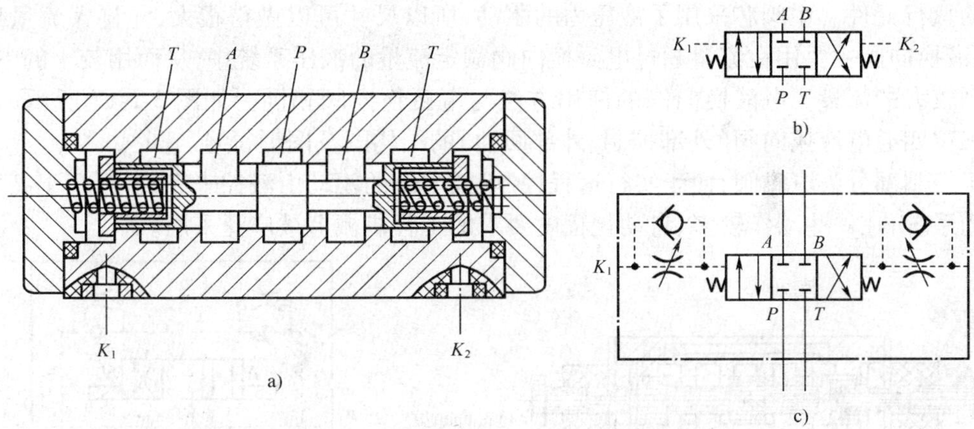

图 3-1-15　三位四通液动换向阀原理和符号

(2)液动换向阀的拆装

液动换向阀的拆装可参考图 3-1-16，三位四通液动换向阀解体图按以下步骤进行。

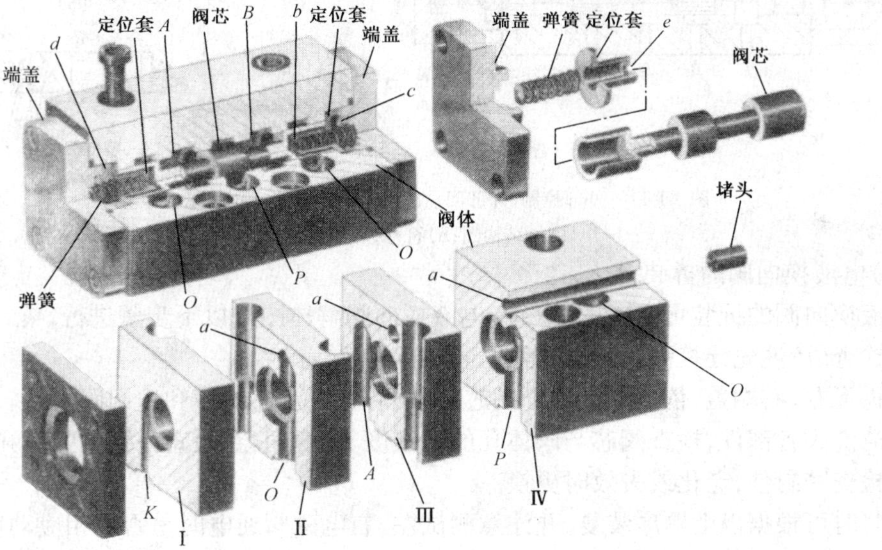

图 3-1-16　三位四通液动换向阀解体图

①拆下左、右端盖。

②依次取出定位套、弹簧和阀芯。

③清洗阀各部件，检查阀芯与阀体孔的磨损度、配合间隙，检查弹簧的弹性和弯曲度。

④检查密封件，老化或失效时更换。

安装时可根据以上顺序装复，并注意测试左、右控制油道通油时是否有相应动作。

4)电液换向阀

(1)电液换向阀的结构原理

电液换向阀是电磁换向阀和液动换向阀的组合，其工作原理是电磁换向阀起先导作用，控制液动换向阀的动作，从而改变液动换向阀的工作位置。液动换向阀作为主阀，用于控制液压系统中的执行元件。主阀芯采用了液压力的驱动，所以尺寸可以做得很大，允许大流量通过。因此，电液换向阀主要用在流量超过电磁换向阀额定流量的液压系统中，从而用较小的电磁铁就能控制较大的流量。电液换向阀的使用方法与电磁换向阀相同。如图 3-1-17 所示为弹簧对中型三位四通电液换向阀（外部控制、外部回油）的结构图及图形符号。

由于控制部分为电磁阀，便于实行远程控制，而主阀的驱动由液控来完成，可用于高压力、高流量的系统，在一些动作较多、自动化程度要求的工程机械上被广泛采用。

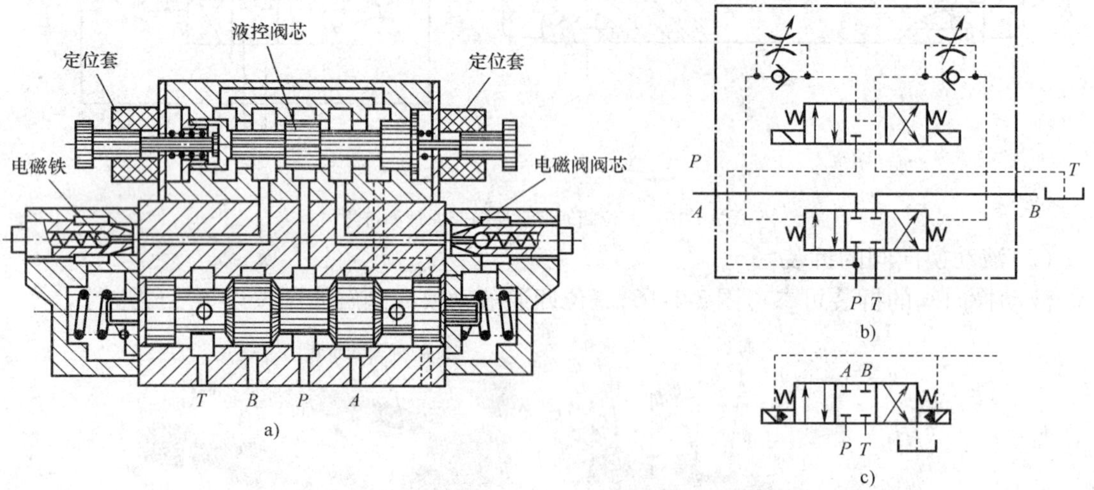

图 3-1-17　外部控制、外部回油的弹簧对中电液换向阀原理和符号

a）结构图；b）符号；c）简代符号

（2）电液换向阀的拆装

电液换向阀的拆装可参考图 3-1-18 电液换向阀解体图按以下步骤进行。

①检查、清洗先导控制阀，可参考图 3-1-14 进行。

②拆下左、右端盖，依次取出先导阀芯、主阀芯、定位套、弹簧和止回阀组件。

③清洗阀各部件，检查阀芯与阀体孔的磨损度、配合间隙，检查弹簧的弹性和弯曲度。

④检查密封件，老化或失效时更换。

安装时可根据以上顺序装复，并注意测试左、右电磁阀通电时是否有相应动作。

5. 换向阀的常见故障及排除

1）机械部分

（1）内漏

换向阀发生内漏时，工作油道与回油道或溢油道相通，液压油直接流回油箱，无法完成操作，造成执行元件无力或自重引起自行下滑等故障。内漏的原因及排除方法如下。

①阀杆与阀体之间磨损间隙过大。良好的分配阀的阀杆与阀体之间的间隙很小，漏油极少，故液压缸下降或倾斜量很小，不影响工作。但磨损间隙过大时，液压油在工作泵产生的压力下，就会造成工作油道中的油与回油道或溢油道相通，自动回到油箱。产生原因主要是分配阀长期使用或油液不清洁等加快了阀杆与阀体的磨损，破坏了配合密封面，导致漏油。修复时

若阀杆磨损较轻，可对阀杆镀铬磨光；若阀杆磨损严重，则需要更换。

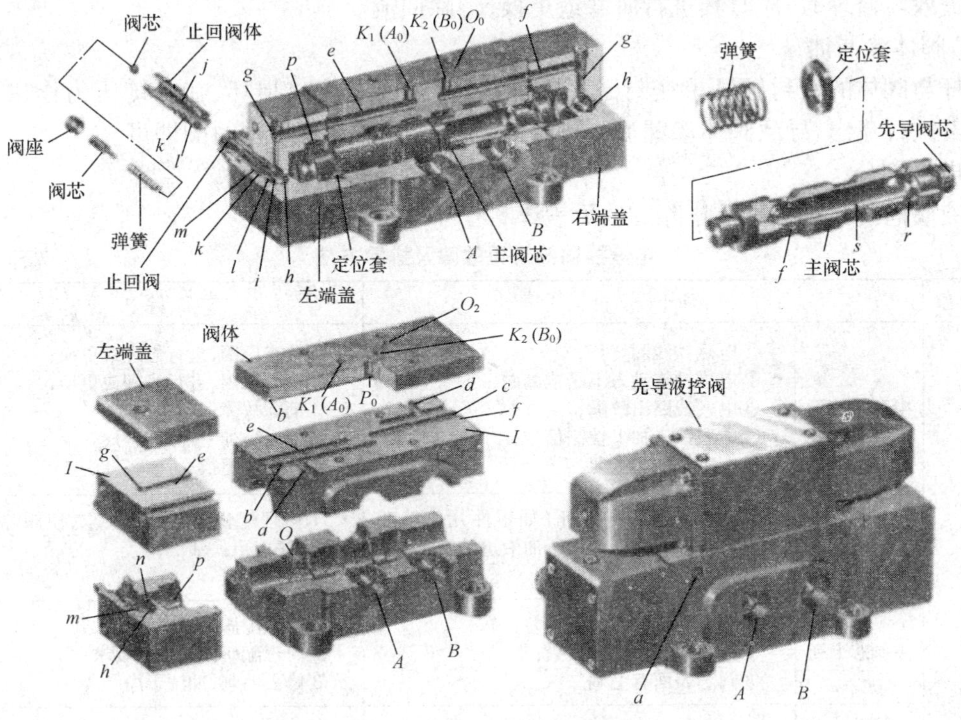

图 3-1-18　电液换向阀解体图

②阀体之间漏油。由于工作油道、回油道、溢油道贯穿于 3 个单片阀体之间，因此阀体之间的密封性要求很高，阀体与阀体油道之间安装 O 形密封圈后，将阀体用螺栓连接起来，达到密封的目的。

如果螺栓的紧固力矩不同，可能导致阀体翘曲，密封圈失效，产生内漏；如果安装时阀体表现损伤或 O 形圈老化或损坏，在油压作用下，阀体之间也容易发生内漏。修理时，若阀体损伤则须进行研磨，更换 O 形密封圈，并按顺序和力矩要求拧紧螺栓。

③安全阀弹簧失效。安全阀用于调节系统的工作压力，使压力保持在一定的范围内，防止因超载、液压缸活塞到极限位置或其他原因而造成的液压系统各零部件的损坏。安全阀主要由弹簧弹力将钢球压在阀位上达到开、关的目的。当液压泵输出的油压超过规定数值时，高压油的压力克服了弹簧弹力，部分高压油经安全阀溢油道返回油箱。当油压达到规定值时，弹簧在自身预紧力的作用下，将钢球压紧在阀位上，安全阀关闭。

如果安全阀弹簧失效，液压油在低于系统规定压力下就可迫使钢球离开阀位流入溢油道，造成内漏，使系统失效。修理时必须更换弹簧，然后利用调整螺钉调整弹簧压力至规定的压力。

④多路换向阀杆不能复位。阀杆复位弹簧安装在阀杆的下端，无论阀杆在上位还是在下位时都能使弹簧受到压缩，在无外力作用时，由于弹簧的弹力使阀杆迅速恢复到原来的位置。如果阀杆不能复位，沟槽与油道相通，则会产生内漏。一是由于阀杆复位弹簧变形或损坏，弹簧弹力降低而不能使阀杆回到原位，修理时须更换弹簧；二是阀体与阀杆间不清洁，产生较大的阻力，使阀杆复位困难，修理时须清洗多路换向阀的内部，消除阻力。

⑤锥阀磨损。锥阀用于防止油液倒流。若锥阀磨损，油道关闭不严，则会使液压油回流，使系统失效。修理时，应对其进行研磨或更换，消除回流。

(2)阀体渗漏油

阀杆与阀体的密封靠O形密封圈来实现，若密封圈老化或损坏，在系统压力作用下液压油会顺着阀杆流出，导致阀体渗漏油。排除此故障只需更换O形密封圈即可。

2)电液部分

电液换向阀常见故障及排除方法见表3-1-5。

电液换向阀常见故障及排除方法 表3-1-5

故障现象	原因分析		排除方法
主阀芯不动作	电磁铁故障	①电磁铁线圈烧坏； ②电磁铁推动力不足或漏磁； ③电气线路出故障； ④电磁铁未加上控制信号； ⑤电磁铁铁芯卡死	①检查原因，进行修理或更换； ②检查原因，进行修理或更换； ③消除故障； ④检查后加上控制信号； ⑤检查或更换
	先导电磁铁故障	①阀芯与阀体孔卡死(如零件几何精度差，阀芯与阀孔配合过紧，油液过脏)； ②弹簧弯曲，使滑阀卡死	①修理配合间隙达到要求，使阀芯移动灵活；过滤或更换油液； ②更换弹簧
	主阀芯卡死	①阀芯与阀体几何精度差； ②阀芯与阀体配合太紧； ③阀芯表面有毛刺	①修理配研间隙达到要求； ②修理配研间隙达到要求； ③修去毛刺，冲洗干净
	液控系统故障	控制油路无油： ①控制油路电磁阀未换向； ②控制油路被堵塞	①检查原因并排除； ②检查清洗，并使控制油路畅通
		控制油路压力不足： ①阀端盖处漏油； ②滑阀排油腔一端节流阀调节得过小或被堵死	①拧紧端盖螺钉； ②清洗节流阀并调整合适
	油液变化	①油液过脏使阀芯卡死； ②油温升高，使零件产生热变形，而产生卡死现象； ③油温过高，油液中产生胶质，黏住阀芯表面而卡死； ④油液黏度太高，使阀芯移动困难而卡住	①过滤或更换油液； ②检查油温过高原因并排除； ③清洗，消除高温； ④更换适宜的油液
	安装不良	阀体变形： ①安装螺钉拧紧力矩不均匀； ②阀体上连接的管子"别劲"	①重新紧固螺钉，使之受力均匀； ②重新安装
	复位弹簧不符合要求	①弹簧力过大； ②弹簧弯曲、变形，致使阀芯卡死； ③弹簧断裂不能复位	更换适宜的弹簧
阀芯换向后通过的流量不足	开口量不足	①电磁阀中推杆过短； ②阀芯与阀体几何精度差，间隙太小，移动时有卡死现象，不到位； ③弹簧太弱，推力不足，使阀芯行程达不到终端	①更换适宜长度的推杆； ②配研达到要求； ③更换适宜弹力的弹簧

思考题

1. 工程机械液压系统中常用的液压阀有哪几种？滑阀式随动阀有哪几种开口形式？

2. 什么是泵的卸荷？画出三位四通阀 O、H、Y、P、K、J、M 型中位符号，并分别指出能否实现泵的卸荷以及所控制的液压缸所处的状态。

3. 球式换向阀与滑阀式换向阀相比具有哪些优点？

4. O 型机能的三位四通电液换向阀中的先导电磁阀一般选用何种中位机能？由双液控止回阀组成的锁紧回路中换向阀又选用什么机能？为什么？

5. 换向阀常用的操纵方式有哪几种？各适用于什么系统？其复位形式分别是什么？

6. 手动换向阀有哪两种？有何特点？液动换向阀有何特点？

7. 什么是换向阀的“位”和“通”？用职能符号怎样表示？什么是换向阀的滑阀机能？

8. 画出以下元件符号：

普通止回阀、液控止回阀（单向液压锁）；

钢球定位式手动阀（二位、三位）、弹簧复位式手动阀（二位、三位）；

电磁阀（二位、三位）、三位四通电液阀（简化画法、复杂画法，至少 4 种）。

课题二 压力控制阀

压力控制阀是用于控制液压系统压力或利用压力作为信号来控制其他元件动作的液压控制阀，基本工作原理都是利用作用于阀芯上的液压力与弹簧力相平衡的原理进行工作。

工程机械常用的压力控制阀有溢流阀、减压阀、顺序阀、压力继电器等 4 种，如图 3-2-1 所示为常见的压力控制阀。

a) b) c) d)

图 3-2-1 常见的压力控制阀

a）溢流阀；b）减压阀；c）顺序阀；d）压力继电器

一、溢流阀

溢流阀的功用是靠阀芯的调节作用，可使阀的进口压力不超过或保持恒定值。一般接法为阀与负载相并联，溢流口接回油箱，采用进口压力负反馈。根据结构可分为直动型和先导型两类。

溢流阀主要用途：

①限压。如图 3-2-2a）所示，用作安全阀，当系统正常工作时，溢流阀处于关闭状态，仅在

系统压力大于其调定压力时才开启溢流，对系统起过载保护作用。

②调压和稳压。如图 3-2-2b）所示，用在由定量泵构成的液压源中，用以调节泵的出口压力，保持该压力恒定。

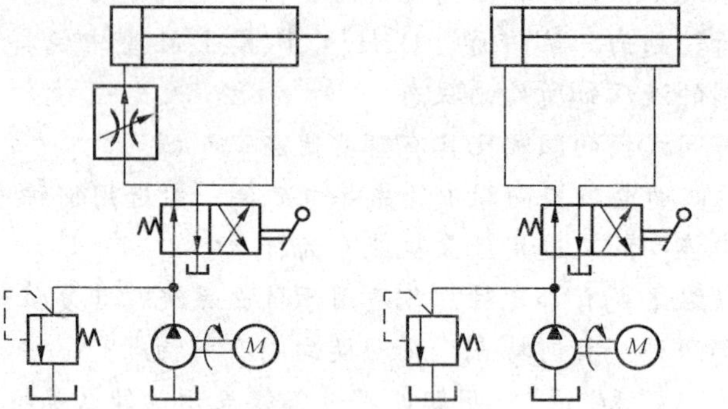

a）　　　　b）

图 3-2-2　溢流阀的作用

1. 直动型溢流阀

直动式溢流阀是作用在阀芯上的主油路液压力与调压弹簧力直接相平衡的溢流阀。

1）直动型溢流阀结构原理

直动型溢流阀的结构原理如图 3-2-3 所示，直动型溢流阀均是由调压弹簧和调压手柄、溢流阀口、测压面等 3 个部分构成。因阀口和测压面结构形式不同，有 3 种基本结构。

图 3-2-3a）所示阀采用滑阀式溢流口，端面测压方式。

图 3-2-3b）所示阀采用锥阀式溢流口，同样采用端面测压方式。

图 3-2-3c）所示阀采用锥阀式溢流口，锥面测压方式，测压面和阀口的节流边均用锥面充当。

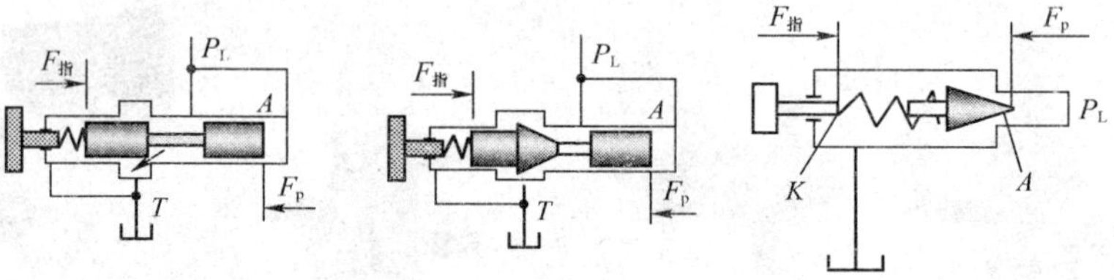

a）　　　　b）　　　　c）

图 3-2-3　直动型溢流阀结构原理图

a）滑阀溢流口，端面测压；b）锥阀溢流口，端面测压；c）锥阀溢流口，锥面测压

锥阀式直动型溢流阀的结构如图 3-2-4 所示。阀芯在弹簧的作用下压在阀座上，阀体上开有进出油口 P 和 T，油液压力从进油口 P 作用在阀芯上。当液压作用力低于调压弹簧力时，阀口关闭，阀芯在弹簧力的作用下压紧在阀座上，溢流口无液体溢出；当液压作用力超过弹簧力时，阀芯开启，液体从溢流口 T 流回油箱，弹簧力随着开口量的增大而增大，直至与液压作用力相平衡。调节弹簧的预压力，便可调整溢流压力。

图 3-2-5 为工程机械中低压液压系统中常用的直动型溢流阀实物图。

图 3-2-6 为用溢流阀遥控卸荷的液压系统图。

直动型溢流阀结构简单,灵敏度高,因压力直接与调压弹簧力平衡,只适合于中低压、小流量系统,在高压、大流量条件下不宜使用。

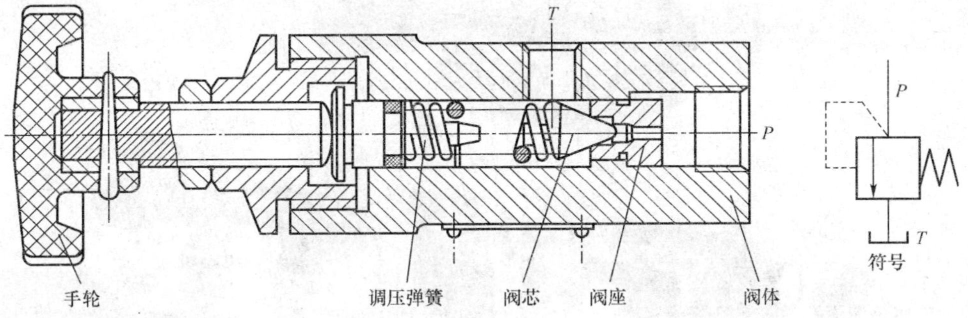

图 3-2-4 锥阀式直动型溢流阀

图 3-2-5 溢流阀实物

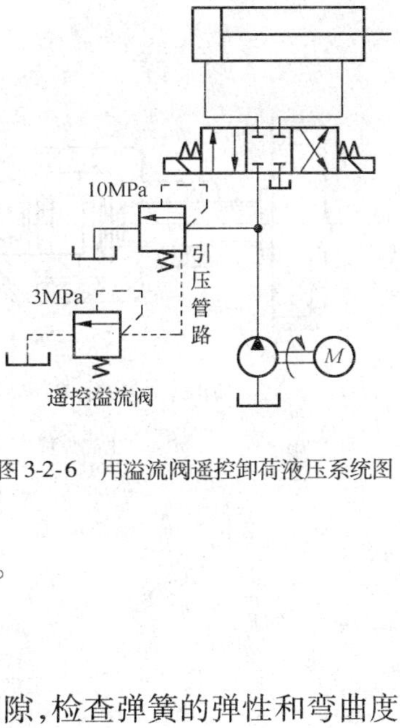

图 3-2-6 用溢流阀遥控卸荷液压系统图

2)直动型溢流阀的拆装

直动型溢流阀的拆装可参考图 3-2-7 和以下步骤进行。

①拆下连接螺丝,拆下阀盖,取出弹簧和阀芯。

②依次取出调节杆、弹簧和阀芯。

③清洗阀各部件,检查阀芯与阀体孔的磨损度、配合间隙,检查弹簧的弹性和弯曲度。

④检查密封件,老化或失效时更换。

安装时可根据以上顺序装复,并注意调整、测试到规定的压力值。

2. 先导型溢流阀

在调压范围大、精度高、大流量的系统中一般采用先导型溢流阀。

1)先导型溢流阀的结构原理

如图 3-2-8 所示是一种典型的三节同心结构先导型溢流阀,它由先导阀和主阀两部分组成。锥式先导阀、主阀芯上的阻尼孔(固定节流孔)及调压弹簧一起构成先导级半桥分压式压力负反馈控制,负责向主阀芯的上腔提供经过先导阀稳压后的主级指令压力 p_2。主阀芯是主控回路的比较器,上端面作用有主阀芯的指令力 p_2A_2,下端面作为主回路的测压面,作用有反馈力 p_1A_1,其合力可驱动阀芯,调节溢流口的大小,最后达到对进口压力 p_1 进行调压和稳压的目的。

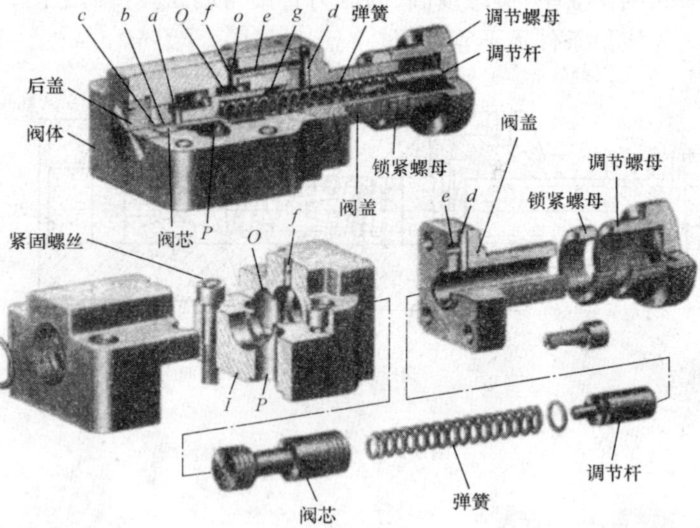

图 3-2-7　直动型溢流阀解体图

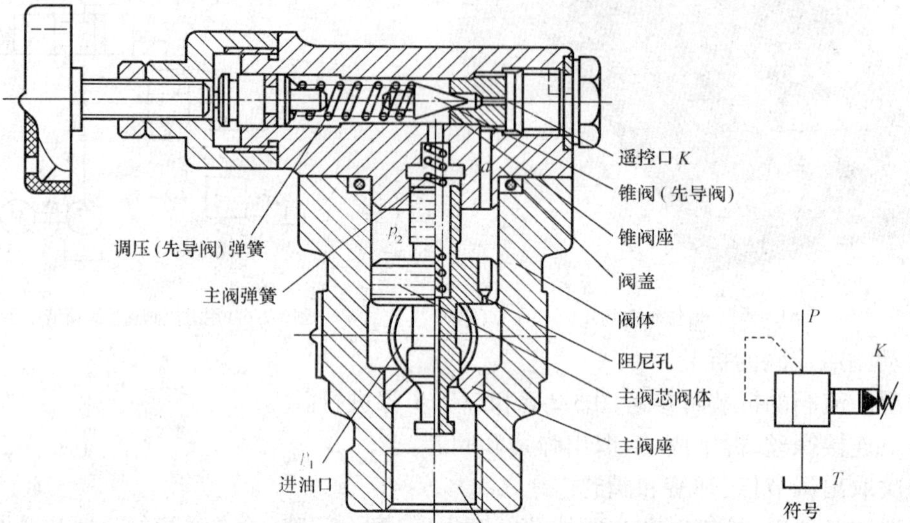

图 3-2-8　YF 型三节同心先导型溢流阀结构图(管式)

工作时,液压力同时作用于主阀芯及先导阀芯的测压面上。当先导阀未打开时,阀腔中油液没有流动,作用在主阀芯上下两个方向的压力相等,但因上端面的有效受压面积 A_2 大于下端面的有效受压面积 A_1,主阀芯在合力的作用下处于最下端位置,阀口关闭。当进油压力增大到使先导阀打开时,液流通过主阀芯上的阻尼孔、先导阀流回油箱。由于阻尼孔的阻尼作用,使主阀芯所受到的上下两个方向的液压力不相等,主阀芯在压差的作用下上移,打开阀口,实现溢流,并维持压力基本不变。先导型溢流阀在溢流量发生大幅度变化时,被控压力 p_1 只有很小的变化,即定压精度高。此外,由于先导阀的溢流量仅为主阀额定流量的 1% 左右,因此先导阀阀座孔的面积和开口量、调压弹簧刚度都不必很大。所以,先导型溢流阀广泛用于高压、大流量场合。

从图 3-2-8 可以看出，导阀体上有一个遥控口（远程控制口）K，当 K 口通过二位二通阀接油箱时，先导级的控制压力 $p_2 \approx 0$；主阀芯在很小的液压力（基本为零）作用下便可向上移动，打开阀口，实现溢流，这时系统称为卸荷。若 K 口接另一个远离主阀的先导压力阀（此阀的调节压力应小于主阀中先导阀的调节压力）的入口连接，可实现远程调压。

2）先导型溢流阀的拆装

先导型溢流阀的拆装可参考图 3-2-9 先导型溢流阀解体图按以下步骤进行。

①拆下先导阀的锁紧螺母，取出调整螺母、先导阀的调节杆、弹簧、阀芯和阀座。

②拆下主阀的螺塞，依次取出阀芯和弹簧。

③清洗阀各部件，检查阀芯与阀体孔的磨损度、配合间隙，检查弹簧的弹性和弯曲度。

④检查密封件，老化或失效时更换。

安装时可根据以上顺序装复，并注意调整、测试到规定的压力值。

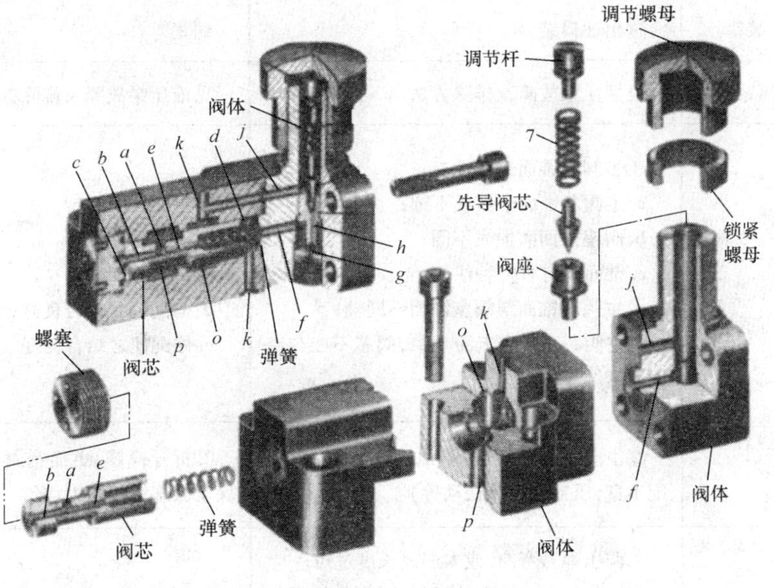

图 3-2-9 先导型溢流阀解体图

3. 溢流阀常见故障与排除

直动型溢流阀结构简单、故障较少，但在工程机械应用较少，重点介绍先导型溢流阀常见故障原因与排除方法，见表 3-2-1。

二、减压阀

减压阀是一种利用液流流过缝隙产生压力损失，使其出口压力低于进口压力的压力控制阀。可用于降低系统某一支路的油液压力，使同一系统有两个或多个不同压力，常用于先导油路或散热回路中，根据结构可分为直动型和先导型两种。

减压阀的特征是阀与负载相串联，调压弹簧腔有外接泄油口，采用出口压力负反馈。

先导型溢流阀常见故障原因与排除方法　　表 3-2-1

故障现象	原因分析		排除方法
无压力	主阀故障	①主阀芯阻尼孔被堵（装配时主阀芯未清洗干净，油液过脏）； ②主阀芯在开启位置卡死（如零件精度低，装配质量差，油液过脏）； ③主阀芯复位弹簧折断或弯曲，使主阀芯不能复位	①清洗阻尼孔使之畅通，过滤或更换油液； ②拆开检修，重新装配；阀盖紧固螺钉拧紧力要均匀；过滤或更换油液； ③更换弹簧
	先导阀故障	①调压弹簧折断； ②调压弹簧未装； ③锥阀或钢球未装； ④锥阀破碎	①更换弹簧； ②补装； ③补装； ④更换
	装错	进出油口装错	纠正
	液压泵故障	见液压泵故障及排除方法	见液压泵故障及排除方法
压力升不高	主阀故障	①主阀芯锥面封闭性差： a. 主阀芯锥面磨损或不圆； b. 阀座锥面磨损或不圆； c. 锥面处有脏物黏住； d. 主阀芯锥面与阀座锥面不同轴； e. 主阀芯工作有卡滞现象，阀芯不能与锥面严密结合	a. 更换并配研； b. 更换并配研； c. 清洗并配研； d. 修配使之结合良好； e. 修配使之结合良好
		②主阀压盖处有泄漏（如密封垫损坏，装配不良，压盖螺钉有松动等）	②拆开检修，更换密封垫，重新装配，并确保紧固螺钉拧紧力均匀
	先导阀故障	①调压弹簧弯曲，或太弱或长度过短； ②锥阀与阀座接合处封闭性差（如锥阀与阀座磨损，锥阀接触面不圆，接触面太宽，容易进入脏物或被胶质黏住）	①更换弹簧； ②检修更换，使之达到要求
压力突然升高	主阀故障	主阀芯工作不灵敏，在关闭状态突然卡死（如零件加工精度低，装配质量差，油液过脏）	检修更换零件过滤或更换油液
	先导阀故障	①先导阀阀芯与阀面接合面突然黏住，脱不开； ②调压弹簧弯曲造成卡滞	①清洗修配或更换油液； ②更换弹簧

续上表

故障现象	原因分析		排除方法
压力突然下降	主阀故障	①主阀芯阻尼孔突然被堵死； ②主阀芯工作不灵敏，在开启状态突然卡死（如零件加工精度低，装配质量差，油液过脏）； ③主阀盖处密封垫突然破损	①清洗过滤或更换油液； ②检修更换零件过滤或更换油液； ③更换密封垫
	先导阀故障	①先导阀阀芯突然破裂； ②调压弹簧突然折断	①更换阀芯； ②更换弹簧
压力波动不稳定	主阀故障	①主阀芯动作不灵活有时有卡死现象； ②主阀芯阻尼有时堵有时通； ③主阀芯锥面与阀座锥面接触不良，磨损不均匀； ④阻尼孔孔径太大，使阻尼作用差	①检修更换零件，压盖螺钉拧紧力应均匀； ②拆开清洗，检查油质，更换油液； ③修配或更换零件； ④适当缩小阻尼孔孔径
	先导阀故障	①调压弹簧弯曲； ②锥阀与阀座接触不好，磨损不均匀； ③调压螺钉由于锁紧螺母松动而使压力变动	①更换弹簧； ②修配或更换零件； ③调压后应把锁紧螺母锁紧
振动和有噪声	主阀故障	主阀在工作时径向力不平衡，导致性能很不稳定。造成径向力不平衡的原因： ①阀体与主阀芯几何精度差，棱边有毛刺； ②阀体内黏附有污物，使配合间隙大和不均匀	①检查零件精度，对不合要求的零件应更换，并应去除毛刺； ②检修更换零件
	先导阀故障	①锥阀与阀座接触不良，圆周面的圆度不佳，表面粗糙度数值大，造成调压弹簧受力不平衡，使锥阀振荡加剧产生尖叫声； ②调压弹簧轴心线与端面不够垂直，这样锥阀会倾斜，造成接触不均匀； ③调压弹簧在定位杆上偏向一侧； ④装配时阀座装偏； ⑤调压弹簧弯曲	①把封油面圆度误差控制在 0.01 mm 以内； ②提高锥阀精度，表面粗糙度应达到 $R_a < 0.4\ \mu m$； ③更换弹簧； ④提高装配质量； ⑤更换弹簧
	系统存在空气	泵吸入空气或系统存在空气	排除空气
	使用不当	通过流量超过允许值	在额定流量范围内使用
	回油不畅	回油管内阻力过高或油管贴近油箱底面	适当增大管径，减少弯头，回油管口应离油箱底面 2 倍管径以上
显著漏油	主阀芯精度差	①主阀芯与阀盖孔配合间隙过大； ②主阀芯锥面与阀座接触不良或磨损严重	修理更换零件
	先导阀精度差	锥阀与阀座接触不良或磨损严重	修理更换零件
	日常维护差	各主要部件的螺钉、管接头未定期紧固，接合面的密封件未定期更换	要定期紧固，定期更换

1. 减压阀的结构及工作原理

1）直动型减压阀的工作原理（如图 3-2-10）

直动型减压阀较少单独使用。在先导型减压阀中，根据先导级供油的引入方式不同，有“先导级由减压出口供油式”和“先导级由减压进口供油式”两种结构形式。如果阀的出口压力出现冲击，主阀芯上的止回阀将迅速开启卸压，在出口压力恢复到调定值后，止回阀重新关闭。

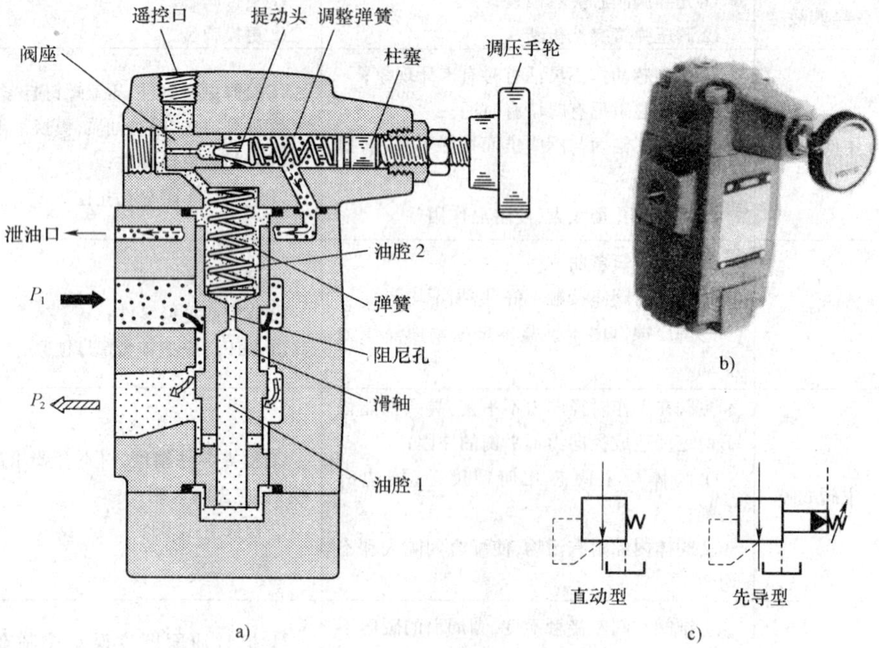

图 3-2-10　减压阀的工作原理和符号

a）结构；b）外观；c）职能符号

2）先导式减压阀的工作原理

图 3-2-11 先导式减压阀与先导式溢流阀相似，但减压阀弹簧腔的泄漏油单独引回油箱；而主阀部分与溢流阀不同的是，阀口常开，在安装位置，主阀芯在弹簧力作用下位于最下端，阀的开口最大，不起减压作用。引到先导阀前腔的是阀的出口压力油，保证出口压力位定值。进口压力油 P_1 经主阀阀口（减压缝隙）流至出口，压力为 p_1。与此同时，出口压力油 P_2 经阀体、端盖上的通道进入主阀芯下腔，然后经主阀芯上的阻尼孔到主阀芯上腔和先导阀的前腔。在负载较小、出口压力 p_2 低于调压弹簧所调定压力时，先导阀关闭，主阀芯阻尼孔无液流通过，主阀芯上、下两腔压力相等，主阀芯在弹簧作用下处于最下端，阀口全开不起减压作用。若出口压力 p_2 随负载增大超过调压弹簧调定的压力时先导阀阀口开启，主阀出口压力油 P_2 经主阀阻尼孔到主阀芯上腔、先导阀口，再经泄油口回油箱。因阻尼孔的阻尼作用，主阀上、下两腔出现压力差 $p_2 - p_1$，主阀芯在压力差作用下克服上端弹簧力向上运动，主阀口减小起减压作用。当出口压力 p_2 下降到调定值时，先导阀芯和主阀芯同时处于受力平衡，出口压力稳定不变。调节调压弹簧的预压缩量即可调节阀的出口压力。

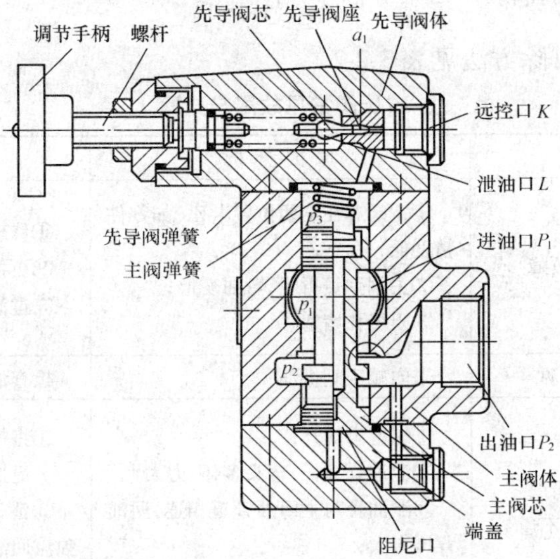

图 3-2-11　由减压出口供油的先导式减压阀

2. 减压阀的拆装

减压阀的拆装可参考图 3-2-12 按以下步骤进行。

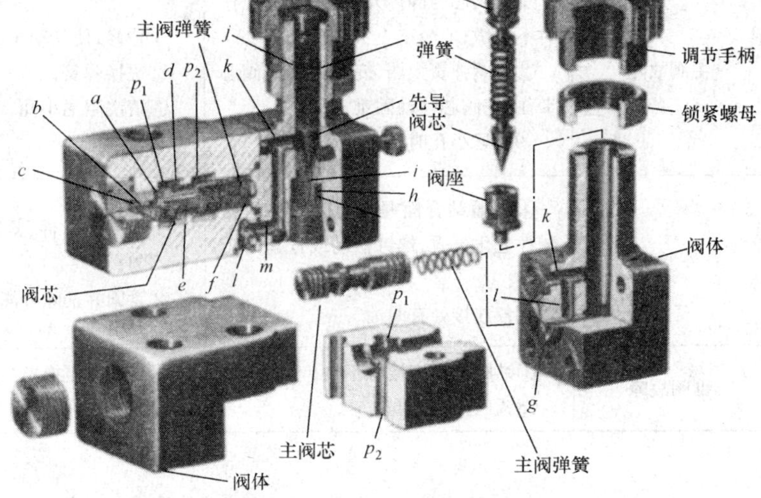

图 3-2-12　先导式减压阀解体图

①拆下先导阀的锁紧螺母，取出调整螺母、先导阀的推杆、弹簧、阀芯和阀座。

②拆下主阀的螺塞，依次取出阀芯和弹簧。

③清洗阀各部件，检查阀芯与阀体孔的磨损度、配合间隙，检查弹簧的弹性和弯曲度。

④检查密封件，老化或失效时更换。

安装时可根据以上顺序装复，并注意调整、测试到规定的压力值。

3. 减压阀常见故障与排除

减压阀常见故障与排除方法见表3-2-2。

减压阀常见故障与排除　　表3-2-2

故障现象		原因分析	排除方法
无二次压力	主阀故障	①主阀芯在全闭位置卡死(如零件精度低)； ②主阀弹簧折断，弯曲变形； ③阻尼孔堵塞	①修理； ②更换零件和弹簧； ③过滤或更换油液
	无油源	未向减压阀供油	检查油路消除故障
不起减压作用	使用错误 泄油口不通	①螺塞未拧开； ②泄油管细长，弯头多，阻力太大； ③泄油管与主回油管道相连，回油背压太大； ④泄油通道堵塞、不通	①将螺塞拧开； ②更换符合要求的管子； ③泄油管必须与回油管道分开，单独流回油箱； ④清洗泄油通道
	主阀故障	主阀芯在全开位置时卡死(如零件精度低，油液过脏等)	修理、更换零件，检查油质，更换油液
	锥阀故障	调压弹簧太硬，弯曲并卡住不动	更换弹簧
二次压力不稳定	主阀故障	①主阀芯与阀体几何精度差，工作时不灵敏； ②主阀弹簧太弱，变形或将主阀芯卡住，使阀芯移动困难； ③阻尼小孔时堵时通	①检修，使其动作灵活； ②更换弹簧； ③清洗阻尼小孔
二次压力升不高	外泄漏	①顶盖结合面漏油，其原因如：密封件老化失效，螺钉松动或拧紧力矩不均； ②各连接处有漏油	①更换密封件，紧固螺钉，并保证力矩均匀； ②紧固并消除外漏
	锥阀故障	①锥阀与阀座接触不良； ②调压弹簧太弱	①修理或更换； ②更换

三、顺序阀

顺序阀用来控制液压系统中各执行元件动作的先后顺序。依控制压力的不同，顺序阀又可分为内控式和外控式两种。前者用阀的进口压力控制阀芯的启闭，后者用外来的控制压力油控制阀芯的启闭(即液控顺序阀)。顺序阀也有直动式和先导式两种，前者一般用于低压系统，后者用于中高压系统。

1. 顺序阀的结构原理

1)直动式顺序阀的工作原理

如图 3-2-13 所示为直动式顺序阀的工作原理图和图形符号。当进油口压力 p_1 较低时，阀芯在弹簧作用下处下端位置，进油口和出油口不相通。当作用在阀芯下端的油液的液压力大于弹簧的预紧力时，阀芯向上移动，阀口打开，油液便经阀口从出油口流出，从而操纵另一执行元件或其他元件动作。由图可见，顺序阀和溢流阀的结构基本相似，不同的只是顺序阀的出油口通向系统的另一压力油路，而溢流阀的出油口通油箱。此外，由于顺序阀的进、出油口均为压力油，所以它的泄油口 L 必须单独外接油箱。

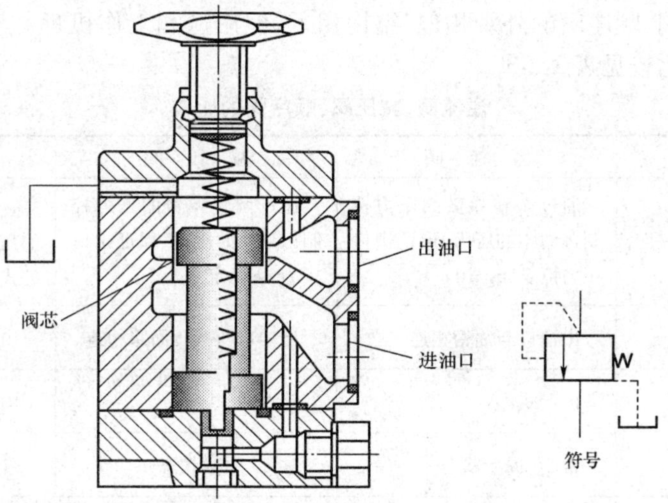

图 3-2-13　直动式内控顺序阀工作原理及符号

直动式外控顺序阀的工作原理图和图形符号如图 3-2-14 所示，和上述顺序阀的差别仅仅在于其下部有一控制油口 K，阀芯的启闭是利用通入控制油口 K 的外部控制油来控制。

2）先导式顺序阀的工作原理

如图 3-2-15 所示为先导式顺序阀原理图和符号，其工作原理可仿前述先导式溢流阀推演，在此不再重复。

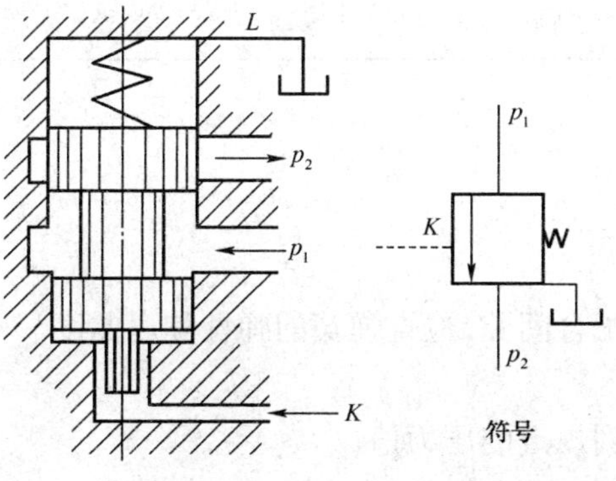

图 3-2-14　直动式外控顺序阀工作原理及符号

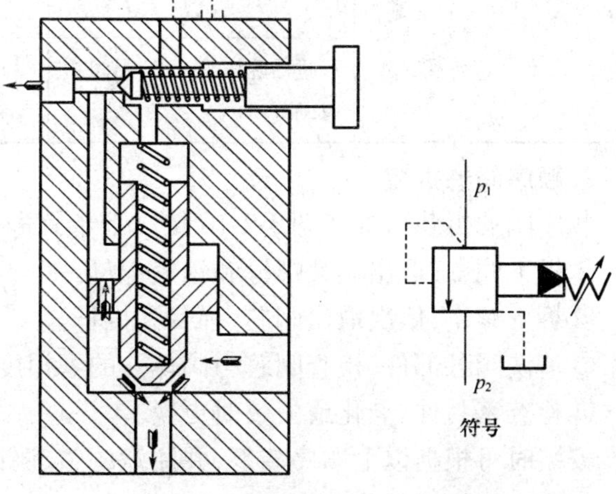

图 3-2-15　先导式顺序阀原理图和符号

先导式顺序阀和先导式溢流阀有以下不同之处。

①溢流阀的进口压力在通流状态下基本不变。而顺序阀在通流状态下其进口压力由出口压力而定，如果出口压力 p_2 比进口压力 p_1 低得多时，p_1 基本不变，而当 p_2 增大到一定程度，p_1 也随之增加，则 $p_1=p_2+\Delta p$，Δp 为顺序阀上的损失压力。

②溢流阀为内泄漏，而顺序阀需单独引出泄漏通道，为外泄漏。

③溢流阀的出口必须接回油箱，顺序阀出口可接负载。

溢流阀、减压阀、顺序阀的外观相似、结构相近，但用途和工作机理却有很大不同，所以绝对不可以通用，其比较见表 3-2-3。

溢流阀、减压阀、顺序阀的比较　　表 3-2-3

		溢　流　阀	减　压　阀	顺　序　阀
控制油路的特点		通过调整弹簧的压力控制进油路的压力，保证进口压力恒定，$p_2=0$	通过调整弹簧的压力控制出油口的压力，保证出口压力 p_2 稳定	直控式通过调定调压弹簧的压力控制进油路压力；液控式由单独油路控制压力
出油口情况		出油口与油箱相连	出油口与减压回路相连	出油口与工作回路相连
泄漏形式		内泄式	外泄式	内泄式
进油口状态及压力值	常态	常闭（原始状态）	常开（原始状态）	常闭（原始状态）
	工作状态	进出油口相通，进油口压力为调整压力	进油口压力低于出油口压力，出油口压力稳定在调定值上	进出油口相通，进油口压力允许继续升高
联接方式		并联	串联	实现顺序动作式串联，作卸荷阀用时并联
功用		定压、溢流或安全作用限压、稳压、保压	减压、稳压	不控制系统的压力，只利用系统的压力变化控制油路的通断
		进油腔压力 p_1 控制阀芯移动	出油腔压力 p_2 控制阀芯移动	进油腔压力 p_1 控制阀芯移动

128

2. 顺序阀的拆装

顺序阀的拆装可参考图 3-2-16 按以下步骤进行。

①拆下阀盖，取出调整螺母和锁紧螺母。

②拆下螺塞，依次取出阀芯、弹簧和推杆。

③清洗阀各部件，检查阀芯与阀体孔的磨损度、配合间隙，检查弹簧的弹性和弯曲度。

④检查密封件，老化或失效时更换。

安装时可根据以上顺序装复，并注意调整、测试到规定的压力值。

3. 顺序阀常见的故障原因与排除方法

顺序阀常见的故障原因与排除方法见表 3-2-4。

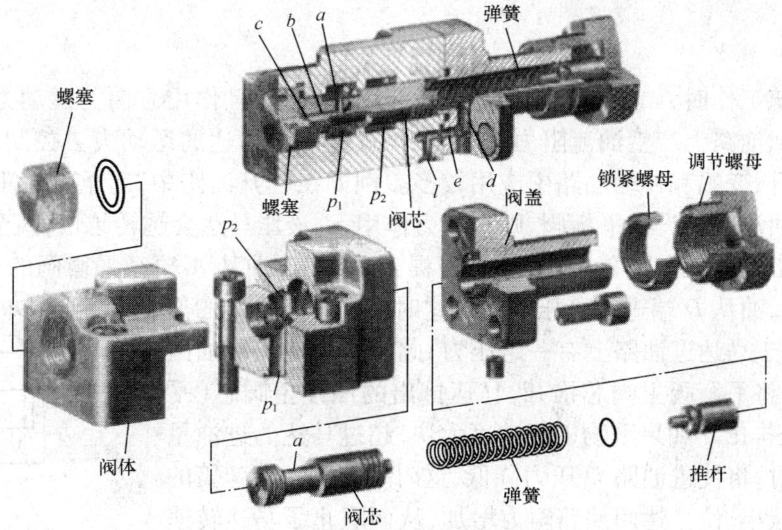

图 3-2-16　直动型顺序阀解体图

顺序阀常见的故障原因与排除方法　　表 3-2-4

故障现象	原因分析	排除方法
始终出油,因而不起顺序作用	①阀芯在打开位置上卡死(如几何精度低,间隙太小,弹簧弯曲、断裂,油液太脏); ②止回阀在打开位置上卡死(如几何精度低,间隙太小,弹簧弯曲、断裂,油液太脏); ③止回阀密封不良(几何精度差); ④调压弹簧断裂; ⑤调压弹簧漏装; ⑥未装锥阀或钢球; ⑦锥阀或钢球碎裂	①修理,使配合间隙达到要求,并使阀芯移动灵活;检查油质,过滤或更换油液;更换弹簧; ②修理,使配合间隙达到要求,并使止回阀芯移动灵活;检查油质,过滤或更换油液;更换弹簧; ③修理,使止回阀密封良好; ④更换弹簧; ⑤补装弹簧; ⑥补装; ⑦更换
不出油,因而不起顺序作用	①阀芯在关闭位置上卡死(如几何精度低,弹簧弯曲,油液脏); ②锥阀芯在关闭位置上卡死; ③控制油液流动不畅通(如阻尼孔堵死,或遥控管道被压扁堵死); ④遥控压力不足,或下端盖结合处漏油严重; ⑤通向调压阀油路上的阻尼孔被堵死; ⑥泄漏口管道中背压太高,使滑阀不能移动; ⑦调节弹簧太硬,或压力调得太高	①修理,使滑阀移动灵活更换弹簧;过滤或更换油液; ②修理,使滑阀移动灵活;过滤或更换油液; ③清洗或更换管道,过滤或更换油液; ④提高控制压力,拧紧螺钉并使之受力均匀; ⑤清洗; ⑥泄漏口管道不能接在排油管道上一起回油,应单独排回油箱; ⑦更换弹簧,适当调整压力
调定压力值不符合要求	①调压弹簧调整不当; ②调压弹簧变形,最高压力调不上去; ③滑阀卡死	①重新调整所需要的压力; ②更换弹簧; ③检查滑阀的配合间隙,修配使滑阀移动灵活;过滤或更换油液
振动与噪声	①回油路阻力(背压)太高; ②油温过高	①降低回油阻力; ②控制油温在规定范围内

四、平衡阀

在液压系统工作时，如果液压缸或马达负荷为一荷重，且作用方向与运动方向一致时，就要用平衡阀使回油路上产生油流阻力，防止液压缸或液压马达的运动失去控制。平衡阀在液压起重机的起升、变幅和伸缩油路中应用较多。例如在起升油路中，起重钩带重物下降时，如果起升马达的回油路上没有平衡阀，则在重力作用下，液压马达会越转越快，甚至会产生事故。

平衡阀的工作原理如图3-2-17所示，当提升荷载时，油从A端经平衡阀的止回阀进入马达；下放荷载时，油从D端进入液压马达。这时液压马达排出的油进入平衡阀，由于马达进油路上有一定压力，此压力油从控制油路进入平衡阀内，将平衡阀主阀芯推开，马达排出的油经主阀芯（平衡阀芯）开口处排出。如果重物下降速度太快，超过马达的进油量所决定的转速时，将使进油路D压力降低，这时平衡阀芯在弹簧的作用下开口量减小，使马达回油路阻力增加，从而阻止了马达转速的升高。

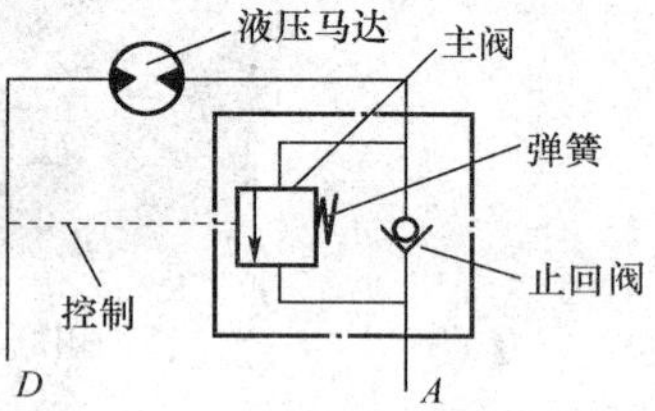

图3-2-17　平衡阀的工作原理

可以看出，图3-2-17实际上是一个把二次油口接回油路的远控单向顺序阀。从原理上讲，单向顺序阀可以作平衡阀用，此时泄漏油内接回油路。但在实际应用中由于液压泵的压力决定着平衡阀的开度，因此泵的压力脉动将使平衡阀的开度忽大忽小，此外，在重物下落过程中，液压马达或液压缸负荷的变化，再加上阀芯与阀体的摩擦力，弹簧的振动等，这些因素都影响通过平衡阀流量的稳定性。当负荷大时，如果用一般的单向顺序阀作平衡阀，由于振动实际无法使用。因此，目前工程机械上使用的平衡阀都是专门设计的，其形式也很多。

专用的平衡阀在单向顺序阀原理基础上主要有如下几处改进。

①设有专用的控制阀芯，控制阀芯及主阀芯上设计了阻尼孔，以改善主阀芯开启的运动稳定性。

②主阀芯开口处设计成带槽的结构，使主阀芯开启和关闭时通过的流量缓和。

③主阀芯与阀座之间采用锥密封，当需对执行元件油腔锁定时，主阀芯在弹簧力作用下紧压在阀座锥面上将油液密封。

五、压力继电器

1. 压力继电器的结构与原理

压力继电器是一种将油液的压力信号转换成电信号的电液控制元件，当油液压力达到压力继电器的调定压力时，即发出电信号，以控制电磁铁、电磁离合器、继电器等元件动作，使油路卸压、换向，执行元件实现顺序动作，或关闭电动机，使系统停止工作，起安全保护作用等。

1）压力继电器的结构形式

压力继电器有柱塞式、膜片式、弹簧管式和波纹管式4种结构形式。

2）压力继电器工作原理

在正常情况下液体压力与弹簧力的平衡，当系统的压力达到压力继电器的调定压力时，作用于柱塞上的液压力克服弹簧力，通过柱塞或顶杆，使微动开关的触头闭合，发出相应的电信号。调整弹簧的预压缩量，可改变压力继电器的调定压力。而其他压力继电器则通过敏感元件(弹簧管、膜片、波纹管等)感受压力后,产生形变直接驱动微动开关发出相应的电信号。

如图 3-2-18 所示为常用的柱塞式压力继电器的结构示意图和职能符号,当从压力继电器下端进油口通入的油液压力达到调定压力值时,推动柱塞上移,此位移通过杠杆放大后推动开关动作。改变弹簧的压缩量即可以调节压力继电器的动作压力。

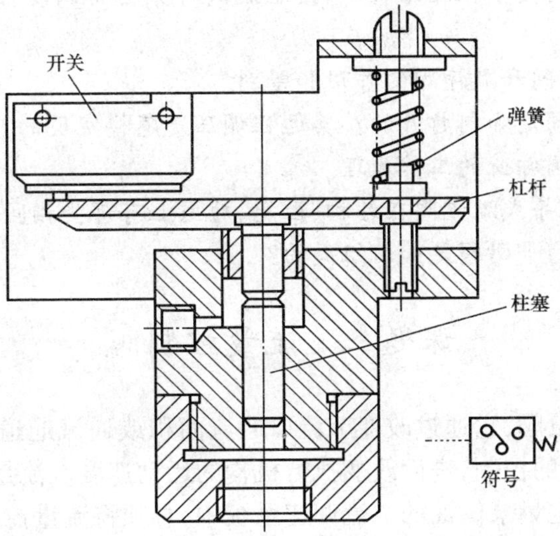

图 3-2-18　压力继电器

2. 压力继电器的故障与排除方法

压力继电器的故障与排除方法见表 3-2-5。

压力继电器故障与排除方法　　表 3-2-5

故障现象	原因	处理方法
输出量不合要求	①微动开关损坏; ②电气线路故障; ③阀芯卡死或阻尼孔堵死; ④进油管路弯曲、变形,使油液流动不畅通; ⑤调节弹簧太硬或压力调得过高; ⑥与微动开关相接的触头未调整好; ⑦弹簧和顶杆装配不良,有卡滞现象	①更换微动开关; ②检查原因,排除故障; ③清洗,修配,达到要求; ④更换管子,使油液流动畅通; ⑤更换适宜的弹簧或按要求调节压力值; ⑥精心调整,使触头接触良好; ⑦重新装配,使动作灵敏
灵敏度太差	①顶杆柱销处摩擦力过大,或钢球与柱塞接触处摩擦力过大; ②装配不良,动作不灵活或"别劲"; ③微动开关接触行程太长; ④调整螺钉、顶杆等调节不当	①重新装配,使动作灵敏; ②重新装配,使动作灵敏; ③合理调整位置; ④合理调整螺钉和顶杆位置
发信号太快	①进油口阻尼孔大; ②膜片碎裂; ③系统冲击压力太大; ④电气系统设计有误	①阻尼孔适当改小,或在控制管路上增设阻尼管(蛇形管); ②更换膜片; ③在控制管路上增设阻尼管,以减弱冲击压力; ④按工艺要求设计电气系统

思考题

1. 压力控制阀按用途可分为哪几类?

2. 溢流阀主要用于何处? 根据结构不同,溢流阀可分为哪两类? 直动型溢流阀可分为哪3种形式?

3. 试述溢流阀、减压阀和顺序阀的作用和差别。

4. 先导式溢流阀主阀是如何打开的? 其远程调压是怎样实现的?

5. 简述先导式溢流阀卸荷的工作原理。

6. 直动式溢流阀、先导式溢流阀在结构、性能、功用上有哪些相同点? 有哪些区别?

7. 顺序阀有哪3种? 平衡阀是如何组成的?

课题三　流量控制阀

流量控制阀简称流量阀,它通过改变节流口通流面积或通流通道的长短来改变局部阻力的大小,从而实现对流量的控制,进而改变执行机构的运动速度。流量控制阀是节流调速系统中的基本调节元件。在定量泵供油的节流调速系统中,必须将流量控制阀与溢流阀配合使用,以便将多余的流量排回油箱。

流量控制阀包括节流阀、调速阀、溢流节流阀和分流集流阀等。

对流量控制阀的主要性能要求是:

①当阀前后的压力差发生变化时,通过阀的流量变化要小。

②当油温发生变化时,通过节流阀的流量变化要小。

③要有较大的流量调节范围,在小流量时不易堵塞,这样使节流阀能得到很小的稳定流量,不会在连续工作一段时间后因节流口堵塞而使流量减小,甚至断流。

④当阀全开时,液流通过节流阀的压力损失要小。

⑤阀的泄漏量要小,对于高压阀来说,还希望其调节力矩要小。

节流口是流量阀的关键部位,节流口形式及其特性在很大程度上决定着流量控制阀的性能。几种常用的节流口如图3-3-1所示,其中:

图3-3-1a)为针阀式节流口。

图3-3-1b)为偏心槽式节流口。

图3-3-1c)为轴向三角槽式节流口。

图3-3-1d)为周向缝隙式节流口。

图3-3-1e)为轴向缝隙式节流口。

一、节流阀

节流阀是通过改变节流截面或节流长度以控制流体流量的阀;将节流阀和止回阀并联则可组合成单向节流阀。节流阀和单向节流阀是简易的流量控制阀,在定量泵液压系统中,节流阀和溢流阀配合,可组成3种节流调速系统,即进油路节流调速系统、回油路节流调速系统和旁路节流调速系统。节流阀没有流量负反馈功能,不能补偿由负载变化所造成的速度不稳定,一般仅用于负载变化不大或对速度稳定性要求不高的场合。

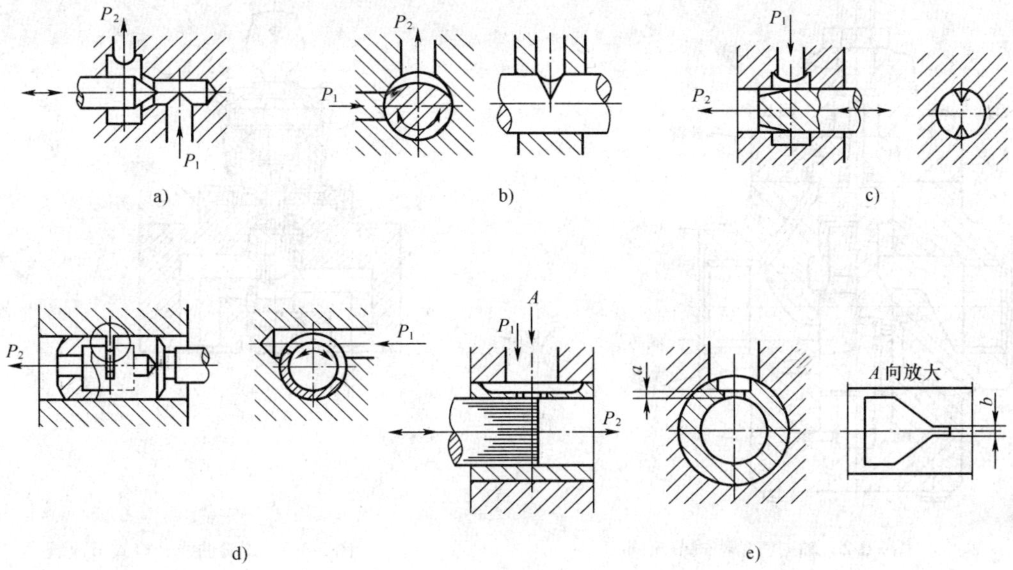

图 3-3-1 节流口的形式

a)针阀式;b)偏心槽式;c)轴向三角槽式;d)周向缝隙式;e)轴向缝隙式

按其功用,具有节流功能的阀有节流阀、单向节流阀、精密节流阀、节流截止阀和单向节流截止阀等;按其调节功能可将节流阀分为简式和可调式两种。

节流阀的结构和职能符号如图 3-3-2 所示。压力油从进油口 P_1 流入,经节流口从 P_2 流出。节流口的形式为轴向三角槽式。作用于节流阀芯上的力是平衡的,因而调节力矩较小,便于在高压下进行调节。当调节节流阀的手轮时,可通过顶杆推动节流阀芯向下移动,节流阀芯的复位靠弹簧力来实现,节流阀芯的上下移动改变着节流口的开口量,从而实现对流体流量的调节。

如图 3-3-3 所示节流阀是一种具有螺旋曲线开口和薄刃式结构的精密节流阀。阀套上开有节流窗口,阀芯与阀套上的窗口匹配后,构成了具有某种形状的薄刃式节流孔口。转动手轮(此手轮可用顶部的钥匙来锁定)和节流阀芯后,螺旋曲线相对套筒窗口升高或降低,改变节流面积,即可实现对流量的调节。因而其调节流量受温度变化的影响较小。节流阀芯上的小孔对阀芯两端的液压力有一定的平衡作用,故该阀的调节力矩较小。

二、单向节流阀

1. 单向节流阀的结构原理

如图 3-3-4 为单向节流阀的结构图和职能符号,它把节流阀芯分成了上阀芯和下阀芯两部分。当流体正向流动时,其节流过程与节流阀是一样的,节流缝隙的大小可通过手柄进行调节;当流体反向流动时,靠油液的压力把阀芯压下,下阀芯起止回阀作用,止回阀打开,可实现流体反向自由流动。

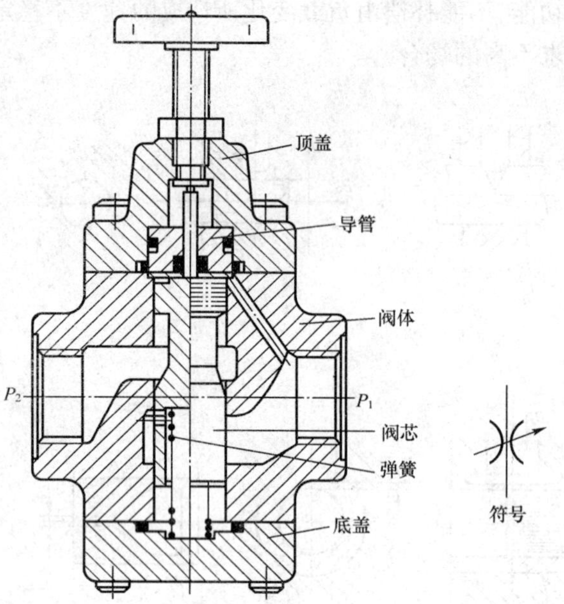

图 3-3-2　轴向三角槽式节流阀

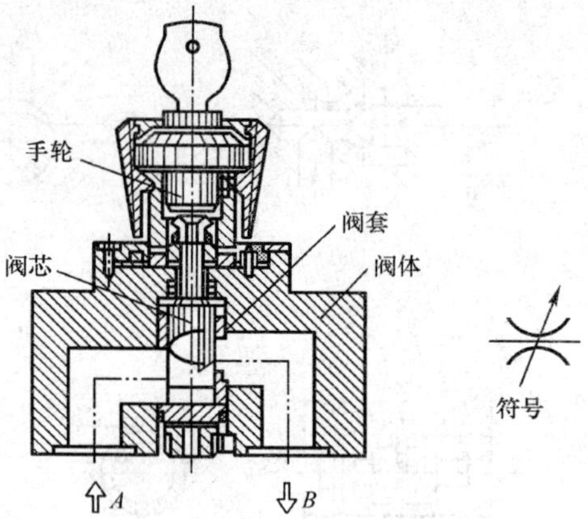

图 3-3-3　螺旋曲线开口式节流阀

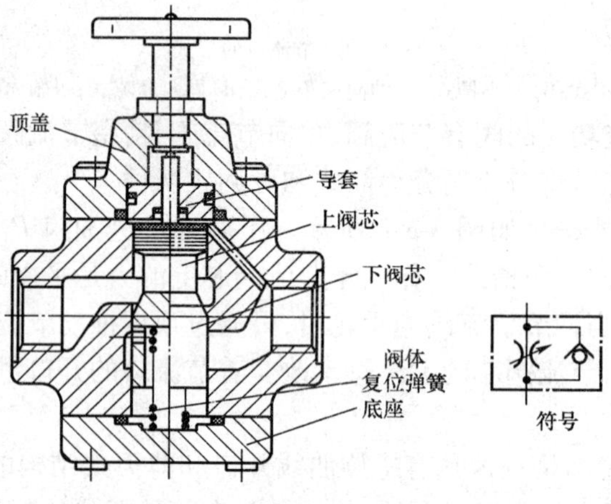

图 3-3-4　单向节流阀的结构图和职能符号

2. 单向节流阀的拆装

单向节流阀的拆装可参考图 3-3-5 单向节流阀解体图按以下步骤进行。

①拆下阀套、螺塞,依次取出推杆、阀芯和弹簧。

②清洗阀各部件,检查阀芯与阀体孔的磨损度、配合间隙,检查弹簧的弹性和弯曲度。

③检查密封件,老化或失效时更换。

安装时可根据以上顺序装复,并注意调整、测试到规定的压力值。

三、调速阀

1. 调速阀的结构原理

根据“流量负反馈”原理设计而成的流量阀称为调速阀。根据“串联减压式”和“并联溢流

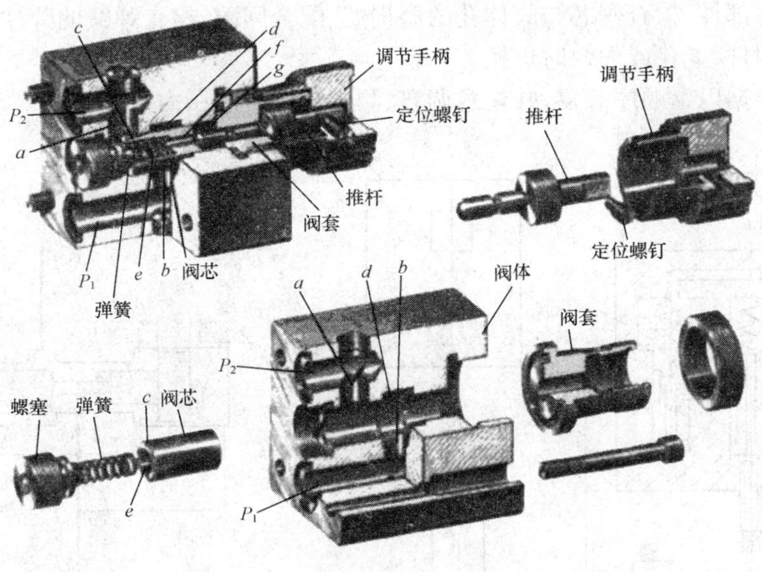

图 3-3-5 单向节流阀解体图

式”之差别，又分为调速阀和溢流节流阀两种主要类型，调速阀中又有普通调速阀和温度补偿型调速阀两种结构。调速阀和节流阀在液压系统中的应用基本相同，主要与定量泵、溢流阀组成节流调速系统。调节节流阀的开口面积，便可调节执行元件的运动速度。节流阀适用于一般的节流调速系统，而调速阀适用于执行元件负载变化大而运动速度要求稳定的系统中，也可用于容积节流调速回路中。

采用“压差法”测量流量的串联减压式调速阀是由定差减压阀和节流阀串联而成的组合阀，其工作原理及职能符号如图 3-3-6 所示。节流阀充当流量传感器，节流阀口不变时，定差减压阀作为流量补偿阀口，通过流量负反馈，自动稳定节流阀前后的压差，保持其流量不变。因节流阀(传感器)前后压差基本不变，调节节流阀口面积时，又可以人为地改变流量的大小。

设减压阀的进口压力为 p_1，负载串接在调速阀的出口 p_3 处。节流阀(流量 - 压差传感器)前、后的压力差 p_2-p_3 代表着负载流量的大小，p_2 和 p_3 作为流量反馈信号分别引到减压阀阀芯两端(压差 - 力传感器)的测压活塞上，并与定差减压阀芯一端的弹簧(充当指令元件)力相平衡，减压阀芯平衡在某一位置。减压阀芯两端的测压活塞做得比阀口处的阀芯更粗的原因是为了增大反馈力以克服液动力和摩擦力的不利影响。

当负载压力 p_3 增大引起负载流量和节流阀的压差 p_2-p_3 变小时，作用在减压阀芯右(下)端的压力差也随之减小，阀芯右(下)移，减压口加大，压降减小，使 p_2 也增大，从而使节流阀的压差 p_2-p_3 保持不变；反之亦然。这样就使调速阀的流量恒定不变(不受负载影响)。

上述调速阀是先减压后节流的结构，也可以设计成先节流后减压的结构。两者的工作原理基本相同。

2. 减压式调速阀的拆装

减压式调速阀的拆装可参考图 3-3-7 和以下步骤进行。

①拆下后盖和阀套。

②依次取出推杆、弹簧、阀座和阀芯。

③清洗阀各部件，检查阀芯与阀体孔的磨损度、配合间隙，检查弹簧的弹性和弯曲度。

④检查密封件，老化或失效时更换。

安装时可根据以上顺序装复，并注意调整、测试到规定的压力值。

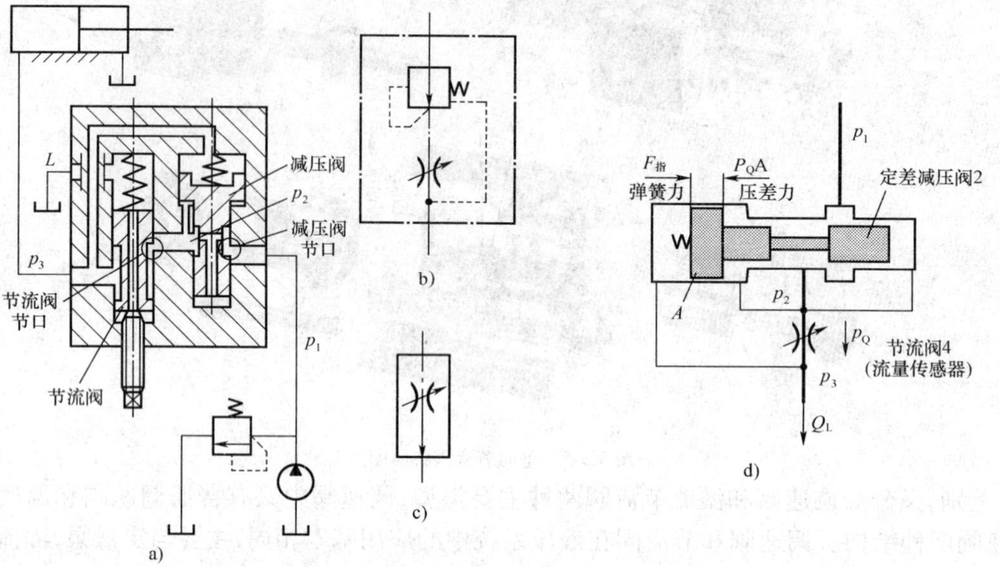

图 3-3-6　减压式调速阀的作用原理和职能符号

a)结构原理图；b)符号；c)简化符号；d)反馈原理

图 3-3-7　减压式调速阀的解体图

四、溢流节流阀

溢流节流阀与负载相并联，采用并联溢流式流量负反馈，可以认为它是由定差溢流阀和节流阀并联组成的组合阀。其中节流阀充当流量传感器，节流阀口不变时，通过自动调节起定差作用的溢流口的溢流量来实现流量负反馈，从而稳定节流阀前后的压差，保持其流量不变。与调速阀一样，节流阀(传感器)前后压差基本不变，调节节流阀口时，可以改变流量的大小。溢流节流阀能使系统压力随负载变化，没有调速阀中减压阀口的压差损失，功率损失小，是一种较好的节能元件，但流量稳定性略差一些，尤其在小流量工况下更为明显。因此溢流节流阀一般用于对速度稳定性要求相对较高，而且功率较大的进油路节流调速系统。

如图3-3-8所示为溢流节流阀的工作原理图和图形符号。溢流节流阀有一个进口 P_1、一个出口 P_2 和一个溢流口 T，因而有时也称之为三通流量控制阀。来自液压泵的压力油 p_1，一部分经节流阀进入执行元件，另一部分则经溢流阀回油箱。节流阀的出口压力为 p_2，p_1 和 p_2 分别作用于溢流阀阀芯的两端，与上端的弹簧力相平衡。节流阀口前后压差即为溢流阀阀芯两端的压差，溢流阀阀芯在液压作用力和弹簧力的作用下处于某一平衡位置。当执行元件负载增大时，溢流节流阀的出口压力 p_2 增加，于是作用在溢流阀阀芯上端的液压力增大，使阀芯下移，溢流口减小，溢流阻力增大，导致液压泵出口压力 p_1 增大，即作用于溢流阀阀芯下端的液压力随之增大，从而使溢流阀阀芯两端受力恢复平衡，节流阀口前后压差 p_1-p_2 基本保持不变，通过节流阀进入执行元件的流量可保持稳定，而不受负载变化的影响。这种溢流节流阀上还附有安全阀，以免系统过载。

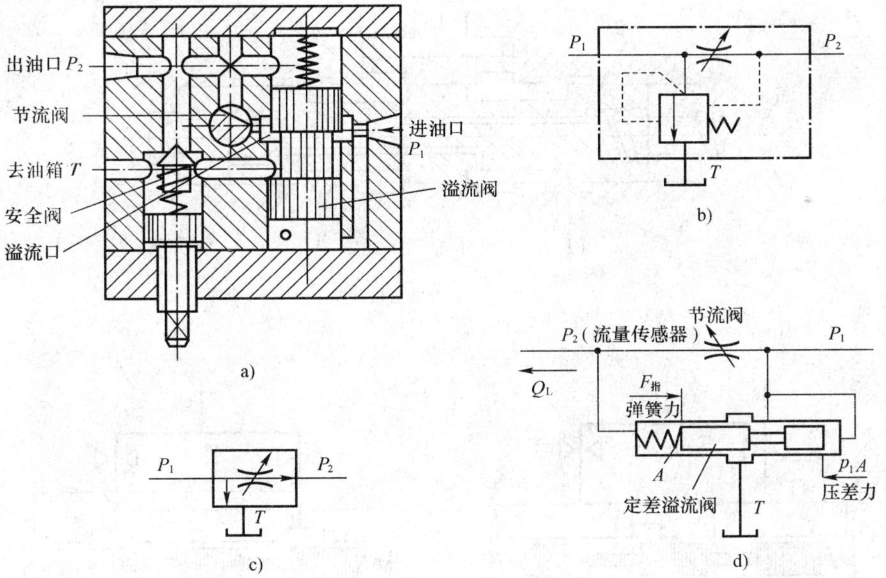

图3-3-8　溢流节流阀

a)结构图；b)详细符号；c)简化符号；d)反馈原理图

五、分流阀

分流阀又称为同步阀，它是分流阀、集流阀和分流集流阀的总称。

分流阀的作用是使液压系统中由同一个油源向两个以上执行元件供应相同的流量(等量分流)，或按一定比例向两个执行元件供应流量(比例分流)，以实现两个执行元件的速度保持同步或定比关系。集流阀的作用，则是从两个执行元件收集等流量或按比例的回油量，以实现其间的速度同步或定比关系。分流集流阀则兼有分流阀和集流阀的功能。它们的图形符号如图 3-3-9 所示。

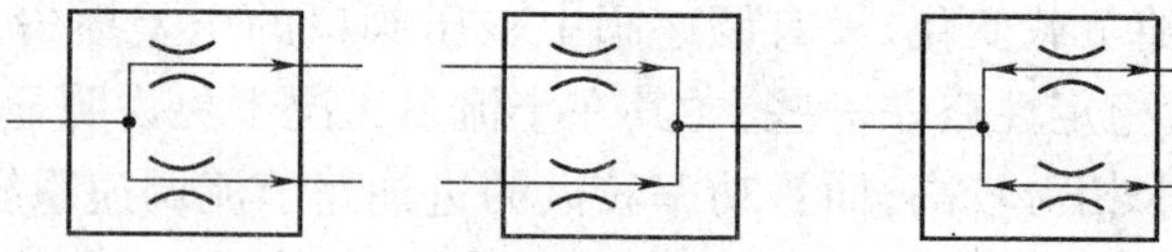

图 3-3-9 分流集流阀符号

a）分流阀；b）集流阀；c）分流集流阀

如图 3-3-10 所示为分流阀的工作原理图，如图 3-3-10a）所示为等量分流阀的结构原理图，它可以看作是由两个串联减压式流量控制阀结合为一体构成的。该阀采用“流量—压差—力”负反馈，用两个面积相等的固定节流孔作为流量一次传感器，作用是将两路负载流量 Q_1、Q_2 分别转化为对应的压差值 Δp_1 和 Δp_2。代表两路负载流量 Q_1 和 Q_2 大小的压差值 Δp_1 和 Δp_2 同时反馈到公共的减压阀芯上，相互比较后驱动减压阀芯来调节 Q_1 和 Q_2 大小，使之趋于相等。

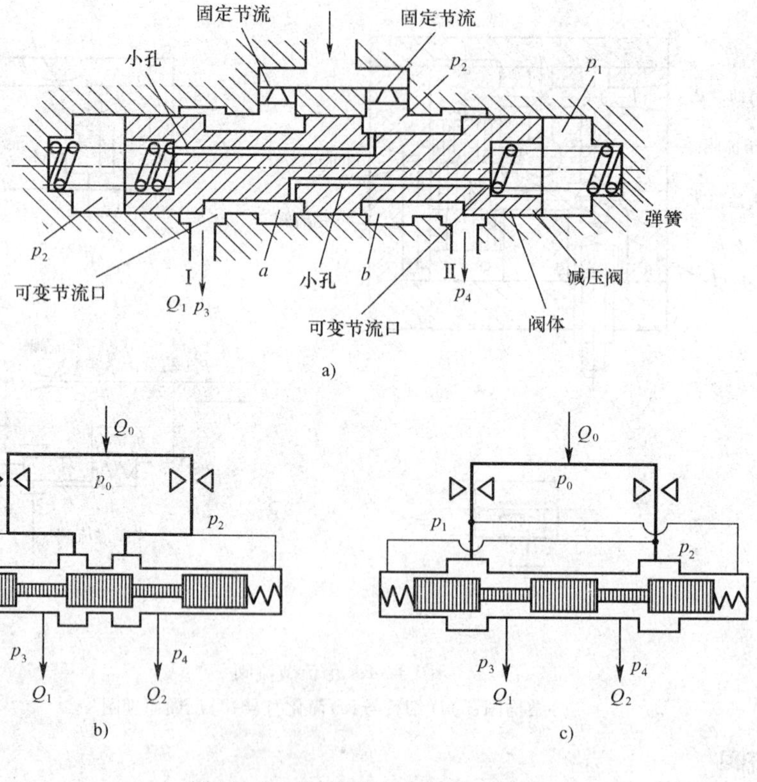

图 3-3-10 分流阀的工作原理

a）分流阀的结构原理图；b）节流边设计在内侧的分流阀；c）节流边设计在外侧的分流阀

工作时，设阀的进口油液压力为 p_0，流量为 Q_0，进入阀后分两路分别通过两个面积相等的固定节流孔，分别进入减压阀芯环形槽 a 和 b，然后由两减压阀口（可变节流口）经出油口 I 和

Ⅱ通往两个执行元件,两执行元件的负载流量分别为 Q_1、Q_2,负载压力分别为 p_3、p_4。如果两执行元件的负载相等,则分流阀的出口压力 $p_3=p_4$,因为阀中两支流道的尺寸完全对称,所以输出流量亦对称,$Q_1=Q_2=Q_0/2$,且 $p_1=p_2$。当由于负载不对称而出现 $p_3\neq p_4$,且设 $p_3>p_4$ 时,Q_1 必定小于 Q_2,导致固定节流孔的压差 $\Delta p_1<\Delta p_2$,$p_1>p_2$,此压差反馈至减压阀芯的两端后使阀芯在不对称液压力的作用下左移,使可变节流口增大,节流口减小,从而使 Q_1 增大,Q_2 减小,直到 $Q_1\approx Q_2$ 为止,阀芯才在一个新的平衡位置上稳定下来,即输往两个执行元件的流量相等,当两执行元件尺寸完全相同时,运动速度将同步。

根据节流口及反馈测压面的不同布置,分流阀有图 3-3-10b)、c)所示两种不同的结构。

六、集流阀

如图 3-3-11 所示为等量集流阀的原理图,它与分流阀的反馈方式基本相同,不同之处为:

①分流阀装在两执行元件的回油路上,将两路负载的回油流量汇集在一起回油。

②分流阀的两流量传感器共进口压力 p_0,流量传感器的通过流量 Q_1(或 Q_2)越大,其出口压力 p_1(或 p_2)反而越低;集流阀的两流量传感器共出口 Q_0,流量传感器的通过流量 Q_1(或 Q_2)越大,其进口压力 p_1(或 p_2)则越高。因此集流阀的压力反馈方向正好与分流阀相反。

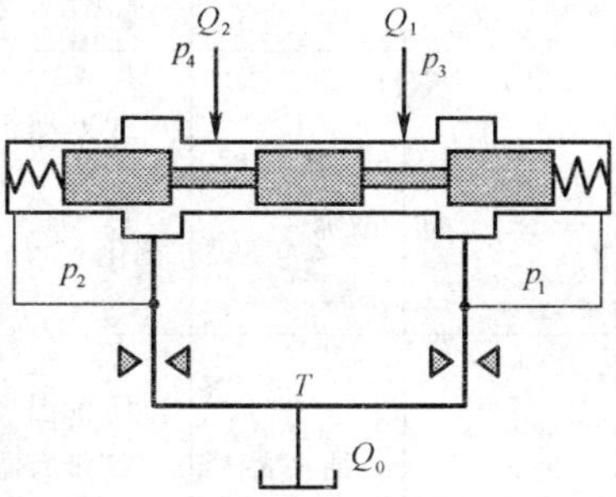

图 3-3-11　集流阀的工作原理

③集流阀只能保证执行元件回油时同步。

七、流量控制阀常见故障及排除方法

流量控制阀常见故障及排除方法见表 3-3-1。

流量控制阀常见故障原因与排除方法　　表 3-3-1

故障现象	原因分析		排除方法
调节节流阀手轮,不出油	压力补偿阀不动作	压力补偿阀芯在关闭位置上卡死: ①阀芯与阀套几何精度低,间隙太小; ②弹簧弯曲,变形而使阀芯卡住; ③弹簧太弱	①检查精度,修配间隙达到要求移动灵活; ②更换弹簧; ③更换弹簧
	节流阀故障	①油液过脏,使节流口堵死; ②手轮与节流阀芯装配位置不合适; ③节流阀阀芯上连接丢落或未装键; ④节流阀阀芯因配合间隙过小或变形而卡死; ⑤控制轴的螺纹被脏物堵住,造成调节不良	①检查油质,过滤油液; ②检查原因,重新装配; ③更换键或不装键; ④清洗、修配间隙或更换零件; ⑤拆开清洗
	系统未供油	换向阀阀芯未换向	检查原因并排除

续上表

故障现象	原因分析		排除方法
执行机构运动速度不稳定（流量不稳定）	压力补偿阀故障	①压力补偿阀阀芯工作不灵敏，阀芯有卡死现象； ②补偿阀的阻尼孔时堵时通； ③弹簧弯曲、变形，或弹簧端面与弹簧轴线不垂直	①修配，使移动灵活； ②清洗阻尼，若油液过脏应更换； ③更换弹簧
		压力补偿阀阀芯在全开位置上卡死	
		①补偿阀阻尼小孔堵死； ②阀芯与阀套几何精度低，配合间隙小； ③弹簧弯曲，变形而使阀芯卡住	①清洗阻尼孔，若油液过脏，应更换； ②修理使之移动灵活； ③更换弹簧
	节流阀故障	①节流口处积有污物，造成时堵时塞； ②筒式节流阀外荷载变化会引起流量变化	①拆开清洗，检查油质，若油质不合格应更换； ②对外荷载变化大的，或执行机构运动速度要求非常平衡的系统，应改用调速阀
执行机构运动速度不稳定（流量稳定）	油液品质变化	①油温过高，造成通过节流口流量变化； ②带有温度补偿调速阀的补偿杆敏感性差，已损坏； ③油液过脏，堵死节流口或阻尼孔	①检查温升原因，降低油温并控制在要求范围内； ②选用对温度敏感性强的材料作补偿杆，坏的应更换； ③清洗，检查油质，不合格的应更换
	止回阀故障	在带止回阀的流量控制阀中，止回阀的密封性不好	研磨止回阀，提高密封性
	管道振动	①系统中有空气； ②由于管道振动使调定的位置变化	①应将空气排净； ②调整后锁紧装置锁住
	泄漏	内泄和外泄使流量不稳定，造成执行机构工作速度不均匀	消除泄漏，或更换新元件

思考题

1. 在节流调速系统中，如果调速阀的进、出油口接反了，将会出现怎样的情况？试根据调速阀的工作原理进行分析。

2. 将调速阀和溢流节流阀分别装在负载（油缸）的回油路上，能否起速度稳定作用？

3. 溢流阀和节流阀都能作背压阀使用，其差别何在？

4. 将调速阀中的定差减压阀改为定值输出减压阀，是否仍能保证执行元件速度的稳定？为什么？

5. 为什么调速阀比节流阀的调速性能好？

6. 画出以下元件符号：

节流阀、单向节流阀（可调式、不可调式）、调速阀（复杂画法、简单画法）。

课题四　电液伺服阀、电液比例阀

随着工程机械的制造水平的不断提高,许多自动控制技术和微电脑已逐步应用到整机的系统中,而在液压系统中使用最多的智能控制元件就是电液伺服阀和电液比例阀。

一、电液伺服阀

电液伺服阀是一种输出流量或压力受输入的电气信号控制的液压控制阀,主要用于高速闭环液压控制系统,而电液比例阀多用于响应速度相对较低的开环控制系统中。伺服阀价格较高,对过滤精度的要求也较高,这里仅对电液伺服阀工作原理作简要介绍。

电液伺服阀多为两级阀,有压力型伺服阀和流量型伺服阀之分,绝大部分伺服阀为流量型伺服阀。在流量型伺服阀中,要求主阀芯的位移 x_P 与输入电流信号 I 成比例,为了保证主阀芯的定位控制,主阀和先导阀之间设有位置负反馈,位置反馈的形式主要有直接位置反馈和位置—力反馈两种。

1. 直接位置反馈型电液伺服阀

1)直接位置反馈型电液伺服阀的工作原理

直接位置反馈型电液伺服阀的主阀芯与先导阀芯构成直接位置比较和反馈,其工作原理如图3-4-1所示。图中,先导阀直径较小,直接由动圈式力马达的线圈驱动,力马达的输入电流约为0~±300 mA。当输入电流 $I=0$ 时,力马达线圈的驱动力 $F_i=0$,先导阀芯位于主阀零位没有运动;当输入电流逐步加大到 $I=300$ mA 时,力马达线圈的驱动力也逐步加大到约为40 N,压缩力马达弹簧后,使先导阀芯产生位移约为4 mm;当输入电流改变方向,$I=-300$ mA

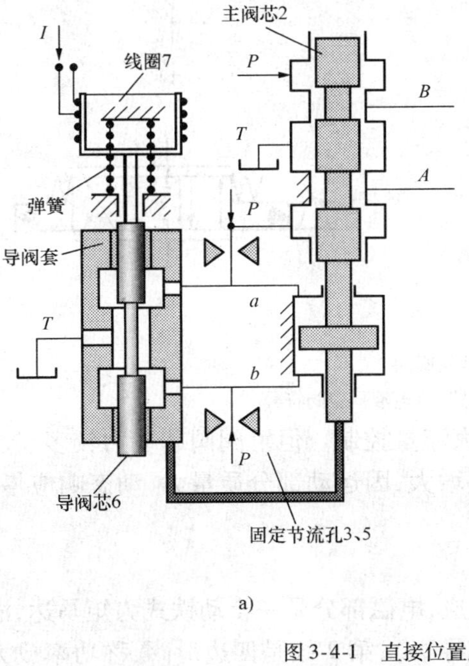

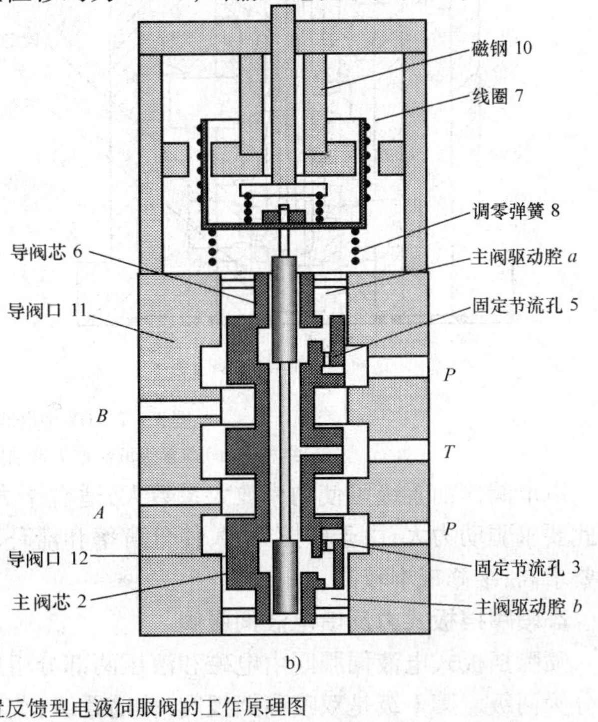

图3-4-1　直接位置反馈型电液伺服阀的工作原理图

时，力马达线圈的驱动力也变成约 -40 N，带动先导阀芯产生反向位移约 -4 mm。上述过程说明先导阀芯的位移 $x_{芯}$ 与输入电流 I 成比例，运动方向与电流方向保持一致。先导阀芯直径小，无法控制系统中的大流量；主阀芯的阻力很大，力马达的推力又不足以驱动主阀芯。解决的办法是，先用力马达比例地驱动直径小的导阀芯，再用位置随动（直接位置反馈）的办法让主阀芯等量跟随先导阀运动，最后达到用小信号比例地控制系统中的大流量的目的。在这种反馈中，主阀芯等量跟随先导阀运动，故称为直接位置反馈。

2）直接位置反馈型电液伺服阀的结构

如图 3-4-2a）所示为 DY 系列直接位置反馈型电液伺服阀的结构图。

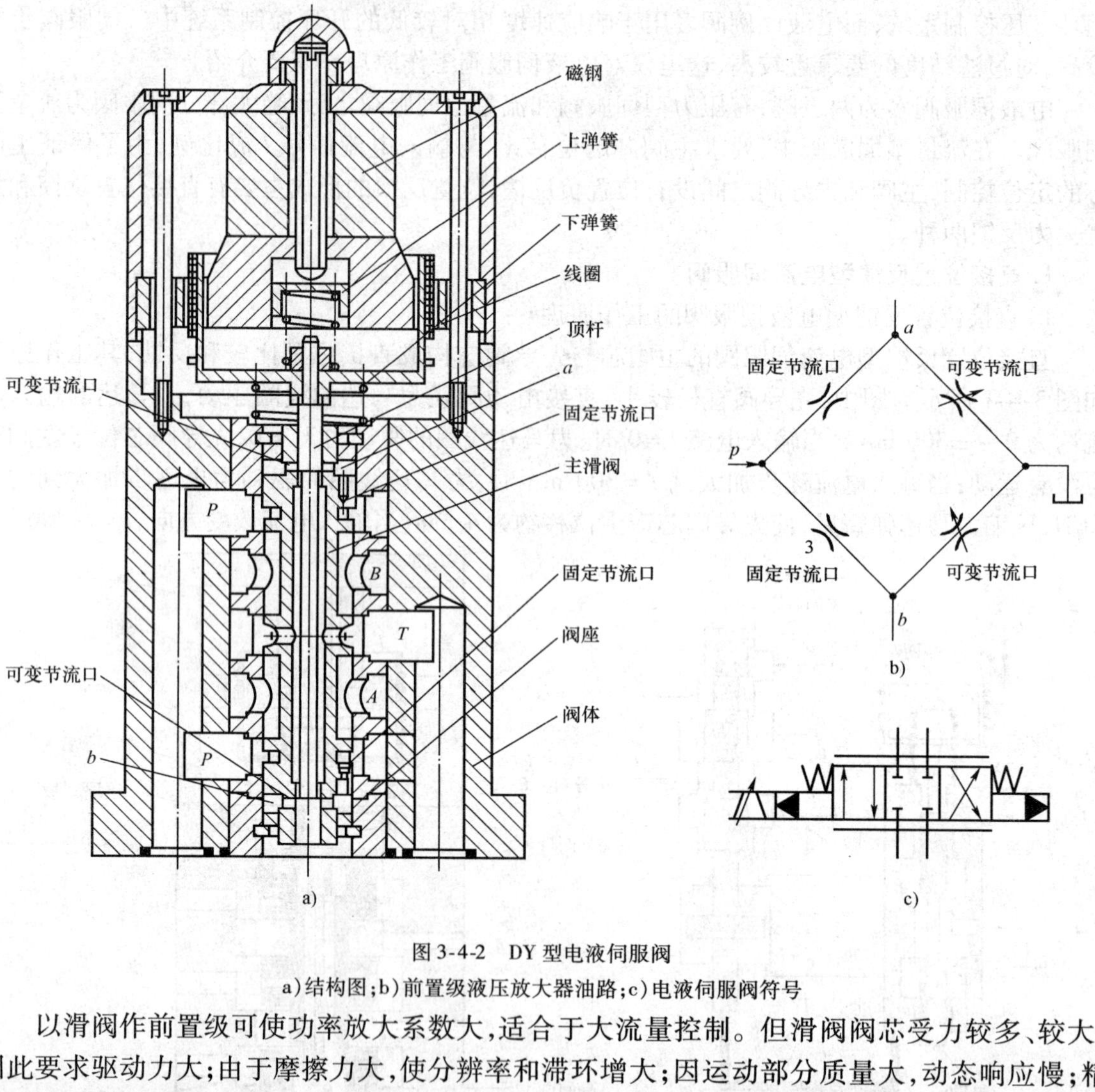

图 3-4-2　DY 型电液伺服阀

a）结构图；b）前置级液压放大器油路；c）电液伺服阀符号

以滑阀作前置级可使功率放大系数大，适合于大流量控制。但滑阀阀芯受力较多、较大，因此要求驱动力大；由于摩擦力大，使分辨率和滞环增大；因运动部分质量大，动态响应慢；精度要求高，维修成本较高。

2. 喷嘴挡板式力反馈电液伺服阀

喷嘴挡板式电液伺服阀由电磁和液压两部分组成，电磁部分是一个动铁式力矩马达，液压部分为两级。第 1 级是双喷嘴挡板阀，称前置级（先导级）；第 2 级是四边滑阀，称功率放大级

（主阀）。

由双喷嘴挡板阀构成的前置级如图 3-4-3 所示，它由 2 个固定节流孔、2 个喷嘴和 1 个挡板组成。

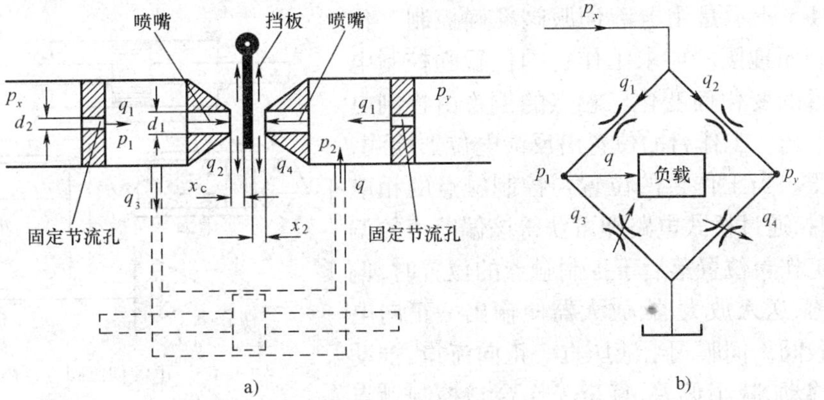

图 3-4-3　由双喷嘴挡板阀构成的前置级

1）喷嘴挡板式电液伺服阀的结构

喷嘴挡板式电液伺服阀的结构如图 3-4-4。

2）喷嘴挡板式电液伺服的工作原理

力反馈型喷嘴挡板式电液伺服的工作原理如图 3-4-4 所示。主阀芯两端容腔可看成是驱动主滑阀的对称油缸，由先导级的双喷嘴挡板阀控制。挡板的下部延伸一个反馈弹簧杆，并通过一钢球与主阀芯相连。主阀位移通过反馈弹簧杆转化为弹性变形力作用在挡板上与电磁力矩相平衡（即力矩比较）。当线圈中没有电流通过时，力矩马达无力矩输出，挡板处于两喷嘴中间位置。当线圈通入电流后，衔铁因受到电磁力矩的作用偏转角度 θ，由于衔铁固定在弹簧管上，这时，弹簧管上的挡板也偏转相应的 θ 角，使挡板与两喷嘴的间隙改变，如果右面间隙增加，左喷嘴腔内压力升高，右腔压力降低，主阀芯（滑阀芯）在此压差作用下右移。由于挡板的下端是反馈弹簧杆，反馈弹簧杆下端是球头，球头嵌放在滑阀的凹槽内，在阀芯移动的同时，球头通过反馈弹簧杆带动上部的挡板一起向右移动，使右喷嘴与挡板的间隙逐渐减小。当作用在衔铁—挡板组件上电磁力矩与作用在挡板下端因球头移动而产生的反馈弹簧杆变形力矩（反馈力）达到平衡时，滑阀便不再移动，并使其阀口一直保持在这一开度上。该阀通过反馈弹簧杆的变形将主阀芯位移反馈到衔铁—挡板组件上与电磁力矩进行比较而构成反馈，故称力反馈式电液伺服阀。

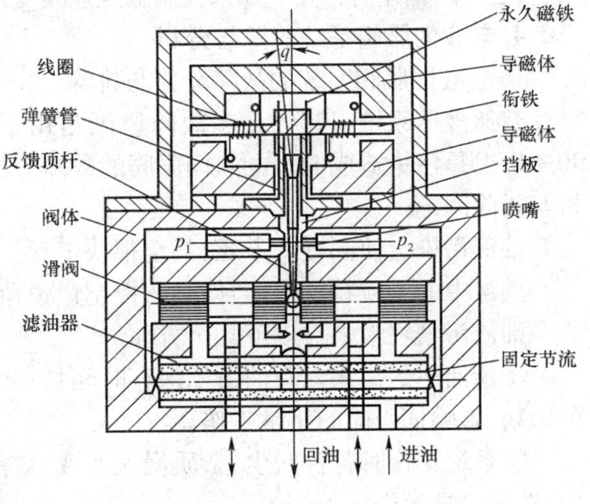

图 3-4-4　喷嘴挡板式电液伺服阀

通过线圈的控制电流越大，使衔铁偏转的转矩、挡板挠曲变形、滑阀两端的压差以及滑阀的位移量越大，伺服阀输出的流量也就越大。

3. 电液伺服阀的应用

在工程机械的液压系统中,电液伺服阀主要应用于要求高精度或自动控制系统中,以实现位置控制、速度控制和力的控制等。

如图3-4-5所示是用电液伺服阀准确控制工作台位置的控制原理图。要求工作台的位置随控制电位器触点位置的变化而变化。触点的位置由控制电位器转换成电压。工作台的位置由反馈电位器检测,并转换成电压。当工作台的位置与控制触点的相应位置有偏差时,通过桥式电路即可获得该偏差值的偏差电压。若工作台位置落后于控制触点的位置时,偏差电压为正值,送入放大器,放大器便输出一正向电流给电液伺服阀。伺服阀给液压缸一正向流量,推动工作台正向移动,减小偏差,直至工作台与控制触点相应位置吻合时,伺服阀输入电流为零,工作台停止移动。当偏差电压为负值时,工作台反向移动,直至消除偏差时为止。如果控制触点连续变化,则工作台的位置也随之连续变化。

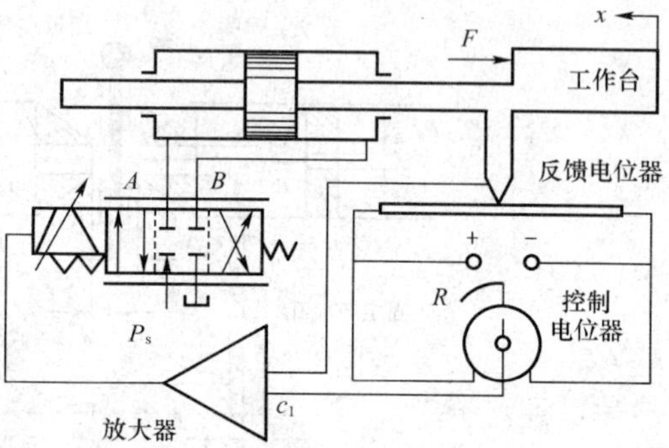

图3-4-5 电液伺服阀位置控制原理图

4. 电液伺服阀系统故障与分析

1)电液伺服阀系统的故障分析与排除

普通液压系统引起的许多故障原因是由于液压油中污染造成的,而电液伺服系统故障90%以上是污染造成的。电液伺服阀的故障分析与排除问题,主要是对液压油中的污染的分析与排除问题。

油液污染会使阀慢慢卡死,甚至很快卡死。

油液中的颗粒物冲击,会使阀的控制边锐角增加,使阀的灵敏度迅速下降。

油液污染物常来自以下几个方面。

①新油中的污物。新油由于保存时间长、运送及加油等过程,也不一定干净,可能包含各种污物,影响伺服阀的正常工作。

②系统工作时各种灰尘、杂质侵入油液。特别是液压元件运动副的摩擦微粒常侵入油液中,造成严重污染。

③系统通油管道和执行元件等未能认真清洗,管壁上的污物、焊渣、毛刺等混入油液中。

④机械加工中残留的金属粉末和毛刺、铸件的砂粒、氧化皮、密封件橡胶末、研磨剂以及管接头黏合剂等都可能带入油液中。这些油液中的污物或堵塞滤油器,或堵塞喷嘴至挡板间隙和固定节流小孔,或嵌入阀芯与阀套的径向间隙中,都将造成不同程度的故障。

2)预防故障的措施

①管路及其安装。电液伺服阀系统的油管可用冷拔钢管、铜管或不锈钢管。伺服阀最好直接安装在执行元件的壳体或总成上,不能装在执行元件上时,也应尽量缩短连接油管的长度。

管路中应尽量不使用螺纹连接的管接头和焊接接头。必须采用时,应将铁屑、焊渣等彻底清理,以免混入油液中。在管接头连接处,不要用黏合剂。

伺服阀压力油管流速不超过3 m/s;回油管速度不超过1.5 m/s。回油管流速太高时,容易引起背压变化增大而影响伺服阀性能。

所有管路及执行元件，必须经过酸洗，酸洗后用干净的压缩空气吹干。切勿用容易掉毛的棉丝等物去擦拭连接面。

应在伺服阀的进油路上安装名义精度为10 μm（绝对精度为25 μm）的滤油器。

其有效过滤面积应取得大一些。例如比公称通油面积大2～3倍。滤油器最好有堵塞显示报警装置。

②油箱必须密封，并加空气滤清器，要进行酸洗、冲洗等，油箱内同样勿用容易掉毛的棉丝织品去擦拭。

③电液伺服阀及其安装注意事项。

电液伺服阀是精密元件，在使用时应按产品说明书的规定进行安装和维护。安装前切勿拆下阀的保护板和力矩马达上盖，更不准许随意拨动伺服阀的调零机构，以免引起污染、零部件损伤和阀性能变差等现象。伺服阀安装是在油管和油箱安装并冲洗完毕后才能进行。安装前首先要检查连接板表面是否光滑、平直及是否有污染物附着，进出油口是否接好，O形密封圈是否完好，定位销孔是否正确等。

④使用中应注意的事项。

伺服阀用液压油要求比一般的液压传动阀用的液压油质量要求要高，使用时应特别注意在40℃左右使用，避免在超过50℃时长期使用，滤芯应视情况每3～6个月更换1次。

伺服阀应按产品说明书所规定的数据使用，输入电流不应超过规定值。

当伺服系统发生严重的零偏或其他故障时，应首先检查和排除电路和伺服阀以外的各环节故障。如果确认伺服阀有故障时，应首先检验和清洗伺服阀的内芯。如故障仍未排除，才可拆下伺服阀按检修规程进行检修。检修后的伺服阀，应在试验台上调试合格并铅封之，然后重新安装使用。

二、电液比例阀

电液比例阀是阀内比例电磁铁根据输入的电压信号产生相应动作，使工作阀阀芯产生位移，阀口尺寸发生改变并以此完成与输入电压成比例的压力、流量输出的元件。阀芯位移也可以以机械、液压或电的形式进行反馈。由于电液比例阀具有形式种类多样，容易组成使用电气及计算机控制的各种电液系统，控制精度高，安装使用灵活以及抗污染能力强等多方面优点，因此应用领域日益拓宽。近年研发生产的插装式比例阀和比例多路阀充分考虑到工程机械的使用特点，具有先导控制、负载传感和压力补偿等功能。

电液比例控制阀的构成，从原理上讲相当于在普通液压阀上，装上一个比例电磁铁以代替原有的控制（驱动）部分。根据工程机械液压操作的特点，电液比例控制阀可以分为三大类。

①电液比例压力阀：输入压力与输入的电信号成比例，有电液比例先导阀、电液比例溢流阀、电液比例减压阀、电液比例顺序阀。

②电液比例流量阀：输入流量与输入的电信号成比例，有电液比例节流阀、电液比例调速阀。

③电液比例换向阀：输入压力、流量与输入的电信号成比例，并根据输入电信号的极性改变输出液流的方向。

1. 电液比例控制阀的结构原理

1）电液比例溢流阀

用比例电磁铁取代先导型溢流阀导阀的手调装置（调压手柄），便成为先导型比例溢流阀,如图 3-4-6 所示。该阀下部与普通溢流阀的主阀相同,上部则为比例先导压力阀。该阀还附有一个手动调整的安全阀(先导阀),用以限制比例溢流阀的最高压力,以避免因电子仪器发生故障使得控制电流过大,压力超过系统允许最大压力的可能性。比例电磁铁的推杆向先导阀芯施加推力,该推力作为先导级压力负反馈的指令信号。随着输入电信号强度的变化,比例电磁铁的电磁力将随之变化,从而改变指令力的大小,使锥阀的开启压力随输入信号的变化而变化。若输入信号连续地、按比例地或按一定程序变化,则比例溢流阀所调节的系统压力也连续地、按比例地或按一定的程序进行变化。因此比例溢流阀多用于系统的多级调压或实现连续的压力控制。

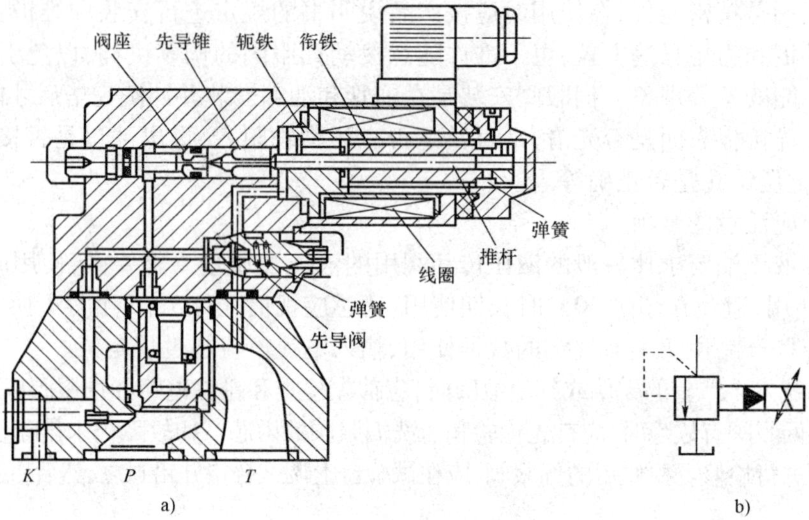

图 3-4-6　比例溢流阀的结构及图形符号

a)结构图;b)符号

直动型比例溢流阀作先导阀与其他普通的压力阀的主阀相配,便可组成先导型比例溢流阀、比例顺序阀和比例减压阀。图 3-4-7 为先导型比例溢流阀的工作原理简图。

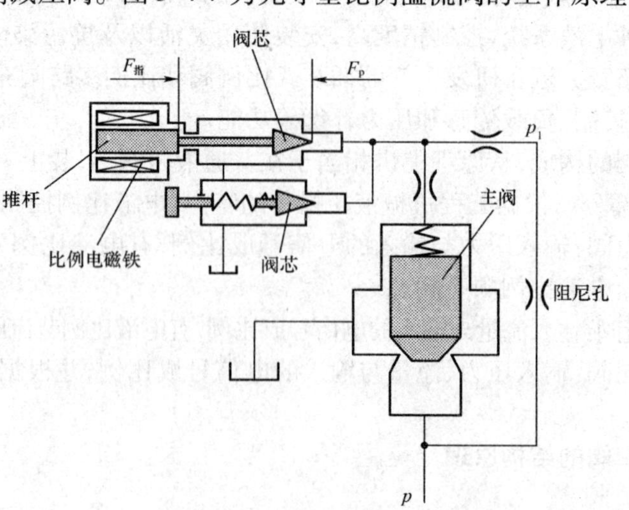

图 3-4-7　先导型比例溢流阀的工作原理简图

2）电液比例调速阀

用比例电磁铁取代节流阀或调速阀的手调装置，以输入电信号控制节流口开度，便可连续地或按比例地远程控制其输出流量，实现执行部件的速度调节。图 3-4-8 是电液比例调速阀的结构原理及图形符号。图中的节流阀芯由比例电磁铁的推杆操纵，输入的电信号不同，则电磁力不同，推杆受力不同，与阀芯左端弹簧力平衡后，便有不同的节流口开度。由于定差减压阀已保证了节流口前后压差为定值，所以一定的输入电流就对应一定的输出流量，不同的输入信号变化，就对应着不同的输出流量变化。

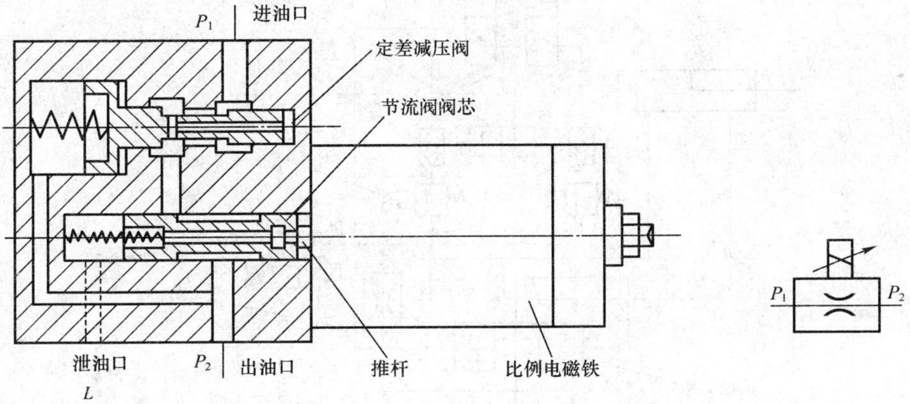

图 3-4-8　比例调速阀的结构原理、图形符号

3）电液比例换向阀

用比例电磁铁取代电磁换向阀中的普通电磁铁，便构成直动型比例方向节流阀，如图 3-4-9所示。由于使用了比例电磁铁，阀芯不仅可以换位，而且换位的行程可以连续地或按比例地变化，因而连通油口间的通流面积也可以连续地或按比例地变化，所以比例方向节流阀不仅能控制执行元件的运动方向，而且能控制其速度。

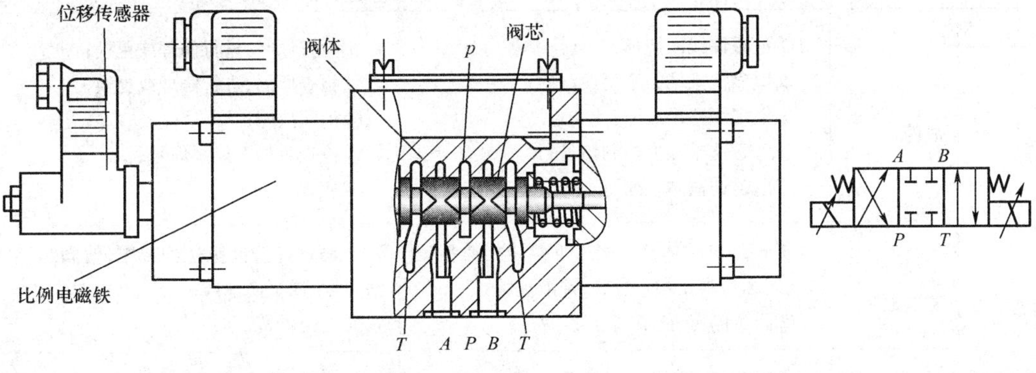

图 3-4-9　带位移传感器的直动型比例方向节流阀

部分比例电磁铁前端还附有位移传感器（或称差动变压器），这种比例电磁铁称为行程控制比例电磁铁。位移传感器能准确地测定电磁铁的行程，并向放大器发出电反馈信号。电放大器将输入信号和反馈信号加以比较后，再向电磁铁发出纠正信号以补偿误差，因此阀芯位置的控制更加精确。

2. 电液比例阀在工程机械上应用实例

如图 3-4-10 所示是推土机铲刀采用手动与电液比例先导控制实例。当二位三通电磁阀不通电时，先导压力与手动减压式先导阀相通，梭阀选择来自手动先导阀的压力对液动换向阀进行控制；当二位三通电磁阀通电时，先导控制压力油通向三通比例减压式先导阀，通过梭阀对液动换向阀进行控制。

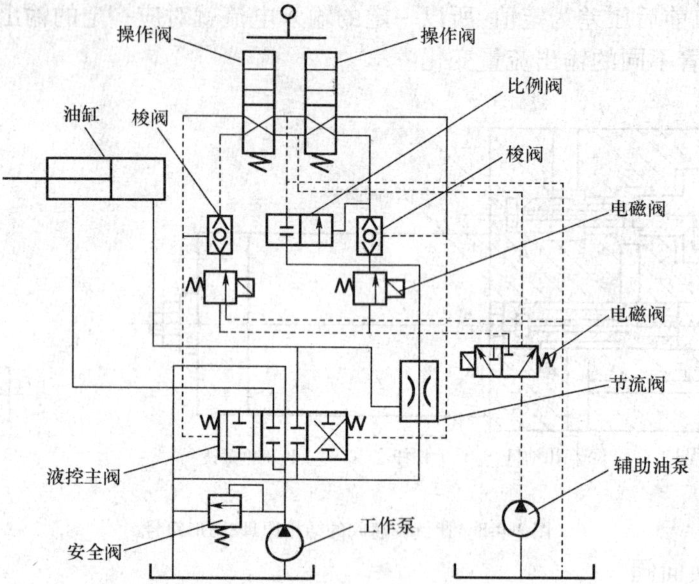

图 3-4-10　推土机铲刀手动与电液比例先导控制

3. 电液比例控制阀常见故障与排除（见表 3-4-1）

电液比例控制阀常见故障与排除　　表 3-4-1

现 象		原 因	处 理 方 法
主阀芯不动	电磁铁故障	①电磁铁线圈烧坏； ②电磁铁推动力不足或漏磁； ③电气线路出故障； ④电磁铁未加上控制信号； ⑤电磁铁铁芯卡死	①检查原因，进行修理或更换； ②检查原因，进行修理或更换； ③消除故障； ④检查后加上控制信号； ⑤检查或更换
	先导电磁阀故障	①阀芯与阀体孔卡死（如零件几何精度差；阀芯与阀孔配合过紧；油液过脏）； ②弹簧侧弯，使滑阀卡死	①修理配合间隙达到要求，使阀芯移动灵活；过滤或更换油液； ②更换弹簧
	主阀芯卡死	①阀芯与阀体几何精度低； ②阀芯与阀孔配合太紧； ③阀芯表面有毛刺	①修理配研间隙达到要求； ②修理配研间隙达到要求； ③去毛刺，冲洗干净
	液控油路故障	①控制油路电磁阀未换向； ②控制油路被堵塞； ③液控油压力太小	①检查原因并消除； ②检查清洗，并使控制油路畅通； ③检查液控油修复

续上表

现象		原因	处理方法
主阀芯不动	油液变质或油温过高	①油液过脏使阀芯卡死； ②油温过高，使零件产生热变形，而产生卡死现象； ③油温过高，油液中产生胶质，黏住阀芯而卡死； ④油液黏度太高使阀芯移动困难而卡住	①过滤或更换； ②检查油温过高原因并消除； ③清洗，消除油温过高； ④更换适宜的油液
	安装不良阀体变形	①安装螺钉拧紧力矩不均匀； ②阀体上连接的管子"别劲"	①重新紧固螺钉，并使之受力均匀； ②重新安装
	复位弹簧不符合要求	①弹簧力过大； ②弹簧侧弯变形，致使阀芯卡死； ③弹簧断裂不能复位	更换适宜的弹簧
阀芯换向后通过的流量不足	阀开口量不足	①电磁阀中推杆过短； ②阀芯与阀体几何精度低，间隙过小，移动时有卡死现象，故不到位； ③弹簧太弱，推力不足，使阀芯行程不到位	①更换适宜长度的推杆； ②配研达到要求； ③更换适宜的弹簧

思考题

1. 工程机械的液压系统中使用最多的智能控制元件是什么？有哪几种？
2. 简述电液伺服阀的工作原理。
3. 工程机械液压使用的电液比例控制阀分为哪三大类？各有什么特点？
4. 举例说明电液比例控制阀在工程机械上的应用。
5. 电液比例阀与普通阀比较，有何特点？

Danyuansi

单元四

液压缸和辅助元件

知识点

1. 液压缸和液压辅助元件的用途、分类与结构原理；
2. 液压缸和液压辅助元件的故障原因及排除方法。

技能点

1. 能进行液压缸安装、使用维护及常见故障排除；
2. 能进行液压辅助元件的装配及使用维护。

课题一　液　压　缸

液压缸作为液压系统中的执行元件之一，可用来进行直线往复运动或小于360°的回转运动，是一种把液体的压力能转换成机械能的能量转换装置。其结构简单，维修方便，质量小，传力大，运动惯性小，可作频繁换向，连接方式多样，便于实现远控和自控。因而，在工程机械、矿山机械及起重运输机械等多种机械中得到广泛应用。

一、液压缸的类型

1. 单杆双作用活塞液压缸

单杆双作用活塞式液压缸是指只有单方向的一个活塞杆，且活塞杆的伸缩两个方向均是靠液压油驱动完成，它是各类机械中最常见的一种液压缸，如图4-1-1所示为单杆双作用液压缸的工作示意图。

图4-1-1　单杆活塞式液压缸的工作示意图

2. 柱塞式液压缸

如图4-1-2所示为单作用柱塞式液压缸结构图，工作时靠压力油伸出，返回行程靠自重或外力完成。它主要由缸体、柱塞、导向套和密封装置等组成。在一般情况下，柱塞式液压缸比活塞式液压缸结构简单，适用于工作行程较长的场合。

3. 伸缩式液压缸

如图 4-1-3 所示为伸缩式液压缸结构示意图，伸缩式液压缸是一种多级液压缸，由两套活塞缸套装而成，活塞 1 对缸体是活塞，对活塞 2 是缸体。当压力油从 A 口进入，活塞 1 先伸出，然后活塞 2 伸出。当压力油从 B 口进入，活塞 2 先缩入，然后活塞 1 缩入。其特点是行程大，结构紧凑。

4. 摆动液压缸

摆动液压缸又称摆动液压马达，其工作原理如图 4-1-4 所示。轴上装有叶片，叶片和封油隔板将缸内空间分成两腔。当缸的一个油口通压力油，而另一个油口通回油时，叶片在油压作用下产生转矩，带动轴摆过一定的角度。摆动液压缸一般用于摆角小于 360°的回转工作部件的驱动。

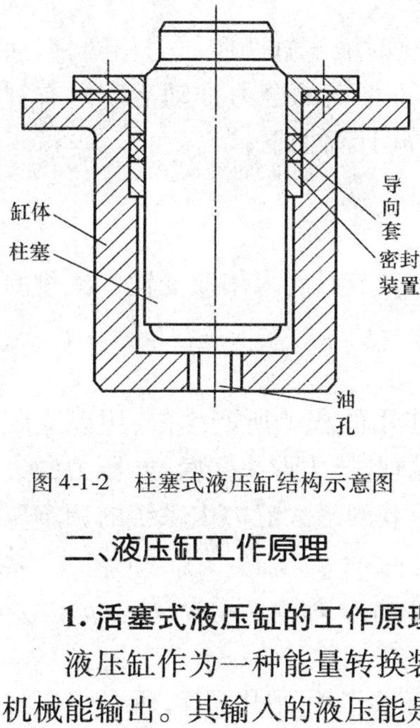

图 4-1-2 柱塞式液压缸结构示意图

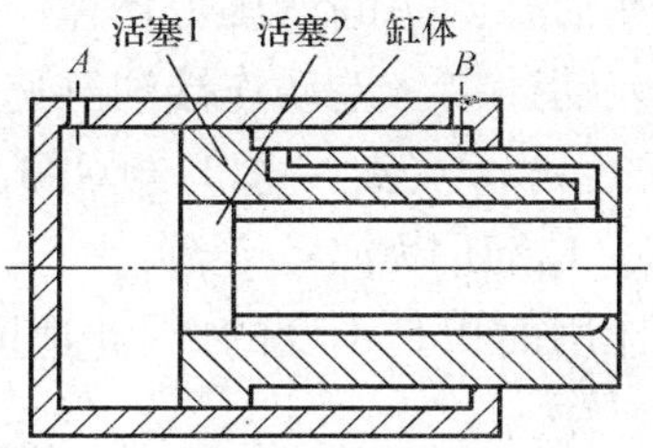

图 4-1-3 伸缩式液压缸结构示意图

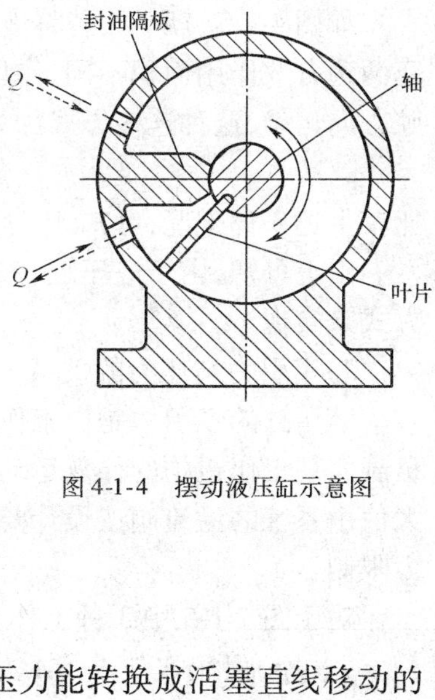

图 4-1-4 摆动液压缸示意图

二、液压缸工作原理

1. 活塞式液压缸的工作原理

液压缸作为一种能量转换装置，其实质上是将输入液体的压力能转换成活塞直线移动的机械能输出。其输入的液压能是指输入液体所具有的流量 Q 和压力 p。输出的机械能则是活塞移动时所具有的速度 v 和牵引力 F。这种能量转换是靠液压缸工作容积的变化来实现的，所以液压缸是一种容积式的执行元件。

1）液压缸速度与流量的关系

液压缸是靠输入压力油推动活塞工作，而活塞的有效作用面积一般是固定不变的。因此液压缸的运动速度便取决于实际输入液体的流量。活塞移动速度与流量的关系为：

$$Q = A \cdot v \tag{4-1-1}$$

$$v = Q/A \tag{4-1-2}$$

式中：Q——流量，m^3/s；

v——速度，m/s；

A——活塞的有效作用面积，m^2。

图 4-1-5 中的 a）、b）、c）所示的是液压缸分别在 3 种油路连通时的不同工况示意图。

如图 4-1-5a）所示，压力油进入无杆腔 A_1，（设进油压力为 p_1），有杆腔 A_2 回油（为简便起见，设回油压力 p_2 为零），活塞运动速度为 $v_1 = Q/A_1$；图 4-1-5b）中压力油进入有杆腔 A_2，无杆腔 A_1 回油，活塞运动速度为 $v_2 = Q/A_2$。

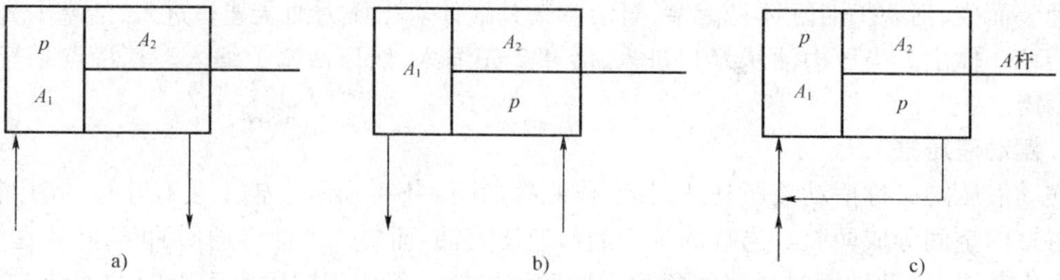

图 4-1-5　单杆双作用活塞式液压缸工作原理图

a）无杆腔进油；b）有杆腔进油；c）差动连接

如图 4-1-5c）所示，若将液压缸两腔连接起来并通压力油，这时液压缸两腔压力相同，但活塞两边有效作用面积不同，作用在活塞两边的液压力产生一个不平衡的合力推动活塞向有杆腔方向运动，这种连接方式称为差动连接。差动连接油缸速度 v_3 计算如下：

$$v_3 = Q/(A_1 - A_2) = Q/A_{杆}$$

比较上述 3 种工况，可知 $A_1 > A_2 > A_{杆}$，所以 $v_1 < v_2 < v_3$。

由上可知，由于液压缸有效作用面积是不变的，因此速度的调节只能采用改变输入流量的方式来实现。

2）牵引力与压力的关系

液压缸的牵引力是由工作液体的压力作用在液压缸有效作用面积上所产生的，用以克服负载实现工作机构的往复运动。根据容积式液压传动的工作原理，压力取决于负载，压力的最大值由系统的溢流阀按设计要求预先调定。所以液压缸克服负载的最大能力由系统的调定压力限制。

对于图 4-1-5 中 3 种工作连接情况下，液压缸的牵引力分别为 $F_1 = p \cdot A_1$；$F_2 = p \cdot A_2$；$F_3 = p \cdot A_{杆}$。由于 $A_1 > A_2 > A_{杆}$，所以 $F_1 > F_2 > F_3$。

由以上可知，这种液压缸在压力一定的情况下，由于两腔有效作用面积不等，所以液压缸往返的牵引力也不同。

2. 柱塞式液压缸的工作原理

柱塞式液压缸的工作原理见图 4-1-2 所示。压力油从液压缸底部通油孔进入，将柱塞连同柱塞上端所加的外负荷一起推起。柱塞返回通常是借助柱塞自重和外负载的压力，或用两个柱塞油缸对顶等办法复位。这种单作用柱塞缸的进、出油口用同一个通油孔。

三、液压缸的结构

1. 柱塞式液压缸的结构

如图 4-1-6 所示为柱塞式液压缸的结构图。它主要由缸盖、缸体、柱塞、导向套和缸底等组成。

①柱塞。柱塞用无缝钢管制成，表面可镀铬，用于增强柱塞的耐磨性和防锈。

②缸体。缸体由上、下两段无缝钢管焊接而成，下端用螺栓与缸底连接，缸底经连接螺栓和缓冲弹簧与支架固定，缸底凹坑与支架上的球面支承相配合，以免液压缸受偏心荷载，并由4组缓冲弹簧来吸收柱塞运动中产生的冲击。缸体内壁无粗糙度要求，上部装有缸盖。

③导向套。为了保证柱塞在液压缸内沿中线伸出后的稳定性，在柱塞与缸体间安装有导向套。

④密封装置。柱塞和缸体端部用V形密封圈密封，缸盖内孔还装有防尘圈，防止尘土进入液压缸。

⑤排气装置。缸体上方设有排气螺塞，用以排除进入缸内的空气。

2. 活塞式液压缸结构

如图4-1-7所示为单杆双作用活塞式液压缸的结构图。它由缸底、缸筒、缸盖、活塞和活塞杆等组成。

1）缸筒构造

缸筒一端与缸底焊接，另一端与缸盖采用螺纹连接，两端设有油口A和B，利用卡键、卡键帽和挡圈使活塞与活塞杆构成卡键连接。工程机械液压缸的缸筒通常是用无缝钢管制成，缸筒在入口处及有密封圈滑过的孔槽口均应做成15°的倒角。

如图4-1-8至图4-1-11所示的是工程机械上常用的缸体端部结构连接形式。如图4-1-8所示为外螺纹连接。缸体的端部加工有外螺纹与缸盖连接。螺纹连接质量轻，外径小，但结构较复杂，装卸时要有专用工具，同轴度要求高。

如图4-1-9所示为卡簧连接。其结构简单，拆装方便，外径小；缺点是连接强度差，当液压缸工作压力较高或受到较大冲击荷载时，导向套的环槽易被压坏而使卡簧脱出。

如图4-1-10所示为内卡键连接（又称半环连接）。结构紧凑，加工容易，装卸方便，能够承受较大的冲击荷载。但在缸体上开有环形槽，削弱了缸体的强度。

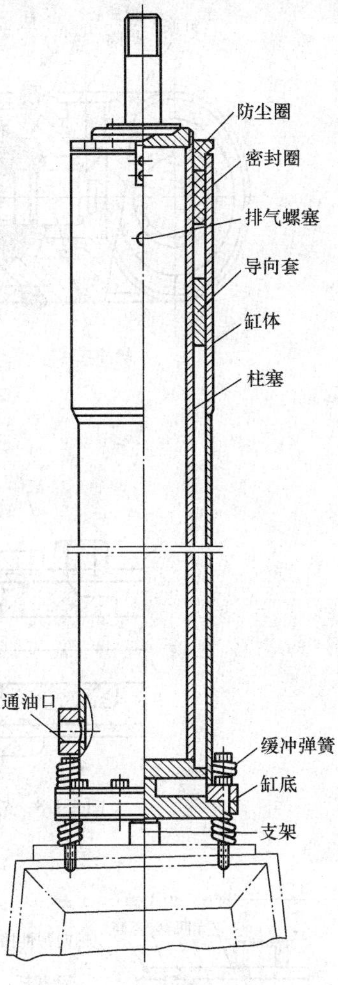

图4-1-6 柱塞缸的结构

如图4-1-11所示为法兰连接。其加工、装卸方便，连接强度高，安全可靠。但缸体外径和质量都比较大，一般在工作压力高，或经常受到冲击荷载的情况下使用。

2）密封装置

活塞内孔的O形密封圈以及外缘背靠背安置的小Y形密封圈和挡圈是用于缸内两腔之间的密封，导向套外缘有O形密封圈，内孔则有防止油液外漏的Y形密封圈和挡圈。缸盖孔口处设有防尘圈，用以防止尘土进入。

3）活塞与活塞杆的连接

活塞与活塞杆的连接一般有螺纹连接、卡环连接与焊接3种形式。

螺纹连接如图4-1-12a）所示，结构简单、实用，应用较为普遍。当工作机械振动较大时螺纹易松动，故必须采取防松措施。

卡环连接如图 4-1-12b)所示。这种连接比较可靠,可以承受较大的工作压力和机械振动,且结构简单,装卸方便,多用于工程机械。

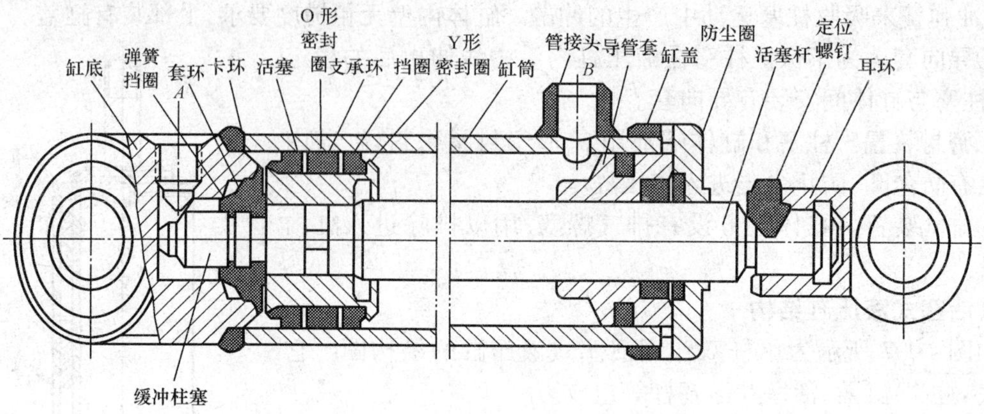

图 4-1-7　单杆双作用活塞式液压缸的结构图

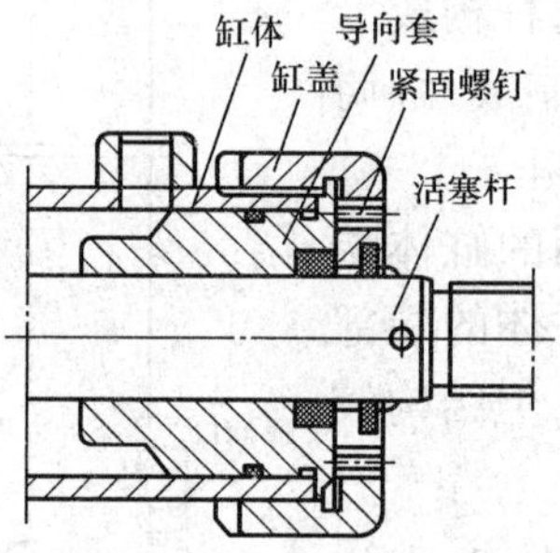

图 4-1-8　外螺纹连接

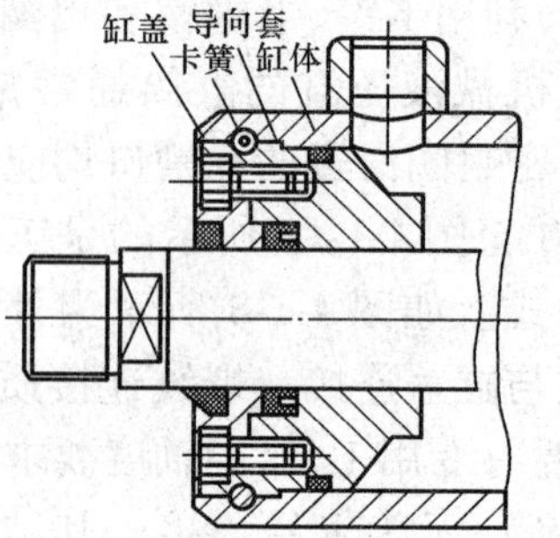

图 4-1-9　卡簧连接

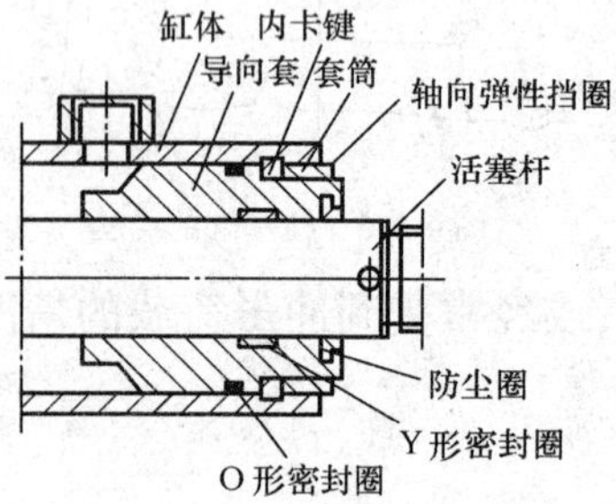

图 4-1-10　内卡键连接

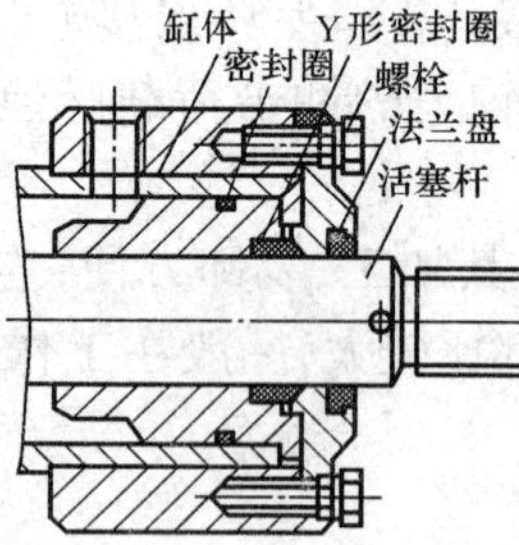

图 4-1-11　法兰连接

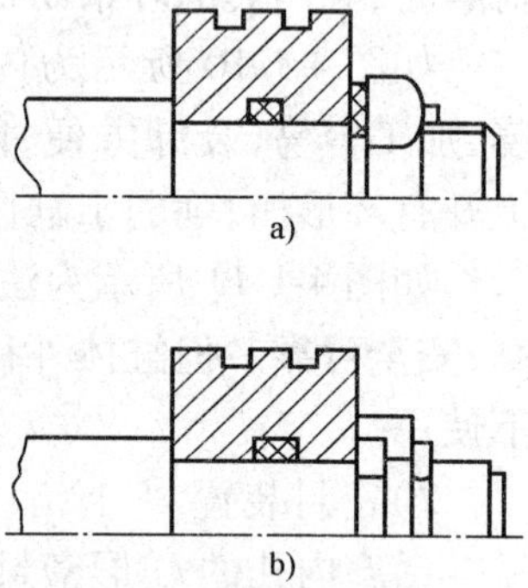

图 4-1-12　活塞与杆的连接结构
a)螺纹连接;b)卡环连接

此外,也有采用焊接式的。焊接结构简单,轴向尺寸紧凑,但不能拆换。

4)活塞杆头部结构

如图 4-1-7 所示,在缸底和活塞杆顶端的耳环上,有供安装用或与工作机构连接用的销轴孔,销轴孔必须保证液压缸为中心受压,销轴孔一般通过油嘴进行润滑。

根据与负载连接的要求不同，活塞杆头部主要有以下几种结构如图 4-1-13 所示，其中图 4-1-13a)、c)为单耳环不带衬套的结构；4-1-13b)为单耳环带衬套的结构；4-1-13d)为双耳环结构；图 4-1-13e)为球头结构；4-1-13f)、g)分别为外螺纹及内螺纹结构。

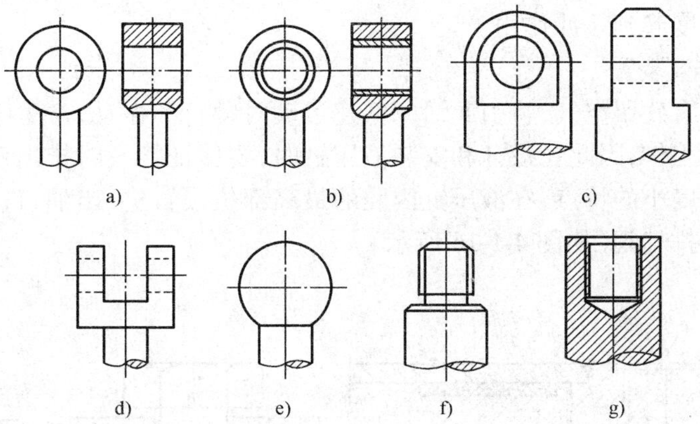

图 4-1-13　活塞杆头部结构

5)缸体安装形式

如图 4-1-14 所示，工程机械上液压缸的安装形式常采用单耳环形、单耳球铰形和铰轴形等形式。单耳球铰形能更好地保证液压缸为轴心受力；缸底单耳环通常与缸做成整体式或焊接而成；铰轴可根据主机的要求焊接在缸体的任意中间部位。

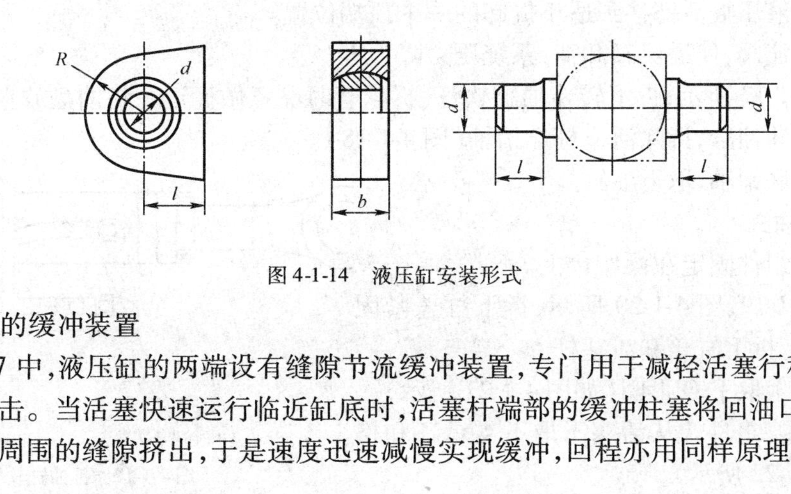

图 4-1-14　液压缸安装形式

6)液压缸的缓冲装置

在图 4-1-7 中，液压缸的两端设有缝隙节流缓冲装置，专门用于减轻活塞行程结束时对缸底或缸盖的撞击。当活塞快速运行临近缸底时，活塞杆端部的缓冲柱塞将回油口堵住，迫使剩油只能从柱塞周围的缝隙挤出，于是速度迅速减慢实现缓冲，回程亦用同样原理获得缓冲。

液压缸缓冲一般都是利用油液的节流作用实现的，形式很多，常用的有间隙缓冲装置和阀式缓冲装置。如图4-1-15所示为利用间隙缓冲装置的液压缸。当活塞将近行程终点时，活塞杆端部的缓冲柱塞便逐渐插入导向A内，使液压缸的排油只能通过柱塞与导向孔形成的环形间隙流出。由于环形间隙的节流作用使回油腔的压力迅速升高，从而对活塞产生一个制动力，减缓活塞的运动速度起到缓冲作用。

7）液压缸的排气装置

液压缸中如果有残留空气，将引起活塞低速运动时爬行和振动，产生噪声和发热，甚至使整个系统不能正常工作，因此在设计和安装液压缸时，要保证能及时排出残留在缸内的空气。一般是利用空气密度小的特点，在液压缸内腔的最高部位设置进、出油口；对于要求较高的液压缸还要单独设计排气阀（如图4-1-16所示）。

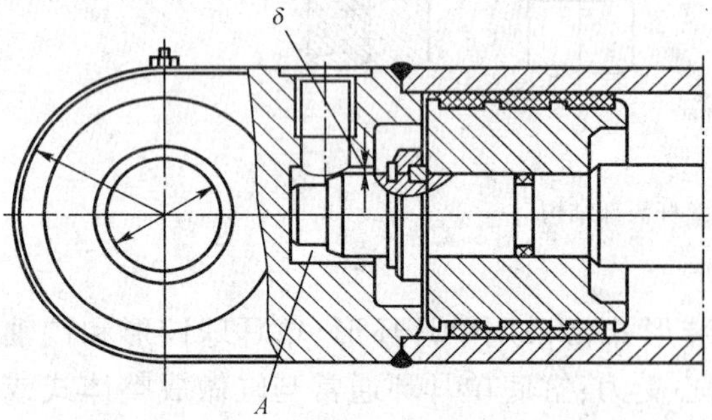

图4-1-15　液压缸间隙缓冲装置

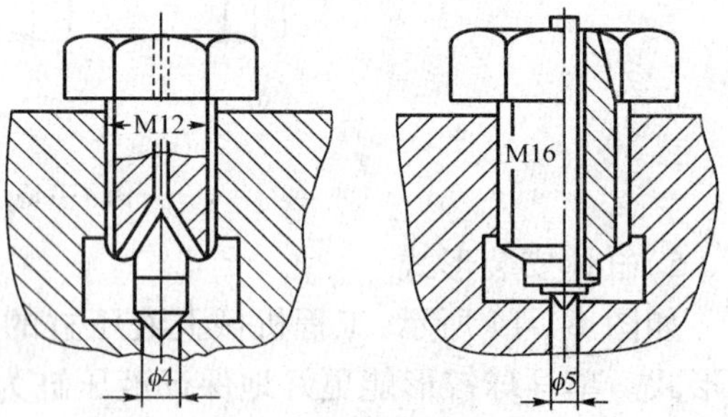

图4-1-16　排气螺塞

四、液压缸的拆装、使用和维护

1. 液压缸的拆卸与检查

1）液压缸的拆卸

下面以装载机的转斗油缸为例，介绍液压缸的拆卸。

（1）从液压系统中拆下油缸

①首先将液压缸活塞移到适于拆卸的一个顶端位置。

②松开溢流阀，使溢流阀卸荷，系统压力降为零。

③如图4-1-17所示，拆下转斗油缸软管（拆软管时注意做标记并将油盘放在地面上）。

④吊起转斗油缸，拆除活塞杆端销轴（图4-1-18）。

⑤拆除缸底销轴，取下油缸。

（2）分解油缸

①将油缸组件固定在操作台上。

②如图4-1-19、图4-1-20所示，拆下缸盖紧固螺栓，从油缸上拆下缸盖和活塞杆。

③从活塞上取下O形圈（如图4-1-21所示）。

④拆卸活塞组件。从活塞下取下支承环和格莱圈（如图4-1-22所示）。

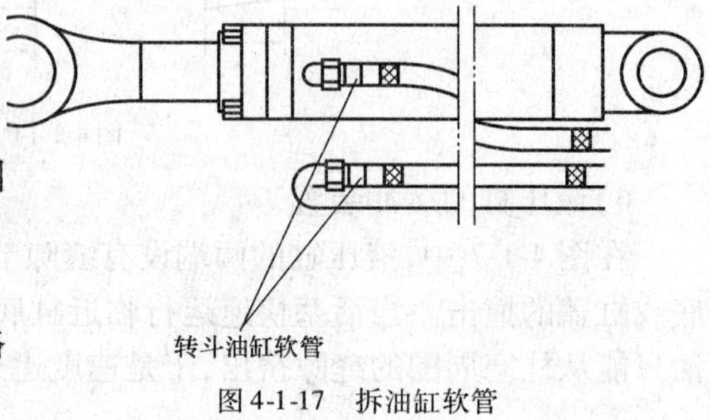

图4-1-17　拆油缸软管

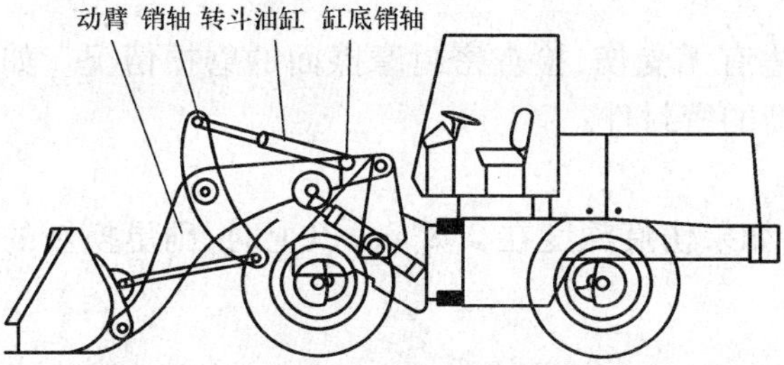

图 4-1-18 拆活塞杆端各销轴

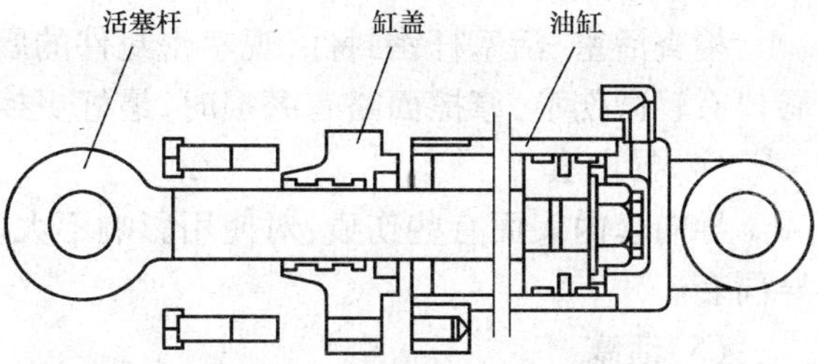

图 4-1-19 拆缸盖及紧固螺栓

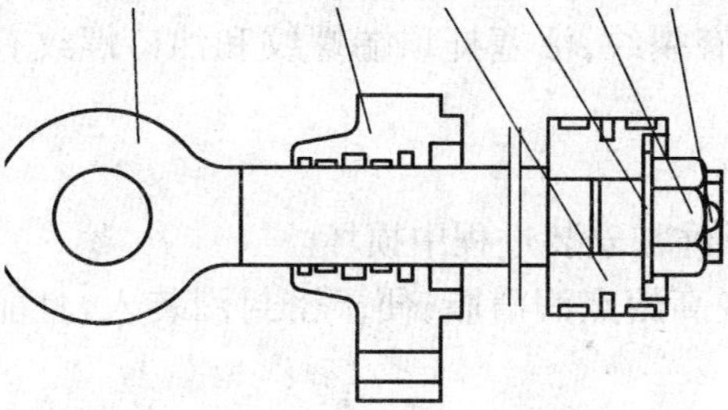

图 4-1-20 拆缸盖及固定螺母

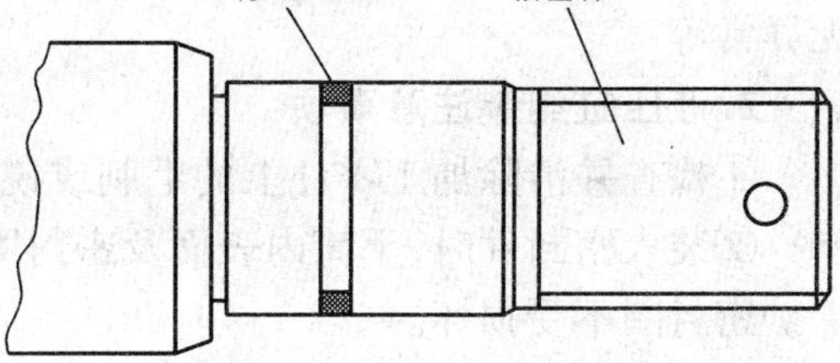

图 4-1-21 拆 O 形圈

⑤拆卸油缸盖组件。如图 4-1-23 所示,依次拆下防尘圈、支承环、轴用 KY 密封、斯特封和支承环。拆卸密封件时,不可硬撬各密封件。

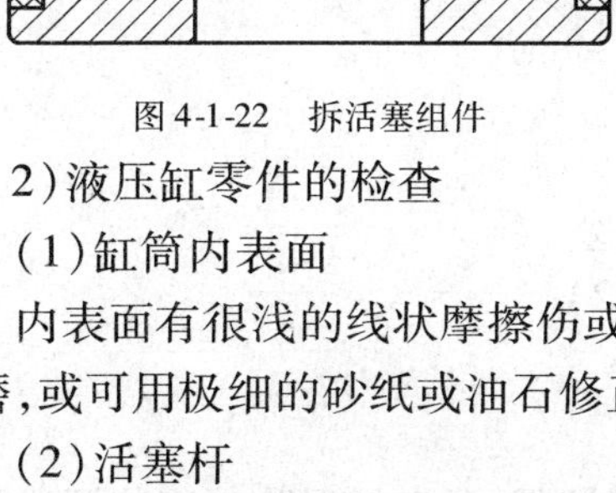

图 4-1-22 拆活塞组件

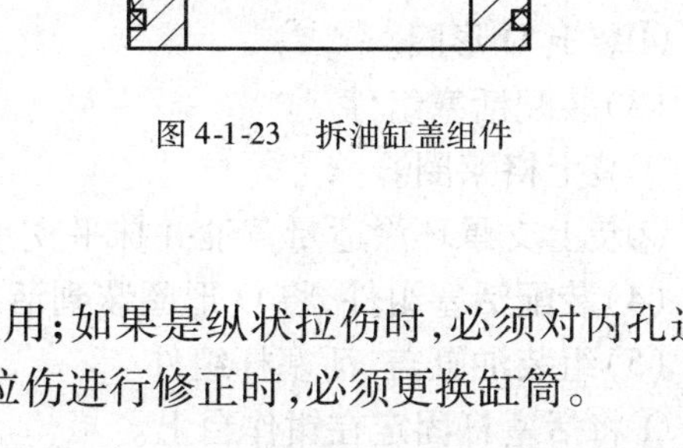

图 4-1-23 拆油缸盖组件

2)液压缸零件的检查

(1)缸筒内表面

内表面有很浅的线状摩擦伤或点状伤痕,可以使用;如果是纵状拉伤时,必须对内孔进行研磨,或可用极细的砂纸或油石修正;当无法对纵状拉伤进行修正时,必须更换缸筒。

(2)活塞杆

在与密封圈做相对滑动的活塞杆滑动面上,产生的拉伤或伤痕,其判断及处理方法同缸筒内表面。活塞杆滑动面一般是镀硬铬的,如果镀层的一部分因磨损产生脱离,形成纵状深痕时，必须除去旧有镀层，重新镀铬、抛光。

(3)密封件

检查活塞、活塞杆密封件，观察密封件的唇边有无受伤，检查密封摩擦面的磨损情况。如唇口有轻微伤痕，摩擦面略有磨损时，最好更换新的密封件。

(4)导向套

导向套内表面有些伤痕，对使用影响不大。如果伤痕深度在0.2 mm以上时，则更换新的导向套。

(5)活塞

活塞表面有轻微的伤痕时，可以使用。当伤痕深度在0.2 mm以上时，则更换新的活塞。另外，如活塞上有裂缝，则必须更换活塞。

(6)其他检查

进行其他部分的检查。检查端盖、耳环、铰轴是否有裂纹，活塞杆顶端螺纹和油口螺纹有无异常等。

2. 液压缸组装注意事项

①检查并清除加工零件上的毛刺或锐角，以免密封件在安装过程中损坏。

②装入密封件时，干筒内表面及密封圈上涂上一些高熔点润滑脂，便于密封圈装入，且能保护密封圈不受损坏。

③密封有方向性，切勿装错密封件方向。对于V形、Y形等密封圈，一般高压朝着密封圈的唇口一边。O形圈安装没有方向性，但其后面要加保护环。

④不可强行将各密封件装到位，安装时轴用KY密封圈、防尘圈、O形圈、支承环等应在热水50～60℃使其升温、变软。

3. 液压缸的组装(以装载机转斗油缸为例)

(1)清洗所有零部件及工具

(2)装配油缸盖组件(参见图4-1-23)

①装上轴用KY形密封圈，唇口朝压力油侧(注意装入时用青壳纸保护，以免槽口划伤密封圈)。

②装上2只支承环，涂适量黄油并抹平支承环。

③装上斯特封，唇口朝压力油侧。

④装上O形圈。

(3)装配活塞组件

①装上格莱圈。

②装上支承环涂适量黄油并抹平支承环。

(4)装配活塞组件，将O形圈装到活塞杆上(见图4-1-22)

(5)组装油缸盖、活塞杆组件

①将活塞杆固定在钳作台上。

②将油缸盖、活塞、垫圈依次装入活塞杆上，然后用螺母拧紧，开口销保险。安装螺母拧紧力矩见表4-1-1。

液压缸固定螺栓拧紧力矩　　表 4-1-1

油　缸	开口宽度(mm)	力矩(N·m)
转斗缸、举升缸	55	430 ± 30
转向缸	41	350 ± 30

(6)安装转斗油缸

①吊起转斗油缸至前车架,对好铰接孔,装上销轴。

②连接好转斗油缸 4 根油管(软管连接不得扭曲,O 形圈不得漏装)。

③连接好转斗油缸到摇臂销轴(销轴安装前要涂适量黄油,各销轴油嘴处涂满黄油)。

4. 液压缸的调整

①液压缸安装好后,需进行试运转。

②液压缸排气。将工作压力降至 0.5 ~ 1.0 MPa 进行排气。排气方法为:当活塞运动到终端,压力升高时,将处于高压腔的排气阀螺栓打开少许,使带有浊气的白泡沫状油液从排气阀喷出,喷出时带有“嘘嘘”的排气声。当活塞由终端开始返回的瞬间关闭该阀。如此多次,直至喷出澄清色的油液为止。然后再换另一腔排气,排除方法同上。

③液压缸设有缓冲阀的,还应对缓冲调节阀进行调整,主要调整缓冲效果和动作的循环时间。

5. 液压缸的试验

1)运动平稳性检查

在最低压力 p_1 下运行 5 ~ 10 次,检查活塞运动是否平稳、灵活,无阻滞现象。其中最低压力的确定与密封件种类有关,一般 O 形、Y 形和 V 形夹织物密封圈 p_1 取 0.3 MPa 左右,V 形夹织物密封圈 p_1 取 0.5 MPa 左右,活塞环取 p_1 为 0.15 MPa。

2)负荷试验

在活塞杆上加最大工作负荷,此时缸中的压力之 p 为最大工作压力。在 p 作用下,液压缸全行程往复运动运行 5 次,活塞杆应移动平稳、灵活,且缸的各部分部件没有永久变形及其他异常现象。

3)液压缸的外部泄漏试验

在 $p_2(p_2 = 1.5p)$ 作用下,活塞往复运动约为 5 ~ 10 min,各密封和焊接处不得漏油。

4)液压缸的内部泄漏试验

在活塞杆上加一定的静负荷 $F(F = pA$,A 为活塞有效工作面积),在 10 min 内,活塞移动距离不超过额定值。

5)液压缸强度试验

从缸两端施加试验压力 $p_3[p_3 = (1.5 \sim 1.75)p]$ 试验 2 min,各零件不得有破损或永久变形。

6)试验后再度紧固拉杆,紧固压盖螺栓等

6. 液压缸使用注意事项

①工程机械工作环境恶劣,在工作中应避免损伤活塞杆的外表面及活塞杆端部螺纹,避免用铁锤敲打活塞杆和缸体端部。

②注意液压缸性能试验后的再紧固。液压缸试验之后，必须再度拧紧缸盖紧固螺栓及有关连接螺栓，以免单边拧紧受力不均而逐个破坏。

③在使用过程中应经常检查液压缸的漏油情况，检查液压缸与工作机构的连接部位有无松动。注意对耳轴和铰轴等轴承部位注油。

④有排气装置的液压缸，应注意将缸内的空气排除干净。

⑤以上各项工作进行之后，仍应进行定期检查。

五、液压缸的故障诊断与排除

液压缸是工程机械液压系统常用的一类执行元件，在使用中会出现故障。其故障的产生，往往和整个系统有关，因此不能孤立地看待。应从内部到外部仔细分析故障的原因，采取适当的解决方法，避免盲目大拆大卸造成更大损失。

1. 排除液压缸不能正常工作的故障顺序

①明确液压缸在启动时产生的故障性质。如运动速度不符合要求，运动不稳定，没有运动，运动方向、顺序错误，爬行等，从而把故障归结到液压系统的流量、压力、方位、受力情况等一些基本问题上。

②列出可能引发故障的元件目录：如缸速太慢，可以认为是流量不足所产生，此时应列出对缸流量造成影响的元件目录，有重点地进行检查试验，对不合适的元件进行修理或更换。

③如有关元件均无问题，各油路段的液压参数也基本正常，则进一步检查液压缸自身的因素。

2. 不同类型液压缸常见故障诊断及处理

液压缸常见故障有不动作，速度达不到规定要求，爬行，运动过程中发生不正常声响，缓冲效果不好以及内、外泄漏等。下面介绍不同类型液压缸常见故障诊断及处理方法。

1）柱塞缸

柱塞缸故障原因及排除方法见表4-1-2。

柱塞缸故障原因及排除方法　　表4-1-2

故障现象	原因分析	排除方法
推力不足	①液压系统压力不足； ②配合间隙过大，漏油严重； ③进油口管接头损坏或螺母未拧紧漏油	①检查溢流阀，提高系统压力； ②更换导向套，内孔与柱塞外圆配合间隙在0.02～0.03 mm； ③更换管接头或拧紧螺母
工作时有爬行	①柱塞缸轴心线偏心受压； ②柱塞缸轴心线与作用端面不垂直； ③柱塞缸柱塞与导向套配合间隙太小	①确保平行度在0.1～0.2 mm内； ②检查确保垂直度应为0.1 mm左右； ③检查确保间隙在0.02～0.03 mm内

2）活塞缸

活塞式液压缸故障原因与排除方法如表4-1-3所示。

活塞式液压缸故障原因与排除方法　　表4-1-3

故障现象		原因分析	排除方法
活塞杆不能动作	压力不足	油液未进入液压缸： ①换向阀未换向； ②系统未供油	①检查换向阀未换向的原因并排除； ②检查液压泵和主要液压阀的故障原因并排除
		有油，但没有压力： ①系统有故障，主要是泵或溢流阀有故障； ②内部泄漏，活塞与活塞杆松脱，密封件损坏	①检查泵或溢流阀的故障并排除； ②紧固活塞与活塞杆并更换密封件
		压力达不到规定值： ①密封件老化、失效，唇口装反或有破损； ②活塞杆损坏； ③系统调定压力过低； ④压力调节阀有故障； ⑤压力调速阀的流量过小，因液压缸内泄漏，当流量不足时会影响压力不足	①检查泵密封件，并正确安装； ②更换活塞杆； ③重新调整压力，达到要求值； ④检查调节阀故障原因并排除； ⑤调速阀的通过流量必须大于液压缸内的泄漏量
	压力已达到要求但仍不动作	液压缸结构上的问题： ①活塞端面与缸筒端面紧贴在一起，工作面积不足，不能启动； ②具有缓冲装置的缸筒上单向回路被活塞堵住	①端面上要加一条通油槽，使工作油液迅速流向活塞的工作端面，缸筒的进出油口位置应与接触表面错开； ②排除堵塞部位
		活塞杆移动“别劲”： ①缸筒与活塞，导向套与活塞杆配合间隙过小； ②活塞杆与夹布胶木导向套之间的配合间隙过小； ③液压缸装配不良（如活塞杆、活塞和缸盖之间同轴度误差，液压缸与工作平台平行度误差超标）	①检查配合间隙，并研配到规定值； ②检查配合间隙，修配导向套孔，达到要求的配合间隙； ③重新装配和安装，对不合格零件应更换
		液压回路引起的原因： 主要是液压缸背压腔油液未与油箱相通，回油路上的调速节流口调节过小或换向阀未动作	检查原因并消除

续上表

故障现象		原因分析	排除方法
速度达不到规定值	内泄漏严重	①密封件破损严重； ②油的黏度太低； ③油温过高	①更换密封件； ②更换适宜黏度的液压油； ③检查原因并排除
	外载过大	①设计错误，选用压力过低； ②工艺和使用错误，造成外载比预定值增大	①核算后更换元件，调大工作压力； ②按设备规定值使用
	活塞移动“别劲”	加工精度差，缸筒内孔锥度和圆度误差	检查零件尺寸并更换无法修复的零件
		装配质量差： ①活塞、活塞杆与缸盖之间同轴度误差； ②液压缸与工作平台平行度误差； ③活塞杆与导向套配合间隙小	①按要求重新装配； ②按要求重新装配； ③检查配合间隙，修配导向套孔，达到要求的配合间隙
	脏物进入滑动部位	①油液过脏； ②防尘圈破损； ③装配时未清洗干净或带入脏物	①过滤或更换油液； ②更换防尘阀； ③拆开清洗，装配时要注意清洁
	活塞在端部行程速度急剧下降	①缓冲节流阀的节流口调节过小，在进入缓冲行程时，活塞可能停止或速度急剧下降； ②固定式缓冲装置中节流孔直径过小； ③缸盖上固定式缓冲节流环与缓冲柱塞之间间隙过小	①缓冲节流阀的开口度要调节适宜，并能起缓冲作用； ②适当加大节流孔直径； ③适当加大间隙
	活塞移动到中途速度变慢或停止	①缸壁内加工精度差，表面粗糙，内泄漏量增大； ②缸壁发生胀大，当活塞通过增大部位时，内泄量增大	①修复或更换缸筒； ②更换缸筒
液压缸爬行	液压缸活塞杆运动“别劲”	见本表“活塞杆不能动作”故障	
	缸内进入空气	新液压缸、修理后的液压缸或设备停机时间过长的缸，缸内有气或液压缸管道中排气不净	空载大行程往复运动，直到把空气排完
		缸内部形成负压，从外部吸入空气	检查管道，清除堵塞部位
		从液压缸到换向阀之间的管道容积比液压缸内容积大得多，液压缸工作时，这段管道上油液未排完，所以空气也很难排完	进行彻底排气
		泵吸入空气	拧紧泵的吸油管接头
		油液中混入空气	用油缸排气阀放气或换油

续上表

故障现象		原因分析	排除方法
缓冲装置故障	缓冲作用过度	缓冲节流阀的节流开口过小	将节流口调节到合适位置并紧固
		缓冲柱塞“别劲”(如柱塞头与缓冲环间隙太小,活塞倾斜或偏心)	拆开清洗,适当加大间隙,对不合格零件应更换
		在柱塞头与缓冲环之间有脏物	修去毛刺并清洗干净
		固定式缓冲装置柱塞头与衬套之间间隙小	适当加大间隙
	失去缓冲作用	缓冲调节阀处于全开状态	调节到合适位置并紧固
		惯性能量过大	应设计合适的缓冲机构
		缓冲节流阀不能调节	修复或更换
		止回阀处于全开状态或止回阀阀座封闭不严	检查尺寸,更换锥阀芯和钢球,更换弹簧,并研配修复
		活塞上的密封件破损,当缓冲腔压力升高时,工作液体从此腔向工作压力一腔倒流	更换密封件
		柱塞头或衬套内表面上有伤痕	修复或更换
		镶在缸盖上的缓冲环脱落	更换新缓冲环
		缓冲柱塞锥面长度与角度不对	给予修正
	缓冲行程段出现“爬行”	加工不良:如缸盖、活塞端面不合要求;在全长上活塞与缸筒间隙不均匀;缸盖与缸筒不同轴;缸筒内径与缸盖中心线偏差大;活塞与螺母端面垂直度不合要求,造成活塞杆弯曲等	对每个零件均仔细检查,不合格零件不许使用
		装配不良:如缓冲柱塞与缓冲环相配合的孔有偏心或倾斜等	重新装配,确保质量
有外泄漏	装配不良	液压缸装配时端盖装偏,活塞杆与缸筒定心不良,使活塞杆伸出困难,加速密封件磨损	拆开检查,重新装配
		液压缸与工作台导轨面平行度差,使活塞杆伸出困难,加速密封件磨损	拆开检查,重新安装,并更换密封件
		密封件安装差错,如密封件划伤、切断,密封唇装反,唇口破损或轴倒角尺寸不对,装错或漏装	更换并重新安装密封件
		密封件压盖未装好	重新安装
		①压盖安装有偏差; ②紧固螺钉受力不均; ③紧固螺钉过长,使压盖不能压紧	①重新安装; ②拧紧螺钉并使受力均匀; ③按螺孔深度合理选配螺钉长度

续上表

故障现象		原因分析	排除方法
有外泄漏	密封件质量不佳	保管期太长，自然老化失效	更换密封件
		保管不良，变形或损坏	更换密封件
		胶料性能差，不耐油或胶料与油液相容性差	更换密封件
		制品质量差，尺寸不对，公差不合要求	更换密封件
	活塞杆和沟槽加工质量差	活塞杆表面粗糙，活塞杆头上的倒角不符合要求或未倒角	表面粗糙度应为 $R_a=0.20\mu m$，并按要求倒角
		①沟槽尺寸及精度不合要求； ②设计图样有错误，沟槽尺寸不符合标准； ③沟槽精度差，毛刺多	①按有关标准设计沟槽； ②检查尺寸，并修正到要求尺寸； ③修正并去毛刺
	油的黏度过低	①用错了油品； ②油液中渗有乳化液	①更换合适的油液； ②更换合适的油液
	油温过高	①液压缸进油口阻力太大； ②周围环境温度太高； ③泵或冷却器有故障	①检查进油口是否通畅； ②采取隔热措施； ③检查原因并排除
	高频振动	①紧固螺钉松动； ②管接头松动； ③安装位置变动	①应定期紧固螺钉； ②应定期紧固管接头； ③应定期紧固安装螺钉
	活塞杆拉伤	①防尘圈老化、失效； ②防尘圈内侵入砂粒、切屑等脏物； ③夹布胶木导向套与活塞杆之间的配合太紧	①更换防尘圈； ②清除脏物； ③保证合适间隙

课题二　液压辅助元件

液压系统中的蓄能器、密封件、油管及管接头、滤油器等辅助元件同其他液压元件一样，都是液压系统中不可缺少的。实践证明，由于液压辅助元件在液压系统中数量多、位置广、影响大，其对系统的性能、效率、温升、噪声及寿命至关重要。因此对液压辅助元件的选择与使用更应特别重视。

一、蓄能器

蓄能器是一种能够储存液体压力能并在需要时把它释放出来的能量储存装置，可使能量的利用更为合理。

1. 蓄能器的功用

1）作为辅助动力源

对于工作时间较短的间歇系统或一个循环内速度差别很大的系统，用蓄能器当辅助动力源，便于系统选择较小的液压泵和电动机，从而减少系统发热，提高效率。

2）保持系统恒压

利用蓄能器存储的压力油供给系统，补偿系统泄漏，保持系统压力，便于系统减小功率损耗和系统发热。

3）减缓油压脉动

液压系统的压力脉动，主要由油泵的流量脉动及溢流阀的脉动所造成。在液压泵口安装蓄能器可在一定程度上吸收压力脉动，降低系统噪声，改善系统性能。

4）吸收液压冲击

液压系统油泵的突然停止、油缸的开停、换向阀的突然换向等均可引起液压冲击。若在冲击源前面装设蓄能器，可很快地吸收回路的冲击压力，起到安全保护作用。

5）作为应急动力源

在停电或油泵突然发生故障时，蓄能器可作为应急能源，在短时间内保持系统压力，从而避免油泵突然中断而引起的机件损坏。

2. 蓄能器的结构及特点

充气式蓄能器是目前应用较广泛的一种，根据蓄能器内油、气两者间隔离条件的不同，充气式蓄能器可分为气液直接接触式、隔膜式、活塞式和气囊式 4 种。

1）气囊式蓄能器

①结构。气囊式蓄能器主要由充气阀、壳体、气囊和提升阀等组成（图 4-2-1）。气囊用耐油橡胶与充气阀座一起压制而成，靠压紧螺母固定在壳体的上端。

②特点。气囊式蓄能器漏气损失小，反应灵敏，可以吸收急速的压力冲击和脉动，质量轻和体积小，是目前应用最广的一种蓄能器。

2）活塞式蓄能器

①结构。图 4-2-2 为活塞式蓄能器。在使用时先由充气阀充入预定压力的空气或氮气，

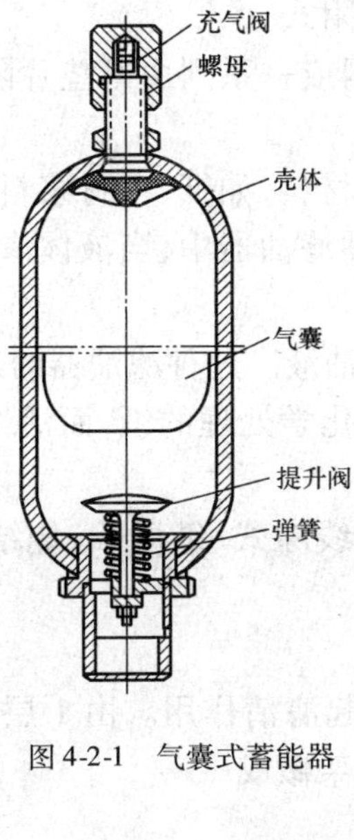

图 4-2-1 气囊式蓄能器

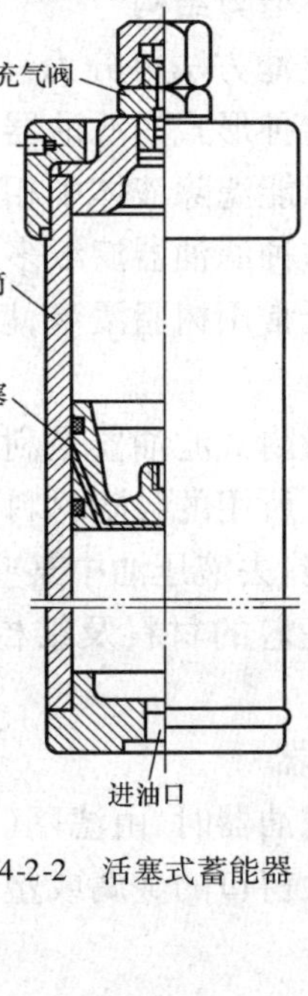

图 4-2-2 活塞式蓄能器

然后在系统油液压力作用下，油液从进油口进入蓄能器，压缩活塞，气腔和油腔压力始终相等，而使活塞处于浮动平衡状态。当系统需要油时，在气体压力作用下，使油液排入系统。在活塞上装有O形密封圈，以进行油、气密封。

②特点。活塞式蓄能器结构简单，寿命长，但活塞有一定惯量，在密封处有摩擦损失，灵敏性差，不适于吸收液压冲击。

3. 蓄能器的安装及使用注意事项

①蓄能器是压力容器，搬运和拆装时应将充气阀打开，排出充入的气体。

②蓄能器应将油口向下竖直安装，且有牢固的固定装置，远离热源并便于检查、维修。

③液压泵与蓄能器之间应布置止回阀，蓄能器与液压系统连接处应设置截止阀，供充气、调整、维修或者长时间停机时使用。

④用于吸收液压冲击和脉动的蓄能器，应尽可能地装在冲击源或脉动源附近，并应便于检修。

⑤蓄能器的充气压力应在系统最低工作压力的25%～90%之间选取，蓄能器的容量应根据其用途参考液压设计手册通过计算确定。

⑥绝对禁止向蓄能器充氧气，以免引起爆炸。

⑦不能拆卸在充油状态下的蓄能器。

二、滤油器

滤油器是用于过滤油液中的杂质，维护油液的清洁，防止油液污染的装置。实践证明，液压系统故障中的75%以上是由于液压油中混入杂质造成的。

1. 滤油器的作用

滤油器是从液流中除去污染颗粒的屏蔽层。当油液通过这种由重叠的小孔或通路组成的屏蔽层时，油液中的杂质颗粒被阻留，从而达到滤清油液的目的。

2. 滤油器的类型与结构

1）滤油器按过滤方法可分为：机械式、吸收式和吸附式

①机械式。这种形式的滤油器，一般含有金属滤网或一系列由薄垫片隔开的圆盘状金属网。这种滤油器只能滤除液体中相对粗的颗粒。

②吸收式。这种滤油器滤纸多用多孔和可渗透的材料，如纸、木材浆料、硅藻土、织物、纤维素和石棉。滤纸常用树脂浸渗，以增加强度。在这种滤油器中，当液体渗透材料时，颗粒实际上都被吸收了。

③吸附式。吸附式滤油器是利用吸附作用来过滤油液。这种滤油器的过滤能力取决于有效表面积的大小。所用的吸附材料包括活性黏土和经化学处理的纸，而活性炭和硅藻土不能使用，因为它们会除去液压油中某些必要的添加剂。

2）滤油器按滤芯的材料及结构形式可分为网式、线隙式、纸质式、烧结式及磁性滤油器（如图4-2-3）

（1）网式滤油器

液流流经此滤油器时，由滤网（金属网）上的小孔起滤清作用。由1层或2层铜丝网，包围着四周开有很大窗口的金属或塑料圆形（或方形）骨架做成。

网式滤油器的特点是结构简单，通油性能好，压力降小（一般为0.025 MPa左右），但过滤精度差，使用时铜质滤网会使油液氧化加剧。

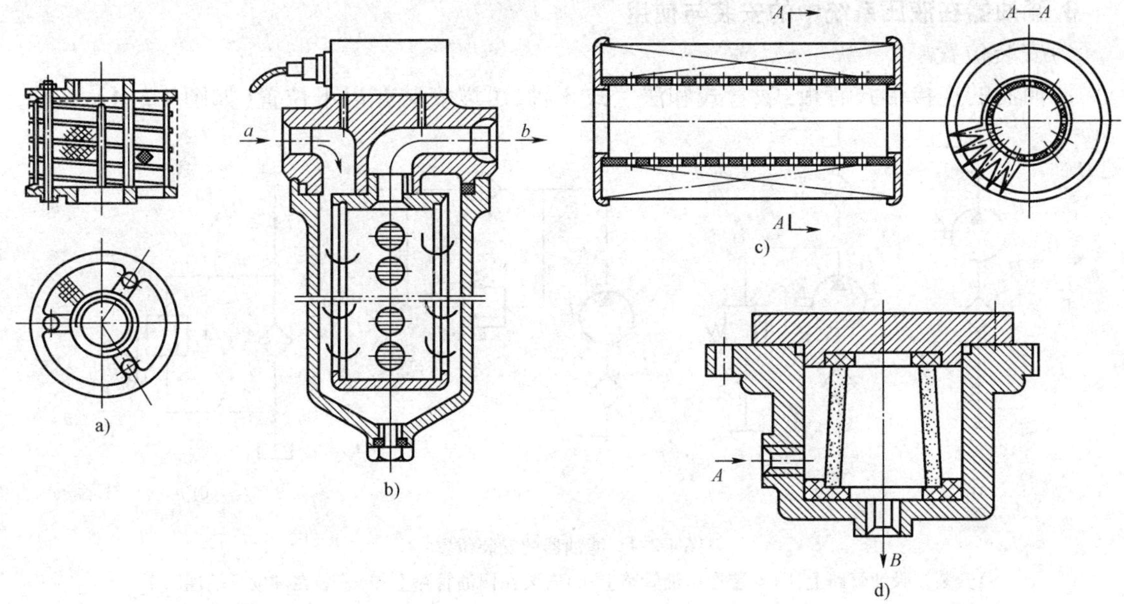

图4-2-3　滤油器

a）网式滤油器；b）线隙式滤油器；c）烧结式滤油器；d）纸质式滤油器

（2）线隙式滤油器

线隙式滤油器的过滤部分由直径为0.4 mm的铜丝绕成，依靠铜丝间的微小间隙来滤除油液中的杂质。线隙式滤油器分为压油管路用滤油器和吸油管路用滤油器两种。

线隙式滤油器结构简单，通油能力大，过滤清度比网式滤油器高。缺点是不易清洗，用于低压回路（<2.5 MPa）或辅助油路。

（3）纸质式滤油器

纸质滤油器的滤芯由厚度为0.35～0.7 mm的平纹或皱纹的酚醛树脂或木浆微孔滤纸组成，滤芯围绕在骨架上。油液经过滤芯时，通过微孔滤去混入的杂质。

纸质滤油器的过滤精度高，通过将内层滤纸折叠成W形可使表面积很大的滤纸装入比较小的容器中，结构紧凑、质量轻、通油能力大，工作压力可以达到38 MPa。缺点是不能清洗，要经常更换滤芯。

（4）磁性滤油器

依靠永久磁铁，利用磁化原理来滤除混入油液中的铁屑。磁性滤油器用来滤除混入油液中的能被磁化的杂质效果很好，特别适用于经常加工铸件的机床液压系统。缺点是维护较复杂。磁性滤芯可以与其他过滤材料（如滤纸、铜网等）组成组合滤芯。

（5）烧结式滤油器

烧结式滤油器的滤芯为颗粒状青铜粉等金属粉末压制烧结而成，利用颗粒之间的微孔滤去混入油液中的杂质。

它的主要特点是：强度高，承受热应力和冲击性能好，能在较高温度下工作，有良好的抗腐蚀性,性能稳定,制造简单,再生性好等。其主要缺点是易堵塞,堵塞后很难清洗,使用中烧结颗粒容易脱落。

3. 滤油器在液压系统中的安装与使用

1)安装位置

滤油器的连接形式有板式、管式和法兰式3种,可以安装在以下位置(如图4-2-4)。

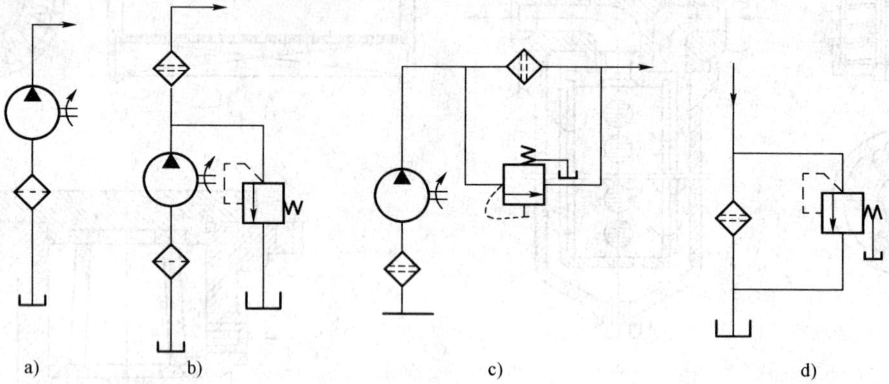

图4-2-4 滤油器的安装位置

a)安装在吸油管路上;b)安装在压油管路上;c)安装在回油管路上;d)安装在辅助泵输油路上

(1)安装在液压泵的吸油管路上,如图4-2-4a)

将粗滤油器(一般为网式或线隙式滤油器)装在液压泵的吸油管路上,主要目的是保护液压泵免遭较大颗粒杂质的直接伤害。为了不影响液压泵的吸油能力,装在吸油管路上的滤油器的通油能力应大于液压泵流量的2倍。

(2)安装在压油管路上,如图4-2-4b)

在压油管上可以安装各种形式的精滤油器,这样安装的滤油器,因为在高压下工作,滤油器要有一定的强度,最大压力不能超过0.35MPa,并且应装在溢流阀之后或与安全阀并联。

(3)安装在回油路上,如图4-2-4c)

安装在回油管路的精滤油器可以保证流回液压油油箱的油液是清洁的。它既不会在主油路造成压力降,又不承受系统的工作压力。因此,回油管路用的滤油器的强度可以较低,体积和重量也可以小一些。

(4)安装在辅助泵的输油路上,如图4-2-4d)

在一些闭式液压系统的辅助油路上,辅助液压泵工作压力不高,一般只有0.5~0.6 MPa。因此,可将精滤油器安装在辅助液压泵的输油管上,从而防止杂质进入主油路的各液压元件。

综上所述,除了在液压泵的吸油管上必须装粗滤油器,在重要液压元件前装精滤油器外,一般应将滤油器安装在低压回油管路上。

2)滤油器的维护

除使用时严格按照维护规定,经常观察、定期清洗滤油器外,为了保护滤油器,需要并联起安全作用的压力阀和起报警作用的滤油器堵塞状态发讯装置。

由于滤油器只能单方向使用,因此必须注意:滤油器不要安装在液流方向经常改变的油路上。如果需要这样设置时,应如图4-2-5所示适当加设滤油器和止回阀。

4. 滤油器的使用注意事项

①安装滤油器要注意壳体上标明的液流方向，正确安装在系统中，否则将会冲毁滤芯，造成系统污染。

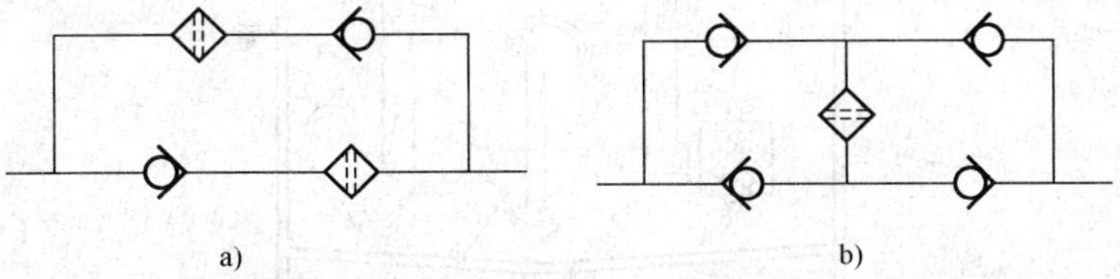

图 4-2-5　滤油器安装在液流方向需要经常改变的油路上

②当滤油器堵塞、发讯装置报警或压差指示器显示红色信号时，要及时清洗或更换滤芯。

③清洗或更换滤芯时，应堵住滤芯端口，防止清洗下的污物进入滤芯内腔造成内污染，同时要防止外界污染物侵入液压系统。

④清洗金属孔网滤芯元件时，可在汽油等溶液中用刷子刷洗；而清洗高精度滤芯元件，则需使用干净的清洗液或清洗剂。金属丝编织的特种网和不锈钢纤维烧结毡等可以用超声波清洗或液流反向冲洗；纸质滤芯及化纤滤芯切忌用超声波清洗，只能在清洗液中刷洗。

三、液压油油箱

1. 油箱的作用

油箱用以储存系统所需的足够油料，并有散热、沉淀杂质、分离油中气泡等作用。

2. 液压油油箱的类型

液压油油箱按油箱液面是否与大气相通，可分为开式和闭式。

开式油箱（如图 4-2-6 所示）液面直接与大气相通，广泛用于一般的液压系统；闭式油箱不与大气相通，一般用于水下或高空无稳定气压等处。

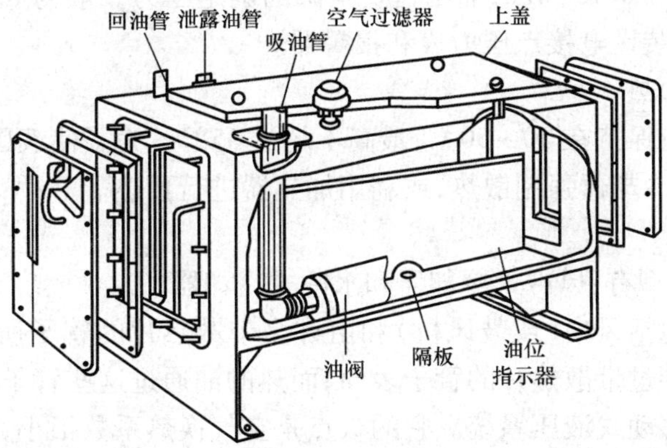

图 4-2-6　开式油箱

3. 液压油油箱的结构

1）开式油箱

①油箱常设置一隔板，如图 4-2-7 所示，隔板将吸、排油管隔开，以减小液流的速度，防止同一液流连续再循环。同时，由于油液的循环距离加长，有更多的时间使气泡逸出、污物沉淀

和冷却油液,并使杂质多沉淀在回油管一侧,隔板高度一般为液面高度的3/4。

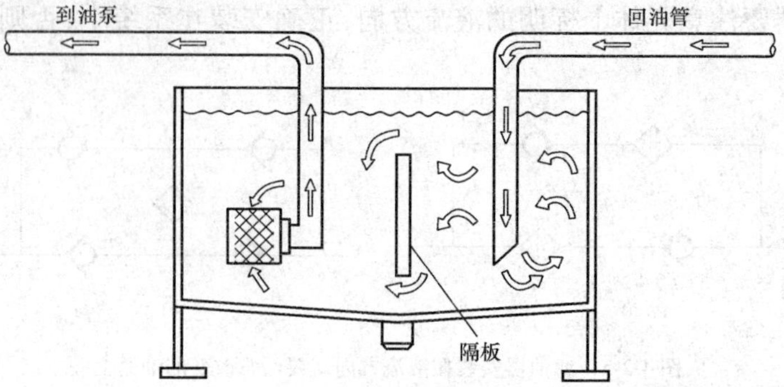

图 4-2-7 隔板的作用

②油箱底面应略带倾斜,并在最低处设置放油孔;油箱上部设置带滤网的加油口,平时用堵塞或盖子封闭;油箱上部设有带空气滤清器的通气孔,进气面积要足够大,使油箱压力保持一个大气压;在侧壁易见处设置油位指示器,必要时还要装测量油量、油温的装置,此外还应开设安装、清洗、维护等用的窗口。

③吸油口和回油管应尽量远离,回油口切成45°角的斜口,并使斜口面向与管子距离最近的箱壁,以增大排油口面积,同时使热油迅速流向箱壁。

④回油口距箱底应大于管径的3倍。吸油管口要装设有足够通过能力的滤网,其底面距箱底要有一定距离,以便四面进油,滤网精度可为100~200目,通过能力应大于泵流量的2倍。

⑤为了除锈,油箱的内、外壁应用好的耐油涂料。

2)压力油箱(闭式压力油箱)

箱体密闭,不直接与大气相通,上部通入经滤清、干燥及减压后的压缩空气,油箱内油面上保持的压力一般为0.5~0.15 MPa,油箱上安全阀的调定压力一般为0.07~0.15 MPa。为避免压力有时不够,还要装设电接点压力表和报警器。

4. 油箱的冷却与加热

一般油箱中油温应保持在30~50℃,最高不超过65℃。为了使液压油的工作温度保持在一定的范围内,需利用冷却器强制散热,或利用加热器进行预热。

1)油的冷却

(1)油箱的冷却类型有:风冷式冷却器和水冷式冷却器

①风冷式冷却器包括风扇(或鼓风机)和由许多带散热片的管子所组成的油散热器两部分。它强制周围空气穿过带散热片的管子表面,而热的油通过这些管子从散热片的内部流过。风冷式冷却器适用于移动式液压系统。它的缺点是空气换热系数很小,冷却效果较差。

②水冷式冷却器可设计成多种形式,其中最简单的是在液压油油箱中安装一根如图4-2-8a)所示蛇形水管。水在管内流动,把油的热量带走,但由于油在油箱中做自然对流,故冷却效果较差。如今新出现的翅片式冷却器,效果较为理想,这种冷却器在除了水管外面通油外,在液压油管外面又装设了横向或纵向的散热片(厚度为0.2~0.8 mm的铝片或铜片),因而散热效果好,结构紧凑,且造价低,不生锈。

(2)冷却器的安装形式

①安装在回油路上。油温的升高主要是由于大量高压油从溢流阀中溢流引起的,因此冷却器应放在溢流阀的回油管路上。

②短路冷却。如图4-2-8b)所示,有些工程机械在油温过高时进行冷却,开始工作时进行暖机运转。采用短路冷却,在寒冷地区工作时,可大大缩短暖机时间。

③独立式冷却。为避免加油压力脉动对冷却器的破坏或提高液压功率及改善散热性能等,可采用独立冷却回路。

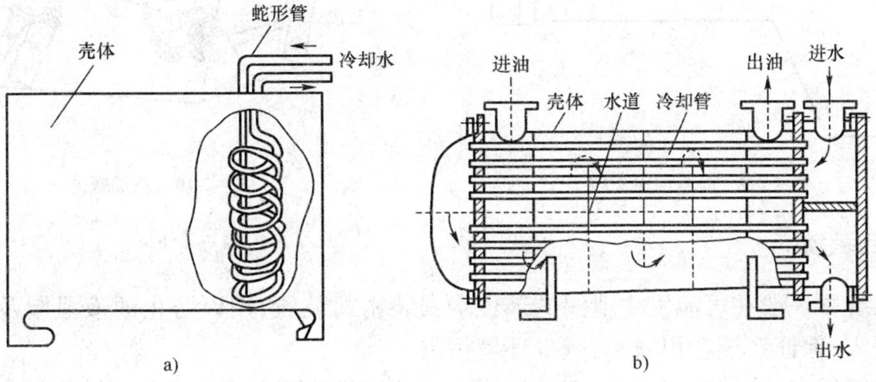

图4-2-8 油箱冷却器

④自动调节油温冷却回路。此冷却回路中装有风冷式冷却器,风扇由齿轮马达带动。它由在油箱中的温度传感器及油路中的电磁阀控制,由齿轮泵供油。当油温超过一定值时,油箱中的温度传感器使电磁阀接通齿轮马达,带动内扇旋转,液压油被强制冷却。反之,则风扇停转,使油液保持在适当的温度范围内。

2)油的加热

油的加热有电加热、蒸汽加热、热水加热等。最常见的是电加热,因为电加热结构简单,可根据允许最低温度自动调节。油用加热器一般由两根管子弯成,法兰盘固定,端部接头通电源。安装时应使两根管子全部浸入油中,并安装在最低油面以下。

5. 液压油箱的拆装

1)拆卸

ZL30装载机的液压油箱的拆卸方法如下。

①如图4-2-9所示打开顶罩,支撑杆应保险好。

②放液压油前拧松油箱上的螺塞和空气滤清器,并在地面放油盘。

③取下长软管ϕ19,装于放油接管处,拧松放油螺塞放出液压油。

④放出燃油箱的柴油,并拆除柴油进、回油管(如图4-2-10)。

⑤拆除油泵、进油管及回油管。

⑥拆除液压油箱固定螺栓。

⑦吊出液压油箱。

2)安装

油箱的安装按拆卸的逆顺序完成,注意各处密封的完好与检查。

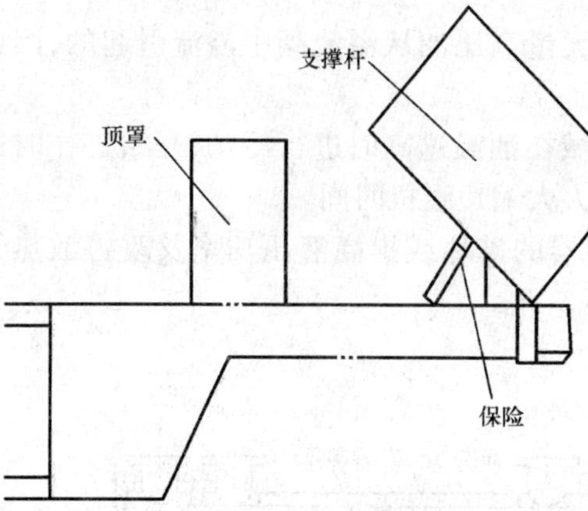

图 4-2-9　油箱顶罩支承

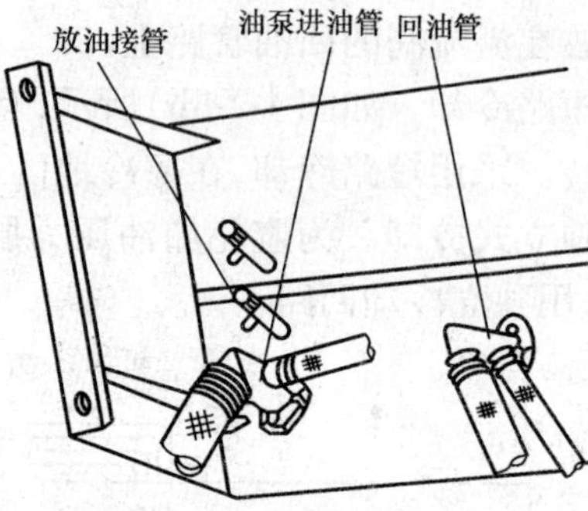

图 4-2-10　放油螺塞

四、密封装置

液压系统中一般在可能发生泄漏的部位均安装密封装置，用以防止油液泄漏及外界灰尘和异物的侵入，保证系统容积效率，减少环境污染。

密封装置很多，除间隙密封外，都是利用密封件使相邻两个耦合面的间隙控制在油液能通过的最小间隙以下。橡胶密封圈密封是液压系统中应用最广泛的一种密封。橡胶密封圈有O形、Y形、V形及组合式等多种类型，其材料多为橡胶和尼龙等。

1. O形密封圈

①结构及特点。O形密封圈截面为圆形，如图4-2-11所示，其主要材料为合成橡胶，主要用于静密封及滑动密封，转动密封用得较少。O形密封圈结构简单，密封性能好，摩擦力小，成本低，在液压传动中应用较广泛。

②密封原理。O形密封圈通常装在外圆或内孔的密封槽内，如图4-2-12所示。O形圈装入密封槽后其截面受到一定的压缩变形，在无液压力或压力较低时，O形圈靠自身的弹性变形形成密封。当油压较高时，它被挤在密封槽的一侧变成图4-2-12d）所示情况，这时油压使O形圈产生较大的弹性变形而形成密封。为了防止O形圈发生间隙“挤出”（如图4-2-12e），在压力较高时，要加密封挡圈。对于动密封，当压力大于10 MPa时，如单侧承受压力，则在低压的一侧用一个挡圈，如为双侧承受压力，则在每侧各用一个挡圈；对于固定密封，当压力大于32 MPa时要加挡圈（如图4-2-13）。

图 4-2-11　O形密封圈

2. Y形密封圈

①结构及特点。Y形密封圈的截面呈Y形，属于唇形密封圈，主要用于往复运动的密封。Y形密封圈分为宽断面和窄断面两种结构。宽断面者即常用的Y形密封圈（如图4-2-14），材料通常为丁腈橡胶。一般适用于工作压力≤20 MPa，工作温度 -30 ~ 100℃，运动速度

≤0.5m/s的液压系统。

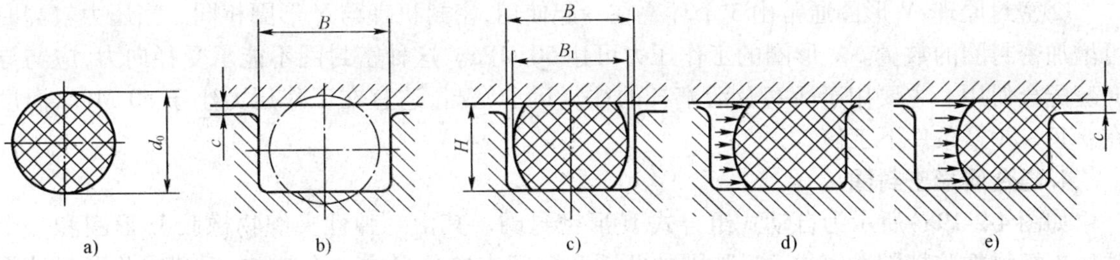

图 4-2-12　O 形密封圈密封原理

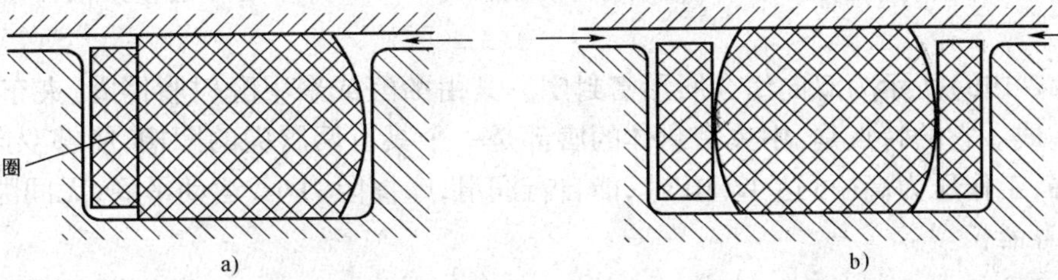

图 4-2-13　O 形密封圈加挡圈

窄断面 Y 形圈是宽断面的改型产品（如图 4-2-15），截面的高度比在 2 倍以上，因而在密封槽中不会翻转。其材料通常为聚氨酯橡胶和尼龙—丁腈并用的胶料。一般适用于 $p \leqslant 32$ MPa，工作温度为 −30 ~ 80℃（聚氨酯）和 −20 ~ 100℃（尼龙—丁腈）的液压系统。

宽断面和窄断面 Y 形密封圈均分为孔用、轴用和孔轴通用 3 种。

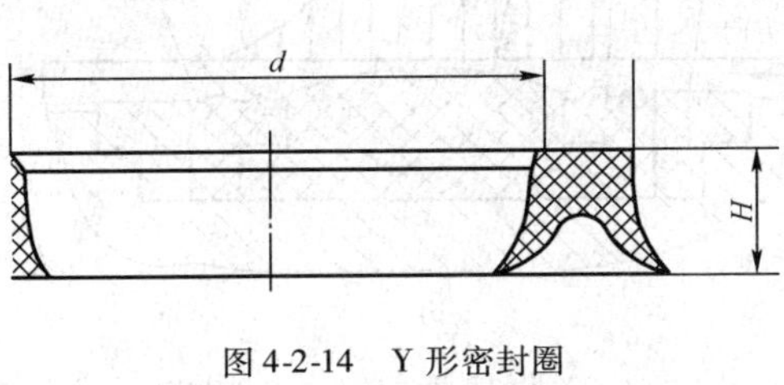

图 4-2-14　Y 形密封圈

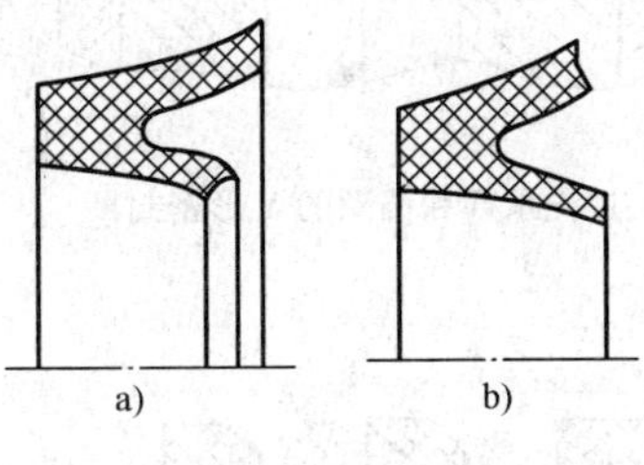

图 4-2-15　窄断面 Y 形密封圈
a）轴用；b）孔用

②密封原理：如图 4-2-16 所示，Y 形圈密封是依赖于它的唇边对密封面的紧密接触，油压较低时靠自身预压弹力封油；油压高时，唇口张开，使唇边与密封面贴得更紧从而提高封油能力。当工作压力超过 20 MPa 时，应当加挡圈，当工作压力波动大时要加支承环（图 4-2-17）。

3. V 形夹织物胶密封圈

①结构及特点：V 形密封圈由多层涂胶织物压制而成，包括压环、密封环和支承环。其形状如图 4-2-18 所示。V 形圈的密封性能好、耐高压、寿命长，但接触面长、摩擦力大，适用于运动速度不高的场合（主要用于活塞及活塞杆的往复运动密

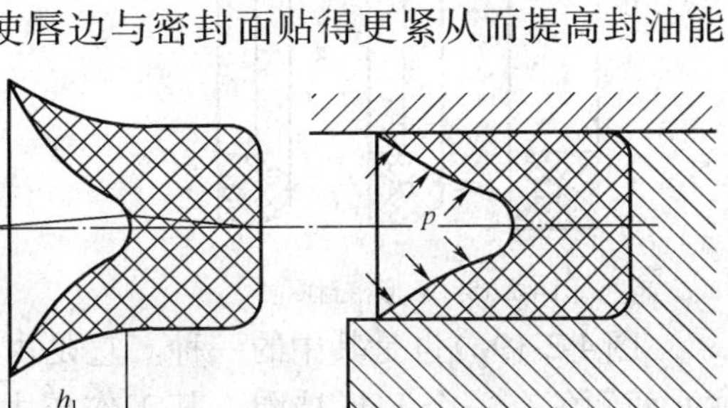

图 4-2-16　Y 形密封圈密封原理

封)。

②密封原理:V 形圈通常由 3 个环叠在一起使用,密封机理与 Y 形圈相同。当压力较高时可增加密封圈的数量。V 形圈的工作压力可达 50 MPa。这种密封圈不能承受径向力,应与导向套配合使用。主要用于活塞及活塞杆的往复运动密封,适宜在工作压力小于 50 MPa,温度在 −40 ~ 80℃条件下工作。

4. 组合唇形密封圈

如图 4-2-19a)所示为自动式组合式 U 形密封圈。其由一弹性夹织物橡胶 U 形圈和一个硬质夹织物橡胶挡圈所组成。U 形圈的两唇和唇间支撑环形成一个整体,后端成凸形与挡圈的前端凹槽密切配合安装,适用于高压(最高使用压力 40 MPa)下工作的垂形液压缸活塞的动密封。

如图 4-2-19b)所示为双向组合唇形密封圈。其由酚醛或聚甲醛树脂挡圈、夹布丁腈橡胶密封体所构成。它的特点是:中央密封体的唇部是一个具有两唇尖的凹槽,能够双向密封,且密封性能好,工作压力高(可达 42 MPa),能自行润滑,摩擦阻力小,运动平稳,无间隙“挤出”,结构简单,寿命长。

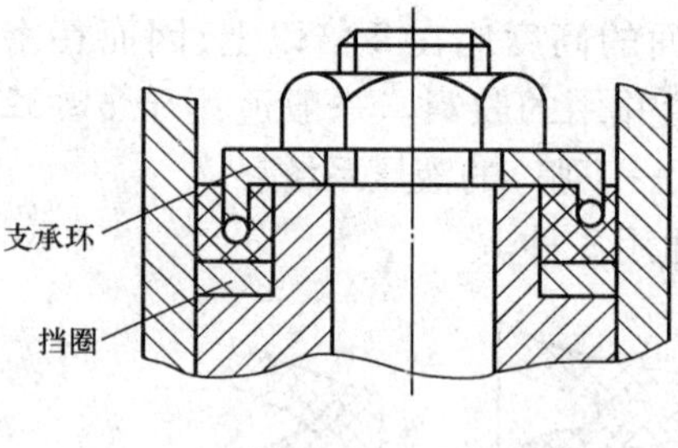

图 4-2-17　加支承环和挡圈的 Y 形密封圈

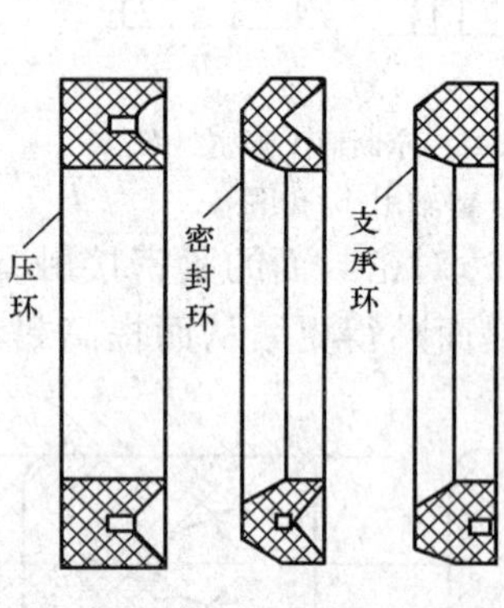

图 4-2-18　V 形密封圈

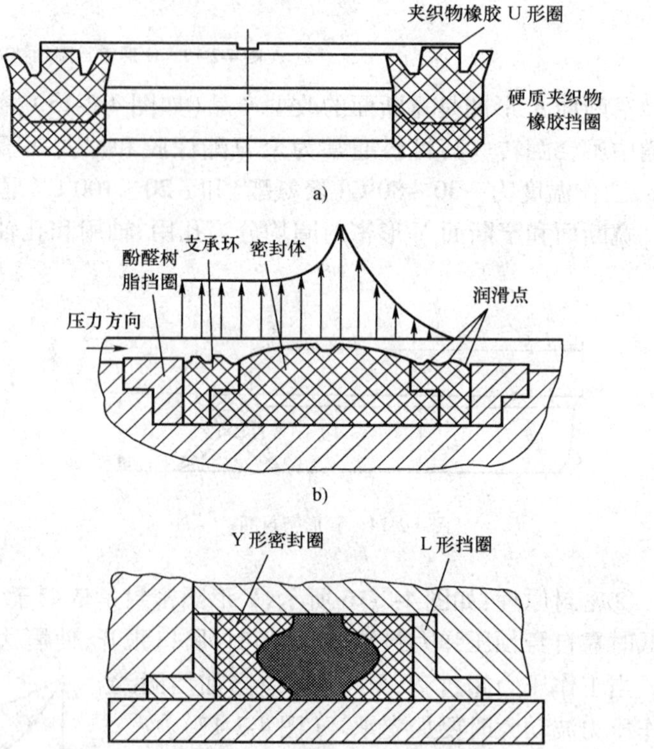

图 4-2-19　组合唇形密封圈

图 4-2-19c)也是其中的一种。它是由两个 Y 形夹织物橡胶圈中夹一个软质橡胶环而成的,两侧各有一个 L 形挡圈。其工作压力范围为 2 ~ 60 MPa,在压力低于 25 MPa 时可不加挡圈。

5. 密封件的安装与使用

密封件的安装质量对密封性能和使用寿命均有重要影响，在更换安装过程中应注意下列几点。

①熟知密封件的结构，掌握拆卸、安装顺序。有些密封件更换需要使用专用工具，图 4-2-20 为部分专用工具。

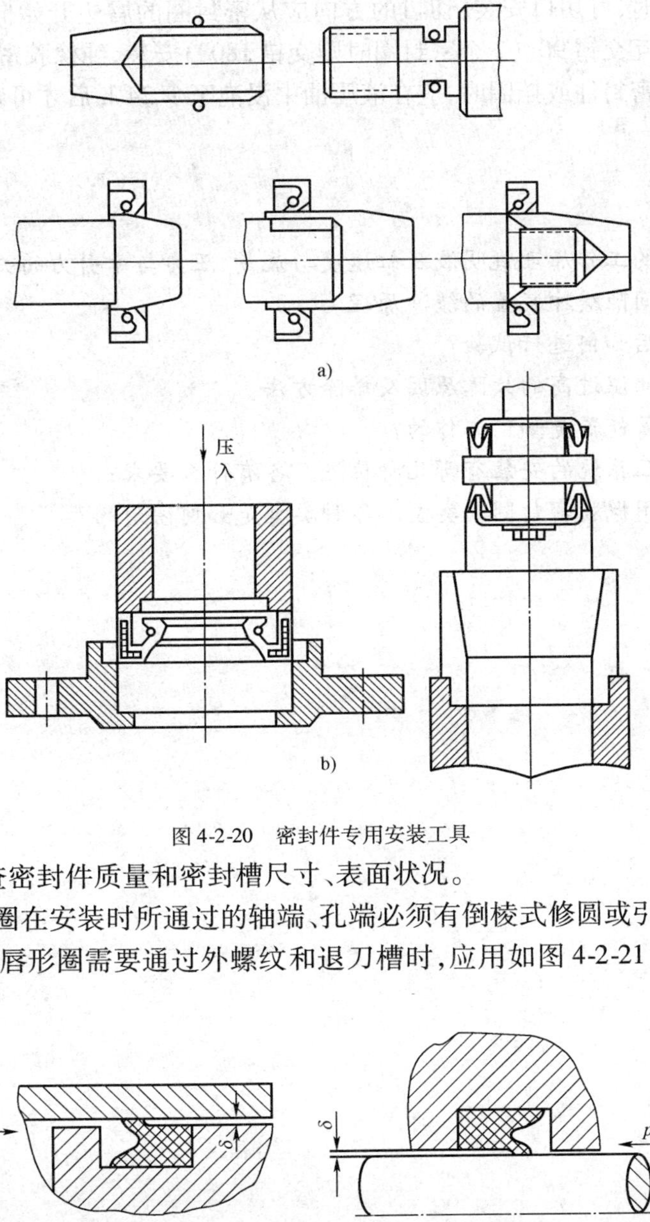

图 4-2-20　密封件专用安装工具

②安装前要检查密封件质量和密封槽尺寸、表面状况。

③O 形圈、唇形圈在安装时所通过的轴端、孔端必须有倒棱式修圆或引入导角。

④安装 O 形圈、唇形圈需要通过外螺纹和退刀槽时，应用如图 4-2-21 所示的金属导套专用工具。

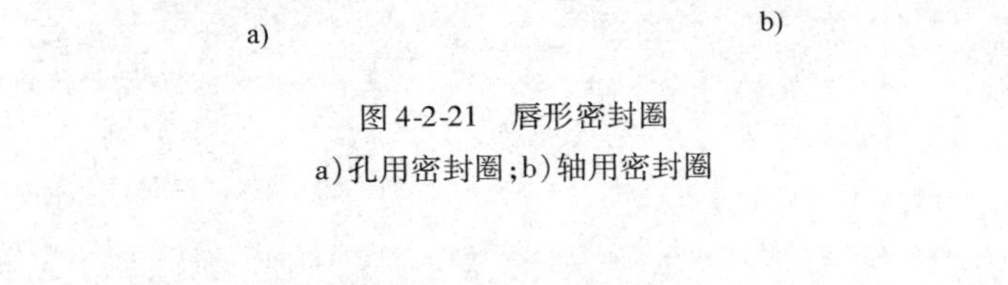

图 4-2-21　唇形密封圈

a）孔用密封圈；b）轴用密封圈

⑤在密封圈安装通过部位涂润滑脂或工作油；应避免密封圈有过大的拉伸；应防止带入铁屑、沙土及棉纱等杂物。

⑥安装唇形密封圈，除应使唇口正对压力油方向外，还特别要分清楚轴用密封件和孔用密封件。如图4-2-20a）所示的是孔用密封。图4-2-20b）所示为轴用密封。

⑦安装V形夹织物橡胶密封圈时，如不能从轴向装入，或规格不能满足需要而选用相邻大小规格的密封圈时，可切口安装，切口的方向应从密封圈的唇边开始向底边呈45°，相邻密封圈的切口必须相互交错90°（2个密封圈时则交错180°）安装，纯橡胶密封圈不能切口安装。

⑧如采用皮革密封件或挡圈时，应在液压油中浸泡至少24 h后才可装复。

思考题

1. 结合液压缸的工作原理说明液压缸速度与流量、压力与牵引力的关系。
2. 说明液压缸间隙缓冲装置的缓冲原理。
3. 液压缸安装后如何进行试验？
4. 简述液压缸油温过高的故障原因及排除方法。
5. 说明活塞式蓄能器是如何工作的？
6. 滤油器在液压系统的安装有哪几种位置？各有什么要求？
7. 简要说明常用橡胶密封圈的类型。各种类型是如何密封的？

Danyuanwu

单元五

常用液压系统回路及液压系统的使用与维护

知识点

1. 常用液压回路的组成、用途及工作原理；
2. 液压系统常见故障的诊断方法；
3. 液压系统的使用与维护要求。

技能点

1. 会组装常用液压回路；
2. 能完成液压元件的清洗与安装；
3. 能正确进行液压系统的日常保养与维护。

课题一　常用液压系统回路

液压传动作为工程机械传动系统中的一种重要的传动形式，具有机构简单、重量轻、工作平稳冲击小、能在大范围内无级调速、易于实现自动化等优点。学习和掌握液压传动系统基本回路的类型、组成、原理及特点，便于对实际工程机械液压系统的认识和分析，能变复杂为简单，为系统的使用与故障检修起很大的帮助与指导作用。

无论多么复杂的工程机械液压系统，总是由有关液压元件组成的简单基本回路组成。

一、液压系统基本形式

1. 开式、闭式系统

1）开式系统

①定义。开式系统是指整个液压系统不是完全封闭的，油液通过油箱开式循环。如图5-1-1所示，液压泵从液压油箱中吸油，通过换向阀给液压缸（或液压马达）供油以驱动工作机构，液压缸的回油再经换向阀流回液压油箱，在泵出口处装溢流阀用以调整系统的最高压力。

②特点。开式系统利用油箱可以散热、沉淀杂质的特点，并且油液循环大，散热条件好，结构简单，因此为大多数工程机械所采用。但因油液常与空气接触，使空气易于渗入系统，导致工作机构运动不平稳及其他不良后果。开式系统中工作机构的换向借助于换向阀来实现，会产生换向液压冲击，同时系统运动部件的节流损失也会转变为热能，从而也会使油温增高。另外，在开式系统中，液压泵可采用定量泵或单向变量泵，但考虑到泵的自吸能力和防止产生吸空现象，对自吸能力差的液压泵，一般将液压泵工作转速限制在额定转速的75%以内，或增加一个辅助泵。

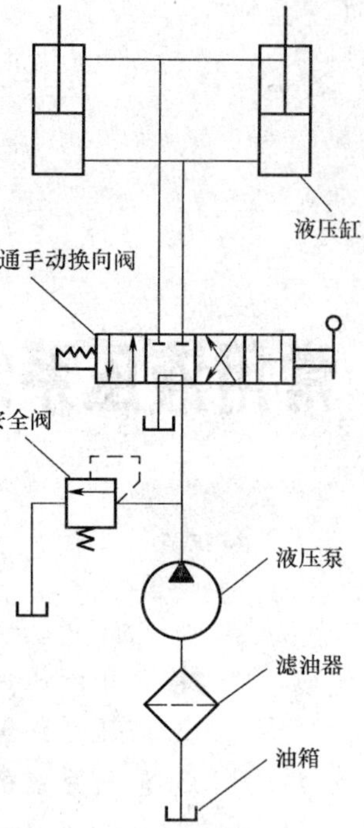

图 5-1-1　开式液压系统

2）闭式系统

①定义。如图 5-1-2 所示，闭式系统是指液压泵的进油管直接与执行元件的回油管相连，工作液体在系统的管路中进行封闭循环，系统没有单独的油箱。

②特点。闭式系统结构较为紧凑，泵的自吸性好，系统与空气接触的机会较少，空气不易渗入系统，故传动的平稳性较好，且工作机构的变速和换向靠调节泵或马达的变量机构实现，避免了在开式系统换向过程中所出现的液压冲击和能量损失。但闭式系统较开式系统相对复杂，并且由于闭式系统本身没有油箱，油液的散热和过滤的条件较开式系统差。

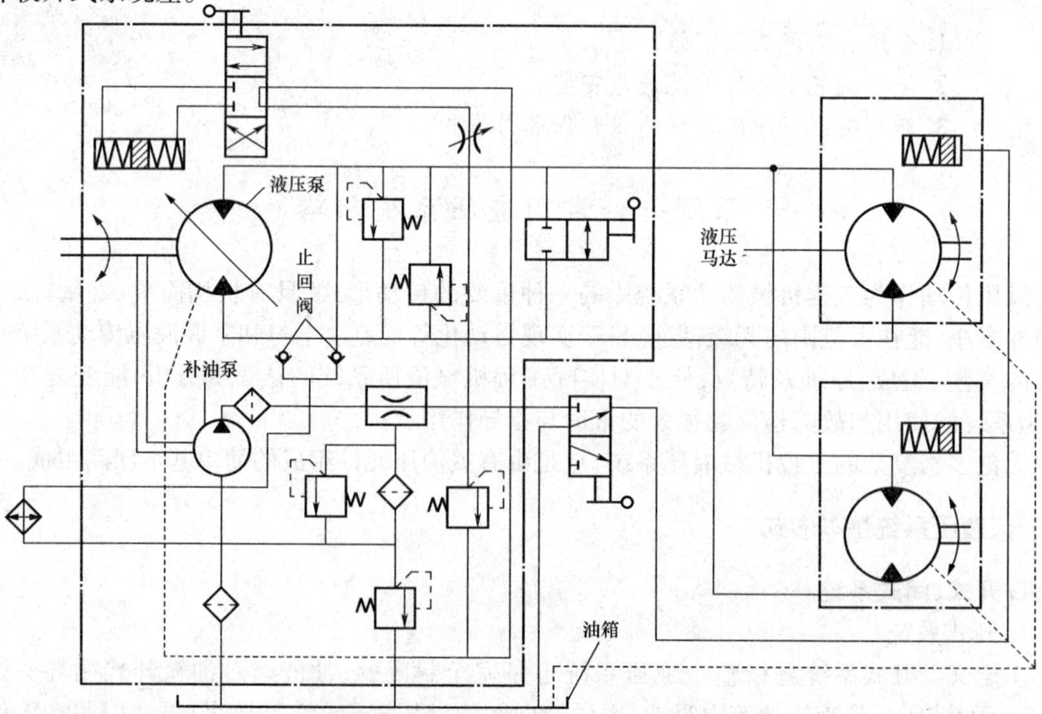

图 5-1-2　闭式液压系统

2. 单泵、多泵系统

1）单泵系统

①定义。如图5-1-3所示，单泵液压系统是指由一个液压泵向一个或多个执行元件供油的液压系统。

②特点。单泵系统适用于不需要进行多种复合动作的工程机械，如推土机、铲运机等铲土运输机械的液压系统。

2）双泵系统

①定义。图5-1-4为双泵液压系统图。双泵液压系统是指系统有两台泵可以分别向各自回路中的执行元件供油，其实际上是两个单泵系统的组合。

②特点。对某些工程机械如液压挖掘机、液压起重机系统中，采用双泵或多泵系统，既可以实现复合运动，又可以对这些动作进行调节，能够更有效地利用发动机功率，提高工作性能。

双泵系统中，每台泵的功率是根据各自回路中所需要的功率而定，可以保证进行复合动作。当系统中只需要进行单个动作，可采用合流供流方式，即将两台液压泵的流量同时供给一个执行元件，可使工作机构的运动速度加快一倍。

3）多泵系统

①定义。多泵系统是指由多个液压泵向系统执行元件供油。如图5-1-5所示为三泵液压系统原理图。

②特点。这种三泵系统的特点是回转机构采用独立的闭式系统，而其他两个回路为开式系统。这样可以按照主机工作情况，把不同的回路组合在一起，以获得主机最佳的工作性能。

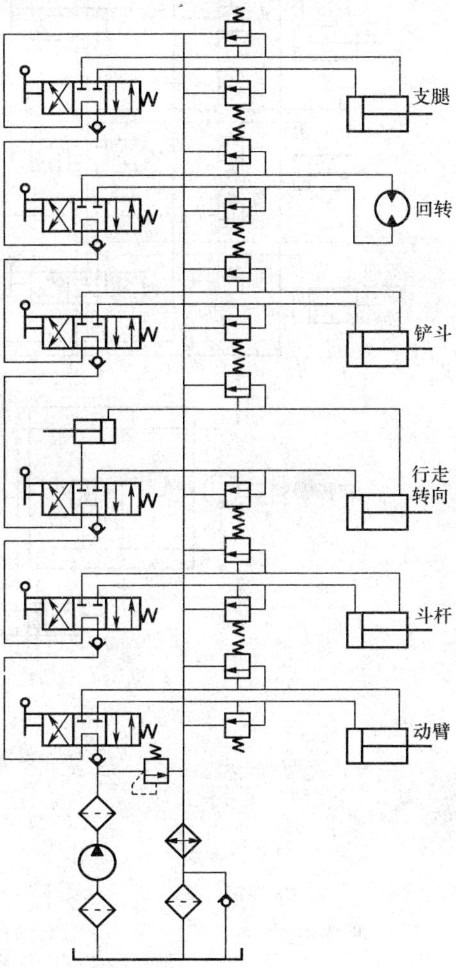

图5-1-3 单泵系统

3. 定量、变量系统

1）定量系统

①定义。如图5-1-3和图5-1-6所示，定量系统是指采用定量泵作为动力原件的液压系统。定量系统中液压泵一般为齿轮泵、叶片泵或固定斜盘的柱塞泵。

②特点。定量系统中泵的成本低，速度平稳，油液冷却充分但效率较低。液压系统工作时，液压泵功率是随工作阻力变化而变化的。对定量泵，当发动机转速一定时，流量口也一定。而压力是根据工作循环中需要克服的最大阻力确定的，因此在一个工作循环中液压泵达到满功率的情况是很少的。据统计，在挖掘机中定量泵功率的平均利用率约为54%～60%。液压系统中液压泵的理论功率与发动机有效功率之比约为0.8～1.2。

2）变量系统

①定义。变量系统是指液压系统中动力原件采用变量泵的液压系统。变量系统中所用的

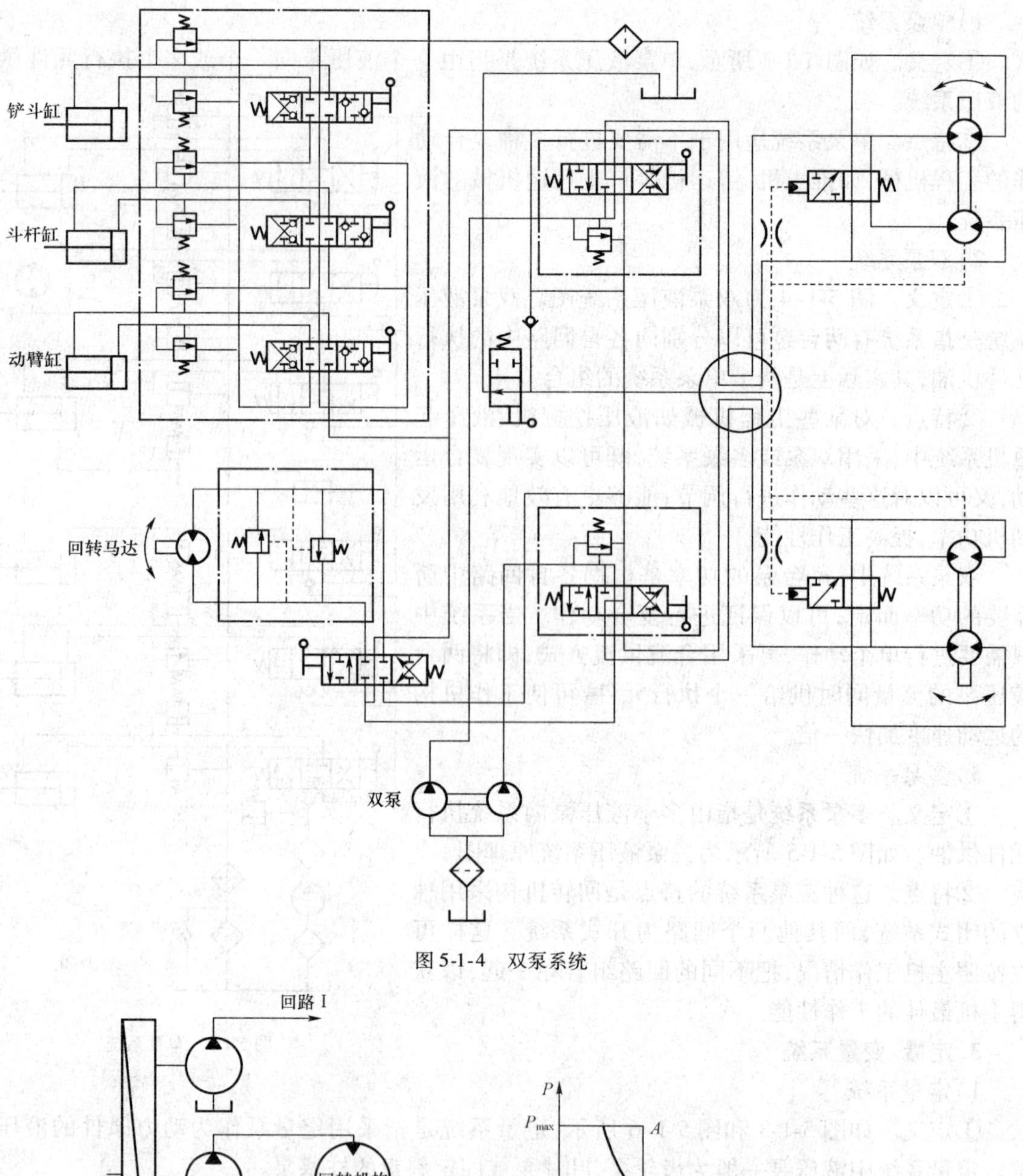

图 5-1-4　双泵系统

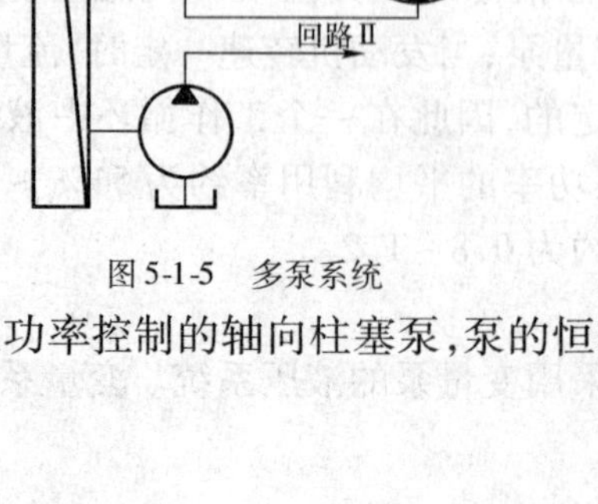

图 5-1-5　多泵系统

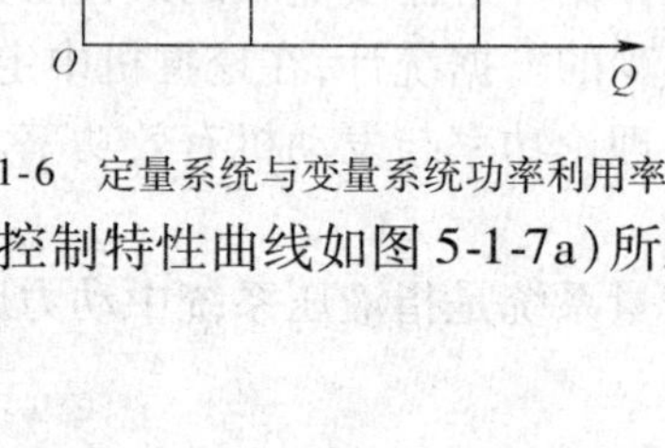

图 5-1-6　定量系统与变量系统功率利用率比较

液压泵为恒功率控制的轴向柱塞泵，泵的恒功率控制特性曲线如图 5-1-7a）所示。

②变量控制。如图 5-1-7b)所示,功率调节器中控制活塞右面有压力油作用,控制活塞左面有弹簧力作用。当泵的出口压力低于弹簧预压紧力时,弹簧未被压缩,液压泵的摆角处于最大角度,此时泵的排量也最大。随着液压泵出口压力的增高,弹簧被压缩,液压泵的摆角也就随着减小,排量也就随之减少。由于液压泵的工作压力是随外荷载的大小而变化的,因此,可使工作机构的速度随外荷载的增大而减小,或随外荷载的减小而增大,使发动机功率在液压泵调节范围内得到充分利用。

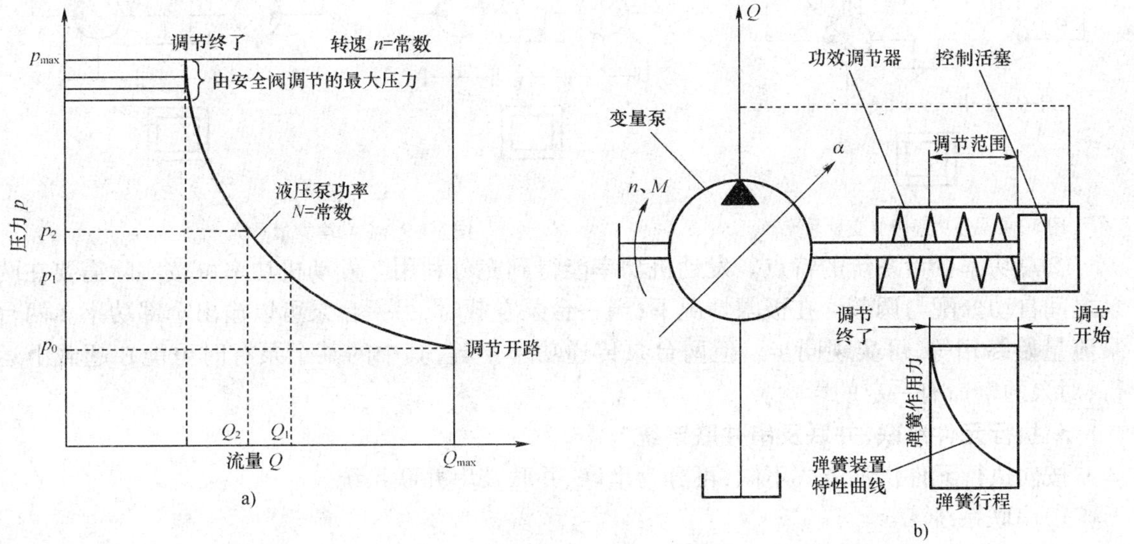

图 5-1-7　恒功率变量泵功率特性曲线

③特点。变量泵的优点是在调节范围之内,可以充分利用发动机的功率,缺点是结构和制造工艺复杂,成本高。为了防止发动机因过载而突然熄火,一般将液压泵的理论功率与发动机有效功率之比限制在 0.8 ~ 1 之间。

4. 分功率变量、总功率变量系统

变量系统按其对发动机功率利用情况的不同,又可分为分功率变量系统和总(全)功率变量系统。

1)分功率调节变量系统

①定义。如图 5-1-8 所示,液压系统中的两个主泵,各有一个恒功率调节器,分别进行功率调节。

②特点。每一个泵的流量只受泵所在回路负载压力的影响,而不受另一回路负载的影响,不能保证相应的同步关系。每一回路所利用的发动机功率最多不超过 50%。为了改善功率利用,在进行单回路动作时,分功率变量系统可采用合流供油。

2)总功率调节变量系统

①定义。如图 5-1-9 所示,是采用机械联动(图 5-1-9a))或采用液压联动(图 5-1-9b))调节总功率的变量系统。机械联动变量系统中,两个泵的缸体连接在一起,由一个直接作用调节缸来调节双泵的摆角。泵 1 和泵 2 的压力油通过阻尼孔分别作用于调节缸的 a 腔和 b 腔,系统是按两台泵工作压力之和($p_z = p_1 + p_2$)来进行流量调节的。调节过程中,两泵摆角相等,输

出流量相等，两台泵功率总和始终保持恒定，使其不超过发动机的驱动功率。图 5-1-9b）是液压联动总功率调节变量系统。每台泵各自有调节器，同样，它们的摆角是按两台泵工作压力之和来调节的，而实现双泵同步变量。

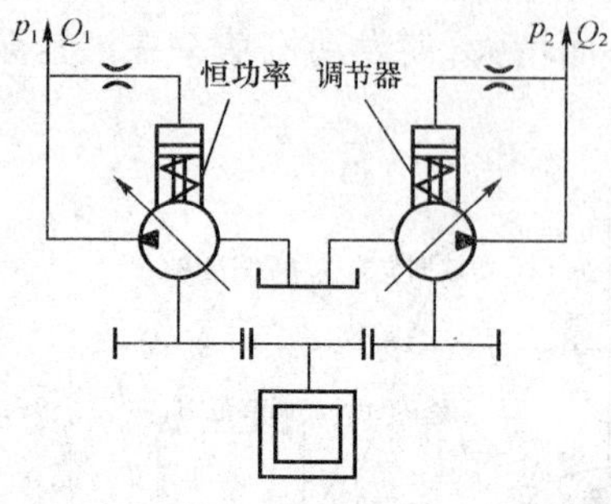

图 5-1-8　分功率调节变量系统

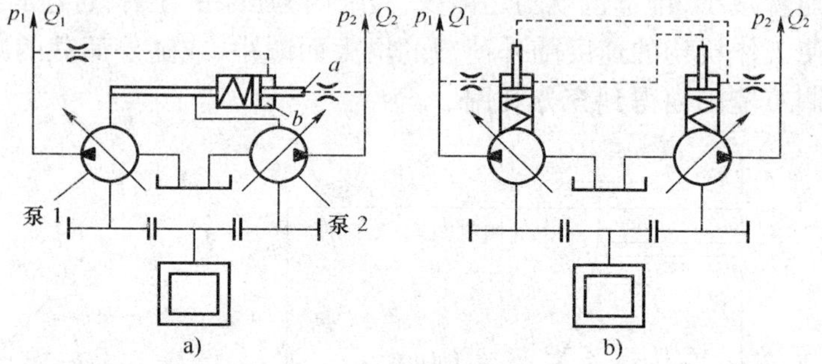

图 5-1-9　总功率变量系统

②总功率变量系统的特点。发动机功率能得到充分利用。发动机功率可按实际需要在两泵之间自动分配与调节。在极限情况下，当一台泵空载时，另一台泵可以输出全部功率。两台泵流量始终相等，可实现同步。但两台泵传递功率不等，其中的某个泵有时可能在超载下运行，对泵的寿命有一定的影响。

5. 执行元件串联、并联及串并联系统

按向执行元件供油方式不同，可分为串联、并联及串并联系统。

1）串联系统

①定义。如图 5-1-10 所示，串联系统指当一台液压泵向一组由多路换向阀控制的执行元件供油时，前一个执行元件回油即为后一个执行元件的进油的液压系统。

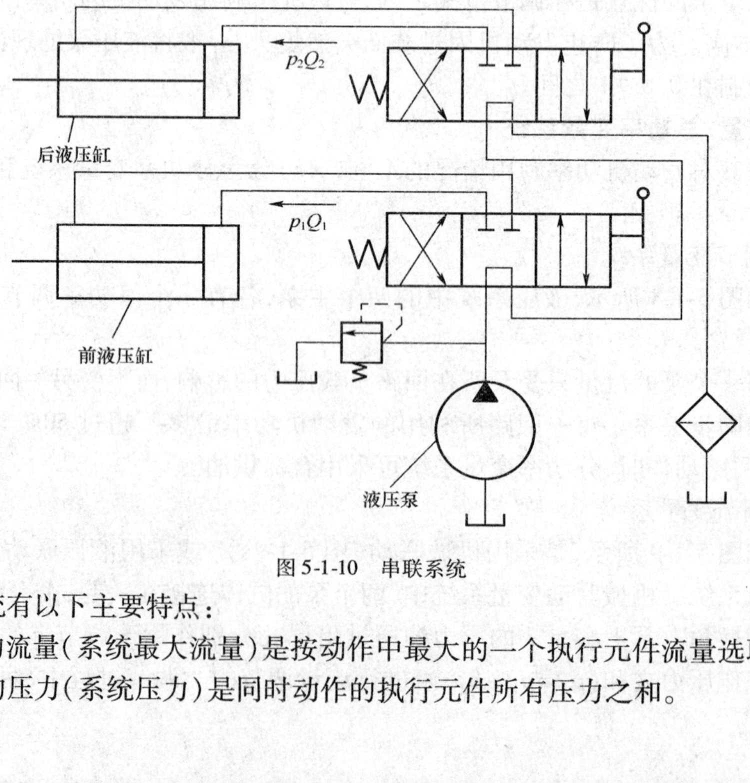

图 5-1-10　串联系统

②串联系统有以下主要特点：

a. 液压泵的流量（系统最大流量）是按动作中最大的一个执行元件流量选取的。

b. 液压泵的压力（系统压力）是同时动作的执行元件所有压力之和。

c. 当液压泵的流量不变时，串联系统中各液压缸或液压马达的速度与负载无关。

d. 当主泵向多路阀控制的各执行元件供油时，可实现各执行元件同时工作。但由于执行元件的压力是重叠的，所以克服外负载的能力将随执行元件的数量增多而降低。

2）并联系统

①定义。如图5-1-11所示，并联系统是指当一台液压泵向一组由多路换向阀控制的执行元件供油时，各执行元件的进油经过换向阀直接和液压泵的供油路相通，而执行元件另一腔的回油又经过换向阀与总回路相通的液压系统。

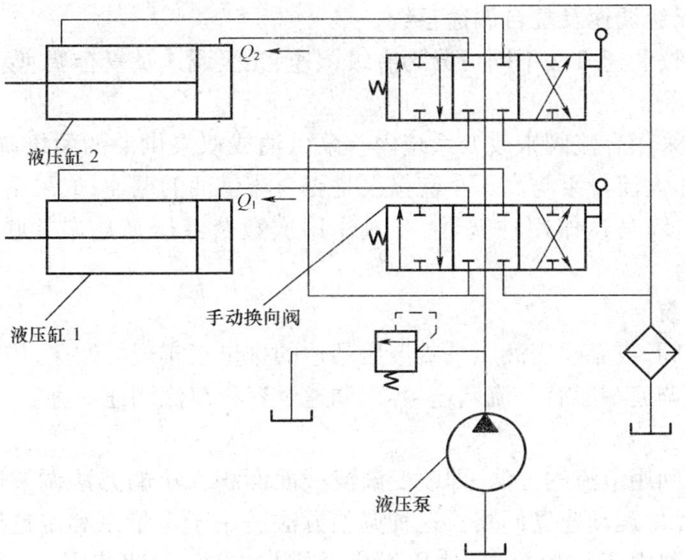

图5-1-11　并联系统

②并联液压系统的几个主要特点：

a. 液压泵的流量是按可同时动作执行元件之和选取的，可见泵的流量要求比较大。

b. 液压泵的压力是按各执行元件中最高的一个所需压力（执行元件中最高的一个工作压力及其油路压力损失之和）选取。

c. 当液压泵流量不变时，并联油路中的执行元件的速度将与外负载有关，且随外负载增大而减小，随外负载减小而增大。

d. 当主油泵向多路换向阀控制的各执行元件供油时，流量的分配是随各执行元件上外负载的不同而变化的，当各执行元件上外负载相等时，可实现同时动作，否则随外负载的不同而有先后动作，其克服外负载的能力较大。

3）串并联系统

①定义。如图5-1-12所示，串并联系统是指在系统中，当一台液压泵向一组多路阀控制执行元件供油，在中位时，各单联换向阀的进油路是串联，回油路是并联，或者当后一联阀工作时，前面各联阀就不能工作的液压

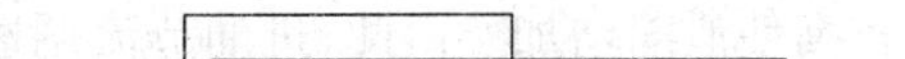

图5-1-12　串并联系统

系统。

②串并联系统的几个主要特点：

a. 液压泵的流量和压力均按系统中单个执行元件动作中最大的一个流量和压力值进行选取。

b. 当液压泵的流量不变时，动作的执行元件速度与负载无关。

c. 当前一单联换向阀工作进油时，其后面各单联换向阀不进油不工作。系统在任何时候只能有一个执行元件在动作，这种系统不能实现复合动作，可防止误操作。

6. 有级调速、无级调速及复合调速系统

液压传动系统按调速方法不同可分为有级调速、无级调速及复合调速系统。

1）有级调速系统

有级调速是指采用合流阀来改变系统内单泵供油或双泵供油的两级调速；或采用顺序阀作卸荷阀，解决低压大流量泵与高压小流量泵是否合流供油的调速；或采用双速阀或二位四通电磁阀来改变内曲线马达作用柱塞数、有效作用次数及液压马达串并联，从而调节系统的调速。

2）无级调速系统

采用流量控制阀，或靠改变液压泵或液压马达的排量来实现的调速，均能在一定范围内实现无级调速。无级调速一般有节流调速、容积调速及容积节流调速 3 种。

（1）节流调速

节流调速是指利用节流的方法，即改变液流截面面积大小的方法调节进入执行元件的流量，达到改变执行元件运动速度回路。这种调整方法适用于定量泵和定量执行元件所组成的液压系统。节流调速由于结构简单，使用操作及维护方便，调速范围大（调速比可达 100 以上），低速微动性能好，所以在工程机械上得到广泛的应用。

①节流阀调速。根据节流阀在油路安装位置的不同，节流阀调速又可分为以下 3 种。

a. 进油节流调速回路。如图 5-1-13a）所示，节流阀安装在液压缸的进油路上，液压泵输出的压力油经节流阀进入液压缸。调节节流阀开度的大小即可调节进入液压缸的流量从而调节液压缸的工作速度。液压泵的多余流量经溢流阀流回油箱。

进油节流调速回路不能保证液压缸运动速度的平稳性；由于没有背压，当外荷载突然变小时可能产生突然快进，使运动更加不平稳。另外油液通过节流阀时要发热，进入液压缸的油温较高使泄漏增加。由此，进油节流调速溢流损失大，系统效率低，一般很少单独应用。

b. 回油节流调速回路。如图 5-1-13b）所示，节流阀安装在回油路上，限制液压缸的回油量从而限制了进入液压缸的流量。调节节流阀开度的大小同样可达到调节液压缸运动速度的目的。液压泵多余流量经溢流阀流回油箱。

这种调速方法在工作过程中供油压力由溢流阀调定，基本上保持不变；比前述进油节油调速的效率高，液压系统发热小；但液压缸运动速度受外荷载变化的影响大，平稳性更差，一般仅用于系统功率较大，速度较高，运动稳定性要求低，且调速范围较小的场合。

c. 旁路节流调速回路。如图 5-1-13c）所示，旁路节流调速回路的节流阀安装在分支油路中和液压缸并联。液压泵输出的压力油分为两路，一路进入液压缸，另一路经节流阀回油箱。调节支路上节流阀的流量即可改变主油路进入液压缸的流量，从而达到调速的目的。

这种调速比前述两种方法效率高,液压系统发热小,但液压缸运动速度受外荷载变化的影响大,平稳性更差,且调速范围小。这种调速回路一般也不单独应用,仅用于系统功率大,速度较高,运动稳定性要求较低,且调速范围较小的场合。

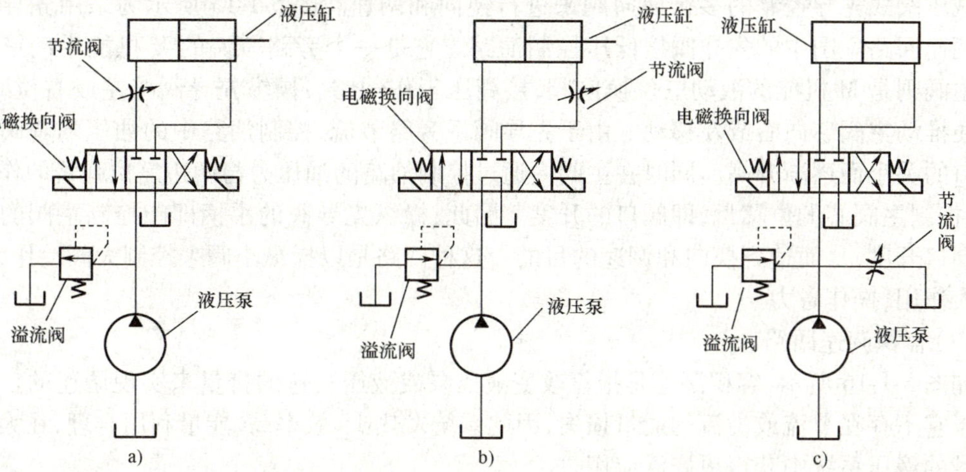

图 5-1-13 节流调速回路

a)进油路节流调速;b)回油路节流调速;c)旁路节流调速

②换向阀调速。工程机械液压系统一般很少使用专门的节流阀调速,而是利用控制换向阀的阀口开度来实现节流和采取调节内燃机加速踏板的方法来改变速度。

a. 手动换向阀调速回路。图 5-1-14a)所示的例子是由手动 M 机能三位换向阀控制的进油节流兼回油节流调速回路。按图示方向阀芯正向右移,泵的卸荷通道已被切断,同时打开阀口 f_1 和 f_2,将泵供给的压力油从阀口 f_1 引入左腔,而将右腔的油经阀口 f_2 引回油箱。调节阀口的通流面积 s_1 和 s_2,实质上就是借助节流阻尼来改变主油路流阻的大小重新分配油流,从而实现无级调速。这种调速回路具有进油节流和回油节流两种基本形式的综合调速特性。

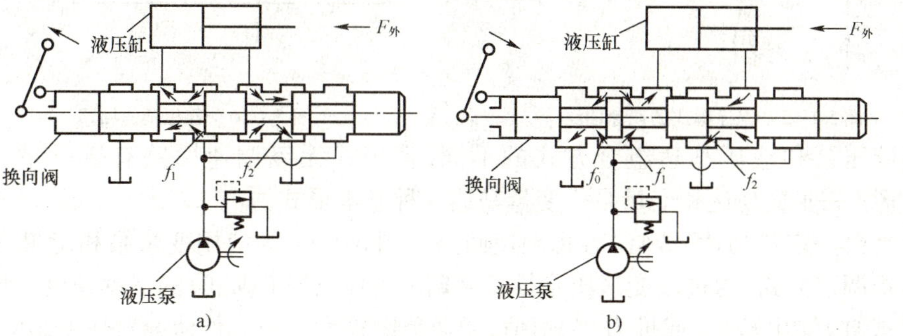

图 5-1-14 使用手动换向阀的调速回路

图 5-1-14b)所示的例子则是 M 机能换向阀控制的旁路节流兼回油节流调速回路。按图示方向阀芯正向左移。泵输出的油进入阀内分成两路,一部分通过阀口 f_0 从旁路流回油箱;另一部分通过阀口 f_1 进入液压缸左腔。回路的油压随着旁路节流阀口 f_0 的关小而升高,直到推动活塞工作。这时缸右腔的回油则通过阀口 f_2,排回油箱。随着阀芯左移,阀口 f_0 逐渐关小而阀口 f_1 和 f_2 逐渐扩大,使旁路流阻增大而主油路流阻减小,旁路流量减少而缸获得增速。

换向后，就要利用节流阀口 f_2 来实现回油节流调速。因此，这种调速回路在不同荷载下具有旁路节流和回油节流的调速特性，常用于功率较大而速度稳定性要求不高的机械。

b. 先导控制换向阀调速回路。目前在大型工程机械中，越来越广泛地应用节流式先导控制或减压阀式先导控制的多路换向阀来进行换向和调速。图 5-1-15 所示为采用先导式换向阀的调速回路。图中的先导阀接低压控制油路。它是一个旁路节流的 Y 机能手动三位换向阀。主阀则是 M 机能的液动三位换向阀，接高压工作油路。操纵先导阀接左或右位时，控制油液便推动主阀芯向右或左移动。由于先导阀系旁路节流，控制油路中的油压随着阀内旁路节流口的关小而逐渐升高。同时在主阀内通过控制油路的油压力与两边复位弹簧的作用力平衡，来控制主阀芯的位移量，即阀口的开度。因此，操纵先导阀的手柄即能控制主阀的移动方向和阀口开度，从而达到换向和调速的目的。这种回路是以操纵小阀来控制大阀动作，因此具有放大作用，操作省力。

(2)容积调速回路

如图 5-1-16 所示，容积调速是指靠改变液压泵或液压马达的排量来实现调速的。容积调速由于它不存在节流或溢流的能量损失，因此系统发热少、效率高、能量利用合理，在大功率工程机械的液压系统中获得更广泛应用。

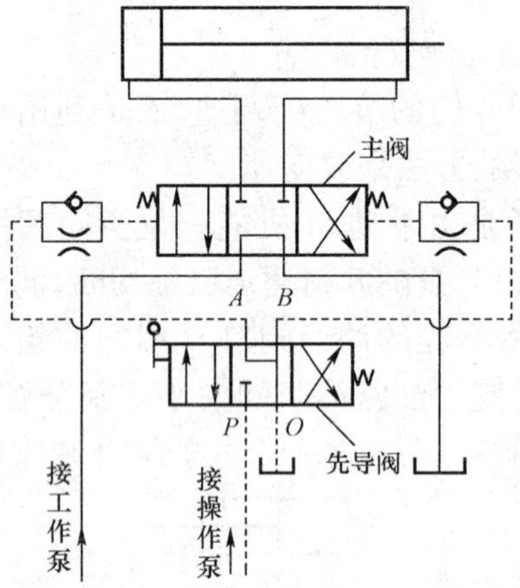

图 5-1-15　先导阀式的调速回路

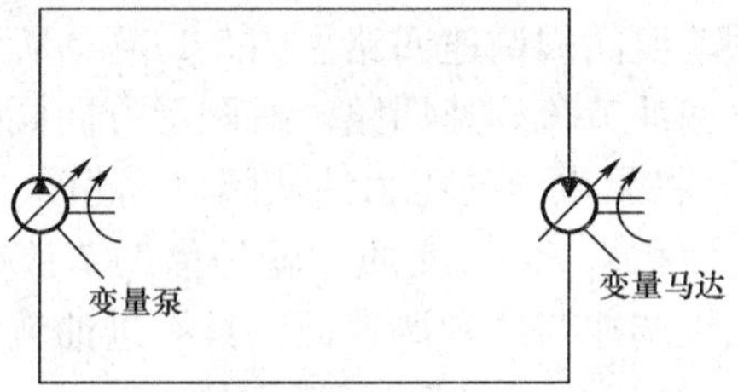

图 5-1-16　容积调速回路

按照液压泵和液压马达组合方式的不同，容积式无级调速回路有变量泵—定量马达(缸)、定量泵—变量马达和变量泵—变量马达 3 种基本形式。

①变量泵—定量马达(或缸)容积调速回路。图 5-1-17 为应用变量泵和定量马达(或缸)组成的容积调速回路，通过改变液压泵排量来调节液压马达(或缸)的运动速度。该回路效率高，马达(或缸)输出转矩(或推力)为恒值，调速范围较大。但元件泄漏对速度影响大，适用于功率大的场合。

②定量泵—变量马达容积调速回路。图 5-1-18 为采用定量泵和变量马达的调速回路，通过改变液压马达的排量来进行无级调速。回路最大压力由溢流阀调定。补油泵持续补油以补偿系统泄漏保持低压管路内的压力。该回路功率高，输出功率为恒值，但调速范围小，元件泄漏对速度影响大，适用于大功率的场合。

③变量泵—变量马达容积调速回路。如图 5-1-19 所示为采用变量泵和变量马达的调速

回路，这种容积调速回路是上述两种容积调速回路的组合，具有上述两种调速回路的特点，其调速范围也进一步扩大。

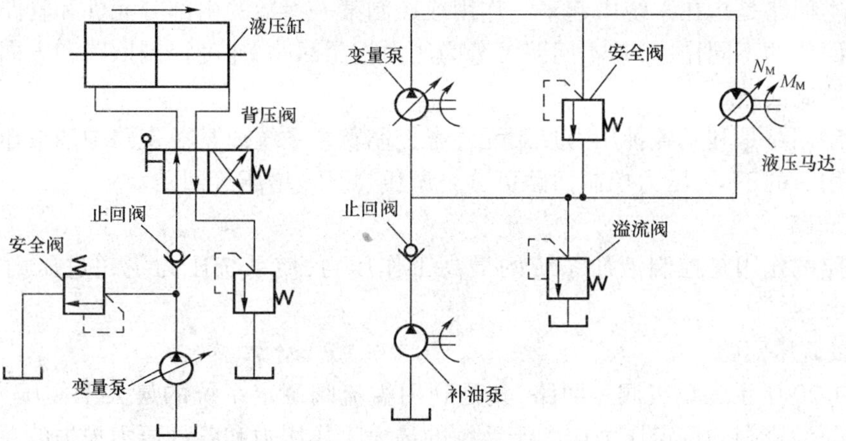

图 5-1-17　变量泵—定量马达（或缸）组成的调速

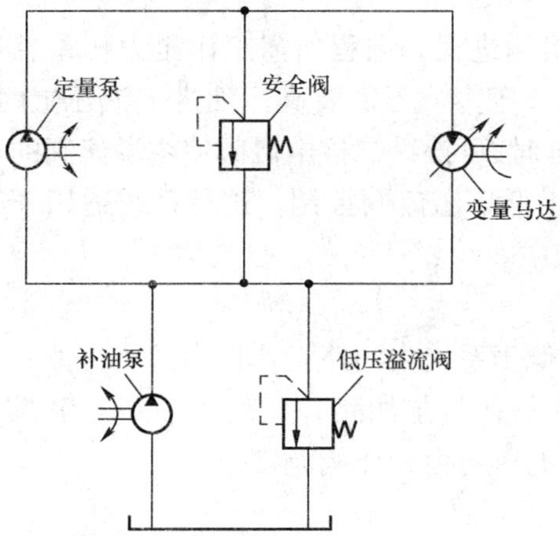

图 5-1-18　定量泵—变量马达组成的容积调速

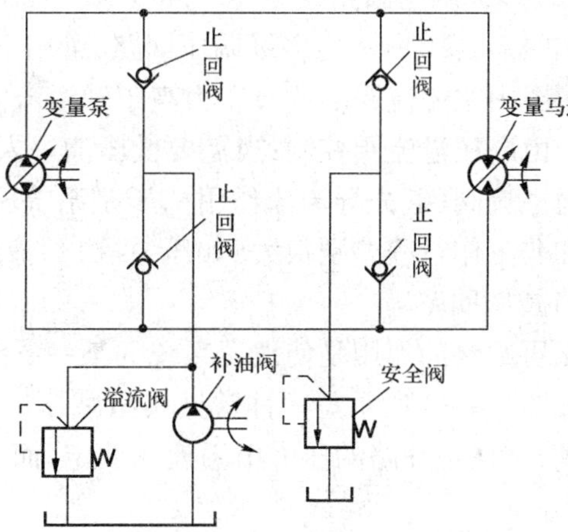

图 5-1-19　变量泵和变量马达组成的调速回路

（3）容积节流调速回路

容积节流调速回路是用节流阀（手动换向阀）配合变量泵来组成回路进行调速，同时具有节流调速和容积调速的优点，其效率高，调速方便，工作稳定。目前，工程机械上的恒功率变量泵—手动换向阀—执行元件或限压式变量泵—调速阀—执行元件组成的调速回路，均是容积节流调速的具体应用。

3）复合调速

复合调速是将有级调速、容积调速等组合在一起应用，从而使这些液压系统获得较好的各种调速性能要求，现已在 NK800 型液压起重机等许多大型工程机械液压系统上应用。复合节流调速由于微动性能优良、调速范围最大、刚度好，尽管其效率低，仍在工程机械中应用较多。

二、液压基本回路

液压基本回路是指在系统中起某一作用或控制某一参数的由部分元件和管路构成的单元回路。按照回路的不同作用,基本回路可分为压力控制回路、速度控制回路和方向控制回路。

1. 压力控制回路

压力控制回路是利用各种压力控制元件来控制整个系统或某条支路中油液压力的单元回路。按照使用目的不同,压力控制回路可分为调压、减压、增压等回路。

1)调压回路

调压回路的作用是控制液压系统的最高工作压力,使系统压力不超过压力控制阀的调定值。

(1)单级调压回路

如图5-1-20所示为单级调压回路,其是利用溢流阀调定系统的最大工作压力,系统采用定量泵供油。溢流阀的调定压力应大于系统的最大工作压力和各种压力损失的总和。当系统中因负载或因其他原因造成压力超过溢流阀的调定压力时,泵输出的油液便经溢流阀流回油箱。溢流阀通常设置在泵出口附近的旁通油路上,对整个系统起到安全保护作用。

(2)多级调压回路

如图5-1-21所示为多级调压回路,可用于执行机构进程和回程所需工作压力相差悬殊的工况。图中主溢流阀的调节压力高于辅溢流阀的调节压力。当需要高压油进入液压缸时,系统压力由高压溢流阀控制;当需要低压油进入液压缸时,可操纵二位电磁阀使主溢流阀的远控口接通溢流阀(起先导溢流作用),于是系统压力改由低压溢流阀控制。这种系统适用于工作行程和非工作行程差别很大(如压力机)的液压系统中。

2)减压回路

减压回路的作用是使液压系统的某一支路获得低于系统主油路工作压力的压力油。

如图5-1-22所示是一种常见典型减压回路。它是在与主油路并联的支油路上串联一个减压阀,这样主油路的压力由溢流阀调定,而支油路的压力由减压阀调定。

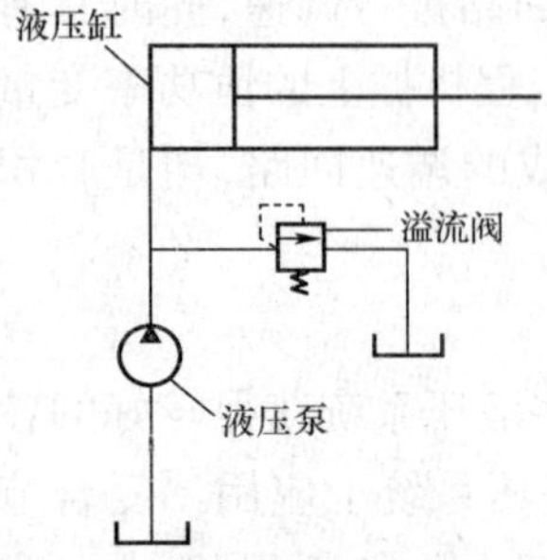

图5-1-20 单级调压回路

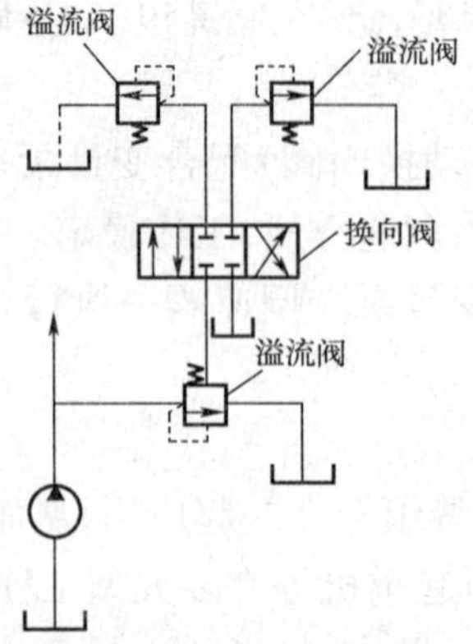

图5-1-21 多能调压回路

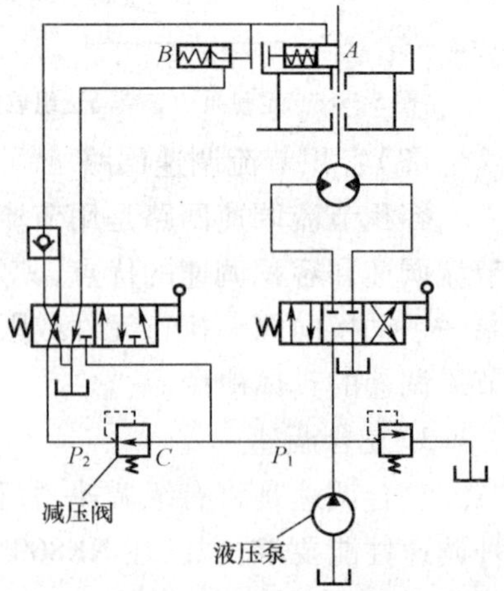

图5-1-22 减压回路

3)增压回路

增压回路是提高系统中某一支路的压力,从而实现油压放大的回路。它能用较低压力的泵来获得较高的工作压力。增压系统的局部油路或某个执行机构能获得比液压泵工作压力高若干倍(可达2~7倍)的高压油。增压回路中实现增压的主要元件是增压缸(增压器)。

如图5-1-23所示为装载机制动系统中采用的增压回路。其中图5-1-23a)为气压增压,此回路中的单作用增压缸是由大汽缸和小油缸两个活塞缸串接而组成的。大小活塞用一根活塞杆连接起来,当向大缸输入低压油时,小缸即能获得高压油。图5-1-23b)为液压增压。增压缸大小活塞面积之比,称增压比。只要选择适当的增压比,就可以得到所需要的压力油。其优点是可以避免配置价格较贵的高压泵,使系统简单经济。凡具有负载大、行程小和作业时间短等工作特点的执行机构,如液压铆枪、制动器、离合器等均可采用增压回路。

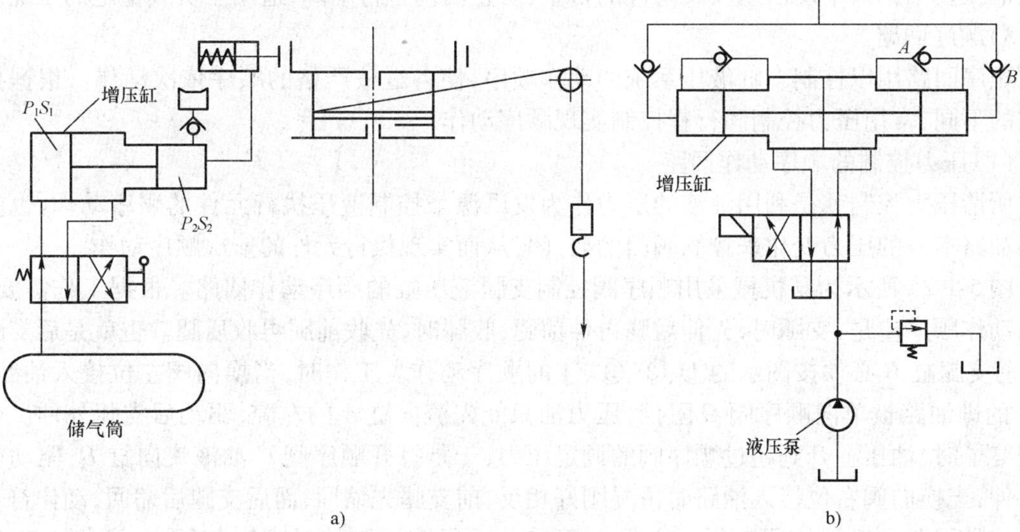

图5-1-23　增压回路

a)气压增压回路;b)液压增压回路

2. 速度控制回路

速度控制回路是控制和调节液压执行元件运动速度的单元回路。根据被控制执行元件的速度调节范围可分为有级调速与无级调速,具体油路及特点,见前述液压系统基本形式6。

3. 方向控制回路

方向控制回路通过控制液压系统各油路中油流的接通、切断或改变流动方向,从而控制各执行元件不同动作或运动方向。

1)换向回路

换向回路作用主要是变换执行机构的运动方向。在开式系统中,一般常用换向阀来实现换向(图5-1-1);闭式系统常采用双向变量泵实现换向(图5-1-2)。

2)锁紧回路

锁紧回路的作用是使执行元件在运动过程中的某一位置上停留一段时间保持不动,并防止其漂移或沉降。

(1)换向锁紧回路

换向阀锁紧回路是利用O型或M型换向阀机能将执行元件锁紧在任意位置上。当换向阀阀芯处于中间位置时,液压缸的进、出油口均被关闭,活塞即被锁紧。这种锁紧回路由于换向阀的环状缝隙泄漏较大,难以保证长时间闭锁,只用于锁紧要求不高,或短时停留的场合。

(2)利用液控止回阀的锁紧回路

这种回路有自控式和远控式两种。图5-1-24所示为自控式平衡阀锁紧回路。它在重物下降的回油路上装接一个自控平衡阀。提升重物时换向阀右位接入油路,压力油通过平衡阀中的止回阀进入液压缸下腔。重物下降时换向阀左位接入油路,压力油即进入液压缸上腔并建立一定的压力,促使下腔背压超过平衡阀的调定压力,然后打开平衡阀使重物按控制速度下降。当换向阀处于中位时,缸下腔油路被平衡阀锁紧,重物可停留在任意中间位置。这种回路常在油压机中用以平衡活塞及其附件的自重,防止活塞自行下降,适用于负载稳定的工况。

3)顺序回路

顺序回路用以控制多缸液压系统的动作顺序,使各缸按严格的顺序依次动作。根据控制方式的不同,常用压力控制和行程控制实现顺序动作。

(1)压力控制的顺序动作回路

所谓压力控制就是利用油液的压力作为发讯源来控制液压执行元件的顺序动作,也就是利用油路本身的压力变化来控制阀门的启、闭,从而实现执行元件的依次顺序动作。

图5-1-25所示为某机械采用顺序阀控制支腿液压缸的顺序动作回路。根据工作需要,支腿的动作顺序应是:支腿时,先伸后腿再伸前腿;收腿时,先收前腿再收后腿。也就是后支腿缸A和前支腿缸B必须按图示的①、②、③、④的顺序动作。工作时,当换向阀左位接入油路时,缸B的进油路被单向顺序阀C阻挡,压力油只能先流向缸A的左腔,驱动后支腿外伸。待其行程终了时,油压上升到超过顺序阀的调定压力,于是打开顺序阀C油液流向缸D,驱动前支腿外伸;当换向阀右位接入油路时情况刚好相反,前支腿先缩回,而后支腿后缩回,动作符合要求。这种回路顺序阀的调定压力必须大于前一行程液压缸的最高工作压力,否则会产生误动作。

图5-1-26所示是用压力继电器控制的顺序动作回路。工作要求为先将工作件夹紧,然后刀架进给。工作开始时,三位四通电磁阀处于图示位置,液压泵输出的压力油进入夹紧缸的上腔,活塞下行,将工件夹紧。夹紧后,夹紧缸上腔压力继续升高,当油压超过压力继电器预调值时压力继电器发出信号,使三位四通阀的电磁铁2DT通电,进给液压缸动作。回路中要求先夹紧后进给,未夹紧则不能进给。整个动作顺序,是由压力继电器保证的。

(2)行程控制顺序动作回路

行程控制顺序动作回路是利用执行机构运动到预定位置发出的控制信号使下一个动作开始的回路。常见的有电气行程开关控制的顺序动作回路、用行程阀控制的顺序动作回路和用顺序缸控制的顺序动作回路。

如图5-1-27所示是用电气行程开关控制的顺序动作回路。工作时,先让电磁铁1DT通电,压力油流入液压缸A的左腔,使活塞按箭头①的方向移动。到达预定位置时挡铁压下行程开关4,电磁铁1DT断电,缸A的活塞停止运动,同时电磁阀Ⅱ的电磁铁3DT通电。于是压力油流入液压缸B的左腔,使活塞按箭头②的方向移动。当活塞运动到预定位置时,挡铁压下行程开关6,电磁铁3*DT*断电,缸*B*的活塞停止运动,同时电磁阀Ⅰ的电磁铁2*DT*通电。压力油流入缸*A*的右腔,活塞按箭头③的方向左移。当活塞运动到预定位置,挡铁压下行程开关3,使电磁铁2*DT*断电同时使电磁铁4*DT*通电,压力油流入缸*B*的右腔。活塞按箭头④的方向左移退回原处,挡铁压下行程开关5,电磁铁4*DT*断电,缸*B*的活塞停止运动。至此,便完成一个运动循环。这种回路行程调整比较方便,改变电路后可以改变动作的顺序,特别适用于动作顺序循环经常变化的场合。

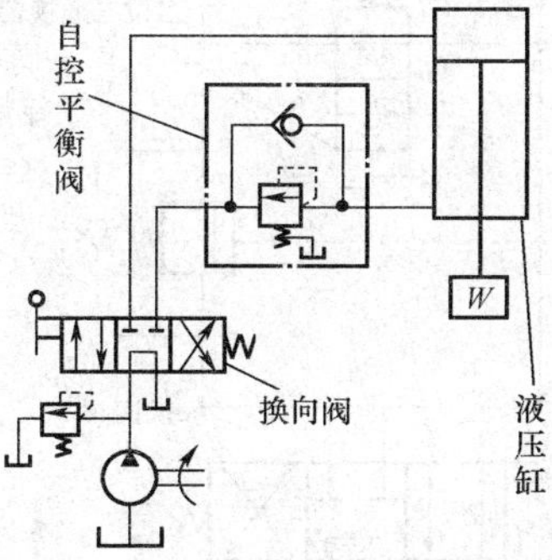

图5-1-24　自控平衡阀控制的锁紧回路

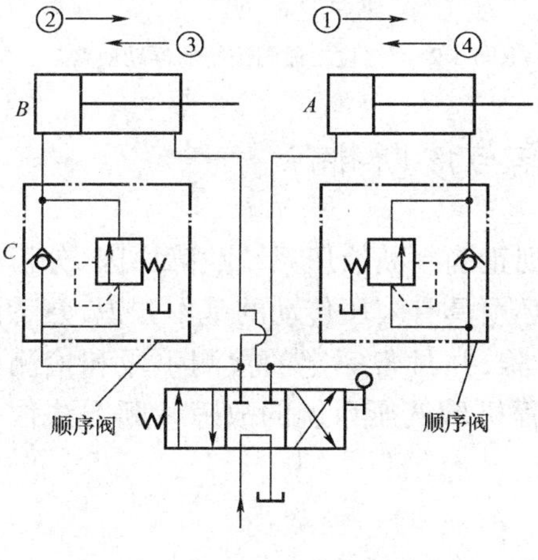

图5-1-25　用顺序阀控制的顺序回路

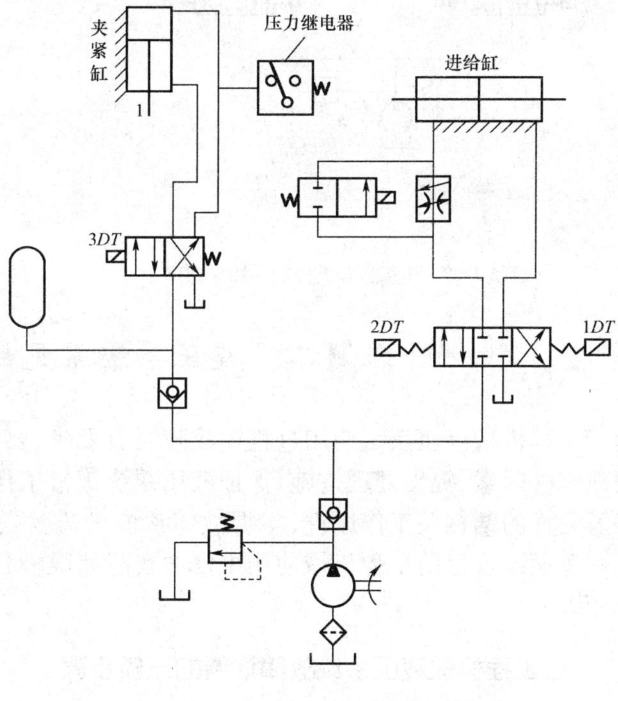

图5-1-26　用继电器控制的顺序回路

4)浮动回路

浮动回路的作用是把执行元件的进、出油口直接接通自行循环,或同时接通油箱使之处于无约束的浮动状态。

(1)用换向阀实现浮动

利用三位四通换向阀的滑阀机能(如*H*、*P*、*U*、*Y*)可以实现执行元件处于无约束的浮动状态。

(2)用二位二通换向阀实现浮动

有的起重机要求能够"抛钩",即为了提高生产效率使空钩借自重快速自由下降。图5-1-28中含有利用二位二通换向阀实现"抛钩"的浮动回路。二位二通换向阀处于图示位置时,回路正常工作;抛钩时,使二位二通换向阀换向,主油路短路,马达进、出口自行循环,吊钩便在自重作用下快速下降。

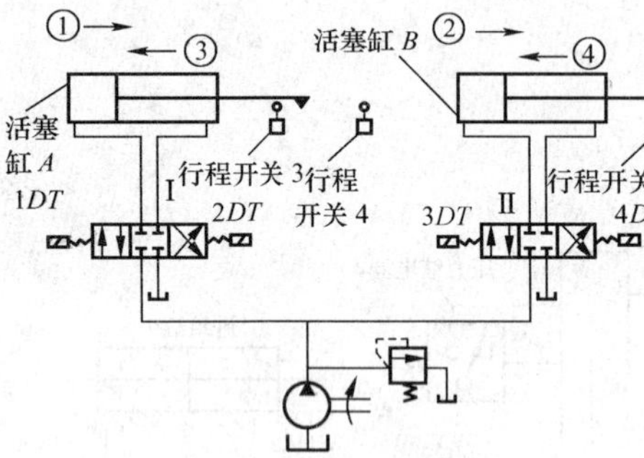

图 5-1-27 用行程开关控制的顺序回路

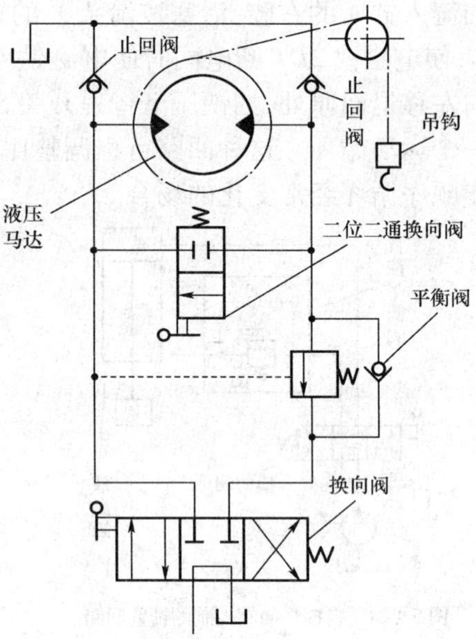

图 5-1-28 二位二通阀控制的浮动回路

课题二 液压系统常见故障与诊断排除

工程机械液压系统使用过程中故障时有发生，要做到正确判断液压系统故障原因，分析诱发故障的因素，提出处理措施，保证液压系统正常工作，必须具有液压传动的基本知识，熟悉回路及元件的结构及工作原理，掌握故障诊断的方法与步骤，并具备一定的检测手段和检测设备。下面结合目前工程机械使用维修的实际状况，对工程机械液压系统的故障诊断方法作一介绍。

一、工程机械液压系统故障诊断的一般步骤

在故障诊断时，要特别注意：在未分析确定故障产生的位置和范围之前，严禁任何盲目的拆卸、解体或自行调整液压元件，以免造成故障范围扩大或产生新的故障，使原有的故障更加复杂化。液压系统故障诊断一般应遵循以下步骤。

①首先阅读液压系统原理图，充分理解液压系统工作原理，进行故障分析，不要盲目动手拆卸零部件。

②核实并分析故障现象或征兆。鉴于液压系统故障的复杂性和隐蔽性，必须核实故障的现象或征兆。通过向机械驾驶员和维修人员询问该机近期的工作性能变化情况，维修保养情况，出现故障征兆后曾采取的具体措施，已检查和调整过哪些部位，并最好现场让机械故障再现，仔细观察、分析故障现象或征兆等。

③确定故障诊断参数。液压系统的故障多属于参数型故障，通过测量参数，提取有用的故障信息。选择诊断参数的原则是，诊断参数要具有较好的灵敏度、易测性、再现性，能够包容尽

可能多的故障信息量。液压系统的诊断参数有系统压力、系统流量、元件温升、元件泄漏量、系统振动和噪声、发动机转速等。

④制定合理的诊断步骤和诊断方法。

⑤根据需要选择适当诊断仪器、仪表。

⑥确定故障可能产生的位置和范围。

对所检测的结果,成立专家组,对照液压系统原理图进行充分地分析与判断,从而确定故障的位置。

二、常用的工程机械液压系统故障诊断方法

1. 直观检查法(观察诊断法)

直观检查法(观察诊断法)也叫经验判断法,这是目前工程机械液压系统故障诊断的一种最简易最方便的方法。依靠操作或维修人员的眼看、手摸、耳听、嗅闻等手段对零部件的外表进行检查,从而判断一些较为简单的故障,如破裂、漏油、松脱、变形等。直观检查法在施工工作现场,缺乏完备的仪器、工具的情况下,可能是较为可行的一种方法。

①视觉检查。视觉检查首先应在设备不工作状态下进行,用眼观察有无破裂、漏油、松脱、变形、动作缓慢或不均、爬行等现象,必要时可辅以其他手段和方法。停机状态下不易观察到的故障,可以开机检查。

②手摸。手摸可以用来判别油温高低、元件及管件的振动程度、紧固螺钉的松紧程度及其他肉眼看不到的现象。手摸可以判断油管油路的通断,可以简单判断带有机械传动部件的液压元件润滑情况是否良好。

③耳听。耳听主要用于根据机械零部件损坏造成的异常响声,判断故障点以及可能出现的故障形式、损坏程度。液压系统有些故障可以利用耳听来判断,如液压泵吸空、溢流阀开启、元件发卡等故障,都会发出不同的响声,如冲击声或"水锤声"等。

④嗅闻。可以根据有些部件由于过热、摩擦润滑不良、气蚀等原因而发出的异味判断故障点。比如有"焦化"油味,可能是液压泵或马达由于吸入空气而产生气蚀,气蚀后产生高温把周围的油液烤焦而出现的。此外,还要注意有无橡胶味及其他不正常的气味。

2. 操作调整检查法

操作调整检查法主要是在无负荷动作和有负荷动作两种条件下进行故障再现操作,而且最好由本机驾驶员自己完成操作,以便与平时的工作状况相比较,更快、更准地找出故障。

检查时,首先应在无负荷条件下将与液压系统有关的各操杆均操作一遍,将不正常的动作找出来,然后再实施有负荷动作检查。并且,有时需要结合调整法一块进行。检查时,调整液压系统与故障可能相关的压力、流量、元件行程等可调部位,观察故障现象是否有变化,变化大还是小,变好还是变坏,从而判断故障部位。

3. 换件对比检查法

换件对比检查法是一种在缺乏测试仪器时检查液压系统故障的有效方法。其中常见有两种情况,一种情况是用两台型号、性能参数相同的机械进行对比试验,从中查找故障。试验过程中可对机械的可疑元件用新件或完好机械的元件进行代换,再开机试验,如性能变好,则故障即知。另一种情况是目前许多大中型机械的液压系统采用了双泵或多泵双回路系统,遇到

可疑元件时，不需拆卸元件，只要更换该机不同回路相应的软管接头即可。

4. 仪器设备检测法

仪器设备检测法是检测液压系统故障最为准确的方法。主要是通过用液压系统专用测试仪器与设备，对系统各部分液压油的压力、流量、油温等测试，并进行测试结果分析，从而来判断液压系统的故障点。其中压力测量应用较为普通，而检测流量大小可用于判断元件内漏依据。将所测数据与液压系统原理图上标注的相应点的数据对照，可以判定所测点前后油路上的故障情况。

5. 逻辑分析法

逻辑分析法主要是根据机械液压系统工作原理进行的逻辑推理判断方法，也是掌握故障判断技术及排除故障的最主要的基本方法。这种诊断方法，是根据该机械液压系统组成中各回路的所有液压元件有可能出现的问题导致执行元件发生故障的一种逼近的推理查出法，所以它要求必须熟悉系统的工作原理、本系统所使用的元件结构和技术性能。逻辑分析时，可通过叙述法、框图法、列表法、构建故障树的方法分析其故障原因。

①叙述法。对较为简单的液压系统，可以根据故障现象，按照动力元件、控制元件、执行元件的顺序在液压系统原理图上正向推理分析故障原因(结合用前面几种方法检查的结果进行)。如在诊断某一挖掘机动臂工作无力故障时，从原理上分析，工作无力是由于油压下降或流量减小造成的。从液压系统图上看，造成压力下降或流量减小的可能因素有:油箱缺油；油箱吸油过滤器堵塞；油箱通气孔不畅通；液压泵内漏严重；操纵阀上主安全阀压力调节过低；操纵阀内漏严重；动臂液压缸过载阀调定压力过低；动臂液压缸内漏严重；回油路不畅。根据已有的检查结果，逐步排除某些因素，将故障范围缩小，然后再分析检查。

②框图法。框图法是利用各种形状的框图、指向线和文字组成的描述故障及故障判断过程的一种图示方法。用框图，可以做到分析思路清晰，排除方法层次分明，解决问题一目了然。图5-2-1所示为工作压力不足的框图逻辑分析示意图。

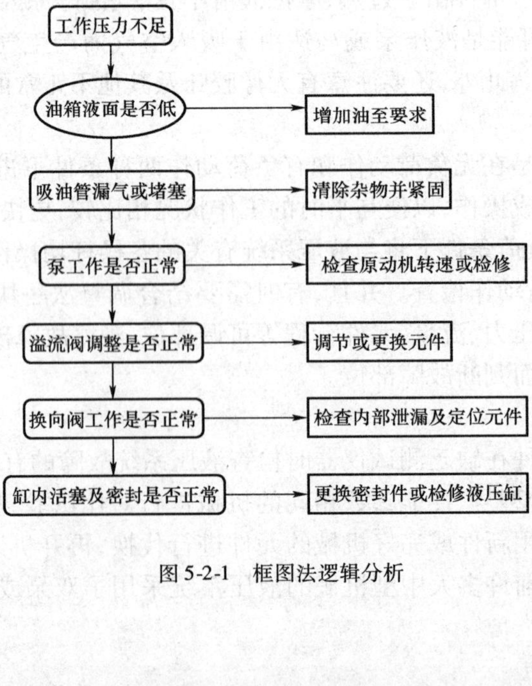

图5-2-1　框图法逻辑分析

③列表法。对于较为复杂的液压系统,列表法是利用表格将系统中发生的故障、故障原因及故障排除方法简明地列出来的一种常用逻辑分析法。通常可按控制油路和工作油路两大部分分别进行分析,每一部分的分析方法同上。特别是对于先导操纵式液压系统,由于控制油路较为复杂,出故障的可能性也较大,更应进行重点检查与分析。表5-2-1所示为一简单的列表法故障分析。

列表法故障分析 表5-2-1

故障现象	原因分析	排除方法
油温上升过高	①使用了黏度高的工作油,油温升高; ②在高温曝晒下,工作油劣化加剧; ③液压元件间隙不正常,摩擦加剧; ④系统经常处于溢流状态使油温上升	①换用黏度合适液压油; ②改变作业时间; ③检查并调整元件间隙; ④检查元件是否正常
转向液压泵效率低	①密封件磨损严重; ②元件磨损严重	①检查并更换新密封件; ②拆检并更换新元件

三、液压系统常见故障及诊断排除

液压系统中常见的故障有液压冲击、液压系统泄漏、振动和噪声、液压卡紧、液压系统的"爬行"及液压系统的温升等。

1. 液压系统振动与噪声

振动与噪声是液压系统的一种常见故障,是许多液压故障的伴随故障现象。一般液压系统的气穴现象、液压泵的困油现象、控制阀以及液压系统的机械均能引起振动与噪声。振动与噪声故障原因及排除方法见表5-2-2所示。

振动与噪声故障原因及排除方法 表5-2-2

故障现象		原因分析	排除方法
液压系统振动和噪声	液压泵及吸油管路的气穴现象	①当局部压力过低到空气分离以下; ②油液中有大量空气; ③管路中有泄漏	①增大吸油管直径,减少或避免吸油管道的弯曲,减少管道阻力; ②经常清洗滤油器; ③液压泵吸油高度尽可能小,不能超过0.5 m
	液压泵的困油现象	①液压泵困油造成高压使泵内某些零件受到高频撞击负荷增大而产生噪声; ②局部真空部分使溶于液压油中的空气产生气穴气泡	①检查端盖上卸荷槽尺寸位置,用锉刀修锉或换端盖(齿轮泵); ②检查三角沟槽是否加工太短,用三角锉刀修锉(叶片泵)
	控制阀引起的噪声	①调压弹簧损坏; ②阀座密封不良; ③滑阀在阀体内移动不灵活; ④电磁换向阀快速切换,产生液压冲击; ⑤节流阀口开得太小,流速高产生喷流; ⑥滑阀阻尼孔被堵塞	①更换弹簧; ②更换钢球或修理阀座密封面; ③研光滑阀并清除污物; ④清洗疏通阻尼孔; ⑤减少进出口液压差或采用小规格; ⑥设置缓冲装置
	系统的机械噪声	①原动机与泵联轴器同轴度误差或产生松动或轴承损坏; ②管路安装不良,进、回油管距离太近	①保证同轴度在0.1 mm内,更换轴承; ②适当拉开进油管与回油管距离,主要的管道用管夹定位

2. 液压系统泄漏

液压系统的泄漏分为两种形式,一种是外泄漏,主要是密封件密封不良造成;另一种是内泄漏,主要是配合间隙变大或内部密封失效。其故障原因及排除方法见表5-2-3。

液压系统泄漏故障原因及排除方法　表5-2-3

故障现象		原因分析	排除方法
液压系统泄漏	密封件泄漏	系统压力过高;密封件损坏、老化	适当降低液压系统压力;更换密封件;正确安装密封件
	阀产生内泄漏	滑阀磨损间隙增大	研磨阀体孔或重制滑阀,保证间隙在0.005~0.01 mm内
	接合面泄漏	两接合面的平面度误差;接合表面受到损伤或纸垫被压力油损伤;接合件螺钉未拧紧	保证平面度在误差范围内;研磨或修磨接合面或更换纸垫;拧紧接合件上的螺钉

3. 液压冲击

在液压系统中,当控制元件或工作负载的状态发生突然变化时,由于液流和负载质量的惯性作用,致使系统中的局部压力急剧升高并交替变化,这种现象叫液压冲击。液压冲击所产生的冲击压力可高达工作压力的好几倍,常使得密封元件、管道或其他液压元件损坏,并产生振动和噪声,严重时可使系统完全破坏造成损失。液压冲击故障原因及排除方法见表5-2-4。

液压冲击故障原因及排除方法　表5-2-4

故障现象		原因分析	排除方法
液压冲击	换向液压冲击	换向阀换向时速度过快	阀芯控制边切制成1.5°~40°的锥角(其长度视密封边长而定)或开轴向缓冲槽
	节流缓冲失灵	钢球与阀座密封不良、端盖处纸垫损坏、活塞的锁紧螺母松动、活塞与缸体孔配合间隙过大等原因;当缓冲柱塞外缘与端盖内孔磨损而配合间隙过大时,三角节流槽将不起缓冲作用;缓冲节流阀中节流螺母松动或调整不当;单向节流阀中调整不当或止回阀密封不良	调换钢球、研磨阀座接合处,更换新纸垫,旋紧锁紧螺母或重新制作活塞。重新制作缓冲柱塞或修理缓冲柱塞;拧紧节流阀调节螺钉或检查止回阀及其阀座密封
	系统中有大量空气	系统内有空气,时而被压缩,时而被释放,造成液压冲击	检查空气进入处,采取防止措施,并排除系统内存在的空气

4. 执行元件的"爬行"

"爬行"是液压传动中经常出现的不正常运动状态,轻微的"爬行",执行元件将产生目光不易觉察的振动,显著的"爬行"将产生大距离的跳动。"爬行"故障原因及排除方法见表5-2-5。

液压系统"爬行"故障原因及排除方法 表 5-2-5

故障现象		原因分析	排除方法
执行元件的"爬行"	空气进入液压系统引起的"爬行"	①往复运动的零件有一定的配合间隙； ②液压管接头松动或密封不严； ③液压元件的精度差，密封件性能不良； ④吸油管设置不当或污物堵塞形成局部真空； ⑤油箱中油液不足或吸油管插入深度不够； ⑥液压系统中局部压力低于空气的分离压力	①严格达到公差要求并保证配合间隙； ②紧固各管道连接处； ③更换密封件或液压元件； ④进出油管保持一定的距离并加隔板； ⑤保证足够油液； ⑥泵出口装止回阀或回油路上设背压阀
	液压元件间隙大引起的"爬行"	①运动件低速运动引起的"爬行"； ②控制阀失灵引起的"爬行"； ③元件磨损引起的"爬行"	①修复或更换液压泵内零件； ②经常保持油液清洁，定期清洗并更换； ③检验配合间隙更换已损坏的密封件
	摩擦阻力变化引起的"爬行"	①液压缸中心线与活塞杆不平行； ②活塞杆局部或全长弯曲； ③缸筒内圆被拉毛刮伤； ④活塞与活塞杆不同轴； ⑤活塞杆两端油封调整过紧	①检验并进行修复或更新； ②检验并进行修复或更新； ③检验并进行修复或更新； ④检验并进行修复或更新； ⑤检验并进行修复或更新

5. 液压系统中的液压卡紧

液压系统中液压卡紧，一般是指当阀芯停止运动一段时间（大约 2 ~5 min）后，将产生很大阻力，致使阀芯重新移动十分困难。这种现象容易增加滑阀的磨损，降低元件的使用寿命，同时会使系统不能正常运行。液压系统中的液压卡紧故障原因及排除方法见表 5-2-6。

液压系统中的液压卡紧故障原因及排除方法 表 5-2-6

故障现象		原因分析	排除方法
液压系统中的液压卡紧	径向力不平衡引起的液压卡紧	液压滑阀副几何形状误差和同轴度变化引起径向不平衡的液压力	在阀芯上开有环形平衡槽，以减少径向不平衡力，严格控制阀芯与阀孔的制造精度，配合间隙要合理
	油液中极性分子的吸附作用产生的卡紧	油液中的极性分子的吸附作用	减少吸附作用
	杂质楔入间隙引起的液压卡紧	杂质楔入间隙也会形成液压卡紧	要精密过滤油液，保证油液的洁净度

6. 液压系统中的温升

液压系统的温升的故障原因及排除方法见表 5-2-7。

液压系统的温升的故障原因及排除方法　　表 5-2-7

故障现象		原因分析	排除方法
液压系统中的温度过高	液压系统设计不合理产生的系统温升	液压元件规格选用不合理；系统中存在多余的元件和回路；节流方式不当；系统在非工作过程中，无有效的卸荷措施；管路设计、安装不合理	不合理设计，给予改进完善，并在调试、维护时给予改善
	泄漏严重引起的油液发热	系统各连接处泄漏，密封装置损坏泄漏，运动件磨损后造成的泄漏，这些泄漏造成容积损失而发热	应在液压泵、各连接处、配合间隙等处，防止内外泄漏，减少容积损耗
	系统卸荷回路工作不良	液压系统卸荷回路动作不良，使系统在不需要压力油时油液仍在溢流阀所调定的压力下溢回油箱，或在卸荷压力较高的情况下才流回油箱	检查卸荷回路的工作是否正常，并采取相应措施消除
	压力调整过高而引起的散热不良	在系统某些元件工作不良的工况下，采用提高系统压力来保证正常工作。会增加能量损耗，使油液发热	调整压力到适当值
	油箱体积小，散热条件差	面积不足、油量不足致使油液循环太快或冷却器作用差，周围环境温度较高，散热条件差等导致散热不良	改善散热条件，适当增加油箱容量，有效地发挥箱壁的散热效果。必要时应采取强制冷却措施

课题三　液压系统的使用要求与维护

液压工程机械的正确安装、使用与维护可以使设备经常处于良好的技术状况，保证工作稳定、灵敏、可靠，并可以防止设备过早地损坏，从而延长机械的使用寿命。

一、液压系统的安装与调试

液压系统的安装，一般可按下述程序进行。

①试安装：弯管、油管和元件、点焊接头、整个管路定位。

②第一次清洗（分解清洗）：酸洗回路、清洗油箱和各类元件等。

③第一次安装：连成清洗回路及系统。

④第二次清洗（系统清洗）：用清洗油清洗管路。

⑤第二次安装：组成正式系统。

⑥调整试车：加入实际工作用油，进行系统及整机的正式试车。

1. 安装前的检查

液压装置在安装之前，应按有关技术资料做好各项准备工作，并认真进行质量检查。检查分为外观质量检查与管道的检查。

1）外观质量检查注意事项

①各类液压元件的型号、规格必须与元件清单或原使用件一致。

②检查元件的使用性能是否在有效期。

③每个液压元件上的调节螺钉、调节手轮及相关附件应齐全。

④检查各元件内部是否清洁。

⑤各密封件外观质量必须合格。

2)管道的检查

①管道应具有足够的耐压强度,管道内壁应光滑清洁、无砂眼、无锈蚀、无氧化皮。

②管道内外侧已腐蚀或有明显变色,管道被割口,壁内有小孔,管道表面凹入深度达管道直径的20%以上,管道伤口裂痕深度为管道壁厚的10%以上等情况均不能使用。

③长期存放的管道,若发现内部腐蚀严重时,应用酸液彻底冲洗内壁。

④经加工弯曲的管道,管道的弯曲半径不宜太小。用填充物弯曲管道时,其最小弯曲半径为:钢管热弯曲 $R \geqslant 3D$;钢管冷弯曲 $R \geqslant 6D$。

⑤管道弯曲处最大截面的椭圆度不应超过15%;弯曲处外侧壁厚的减薄不应超过管道壁厚的20%;弯曲处内侧部分不允许有扭伤、压坏或凹凸不平的皱纹,弯曲处内外侧部分都不允许有锯齿形或形状不规则的现象。扁平弯曲部分的最小外径应为原管外径的70%以下。

2. 液压系统的安装

1)液压管道的安装

(1)吸油管的安装及要求

①吸油管路要尽量短,弯曲少,各类泵的吸程高度一般不得大于500 mm。

②吸油管连接应严密,不得有泄漏。

③吸油管上的过滤器,滤油精度通常为100~200目,其通油能力至少相当于泵的额定流量的2倍。

(2)回油管的安装及要求

①执行元件的主回油管及溢流阀的回油管应伸到油面以下,防止油飞溅而混入气泡。

②溢流阀的回油管不允许和泵的进油口直接连通,可单独接回油箱,也可与主回油管冷却器相通。

③具有外部泄漏的减压阀、顺序阀、电磁阀等的泄油口与回油管连通时不允许有背压。

④安装水平面的油管应有3/1 000~5/1 000的坡度。管路过长时,每500 mm应固定一个管夹。

(3)压油管的安装及要求

①管线要尽量短,转弯数少,过渡平滑,尽量减少上下弯曲和接头数量的伸缩变形。

②在设备上安装管道时,应布置成平行或垂直方向,管道的交叉要尽量少。

③平行或交叉的管道之间应有10 mm以上的空隙。

④如图5-3-1所示,管道不能在圆弧部分接合,必须在平直部分接合。在有弯曲的管道上安装法兰时,只能安装在长的直线部分。

⑤管道的最高部分应设有排气装置。

⑥管道的连接有螺纹、法兰和焊接3种,应根据压

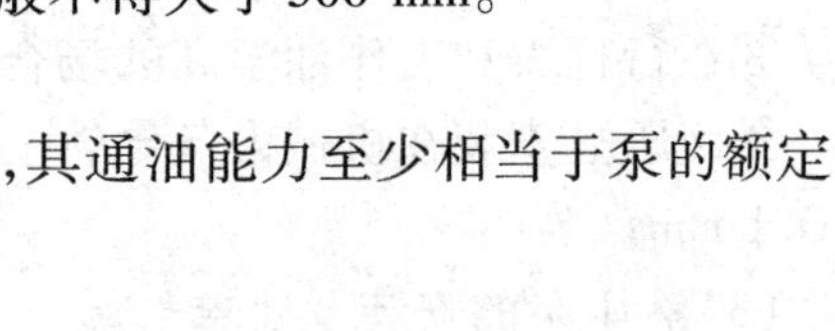

图5-3-1 在有弯曲管道上安装法兰位置

力、管径和材料确定。

(4)橡胶软管的安装及要求

①要避免急转弯,其弯曲半径 R 应大于9~10倍外径,至少应在离接头6倍直径处弯曲。

②软管的弯曲同软管接头的安装应在同一运动平面上,以防扭转。若软管两端的接头需在两个不同的平面上运动时,应使软管的每一接头部分在同一平面上运动。

③软管长度应有一定余量。

④在安装和工作时,软管不应有扭转现象;不应与其他管道接触;在连接处应自由悬挂。

2)液压元件的安装

(1)液压阀类元件的安装及要求

①安装时应注意各阀件进油口和回油口的方位。

②安装的位置无规定时,应充分考虑安装要便于使用、维修。

③用法兰安装的阀件,螺钉应均匀拧紧而且不能拧得过紧。

④有些阀件往往开有相同作用的两个孔,安装后不用的一个孔要堵死。

⑤安装中有些阀件及连接件购置不到时,可选用流量超过其额定流量40%的液压阀件代用。

(2)液压缸的安装及要求

①对于脚座固定式的移动缸的轴线应与负载作用力的中线同轴,对移动物体的液压缸要保证缸与移动物体的运动方向平行,其平行度一般不大于0.05 mm/m。

②液压缸体的密封压盖螺钉,其拧紧程度以保证活塞在全行程上移动灵活、无阻滞为宜。

③在行程大和工作油温高的场合,液压缸的一端必须保持浮动。

④液压缸安装在机械设备导轨上时,必须注意缸下导轨的平行度和直线度,其全长允差均在0.1 mm。

(3)液压泵的安装及要求

①液压泵一般不允许承受径向负载,一般电动机直接通过弹性联轴器传动,电动机与液压泵的轴的同轴度偏差应在0.1mm以下,倾斜角不得大于1°。必须用带传动或齿轮传动时,应使液压泵卸掉径向和轴向负荷。

②液压泵吸油口的安装高度距离油面不能大于0.5 m。

③液压泵的进口、出口和旋转方向应符合泵上标明的要求。

④安装联轴器时,不要用力敲打泵轴以免损伤泵转子。

(4)辅助元件的安装及要求

①应严格按照设计要求的位置进行安装。

②安装前应用煤油进行清洗、检查。

③在符合设计要求情况下,尽可能考虑使用、维修方便。

3. 液压系统的清洗与试压

1)液压系统的清洗

(1)首次清洗——分解清洗

液压系统的首次清洗是在预安装(试装配)后,将管路全部拆下解体进行的。第一次清洗主要是酸洗管路和清洗油箱及各类元件。管路酸洗的方法如下。

①脱脂清洗。用氢氧化钠、碳酸钠等脱脂(去油)后,用温水清洗。

②酸洗。用20%～30%的稀盐酸或10%～20%的稀硫酸溶液浸渍和清洗30～40 min(溶液温度为40～60℃)后,再用温水清洗。

③中和。在体积分数为10%的苛性钠(苏打)溶液中浸渍和清洗15 min,再用蒸汽或温水清洗。

④防锈处理。在清洁干燥的空气中干燥后,涂以防锈油。

(2)二次清洗——系统冲洗

液压系统的二次清洗是在第一次安装连成回路后进行的系统内部循环清洗。二次清洗的方法与步骤如下。

①清洗前先把溢流阀进油管路断开,液压缸进出口隔开,在主油路上连成临时回路。

②清洗油选用系统专用的工作用油或试车油,油量一般为油箱油量的60%～70%。

③清洗回路应接上临时的回油滤油器。

④清洗时一边让泵运转,一边将油加热(50～80℃),使油液在管路中循环。清洗过程中可用橡皮锤或木棒对焊接处和管道反复轻轻敲打振动,并保持为清洗时间的10%～20%。

⑤二次清洗结束后,泵应在油液温度降低后停止运转,并把管路恢复到设计规定的系统状态。

2)液压系统的试压

液压系统试压的目的主要是检查系统、回路的漏油和耐压强度。系统的试压一般都采取分级试验,每升一级,检查一次,从而逐步升到规定的试验压力。试验压力应为系统常用工作压力的1.5～2倍:对高压系统,为系统最大工作压力的1.2～1.5倍;在冲击大或压力变化剧烈的回路中,其试验压力应大于尖峰压力。橡胶软管,在1.5～2倍的常用工作压力下,应无异状,在2～3倍的常用工作压力下,应不破坏。

系统试压时,应注意以下事项。

①试压时,系统的安全阀应调到所选定的试验压力值。

②系统中出现不正常响声时,应立即停止试验,查出原因并排除后,方可继续试验。

③在向系统送油时,应将系统放气阀打开,等其空气排除干净后,方可关闭。同时将节流阀打开。

④试验时,应特别注意安全措施。

4.液压系统的调试

液压系统调试应按以下步骤进行。

1)外观检查

①检查各个液压元件的安装及其管道连接是否正确可靠;各种阀的进油口及回油口是否正确;液压泵的入口、出口和旋转方向与泵上标明的是否符合等。

②检查各个液压部件的防护装置是否具备和完好可靠。

③检查油箱中的油液品质及液面高度是否符合要求。

④检查系统中各液压部件、管道和管接头位置是否便于安装和检修,检查压力表等仪表是否安装在便于观察的地方。

外观检查发现的问题,改正后才能进行调控试车。

2)加油、润滑

用规定牌号的润滑油或润滑脂,对设备滑动部分加油润滑。向液压泵加注液压油,并用手按指定转向转动液压泵,使泵内充满液压油。

3)空负荷试车

①启动液压泵时,使发动机转速控制在额定转速的50%左右,检查液压泵卸荷压力是否在允许数值内,观察系统运转是否正常,有无刺耳的噪声,油箱中液面是否有过多的泡沫,液面高度是否在规定范围内。

②操纵换向阀使执行元件液压缸往复运动数次或液压马达在某一转速下运转,排除系统空气。

③检查换向阀在各种位置的动作是否可靠,检查各动作的协调和顺序是否正确,并注意检查启动、换向和速度换接时运动的平稳性。

④液压系统连续空负荷运转一段时间(一般是30 min)后,检查油液的温升,一般工作油温应在35~60℃范围内。

4)负载试车

负载试车是检查液压系统能否在设计预定的负载下工作;检查系统能否实现预定的工作要求;检查噪声和振动是否在允许范围内;检查工作部件运动和换向、速度换接时的平稳性;检查功率损耗情况及连续工作一段时间后的温升情况。

负载试车,一般是先在低于最大负载的情况下试车,如果一切正常,才进行最大负载试车。

二、液压传动系统的使用与维护

1. 使用要求

①按设计规定和工作要求,合理使用工作压力及工作流量。

②按厂家使用说明书要求选用液压油或液力传动油。

③工程机械液压油工作温度不得超过60℃,一般控制在50℃左右;液力油工作温度不得超过120℃,一般控制在90℃左右。

④电磁阀使用时,保证电压稳定,其波动值不应超过额定电压的5%~15%。

⑤发生液压系统某部位故障时,要及时停机处理。

⑥注意定期检查润滑管路及其元件,检查润滑油量是否充足。

⑦检查蓄能器充气及油气混合情况。

⑧经常注意紧固管接头、法兰盘,定期检查及更换密封件、高压软管。

⑨主要液压件要进行定期性能测定及定期维修、更换。

液压工程机械维护除满足一般要求外,还应注意其他一些特殊使用要求。

①熟悉液压设备系统工作原理、主要液压件的作用。

②重点对液压系统的工作压力、流量、温度进行观察。

③开动设备前注意油箱油位、电磁阀是否处于原始状态。

④冬季在开机工作前,要使液压泵空运转一会。

⑤保持设备清洁,防止灰尘、金属磨粒、棉纱等杂质进入油箱。

⑥保证经常性检查及定期维护内容的进行,把故障排除在萌芽状态。

⑦应严格执行液压工程机械的维护检修周期及检修要求。

2. 液压系统的正确使用

1)正确选用合适的液压油

(1)液压系统对液压油的要求

①具有适当的黏度和黏温特性。其黏度应能使系统的漏损和摩擦之功率损失总和为最小,且使系统的优良工作性能不受温度变化的影响。一般液压系统所用液压油的黏度大多在 $2°E_{50}$($11.5\ mm^2/s$)到 $8°E_{50}$($60\ mm^2/s$),液压油的黏度指数要求在 90 以上,优异者在 100 以上。

②具有良好的润滑性和足够的油膜强度,使系统中的各摩擦表面获得足够的润滑而不致破坏。

③热膨胀系数低,比热高,闪点和燃点高。一般液压油闪点在 130 ~ 150℃之间。

④具有良好的化学稳定性,能抗氧化、抗水解,在储存和使用过程中不易变质。

⑤不含有蒸汽、空气及容易气化的杂质,否则会起泡。

⑥不含有水溶性酸和碱等,以免腐蚀机件和管道,破坏密封装置。

(2)工程机械液压系统中常用的液压油

目前液压系统采用的液压油主要有两大类:一类是矿物型液压油;一类是不燃或难燃性液压油。矿物油主要成分是石油,加入各种添加剂(抗氧化、耐高温)精制而成。其润滑性好、腐蚀小、化学安全性较好,液压传动一般常采用矿物油。常用矿物油有以下几种。

①机械油——氧化稳定性差,常用于条件要求不高的场合。

②汽轮机油——具有较高的抗氧化性、抗乳化性,比机械油纯净,用于要求较高的液压系统中。

③柴油机油——油中加有抗氧化、防腐蚀和去垢剂。润滑性能好,黏度指数高。在工程机械液压系统中,夏季常用 11 号,冬季常用 8 号。

④稠化液压油——我国新试制的专用液压油,有"上稠""兰稠"等牌号。它的凝固点低,氧化安定性好,防锈、润滑、黏温特性好,工作时泡沫少,声音小,可用于低温条件。

(3)液压油的选择

在选择液压油时,除了按照泵、阀等元件出厂规定以外,一般还要作如下考虑。

①液压系统中工作压力的高低。工作压力高时,宜选择黏度高的液压油;工作压力较低时,宜选用黏度低的液压油。

②液压系统工作环境温度的高低及变化情况。环境温度高时,应采用黏度较高的液压油;反之,应采用黏度较低的液压油。例如对低压系统,在寒冬时使用 N15 机械油,而在盛夏使用 N46 机械油。

③液压系统运动速度的高低。当工作装置运动速度很高时,油液速度也高,液压损失随之增大,而泄漏量相对减少,故宜选用黏度较低的液压油;反之,当油的流速低时,泄漏量相对增大,将对工作机构的运动速度产生影响,故宜选用黏度较高的液压油。

④黏度对传动效率、润滑和密封等方面的影响。当无适当的液压油时,可用两种不同黏度的液压油按一定比例调和使用。

2)正确执行液压机械操作规程,防止粗暴操作和随意操作

3）液压系统低温启动时注意预热，油温逐渐升高后再开始液压系统的工作

4）防止空气进入液压系统

①回油管必须插入油箱的液面以下。

②吸入管及泵轴密封等低于大气压的地方应注意不要漏入空气。

③油箱的液面要尽量大些，吸入侧和回油侧要用隔板隔开。

④在管路及液压缸的最高部位设置放气孔并适时排气。

5）防止水分进入液压油

①保持液压系统的良好密封。每次检修对损坏了的密封材料更换掉，最好把全部旧密封材料更换掉。

②机械设备最好能设置防止雨水及潮湿空气进入液压油，如设置防风雨篷或罩盖，加油口盖上装挠性隔离器。

③定期从油箱底部取样检查水分和杂质，确保含水量不超过0.2%。

6）防止固体杂质的混入

（1）固体杂质进入液压油的危害

①破坏润滑油膜，增加机体磨损。机器的故障中，约有60%以上是由于液压油中粒子对机体磨损所造成的。机体滑动面磨损后，间隙增大，泄漏增加，机器功率下降，元件寿命缩短，甚至损坏。

②黏着和堵塞节流小孔、过滤器孔、各种间隙、通道，从而使阀失灵，使泵运转困难，产生气蚀或噪声。

③使密封材料磨损，增加外泄量。

④固体杂质中的金属和金属化合物粒子会对油的氧化、变质起催化作用。油变质后的腐蚀物质又会增加对机器的腐蚀。

（2）防止固体杂质进入液压油的措施

最常用的方法就是过滤。液压用油必须经过严格的净化，使用前必须过滤，向油箱中注油时，应通过120目以上的过滤器。一个液压系统要同时设有粗滤油器（吸油管端）、精滤油器（压力管、回油管路上）。过滤精度要求：一般7～14 MPa为50～10μm，14～21 MPa为10～51μm。

7）防止工作油温过高

①进行强制冷却。

②经常使油箱中的液压油保持正常液面，保证油液有足够的循环冷却条件。

③防止过载，防止和高温物体接触。

④发现油温过高时，应停止工作，查找原因并及时排除。

8）防止液压油的污染

①系统中的油液应经常检查并根据工作情况定期更换。

②保持液压元件清洁，特别是油箱的清洁，不要轻易拆卸液压元件。

③加强油液库存及现场管理，建立严格的油料管理和化验制度。

④经常清洗滤网、滤芯、油箱，换油时应将油箱内及主要管道旧油放净。

3. 液压系统的维护保养

液压设备维护保养应按使用说明书、操作规程或特定要求进行，并对液压系统建立技术状况检查制度。

液压系统的维护检查可分 3 种类型：日常检查维护、定期检查维护和综合检查修理。

1）日常检查维护

日常检查的主要内容有：各连接处有无漏油现象；油箱油量是否充足；管道有否变形或损伤；紧固件和管接头有无松脱；油温是否合适；泵和马达的温度状况是否正常及有无不正常噪声；滤油器有否堵塞及系统中空气是否排尽等，还包括对液压泵运行过程中以下各项检查。

①液压泵启动前检查油箱油量及油温。

②液压泵启动过程中的检查，用间歇法或点动法逐渐启动液压泵，使油温逐渐上升，在液压泵运转灵活后再进入正常运转。

③系统工作过程中的检查，除随时注意油量、油温、压力、噪声等外，还要注意察看液压缸、液压马达、换向阀、溢流阀的工作情况。

2）定期检查维护

定期检查维护的内容主要有：测试泵的压力和流量；检验液压油污染情况；清洗或更换滤油器；检查油箱内脏污情况，定期清洗；测试液压缸的沉降量和工作速度；检查活塞杆有无损伤；检查多路阀的操纵性能；检查液压马达的转矩大小；检查管道、胶管有无损伤，检查各部紧固螺栓的松动程度，定期紧固；检查密封件的老化、磨损程度等项目和内容。

一般工程机械维护检修周期、项目及检查方法见表 5-3-1。

维护保养检查项目、周期及方法　　表 5-3-1

检修重点与项目	维护检修周期	检修方法与检修目的
泵的声音异常	1 次/日	听检，检查油中混入空气和滤网堵塞情况，检查异常磨损等
油温	1 次/日	超出规定值应立即查明原因进行修理
联轴器声音异常	1 次/月	听检，检查异常磨耗和定心的变化
油箱内油面位置	1 次/月	油面低于标记时应加油，并查明漏油部位
泵的吸入真空度	1 次/3 个月	靠近吸油口安装真空计，检查滤网堵塞情况
泵壳温度	1 次/3 个月	检查内部机件的异常磨耗；检查轴承是否烧坏
泵的输出压力	1 次/3 个月	检查异常磨耗
蓄能器的封入压力	1 次/3 个月	如压力不足，应用肥皂水检查
清除过滤网的附着物	1 次/3 个月	用溶剂冲洗，或从内侧吹风清除
液压马达的声音异常	1 次/3 个月	听检，检查异常磨耗等

续上表

检修重点与项目	维护检修周期	检修方法与检修目的
各元件、管道及密封件	1次/3个月	检查各密封处的密封状态
油液性能和污染状况	1次/3个月	如不合标准,应予以更换
测定电源电压	1次/3个月	因电压有异常变动,会烧坏电气元件和电磁阀,还有可能导致绝缘不良等
各个压力计指示情况	1次/6个月	查明各机件工作不正常情况和异常磨耗等
执行元件的运动速度	1次/6个月	查明各工作部件的动作不良情况和异常磨耗引起的内部漏油增大情况等
轴承温度	1次/6个月	轴承的异常磨损
轴封、活塞杆的密封情况	1次/6个月	检查各密封处的密封状态
安装螺栓及支承情况	1次/6个月	检查振动特别大的装置更为重要
胶管类检查	1次/6个月	查明破损情况
全部液压设备	1次/年	各元件及执行部件拆卸、清洗、冲洗管道
压力表、温度计等的校正	1次/年	与标准仪表作比较校正
测电气系统的绝缘阻抗	1次/年	如阻抗低于规定值应对电动机线路、电磁阀和限位开关等进行逐项检查,找出故障并排除

三、常用液压元件的维修配合间隙

液压元件使用到一定程度,由于零件磨损或疲劳、密封件老化失效,各项性能技术指标已达不到使用要求,应该进行修理。修理各种液压元件时,对相互配合的零件应使其达到要求的配合间隙。常用的液压件修理时的配合间隙,见表5-3-2。

常用液压元件的维修配合间隙 表5-3-2

液压元件名称与部位	配合间隙(mm)
中低压齿轮泵:齿顶圆与壳体内孔 轴向间隙	0.05~0.10 0.04~0.08
中高压齿轮泵:齿顶圆与壳体内孔 轴向间隙	0.05~0.10 0.03~0.05
中低压叶片泵:叶片与转子槽 叶片与配油盘 转子与配油盘	0.02~0.03 0.01~0.03 0.02~0.04
柱塞泵:柱塞与缸体内孔 配油盘与缸体之间(轴向)	$D\leqslant 12$:0.01~0.02 $d\leqslant 20$:0.015~0.03 $d\leqslant 35$:0.02~0.04 0.01~0.02

续上表

液压元件名称与部位	配合间隙(mm)
中低压滑阀:阀芯与阀套(d——滑阀直径)	$d \leqslant 16$:0.008~0.025 $d \leqslant 28$:0.010~0.03 $d \leqslant 50$:0.012~0.035 $d \leqslant 80$:0.015~0.04
高压滑阀:阀芯与阀套(d——滑阀直径)	$d \leqslant 16$:0.005~0.015 $d \leqslant 28$:0.007~0.02 $d \leqslant 50$:0.009~0.025 $d \leqslant 80$:0.011~0.03

思考题

1. 串联液压系统有什么性能特点?
2. 简述先导控制换向阀调速回路是如何调速的。
3. 画图说明用电气行程开关控制的顺序动作回路是如何工作的。
4. 简要分析液压系统控制阀引起振动和噪声的原因。应如何排除。
5. 说明什么是液压冲击?液压冲击对系统有什么危害?
6. 简述液压系统二次清洗的目的与方法。
7. 如何正确使用公路工程机械液压系统?

Danyuanliu
单元六
液力传动

知识点

1. 液力传动的基本知识；
2. 液力耦合器与液力变矩器的结构与工作原理；
3. 液力系统的维护保养要求。

技能点

1. 能拆装液力变矩器；
2. 能正确完成液力系统的维护与保养。

课题一　液力传动基本知识

液力传动是一种以液体为工作介质利用液体的动能来实现能量传递的传动装置，它是将液体的动能转变为机械能。液体流体力学是液力传动的理论基础，力矩方程式是液力传动的核心。

一、液力传动基本工作原理

液力传动工作原理如图 6-1-1 所示，实际上是通过一组离心泵与涡轮机组实现的。原动机（发动机）带动离心泵高速旋转，离心泵通过进油管从油箱中吸入油液，并带动油液高速旋转，旋转的油液在离心力的作用下以一定的速度（具有动能）进入导管，出导管后进入涡轮机，并冲击涡轮机的叶片，从而使涡轮机旋转，并由与涡轮机连接的输出轴输出机械能驱动工作机构运动，同时涡轮机排回的油液速度降低、动能减少。在此过程中，离心泵是将原动机即发动机的机械能转换成油液动能的主要装置；涡轮机是将油液动能重新转换成机械能的装置。这样，通过离心泵与涡轮机的组合，便实现了能量传递。这种主要依靠油液动能的变化来传递动力的传动叫液力传动。

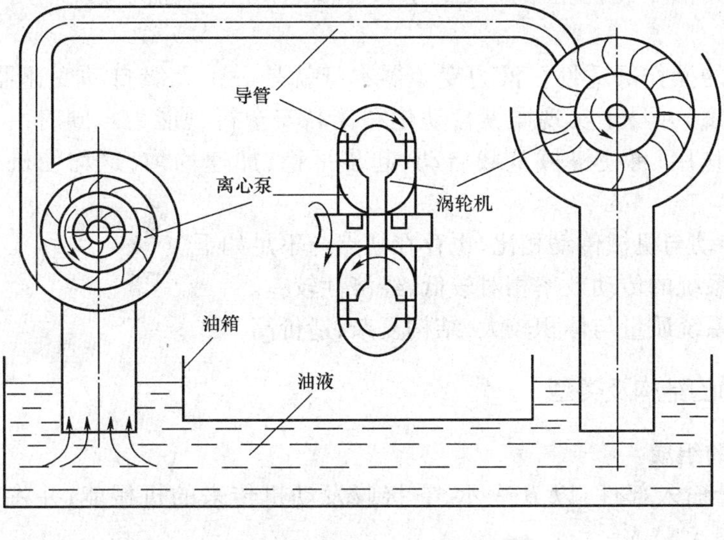

图 6-1-1　液力传动的工作原理示意图

由于离心泵与涡轮机的效率低，管路能量损失大，系统总效率一般不超过 70%，且结构复杂、庞大，不宜在实际中使用。为了提高效率，将离心泵工作轮（泵轮）和涡轮机工作轮（涡轮）尽量靠近，取消中间的连接管路和导向装置，便形成了液力传动的基本形式——液力变矩器。

二、液力传动的应用与发展

现代机械在 20 世纪初就开始采用液力传动。1907 年，海船的传动系统中首先应用液力变矩器，随后在 20 世纪 30 年代，车辆上也开始出现液力变矩器。

我国从 20 世纪 50 年代末，开始自行设计制造液力传动装置，随后成功地设计并应用了液力传动系统。目前，我国工程机械的传动系统中，ZL 系列装载机、TY180 和 TY140 推土机、CL7 型铲运机、PY210 平地机等多种机械均采用液力传动系统，同时液力传动在其他工业机械上也得到了广泛使用。

三、液力传动的特点

液力传动之所以得到迅速发展和广泛应用，主要因为它具有以下优点。

①具有良好的自适应性能。液力变矩器具有自动变矩、变速特性。能根据外载负荷的大小变化，无级自动调整工作速度，适应作业要求。当外荷载增大时自动降低速度而增加牵引力，以克服增大了的外荷载；反之，当外荷载减小时自动减小牵引力而增加速度。这对于野外施工作业的工程机械等是十分有益的。

②具有较长的使用寿命。液力传动的工作介质是液体，不仅能吸收并减少来自发动机和机械传动系统的振动，同时在一定程度上能完成各零部件润滑，从而提高了机械的使用寿命。液力传动同机械传动相比较，发动机与齿轮变速器使用寿命延长 47%，差速器使用寿命延长

93%。这对于经常处于恶劣环境下工作的工程机械十分重要。

③具有很强的通过性能。液力传动有良好稳定的低速性能,可以提高机械在软路如泥泞地、沙地、雪地和其他非硬性土壤路面的通过性。这对于工程机械及军用车辆具有特殊的意义。

④具有很好的操作舒适性。液力变矩器本身就是一个无级自动变速器,可有效地减轻驾驶员的劳动强度,并易于实现操纵自动化和提高安全行驶能力。同时由于其良好的自动适应性能和减振作用,可使机械重载启动,起步平稳,加速均匀,这均使机械操纵的舒适性提高。

当然,液力传动与机械传动相比,也存在缺点与不足如下。

①液力传动系统的传动效率相对较低,经济性较差。

②液力传动系统质量与体积较大,结构复杂,造价高。

四、液力传动的结构及类型

1. 液力传动的组成

①泵轮:能量输入部件,以 B 表示,它接收发动机传来的机械能,并将其转换为液体的动能。

②涡轮:能量输出部件,以 T 表示,它将液体的动能转换为机械能输出。

③导轮:以 D 表示,装在泵轮的出口处或入口处,是与机体固定连接的导流部件。

2. 液力传动的类型

①液力耦合器:如图 6-1-2 所示,只有泵轮与涡轮的液力传动装置,为液力耦合器。

②液力变矩器:如图 6-1-3 所示,除了泵轮、涡轮之外,还有一个固定的导流部件导轮,这种液力传动装置为液力变矩器。

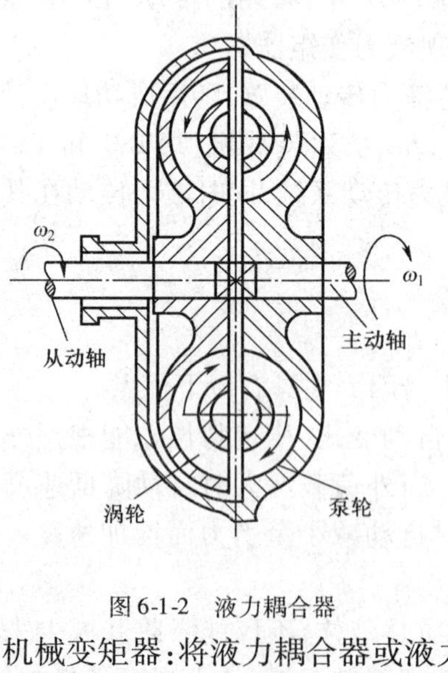

图 6-1-2　液力耦合器

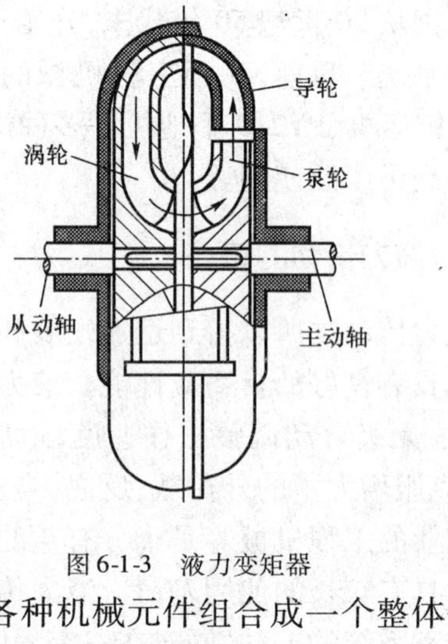

图 6-1-3　液力变矩器

③液力机械变矩器:将液力耦合器或液力变矩器与各种机械元件组合成一个整体传动总成,称为液力机械变矩器。

五、液力传动流体力学基本知识

1. 液体在工作轮中运动的几点假设

液体在叶片式工作轮中的运动是十分复杂的空间运动。为了便于分析研究问题，理论研究上可作如下假设。

①运动的液体为理想液体，理想液体可认为是连续的、不可压缩的、无黏性的。因此，液流在工作中是连续的、没有摩擦损失的。

②工作轮中叶片无限多，且形状相同，厚度无限小。因而液流被分成无限多的与叶片曲线（如图 6-1-4 所示）一致的流束。

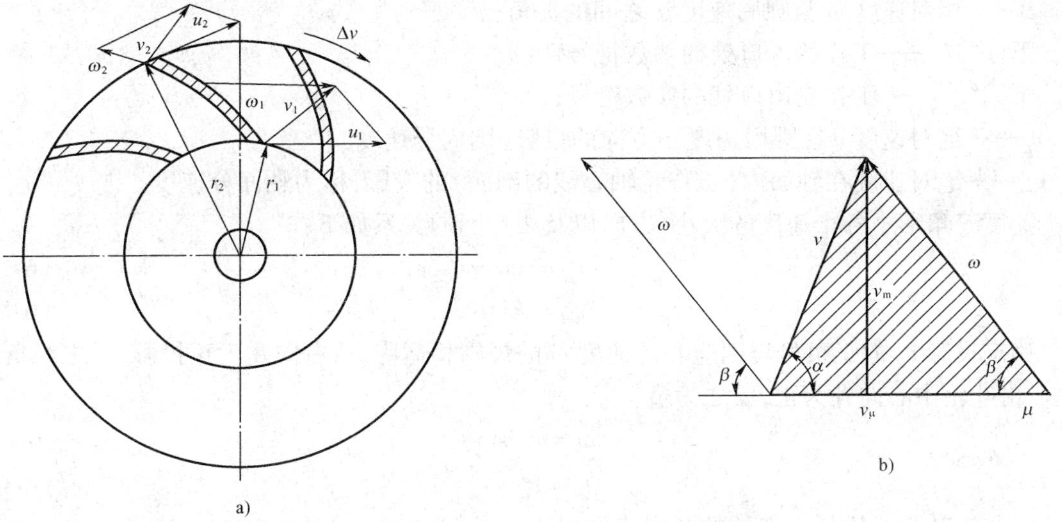

图 6-1-4　流束在叶片式工作轮中的变化

a）液体质点在工作轮中的流动；b）速度三角形

③在各条液体流束上液流的运动速度均相等。

④叶片系统对液体的作用相当于对中间流束的作用。

从上述假设可推知，液体在工作轮中的运动（流动）是轴对称的，每一相应点的液体质点在工作轮中的运动轨迹都相同，运动速度也相等，流量也是轴对称的。因此，不必分析空间每一个点的运动情况，只要研究其中一条流束运动规律，便可以代表液体的全部运动。

2. 液体在工作轮中的运动

液体在旋转工作轮中的运动是一种复杂的复合运动，研究液体在旋转工作轮中的运动情况时，各速度之间的关系可用速度三角形来表示分析。任取一工作轮如图 6-1-4a）所示，当工作轮以角速度做顺时针方向旋转时，工作轮流道内液体的任一质点 x 的运动将由两种运动组成。一种是由工作轮带动液体质点一起旋转的圆周运动，也叫牵连运动，其运动速度以 μ 表示，称为液体的圆周速度，其方向为圆周的切线方向。另一种是液体质点沿工作轮中叶片形成的流道流动，即相对于叶片的相对运动，其运动速度以 ω 表示，称为液体的相对速度，其方向为叶片骨线的切线方向。将两种运动速度按向量合成，即可得到液体质点 x 在工作轮中流动的绝对运动速度，称为绝对速度。

绝对速度 v 为：

$$v=\mu+\omega \tag{6-1-1}$$

在液力传动中由于工作轮叶片对液流的作用，使液体质点在工作轮中进出口处的速度发生变化。一般常用速度 v、μ、ω 组成的速度平行四边形来反映它们的液流速度矢量关系，并可简化为一个封闭的三角形来代替，即所谓速度三角形，如图 6-1-4b）所示。一般用它来讨论液流速度的变化。

在速度三角形中：

α——绝对速度 v 与圆周速度 μ 之间的夹角；

β——相对速度 ω 与圆周速度 μ 之间的夹角；

下标"1"——工作轮入口处的参数符号；

下标"2"——工作轮出口处的参数符号；

v_μ——绝对速度 v 在圆周速度 μ 方向的投影（圆周分速度）；

v_m——绝对速度在轴面内（工作轮轴心线的剖面）的投影，称为轴面分速度。

速度三角形中各个速度的大小、方向以及相互间的关系如下：

$$v_\mu=v\cos\alpha \tag{6-1-2}$$

$$v_m=v\sin\alpha \tag{6-1-3}$$

确定投影 v_μ 的正负号规则应和角速度 ω 的规则相适应，从右向左为正投影，反之为负；投影 v_m 由叶轮中心向外为正，反之为负。

$$\omega=v_m/\sin\beta \tag{6-1-4}$$

$$v^2=v_\mu^2+v_m^2 \tag{6-1-5}$$

工作轮叶片通道任一点处的圆周速度 μ 为：

$$\mu=2\pi r_i\cdot n/60=r_i\cdot\omega(\mathrm{m/s}) \tag{6-1-6}$$

式中：r_i——工作轮叶片通道中任一点到轴心的距离即半径，m；

n——工作轮每分钟转数。

上述对液流在工作轮的运动情况及各种速度关系的分析，便于进一步研究分析工作轮叶片与液流相互作用的力矩方程式。

3. 力矩方程式

将液体力学中的动量方程式应用于液力变矩器，可以推导出工作轮叶片与液流之间相互作用力矩的关系式即力矩方程式。流动液体的动量方程式：

$$F=\mathrm{d}(mv)/\mathrm{d}t=pQ(v_2-v_1) \tag{6-1-7}$$

应用流动液体的动量方程式，可以方便地计算出液流与固体平面之间的相互作用力。图 6-1-5 为液流冲击某一固定平面叶片的情况。液流射向平面后受平面作用而改变了方向，则平面对液流的作用力为：

$$F_1=pQ(\cos90°-v)=-pQv \tag{6-1-8}$$

而液流对平面的作用力 F 与 F_1 大小相等，方向相反，则：

$$F=pQv \tag{6-1-9}$$

在 F 力的作用下，该平面企图绕 O 点转动。若 r 为 F 力的作用半径，则转动力矩 M 为：

$$M = Fr = pQvr \tag{6-1-10}$$

$pQvr$ 称为液流对 O 点的动量矩。上述关系不仅适用于液流冲击到某一平面叶片的情况，也适用于液流冲击并离开某一弯曲叶片的情况。假如液流从某一曲面叶片的一侧射入，而从另一侧射出（如图 6-1-6），则：

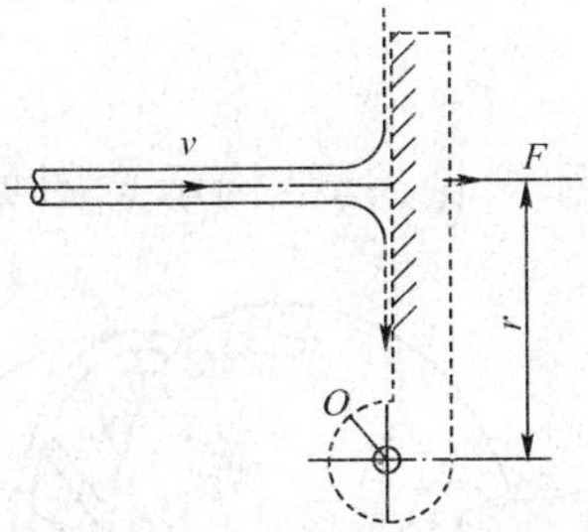

图 6-1-5　液流射到固定平面叶片的情况

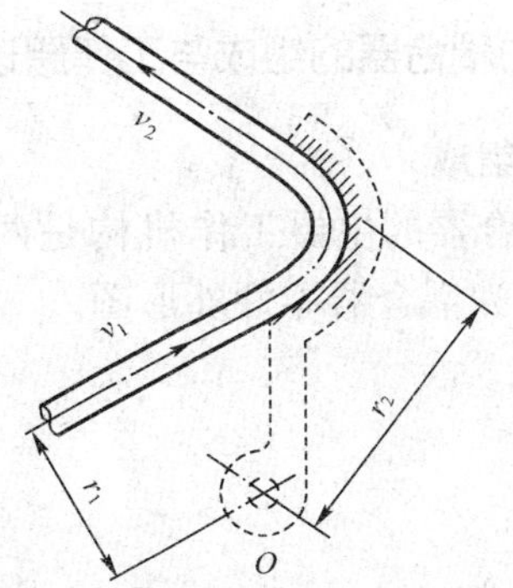

图 6-1-6　液流射到固定曲面的情况

弯曲叶片入口处液流的动量矩为 $-pQv_1r_1$（相对 O 点，顺时针为负）；

弯曲叶片出口处液流的动量矩为 pQv_2r_2（相对 O 点，逆时针为正）；

弯曲叶片所获得的转动力矩 M_o 为液流进入和流出弯曲叶片的动量矩之差，即：

$$M_o = -pQv_1r_1 - pQv_2r_2 \tag{6-1-11}$$

整理得：

$$M_o = -pQ(v_1r_1 + v_2r_2) \tag{6-1-12}$$

式(6-1-12)中负号表示曲面叶片绕 O 轴顺时针转动。

上面所述均属液流冲击到固定不动物体的情况。如果被冲击的物体本身也在运动，则情况就要有所不同。弯曲叶片本身以圆周速度 μ 运动。液流进入叶片的绝对速度为 v_1，因叶片本身具有速度 μ，液流相对叶片的速度将为 ω_1，ω_1 的大小和方向可用进口处的速度三角形来决定。当液流离开叶片时具有相对速度 ω_2，仍因叶片具有圆周速度 μ，则液流的绝对速度 v_2 由出口处的速度三角形来决定。

这种情况下，液流对叶片的作用力 F 仍可按类似的方法计算。故有：

$$F = pQ(\omega_1\cos\beta_1 - \omega_2\cos\beta_2) \tag{6-1-13}$$

根据三角关系可推出：

$$F = pQ(v_2\cos\alpha_2 - v_1\cos\alpha_1) \tag{6-1-14}$$

同样办法，可以计算液流穿过旋转的叶轮时的情况。当液流穿过旋转着的叶轮时，对叶轮的力矩仍然等于液流在叶轮入口和出口处动量矩的变化，最终可推出：

$$M = -pQ(v_{2\mu}r_2 - v_{1\mu}r_1) \tag{6-1-15}$$

因为所有叶片间的液流情况相同，若将 Q 表示为整个工作轮流量，则 M 即表示工作液体对所有工作轮叶片的力矩之和。根据作用力矩与反作用力矩大小相等方向相反的原理，工作液体的力矩大小与上述的力矩之和相等，方向相反。

为了方便起见，将式(6-1-15)等号右边加上正负号来表示液力传动的基本方程式，称为力矩方程式。

$$M = \pm pQ(v_{2\mu}r_2 - v_{1\mu}r_1) \tag{6-1-16}$$

力矩方程式表明了液体流经工作轮时,工作液体与工作轮叶片相互作用的力矩关系。

课题二 液力耦合器

一、液力耦合器的组成与工作原理

1. 结构组成

液力耦合器的主要工作机构是两个工作轮,即泵轮和涡轮,其结构示意图见图6-2-1所示,图6-2-2为耦合器零件外形图。

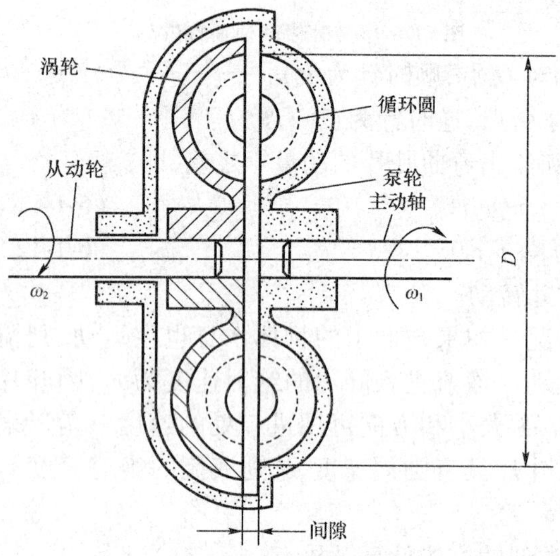

图6-2-1 液力耦合器示意图

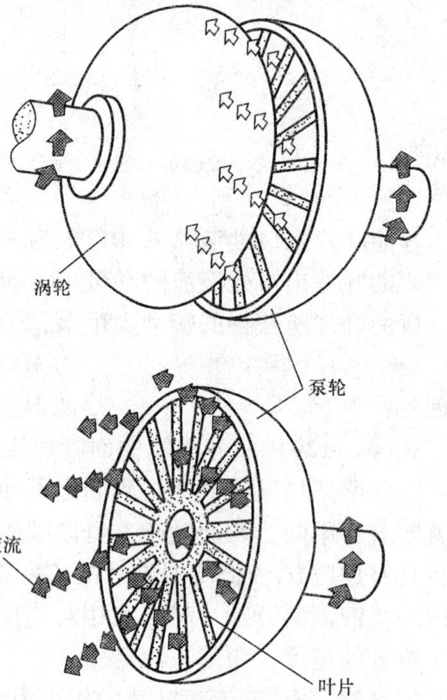

图6-2-2 耦合器零件外形图

泵轮 B 通过输入盘与发动机的曲轴(主动轴)相连,并随着曲轴一起旋转,是耦合器的主动部分。涡轮 T 装在密封的外壳中,并与输出轴相连接,是耦合器的从动部分。泵轮与涡轮端面相对,二者之间留有3~5 mm的间隙,没有机械连接。它们的内腔共同构成椭圆形的环状空腔,此环状空腔称为循环圆,在循环圆储有约占空腔容积85%的工作油(一般为透平油),工作时工作液体即在其间流动。

2. 液力耦合器的工作原理

如图6-2-3a)所示,当发动机带着泵轮旋转时,泵轮内的工作液体也被叶片带着一起绕泵轴做圆周运动的旋转,并在离心力的作用下力图从叶片的内缘 B 向外缘 A 流动,从而形成叶片外缘泵轮出口处的压力高于大气压,而内缘(泵轮中心)压力低于大气压。由于两个面对面的工作轮是同为一个外壳所封闭着,所以此时被泵轮甩到外缘的工作液体就朝着涡轮外缘冲去，顺着涡轮叶片向其中心流，然后再返回到泵轮中心。由于泵轮不停地旋转，返回到泵轮中心的工作液体又被泵轮叶片再次甩到外缘。工作液体就这样循环地流动（如图6-2-3b））。

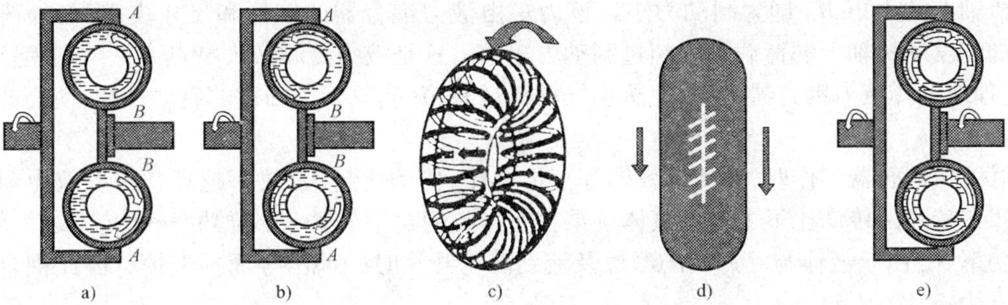

图6-2-3　液力耦合器工作原理图

如图6-2-3c）所示，泵轮内的工作液体除了沿循环圆环流的径向流动外，还要随泵轮的旋转绕轴线做圆周运动。前者径向流动为相对运动，后者为牵连运动。两者合成的绝对运动则斜对着涡轮，冲击其叶片，然后顺着涡轮叶片再流回泵轮中心。

如图6-2-3d）、e）所示，斜向冲击涡轮叶片的液流遇到静止的涡轮，其圆周速度将顿时被迫下降到趋于零，从而对涡轮叶片造成一个沿涡轮圆周方向的冲击力，该力对涡轮产生一个与泵轮同向旋转的力矩，于是涡轮开始旋转，经从动轴向外输出力矩和转速。这就是液力耦合器以液体为工作介质开始传递动能的情况。

从上述工作原理可知，在传递能量的过程中，泵轮将输入的机械能转换为液体的动能，涡轮将液体的动能又转换为机械能。工作液体的环流运动没有受到任何附加外力。因此发动机传给泵轮的力矩等于泵轮通过工作液体传给涡轮的力矩。这就是说，液力耦合器只能起传递力矩的作用。

二、液力耦合器的特性

液力耦合器的外特性是指耦合器传递的转矩 M 及效率 η 随转速比 i 变化的规律。当泵轮转速 n_B（输入转速）为常数时，涡轮力矩（M_T）、耦合器效率（η）与涡轮转速（n_T）的关系可用曲线表示，如图6-2-4所示。这种反映液力耦合器的转矩、效率与转速比之间的相应关系的曲线称为耦合器特性曲线。液力耦合器有如下传动规律。

①液力耦合器实现传动的必要条件是工作液体在泵轮和涡轮之间循环流动。而这种循环流动的产生是由于两个工作轮转速不等，离心力也就不等，使两轮叶片的外缘存在压力差所致。故液力耦合器在正常工作时泵轮转速总是大于涡轮转速。当二者转速相等（如汽车下坡行驶时），液体的环状流动将停止，此时不传递力矩，耦合器则不起传动作用。

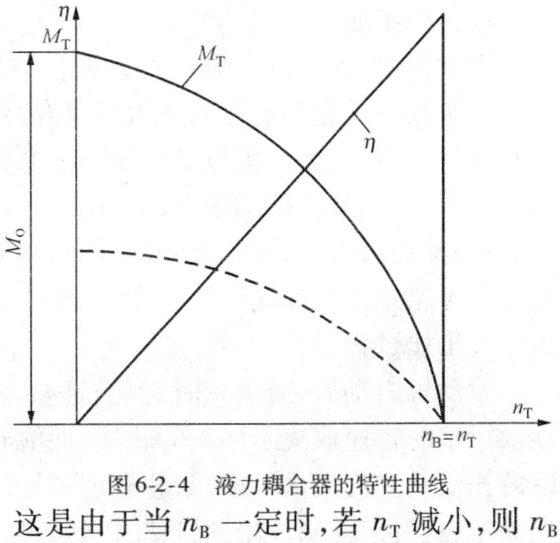

图6-2-4　液力耦合器的特性曲线

输出力矩（阻力矩）随涡轮转速的增大而减小。这是由于当 n_B 一定时，若 n_T 减小，则 n_B

与 n_T 之转速差增大，引起环流速度增大，而使传递力矩增大。

②制动力矩是指当外荷载过大时，如大于图中 M_0，涡轮便停止不动，即 $n_T=0$，此时加到发动机轴上的力矩 M_0 即为制动力矩。该力矩由液力耦合器的结构和尺寸决定，与外荷载无关。加到发动机轴上的荷载不能超过制动力矩 M_0，这是液力传动最大特点之一。利用这个特点，合理地选择液力耦合器，有效地防止发动机过载，并能改善发动机的启动性能，使之能重载启动。

③液力耦合器工作时，其传动效率等于传动比，传动比越大，效率越高。所以液力耦合器总希望在较高的传动比下工作。液体从泵轮所接收的功率 N_B，一部分功率 N_T 传给了涡轮，一部分功率 N_m 由于液体与叶片间的摩擦及流到涡轮叶片时的冲击等而损失掉。因此耦合器的效率 η 为：

$$\eta = N_T/N_B = M_T \cdot n_T/M_B \cdot n_B = n_T/n_B = i \tag{6-2-1}$$

式中：N_T——涡轮的功率；

N_B——泵轮的功率；

i——传动比。

正常工作时，传动比一般为0.95～0.99，效率还是相当高的。

④当液力耦合器稳定工作时，若忽略摩擦阻力，则作用于泵轮上的力矩 M_B 的大小等于涡轮所受的力矩 M_T。无论两工作轮转速多高，只要做匀速转动，则耦合器的输入转矩与输出转矩总是相等的，耦合器只能将输入转矩无改变地传递给输出轴，没有变矩功能。所以液力耦合器又称液力联轴器。

⑤液力耦合器所传递的转矩与液流循环流量成比例。液体循环流量愈大，则耦合器所传递的转矩愈大。而液体的循环流量又与转速比有关。当泵轮转速 n_B 为常数时，如果涡轮静止不动，此时液体的流动未受到涡轮旋转时所产生的离心压力的阻抗，液体的循环流量应当是最大。随着涡轮转速的升高，涡轮内液体的离心压力也相应的增大，液流流经涡轮所遇到的阻抗也就增加，循环流量必然会逐渐减小。

三、典型液力耦合器的构造

1. 结构组成

太脱拉T815型汽车风扇液力耦合器如图6-2-5所示。耦合器装在发动机正时齿轮室正上方。泵轮和涡轮各有径向布置平直叶片，两轮中间距离为1 mm。泵轮和涡轮均经过动平衡试验，以免不平衡而产生振动与噪声。泵轮固定在空心的主动轴上，该轮与外壳铆成一体。在被动轴上装有涡轮，被动轴上钻有中心油孔。来自发动机主油道的机油，经自动调节阀，从接头、中心轴孔进入耦合器。油液工作后从涡轮壳体的两个排油孔及外壳中心排油孔排出，最后经正时齿轮室回到油底壳。

2. 工作过程

发动机启动后，通过正时齿轮、连接盘、齿轮带动泵轮旋转，涡轮通过被动轴驱动风扇转动。风扇的转速取决于涡轮的转速，而涡轮的转速不仅取决于泵轮的转速，而且还取决于耦合器的充油量。充油量越多，泵轮转速不变的情况下，涡轮转速就越高。所以通过调节耦合器的充油量，就可以控制风扇的转速，以保证发动机在适宜的热状态下工作。

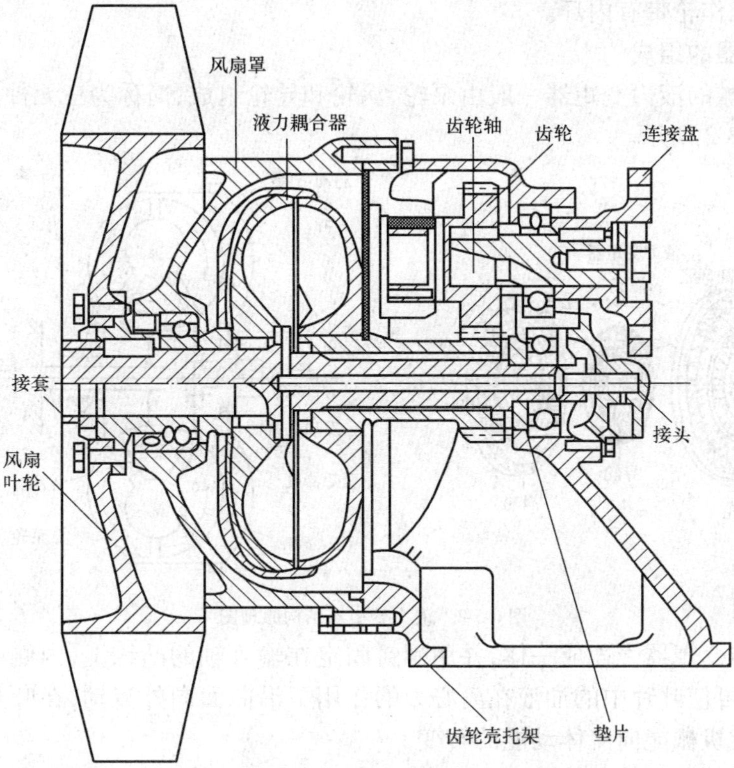

图 6-2-5　T815 风扇液力耦合器

3. 性能特点

采用液力耦合器驱动风扇，可以消除风扇和传动装置的振动，保护传动装置免遭破坏。在冷却系中设置冷却自动调节装置，耦合器可以实现自动调节发动机的温度；同时采用液力耦合器后，风扇的传动机构不再是刚性连接，风扇的惯性不会给发动机带来损害。

课题三　液力变矩器

液力变矩器作为液力传动的一种主要形式，已广泛应用在现代工程机械与汽车自动变速器上，它与液力耦合器最主要的区别是具有变矩功能，即能够改变发动机所供给的力矩，使其涡轮输出的力矩有可能超过发动机通过泵轮所输入力矩的若干倍，从而改善主机的性能。

一、液力变矩器的结构

如图 6-3-1 所示，液力变矩器的结构与液力耦合器相近，只是液力变矩器在循环圆内多加装了工作液导向装置——导轮。另外，为了保证液力变矩器具有一定的性能，使工作液在循环圆中很好地循环流动，各工作轮采用弯曲成一定形状

图 6-3-1　变矩器元件结构图

的叶片,并且各工作轮带有内环。

1. 液力变矩器的组成

公路工程机械的液力变矩器一般由泵轮、涡轮和导轮组成,简称为三元件液力变矩器。其基本结构如图 6-3-2 所示。

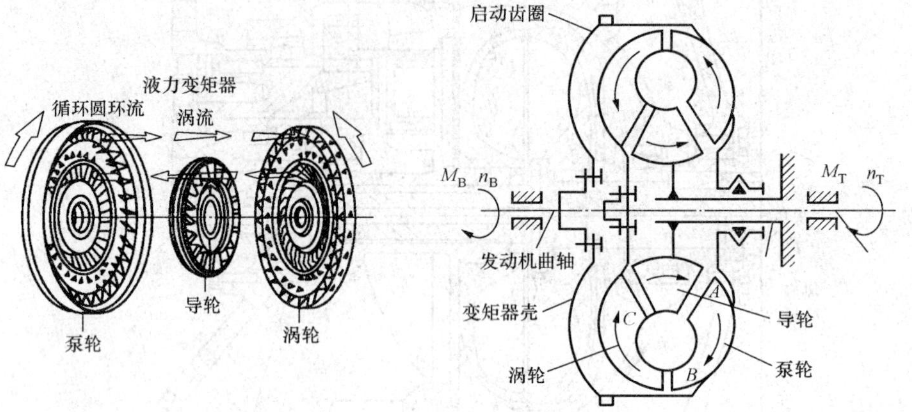

图 6-3-2 液力变矩器结构原理图

泵轮:泵轮与变矩器壳连成一体,并用螺钉固定在输入轴的凸缘上,内侧由许多曲面叶片组成,为主动件,可使叶片中的油液在离心力的作用下沿曲面向外流动,在叶片出口处射向涡轮叶片入口,完成机械能向流体动能的转变。

涡轮:涡轮通过输出轴与传动系相连接,由许多曲面叶片组成,通过输出轴输出扭矩,为从动件,可将液体的动能转换为输出轴的机械能。

导轮:导轮是一个固定不动的工作轮,通过导轮固定座与变速器的壳体连接,由许多曲面叶片组成,从涡轮流出的油液经其油道改变方向后再流入泵轮,承受一反作用力矩。

循环圆:各工作轮(泵轮、涡轮、导轮)的内外环构成相互衔接的封闭空腔,形成工作液流的环流通道,工作液就在环流通道内循环流动,这个环流通道便是循环圆。为分析方便,通常用循环圆在轴面上的断面图来表示整个循环圆(图 6-3-3)。循环圆表示了变矩器内各工作轮的相互位置和几何尺寸,说明了一个液力变矩器的几何特性,一般某一型号的液力变矩器一般就用它的循环圆来表示。

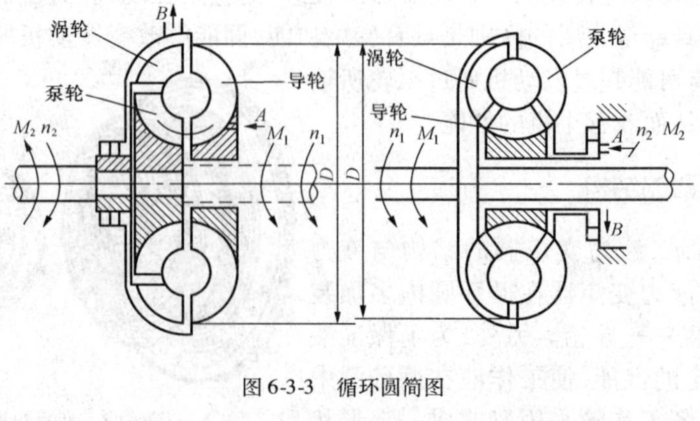

图 6-3-3 循环圆简图

2. 液力变矩器与发动机的常见连接方式

①如图 6-3-4a) 所示，变矩器与发动机的连接采用弹性板与飞轮连接。

②如图 6-3-4b) 所示，变矩器与发动机的连接由驱动齿轮直接插入发动机飞轮齿圈内。

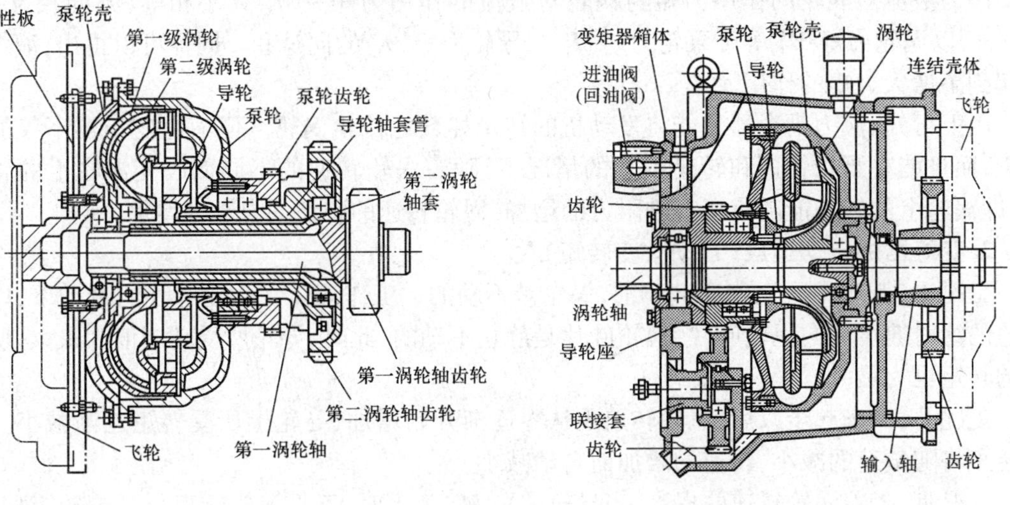

图 6-3-4　液力变矩器与发动机的常见连接方式

a) 双涡轮弹性连接板变矩器；b) 单涡轮飞轮连接变矩器

二、液力变矩器的工作原理

1. 液力变矩器的变矩原理

液力变矩器工作时泵轮、涡轮、导轮叶栅组成如图 6-3-3 所示的循环圆。将三元件的液力变矩器，沿着循环圆的截面展开布置，便形成了如图 6-3-5 所示。在液力变矩器的工作过程中，液流自泵轮冲向涡轮时使涡轮受一力矩，其大小与方向都和发动机传给泵轮的力矩 M_B 相同。液流自涡轮冲向导轮时也使导轮受一力矩，由于导轮是固定的，此时它便以一大小相等方向相反的反作用力矩 M_D 作用于涡轮上。因此涡轮所受的总力矩 M_T 为泵轮力矩 M_B 与导轮反作用力矩 M_D 的向量和，即：

$$M_T = M_B + M_D \qquad (6\text{-}3\text{-}1)$$

由此可知，液力变矩器可以起增大力矩的作用，这个所增加的力矩就是导轮的反作用力矩 M_D。

液力变矩器变矩原理还可以通过变矩器中工作液体周而复始的环流特性说明。现设泵轮、涡轮和导轮对工作液流的作用力矩分别为 M_B、$-M_T$（负号表示涡轮对工作液流的作用力矩与泵轮转向相反）和 M_D。由于液体的环流是一种周而复始的循环运动，根据力学原理，3 个工作轮对工作液流的作用力矩总和应

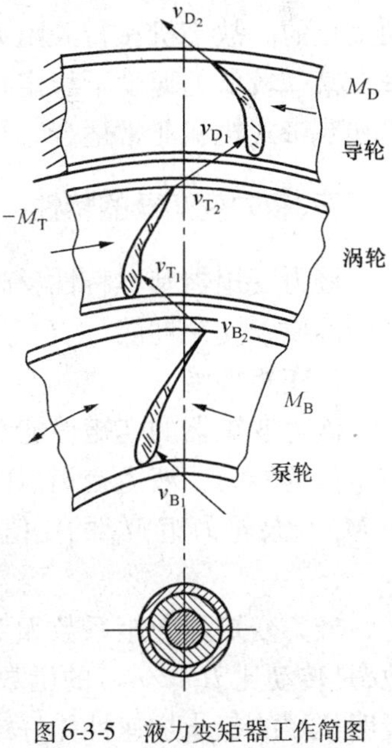

图 6-3-5　液力变矩器工作简图

为零，即：

$$M_B+(-M_T)+M_D=0 \tag{6-3-2}$$

或：

$$M_T=M_B+M_D \tag{6-3-3}$$

因为液流对涡轮的作用力矩与涡轮对液流的作用力矩 $-M_T$ 大小相等，方向相反（即为 M_T），所以涡轮力矩 M_T 等于泵轮力矩 M_B 与导轮力矩 M_D 的向量和。同样可以得出，液力变矩器起到了增大力矩的作用。

由上可知，液力耦合器只能将发动机的转矩如数地传给涡轮。但液力变矩器不仅能传递转矩，而且能在泵轮转速和转矩不变的情况下，随着涡轮转速的不同而改变涡轮上的转矩数值，即涡轮上的转矩能随汽车行驶阻力的增加、涡轮转速的降低而自动地增加。

2. 变矩器的自动适应（自动改变转矩）性

工况Ⅰ（起步工况）：汽车起步前，涡轮是不动的。工作液体在泵轮叶片的带动下，以一定数值的绝对速度冲向涡轮叶片，涡轮叶片是静止不动的，此时，导轮所受转矩值为最大，所以涡轮的转矩也为最大。

工况Ⅱ：汽车起步以后，涡轮转速也从零逐渐开始增加，导轮上所受转矩逐渐减小。涡轮的转矩将随负荷的减小，转速的增加而自动减小。

工况Ⅲ：随着涡轮转速的提高，当导轮转矩 M_D 为零时，于是涡轮转矩与泵轮转矩相等，即 $M_T=M_B$。

工况Ⅳ：若涡轮负荷继续减小，涡轮转速继续提高时，当液流冲击在导轮叶片的背面，导轮转矩方向与泵轮转矩方向相反。此时，涡轮转矩 M_T 为泵轮转矩 M_B 与导轮转矩 M_D 之差，即 $M_T=M_B-M_D$；变矩器输出转矩反而比输入转矩小。

当涡轮转速增大到与泵轮转速相等时（如汽车下坡），工作液体在循环圆中的循环流动停止，变矩器不再进行转矩的传递。

以上分析说明涡轮轴的力矩主要与其转速有关，而涡轮转速又是随着阻力矩的改变而自动变化的。故当机械行驶阻力增加、行驶速度降低时，驱动力矩可以随之自动增大，以维持机械在某一较低的速度下稳定行驶。液力变矩器具有的这一性能对于行驶阻力变化比较大的轮式和履带式机械非常适合，通常称为液力变矩器的自动适应性。

三、液力变矩器的特性

液力变矩器基本特性反映了液力变矩器主要特性，具体性能有变矩性能、经济性能，这些性能均属于使用性能。

1. 变矩性能

液力变矩器的变矩性能是指变矩器在一定范围内按一定规律无级地改变由泵轮输给涡轮力矩值的能力。液力变矩器的变矩能力用变矩系数 K 表示。变矩系数指液力变矩器涡轮力矩 M_T 与泵轮力矩 M_B 的比值。即：

$$K=M_T/M_B=(M_B \pm M_D)/M_B \tag{6-3-4}$$

液力变矩器变矩系数 K 又称为变矩比，其反映出变矩器改变转矩的能力。它不是一个常数，是传动比 $i(n_T/n_B)$ 的函数。汽车起步时（$i=0$）时，变矩系数达到最大值，以 K_0 表示，K_0 大说明机械的起步加速性能好或机械的爬坡能力强。

2. 经济性能

液力变矩器的经济性能以液力变矩器的效率为评价指标。

液力变矩器的效率是指输出功率与输入功率之比。即:

$$\eta = M_{T} \cdot n_{T}/M_{B} \cdot n_{B} = K \cdot i \tag{6-3-5}$$

效率 η 随变矩器工况的改变而变化,在涡轮轴完全制动时,效率 η 为0;随后随着涡轮负荷的减小,即 i 的增加,而增至最大值以后又逐渐降低。工程机械高效工作区一般指 $\eta > 75\%$ 的变矩工况。

四、液力变矩器的类型

1. 基本概念

元件——与液流发生作用的一组叶片叫作元件。

级——涡轮的元件数即为液力变矩器的级数。

相——借助于某些机构的作用,一些元件在一定工况下改变作用,从而改变了变矩器的工作状态,这种工作状态数称为变矩器的相数。

2. 类型

液力变矩器的分类大致如图 6-3-6 所示。

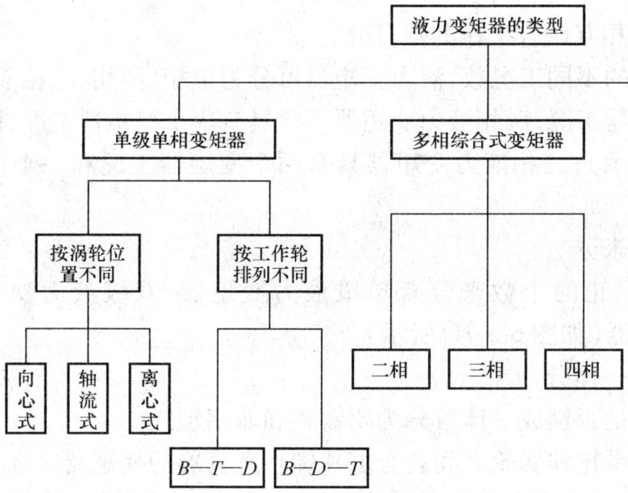

图 6-3-6 液力变矩器的类型

1)按工作轮在循环圆内的排列顺序分

可分为 *B—T—D* 型(图 6-3-7a)和 *B—D—T* 型(图 6-3-7b)两类液力变矩器。对于 *B—T—D* 型液力变矩器,在正常状态下,涡轮的转向和泵轮转向一致,又称为正转液力变矩器。对于 *B—D—T* 型液力变矩器,在正常状态下,涡轮的转向与泵轮的转向相反,故又称反转液力变矩器。工程机械中大多数采用 *B—T—D* 型液力变矩器。

2)按涡轮在循环圆中的位置(或形态)分

①向心涡轮式液力变矩器(如图 6-3-7g)所示),变矩器涡轮中的工作液流从周边流入中心,这个工作液流方向由涡轮进口半径 r_{T_1} 大于涡轮出口半径 r_{T_2} 来保证实现。

②轴流涡轮式液力变矩器(如图6-3-7h)所示),变矩器涡轮中的工作液流是轴向流动,这将由大小相似的涡轮进、出口半径来实现。

③离心涡轮式液力变矩器(如图6-3-7i)所示),该变矩器涡轮中,工作液流是从中心流向周边的,这将由涡轮进口半径 r_{T_1} 小于涡轮出口半径 r_{T_2} 来保证实现。

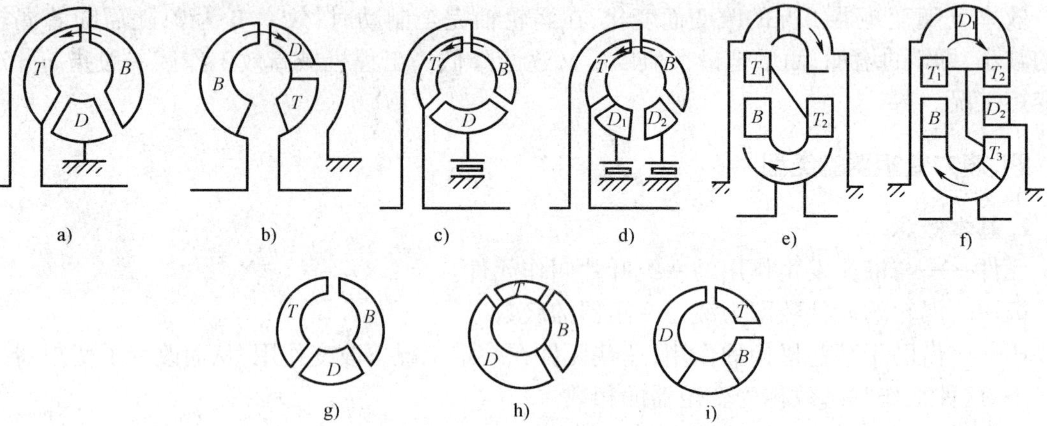

图6-3-7　液力变矩器的类型简图

3)按液力变矩器各工作轮相互结合工作的数目分

按变矩器在工作时可组成的不同工况数,液力变矩器可分为单相、两相、三相液力变矩器。单相液力变矩器只有一个变矩器工况;两相液力变矩器不仅具有一个变矩器工况,而且具有一个耦合器工况(如图6-3-7c)所示);三相液力变矩器具有两个变矩器工况和一个耦合器工况(如图6-3-7d)所示)。

4)按循环圆内涡轮的个数来分

液力变矩器按循环圆内涡轮的个数来分有单级液力变矩器、双级液力变矩器(如图6-4-2e)所示)和多级液力变矩器(如图6-3-7f)所示)。

5)按泵轮和涡轮是否锁成一体分

液力变矩器按泵轮和涡轮是否锁成一体可分为闭锁式和非闭锁式。

闭锁式液力变矩器是指在泵轮和涡轮之间装有多片锁止离合器的变矩器。汽车起步及在道路阻力较大的条件下行驶时,锁止离合器松开,变矩器按变矩器工况工作。当涡轮转速较高时,锁止离合器自动结合,将泵轮和涡轮连在一起,转为直接机械传动。

将液力变矩器闭锁后,传动效率提高了,但是传动变为纯机械式,失去了液力变矩器的各种优良性能。因此,运输车辆一般仅在高等级路面,高挡行驶时闭锁变矩器;有时为了解决机械用拖车方法启动发动机和下长坡时利用发动机制动,也可以采用可操纵的闭锁离合器来实现。

五、典型液力变矩器的结构

1.进口公路工程机械用液力变矩器

美国CAT966型装载机用液力变矩器结构如图6-3-8所示,为单级单相三元件变矩器。

①变矩器的主要零件有:泵轮驱动壳体、泵轮、涡轮、导轮。壳体用螺栓与带有外齿的凸缘总成连接,泵轮与壳体用螺栓连接,涡轮用花键与涡轮轴连接,导轮连接在支座组件上,但不转动。

②变矩器油的流向(如图 6-3-8 中箭头所示):由变矩器齿轮泵供给的油自进油口入,通过支座油道进入泵轮的内油道,旋转的泵轮通过离心力使油进入涡轮,并将油的能量传至涡轮并冲击涡轮旋转,动力从涡轮轴输出,涡轮的油流入导轮,并通过其叶片流入泵轮,从而在工作腔内循环,不断改变其能量,有一部分油从导轮支座另一油道,通过箱体油道,流入回油口进入冷却器。

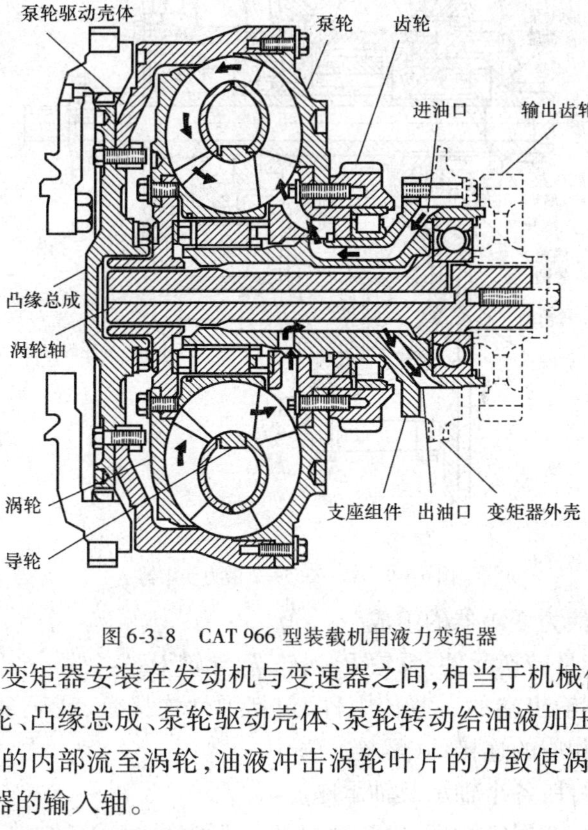

图 6-3-8 CAT 966 型装载机用液力变矩器

③动力传递:液力变矩器安装在发动机与变速器之间,相当于机械传动中主离合器。来自发动机的原动力从飞轮、凸缘总成、泵轮驱动壳体、泵轮转动给油液加压,泵轮上的油沿叶片向外缘流动,围绕着壳体的内部流至涡轮,油液冲击涡轮叶片的力致使涡轮转动,带动涡轮轴转动将动力传送至变速器的输入轴。

2. 国产公路工程机械用液力变矩器

国产公路工程机械除了有应用上述三元件液力变矩器的之外,还有如轮式装载机 ZL50 系列,多采用由泵轮、双涡轮、导轮四元件组成的双级单相液力变矩器或采用泵轮、涡轮、双导轮四元件组成的单级二相综合式液力变矩器(如 TL160 推土机、WD140 推土机)。如图 6-3-4a)所示为 ZL50 系列装载机用双涡轮液力变矩器简图,如图 6-3-4b)所示为 ZL30 系列装载机用单涡轮液力变矩器简图。下面以最常用的国产 YB—355—2 型液力变矩器(如图 6-3-9 所示)为例,介绍其结构及工作原理。

1)型号

YB—355—2 型液力变矩器是单级单相 *B—T—D* 型液力变矩器。“YB”是液力变矩器的汉语拼音缩写,“355”是指该变矩器最大圆直径(以 mm 计),最后的数值“2”表示此种变矩器的系列化数。

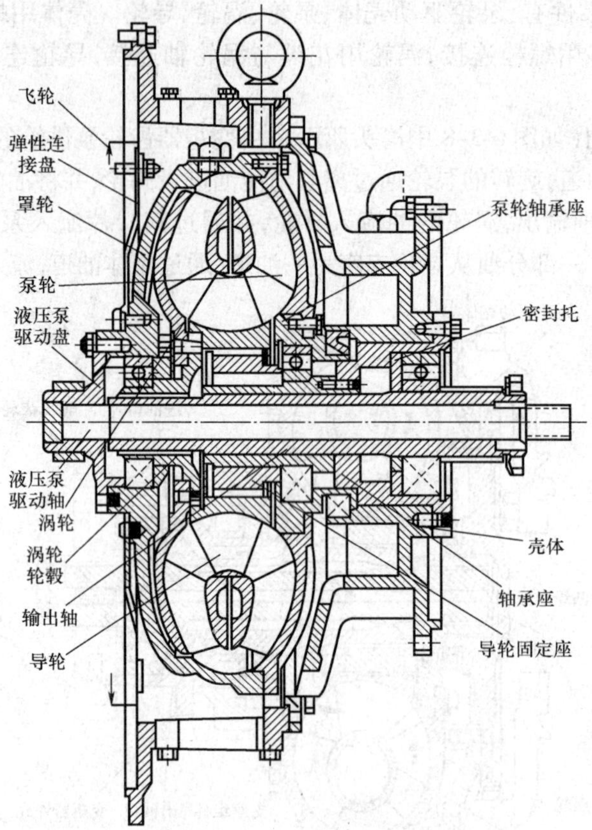

图 6-3-9 YB—355—2 液力变矩器

2)YB—355—2 型液力变矩器的组成

①液力变矩器的能量转换元件:泵轮 B、涡轮 T、导轮 D。

②动力由输入端到输出端的一些传力件,包括弹性连接盘、液压泵驱动轴、涡轮轴、涡轮毂、液压泵驱动轴以及相应的连接件(螺栓)等。

③旋转零件的支承件:各个轴承及轴承座。

④压力油的密封件:金属密封环、橡胶油封及 O 形密封圈。

⑤变矩器壳体、导轮固定支承部件及其他附件。

3)结构及传动原理

(1)动力输入部分

①传动路线。

发动机的动力按如下路线输入泵轮:

发动机飞轮→弹性连接盘→{ 罩轮→泵轮; 液压泵驱动盘→液压泵驱动轴 }

②结构。

发动机飞轮和弹性连接盘用双头螺栓连接;弹性连接盘和罩轮用 6 个双头螺栓和 6 个圆柱销来连接和传力。力矩的传递主要靠圆柱销。弹性连接盘与罩轮连接处的表面应当平整。

这个液力变矩器需用一部分功率驱动液压泵。在结构上，这部分功率由罩轮、液压泵驱动盘和液压泵驱动轴输出。

在动力输入系统中，弹性连接盘除了传递力矩外，还可以缓冲和减小由于偏心和热膨胀等引起的附加荷载。罩轮除了作为动力的中间传递零件外，并在此变矩器中构成循环圆的一部分。泵轮由 ZL—10 铸铝浇铸而成，泵轮内分布着 26 个圆曲面叶片。

(2)动力输出部分

①传动路线。

变矩器动力按如下路线传递：涡轮→涡轮轮毂→涡轮输出轴。

②结构特点。

涡轮与涡轮轮毂之间用螺栓连接，用圆柱销传力，涡轮轮毂与涡轮轴采用花键连接。

为使涡轮在涡轮轴上轴向固定，在涡轮轮毂两侧各设有一个轴用挡圈。为了调整涡轮与泵轮和罩轮间的轴向间隙，在涡轮毂与轴承和挡圈间都设有调整垫圈。

轴承外环左侧有一密封托，它与外环一起紧靠在轴承座内；外环的右侧有一个挡圈使轴承轴向定位。轴承的内环一侧靠在涡轮轴的键上，另一侧经密封座靠挡圈轴向定位。这样整个涡轮输出部分的轴向位置是确定的。涡轮与涡轮轴的同轴度由花键定心来保证。

涡轮由 ZL—10 铸铝浇铸，涡轮内有 28 个均布的曲面叶片。涡轮为向心式，它的循环圆形状和叶片进出口轴面轮廓线位置与泵轮大致对称。

(3)导轮的固定支承部分

①传动路线。

导轮在 YB—355—2 型液力变矩器中是一个固定不动的工作轮。它与壳体之间的连接路线是：导轮→导轮固定座→轴承座→壳体。

②结构特点。

导轮和导轮固定座之间采用平键连接。为了防止键的轴向移动，在右侧有一挡圈。导轮固定座与轴承座之间用螺栓连接，用定位销定位。为了拆卸方便，轴承座上钻有 2 个顶丝孔。

导轮也是用 ZL—10 铸铝铸成。导轮内均布 24 个近似圆柱曲面的叶片。

(4)压力油的密封

在 YB—355—2 型液力变矩器上采用了以下 3 种密封装置。

①固定处密封，采用耐油橡胶制成的 O 形密封圈，如罩轮和泵轮的连接处，泵轮和泵轮轴承座的连接处，罩轮和液压驱动盘的连接处。

②旋转处密封，采用合金铸铁制成的密封环。罩轮与涡轮轮毂之间、泵轮轴承座与导轮固定轴承座之间以及密封托和密封座间，都采用了合金铸铁的密封环。

③对于压力较低而又有相对运动的连接处，采用橡胶密封圈。

(5)液力变矩器的补偿和冷却系统

YB—355—2 型液力变矩器应用于工程机械，其补偿和冷却包括下列一些部件：滤油器、齿轮泵、油冷却器和 3 个压力控制阀，其中前 3 个是不附属于液力变矩器的独立部件，而 3 个压力控制阀则往往安装在液力变矩器上，作为液力变矩器的组成部件。补偿和冷却系统见图6-3-10。

第 1 个压力阀是定压阀。它的作用是限定工程机械变速器换挡离合器的油压，压力一般为

1.1～1.4 MPa。在油压低于规定值时，补偿油液不进入液力变矩器以保证离合器的操纵油压。

第2个压力阀是溢流阀。它控制工作液体进入泵轮时的压力，压力一般为0.35～0.4 MPa。它同时又起着控制供油流量的作用。

第3个压力阀是背压阀。它保证液力变矩器中的压力不得低于所规定的压力(0.25～0.28 MPa)，以防止工作时液力变矩器因压力过低产生气蚀现象和工作液体全部流空。

六、液力变矩器的拆装

以ZL30装载机用的YB—355—2液力变矩器为例，说明液力变矩的拆装。

1. 液力变矩器拆卸

①如图6-3-11所示，拆除变矩器前端3只油泵以及进油阀、回油阀上的各进、出油管，拆除涡轮输出端主传动轴螺栓。

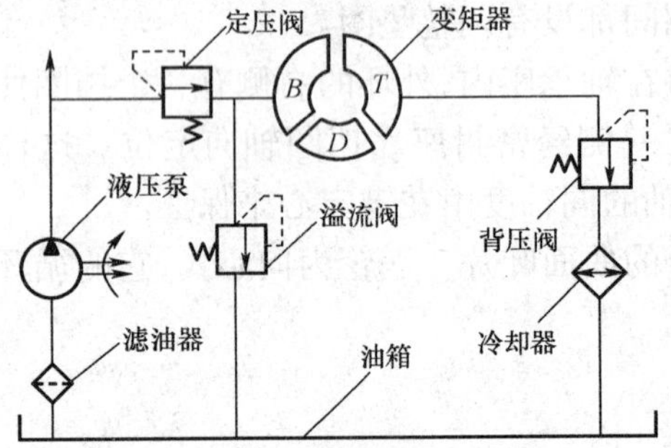

图6-3-10　液力变矩器的补偿和冷却系统

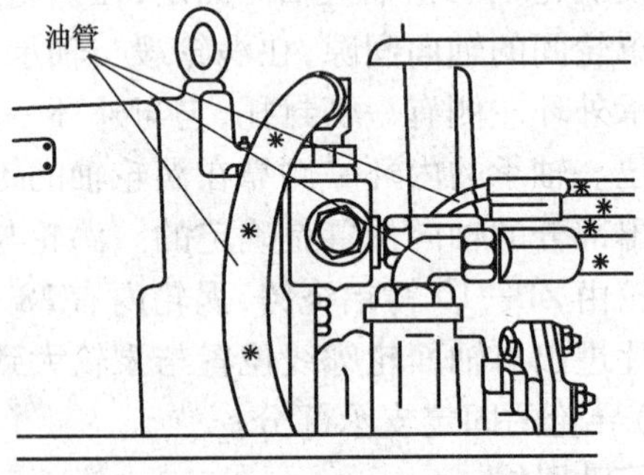

图6-3-11　拆油管

②拆连接壳体与发动机飞轮壳的9只螺栓，起吊变矩器组件(图6-3-12)。

③拆下3只油泵：松开工作油泵螺栓、变速油泵螺栓、转向油泵螺栓(图6-3-13)。

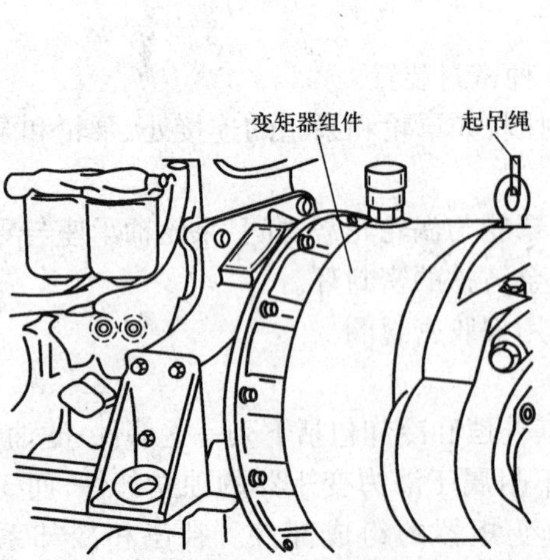

图6-3-12　起吊变矩器

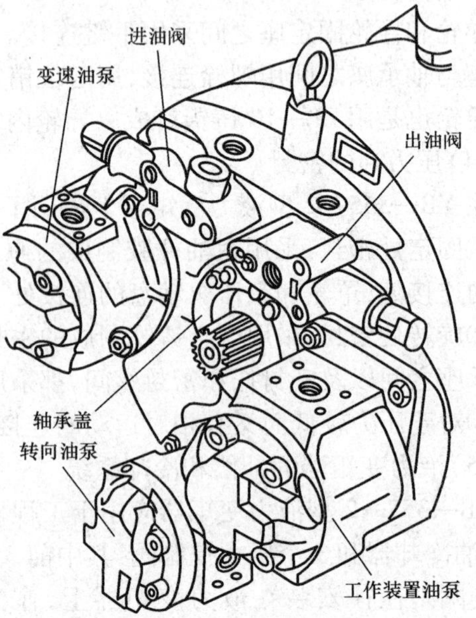

图6-3-13　拆3个油泵

④如图 6-3-14 所示，拆主动轴齿轮和连接壳体：拧下锁紧螺母，取下压板，用力拆下主动轴齿轮，拆下连接壳体。

⑤如图 6-3-15 所示，拆下泵轮壳组件。

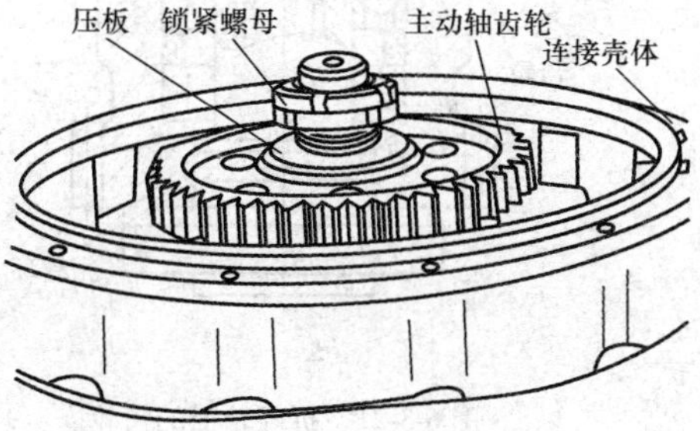

图 6-3-14 拆主动齿轮

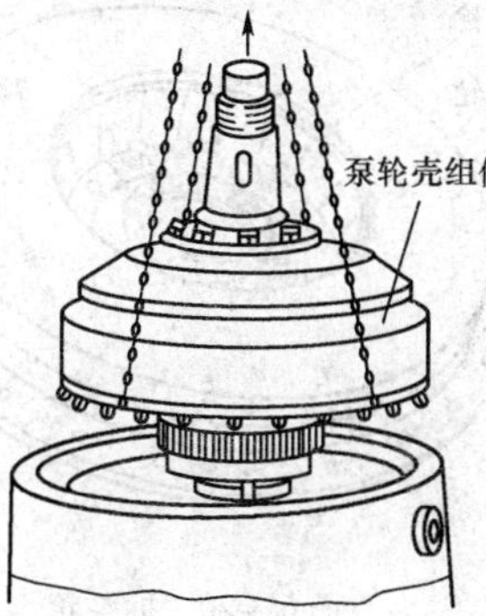

图 6-3-15 拆下泵轮壳组件

⑥如图 6-3-16 所示，拆下螺栓及垫片，拆下输入轴。

⑦如图 6-3-17 所示，拆涡轮轴端的压板。

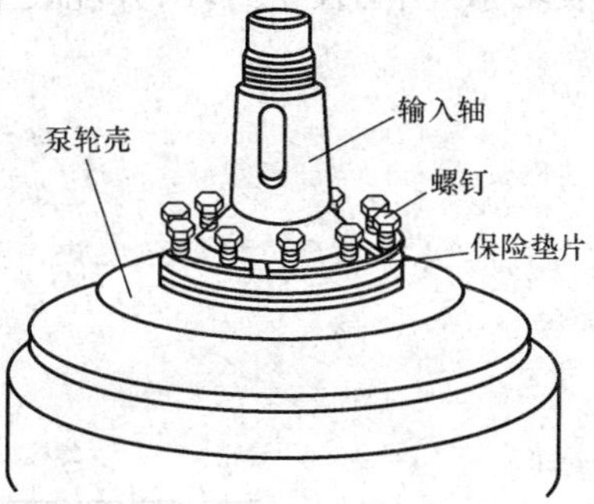

图 6-3-16 拆输入轴

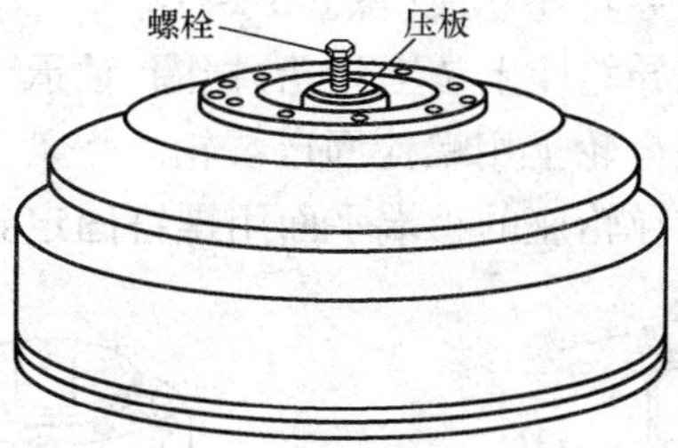

图 6-3-17 拆涡轮轴端压板

⑧如图 6-3-18 所示，拆开泵轮泵壳组件。

⑨如图 6-3-19 所示，拆下导轮内的螺栓，拆下导轮。

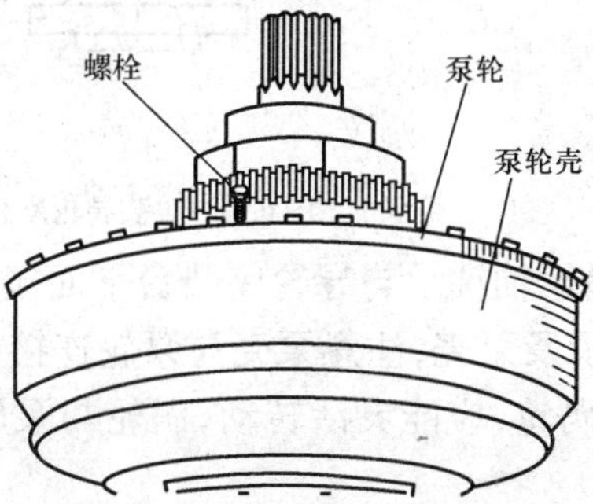

图 6-3-18 分解泵轮与泵轮壳

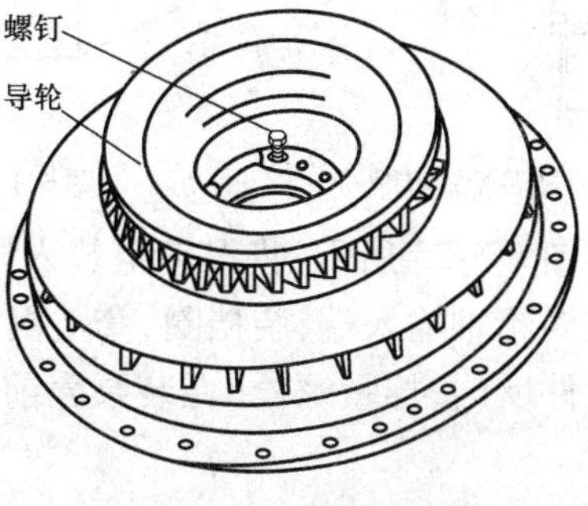

图 6-3-19 拆导轮

⑩如图 6-3-20 所示，拆下泵轮与齿轮的连接螺栓，拆下泵轮。

⑪从导轮座上拆下齿轮：如图 6-3-21 所示，取下导轮座上的挡圈，拆下齿轮与导轮座，拆下轴承，取下密封环。

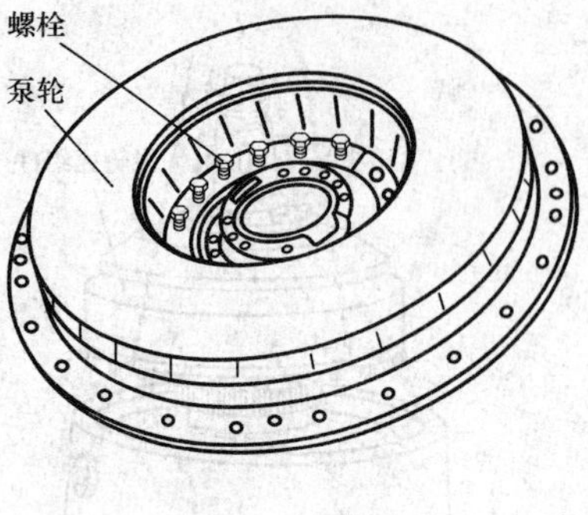

图 6-3-20　拆泵轮

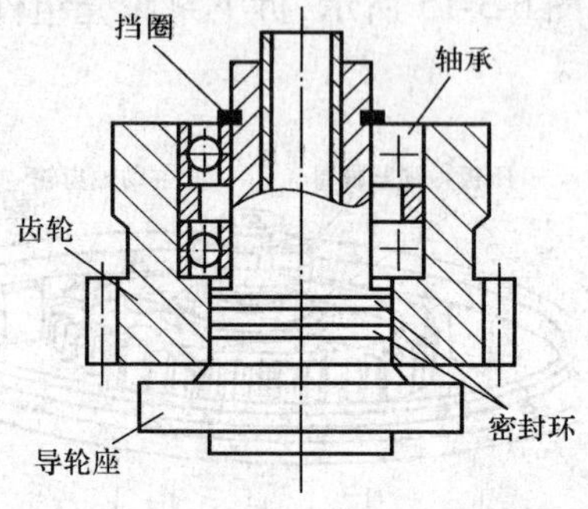

图 6-3-21　拆导轮上的齿轮

2. 液力变矩器安装

①组装前的准备工作。对拆下的零件用煤油、汽油或专用清洗液进行清洗、吹干。对重要配合部位按规定要求检验、修正或更换。对磨损件、密封件、纸垫应更换。

②装涡轮轴组件。如图 6-3-22 所示，在涡轮轴上装轴承、挡圈及密封环，并配装上销。

③如图 6-3-23 所示，在导轮座上装隔套和密封环。

④装导轮座总成(图 6-3-24)。

a. 在导轮座上装上齿轮、挡圈、轴承、隔圈、挡圈。

b. 在齿轮上用螺栓固定泵轮。

c. 在导轮座的小端平面用螺钉固定导轮。

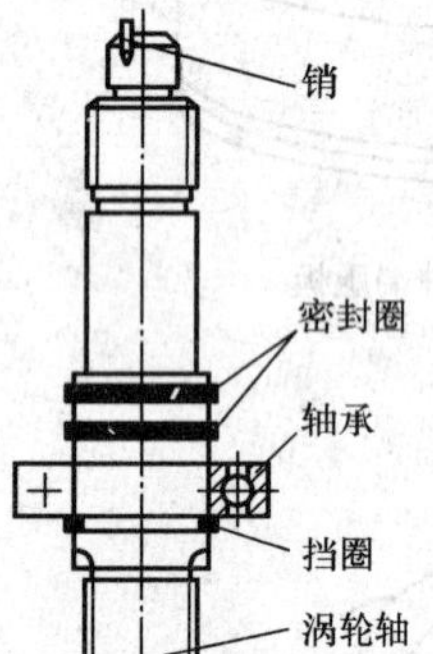

图 6-3-22　装涡轮轴组件

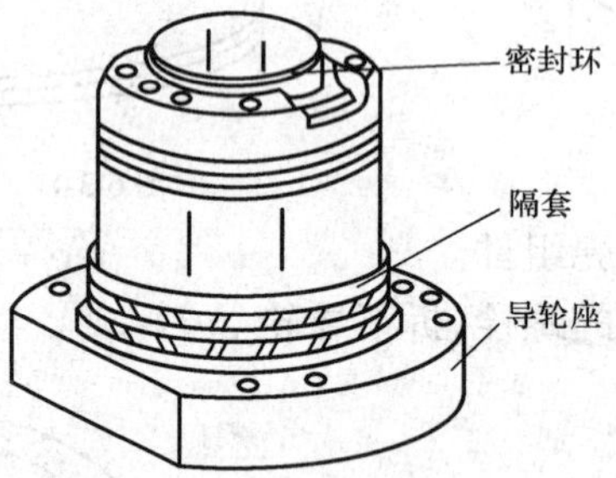

图 6-3-23　装隔套

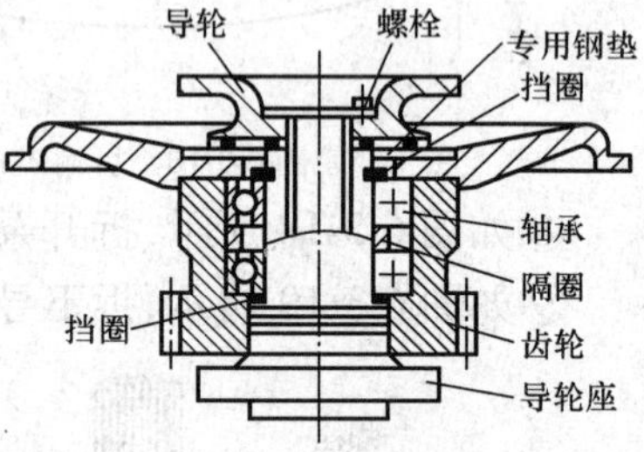

图 6-3-24　装导轮座总成

⑤如图 6-3-25 所示，将涡轮组装入导轮座内，使涡轮轴轴承与导轮座凸台平面接触。

⑥在涡轮轴输入端，装挡圈，套上涡轮，再装上轴承及泵壳，注意泵壳与泵轮连接面采用纸垫。将组件反向，拧紧螺栓(在装泵壳前，先用手盘动涡轮，应能灵活转动，涡轮与泵轮间隙均匀)。

⑦在涡轮输入端轴承面上装上压板及螺栓(泵壳组件应能在导轮座上轻松转动，无轻重感觉，无卡滞现象)。

⑧配铰定位销，安装输入轴。

⑨箱体组装

a. 给油泵传递动力的 3 只齿轮事先装好轴承、挡圈和芯轴。

b. 箱体法兰边朝上,用螺栓吊紧 3 只齿轮。

⑩变矩器组装

a. 在箱体孔口 $\phi100$ 处装上轴承挡圈。

b. 在箱体导轮座结合面贴上纸垫。

c. 将泵轮泵壳组件 A 吊入箱体内,导轮座平面非均布的 8 只螺孔方向要对准箱体,从箱体下方装好轴承盖,注意加纸垫,装好油封,拧紧 8 只螺栓。

d. 用 12 只螺栓装好连接壳体,再装齿轮、压板,最后拧紧两只螺母。齿轮装入主动轴后,齿轮上平面应高出主动轴平面 1 ~ 1.5 mm,否则齿轮难以压紧。

⑪安装变矩器其他附件。

a. 用螺钉在箱体平面固定进油阀和出油阀,注意加纸垫。

b. 在箱体 3 个连接油泵的出口处,各安装好连接套、挡圈和油封,然后用螺栓固定转向油泵、变速油泵和工作油泵。

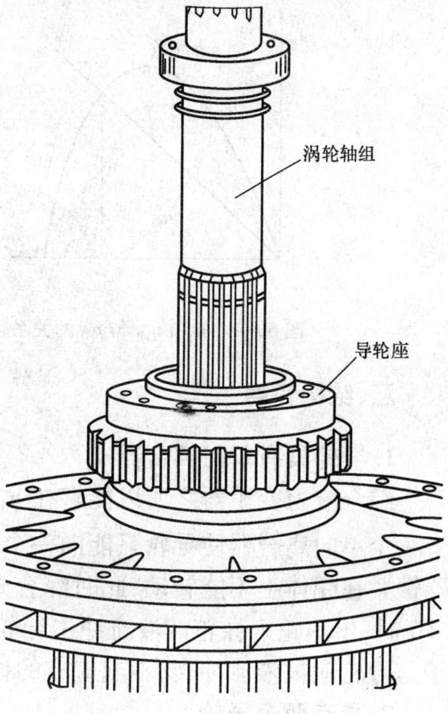

图 6-3-25 装涡轮轴组

课题四 综合式液力变矩器

综合式液力变矩器是指同时综合了液力耦合器和液力变矩器两者良好性能的液力变矩器。

一、性能特点

液力变矩器效率和液力耦合器效率随涡轮转速 n_T 变化的关系曲线如图 6-4-1 所示。由图中可见,液力耦合器的效率 $\eta_{耦}$ 是一条上升的直线,而液力变矩器的效率 η 则是一条曲线。当涡轮转速在零到 $n'_T(0 \sim n'_T,)$ 的范围内变化时,液力变矩器的效率 η 始终大于液力耦合器的效率 $\eta_{耦}$,即 $\eta > \eta_{耦}$。而在涡轮转速大于 n'_T 的范围内,液力耦合器的效率又始终大于液力变矩器的效率 η,即 $\eta_{耦} > \eta$。为了充分发挥它们两者的良好性能,提高其效率,如果能使液力变矩器在 $n_T > n'_T$ 的转速范围内处于液力耦合器的工况下工作,那么这种变矩器在整个工作范围内均在较高的效率范围内工作(如图 6-4-2),这也正是综合式液力变矩器所具有的特性。

综合式液力变矩器比一般液力变矩器的高效区宽一些。而其在转入液力耦合器时与一般的液力耦合器的工况并不完全一样,这是因为存在一个随液流空转的导轮,要增加一部分能量损失,故其耦合器工况区的效率没有一般液力耦合器高,它的耦合器工况区最高效率约为 0.91 ~ 0.95。同样,综合式液力变矩器工况的最高效率也没有一般变矩器高。

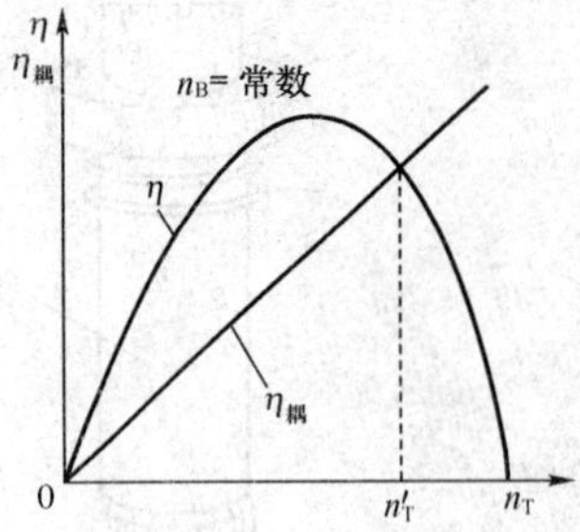

图 6-4-1　η 和 $\eta_{耦}$ 与 n_T 的关系

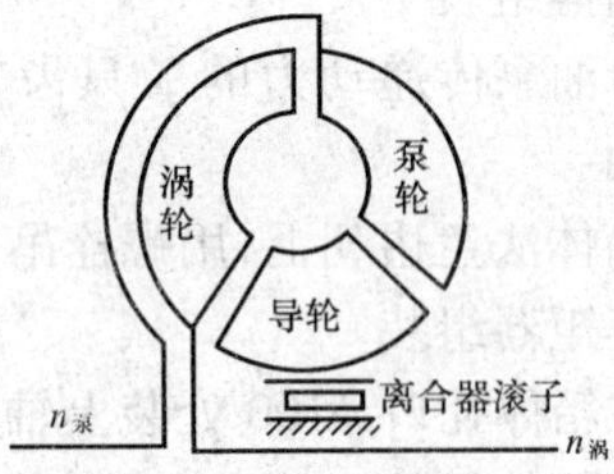

图 6-4-2　综合式液力变矩器循环圆简图

二、结构特点

1. 导轮具有单向离合器

综合液力变矩器之所以能够在 $n_T > n'_T$ 时转变为耦合器工况工作，主要是在结构上借助于一个单向离合器使导轮只能向一个方向转动。当 $n_T < n'_T$ 时，即 $M_D > 0$ 时，导轮被单向离合器锁紧在壳体上不能转动，此时综合式变矩器是以变矩器工况工作。如果 $n_T > n'_T$ 时，即 $M_D < 0$ 时，出涡轮入导轮的液流冲击导轮叶片背面，单向离合器释放而使导轮与壳体之间脱开，于是导轮就被液流冲转，不起应有的作用。此时综合式变矩器就转入耦合器工况工作。

2. 具有两个导轮

为了提高液力变矩器某些工况区的效率，如图 6-4-3 所示，综合式液力变矩器的导轮做成 2 个即第一导轮和第二导轮，并分别用 2 个单向离合器与壳体连接。在某些综合式液力变矩器中，在由变矩器工况转变到耦合器工况时，其效率 η 值有明显的下降。原因是这时液流在导轮进口的方向如图 6-4-3 箭头所示那样，冲角很大（相对导轮叶片正面而言），在导轮进口造成很大的冲击损失。

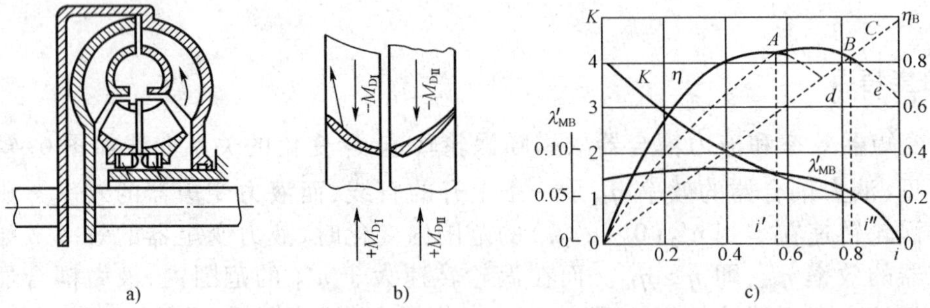

图 6-4-3　双导轮综合式液力变矩器结构简图

a）结构简图；b）导轮受力示意图；c）原始特性曲线

这种双导轮综合液力变矩器如同两个变矩器和一个耦合器串联使用一样。当转速比 $0 \leqslant i \leqslant i'$，（如图 6-4-3c））时，从涡轮流出的液流冲向两个导轮的工作面，两个导轮都固定不转，此时液力变矩器如同一个简单的三工作轮液力变矩器，其效率曲线以 OAd 表示。当转速比 $i \geqslant i'$ 时，液流作用于导轮 $D_Ⅰ$ 和导轮 $D_Ⅱ$ 的方向如图中所示的箭头。液流冲击导轮 $D_Ⅰ$ 背面，导轮 $D_Ⅰ$ 松开空转，而对导轮 $D_Ⅱ$ 仍冲击其工作面，此时液力变矩器以泵轮 B、涡轮 T 和导轮 $D_Ⅱ$ 所组成的三工作轮液力变矩器工作,其效率曲线以 $OABe$ 表示。当转速比 $i'' \leqslant i \leqslant 1$ 时,涡轮出口的液流方向变为 B,对导轮大 D_{I}、D_{II} 均冲击背面,D_{II} 也松开空转,这时综合式变矩器转为液力耦合器工况工作,其效率曲线以 $0BC$ 表示。

由效率曲线可见,当 $i' \leqslant i \leqslant i''$ 时,综合式液力变矩器的效率提高了,与单导轮综合式液力变矩器相比,效率曲线所包围的面积大。效率在此区段提高的原因是导轮在 D_{I} 松开空转时,导轮 D_{II} 进口冲角很小,和一个导轮比较,导轮进口撞击损失大大降低。

双导轮综合式液力变矩器结构稍复杂些,但其性能有了明显改变,故这种变矩器应用较广泛。目前 TL160 推土机、74 式装载机、WD140 推土机、CL7 自行式铲运机等均采用双导轮变矩器。

课题五 液力系统的正确使用和维护

液力传动使用中进行经常性的维护是十分必要的,它不但能减少故障发生,也能及时发现故障隐患,延长机械寿命。正确使用与合理维护液力变矩器是保证液力变矩器正常工作、发挥效能的前提条件,同时也是提高系统寿命和可靠性的重要保证。维护中特别要注意的是能正确使用工作油和各种液力元件,以及做好定期检查和维修。

一、正确使用工作油

①液力传动的功率与工作液体重度成正比,在传递功率不变的情况下,采用重度大的工作油可使液力元件相对小些。

②低温时,黏度应不太高,应保持较高的传动效率和提高低温启动性能。一般,液力传动工作油运动黏度 $\nu_{50} = 54 \times 10^{-6} \sim 55 \times 10^{-6} \mathrm{m^2/s}$。黏温性,一般要求 ν_{50}/ν_{100} 的比值愈小愈好,一般小于4.5。如用黏度指标表示,黏度指数要求大于170以上(国外已达210),高黏度指数意味着黏度随温度变化较小。

③液力传动装置在工作时的工作温度允许值可达70~110℃,若长时间在低效区工作,甚至可达120℃左右。所以,液力传动工作液的闪点应大于180℃,不得低于155℃。工作液的凝点随不同地区和季节而异,一般均高于20℃。酸值一般应低于0.15mg KOH/g。

④对临界荷载值、抗氧化安定性、抗乳化性、抗泡性、含水量及机械杂质等,均要按有关性能指标给予保证。

⑤经常观察工作油,防止油液使用变质。

二、正确使用液力系统

①检查变矩器与发动机的同轴度:检查发动机曲轴对发动机飞轮壳端面的偏差,不应超过0.33 mm。

②检查导轮是否正常工作:导轮工作是否正常,可通过观察油温下降的快慢来检查。使发动机油门全开,使变矩器出口油温升高到100℃,然后松开变矩器的输出轴,使输出转速到最大值,立即检查油温下降速度。温度应该在15s之后开始下降。温度下降速度慢,表示导轮可能闭锁,自由轮卡死,如果温度迅速下降,导轮工作正常。

③检查变矩器零速(失速)工况:变矩器零速工况的检查,目的是判断发动机和变矩器是否

合理匹配和正常运转。在变矩器零速工况下(不要超过 30 s)使发动机在油门全开时,记录下发动机的转速、变矩器进口油压以及润滑油压(注意变矩器出口油温不要超过 120℃,变矩器进口油压不应少于 0.35 MPa,润滑油压力不应少于 56 MPa),比较一下在变矩器零速工况检测到的发动机实际转速和推荐的发动机转速是否一致(利用发动机与变矩器的匹配性能曲线)。

④检查液力变矩器进口压力:在发动机油门全开、变矩器零速工况下,供油泵的压力即为此时的变矩器进口油压力。这时,供油泵压力最低应为 0.35 MPa,最高为 0.54 MPa;在发动机油门全开、变矩器空载工况下所允许的最高工作压力为 0.8 MPa。

⑤检查变矩器到油箱的油封泄油管路是否合适。泄油管内径至少应为 10 mm,油路要保持通畅,不能有扭结或弯折。油管都必须装在变矩器中心线以下 90 mm 或更下一点。

⑥变矩器使用中一定要控制油温。油温过高,不仅油质变坏,而且引起积炭,使密封泄油管路不畅通,引起泵轮壳密封处压力增高,导致泵轮壳密封的失效或完全报废。

⑦长期(1 个月以上)不用时需要封存处理。应将原工作液排空,更换滤清器,装上放油塞,然后用防护油加至作业油位,运转设备使油温升高到最高工作油温后停止运转,待设备逐渐冷却到能触摸时,将所有的开口和通气孔用防潮湿胶布或软木塞封好。

三、液力变矩定期检查、保养和维护

1. 日常检查

①检查油面。在任何情况下,变矩器的油量应符合规定的油面高度。

②检查油温。变矩器正常油温范围一般为 80 ~ 90℃;在重载工况(重载上坡),可允许油温到 110℃。

③进、出口油压检查。检查时发动机油门全开,变矩器分别处于启动工况和空载工况,分别检查进口和出口油压的最大值和最小值。如果油压不正常,应排除可能的故障。

2. 定期检查

①确保油质和换油周期。检查油液时如发现有沉淀、水分、油泥及异味,应当及时处理。根据使用条件,一般规定每工作 1 000 h 换油一次。在恶劣工况下,应经常清洗或更换滤油器。

②正确放油和加油。先在发动机停止运转的情况下放油。由于变矩器里可能有残余油液,可启动发动机在大约 1 000 r/min 的转速上运转 20 ~ 30 s 将剩油排出,变矩器的运转时间不应超过 30 s。

加油时先在发动机停止运转时加入一定量的油液,然后启动发动机急速运转,使整个系统充油。在急速运转 2 min 后,再加油到规定的油面高度。

③保持油箱通气孔畅通。无论是装在油箱上或变速器上的通气孔,都需要经常检查和清洗。每次换油时都应清洗通气孔。

④检查导轮及单向离合器工作。对综合式液力变矩器应先将加速踏板踩到底并制动变矩器输出轴,待变矩器出口油温升至最高时(100℃以上),松开变矩器输出轴使转速高于最大工作转速,并检查油温下降速度。一般在 15 s 之后油温应该开始下降。如果温度下降缓慢,表示导轮没松脱,继续处于固定状态,可能是单向离合器失效。如果油温迅速下降,则表示导轮及单向离合器工作正常。

⑤检查变矩器启动工况。检查时先启动发动机预热并急速运转,将变矩器输出轴制动。

然后提高发动机转速直到加速踏板踩到底为止。变矩器在此工况下的时间一般不应超过30 s,出口油温不应超过最高允许油温,观察此时发动机的转速和变矩器供油系统的进口油压与设计数据是否一致。

3. 系统的维护

①要经常清除系统各元件外表面的污物,便于观察渗油现象,使其具有良好的散热性能。

②注意检查油温、油压表,查看各元件外表有无过热现象。

③经常检查油箱油面,并及时换油和清洗油箱。

④经常观察油管是否正常,如有压扁、过分弯曲、破裂,应及时更换新管。

⑤经常注意倾听变矩器工作中的声音,发现噪声、撞击声,应及时查清原因。

⑥按要求选用液压油,并保持清洁。

四、液力传动设备常见故障的排除

液力传动系统常见故障及一般排除方法见表6-5-1和表6-5-2。

调速型液力耦合器常见故障原因及排除方法 表6-5-1

故障	可能原因	排除方法
达不到额定转速	①原动机故障或接线错误; ②工作机卡死; ③工作机功率消耗过大; ④充液过多,电机达不到额定转速; ⑤充液太少; ⑥耦合器漏油	①检查原动机的转速和消耗的功率; ②检查并消除卡死原因; ③检查功率消耗是否超过标准,并检查原因; ④检查并调整充液量; ⑤检查并加油; ⑥排除
油温高	①冷却效果不良; ②耦合器油位过高; ③滤清器堵塞; ④供油泵安全阀故障; ⑤使用工作液不合要求; ⑥油温控制器调温不正确; ⑦油路堵塞; ⑧风冷却器散热不好	①清洗或更换冷却器; ②调整到规定油位; ③清洗过滤器; ④检查弹簧安装是否合适或损坏,滑杆密封是否良好; ⑤使用规定的工作液; ⑥按规定重新调定; ⑦疏通、清洗油路; ⑧检查并清理风冷却器
涡轮不转	①安全阀调定压力过小; ②油冷却器堵塞; ③导油口方向不对; ④油泵损坏; ⑤耦合器旋转方向不对; ⑥油箱充液量太大; ⑦油泵入口漏气; ⑧导管控制杆损坏; ⑨电动机转速不对; ⑩滤清器堵塞,工作机卡死	①调至正确压力; ②清理或更换冷却器; ③改变导管油口方向; ④修理或更换油泵; ⑤纠正旋转方向; ⑥加油至规定油位; ⑦拧紧吸入油管和法兰; ⑧修理或更换控制杆; ⑨换电动机; ⑩清洗滤清器,清除卡死原因

续上表

故障	可能原因	排除方法
不能降速	①导管口不对； ②导管杆系统没装好或损坏	①纠正导管口方向； ②调整或修理
油路系统无压力	①安全阀调定值过低； ②油泵安装错误； ③电动机转动方向不对； ④电动机转速过低； ⑤滤清器堵塞； ⑥油泵入口漏气； ⑦循环管路堵塞	①调至正确压力； ②重新调整安装； ③改变接线； ④换电动机； ⑤清洗或更换； ⑥拧紧油泵入口各接头； ⑦疏通管路
润滑系统无压力	①润滑泵的安全阀调定压力过低； ②没装节流板或节流阀孔过大； ③换向阀动作失灵； ④滤清器堵塞； ⑤管路堵塞或损坏； ⑥润滑油泵转速过低； ⑦油泵安装不正确	①调至正确压力； ②装上有合适孔径的节流板； ③检查换向阀并修好； ④清洗滤清器； ⑤疏通修理或更换； ⑥更换电机； ⑦按要求重新安装
滑动轴承油温过高	①润滑油压力低或无压力； ②轴承间隙过大； ③轴承工作面划伤； ④测温电阻安装过紧； ⑤滤清器堵塞； ⑥工作液不合格； ⑦管路堵塞	①参见故障“润滑系统无压力”； ②换轴承； ③修理工作面； ④重装测温电阻并修好损坏部位； ⑤清洗滤清器； ⑥更换符合规定工作液； ⑦疏通油路
轴端漏油	①油封损坏； ②油封没有装好； ③联轴器产生吸油效应	①换油封； ②正确安装油封； ③加一挡板
振动超差	①电机振动过大； ②工作机振动过大； ③基础固定不良； ④耦合器与电机或工作机不同心； ⑤联轴器不平衡； ⑥轴承间隙过大或损坏	①隔振或消除振动； ②隔振或消除振动； ③加固基础； ④重新校正不同轴度，允差 0.05 mm； ⑤将联轴器进行平衡； ⑥换轴承

液力变矩器的常见故障及排除方法 表 6-5-2

故障	原因	排除措施
变矩器入口供油压力偏低或无压力	①油箱油位低； ②油管有泄漏或放油塞松动； ③流入变速器的油过多； ④进油管或滤网堵塞； ⑤液压泵漏损； ⑥溢流阀损坏或卡在开启位置； ⑦油中泡沫过多； ⑧密封环磨损或夹入杂质	①加油到规定油位； ②检查进出油管的密封，拧紧放油塞； ③检查定压阀和溢流阀的压力调节情况； ④清洗进油管和滤网； ⑤检查泵的磨损及密封情况； ⑥修理或更换溢流阀； ⑦回油管浸入油面高度 2/3 以下； ⑧清洗、检修或更换

续上表

故障	原因	排除措施
变矩器压力过高	①滤油器堵塞； ②散热器堵塞； ③油路堵塞； ④变矩器调压阀阀芯卡死； ⑤变矩器调压弹簧不正常	①清洗或更换滤芯； ②吹洗或拆洗； ③拆下吹洗； ④拆洗； ⑤更换弹簧
变矩器油温过高	①油量不足； ②油量太多、搅油损失大； ③冷却系统水量不足； ④变矩器调压阀调整不良； ⑤散热器或滤油器堵塞； ⑥在低效率范围或低速比作业时间太长； ⑦导轮锁死(单向离合器失效)； ⑧单向离合器无滚柱或未装弹簧	①补充加油； ②减少装油量； ③补充加水； ④检修调压阀； ⑤清洗或更换； ⑥调整作业方式； ⑦更换检修； ⑧拆开变矩器，装上滚柱或弹簧
启动工况发动机转速过低	①发动机输出转矩小； ②导轮单向离合器未放滚柱	①调节发动机供油系统； ②拆开变矩器，装入滚柱
噪声过高	①轴承失效； ②液压泵磨损严重； ③与内燃机的连接有故障； ④变矩器连接部分不紧	①更换轴承； ②检修或更换液压泵； ③拆修检查，调整对正； ④拆卸检修并拧紧
输出功率不足	①变矩器供油压力低； ②变矩器叶轮间有磕碰； ③单向离合器无滚柱或有故障； ④轴承磨损	①见“供油压力偏低”各项； ②检验修理； ③拆卸变矩器，装入滚柱或更换； ④更换轴承

思考题

1. 简要说明太脱拉风扇液力耦合器是如何工作的？
2. 简述液力变矩器与液力耦合器有哪些区别？
3. 什么是闭锁式液力变矩器？其有哪些特点？
4. 说明YB—355—2液力变矩器动力传动部分同哪些元件组成？并说明其动力传动路线？
5. 简述液力变矩器的变矩原理？
6. 如何正确使用工程机械液力传动系统？
7. 液力变矩器油温过高有哪些原因？如何排除？

Danyuanqi
单元七

常见公路工程机械液压液力系统分析

知识点

1. 常见工程机械液压液力系统分析方法;
2. 工程机械液压液力系统常见故障现象原因与排除和保养、维护方法。

技能点

1. 进行工程机械液压液力系统常见故障诊断与排除;
2. 进行工程机械液压液力系统的日常维护。

课题一 推土机液压液力系统分析

一、推土机的功用

推土机是一种自行式铲土运输机械,在筑路、建筑、采矿、水利、农业、国防建设方面与石方工程中被广泛应用。可进行铲挖、运土、填平、平地、松土等作业。推土机的工作装置——铲刀和松土器的运动较为简单,要求液压系统能实现铲刀提升、下降、浮动、固定和松土器升降作业。

二、典型液压系统分析

1. TY320 型推土机

TY320 型履带式推土机是引进日本小松的 D155 型推土机生产技术而制造的产品,是我国目前批量生产的大型推土机之一,其保有量较大。

下面就工作装置、液力传动补偿、液压转向、换挡操纵这 4 个方面对液压液力系统工作原理进行分析。

1)液压系统的工作原理

(1)工作装置液压系统

如图 7-1-1 所示为 TY320 型推土机工作装置液压系统图。

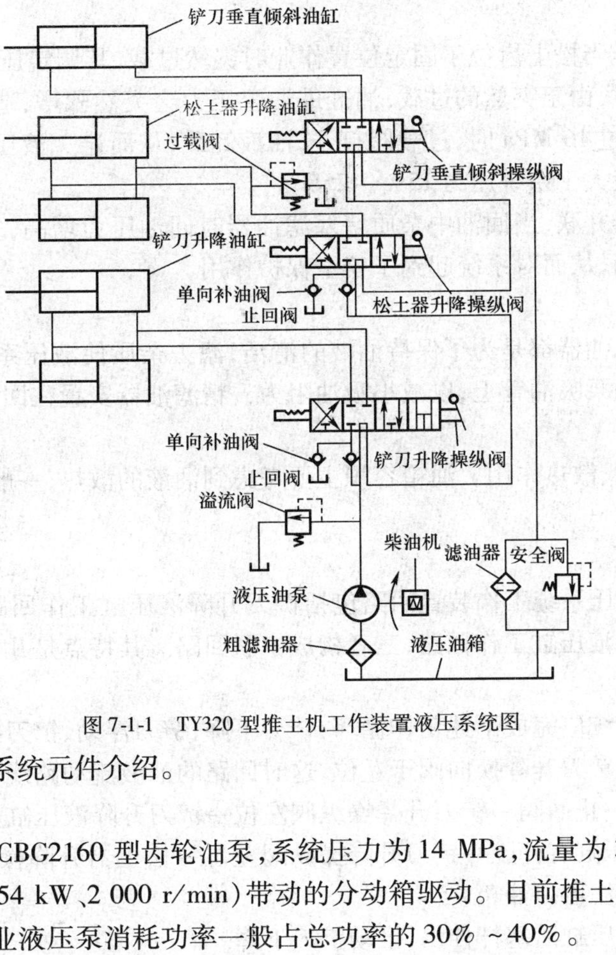

图 7-1-1 TY320 型推土机工作装置液压系统图

①工作装置液压系统元件介绍。

a. 液压动力元件。

液压动力元件为 CBG2160 型齿轮油泵,系统压力为 14 MPa,流量为 320 L/min,油泵由柴油机(12V135AK 型、254 kW、2 000 r/min)带动的分动箱驱动。目前推土机使用的作业液压泵多数选用齿轮泵。作业液压泵消耗功率一般占总功率的 30% ~40%。

b. 执行元件。

执行元件包括 1 对铲刀升降油缸、1 个铲刀垂直倾斜油缸、1 对松土器升降油缸。通过 3 个油缸带动工作装置完成相应动作。

c. 控制元件。

控制元件包括铲刀升降操纵阀、铲刀垂直倾斜操纵阀、松土器升降操纵阀。操纵阀全为滑阀式结构。其中铲刀升降操纵阀为四位五通手动换向阀,能使铲刀根据作业状况具有上升、固定、下降与浮动 4 个位置。而铲刀垂直倾斜操纵阀、松土器升降操纵阀是三位五通手动换向阀,分别控制铲刀的垂直倾斜与松土器的升降。

溢流阀用来限制液压油泵的出口最大压力,以防止液压系统过载,当油压超过 14 MPa 时,溢流阀打开,压力油自动卸载回油箱。一般溢流阀的开启压力应超出系统工作压力 10% 左右。

单向补油阀的作用是从油箱补油至油缸进油腔,当铲刀或松土齿下降时,在铲刀或松土齿自重作用下，下降速度加快，可能引起供油不足形成油缸进油腔局部真空，发生气蚀现象。此时，由于进油腔压力下降，在压力差作用下，止回阀打开，便从油箱补油至油缸进油腔，从而避免真空，使油缸动作平稳。

止回阀用以保证任何工况下压力油不倒流，避免作业装置意外反向动作或因意外重力而下降。

过载阀用于防止当松土齿位于固定位置作业时突然过载，其调定压力为 16 MPa。当松土齿于固定位置作业时，由于突然的过载，油缸进油腔压力会突然骤增，造成油缸超载。装设了过载阀后，当压力超过 16 MPa 时，过载阀打开，油液卸载，从而避免液压元件的意外损坏。过载阀的开启压力一般大于系统压力 15% ~25%。

安全阀与精滤器并联，当回油中杂质堵塞滤油器时回油压力增高，安全阀打开，油液直接通过安全阀流回油箱，从而对系统起到了安全保护作用。

d. 辅助元件。

粗滤油器与精滤油器都是为了保持油液的清洁，滤去杂质使液压系统正常作业。一般粗滤油器安置在液压油泵吸油管上，以减小吸油阻力。精滤油器安置在回油管上，使滤油器不受高压作用。

液压油箱起储油、散热作用。油箱容积主要考虑到油液的散热，一般取每分钟液压油泵流量的 2 ~4 倍。

②工作装置回路。

TY320 推土机液压系统工作装置回路包括铲刀升降液压缸工作回路、铲刀垂直倾斜液压缸工作回路和松土器液压缸工作回路，三者构成串联回路。其特点是几个液压缸可同时动作，且易保持动作协调。

铲刀升降液压系统应完成下述工作循环：铲刀下降、铲刀浮动、铲刀提升、铲刀固定。

铲刀下降时操纵铲刀升降换向阀于左位，这时回路的油液流动路线是：

进油路：液压泵→止回阀→铲刀升降操纵阀左位→铲刀升降液压缸无杆腔。

回油路：铲刀液压缸有杆腔→铲刀升降操纵阀左位→松土器升降操纵阀中位→铲刀垂直倾斜操纵阀中位→精滤器→油箱。

这时铲刀升降液压缸活塞杆伸出，推动铲刀下降。

铲刀上升时操纵铲刀升降换向阀于中右位，这时回路的油液流动路线是：

进油路：液压泵→止回阀→铲刀升降操纵阀中右位→铲刀升降液压缸有杆腔。

回油路：铲刀液压缸无杆腔→铲刀升降操纵阀中右位→松土器升降操纵阀中位→铲刀垂直倾斜操纵阀中位→精滤器→油箱。

这时铲刀升降液压缸活塞杆缩回，推动铲刀提升。

铲刀浮动时操纵铲刀升降换向阀处于右位。这时铲刀升降液压缸大小腔油口通过铲刀升降操纵阀右位、松土器升降操纵阀中位、铲刀垂直倾斜操纵阀中位与油泵及油箱互通。铲刀升降液压缸活塞处于浮动状态，铲刀自由地、随地形高低浮动进行推土作业，这对于仿形推土及推土机倒行平整地面作业是很需要的。

铲刀固定时操纵铲刀升降换向阀处于中左位。这时铲刀升降液压缸进、出口被封闭，铲刀依靠铲刀升降换向阀的锁紧作用停留固定在某一位置。

TY320推土机采用直铲倾斜式铲刀。如图7-1-2所示，在作业过程中，如推挖冻硬土或硬土层，可操纵铲刀垂直倾斜换向阀处于左位，这时油泵来油经铲刀升降操纵阀、松土器升降操纵阀，通过铲刀垂直倾斜换向阀左位进入铲刀垂直倾斜液压缸无杆腔使活塞杆伸出，铲刀开始倾斜，使推土角减小以利于作业。此时处于闭锁位置的一对铲刀升降液压缸相互做相反方向动作，整个液压系统仍然为正常工作状态。

松土器升降液压缸工作回路用以实现松土器作业，当推土机推挖坚硬的土层或破碎需要返修的路面时，操纵松土器升降换向阀处于左位，油泵来油经铲刀升降操纵阀、松土器升降换向阀左位进入松土器升降液压缸的无杆腔。活塞杆伸出，松土器插入土层和推土铲刀配合作业。这对硬土层的剥离以及破碎冻土是最合适的。

有些推土机采用双作用安全阀，即过载阀和补油阀合在一起。过载时，通过载阀的液压缸一腔开始卸载，通补油阀的另一腔开始补油，避免真空。

(2)液力传动补偿系统

液力机械传动的液压控制系统，其主要功用为：对动力换挡变速器进行液压换挡，对液力变矩器的循环用油和传动系统的润滑用油进行控制。

如图7-1-2所示为D155型推土机液力机械传动系的液力补偿系统。

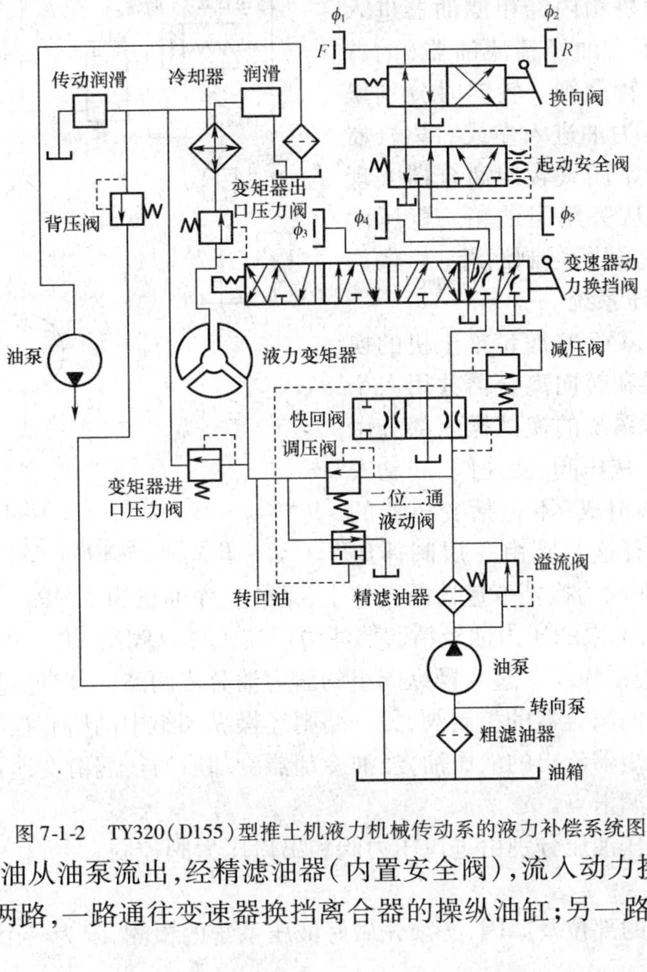

图7-1-2　TY320(D155)型推土机液力机械传动系的液力补偿系统图

控制系统液力油从油泵流出，经精滤油器(内置安全阀)，流入动力换挡变速器的操纵阀组。此后油流分成两路，一路通往变速器换挡离合器的操纵油缸；另一路通过调压阀、变矩器进口压力阀，流入液力变矩器。从变矩器溢出的液力油，经变矩器出口压力阀、冷却器，与变矩器进口压力阀溢出的油合流，流入变速器的润滑系统。背压阀除防止液力补偿系统产生气蚀外，尚能控制润滑油油压。

变速器的操纵阀组主要由调压阀、快回阀、减压阀、变速阀、起动安全阀、换向阀等组成。调压阀和快回阀用来控制换挡离合器的工作压力和转矩容量。压力达到一定值时，快回阀处左位（当压力增大到一定值时，液压油通过控制油路将右侧液压油缸的活塞向右推动，从而带动快回阀向左运动至左位；反之，当压力不足时，活塞向左回位，快回阀亦向左运动至右位），二位二通液动阀同时处下位，系统及变矩器均可工作。否则，当压力不够时，快回阀立即快速回到右位，系统及变矩器油路均回油，无压力油可工作。减压阀用以控制 5 挡离合器的油压。这是由于 5 挡离合器是旋转油缸，降低油压对保护旋转油封，延长其使用寿命有利。变速阀是四位多路阀，通过与换向阀的配合操纵，可使各换挡离合器及换向离合器协调动作，从而得到推土机所需的行走速度和方向。起动安全阀为起动安全装置，可防止挂挡启动发动机时，推土机自行起步。

（3）液压转向系统

如图 7-1-3 所示为履带推土机液压转向系统图，液压油从后桥箱内经粗滤油器进入油泵。油泵排出的压力油经精滤油器（内置安全阀），进入左、右转向阀。转向时分别操纵左、右转向阀，使压力油进入左或右离合器油路，打开左或右的常闭式转向离合器实现转向。不转向时，油从旁路回油箱。背压阀用以调压，以对变速器进行强制润滑。

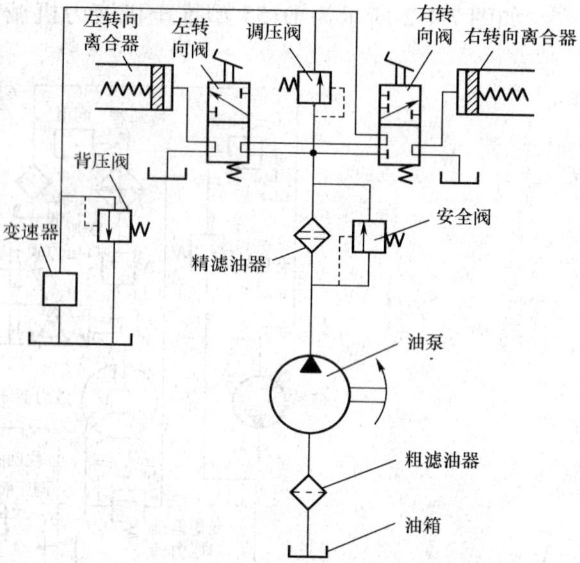

图 7-1-3　履带推土机液压转向系统图

（4）换挡操纵液压系统

如图 7-1-4 所示，TY320 履带推土机的换挡操纵与液力变矩器和转向离合器共用一个液压系统。这一液压系统的换挡操纵部分由调压阀、快速回位阀、减压阀、变速阀、起动安全阀和换向阀 6 个阀组成（不包括变矩器的进出口压力阀）。所有这些阀由 3 层阀体组成一个操纵阀，组装在动力换挡变速器的壳体上，系统工作油压为 2 MPa。

如图 7-1-4 所示，油泵的压力油经精滤器滤清后流入操纵阀组，为了防止滤芯堵塞时油液受阻，粗滤器设有旁通溢流阀。进入操纵阀组的压力油分成两路：一路通过阀组中调压阀的油流口流向变矩器与转向离合器的控制阀；另一路则经操纵阀组中的所有控制阀，通往换挡离合器的所有油缸。由变矩器流出的液压油，经油冷却器冷却后通往润滑变速器、P. T. O（取力箱）和转向离合器的各个润滑点。

液力变矩器的工作油压分别由进口压力阀和出口压力阀控制。

2）液压系统检测

确定故障所产生的部位及原因，必须先做好液压系统的检测，因为一个故障可能是由多种原因引起的，只有彻底检查和测试，才能确定真正的故障原因。

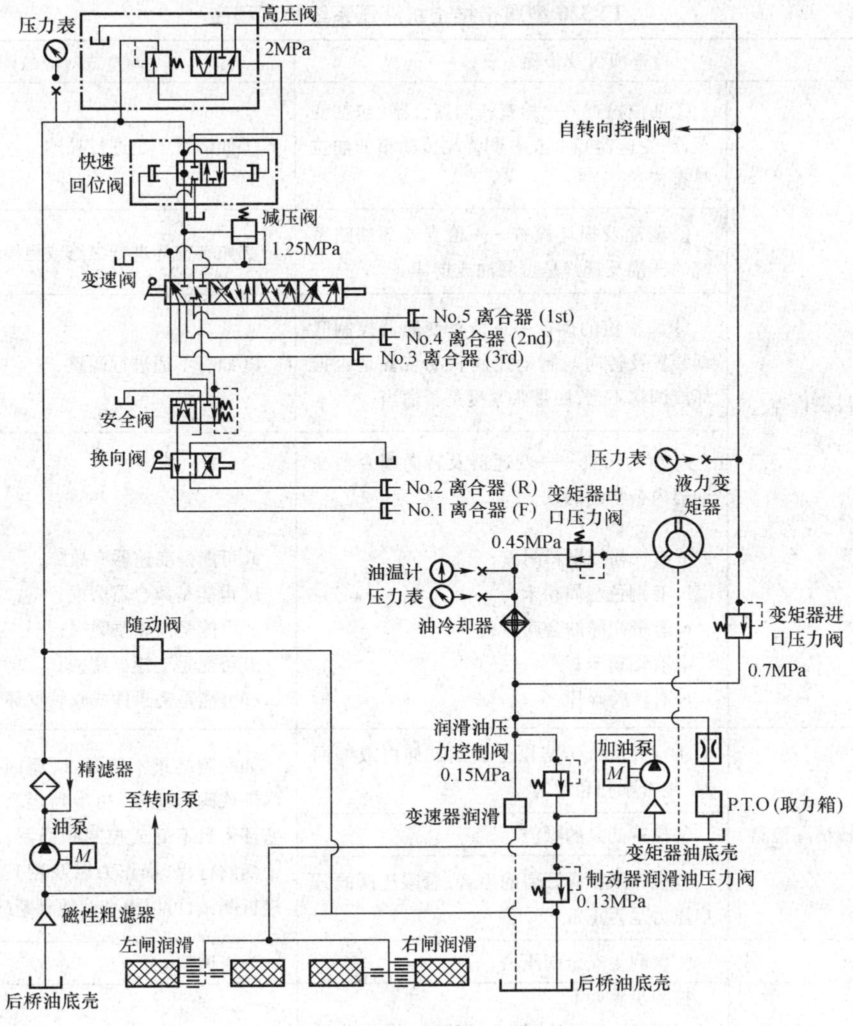

图 7-1-4　TY320 型履带推土机换挡操纵液压系统图

(1)检测前准备工作

机器突然动作或者压力油突然释放可能造成人身或设备损坏，为防止事故发生，在检测和调整之前必须做好以下几点。

①把机器移到一个平整光洁的位置，无关的人员应远离，无关设备应移走，把工作装置平放在地面上。

②只允许一个操作人员在机器上，其他人员远离机器。

③操纵停车制动阀，这样转向系统不能动，以免发动机启动时，造成机器运动。

④关闭发动机。

⑤释放液压系统的压力。

⑥松开液压油箱上的充气帽，释放油箱压力。

⑦在松开液压接头软管以前，确保管路没有压力。

(2)TY320 型履带推土机液压系统检测程序(见表 7-1-1)。

TY320 型履带推土机液压系统检测程序 表 7-1-1

序 号	检查项目及步骤		调整或对应故障
1	目视检查	①油位检查——检查转向离合器(包括变矩器、变速器)和左、右侧终端传动箱的油位是否正常	①如油量不足进行补油
		②漏油及损坏检查——检查外部油路系统的连接及管路是否漏油或损坏	②如有损坏进行维修或更换
		③调整值的确认——检查变速器控制联动装置及转向与制动控制联动装置是否损坏或调整不当;履带张紧度是否适当	③如有不适进行调整
		④油的污染——变速器及转向离合器滤油器内杂物的确认 a. 有铁粉或铜粉附着; b. 有铜色金属粉末; c. 有带光泽的金属片; d. 有铝粉末; e. 有橡胶碎片	a. 可能是变速器有故障; b. 可能是离合器磨损; c. 可能是齿轮泵磨损; d. 可能是变矩器磨损; e. 可能是密封件或软管损坏
2	运转情况检测	①观察推土铲与松土器油缸伸出或缩回时,是否顺利和均匀	如所测结果不符要求,原因一般是各油缸内部或阀有泄漏,初步判定为液压油缸的活塞环密封不好或控制阀泄漏,结合测量操作手柄的行程、操作力以及用其他仪器对系统进行测试,可以更准确地判断故障发生部位
		②检查油泵的噪声	
		③检查限压阀开启的声音,看限压阀的开启压力是否正常	
3	仪器检测	①检测主安全阀压力	油压调整
		检测步骤如下: a. 当液压油温达到 45 ~ 55℃时,将工作设备降至地面,变速器手柄置于空挡,锁上停车制动器,然后停止发动机; b. 把工作手柄扳动 2 ~ 3 次,释放系统内压,把操作手柄放在除"浮动"以外的其他工作位置上,将其锁住,以切断工作油箱(控制阀)至工作油泵回路; c. 将工作油泵出口测试堵头取下,安装接头体、测试软管、压力表(35kPa); d. 将操作手柄扳回到中立位置,启动发动机,分别在发动机低速和高速状况下操纵操作手柄,使被操纵的液压油缸的活塞到达终端位置时(主安全阀卸荷)进行检测; e. 调定压力:安全阀溢流压力为 13.24 ~ 13.71MPa(全速)	调整步骤如下: a. 把工作装置放至地面,操纵手柄在中立位置并将其锁住; b. 停止发动机,将液压油箱里的工作油放尽,取下油箱外侧盖; c. 松开主安全阀调整螺栓的锁紧螺母,转动调整螺栓,进行调整(调整螺栓转动一圈的压力调整范围如下:机号为 25001 ~ 26000,压力为 3.13MPa;机号为 26000 以后,压力2.86MPa)

续上表

序　号	检查项目及步骤		调整或对应故障
3	仪器检测	②检测油温 将热敏电阻测温仪的传感器插入液压油箱内的油中进行测量	如油温过高
		③检测流量 检测步骤如下： a. 将工作装置放至地面锁上停车制动器，停止发动机； b. 把工作手柄扳动 2 ~ 3 次，释放系统内部压力，然后把工作手柄放在提升或下降位置（不能放在中立和浮动位置），将手柄锁住； c. 松开加油盖，释放液压油箱内的压力； d. 取下工作油泵出口软管； e. 把流量计入口侧的软管接到油泵出口上； f. 把油泵出口侧取下的软管接在流量计的出口上，然后把操纵手柄置于中立位置，启动发动机，将发动机转速设定在 1 800 r/min，排除空气后，再进行流量的测量	如流量不足找出原因排除故障 注：使用流量计还可测量其他部位的流量
4	操作杆及踏板的检测	对操作杆手柄及踏板的行程、操作力进行检测	必要时进行调整

3）常见故障及排除方法

（1）变速器故障

①故障现象：TY320 推土机使用半年后，出现前进第一离合器、1 挡第五离合器作业无力，变矩、变速噪声大，油温升高，油液呈乳色状。怠速运转时，故障现象稍有好转，2 挡高速挡带负荷运转，故障现象又重新出现。

②故障分析及处理。

a. 油质问题。油温高，传动油变稀变质，造成系统中阀组件磨损，或各挡离合器片及密封件损坏而内漏，使系统压力降低，1 挡工作无力。TY320 推土机变速转向液压系统如图 7-1-5 所示，变速泵、转向泵与分动箱连接，两泵共用一个磁性粗滤器，由后桥箱中吸取液压油，供给各自的油路系统。为此，清洗滤油器，并更换传动油。但故障仍未能消除，且在清洗中发现，磁性粗滤芯上黏有很多金属粉末和黑色杂渣物。

b. 阀组调压压力问题。调压阀调整压力 25MPa，保证除 1 挡外的各离合器结合，调压阀开启向变矩器供油。为 1 挡离合器设置的减压阀出口压力为 1. 25MPa，这也是该离合器的接合压力。

因此，对系统各测点的压力进行测试，其结果为：变矩器进口溢流阀压力小于 0. 5MPa（标准值为 0.87MPa)，变速阀出口压力为 0.5MPa(调定值为 1.25MPa)，而且在发动机提速时压力脉冲摆动。为此，对溢流阀、变速阀进行了检查、清洗，更换了弹簧，并更换了变速泵，但试运转后，故障仍然出现。

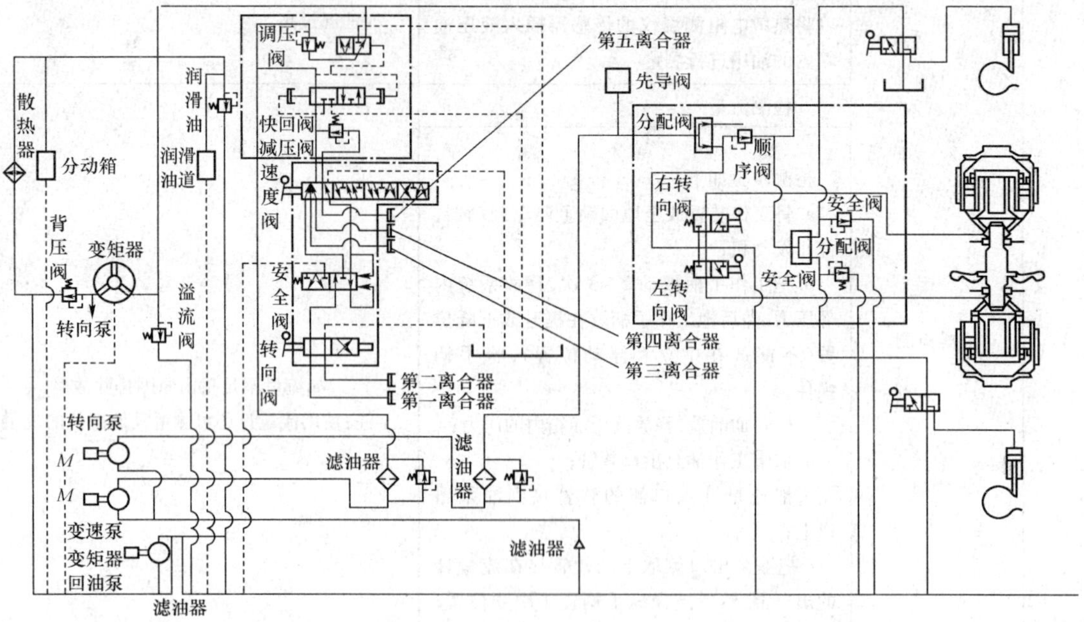

图 7-1-5　TY320 推土机变速转向液压系统图

c. 检查系统管路是否有漏油、阻塞、漏气现象。检查中发现，磁滤器与变速泵间的胶管在中、高速时易被吸扁，管内壁胶皮剥落，供油受阻。将该胶管更换，并在管内壁加装弹簧，保证供油畅通。而后试车，压力达到规定值，机器运转正常。

经过以上检查修理，机器作业几天后仍感 1 挡作业乏力。检查减压阀压力，仅有 0.6 ~ 0.7MPa，且不稳定。由磁性滤芯上残留的金属物及其色泽，判别其来源于变速器。解体检查变速器发现，第五主、从离合器片严重磨损、烧伤、变形和黏合，而推土机作业中常用前进 1 挡，第五离合器处于大转矩工作状态，加之供油不足，系统压力低，离合器处于半结合状态，造成离合器片温度升高、烧伤、磨损、变形、黏合而失效，工作乏力。

(2)转向离合器故障

①故障现象：TY320 推土机使用 1 000h 后，前进、后退、左转向和踩下制动踏板，转向拉杆回缩反弹，踏板回顶而使左转向失效。

②故障分析及处理：TY320 推土机中央传动及转向离合器如图 7-1-6 所示。

a. 清洗检查各阀组，排除油液中黑色金属粒状物卡死阀芯的可能，调整联动机构转向拉杆和制动踏板间隙行程，消除故障隐患，但故障仍然存在。

b. 检查左转向压力为零(应为 1.25MPa)，解体检查左转向离合器，其两侧连接螺栓摆动很大，制动鼓连接盘与主传动齿内花键锁紧螺母自动脱出，桥箱内有大量金属物。分析认为：驱动法兰盘内花键锁紧螺母脱落在法兰与压盘之间，使离合器片失去了分离行程，内花键失去锁紧控制。传递动力时,内花键与一级主齿轴花键串动摇摆,造成一级主齿轴与驱动法兰盘端失去固定中心,离合器鼓总成偏斜。当行驶车辆左转向或踩制动时,通过制动带和转向联动杆系,将离合器的偏斜力及轮载旋转力传递反馈到转向拉杆和制动踏板,造成反弹、回顶。

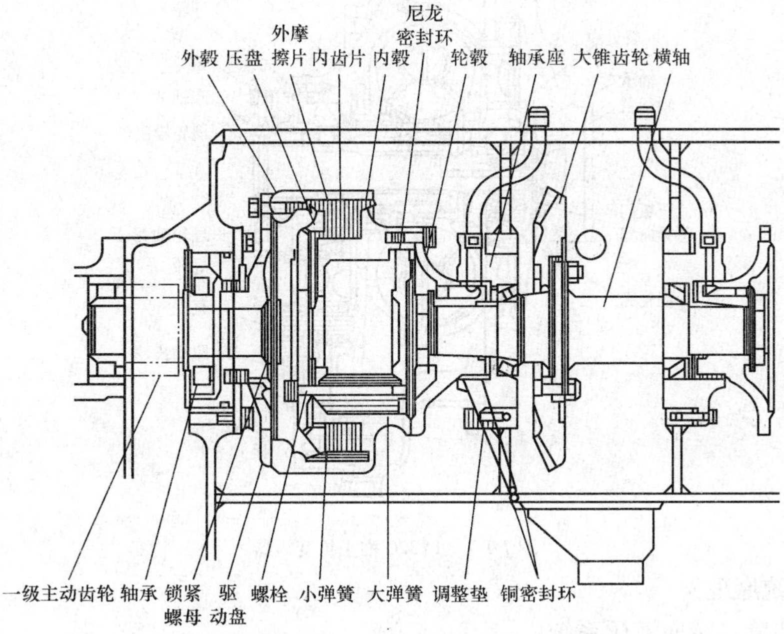

图 7-1-6 TY320 推土机中央传动及转向离合器

(3)变矩器故障

①故障现象:推土机无负荷时进、退行驶正常,带负荷时前进 1 挡工作,发动机转速马上下降,冒黑烟,且要熄火;挂空挡位,发动机转速恢复正常。

TY320 推土机变矩器如图 7-1-7 所示。

②故障分析及处理:1 挡压力检查,无负荷时正常,带负荷时随发动机转速下降而下降。这似乎是一种刚性连接,可见故障可能出在变矩器内。

拆检变矩器发现,变矩器涡轮与泵轮夹有限位挡铁块,其间隙之间塞满了铝末,且导轮两侧端面磨损严重,变矩器失去变矩作用。

如图 7-1-7 所示,变矩器输出轴靠轴承进行轴向及中心定位。轴承座孔内侧设有限位块,外侧用调整垫调整间隙。若间隙调整不当,输出轴压板顶住轴承内钢碗,迫使轴承受力而损坏座孔内侧限位块,脱落的限位块碎块掉入泵轮、涡轮之间,阻碍涡轮相对旋转。由于涡轮推动,轴向定位窜动,导致涡轮与泵轮,涡轮与导轮磨损加重而出现铝末,加之限位块碎片的作用而使变矩器失去变矩作用。

2. D8N 型液压推土机

D8N 型液压推土机是美国卡特彼勒公司 20 世纪 90 年代推出的大中型推土机之一。对液压系统工作原理分析如下。

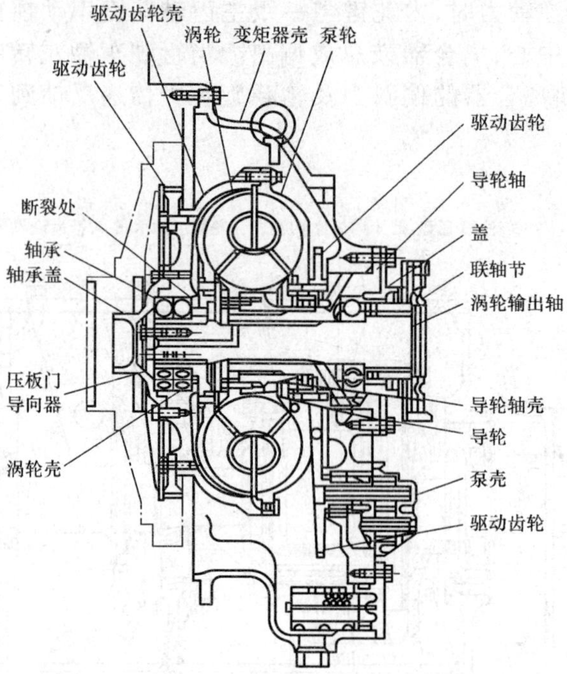

图 7-1-7 TY320 推土机变矩器

1)液压系统原理

(1)工作装置与转向液压系统

D8N 型推土机的液压系统原理如图 7-1-8 所示。

液压系统用来操纵转向、推土铲和松土器(如果装配的话),系统采用负荷传感、压力补偿和手动操作。

在负荷传感和压力补偿系统中,油流不能随荷载变化而流动,在各种荷载状况下,油缸速度是相同的。当工作机构或转向控制杆移动到工作位置时,系统的压力随之增高,直到推动工作机构和转向系统工作。

液压泵是斜盘式变量柱塞泵,具有负荷传感和压力补偿功能,为工作机构和转向油路供油。该泵有 2 个控制活塞,即倾斜活塞和促动器活塞,与补偿阀联合动作。其中倾斜活塞用于使泵升程,促动器活塞用于使泵回程,促动器活塞面积大于倾斜活塞面积。流量补偿器滑阀和压力补偿器滑阀通过调整促动器活塞中的压力来改变泵的排量。当工作装置不工作时,原回程泵输出的液压油只用于系统泄漏和保持大于 3.6MPa 的控制阀所需要的最大压力。当工作和转向机构不工作时,泵只提供很少的油,满足补偿系统的泄漏,压力大约为 3MPa。当工作装置回路工作时,流量补偿阀通过控制阀信号系统感受负载的增加并使泵升程,直到泵的压力大约比控制阀获得的负载信号大 2.1MPa,此时泵的排量将增加。工作机构的压力限制阀控制回路的最高压力。如果是转向回路工作,泵的排量不变,但是回路的压力由补偿阀的切断阀芯控制。当转向回路的压力达到大约 38MPa 以后,油泵的排量降低,并保持油压不变,直到系统压力减少为止。系统的主溢流阀设定的压力为 41.5MPa。

转向和工作控制阀组共用 1 个主吸油连接板,共有 5 个控制阀组,即转向控制阀、松土器升降控制阀、松土器倾斜控制阀、推土铲升降控制阀、推土铲倾斜控制阀。吸油板上还有主溢流阀和冷却器旁通阀。

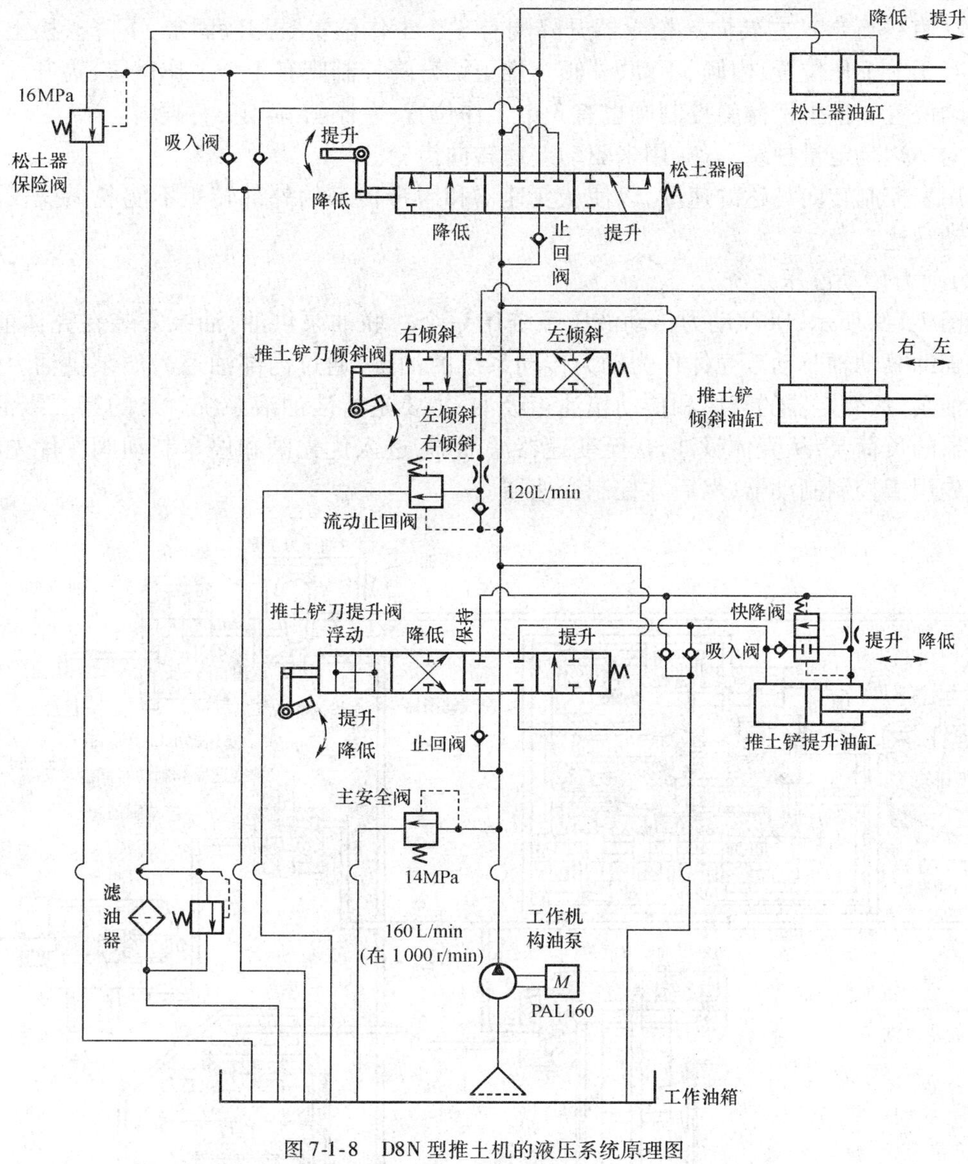

图 7-1-8　D8N 型推土机的液压系统原理图

当控制杆都处在中位时,泵输出的油进入主吸油板并通过控制阀壳体到端盖,端盖油口是堵住的。此时油泵排量降低,只保持系统的最小压力,直到操纵阀的控制杆移动到工作位置,系统的油压才升高。

转向控制阀比工作控制阀优先,这样可以确保任何时候推土机都能以全速转向,而不管工作机构情况如何。但是,安装在转向控制阀上有一个荷载优先阀,使得在各种转向工况下,推土铲升降控制阀都能得到压力油。

当操作推土铲升降控制阀提升油缸时,有两个快降阀可以感觉到活塞杆有杆腔的油流并将其流动到无杆腔,以便需要时使推土铲快速下降。提升油缸也设有旁通阀,防止在活塞杆行程末端产生高压。

所有的控制阀都用连杆直接连在阀芯上,用手动操作。转向控制阀有3个工作位置:右转向、中位(直线行走)、左转向。松土器升降阀有3个工作位置:提升、固定、下降。松土器倾斜控制阀有3个工作位置:内倾、不动、外倾。推土铲升降控制阀有4个工作位置:提升、固定、下降和浮动位置。推土铲倾斜控制阀也有3个工作位置:左倾斜、固定、右倾斜。

转向马达是定量柱塞马达,用来驱动差速转向齿轮。

阀用来控制转向马达的速度,以使从变速器和履带传来的外部转矩不能脱离操作者的控制而驱动马达。

(2)动力传动液压系统

如图7-1-9所示,D8N动力传动液压系统用一个二联油泵供油,油泵安装在壳体前端,由发动机辅助驱动轴驱动。壳体作为动力传动系统的油源,通过内部油道为油泵供油。油泵的第一级油泵,从变矩器的壳体和传动箱油箱吸油,主要是清洁油液系统。泵的第二级油泵,作为变速器的负荷泵,从壳体吸油,送至变速器滤油器,进入优先阀和停车制动阀。优先阀确保油压首先用于控制制动器,然后才控制变速器。

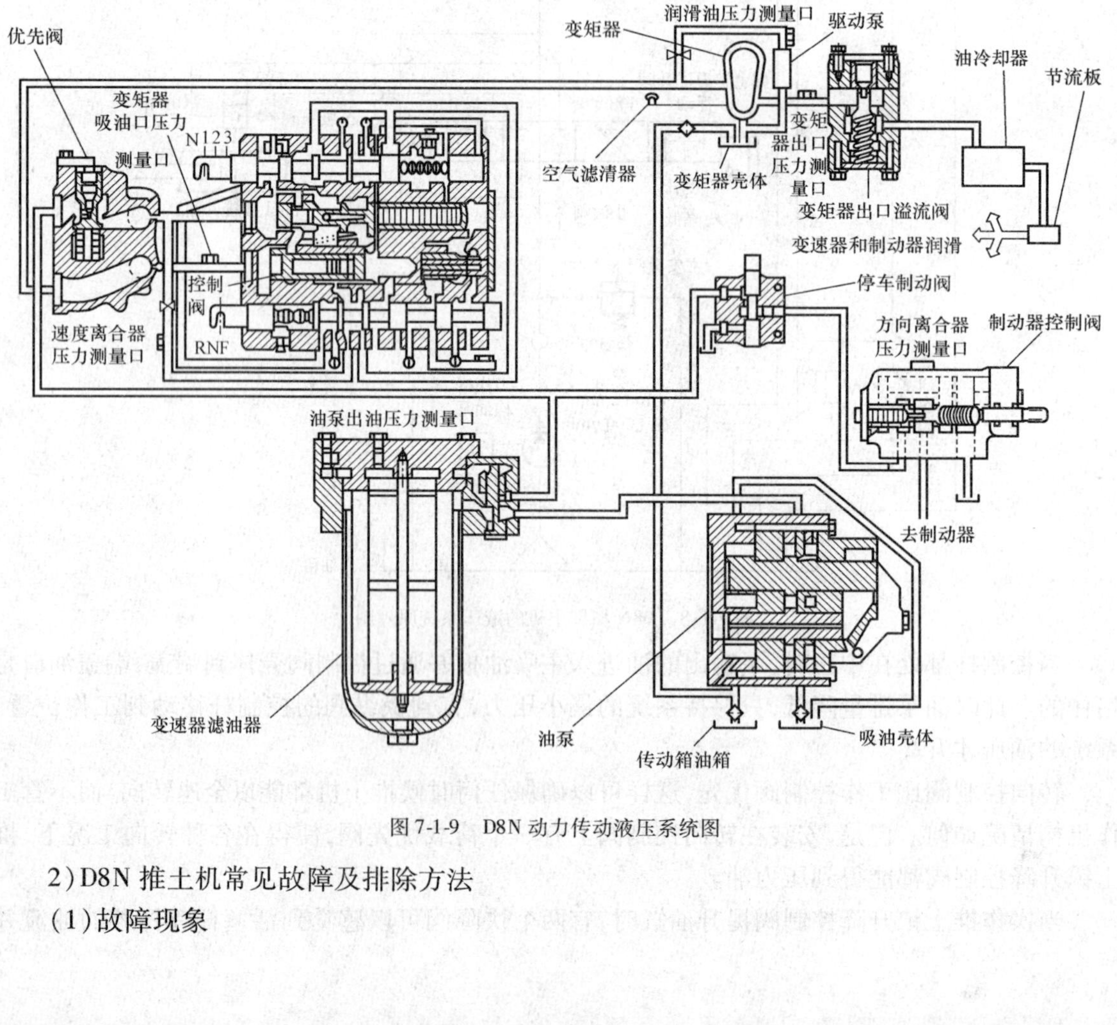

图7-1-9 D8N动力传动液压系统图

2)D8N推土机常见故障及排除方法

(1)故障现象

一台 CATD8N 履带式推土机，使用不久即听到传动部位有异响，液力传动系统发出高温警报，现场检查发现，液压油温明显过高，而异响在空负荷下并不明显，且无法确定异响的位置。

（2）故障分析与排除

分析造成液力传动系统油温过热的主要原因：a. 工作油不足；b. 安全阀溢流频繁；c. 冷却不足；d. 滤网堵塞；e. 油液污染、氧化、黏度下降。按常规检查冷却液面正常，传动系油位符合要求，但拆开滤清器检查滤芯时发现有大量粉末状污物堵塞。更换新滤芯后试推土作业，异响仍然存在，不久液力系统又高温报警，再次拆开滤芯仔细观察，发现滤芯仍然有污物堵塞，主要集中在滤清器的入油口一侧。

据分析可知，如果变矩器或液压泵的某个元件损坏，都可产生异响并伴有大量的粉末进入液压油中，滤清器容易引起堵塞，并导致油液温度上升。因此，测量液压泵的出口即滤清器旁通测压点的压力、怠速工况与高速工况压力均正常。由此基本可以断定故障出在变矩器上。

对变矩器的解体检查发现泵轮叶片有的已经折断，更换液力变矩器后，试机运转时高温与异响故障消失，但在推土作业 10h 左右又产生新故障，液力传动系统发出高温报警并伴随起步迟钝现象，1、2 挡前进后退行走无力。

根据故障现象结合 D8N 推土机动力传动系统图 7-1-9 分析，先检查液压泵工作的情况，液压泵出口压力正常，不存在异常噪声或压力不稳定现象；其次检查变速器操纵阀组上的缓和安全阀的情况，发现控制系统最大压力溢流阀工作情况正常，不存在调压太低或泄漏问题；第三检查回油背压，发现行走执行元件回油量不足，但仍不能肯定是因为油液过热，黏度下降，导致泄漏增多，还是管路堵塞使流量减少。因此，又测量了变矩器的回油压力和出油压力，发现变矩器供油正常，回油不正常。这说明主油道压力过高是造成系统油温过高的主要原因。

根据工作原理及各测压点的压力分析，液压泵工作压力正常，而变速器操纵阀组的入口处压力（也即变矩器输出最大压力）超标，这说明变速器操纵阀工作存在误差或失效。为了慎重起见，对速度离合器出油口压力进行检查，测量值为 1.83MPa，正常值为 2.50 ± 0.105MPa，由此可以断定变速器操纵阀组内液流不畅是造成行走无力故障的直接原因。对变速器操纵阀组解体检查后发现差压阀滤网上有粉末，堵塞（因更换变矩器时没彻底清洗液压管路），经清洗后安装试车，油温正常，故障消失。

由此可知，液压机械的故障绝大多数是由油液污染引起的，而因机械零件损坏导致的液压系统污染故障尚属少见，同样的故障现象，产生的原因和故障部位千差万别，如果在排除故障时能在了解系统原理的基础上，掌握各零部件的功能，往往能事半功倍。

3. D355A 推土机简单分析

国外大型推土机在液压操纵系统方面更趋完善。例如美国卡特匹勒 D9G 及日本小松 D355A 推土机，铲刀升降高度在 2m 以上，为了缩短辅助时间，提高作业效率，设有铲刀快落阀，如图 7-1-10 所示，使铲刀下降速度提高。快落阀由滑阀、止回阀、节流孔等组成。当铲刀下降时，由于压力差使滑阀移动，止回阀打开，小腔油回流到大腔，流量加大，使下降速度加快。溢流节流阀装置在铲刀垂直倾斜操纵阀的进油管上，能自动调节油缸进油流量，保持液压缸内的压力恒定。通过松土器倾斜油缸，能够随时微量调整松土角，以提高作业效率。当配备单齿松土器时，松土齿杆高度的调整也可通过液压操纵实现。它是通过齿杆和齿架固定销上装设的闭锁油缸来实现的。

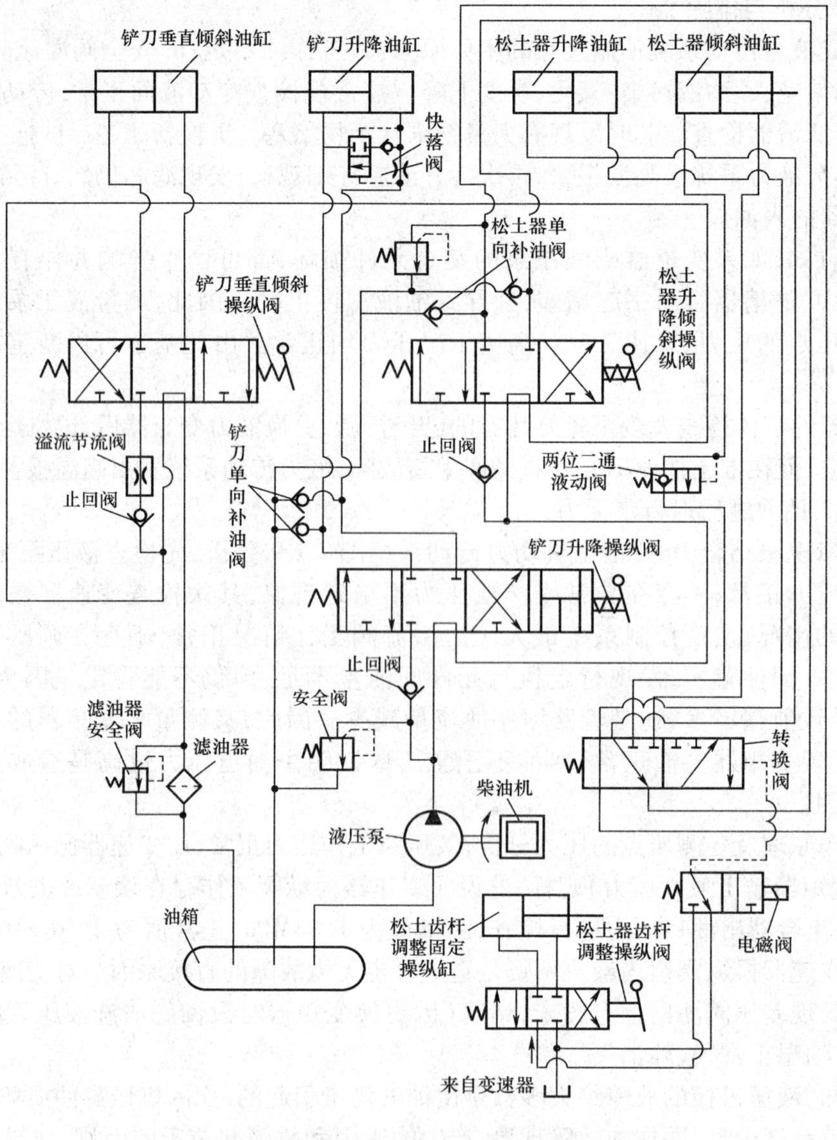

图 7-1-10　D355A 推土机工作装置液压系统图

国外有的推土机，铲刀升降和倾斜、松土器升降和倾斜均为一根操纵杆，简化了操纵，有利于作业效率的提高。

三、推土机常见故障及排除方法

推土机在使用中产生的故障有很多，常见的故障主要有铲刀提升缓慢或不能提升、提铲下铲时抖动、外泄漏严重等，具体分析见表 7-1-2。

液压系统故障及排除表　　　　表 7-1-2

序号		故障	故障原因	排除方法
1. 工作装置液压系统故障	(1)	推土板升不起或上升力弱(上升缓慢)	①液压系统油量不足; ②进油滤油器堵塞; ③液压油泵故障; ④换向阀卡紧或因磨损导致内泄; ⑤溢流阀压力调节不符合要求; ⑥安全阀失调或弹簧损坏; ⑦油缸内部密封件或零件损坏导致内泄; ⑧各接头部位密封圈损坏	①补足液压油; ②清洗滤油器; ③检查或更换泵; ④检查或更换阀组件; ⑤调整压力到要求值; ⑥检查或更换阀组件; ⑦检查或更换油缸组件; ⑧更换密封圈
	(2)	推土板提升时有跳动或不能保持提升位置	①油箱油量不足; ②油温过高(超过70℃); ③油路内有空气; ④液压缸活塞密封圈损坏; ⑤分配器滑阀、壳体磨损; ⑥操纵阀杆间隙过大; ⑦操纵阀卡住	①添加至规定油面; ②冷却至30～40℃; ③拧紧管接头,排除空气; ④更换密封圈; ⑤更换分配器; ⑥修理调整; ⑦修理阀
	(3)	松土器升降不起或上升力弱	①液压系统油量不足; ②进油滤油器堵塞; ③液压油泵故障; ④换向阀卡紧或因磨损导致内泄; ⑤溢流阀压力调节不符合要求; ⑥安全阀失调或弹簧损坏; ⑦油缸内部密封件或零件损坏导致内泄; ⑧各接头部位密封圈损坏; ⑨止回阀泄漏	①②③④同故障(1)的①②③④排除方法; ⑤调整压力到要求值; ⑥⑦⑧同故障(1)的⑥⑦⑧排除方法; ⑨检查止回阀芯与阀座磨损情况,止回阀弹簧是否疲劳、变形等
	(4)	推土板垂直倾斜动作无力	同故障(1)	同故障(1)排除方法
	(5)	操纵杆已处于封闭位置时,油缸拉杆继续下降(即油缸自由下落量大)	①油缸内泄; ②控制阀内泄	更换组件
	(6)	操作杆沉重	①操作杆机构有故障; ②控制阀阀芯卡紧(制造、安装问题、污物问题)	检查、调整、更换不合格零件;清洗阀件;检查液压油清洗度

续上表

序号		故障	故障原因	排除方法
2. 液力传动系统故障	(1)	液力变矩器无力	①液力油量不足； ②调压不当； ③背压不足	①检查变矩器油质量（是否误用液压传动用油）、用量，进行更换或补充； ②检查变矩器调压阀及其调定压力值； ③检查变矩器背压阀及其调定压力值背压阀
	(2)	动力换挡失灵	①快回阀、减压阀、动力变速阀、换向阀出现卡死或因磨损等原因造成内泄漏； ②油污染严重	①检查阀组件卡死原因或内泄原因并作相应排除； ②过滤或更换液力油
	(3)	油温升高过大	①冷却器故障； ②液力油质量问题； ③风扇皮带松弛； ④发动机水温过高	①检查或更换冷却器； ②检查液力油质量品牌，并根据要求更换； ③调整皮带张紧度或更换皮带； ④参阅发动机部分
	(4)	液力变矩器过热	①冷却器故障； ②液力油质量问题； ③风扇皮带松弛； ④发动机水温过高； ⑤齿轮泵磨损导致油循环不足	同故障(3)的排除方法； ⑤更换齿轮泵
	(5)	推土机突然熄火，主离合器分离不开	助力阀失灵，助力阀背部形成真空	操纵手柄，往复运动滑阀，逐渐消除真空，即可分离
	(6)	主离合器接合不上	操纵阀杆调整不当，助力阀杆不能与活塞随动	重新调整
	(7)	变速杆挂挡后不起步	①液力变矩器和变速器的油压不足； ②油管及接头未拧紧，混入空气或漏油； ③齿轮泵磨损或卡住； ④变速器油量不足； ⑤变速器滤清器滤芯堵塞	①检查修理； ②检查拧紧并排空气； ③检查更换； ④添加到规定油量； ⑤清洗或更换
3. 转向系统故障	(1)	转向不灵活	①转向器故障； ②转向阀阀芯卡死或内泄过大； ③转向离合器内弹簧失灵； ④油污染严重	检查转向器、阀件、弹簧及油液质量，并作相应排除措施
	(2)	转向离合器操纵杆操纵费力	①转向离合器操纵机构调整不当； ②助力器内机油不足； ③助力器内机油过稀； ④助力器内有污物	重新调整 检查过滤网、补充、更换机油

续上表

序号		故障	故障原因	排除方法
4. 其他故障	(1)	噪声大	①油量不足； ②油路中吸入空气； ③滤油器堵塞； ④供油泵磨损	①补足液压油； ②检查并拧紧管接头，排出液压系统空气； ③清洗滤油器； ④检查或更换供油泵
	(2)	液压操纵系统作用慢或不起作用	①油箱加油过多； ②油箱油量不足； ③油路中吸入空气； ④油箱加油口盖通气孔堵塞； ⑤油泵油封损坏	①放出多余的油； ②补足液压油； ③检查并拧紧管接头，排出液压系统空气； ④清洗通气孔及填料； ⑤更换油封
	(3)	液压操纵系统耗油量增大	①液压泵紧固螺栓或分配器螺栓松动； ②密封圈（如液压泵、分配器、液压缸等处）损坏； ③液压泵油封损坏； ④分配器垫片损坏	①拧紧螺栓； ②更换密封圈； ③更换油封； ④更换垫片

四、推土机液压系统的维护

1. 使用要求

①按设计规定和工作要求，合理使用工作压力和工作流量。

②按厂家使用说明书要求使用液压油或液压传动油。在油注入油箱时必须过滤。使用中定期取样化验。

③工程机械液压油工作温度不得超过60℃，一般控制在50℃左右；液力油工作温度不得超过120℃，一般控制在90℃左右。

④电磁阀使用时，保证电压稳定，其波动值不应超过额定电压的5%～15%。

⑤发生液压系统某部位故障时，要及时停机处理。

⑥注意定期检查润滑管路及其元件，润滑油量是否充足。

⑦检查蓄能器充气及油气混合情况。

⑧经常注意紧固管接头、法兰盘。密封件、高压软管要定期检查及更换。

⑨主要液压件要进行定期性能测试及定期维修、更换。

2. 维护

①熟悉液压设备系统工作原理、主要液压件的作用。

②重点对液压系统的工作压力、流量、温度进行观察。

③开动设备前注意油箱油位、电磁阀是否处于原始状态。

④冬季在开机工作前，要使液压泵空运转一会儿，使油箱内油温升高。

⑤保持设备清洁，防止灰尘、金属磨粒、棉纱等杂质进入油箱。

⑥保证经常性定检及定期维护内容的进行，让故障排除在萌芽状态。

⑦液压工程机械检修重点与检修项目的维护检修周期，见表7-1-3。

液压工程机械检修重点与检修项目的维护检修周期　　表7-1-3

检修重点与项目	维护、检修周期	检修方法与检修目的
泵的声音异常	1次/日	听检。检查油中混入空气和滤网堵塞情况，检查异常磨损等
泵的吸入真空度	1次/3个月	靠近吸油口安装真空计，检查滤网堵塞情况
泵壳温度	1次/3个月	检查内部机件的异常磨耗，检查轴承是否烧坏等
泵的输出压力	1次/3个月	检查异常磨耗
联轴器声音异常	1次/1个月	听检。检查异常磨耗和定心的变化
清除过滤网的附着物	1次/3个月	用溶剂冲洗，或从内侧吹风清除
液压马达的声音异常	1次/3个月	听检。检查异常磨耗等
各个压力计指示情况	1次/6个月	查明各机件工作不正常情况和异常磨耗等，压力表指针的异常摆动也要检查校正
液压执行部件的运动速度	1次/6个月	查明各工作部件的动作不良情况和异常磨耗引起的内部漏油增大情况等
轴承温度	1次/6个月	轴承的异常磨损
蓄能器的封入压力	1次/3个月	如压力不足，应用肥皂水检查
压力表、温度计和计时器等的校正		与标准仪表作比较校正
胶管类检查	1次/6个月	查明破损情况
各元件、管道及密封件	1次/3个月	检查各密封处的密封状态
液压泵的轴封、液压缸活塞杆的密封、漏油情况	1次/6个月	检查各密封处的密封状态
各元件安装螺栓和管道支承松动情况	1次/6个月	检查振动特别大的装置更为重要
全部液压设备	1次/年	各元件及执行部件拆卸、清洗、冲洗管道
工作油液一般性能和油的污染状况	1次/3个月	如不合标准，应予以更换
油温	1次/日	超出规定值应立即查明原因进行修理
油箱内油面位置	1次/1个月	油面低于标记时应加油，并查明漏油处
测定电源电压	1次/3个月	因电压有异常变动，会烧坏电气元件和电磁阀，还有可能导致绝缘不良等

思考题

1. 说明TY320、D355A、D8N 3种推土机液压系统的特点。
2. 对液压系统进行检测的目的何在？以TY320型推土机为例说明检测的基本程序。
3. 如何根据推土机产生的故障分析其原因并进行排除？
4. 推土机维护和保养应注意哪些问题？

课题二　装载机液压液力系统分析

一、装载机的功用

装载机主要用来对散装物料进行铲装、搬运、卸载等作业，也能进行轻度的铲掘工作以及平地、起重和牵引等多种作业，在筑路、建筑、矿山和水利建设中广泛使用。

装载机作业过程中，升降动臂、转动铲斗、整机转向和换向变速等动作需协同配合、频繁变换，驾驶员操作的劳动强度相当大，一般都采用液压系统来实现，因而装载机要求液压系统能实现工作装置铲装、提升、保持和倾卸等动作以及操纵转向变速等。

二、典型液压系统分析

装载机的液压操纵系统共包括传动控制系统、转向操纵系统、制动操纵系统和工作装置操纵系统四大部分，其中制动操纵系统有液压和气液联动两种型式。液压制动多用于小吨位容量的装载机，较大吨位容量的以铲装作业为主的装载机一般多采用气液联动式，这种制动系统在相关课程中已作了介绍，这里不再赘述，下面即通过几种典型装载机液压系统来介绍装载机的液压操纵系统。

1. ZL100 型装载机

ZL100 型轮式装载机是由柳州工程机械厂开发的大型轮式装载机。该机斗容量为 $5m^3$，发动机功率为 294kW。

如图 7-2-1 所示，整个液压系统由 3 个 CB—G 型齿轮泵驱动，分别是工作主泵、辅助泵和转向泵，这 3 个泵组成了工作装置和转向 2 个液压回路。而这 2 个回路是通过辅助泵联系起来的。工作主泵在其额定转速为 2 200 r/min 时的流量为 320 L/min，工作压力为 16MPa，辅助泵和转向泵组成双联齿轮泵，当额定转速为 2 000 r/min 时，油泵流量分别为 300 L/min。

1）液压系统主要元件作用

（1）手动先导阀和液动多路换向阀

先导阀为分片组合双联滑阀式多路换向阀。控制转斗油缸换向阀的先导阀是一个三位六通阀；控制动臂提升油缸换向阀的先导阀是四位六通阀。组阀内装有过载阀，起缓和液压冲击、保护液压元件的作用。当连杆机构运动发生干涉时，亦能及时泄油，其调整压力为 18.5MPa。

多路阀（主阀）由进油阀片、转斗阀片、动臂阀片和回油阀片组成，转斗（或动臂）阀片的 2 个出油口与转斗（或动臂）油缸的上、下腔管道相通，当操纵转斗（或动臂）的先导阀阀杆时，控制油流过先导阀通过操纵分配阀内的阀杆左右移动，压力油通过换向阀流往转斗油缸（或动臂油缸），完成转斗（或动臂）的升降动作。进油阀片内装有溢流阀，其调整压力为 16MPa。进油道装有单向节流阀和补油阀，回油道装有背压阀，以防止产生局部真空，增加油缸运动的平稳性。

这种先导阀控制分配阀有以下特点。

①控制油路为主油路的分支，不需增添泵元件。

②利用先导阀杆的微动，即可控制进油阀片中卸荷阀开口的大小，实现转斗或动臂提升的

微动。

③发动机熄火或停车时，仍能操作铲斗前倾或动臂的下降，提高了机器的安全性。

④转斗和动臂阀片内部都设有上、下小锥阀，起补油和对油缸上、下腔起双作用安全阀的作用。

⑤分片组合式分配阀，内部油路简单。

(2)卸荷阀和压力转换阀

卸荷阀起通过负载调节系统流量的作用。

如图 7-2-1 所示，当工作装置不动作时，两个先导阀的阀杆均处于中间位置(即图示位置)，油泵来的油通过卸荷阀的阻尼孔，经先导阀回油箱，油流经阻尼孔产生节流作用，造成卸

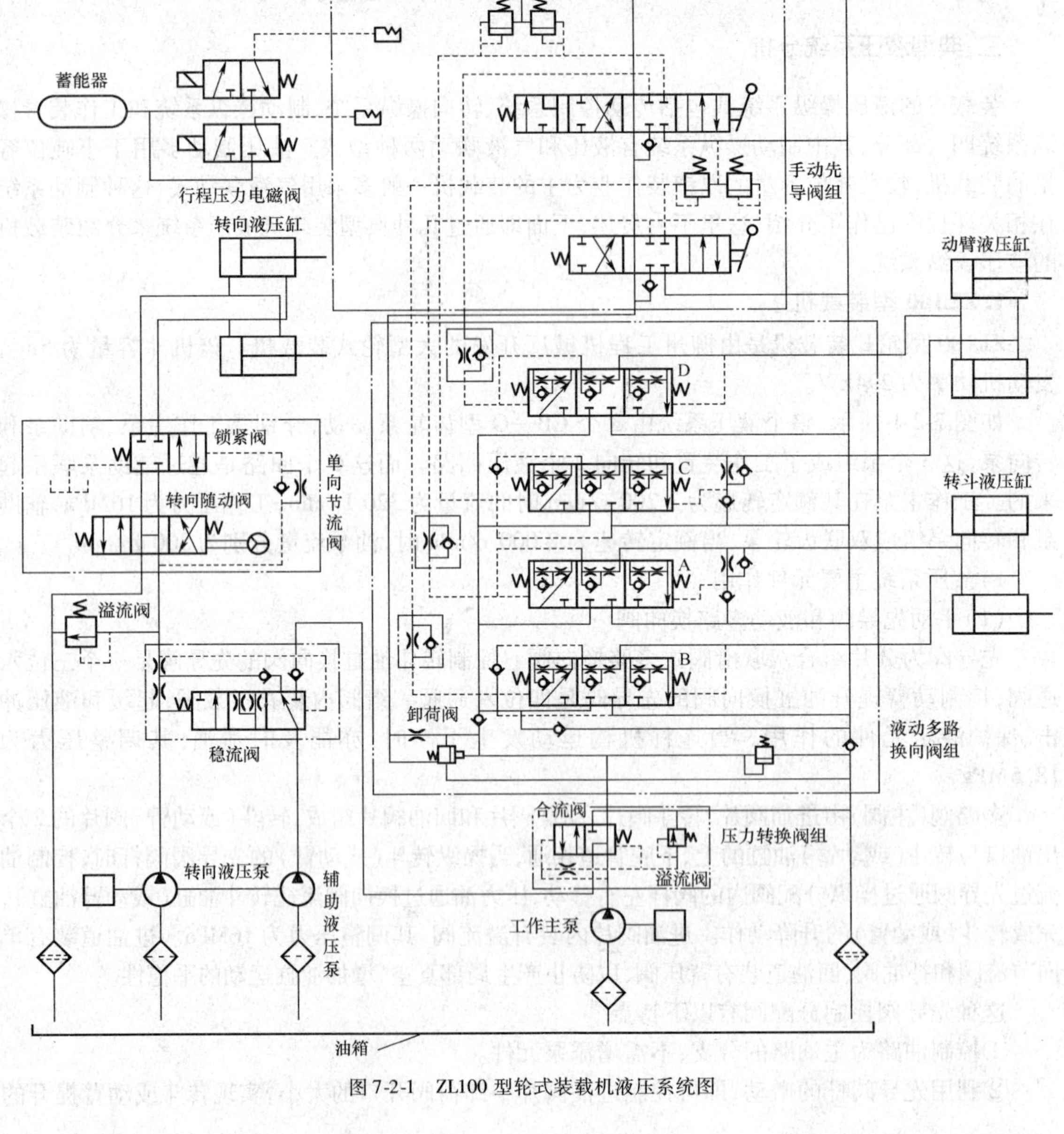

图 7-2-1　ZL100 型轮式装载机液压系统图

荷阀左、右腔的压力差，并克服弹簧力，推动卸荷阀杆向左移动，接通回油路，使系统处于低压0.1～0.2MPa时，空循环运转。

压力转换阀由一个二位四通阀与一个溢流阀组成，溢流阀的调定压力为12MPa。当系统中压力转换阀在系统压力低于12MPa时，该阀处于图示状态，辅助供油泵与工作主泵同时向工作系统合流供油，加快工作装置的作业速度，缩短循环时间，提高生产率。当系统压力超过12MPa时，压力转换阀内的溢流阀打开，将二位四通阀切换至左位，从而切断辅助油泵向工作装置供油的通路，使之卸荷，将功率转移到装载机切入运动时所需的功率上，以增加铲切牵引力。该系统为组合回路，靠在工作过程中切换液压泵来改变供油量，可以随系统中压力变化自动进行有级调速。即在油压低于溢流阀的调整压力时，两个泵合流同时向工作装置系统供油，在油压超过溢流阀的调整压力时，溢流阀动作使辅助油泵接通油箱卸荷，只剩工作主泵供油，流量减少，达到轻载低压大流量、重载高压小流量的目的，能更合理地使用发动机功率。

（3）稳流阀（又称流量控制阀）

ZL100型装载机稳流阀的作用主要是保证流入转向回路的流量恒定。

转向回路要求供给比较恒定的稳定流量，但转向系统常采用定量泵，定量泵的流量是随转速而变化的，当发动机低速转动时，转向油路的流量将减少，使转向速度迟缓，容易发生事故。如采用大流量泵，在发动机高转速时，将多余的油液以溢流的形式排出，则功率损失大，油液容易发热，亦不经济。为解决这一问题，ZL100型装载机选用辅助泵和稳流阀，辅助泵的压力油通过稳流阀的控制，随发动机转速的变化，全部或部分流入转向回路，以保证转向回路的油液流量，剩余的油液流入工作油路，降低了功率损失。

稳流阀的结构简图见图7-2-2所示，稳流阀的工作原理如图7-2-3所示，主要是利用液流通过阻尼孔产生压力降，从而使其内部的滑阀随转向油路流量的不同而自动移动，从而根据工作需要自动控制油液流向转向油路和工作油路的流量。

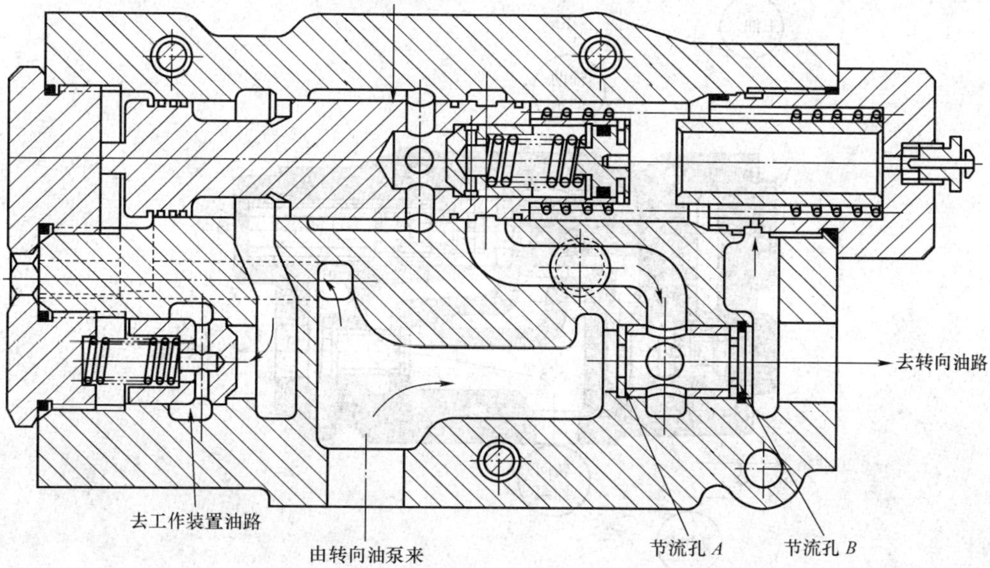

图7-2-2 ZL100型装载机转向系统流量控制阀结构简图

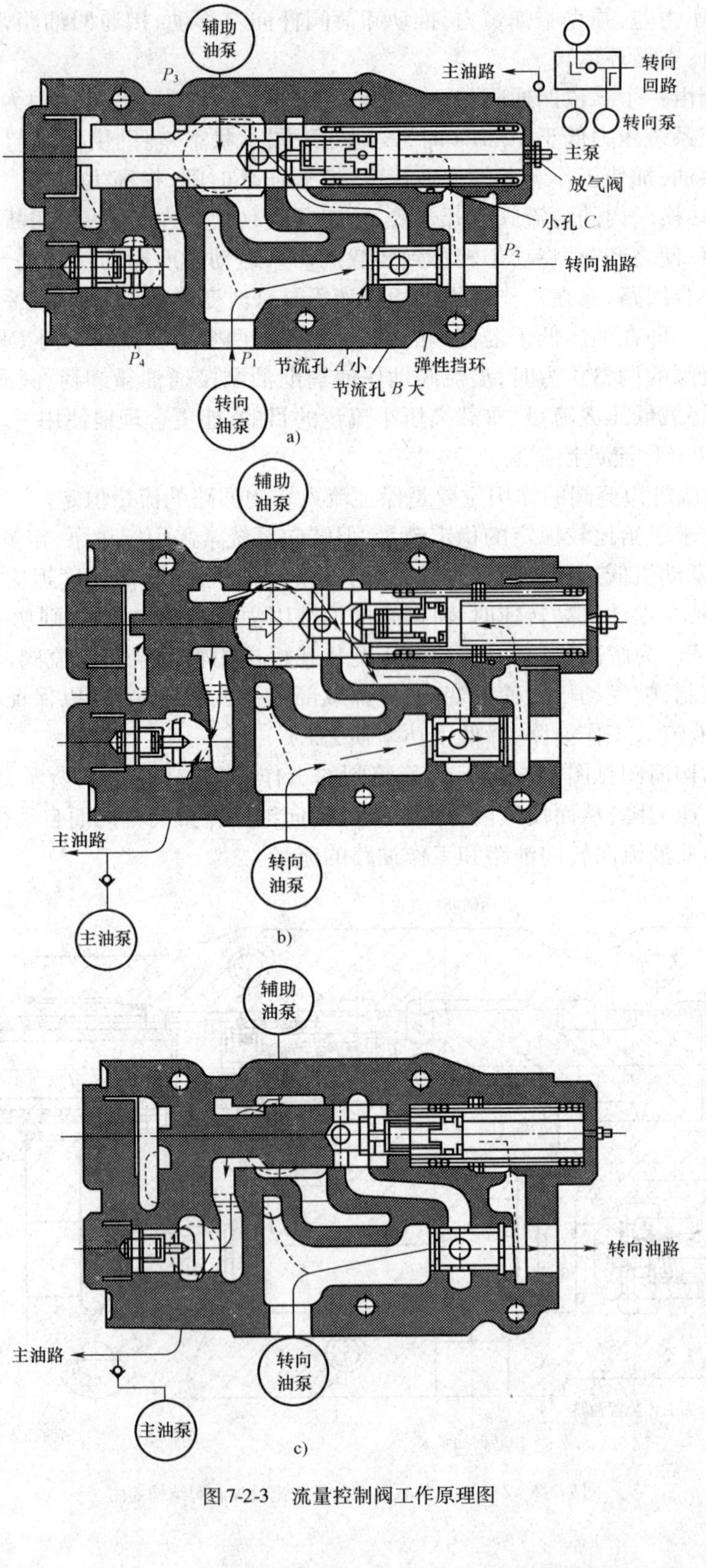

图 7-2-3　流量控制阀工作原理图

从转向油泵流出的压力油通过 P_1 孔，节流孔 A、B 及 P_2 孔进入转向油路，且节流孔 A、B 分别与滑阀阀芯左、右两侧相通，P_4 孔接工作油路。从辅助油泵来的压力油经流量控制阀的 P_3 孔，根据需要而分别流入转向油路和工作油路。在滑阀的左端有小孔 C 和 P_1 孔相通，其右端通过小孔 C 与转向油路相通。滑阀在右端弹簧的作用下被推向左端，如7-2-3a)图所示。辅助泵的流量随阀芯位置的不同有以下3种情况。

①发动机低速时(如图7-2-3a 所示)。

在发动机低转速时(一般为低于600r/min)，从转向油泵、辅助油泵流入转向油路的流量较少，其液流通过节流孔 A、B 时的压力降也较小，因而滑阀左侧的压力与右侧的压力差也较小，其压力差所产生的推力还不足以克服弹簧力，所以滑阀阀芯位于左端位置。从转向油泵来的压力油，经节流孔 A、B 后流入转向油路；从辅助油泵来的全部压力油，推开滑阀内部的止回阀与转向油泵压力油合流后，经节流孔 B 供给转向油路，即转向油泵和辅助油泵全部压力油流入转向油路。

②发动机中速时(如图7-2-3b 所示)。

当发动机转速逐渐增加时，各个油泵的流量也随之增加，通过节流孔 A 和 B 的流量亦随之增加，因此通过节流孔时的压力差也相对增大。滑阀也随着增大的压力差克服弹簧的预压紧力而向右移动。此时从辅助油泵来的部分压力油就会流向工作油路，同时，这部分流量随着发动机转速的增加而增加。而辅助油泵输向转向油路的供油量则随着发动机转速的增加而减少。因此，从辅助油泵和转向油泵向转向油路所供给的总流量与发动机无关，基本上保持常数。

③发动机高速时(如图7-2-3c 所示)。

如果发动机转速进一步增加，滑阀两端的压力差进一步增大，当发动机达到某一设计转速时，阀芯在压力差的作用下被移至右端极限位置，此时辅助油泵通向转向油路的油口被完全封闭，而辅助油泵通向工作油路的开口达到最大，这时辅助油泵的全部流量都供给工作油路，工作油路得到工作主泵和辅助油泵供给的全部流量，从而使工作装置的作业速度大大提高。

通过这3种情况可以看出，在稳流阀的作用下，不管发动机的转速快慢与否，进入转向油路的流量可以基本保持恒定，从而保证了稳定的转向速度。

当然，当发动机超过此设计转速时，转向油路所需的流量仅由转向油泵供给，这时转向油路的流量仍随着转向油泵转速的增加而增加，转向速度也将有所变化，不过此种情况较少，因为高速转向太危险。

2)液压系统工作原理分析

ZL100 型装载机的液压系统包括工作装置回路和转向回路两部分。另外，在 ZL100 型装载机的工作装置液压系统中还装有滑阀自动复位装置，以实现作业中铲斗自动放平和动臂升降的自动限位。

(1)工作装置回路分析

工作装置动作包括动臂升降和铲斗翻转动作，两者构成单动顺序回路，特点是液压泵在同一时间内只能按先后次序向一个机构供油，各机构和进油通路按前后次序排列，前面的转斗操纵阀动作，就把后面的动臂操纵阀进油通路切断。只有前面的阀处于中位时，才能扳动后面的阀使之动作。这一功能主要是靠先导阀来实现的,先导阀由双联换向阀组成串并联油路(优先油路),只有当转斗油缸先导阀处于中位时,动臂油缸先导阀才通油,即如果转斗油缸在动作则不可能接通动臂油缸油路,欲使动臂液压缸动作必须使转斗液压缸先导阀回复中位,从而保证转斗油路优先于动臂油路。

ZL100 型装载机的工作装置回路较为复杂,转斗操纵油路与动臂操纵油路相类似,下面以转斗液压缸的动作来简单说明一下其工作原理。

如图 7-2-1 所示,转斗液压缸的动作是通过手动先导阀与液动多路换向阀配合完成的。

①当操纵转斗液压缸先导阀阀杆至左位时,油液流动路线如下。

进油路:

控制油路:油箱→工作主泵→ } 压力转换阀→转斗油缸先导阀左位→转斗油缸主阀 A
辅助供油泵→

左端控制油路→主阀 A 右移

主油路:油箱→工作主泵→ } 压力转换阀→转斗油缸主阀 A 左位→转斗油缸有杆腔
辅助供油泵→

回油路:转斗油缸无杆腔→转斗油缸主阀 B 右端控制油路→主阀 B 右移

转斗油缸无杆腔→转斗油缸主阀 B 右位→止回阀→精滤器→油箱

②当操纵转斗液压缸先导阀阀杆至右位时,油液流动路线如下。

进油路:

控制油路:油箱→工作主泵→ } 压力转换阀→转斗油缸先导阀右位→转斗油缸主阀 B
辅助供油泵→

左端控制油路→主阀 B 右移

主油路:油箱→工作主泵→ } 压力转换阀→转斗油缸主阀 B 右位→转斗油缸无杆腔
辅助供油泵→

回油路:转斗油缸有杆腔→转斗油缸主阀 A 右端控制油路→主阀 A 右移

转斗油缸有杆腔→转斗油缸主阀 A 右位→止回阀→精滤器→油箱

当操纵转斗液压缸先导阀阀杆至中位时,油液向上流动至动臂液压缸先导阀,此时操纵动臂液压缸先导阀阀杆,可操纵动臂液压缸进行相应动作,有关回路在此不再详述。

(2)转向控制回路

为了保证流量的稳定,ZL100 型装载机采用了组合油路,将辅助油泵输出的流量根据发动机的转速由稳量阀(工作原理见前文)自动控制流向转向油路或工作油路。这样,既可将辅助油泵的流量用来补充转向泵所减少的流量,以保证转向油路的流量稳定;也可将辅助泵剩余的压力油供给工作装置油路,以加快动臂液压缸和转斗液压缸的动作速度,缩短作业循环时间和提高生产率。

装载机转向机构要求转向灵敏,因此转向随动阀采取负封闭的换向过渡形式。这样还能防止突然换向时系统压力瞬时升高。同时还设置了一个锁紧阀(二位四通液动滑阀)来防止转向液压缸窜动。

当随动阀处于中位时装载机不转向,转向油泵的输出油液经随动阀流回油箱。因随动阀阀芯和阀体的轴向间隙在制造时已得到严格控制,此时虽然转向油缸两腔都通回油,但因滑阀的阻尼作用，使油缸中能形成一定的压力，使转向反应灵敏，而且该阻尼作用能维持装载机直线行驶的稳定性。

当操纵转向盘使随动阀处于左位或右位时，进油路建立起压力立即打开锁紧阀，使油液进入转向液压缸，驱动两转向油缸活塞一个伸长、一个缩短，使前后车架相对偏转，即折腰转向。与此同时，通过前车架上的反馈杆使随动阀的阀体同向移动，回到中位，关闭阀口，停止动作。转向盘停在某一旋转角度时转向液压缸亦停在相应的位置上，装载机沿着相应转向半径运动。只有继续转动转向盘，再次打开随动阀才能继续转向。因此前后车架相对转角始终追随转向盘的转角。

锁紧阀的作用是在装载机直线行驶时防止液压缸窜动，以及降低关闭油路的速度以减少液压冲击，避免管路系统损坏。它的另一个作用是当转向泵与辅助泵管路发生破损或转向泵与辅助泵出现故障时，锁紧阀在弹簧作用下自动回到关闭油路位置，使转向液压缸封闭，从而保证装载机不摆头。

锁紧阀右边控制油路上的单向节流阀的作用是使锁紧阀快开慢锁，以保证转向灵敏和平稳。

(3)铲斗自动放平装置

铲斗自动放平装置用来实现铲斗在卸料后，铲斗上转至预先调整好的位置时，转斗阀杆自动回到中位，停止转斗，使动臂放至最低位置时，铲斗能自动放平成铲掘状态，以简化操纵程序，提高作业效率。

如图7-2-4所示为铲斗自动放平装置原理简图，转斗油缸缸体上装有一行程开关，在转斗油缸活塞杆端头装有带可调凸块的定位杆，它随活塞杆一起移动。当操纵转向阀杆位于铲斗上转位置，铲斗上转，待铲斗转至某一调定位置时，随活塞杆移动的可调凸块接触行程开关，接通电路，即打开电磁气阀，由储气罐来的压缩空气即进入转斗油缸先导阀阀杆的进气口，使阀杆定位机构失去定位作用，转斗阀杆在复位弹簧作用下回中位，铲斗即停止转动。如放下动臂至地面，铲斗就会自动放平。可调凸块在定位杆上的位置可根据所需卸载位置调节，以保证铲斗在确定的高度卸载后，自动控制铲斗上转的转角。

(4)动臂升降自动限位装置

如图7-2-5所示，操纵动臂阀杆于提升位置，动臂提升，待动臂提升至调定高度，动臂支点

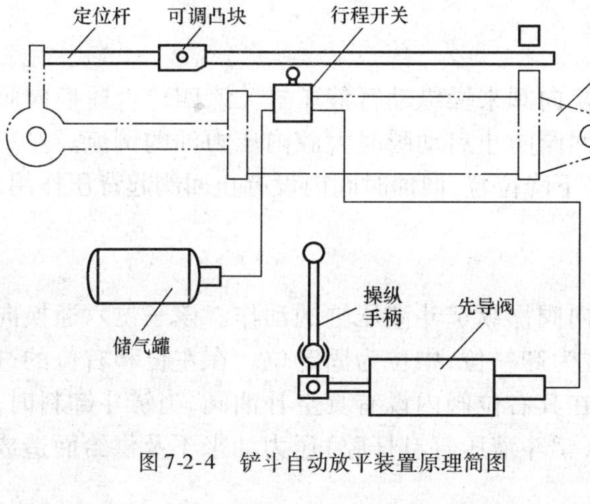

图7-2-4　铲斗自动放平装置原理简图

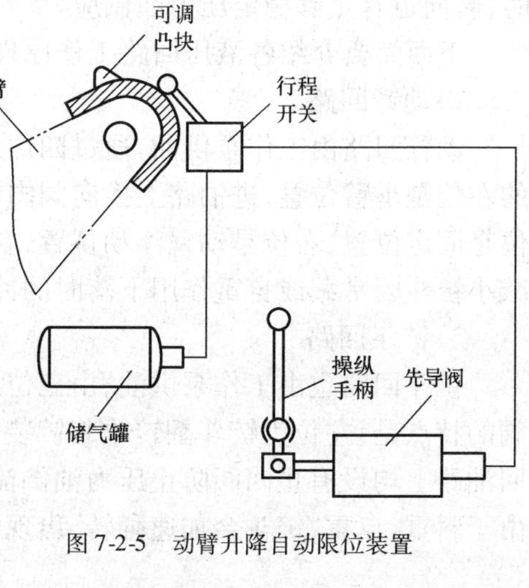

图7-2-5　动臂升降自动限位装置

上的可调凸块接触行程开关，电磁阀工作，由储气罐来的压缩空气即进入先导阀动臂阀杆进气口，使阀杆定位机构失去定位作用，动臂阀杆在复位弹簧作用下返回中位，动臂停止上升。当行程开关脱开触点，电磁阀复位，关闭进气通道，先导阀动臂阀杆进气口的压缩空气排出阀体外。

由上分析可见，ZL100 型轮式装载机具有比较完善的液压系统，它的特点如下。

①采用先导控制油路，操纵轻便，具有良好的调速、微动性能；先导阀和主阀为同一油源，省去一只控制油泵。

②合理利用功率。系统中设有卸荷阀、流量控制阀和压力转换阀，能根据装载机作业工况实现单泵供油、双泵合流、轻载低压大流量、重载高压小流量和无载空循环等多种回路。

③系统中安全保护装置完善。设有防真空、防过载和缓和液压冲击等装置。

④系统中设有自动放平、动臂升降自动限位装置，简化操作，提高工效。

⑤发动机熄火或停车时，仍能操作铲斗前倾和动臂下降，提高了机器的安全性。

2. KLD80 装载机液压系统

KLD80 轮式装载机是日本川崎公司生产，是铲斗容量为 2.4 ~ 2.8m^3、额定负载为 4 800kg 的中型轮式装载机。该机发动机采用五十铃 E120PK 型四冲程水冷直喷式柴油机，在额定转速为 2 200r/min 时功率为 150.7kW。

KLD80 型装载机主要采用三元件单级液力变矩器、动力换挡定轴式变速器、四轮驱动、液压操纵、铰接转向等结构。

KLD80 型装载机的工作装置与转向回路液压系统如图 7-2-6 所示，为开式多泵定量系统。该液压系统主要由工作装置（又分为动臂和铲斗两个回路）和转向装置两大回路组成。提供系统液压能源的是 3 个齿轮泵（工作泵、转向泵和辅助泵），同时系统采用压力油箱，其充气压力保持在 0.05 ~ 0.15MPa，从而提高了液压自吸能力，而且结构紧凑，降低了噪声和振动。工作装置的两个回路由一个多路换向阀组操纵，通过两联手动换向阀来分别操纵动臂液压缸和铲斗液压缸。由于两联换向阀为串并联油路，故动臂和铲斗只能单独动作，不能同时动作。转向回路与 ZL50 型装载机、ZL100 装载机相似，设有双泵单路稳流阀，从而保证在发动机低速时，转向也有足够稳定压力油供应。

下面简要介绍各液压回路工作原理。

1）动臂回路

动臂回路由工作泵供油，通过四位六通阀换向阀来操纵动臂液压缸。该四位六通换向阀的左位是举臂位置，进油路上换向阀内设有止回阀防止启动瞬时大腔内压力油的倒流。左二位是固定位置，右位是动臂浮动位置，右二位是下降位置，回油时阀内设有止回阀起背压作用，减小铲斗因常载或自重作用下落时的冲击。

2）铲斗回路

铲斗回路也由工作泵供油，由三位六通换向阀操纵铲斗液压缸的动作。该三位六通换向阀的特点是：左位为铲斗翻转收起铲装位，右位为卸料位，中位为固定位。在左位和右位的进回油路上均设有止回阀防止压力油倒流；另外在其右位阀内设有真空补油阀，当铲斗卸料时，由于料重、自重，铲斗会加速翻转，出现进油腔（铲斗液压缸有杆腔）压力油来不及供给而造成进油路的真空现象，这时从回油腔（铲斗液压缸无杆腔）返回的部分液压油通过止回阀向进油腔补油。铲斗回路在液压缸和换向阀之间设有 2 个过载阀，起安全保护作用，其调定压力为 21MPa。进油时，溢流阀调定压力为 17.5MPa。

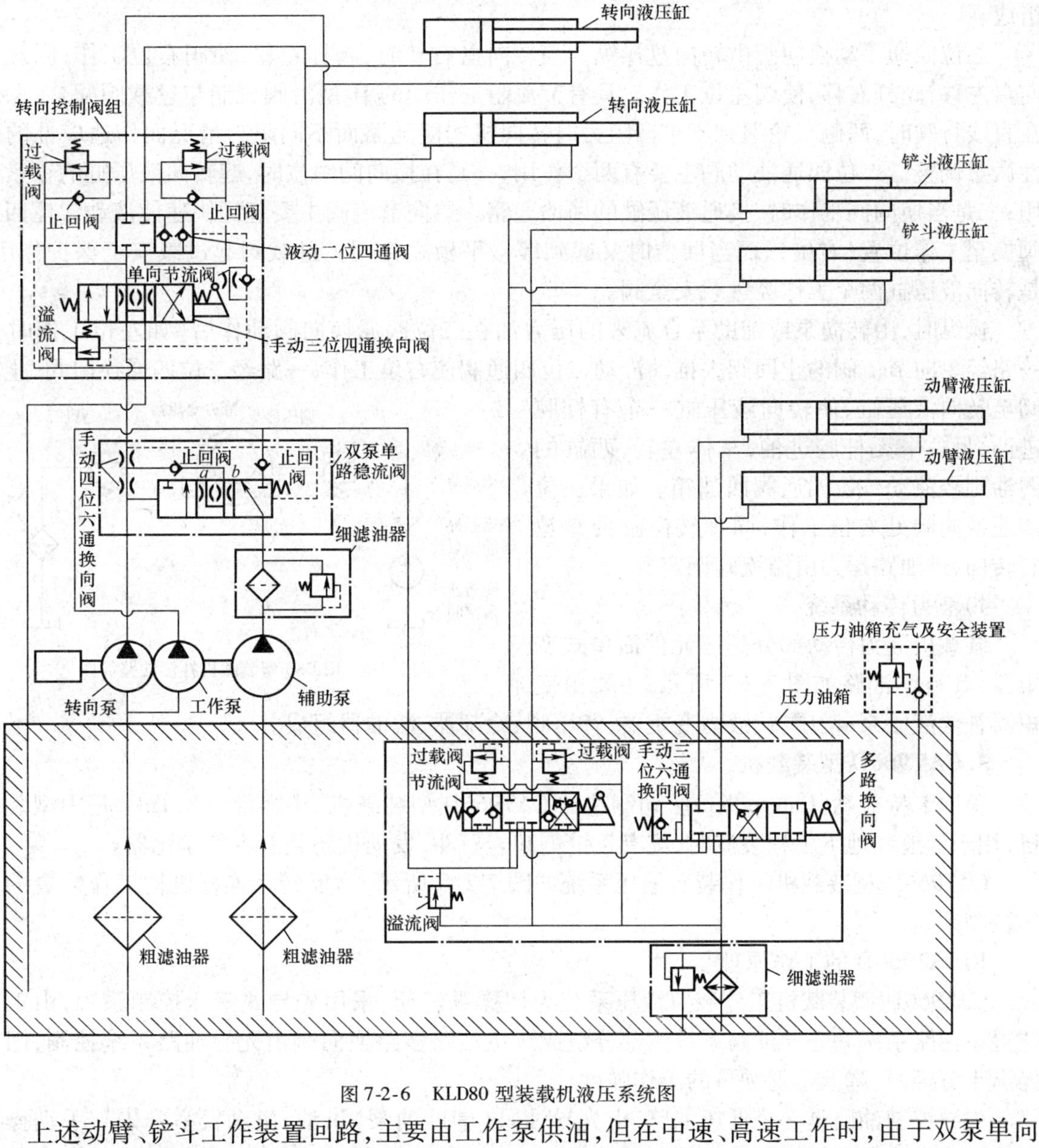

图 7-2-6　KLD80 型装载机液压系统图

上述动臂、铲斗工作装置回路，主要由工作泵供油，但在中速、高速工作时，由于双泵单向稳流阀的作用，辅助泵将部分地或全部地补充供油，以满足工作装置机构速度的流量需要。

3）转向回路

KLD80 装载机液压系统转向回路主要由转向泵、辅助泵、稳流阀、转向控制阀组、转向液压缸组成。

转向回路主要由转向泵供油。同时为防止发动机转速变化，保证低速时转向性能有稳定地工作，在回路中设有双泵单路稳流阀，使辅助泵可通过该阀向转向回路提供全部或部分压力油，补充转向泵所供压力油之不足。

转向操纵控制阀组主要由溢流阀、三位四通手动换向阀、二位四通换向阀、止回阀、过载阀组成。

三位四通手动换向阀由转向盘操纵。当转向盘右转时，阀杆左移，使阀右位工作；同理转向盘左移，阀杆右移，使阀左位工作。具有节流阻尼作用的 H 型滑阀机能与过载阀配合，保证在直线行驶时，两侧车轮遇到不平衡阻力时转向机构能随路面不同阻力情况而作适应性的弹性微量调整。二位四通液动阀主要有两个作用，一是在换向阀中位时，起转向液压缸的锁紧作用；二是当换向阀工作时，接通液压缸的回油通路。单向节流阀主要起到快速使液动二位四通阀换至工作位置（右位），而当回位时又起到缓慢平稳之作用。过载阀起过载安全保护作用，是转向液压缸两个工作腔过载安全阀。

操纵时，由转向泵或辅助泵合流来的压力油在三位四通换向阀动作后（如左位工作时），一路经单向节流阀的止回阀去推动液动二位四通阀使右位工作；一路经三位四通换向阀、止回阀至转向液压缸，使转向液压缸一个有杆腔进油，另一个无杆腔进油，车体左转，两缸的回油则经液动二位四通阀回油箱。如果三位四通换向阀处右位工作，同理转向缸使车轮右转向，进油路压力由溢流阀调定。

4）液力传动系统

装载机液力传动部分是三元件简单式变矩器，其补偿油路如图 7-2-7 所示，主要由变矩器补偿液压泵、调压器、液力变矩器、背压阀、冷却器、滤油器组成。

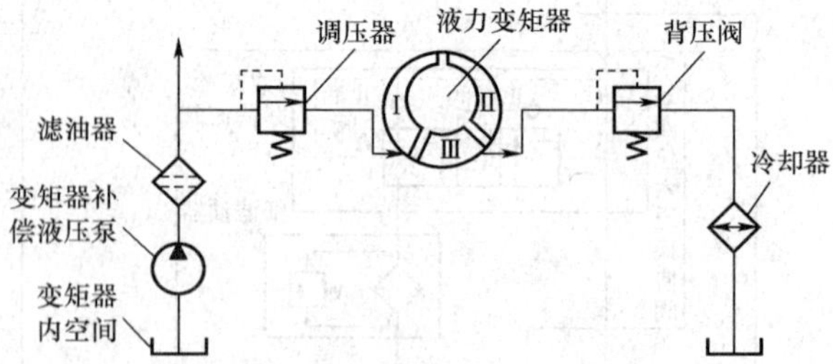

图 7-2-7　KLD80 型装载机补偿油路简图

3. CAT966D 型装载机

美国卡特彼勒（Caterpiller）公司制造的 CAT966D 型装载机，斗容量为 3.1m^3，是中型装载机，用于隧道和地下工程装渣时，配有正铲侧卸岩石斗，发动机还装有废气净化器。

CAT966D 型装载机工作装置液压系统如图 7-2-8 所示，为反转六连杆机构工作装置的液压控制系统。

1）CAT966D 的工作原理

CAT966D 型装载机工作装置液压系统为使操纵轻便，采用先导式液压控制系统，由工作装置主油路系统和先导油路系统两部分组成。主油路多路换向阀由先导油路系统控制，因而操纵十分轻便，降低了驾驶员的工作强度。

先导控制油路是一个低压油路，由先导油泵（辅助油泵）供油，由动臂举升先导手动操纵阀和转斗先导手动操纵阀分别控制动臂举升油缸换向阀和转斗油缸换向阀的阀杆（亦称主阀芯）向左或向右移动，改变工作油缸多路换向阀的工作位置，使工作油缸处于相应的工作状态，以实现铲斗升降、转斗或处于闭锁工况。

先导控制油路建立的多路换向控制阀阀杆的推移压力为二次压力，该压力与先导阀手柄的行程成比例。先导阀手柄行程大，控制油路的二次压力也大，主阀芯的位移量也相应增大。先导阀手柄不仅可以改变主阀芯的位移方向，而且其手柄行程与主阀芯的位移量成正比变化。

因工作装置多路换向阀(或称主阀)主阀芯的面积大于先导阀阀芯的面积,故可实现操纵力加大,减轻驾驶员的劳动强度。通过合理选择和调整主阀芯复位弹簧的刚度,还可实现主阀芯的行程放大,有利于提高主控制回路的速度微调性能。

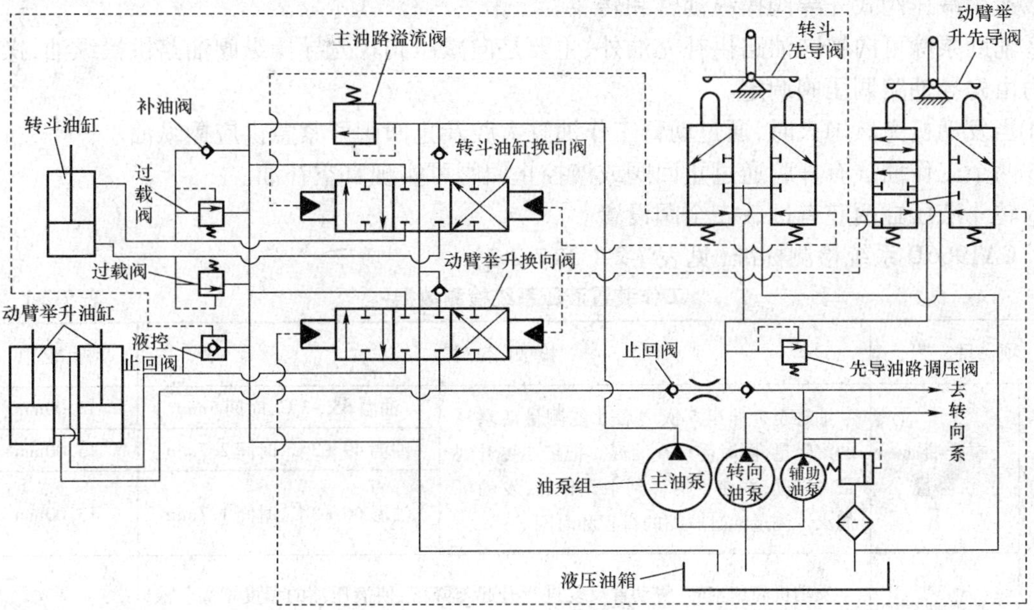

图 7-2-8　CAT966D 型装载机液压系统图

在先导控制回路上设有先导油路减压阀。在动臂提升油缸无杆腔与先导油路的连接管路上设有止回阀,在发动机突然熄火的情况下先导油泵无法向先导控制油路提供压力油时,动臂举升油缸在动臂和铲斗的自重作用下,无杆腔的液压油可通过止回阀向先导控制油路供油,同样可以操纵提升先导阀和转斗先导阀,使铲斗下落,还可实现铲斗前倾或后转。

在转斗油缸的两腔油路上分别设有两个过载安全阀,当转斗油缸过载时,两腔的压力油可分别通过安全阀直接卸荷回油箱。

当铲斗前倾卸料速度过快时,转斗油缸的活塞杆收缩运动加快,有杆腔可能出现供油不足,此时,可通过补油阀直接从油箱向转斗油缸有杆腔补油,避免气穴现象的产生,消除机械振动和液压噪声。同理,工作装置的左右动臂举升油缸在铲斗快速下降时,也可通过液控止回阀直接从油箱向提升油缸补充供油,防止油缸内形成局部真空,影响系统正常工作。

为控制铲斗的最高提升位置和铲斗最佳切削角的位置,CAT966D 型装载机的工作装置还设有两组自动限位机构。

自动限位机构设在先导操纵杆的下方,通过动臂油缸举升定位传感器和转斗油缸定位传感器的无触点开关,自动实现铲斗限位。当定位传感器的无触点开关闭合时,对应的定位电磁铁即通电,限位连杆机构产生少许位移,铲斗回转定位器或提升定位器与支承滚子之间出现间隙,在先导阀复位弹簧的作用下,先导阀操纵杆即可从回转或提升位置自动回到中立位置,停止铲斗回转或提升。

由此可见,CAT966D 型装载机工作装置液压系统的特点是:

①有两个独立的油路系统,即主油路系统和先导油路系统。主油路系统采用互锁油路,并受先导油路系统控制。

②运用减压阀式先导阀操纵动臂和转斗。

③辅助泵除可向转向油路供补充油外,主要是向减压阀式先导操纵阀油路供操纵油,操纵阀压力由先导油路调压阀调定。

④当发动机突然熄火时,通过动臂工作油缸大腔及止回阀可紧急供应操纵油。

⑤两个工作油缸有杆腔通过止回阀或液控止回阀可实现真空补油。

⑥转斗液压缸两腔有过载安全阀设置。

2)CAT966D 系统检测标准(见表 7-2-1 和 7-2-2)

工作装置液压系统检测数据　　表 7-2-1

项　目		检 测 条 件		标 准 值
提升油缸	提升油缸沉降量	油缸至少伸出 5 次之后才能测量活塞杆的沉降量,同时需检查油温。把铲斗提升到最大高度,并使手柄移到中立位置,发动机熄火。测量油缸收缩的行程和时间	油温 65 ±3℃,时间 5min	13.00mm
			油温 49 ±3℃,时间 2.7min	13.00mm
			油温 66 ±3℃,时间 1.7min	13.00mm
	提升油缸移动速度	发动机高速空转,将动臂反复进行升起与降落,使液压油的温度增高。液压系统必须使用 SAE10 油,油温达到 65 ±3℃,空斗。提升动臂从地面至动臂定位器,测量时间		7.0 ±0.9s
转斗油缸	转斗油缸的沉降量	油缸至少伸出 5 次之后才能测量活塞杆的收缩量,同时需检查油温。将铲斗提升至最大高度,并把提升手柄移到中立位置,接通转斗油缸,使铲斗达到装载角度约 180°,并把转斗手柄移至中立位置,发动机熄火	油温 65 ±3℃,时间 5min	19mm
			油温 38 ±3℃,时间 2.7min	19mm
			油温 66 ±3℃,时间 1.7min	19mm
	转斗油缸移动速度	铲斗在最大高度,空斗,油温 65 ±3℃,转斗从完全后倾至下倾翻,测量时间		2.8 ±0.5s
控制油路	先导泵油压	发动机高速空转,油温在正常工作温度,测压力		2 520kPa
安全阀	主安全阀	启动发动机,将动臂升到顶,使发动机高速空转,将手柄移到提升位置,观察压力表的最高读数		19 000 ±340kPa
	转斗油缸有杆端安全阀	启动发动机并升起动臂,使动臂与地面平行。转斗手柄移至卸载位置,铲斗完全向下翻转时释放转斗手柄。发动机高速空转,将提升手柄移到提升位置。观察压力表的最大读数		17 200 ±340kPa
	转斗油缸无杆端安全阀	用电动液压泵作为动力源,观察压力表读数		20 700 ±340kPa

测试条件　　表 7-2-2

项　目	测试条件	压　力(kPa)	流量(L/min)
工作机构泵	发动机转速 2 200r/min 泵转速 2 092r/min 油 SAE10W，油温 65℃	690	325
	发动机转速 1 100r/min 泵转速 1 046r/min 油 SAE10W，油温 65℃	690	167
		6 900	140
转向泵	发动机转速 2 200r/min 泵转速 2 092r/min 油 SAE10W，油温 65℃	690	95
		6 900	83
	发动机转速 1 100r/min 泵转速 1 046r/min 油 SAE10W，油温 65℃	690	95
		6900	83
先导泵	发动机转速 2 200r/min 泵转速 2 092r/min 油 SAE10W，油温 65℃	690	19
		6 900	18
	发动机转速 1 100r/min 泵转速 1 046r/min 油 SAE10W，油温 65℃	690	10
		6 900	9.8

项　目		初始压力(kPa)	流量(L/min)	备　注
零件号	名称			
—	先导溢流阀	2 520 ± 340	最小	—
3G4459	主安全阀	$19\ 000^{+500}_{-200}$	303 ± 4	转动螺栓半圈，改变压力 1 720kPa
3G4111	安全阀	17 200 ± 340	38 ± 4	—
3G4110	安全阀	20 700 ± 340	38 ± 4	—
4T4751	安全阀	12 400 ± 340	38 ± 4	—
9J4841	安全阀	$25\ 400^{+1\ 300}_{-100}$	19 ± 2	—
4T4162	安全阀	12 400 ± 400	38 ± 4	—
4T2742	安全阀	20 700 ± 400	38 ± 4	—
4T2764	安全阀	26 000 ± 400	38 ± 4	—

三、液压系统故障的分析与排除

装载机液压系统在使用中，故障时有发生，导致液压系统或其回路中的元件损坏，伴随着发生漏油、发热、振动、噪声等现象，造成系统不能正常工作甚至失效。液压系统发生故障的种类很多，原因也是多方面的。

1. 工作装置液压系统、转向液压系统和液力传动系统的常见故障及原因分析(见表7-2-3)

装载机液压系统常见故障、原因及排除方法分析表 表7-2-3

序号		故障	故障原因	排除方法
1. 工作装置液压系统故障判断与排除	(1)	转斗无力,容易掉斗或铲斗上飘	转斗油缸操纵阀杆及转斗缸故障: ①转斗油缸活塞上的止回阀未能“关死”; ②转斗油缸活塞上的油封破损; ③转斗滑阀与阀体的配合阀隙太大	①检查活塞上的止回阀,使其“关死”; ②更换活塞上的油封; ③更换分配阀
	(2)	动臂提升无力或提升速度太慢	①动臂液压缸活塞油封破损; ②动臂阀杆与阀体的配合阀隙过大; ③齿轮泵烧伤严重或漏油严重; ④工作阀的调压阀门没有“关死”,或是压力调节不当,或调节弹簧损坏	①更换液压缸活塞油封; ②检查动臂阀杆与阀体的配合阀隙是否超过0.035mm,必要时更换分配阀; ③检查工作齿轮泵是否烧伤,检查液压泵驱动轴上的骨架油封是否损坏,若损坏进行更换; ④检查分配阀的高压阀是否损坏,必要时更换
	(3)	工作齿轮泵泵体炸裂,端面漏油	①工作分配阀中的调压阀或溢流阀卡死; ②工作齿轮泵内部由于长期承受高压,使前、后两上泵盖及泵体的连接螺栓受拉力变长,造成松动漏油; ③泵盖及泵体有径向裂纹,泵盖与泵体之间的“O”形密封圈破损,也会造成漏油	①经常拆洗分配阀的调压阀,保证调压阀工作正常、移动灵活; ②应定期(约6个月)检查齿轮泵的泵盖与泵体的连接螺栓是否松动; ③更换密封圈
	(4)	转斗油缸出现拔缸现象,拉杆弯曲变形,转斗油缸销轴的关节轴承容易碎裂,转斗油缸活塞的锁紧螺母连接被拉坏	①活塞内的止回阀门“卡死”; ②铲斗满斗时,因操作不当,装载机前进时碰撞到坚固的障碍物	①更换止回阀; ②操作者在高处卸斗作业后,一定要先收斗,然后下降动臂,这样可减少因刚性连接产生干涉或碰撞障碍物产生刚性反作用冲击力
	(5)	动臂在提升时,有时会出现先是下降,然后再上升的“点头”现象	工作分配阀的动臂操纵阀是采用负封闭,在换向过程的某一段时间内将会出现进、回油口与工作油口相通的浮动状态。当操纵动臂换向阀以提升动臂时,因有动臂及铲斗的自重力作用,必然会使动臂先下降,即“点头”现象。待负封闭阶段过后,进、回油口与工作油口的浮动状态结束,动臂即可上升	此现象不会引起其他的系统故障,一般不必排除

续上表

序　号		故　障	故障原因	排除方法
2.转向液压系统故障判断与排除	(1)	转向时出现左右转向轻重不同，一侧轻一侧重	①转向阀复位弹簧压力不均； ②柱塞与阀体相应滑动孔的配合尺寸不同或一端卡死； ③转向油缸一腔油封损坏，另一腔完好	①检查8只弹簧的弹性及长度应一致，且不应断裂或塑性变形，必要时更换复位弹簧； ②检查柱塞与阀体孔的配合阀隙，使之控制在0.03～0.04mm之间； ③检查更换转向油缸某一腔损坏的油封
	(2)	突然无转向或转向太重	突然无转向： ①转向盘与转向杆的连接键损坏； ②随动阀总成内的弹簧弯曲变形、断裂或弹簧太短，无法起随动的作用； ③转向轴端部的锁紧螺母损坏或脱落，齿条螺母无法带动主阀芯上下移动	①检查更换连接键； ②检查、更换弹簧； ③更换锁紧螺母
			转向太重： ①液压转向助力系统中的液压元件损坏，如转向泵烧损、效率过低，转向油缸油封损坏； ②恒流阀的调压阀门无法封闭关死； ③转向阀体内的进油止回阀弹簧损坏	①检查转向助力系统中的液压元件，必要时进行更换； ②检查或更换阀组件； ③检查或更换止回阀
	(3)	机油从转向盘或转向机套管中部冲出来	安装在转向阀内的骨架油封破损	拆下转向机总成，更换骨架油封
	(4)	转向机飘动严重(空行程太大)	①转向机的转向杆端部的螺栓连接由于长期受拉力作用而变长，造成螺母与其连接松动； ②随动杆与焊接在前车架上的球头铰接处，由于长期转动磨损，使得铰接配合阀隙过大； ③扇形齿轮与齿条的配合阀隙由于长期的啮合磨损，使其啮合阀隙过大	①必要时更换螺栓连接件； ②根据实际将磨损或变形的阀隙加以消除，重新调整； ③同上
3.液力传动系统故障判断与排除	(1)	1挡、倒挡正常，2挡无驱动力	①变速手柄不到位； ②变速器漏油； ③变速器2挡构件有故障	①检查变速手柄是否到位，如不到位应重新调整； ②检查变速器端盖，紧固周围的螺栓或更换密封件； ③检查构件损坏部位，修、换零部件
	(2)	变速压力、动臂、转斗和转向都正常，但装载机仍不能前进与后退	①变速器缺油或进油管路堵塞； ②变速器内构件发生故障	①检查变速器内是否缺油和进油管路是否堵塞，补油或清理； ②检查并更换构件

续上表

序号		故障	故障原因	排除方法
3. 液力传动系统故障判断与排除	(3)	1挡、倒挡无力,2挡行驶缓慢	①变速器透平油太脏或油量不足; ②变速器内二级齿轮损坏	①清洗变速器和滤清器,然后更换新油或补油; ②更换损坏部件
	(4)	1挡驱动无力,其他挡位正常	①变速器压力不足; ②变速拉杆没有调整到位	①1挡活塞环擦伤或磨损过大,1挡油缸外部的O形密封圈损坏,更换活塞环或密封圈; ②重新调整变速拉杆,使它达到规定位置
	(5)	发动机工作正常,装载机不能行驶	①变速器缺油; ②变速泵损坏; ③变矩器内部零件损坏	①加添新油; ②更换或修复变速泵; ③更换或修复损坏零件
	(6)	只能前进不能后退	①变速器漏油; ②变速器前进挡卡死	①将变速器拆开检查,取出倒挡活塞,更换活塞环,检查摩擦片损坏的情况,更换磨损较严重的摩擦片,重新调整倒挡间隙至规定值; ②一般因隔离环断裂造成,将隔离环取出更换
	(7)	驱动无力,时走时停	①变速器缺油; ②变矩器内部零件损坏	①检查变速器旁边的油量限位阀,缺油时应加补新油;检查进油管路是否有堵塞现象,如有清洗至畅通; ②分解检查,更换损坏零件
	(8)	变速器压力正常,1挡和倒挡都不能行走,只有2挡可以正常行驶	变速器1挡、倒挡连接盘扭断	更换1挡、倒挡连接盘
	(9)	变速器内液压油增多,液压油箱内液压油减少	工作泵或转向泵泵轴内侧油封老化漏油	检查并更换内侧油封
	(10)	变速器内液压油减少,工作液压油箱内液压油增多	工作泵或转向泵泵轴外侧油封老化漏油	检查并更换外侧油封

2. 从机器外部特征入手,分析该系统发生各种故障

装载机液力传动系统发生各种故障时,均有一定的外在表现。也可从该机外部特征入手,分析该系统发生各种故障的成因和排除方法。具体分析见表7-2-4。

外部特征体现液力系统故障、原因及排除方法表　　　　表 7-2-4

现象		故障原因	排除方法
1. 压力表指针摆动	压力表指针在各挡位压力下都摆动	油路中进入空气	锁紧油泵和油泵之间的连接油管
2. 从液力油中可发现的故障	(1)油中含有大量铝屑	变矩器各工作轮之间有相互磨损	拆检变矩器，找出磨损部位，必要时更换轴承，铆紧一级涡轮罩等
	(2)油中含有大量铜屑	主、从动摩擦片之间干磨或打滑	检查液力油加注是否到位；检查液压泵压力是否正常；检查主、从动摩擦片是否装配不当或有变形，必要时更换
	(3)油中含有大量铁屑	超越离合器打滑	检修或更换超越离合器
	(4)变速器中液力油不断减少并伴有发动机油底壳中机油量不断增多	①导轮座上密封环及油封损坏，使变矩器内液力油漏入飞轮壳中； ②变矩器罩轮和泵轮之间的“O”形密封圈损坏； ③变矩器液力回油管堵塞，使变矩器因回油缓慢或无回油，造成变矩器密封失效	①检查并更换密封环或油封； ②检查并更换密封圈； ③检查并清理回油管
3. 从液力油的油温表和发动机的水温表上可发现的故障	(1)油温高，水温也高	发动机水冷却系故障	排除水温故障
	(2)油温高，水温正常	①所用的工作介质不合适； ②油箱油位过低或粗滤网堵塞，使油路供油减少，造成油温过高； ③液力油散热器堵塞、散热片之间油泥过多，使之散热不良，导致油温升高； ④液压泵工作不正常	①更换工作介质； ②补油至规定油位； ③清理液力油散热器； ④检查、修理或更换液压泵

3. 装载机故障诊断及排除方法实例

1)ZL100 型装载机转向系统

①故障现象：一台 ZL100 型装载机发动机低速时转向反应缓慢，特别是急转弯时更明显，当加大发动机加速踏板、提高转速时，上述现象消失。

②诊断与排除：询问操作手，了解近期除了日常保养，液压系统没做调整维修。现场观察，没发现机械铰接部位有变形、松旷、裂纹现象，转向器、转向泵、转向液压缸等也没有漏油现象。打开油箱检查液压油，液位正常，油质良好。试车也没听到泵的吸空噪声及异响。

根据液压系统原理图进行分析：液压传动的工作原理，负载的大小决定了系统的压力，负载的运动速度仅与流量有关而与压力无关。液压转向沉重，是由于压力不足，而转向慢是由于流量不够。

根据经验，液压系统出现转向沉重，多数是由于溢流阀调定压力低或转向泵、转向器、转向缸等内漏引起。由于内漏使压力达不到额定值或压力建立迟缓，由于内漏使流量减小，表现为空负载或轻负载时转向轻，重负载时沉重，或慢转时轻、快转时沉。而此时的故障现象与以往不同。当在工作缸的两接头处分别接一压力表，重新试车。在轻重不同负载下，发动机低速与高速时快打比慢打方向压力表值略高一点。由此作出判断,故障的主要原因是由于发动机低速时流量小引起的。拆卸流量转换阀组,发现阀芯密封性能下降,弹簧弹力不够。更换流量转换阀后故障排除。

2)ZL100 型装载机不能起步

①故障现象:一台 ZL100 型装载机,在冬季启动后发现油压(出口压力)为 0MPa,变速操纵油压为 0.5MPa(正常值为 1.1 ~1.5MPa),挂挡后,装载机不能起步。

②诊断与排除:打开变速器加油口盖,发现液压油已冻结成呈蜡状的"冰碴",后用喷灯烘烤油箱、滤清器和系统管路(一定要注意安全),再次启动,各仪表显示压力正常,装载机可以正常使用。

3)CAT966D 装载机行走无力

①故障现象:一台 CAT966D 装载机,在运转 6 000h 后发现其行走无力。

②诊断与排除:检测变矩器进、出口的压力值,结果都很正常;操作动力换挡变速阀,测量方向离合器压力时,该压力仅为 0.5MPa,即建立不起正常压力。解体变速器后发现,方向离合器油道中油封损坏,造成液压油渗漏,更换油封后故障被排除。

四、装载机的保养与维护

1. 日常保养维护

装载机必须每天进行检查维护,虽因机型不同部位略有不同,但项目基本一致,有关液压系统方面的项目见表 7-2-5 所示。

装载机液压、液力系统日常保养维护项目

表 7-2-5

检查维护部位	内　容
液力变矩器	检查油量(变矩器用)
	检查各紧固部位
液压系统	检查工作油箱油量(液压油)
	检查各处紧固件
	检查各部位的损坏、漏油情况

2. 定期清理、检查、调整项目

对机械实行定期保养是延长机械寿命的关键。因为保养能消除机械隐患,若不及时保养,往往会使机械设备出现大的故障,甚至发生事故。这样既增加维修费用,又耽误工程工期。有关液压系统保养项目如表 7-2-6 所示。

装载机液压、液力系统定期保养项目

表 7-2-6

部　位	作业内容及运转时间
液力变矩器	更换液力变矩器油(每 600h)
	更换进油路滤油器滤芯(每 600h)
转向装置	检查齿轮箱油量(每 300h)
	更换齿轮箱油(每 1 200h)
	转向纵拉杆加油(每 100h)
工作装置	换油(每 1 200h)
	更换回油滤油器滤芯(每 1 200h)
	定位器加油(每 100h)

3. 定期更换安全部件

在装载机中有些零件对保证作业和行车安全是非常重要的，因此在到达使用期限时必须注意更换成新零件。另外，即使在使用年限内，发现有个别异常现象时，也要更换新的零件，不要因为过分考虑经济问题，而忽略长期性及安全性。

如转向装置用软管须每 2 年更换 1 次，转向油缸用油也必须每 2 年更换 1 次。其余需更换的零件在相应的教材中介绍。

4. 磨合期的保养与维护

装载机出厂后，一般规定有 60h 左右的磨合期（有的称为走合期），这是根据装载机使用初期的技术特点而规定。

磨合期是保证装载机正常运转、降低故障率、延长其使用寿命的重要环节。但目前，部分操作人员由于缺乏装载机使用常识或是因为工期紧，或是想尽快获得收益而忽视新机磨合期的特殊技术要求。有的操作人员甚至认为，反正厂家有保修期，机器坏了由厂家负责维修，于是机器在磨合期内就长时间超负荷使用，导致机器早期故障频繁发生，这不仅影响了机器的正常使用，缩短了机器的使用寿命，而且还因为机器损坏影响了工程进度。因此，对装载机磨合期的适用与保养应引起充分重视。

1）磨合期的特点

①磨损速度快。

②润滑不良。

③发生松动。

④发生渗漏现象。

由于机件的松动、振动和机器受热的影响，机器的密封面以及管接头处会出现渗漏现象，部分铸造、加工等缺陷在装配调试时难于发现，但由于作业过程中的振动、冲击作用，这种缺陷就被暴露出来，表现为漏（渗）油（水），因此，磨合期容易出现渗漏现象。

⑤操作失误多。

2）磨合期的适用与维护

①按要求进行操作保养。

②注意磨合期的工作负荷，磨合期内的工作负荷一般不要超过额定工作负荷的 60%，并要安排适合的工作量，防止机器长时间连续作业所引起的过热现场的发生。

③注意经常观察各仪表指示，出现异常应及时停车予以排除，在原因未找到、故障未排除前应停止作业。

④注意经常检查液压油油位和品质，并注意检查整机的密封性。检查中发现液压油缺少过多，应分析原因。同时，应强化各润滑点的润滑，建议在磨合期内，每班都要对润滑点加注润滑脂（特殊要求除外）。

⑤保持机器清洁，及时调整、紧固松动的零部件以防因松动而加剧零部件的磨损或导致零部件丢失。

⑥磨合期结束，应对机器进行强制保养，做好检查和调整工作，同时注意油液的更换。

总之，装载机在磨合期内使用保养的要求可以归纳为：加强培训、减轻负荷、注意检查、强化润滑。只要重视并按要求对装载机实施磨合期的保养与维护,就会减少早期故障的发生,延长使用寿命,提高作业效率。

思考题

1. 简述 ZL100、KLD80、CAT966D 3 种装载机液压系统的特点。
2. 如何根据装载机产生的故障分析其原因并进行排除?
3. 推土机维护和保养应注意哪些问题?

课题三　平地机液压液力系统分析

自行式平地机是一种多用途的铲土运输机械,主要用于土方工程中场地整形和平地作业。

平地机通过改变铲刀的作业方位或更换工作装置,可方便地用来进行开挖边沟、回填、修边坡、推松土、除雪等作业,对级配要求不高的路面基层稳定土也可用平地机来拌和。因此,平地机是一种工作装置操作控制灵活,用途十分广泛,在路基路面施工中不可缺少的作业机械。

一、液压系统要求

平地机在作业过程中,作业行驶速度较高,空行程时间只占作业时间的15%左右,有效作业时间明显高于装载机和推土机,是一种高效率的土方施工作业机械。因此,对平地机液压系统的要求也有所不同:

①平稳的流速,有利于驾驶员掌握扳动手柄的时间与执行元件的移动距离之间的稳定比例关系,使操作有较好的可预测性,便于操作精度控制。

②较大的流量,以提高元件的执行速度,使动作响应及时。

③能量损失要小,能实现复合动作。

二、液压系统型式

①按泵的类型分为定量系统和变量系统。

②按泵的个数(指主要工作泵)分为单泵和双泵系统。

③按回路分为单回路和双回路。

④按工作装置液压系统与转向液压系统的关系分为独立式和混合式。

三、典型液压系统分析

1. PY180 型平地机

PY180 型平地机是我国天津工程机械厂引进国外技术生产的新型平地机。PY180 平地机有关液压与液力传动部分的主要参数见表 7-3-1。

PY180 平地机液压与液力传动部分的主要参数　　表 7-3-1

序号	主要技术性能参数		
1	液力变矩器	类　型	单级三元件、单式
		安装方式	与变速器一体
		变矩系数 K_0	1.82
2	变速器	型号	Clark 液力机械变速器 12.5HR28687-700
		形式	定轴式高低速机械变换挡 变速挡及换向为动力操纵
		前进、后退挡数	前进挡 6、后退挡 6
3	前桥	形式	转向从动桥
		中心离地间隙(mm)	630
		桥架最大摆角	共 30°
4	制动系统	行车制动	液压驱动 压力 13.3 ~ 15MPa 中后轮简单蹄式制动器
		停车制动	中央钳盘式制动器
5	转向	转向器及泵	BZZ2-200 型液压转向器 双缸全液压转向系统装有紧急转向泵
		前轮转向角度	左、右各 45°
		前轮倾斜角度	左、右各 15°
		机架转向角度	左、右各 25°
		最小转向半径(m)	7.8
6	铲刀	回转角度	360°
		倾斜角度	左 104°、右 97°
		铲土角度变化范围	40°
7	松土耙	最大侧伸距离(距轮胎外缘 mm)	左 580、右 1200
8	作业液压系统	液压泵	双联齿轮泵
		液压系统	双回路液压系统,可以通过转换阀合流为单回路
		系统压力(MPa)	13.0

它的主要工作装置是回转铲刀,此外还有松土耙、前推土板和重型松土器等。

1)液压系统工作原理

PY180 平地机的液压系统由工作装置回路、转向回路和制动回路等组成。

液压系统工作原理见图 7-3-1。该液压系统为开式多泵定量系统,液压油箱为压力油箱。图 7-3-2 为 PY180 平地机液压元件位置图。

(1)工作装置液压回路

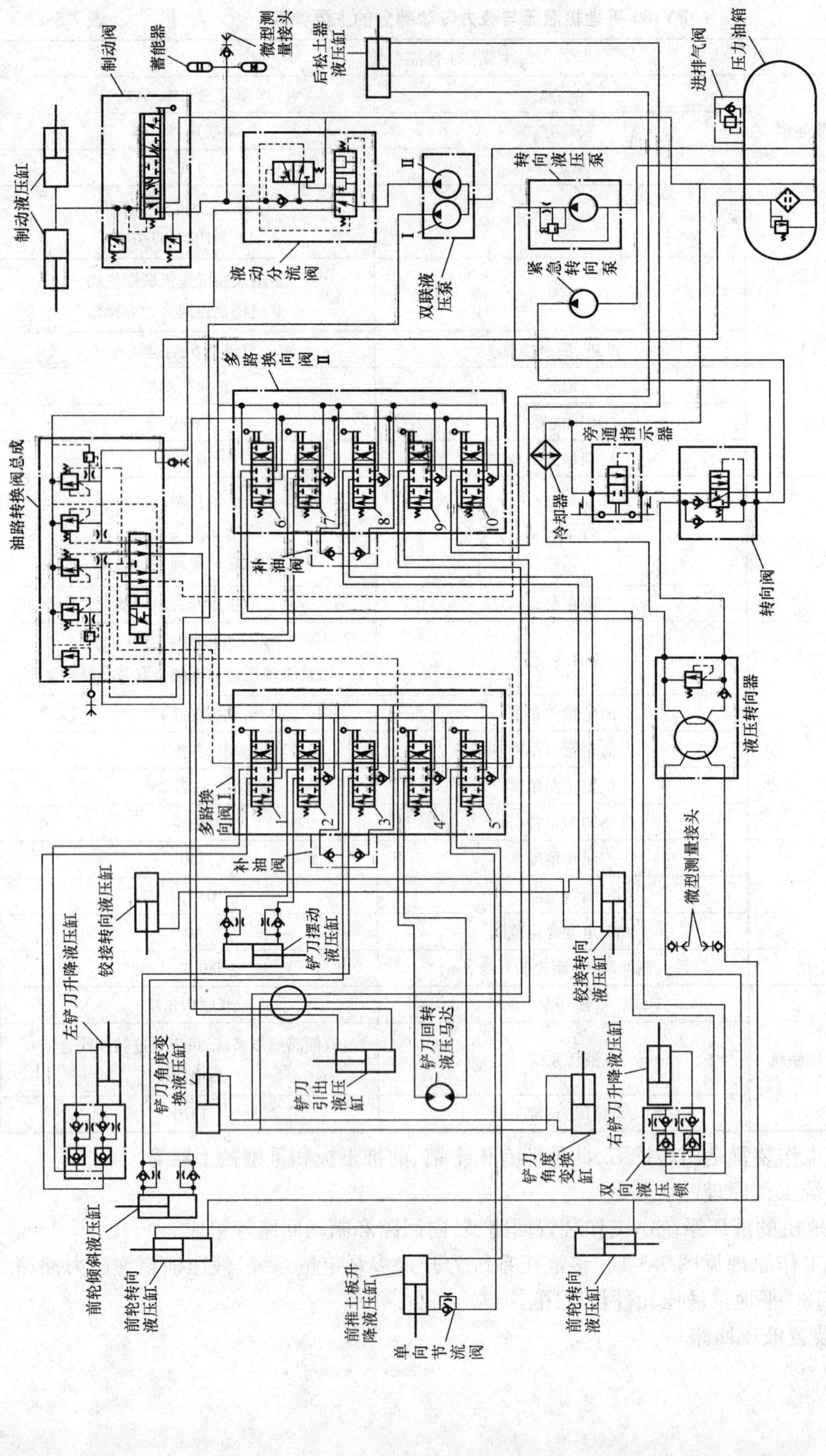

图 7-3-1 PY180 平地机液压系统工作原理

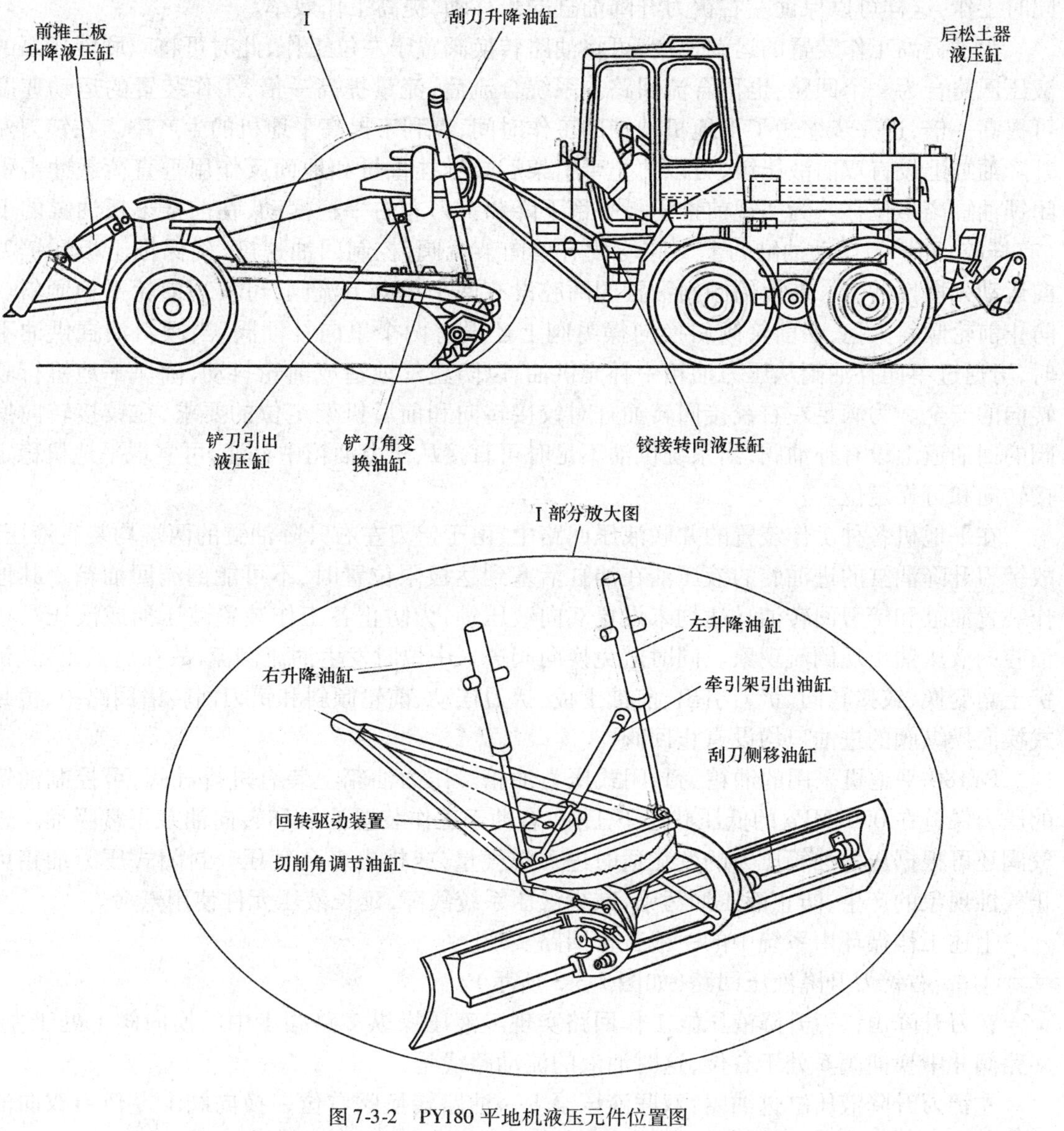

图 7-3-2　PY180 平地机液压元件位置图

该回路由左、右铲刀升降液压回路、前轮倾斜液压回路、铲刀摆动液压回路、铲刀引出液压回路、铲刀角度变换液压回路、铲刀回转液压回路、前推土板升降液压回路、后松土器升降液压回路等组成。各液压回路的液压油由双联齿轮泵Ⅰ、Ⅱ供给。其中铲刀升降液压缸、铲刀摆动液压缸、前轮倾斜液压缸、铲刀回转马达、前推土板液压缸等由液压泵经转换阀、多路换向阀分别供给铲刀升降液压缸、铲刀引出液压缸、铲刀转向液压缸、铲刀角度变换液压缸、松土器液压缸等由液压泵Ⅱ经换向阀、多路换向阀分别供给。双联液压泵分别向两个独立的工作液压回路(工作装置及制动回路)供油(如图 7-3-1 所示位置),但通过液动分流阀和转换阀可以实现合流供油。当油路换向阀处于液压系统图示位置时,双联液压泵所形成的双回路可分别独立工作,平地机的工作装置可通过操纵对应的手动换向阀改变和调整其工作位置。

双回路液压系统可以同时工作,也可以单独工作。调节铲刀升降位置时,则应采用双回路同时工作,这样可以保证左右铲刀升降油缸同步移动,提高工作效率。

为了提高工作装置的运动速度,可将油路转换阀置于左位工作,此时可将双联液压泵的双液压回路合为一个回路,也称合流回路。系统合流后,流量提高一倍,工作装置的运动速度也可提高一倍,进一步缩短了平地机的辅助工作时间,有利于提高平地机的生产率。在铲刀左右升降油缸上设有双向液压锁,可以防止牵引架后端悬挂重量和地面反作用垂直荷载冲击引起闭锁油缸产生位移。为实现前推土板平稳下降和铲刀左右平稳摆动,在前推土板油缸的下腔(有杆腔)和铲刀摆动油缸的上下腔均设有单向节流阀,控制回油速度,确保推土板和铲刀双向运动无惯性冲击。在前轮倾斜油缸的两腔设有两个单向节流阀,可实现前轮平稳倾斜。为防止前轮倾斜失稳,在前轮倾斜换向操纵阀上还设有两个单向补油阀,当倾斜油缸供油不足时,可通过单向补油阀从压力油箱中补充供油,以防止气蚀造成前轮抖动,确保平地机行驶和转向的安全。为满足左右铰接回转油缸对铰接转向和前后机架定位的要求,在铰接转向换向阀的回油道上设有补油阀,当系统供油不足时可直接从压力油箱中补油,可实现平地机稳定铰接转向和可靠定位。

在平地机各种工作装置的并联液压回路中,由于铲刀左右升降油缸的两端均装有液压锁,故铲刀升降油缸的进油腔的液压油在油缸活塞到达极限位置时,不可能倒流回油箱。其他工作装置油缸和铲刀回转油马达均未设置双向液压锁,为防止各工作装置液压油或液压马达进油腔的液压油出现倒流现象。同时避免换向阀进入中位时发生油流倒流,故在后松土器、铲刀铲土角变换、铰接转向、铲刀引出、前推土板、铲刀摆动、前轮倾斜和铲刀回转诸回路中,负封闭式换向操纵阀的进油口均设有止回阀。

PY180 平地机采用的油箱为封闭式压力油箱。压力油箱上装有进排气阀,可控制油箱内的压力保持在 0.07MPa 的低压状态下工作,有助于工作装置油泵和转向油泵正常吸油。进排气阀还可根据压力油箱压力的变化适时进入空气量,或排出多余气压。封闭式压力油箱可防止气蚀现象的产生,防止液压油污染,减少液压系统故障,延长液压元件使用寿命。

上述工作循环由系统中的一般工作回路实现。

①左、右铲刀升降液压回路(如图 7-3-3 所示)。

铲刀升降由铲刀升降液压缸工作回路实现。液压操纵多路阀Ⅰ中的换向阀 1 处于左位、多路阀Ⅱ中换向阀 6 处于右位,这时油液的流动路线是:

左铲刀升降液压缸进油路:双联液压泵Ⅰ→油路转换阀右位→换向阀 1 左位→双向液压锁→左铲刀升降液压缸大腔。

左铲刀升降液压缸回油路:左铲刀升降液压缸小腔→双向液压锁→换向阀 1 左位→压力油箱。

此时左铲刀升降液压缸活塞杆伸出,铲刀左端下降。

右铲刀升降液压缸进油路:双联液压泵Ⅱ→液动分流阀中位或右位→油路转换阀右位→换向阀 6 右位→双向液压锁→右铲刀升降液压缸大腔。

右铲刀升降液压缸回油路:右铲刀升降液压缸小腔→双向液压锁→换向阀 6 右位→压力油箱。

此时右铲刀升降液压缸活塞杆伸出,铲刀右端下降。

升降液压操纵多路阀Ⅰ中的换向阀 1 处于右位、多路阀Ⅱ中换向阀 6 处于左位,这时油液

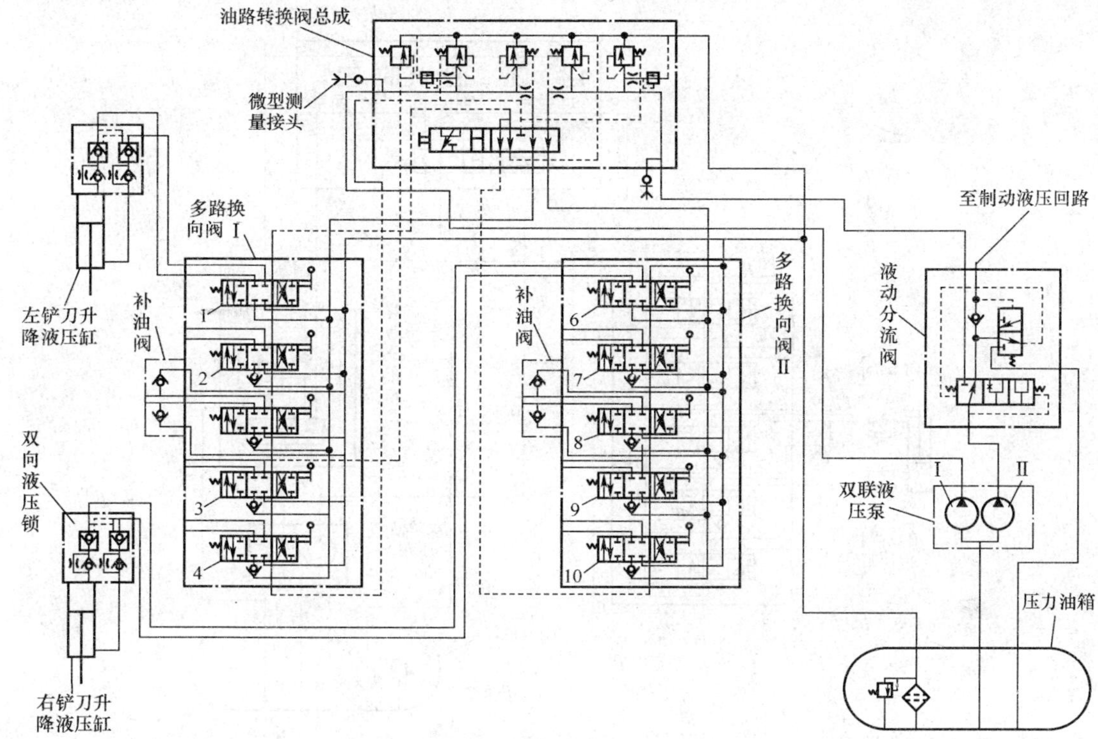

图 7-3-3　左、右铲刀升降液压回路

的流动路线是：

左铲刀升降液压缸进油路：双联液压泵Ⅰ→油路转换阀右位→换向阀 1 右位→双向液压锁→左铲刀升降液压缸小腔。

左铲刀升降液压缸回油路：左铲刀升降液压缸大腔→双向液压锁→换向阀 1 右位→压力油箱。

此时左铲刀升降液压缸活塞杆缩回，铲刀左端上升。

右铲刀升降液压缸进油路：双联液压泵Ⅱ→液动分流阀中位或右位→油路转换阀右位→换向阀 6 左位→双向液压锁→右铲刀升降液压缸小腔。

右铲刀升降液压缸回油路：右铲刀升降液压缸大腔→双向液压锁→换向阀 6 左位→压力油箱。

此时右铲刀升降液压缸活塞杆回缩，铲刀右端上升。

升降液压操纵多路阀Ⅰ中的换向阀 1、多路阀Ⅱ中换向阀 6 处于中位，铲刀液压缸左右腔封闭，铲刀在换向阀及双向液压锁的控制下上下位置稳定。

以上为油路转换阀处于右位，双联液压泵Ⅰ、Ⅱ分别供油。将油路转换阀置于左位工作，此时系统合流，流量提高，工作装置运动速度提高。

②前轮倾斜液压回路（如图 7-3-4 所示）。

前轮倾斜由前轮倾斜液压缸工作回路实现。液压操纵多路阀Ⅰ中的换向阀 3 处于左位，这时油液的流动路线是：

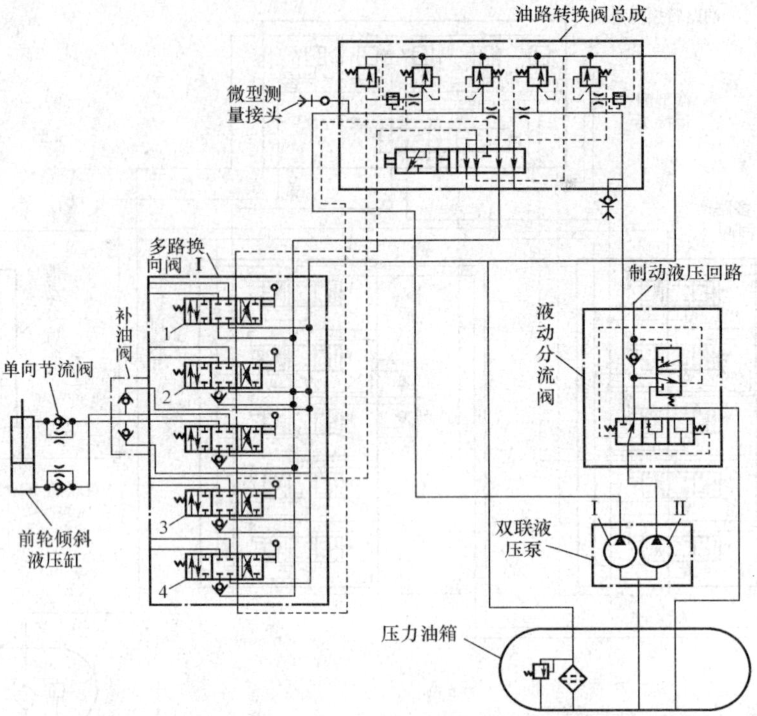

图 7-3-4　前轮倾斜液压回路

前轮倾斜液压缸进油路：双联液压泵 I→油路转换阀右位→换向阀 3 左位→前轮倾斜液压缸大腔。

前轮倾斜液压缸回油路：前轮倾斜液压缸小腔→换向阀 3 左位→压力油箱。

此时前轮倾斜液压缸活塞杆伸出，前轮向左倾斜。

液压操纵多路阀 I 中的换向阀 3 处于右位，这时油液的流动路线是：

前轮倾斜液压缸进油路：双联液压泵 I→油路转换阀右位→换向阀 3 右位→前轮倾斜液压缸小腔。

前轮倾斜液压缸回油路：前轮倾斜液压缸大腔→换向阀 3 右位→压力油箱。

此时前轮倾斜液压缸活塞杆回缩，前轮向右倾斜。

液压操纵多路阀 I 中的换向阀 3 处于中位，前轮倾斜液压缸闭锁。

③铲刀摆动液压回路（如图 7-3-5 所示）。

铲刀摆动由铲刀摆动液压缸工作回路实现。液压操纵多路阀 I 中的换向阀 2 处于左位，这时油液的流动路线是：

铲刀摆动液压缸进油路：双联液压泵 I→油路转换阀右位→换向阀 2 左位→铲刀摆动液压缸小腔。

铲刀摆动液压缸回油路：铲刀摆动液压缸大腔→换向阀 2 左位→压力油箱。

此时铲刀摆动液压缸活塞杆缩回。

液压操纵多路阀 I 中的换向阀 2 处于右位，这时油液的流动路线是：

铲刀摆动液压缸进油路：双联液压泵 I→油路转换阀右位→换向阀 2 右位→铲刀摆动液

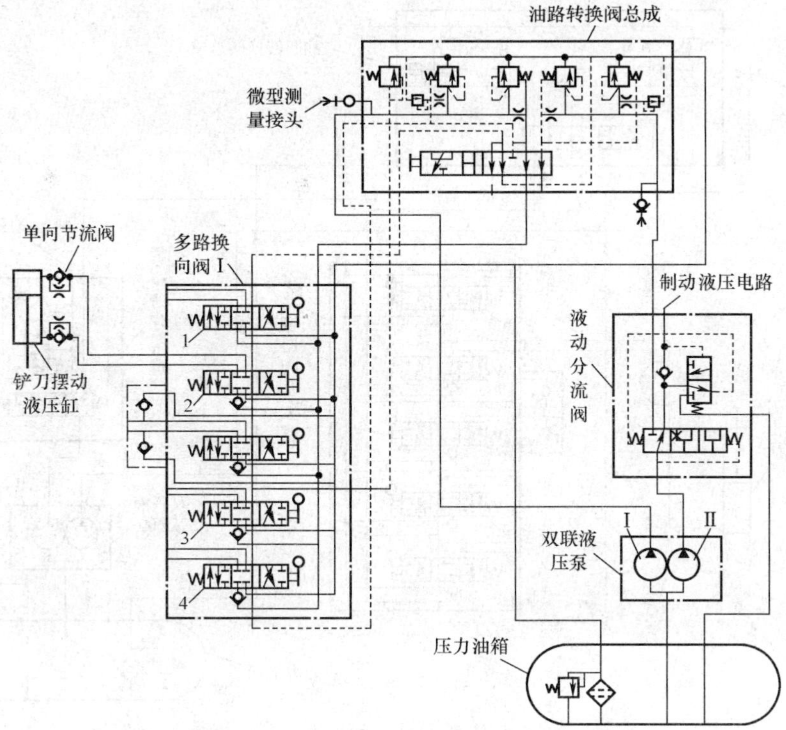

图 7-3-5　铲刀摆动液压回路

压缸大腔。

铲刀摆动液压缸回油路:铲刀摆动液压缸小腔→换向阀 2 右位→压力油箱。

此时铲刀摆动液压缸活塞杆伸出。

液压操纵多路阀 I 中的换向阀 2 处于中位铲刀摆动液压缸闭锁,铲刀停止摆动。

④铲刀引出液压回路(如图 7-3-6 所示)。

铲刀引出由铲刀引出液压缸工作回路实现。液压操纵多路阀 Ⅱ 中的换向阀 2 处于左位,这时油液的流动路线是:

铲刀摆动液压缸进油路:双联液压泵 I →油路转换阀右位→换向阀 2 左位→铲刀摆动液压缸小腔。

铲刀摆动液压缸回油路:铲刀摆动液压缸大腔→换向阀 2 左位→压力油箱。

此时铲刀摆动液压缸活塞杆缩回。

液压操纵多路阀 Ⅱ 中的换向阀 2 处于右位,这时油液的流动路线是:

铲刀摆动液压缸进油路:双联液压泵 I →油路转换阀右位→换向阀 2 右位→铲刀摆动液压缸大腔。

铲刀摆动液压缸回油路:铲刀摆动液压缸小腔→换向阀 2 右位→压力油箱。

此时铲刀摆动液压缸活塞杆伸出。

液压操纵多路阀 Ⅱ 中的换向阀 2 处于中位,铲刀停止摆动。

⑤铲刀角度变换液压回路(如图 7-3-7 所示)。

铲刀角度变换由铲刀角度变换液压缸工作回路实现。液压操纵多路阀 Ⅱ 中的换向阀 9 处

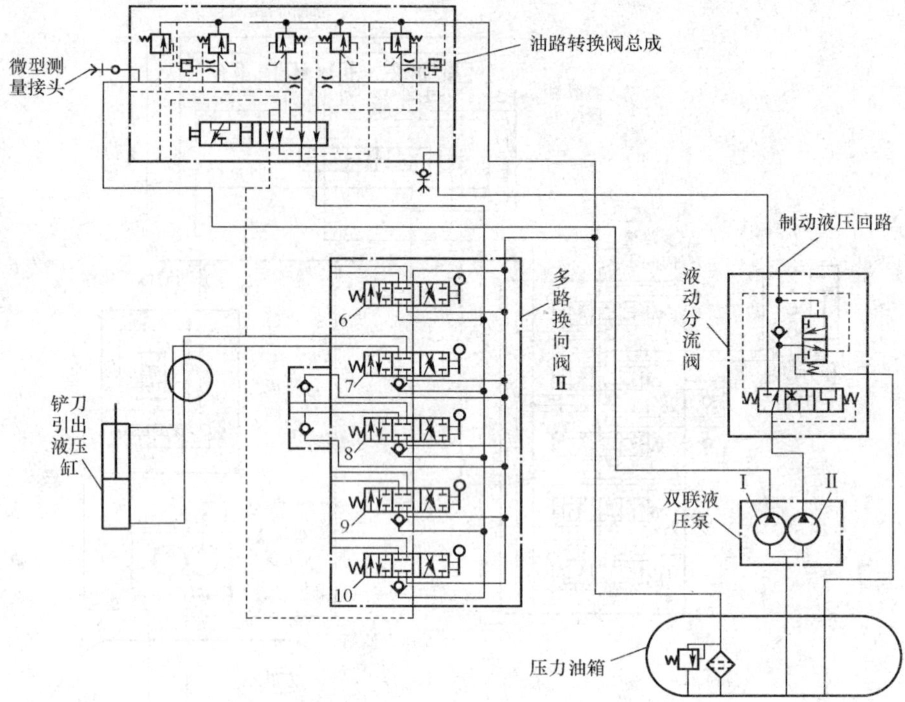

图 7-3-6　铲刀引出液压回路

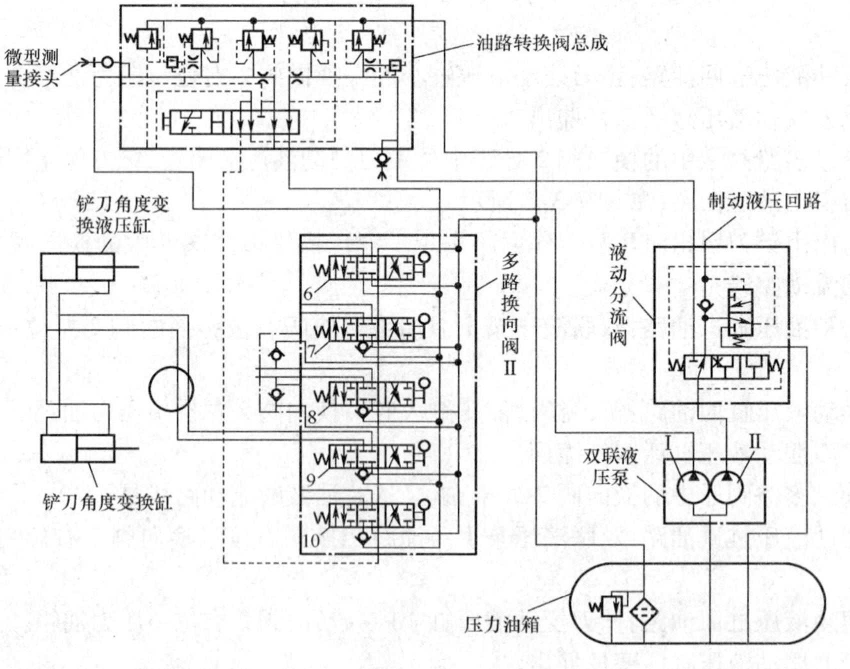

图 7-3-7　铲刀角度变换液压回路

于左位,这时油液的流动路线是:

铲刀角度变换液压缸进油路:双联液压泵Ⅱ→液动分流阀中位或右位→油路转换阀右位

→换向阀9左位→铲刀角度变换液压缸左缸大腔(右缸小腔)。

铲刀角度变换液压缸回油路:铲刀角度变换液压缸右缸大腔(左缸小腔)→换向阀9左位→压力油箱。

此时铲刀角度变换液压缸左缸活塞杆伸出而右缸活塞杆缩回。

液压操纵多路阀Ⅱ中的换向阀9处于右位,这时油液的流动路线是:

铲刀角度变换液压缸进油路:双联液压泵Ⅱ→液动分流阀中位或右位→油路转换阀右位→换向阀9右位→铲刀角度变换液压缸左缸小腔(右缸大腔)。

铲刀角度变换液压缸回油路:铲刀角度变换液压缸右缸小腔(左缸大腔)→换向阀9右位→压力油箱。

此时铲刀角度变换液压缸左缸活塞杆缩回而右缸活塞杆伸出。

液压操纵多路阀Ⅱ中的换向阀9处于中位,铲刀角度变换液压缸闭锁。

⑥铲刀回转液压回路(如图7-3-8)。

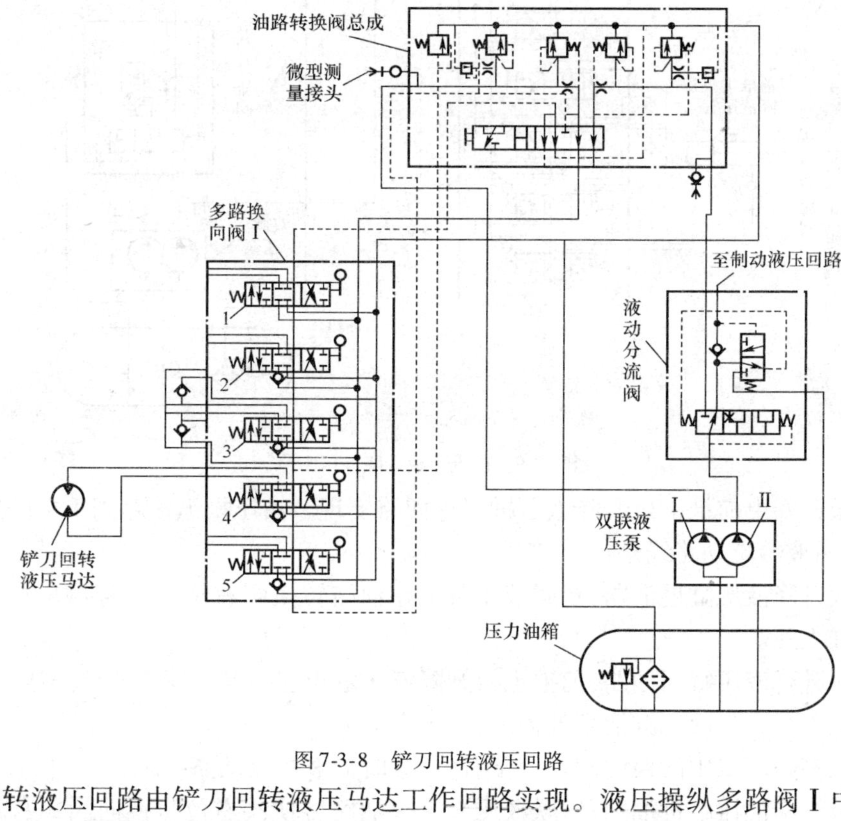

图7-3-8 铲刀回转液压回路

铲刀回转液压回路由铲刀回转液压马达工作回路实现。液压操纵多路阀Ⅰ中的换向阀4处于左位,这时油液的流动路线是:

铲刀回转液压马达进油路:双联液压泵Ⅰ→油路转换阀右位→换向阀4左位→铲刀回转液压马达下腔。

铲刀回转液压马达回油路:铲刀回转液压马达上腔→换向阀4左位→压力油箱。

此时铲刀回转液压马达按一个方向旋转。

液压操纵多路阀Ⅰ中的换向阀4处于右位,这时油液的流动路线是:

铲刀回转液压马达进油路：双联液压泵Ⅰ→油路转换阀右位→换向阀4右位→铲刀回转液压马达上腔。

铲刀回转液压马达回油路：铲刀回转液压马达下腔→换向阀4右位→压力油箱。

此时铲刀回转液压马达按另一个方向旋转。

液压操纵多路阀Ⅰ中的换向阀4处于中位，这时铲刀回转液压马达闭锁。

⑦前推土板升降液压回路（如图7-3-9所示）。

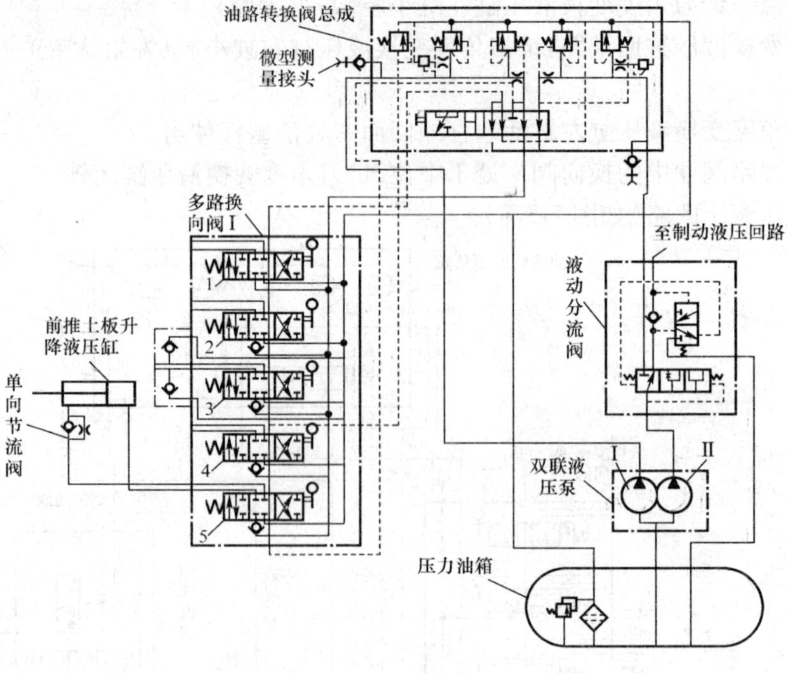

图7-3-9 前推土板升降液压回路

前推土板升降由前推土板升降液压缸工作回路实现。液压操纵多路阀Ⅰ中的换向阀5处于左位，这时油液的流动路线是：

前推土板升降液压缸进油路：双联液压泵Ⅰ→油路转换阀右位→换向阀5左位→前推土板升降液压缸大腔。

前推土板升降液压缸回油路：前推土板升降液压缸小腔→换向阀5左位→压力油箱。

此时前推土板升降液压缸活塞外伸。

液压操纵多路阀Ⅰ中的换向阀5处于右位，这时油液的流动路线是：

前推土板升降液压缸进油路：双联液压泵Ⅰ→油路转换阀右位→换向阀5右位→前推土板升降液压缸小腔。

前推土板升降液压缸回油路：前推土板升降液压缸大腔→换向阀5右位→压力油箱。

此时前推土板升降液压缸活塞缩回。

⑧后松土器升降液压回路（如图7-3-10所示）。

后松土器升降由后松土器液压缸工作回路实现。液压操纵多路阀Ⅱ中的换向阀10处于左位，这时油液的流动路线是：

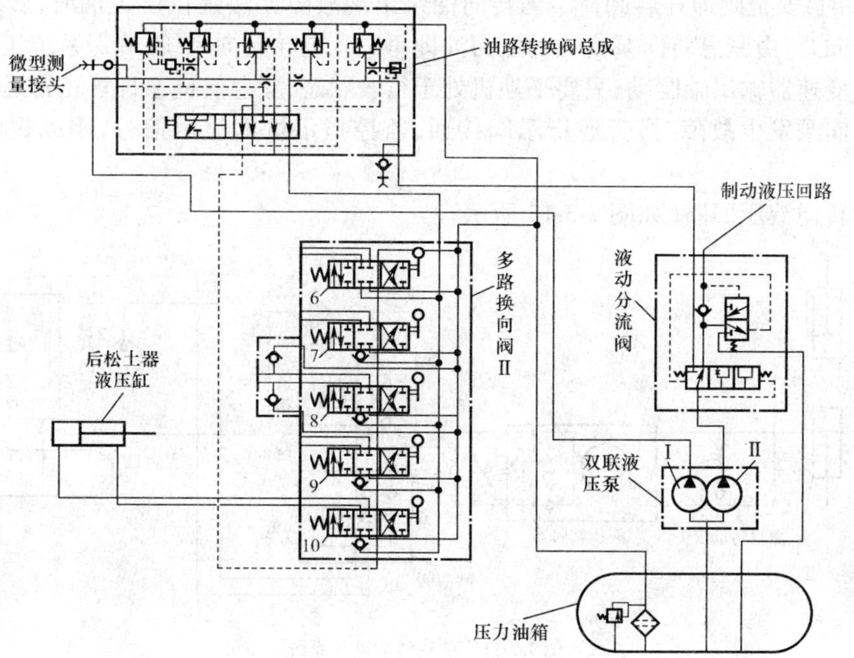

图 7-3-10　后松土器液压回路

后松土器液压缸进油路:双联液压泵Ⅱ→液动分流阀中位或右位→油路转换阀右位→换向阀 10 左位→后松土器液压缸小腔。

后松土器液压缸回油路:后松土器液压缸大腔→换向阀 10 左位→压力油箱。

此时后松土器液压缸活塞外伸。

液压操纵多路阀Ⅱ中的换向阀 10 处于右位,这时油液的流动路线是:

后松土器液压缸进油路:双联液压泵Ⅱ→液动分流阀中位或右位→油路转换阀右位→换向阀 10 右位→后松土器液压缸大腔。

后松土器液压缸回油路:后松土器液压缸小腔→换向阀 10 右位→压力油箱。

此时后松土器液压缸活塞外伸。

液压操纵多路阀Ⅱ中的换向阀 10 处于中位,后松土器液压缸闭锁。

(2)转向液压回路

①前轮转向液压回路。

PY180 平地机的前轮转向液压系统由转向泵、紧急转向泵、转向阀、液压转向器、转向油缸、冷却器、旁通指示阀和封闭式压力油箱等主要液压元件组成。图 7-3-11 为前轮转向液压系统图。

平地机前轮转向时,由转向泵提供的压力油经转向阀,以稳定的流量进入液压转向器。然后进入前桥左右转向油缸的不同的工作腔,推动左右前轮的转向节臂,偏转车轮,实现左右转向。左右转向节用横拉杆连接,形成前桥转向梯形,可近似满足转向时前轮纯滚动对左右偏转角的要求。

转向器安全阀(在液压转向器内),可保护转向液压系统的安全。当系统过载,系统油压超过 15MPa 时,安全阀即开启卸荷。当转向油泵出现故障无法提供压力油时,转向阀则自动接通紧急转向泵,由紧急转向泵提供的压力油即可进入前轮转向系统,确保系统正常工作。紧急转向泵由变速器输出轴驱动,只要平地机处于行驶状态,紧急转向泵即可正常运转。当转向泵或紧急转向泵发生故障时,旁通指示阀接通,监控指示灯即显示信号,用以提醒驾驶操作人员。

②铰接转向液压回路(如图 7-3-12 所示)。

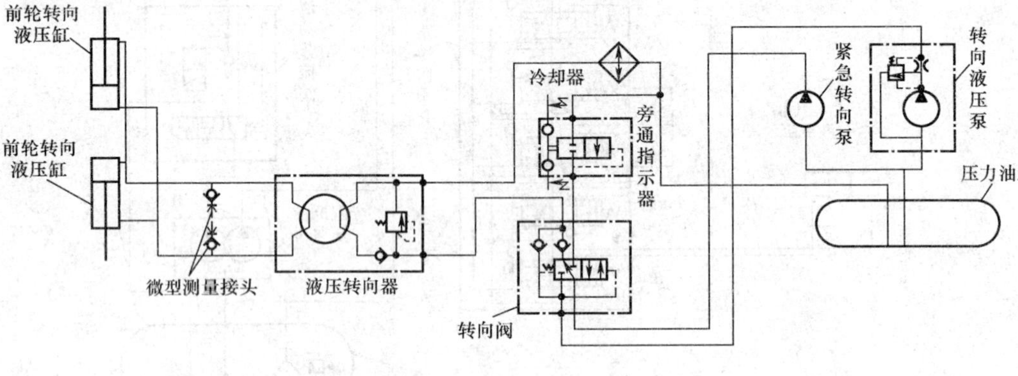

图 7-3-11　前轮转向液压系统

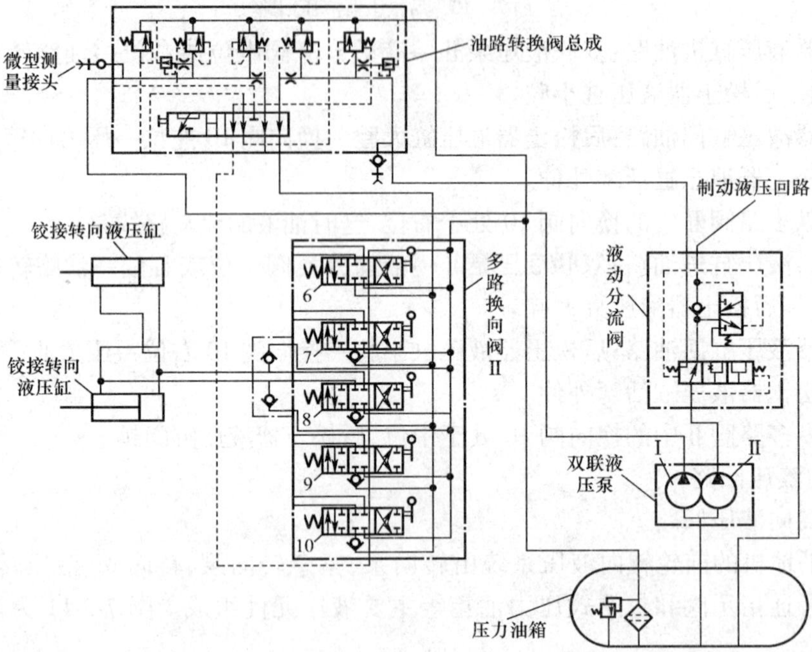

图 7-3-12　铰接转向液压系统

PY180 平地机设有铰接转向机构。铰接转向由双联液压泵供油,由多路阀换向Ⅱ中换向阀 8 控制。液压操纵多路阀Ⅱ中的换向阀 8 处于左位,这时油液的流动路线是:

铰接转向液压缸进油路:双联液压泵Ⅱ→液动分流阀中位或右位→油路转换阀右位→换向阀 8 左位→铰接转向液压缸左转向进油腔。

铰接转向液压缸回油路：铰接转向液压缸左转向回油腔→换向阀8左位→压力油箱。

此时铰接转向液压缸左边液压缸活塞杆回缩，右边液压缸活塞杆伸出，车架左转向。

液压操纵多路阀Ⅱ中的换向阀8处于右位，这时油液的流动路线是：

铰接转向液压缸进油路：双联液压泵Ⅱ→液动分流阀中位或右位→油路转换阀右位→换向阀8右位→铰接转向液压缸右转向进油腔。

铰接转向液压缸回油路：铰接转向液压缸右转向回油腔→换向阀8右位→压力油箱。

此时铰接转向液压缸左边液压缸活塞杆伸出，右边液压缸活塞杆缩回，车架右转向。

铰接转向换向阀的回油道上设有补油阀，当系统供油不足时可从压力油箱中补油，以实现平地机稳定铰接转向和可靠定位。

(3)制动液压回路

图7-3-13所示为制动液压回路。制动回路由泵、分流阀、制动阀及制动缸组成。通过操作制动阀(右位)，可向制动阀大腔供油，使制动缸伸出，从而实现制动。制动液压缸为单作用液压缸，当制动阀处于左位时(图示位置)，制动缸回油，制动缸缩回，制动解除。制动阀为手动五位三通阀，进油、回油均有二位，以保证制动的平稳和可靠性。

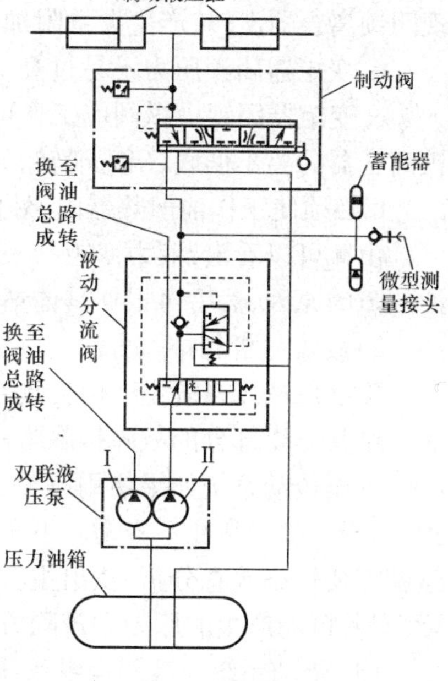

图7-3-13　制动液压回路

(4)液力变矩器

①结构原理。

PY180平地机采用了型号为YJ—37504的123型液力变矩器，向心滑轮式，单级三相刚性闭锁。

液力变矩器除有工作装置外，还有辅助装置。工作装置的核心部件是泵轮、涡轮和导轮这3个工作轮。泵轮通过罩壳与输入轴连接，由泵轮和罩壳组成封闭容积，涡轮和导轮在该容积内，涡轮和输入轴连接，两个导轮分别装在各自的单向轮上。变矩器整个封闭容积内充满着一定压力的工作油液，其最低压力由背压阀调定，约为0.25～0.28MPa。为了供给一定压力的工作油液及散发油液的热量，变矩器设置了压力补偿系统和冷却系统。

在泵轮的作用下，油液在泵轮流道内做离心运动，泵轮入口处内线的叶片背面压力最低。

当最低压力达到空气分离压时，会产生气蚀，不仅破坏该处的金属表面，同时产生振动与噪声，降低传递效率，甚至破坏变矩器正常工作。因此，在变矩器入口内缘处应补充一定压力，其值为0.4～0.6MPa，由溢流阀调定；同时变矩器在传送能量过程中有一定损失，其结果导致油液温度升高。工作油液控制在40%～120%的范围内，可保证系统正常工作，在补充工作油液的同时替换出一部分热油，经散热器冷却。

PY180液力变矩器带刚性闭锁，利用闭锁的办法将发动机动力输出部件与变矩器输出轴直接连接，以提高高速工况的传递效率。闭锁式变矩器既发挥了变矩器的变矩性及自动适应性，同时又发挥了机械传递效率高的特点。为了保证闭锁可靠，系统设置了顺序阀，其压力大小调定为1.5～1.7MPa。操纵变矩器闭锁而设的操纵阀通常工作于左位，闭锁油腔同油箱相通,闭锁离合器分离,闭锁阀工作于右位。高压油进入闭锁油腔,闭锁离合器结合,完成闭锁。

②工作要求。

a. 变矩器进口压力应大于出口压力,大小分别为:0.4～0.6MPa,0.25～0.28MPa,以保证变矩器内热油能及时被替换并冷却,否则会导致变矩器高温,加速密封件损坏出现漏油。

b. 变矩器出口压力不应过高。如果出口压力超过规定值,会导致变矩器腔内压力过高,造成工作油密封失效,漏油。

c. 变矩器闭锁压力不应太低,大小为1.5～1.7MPa。否则,当机械使用闭锁行驶时,会出现闭锁离合器滑转,产生大量附加热量,产生高温,加速密封件损坏,导致漏油。

d. 变矩器闭锁压力不易过高,否则会导致闭锁油腔压力过高,容易损坏密封件,导致漏油。

e. 变矩器闭锁操纵阀应工作可靠,否则解除离合器后,闭锁腔内压力不能完全泄压,使闭锁离合器分离不彻底,出现滑转,导致油温升高,损坏密封件,出现漏油。

f. 必须使工作油散热器内、外保持清洁,管路畅通,散热良好。

由此可以看出,液力变矩器一旦出现漏油故障,不能盲目更换密封件,应首先分析产生漏油故障的原因,然后再根据具体情况分别加以处理。

2)故障分析与排除方法

平地机液压系统主要由传动系统、作业及转向系统、制动系统、作业装置和机架等组成,下面介绍其主要部分的故障排除方法。

液压传动系统如果使用维修得好,一般来说,故障是比较少的。但由于系统内部观察不到,出现了故障往往不容易一下子找出原因;有时虽是同样的故障,但产生的原因不一定相同,这就需要仔细检查分析,找出主要原因,就不难将故障排除。这里就PY180平地机常见的故障,对其可能产生的原因和排除方法简单介绍如下。

(1)传动系统及液压操纵系统

传动系统及液压操纵系统常见故障及排除方法见表7-3-2。

传动系统及液压操纵系统常见故障及排除方法 表7-3-2

故　障	原　因	解决方法
变矩器操纵压力及出口压力过低	①变速器油位过低; ②操纵压力阀或出口压力阀在打开的位置上卡住了; ③操纵泵损坏	①添加变矩器油至规定油位; ②修理或更换压力阀; ③修理或更换操纵泵
变速器换挡困难	主变速器中制动器间隙不合适	重新加以调整。调整参数:分离盘平面到离合器摩擦盘的距离应为52mm左右,且分离盘平面的端面跳动量不得超过0.2mm,单向推力轴承到分离盘之间的距离应为2.5mm

(2)制动系统

制动系统常见故障及排除方法见表7-3-3。

制动系统常见故障及排除方法　　表 7-3-3

故　障	原　因	解决方法
制动系统气压不足	①气泵损坏； ②调压阀调整螺栓松动； ③气路漏气	①修理或更换气泵； ②重新调整调压阀； ③修理或更换气路
系统气压正常但制动失灵	①制动液不足； ②制动油混入空气； ③制动蹄片表面有油污； ④制动蹄片与制动鼓之间间隙太大	①添加制动液至规定液位； ②排气； ③清除制动蹄片表面油污； ④调整螺栓拧紧，然后再松 3/4 ~1 圈

(3)作业系统常见故障及排除方法

作业系统常见故障及排除方法见表 7-3-4。

作业系统常见故障及排除方法　　表 7-3-4

故　障	原　因	解决方法
系统中压力不足或完全无压力	①液压油温过高，引起黏度下降，容积效率降低； ②溢流阀工作不正常，如阀内存有脏东西，阀不关闭，先导阀阀座密封不严，弹簧失效； ③液压泵损坏； ④油箱油位太低； ⑤滤油器堵塞； ⑥吸油口密封不严，喉箍松动； ⑦系统管路堵塞	①加强散热，降低功率输出； ②对阀进行清洗更换或修理； ③修理或更换液压泵； ④加足油； ⑤清理或更换滤芯； ⑥拧紧； ⑦清洗
压力波动或流量波动	①油中混入大量空气，产生空穴和气蚀现象； ②机械振动引起的管路振动； ③溢流阀工作不稳定产生跳动而引起压力波动或流量波动，阀内堵塞，阀座磨损或高压弹簧损坏等	①停止运转检查油箱内的泡沫或气泡，更换新油；消除吸油管中的漏气现象； ②调整传动装置或固定管道； ③清洗阀件或更换弹簧
严重噪声	①因油面过低而吸入空气； ②吸油管漏气	①补足油； ②更换密封，拧紧接头或管卡
作业装置操纵失灵	①油箱油位过低； ②液压泵磨损严重，容积效率明显下降； ③溢流阀工作不正常，阀座有脏物，先导阀卡死； ④液压缸中活塞密封件磨损漏油	①加足油； ②更换新泵； ③清洗溢流阀； ④更换密封件

(4)转向系统常见故障及排除

转向系统常见故障及排除见表 7-3-5。

转向系统常见故障及排除方法 表7-3-5

故　障	现　象	原　因	解 决 方 法
转向器漏油	结合面、轴颈、后盖垫圈处渗油	①阀体隔盘、定子及后盖结合面漏油； ②轴颈胶圈损坏； ③阀块胶圈损坏	①清洗，用力矩扳手重新拧紧螺栓，后盖拧紧力矩为39.23～49.03N·m； ②更换密封圈； ③更换密封圈
转向沉重	慢转转向盘正常，快转转向盘沉重	①油泵供油量不足； ②优先阀阀芯卡死； ③优先阀与转向器之间的控制油路有空气； ④油液黏度太大	①检查油泵吸油管路； ②排除卡死的原因或更换优先阀； ③转动转向盘，使转向轮转至极限位置，再继续转动转向盘，迫使转向安全阀打开排除空气； ④更换油液
	油中有泡沫，发出不规则响声，转动转向盘时油缸时动时不动	转向系统有空气	检查油面高度，补足油箱内的油液；检查吸油箱管路是否漏气，并加以排除；排除系统中的空气
	快转与慢转时，转向盘均沉重	阀体内钢球止回阀失效（转向器）	更换钢球或清除脏物
	无荷载时轻，有荷载时重	转向安全阀调定压力值低于工作压力	重新调整转向安全阀
无终极点感	转向轮转到极限位置时，转动转向盘仍很轻便	转向安全阀卡死；双向安全阀调定压力低于转向安全阀调定压力值	清除脏物，重新高速双向缓冲阀，使其开启压力为转向安全阀压力调定值的1.5倍
转向失灵	转向盘不能自动回中，中间位置压力降增加	弹簧片折断	更换已损坏的弹簧片
	压力振摆明显增加甚至不能转动	拔销式联动轴开口折断或变形	更换拔销或联动轴
	转向盘自转或左右摆	转子与联动轴相互位置装置	将联动轴上带冲点的齿与转子花键孔带冲点齿槽啮合

(5)作业和转向系统相关故障

作业和转向系统常见故障及排除方法如表7-3-6所示。

作业和转向系统常见故障及排除方法 表7-3-6

故　障	原　因	解 决 方 法
作业和转向系统均无动作	①液压油油位过低； ②液压泵损坏	①添加液压油至规定油位； ②修理或更换液压泵
多路阀有动作而无转向	优先阀堵塞	清洗优先阀

续上表

故　障	原　因	解 决 方 法
操纵阀中任意一个阀上的所有动作都慢	过载阀堵塞、损坏	清洗、修理或更换过载阀
铲刀升降液压缸提升慢或自动下降	双向液压锁失效	更换双向液压锁
转向沉重	①优先阀堵塞； ②转向器损坏	①清洗或修理优先阀； ②更换转向器

(6)液力变矩器的故障及排除

液力变矩器的故障及排除方法见表 7-3-7。

液力变矩器的常见故障及排除方法　　表 7-3-7

故　障	原　因	解 决 方 法
涡轮部分不转动	①油面低，吸入空气； ②与发动机的连接部分损坏	①补充油、排气； ②拆卸后处理
涡轮轴输出力矩不足	①油面低； ②进油压力过低，产生气泡； ③导轮上单向离合器不能锁紧； ④叶轮间相互摩擦； ⑤发动功率不足	①补充油； ②将进口压力阀拆卸修理； ③拆卸修理或更换单向离合器； ④拆卸修理，检查轴承间隙； ⑤修理发动机
油压过高	①压力阀调整过高； ②管道堵塞； ③变矩器内油路堵塞	①重新调整； ②清洗管道； ③清洗变矩器油路
油压过低	①油管接头等吸入空气； ②油面低； ③溢流阀不起作用； ④油泵磨损	①检查各接头并拧紧； ②补充油； ③拆卸检查、调整或更换； ④拆卸修理
产生噪声	①与发动机连接部分松动； ②油泵磨损； ③轴承磨损	①检查修理； ②拆卸修理； ③更换轴承
漏油量加大	①油封磨损； ②在油封密封面中间夹入杂质； ③各接头处由于振动而松动	①更换油封； ②拆卸修理或更换； ③检查后拧紧

在修复 PY180 液力变矩器时，应注意以下几点。

①应首先了解、掌握 PY180 液力传动系统工作原理，掌握系统中各个部件的功用。

②变矩器系统中的各种压力阀，不能随意调整。

③拆卸变矩器过程中，一定要保持变矩器内外的清洁。

④解决变矩器漏油故障时，除更换密封组件外，还必须根据情况对系统有关部件进行调整、修复，必要时进行更换。

2. 美国卡特匹勒(Caterpiller)G 系列平地机

如图 7-3-14 是卡特匹勒 G 系列平地机的一种液压系统图。该系统采用中高压、开式系统，执行元件并联供油。系统中主要有一个双级压力变量轴向柱塞泵，一个专供冷却油用的辅助泵，两组具有流量控制的换向阀组(阀组内根据执行元件的多少，每组可配置 4 个左右的换向阀)，一个全液压转向器以及溢流阀、卸荷阀、减压阀等组成。

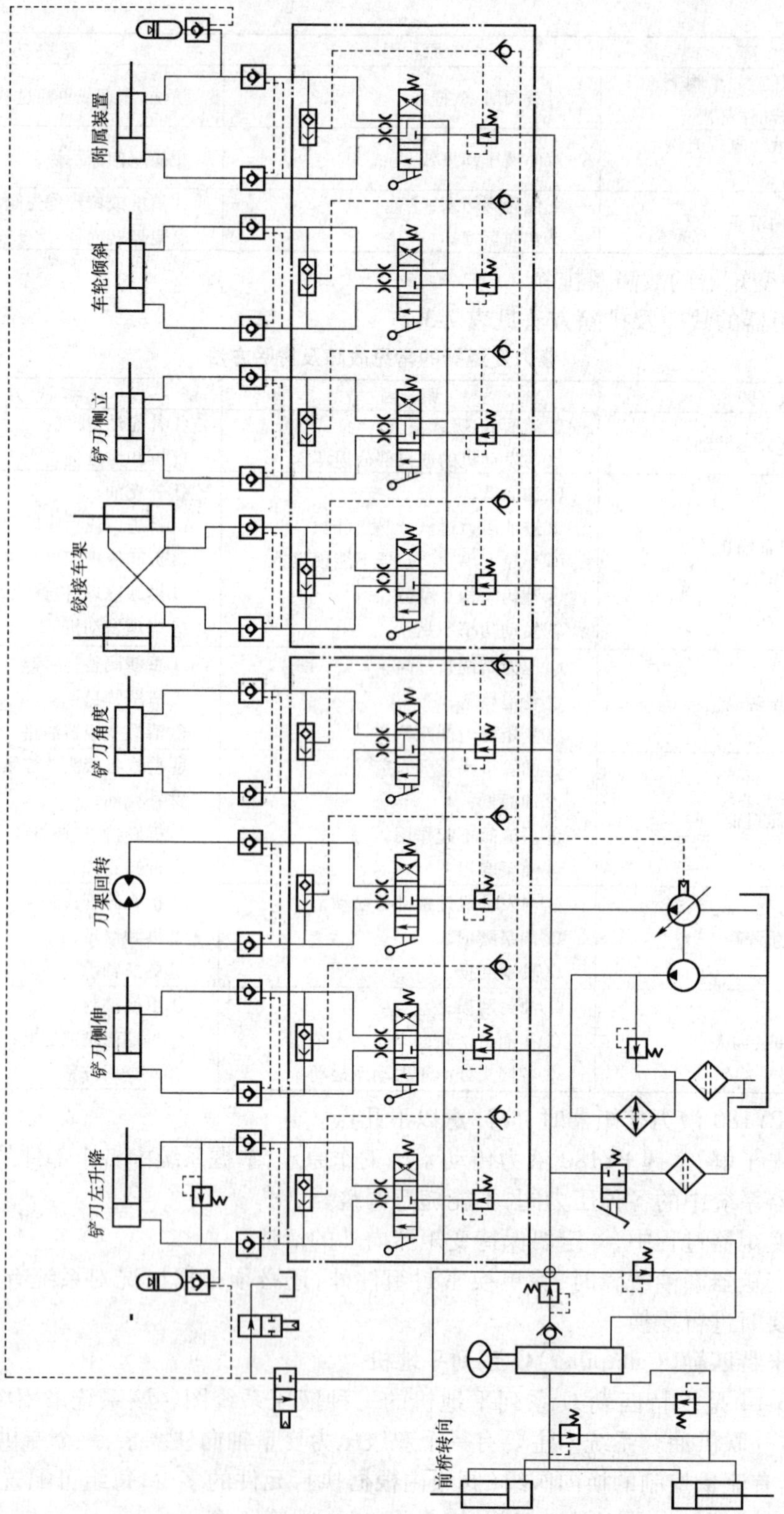

图 7-3-14　卡特彼勒 G 系列平地机液压系统图

下面对系统中主要元件及其工作原理加以介绍。

1)双级压力变量液压泵

G系列内,双级液压泵是一个轴向柱塞斜盘泵,一般大排量的(131mL/r以上)均装在大型平地机上。变量泵的变量控制是依靠补偿控制器来实现,补偿器(如图7-3-15所示)由减压阀、伺服阀和压力升挡自动控制器等部分组成。

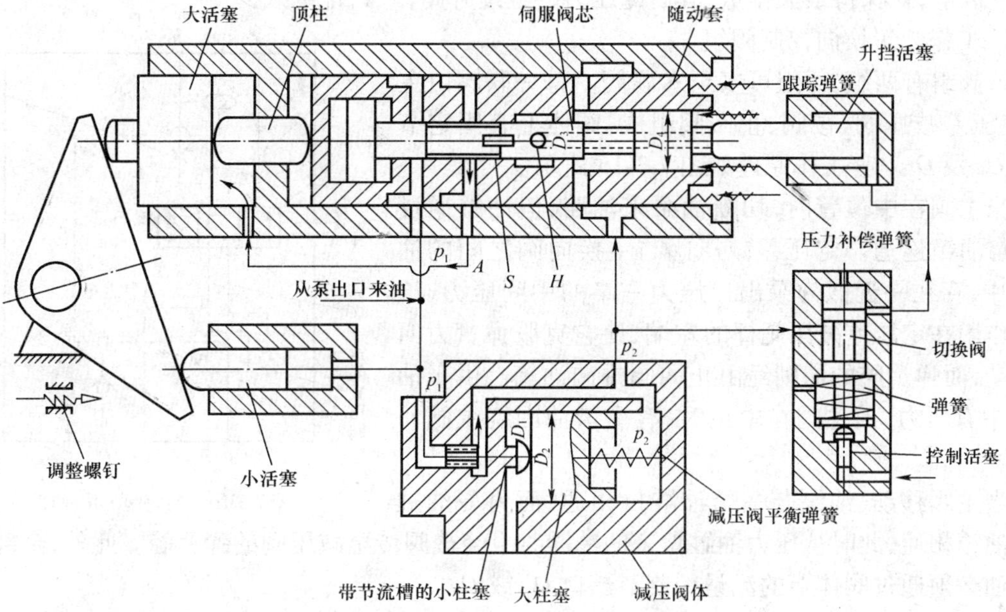

图7-3-15　变量泵补偿控制器

①减压阀部分采用一个定比减压阀。p_2 比 p_1 小很多,但与 p_1 成比例地减小变化。因此,p_2 可代替 p_1 去控制变量机构,以减小平衡弹簧的尺寸。

②液压伺服部分:伺服阀由随动套、阀芯、大活塞、压力补偿弹簧、跟踪弹簧等组成。大活塞腔中的油压力产生一种使斜盘角度和排量增大的推力。随动套在跟踪弹簧推动下,通过顶柱及大活塞压向斜盘。阀芯上有一面积差,大直径 D_4(见图7-3-15)环面上作用着减压阀来的 p_2 压力油,该油压力与压力补偿弹簧相平衡。

大活塞腔随阀芯与随动套相对位置的不同,可与泵出口相通或通过泵壳与油箱相通。

压力补偿弹簧、跟踪弹簧有一定顶紧力,使斜盘处在最大排量位置上。当压力达到13MPa时,压力上升到能克服压力补偿弹簧、跟踪弹簧的预紧力,阀芯向右移动,切断大活塞腔与泵的通路,同时通过槽 S 接通中心小孔 H,油经阀芯上的油道排出。于是在小活塞上的油压力推动斜盘转动,减少泵的排量,直至最小。此最小流量可以补偿泵的内泄漏,维持15MPa的待用压力,并冷却和润滑油泵。最小流量可由调整螺钉调整。

工作装置工作时,若油缸上负荷减小,则泵的输出压力也减少,同样 p_2 也减小,阀芯左移,使 p_1 压力油与大柱塞腔连通,推动斜盘增大摆角,增大泵的流量。

③压力升挡自动控制机构部分:该机构由切换阀、弹簧、控制活塞及升挡活塞组成。

当工作装置控制阀起作用时，代表最大工作装置负荷的信号压力经过管路而作用到控制活塞上，并产生一种压力试图去压缩弹簧。当信号压力达到克服弹簧的顶紧力时，切换阀移动，并把 p_2 压力油接到升挡活塞处，这就相当于减少了阀芯上 D_3 与 D_4 的面积差，使 p_2 只有在比第一级变量起始压力高的压力时，才能使泵变量。

不管哪一个工作装置上的负荷压力达到 15MPa 时，都会发生上述升挡过程。在压力达到 20MPa 以前，泵保持最大排量，其后随压力的继续升高，泵的排量减少。

2）工作装置换向控制阀组

该阀组有两组，每组可多至六联阀。每一联阀由主阀、定压差减压阀、梭阀、止回阀组成，阀体上有固定节流孔 O_1 及 O_2。其工作原理如图 7-3-16 所示。

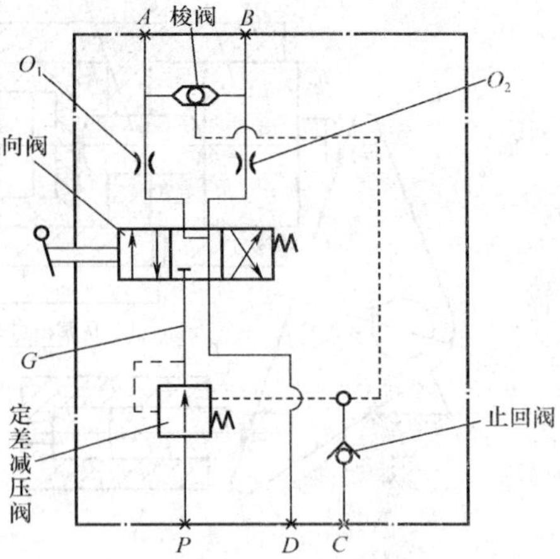

图 7-3-16　换向阀工作原理

当主阀在中位置时，切断油泵来油路，但油缸通过 A、B 与油箱连通。定压差减压阀与主换向阀之间的油道 G 中，存在一近似为泵出口压力一半的中间压力，该压力作用在定压差减压阀杆的左端，使它克服弹簧力向右移动，而弹簧腔的油则经由止回阀排向油箱。由于油道 G 中有压力，当主阀在中位时，有少量油围绕主阀而泄漏。

当主阀移动，油泵与一个油缸口相通，而另一油缸口与油箱相通，此时从压力油缸口来的油同时也经梭阀传至减压阀的弹簧腔。此外，全部油缸口的油必须通过阀体上的流量控制节流口 O_1 或 O_2。

阀体上节流孔 O_1 及 O_2 的前端压力作用在减压阀的左端，而后端的压力与弹簧一起作用在减压阀的右端。这样，定压差减压阀将以一定的比率控制流量，以维持阀体上节流孔 O_1 或 O_2 两端压降不变，以保持不变的最大流量流过节流孔。

若要获得较小的流量，则应移动主阀杆，以产生一个附加的节流阻力。

G 系列平地机要求油缸伸缩速度相等，这靠节流孔 O_1 及 O_2 的大小来保证，因为油缸大小腔的面积比为 1.5∶1，因此节流孔 O_1 及 O_2 通道面积也应保持同样的比例。

阀体中止回阀的作用是：当控制阀操作时，通过梭阀把 A、B 中高压腔的油送到油泵升挡活塞处（即进入图 7-3-15 升移控制阀油道中去），供泵压力升级用。由图 7-3-16 可见，当各阀均工作时，只有压力最高的油路上的止回阀打开，使油通到升挡机构中去。

G 系列平地机所用各阀的基本流量范围为 28.4 ~ 114L/min。

3）锁阀

G 系列上用的锁阀有 3 种类型。

①基本型。只包含一个双路液控止回阀，它适用于工作装置的重力没有显著影响的地方。

②具有两个单向节流阀的锁阀。此节流阀位于锁阀与工作装置控制阀之间的油路上，适用于重力负荷有影响的场合（如铲刀侧立油缸、铰接车架及附属装置等回路处），当油缸排出的油流经节流孔时，产生液压阻力，以平衡重力负荷。

③带有节流阀与溢流阀的锁阀。安装在左提升油缸处，此油缸由于连杆机构杠杆臂拉动

活塞杆时向外的拉力，会引起油缸小腔压力高于系统压力，当压力达到 28MPa 时，溢流阀开启，活塞杆被拉出，直到活塞杆上拉力不足以保持溢流阀开启时为止。

4）铲刀缓冲回路

该回路作用原理如图 7-3-17 所示。

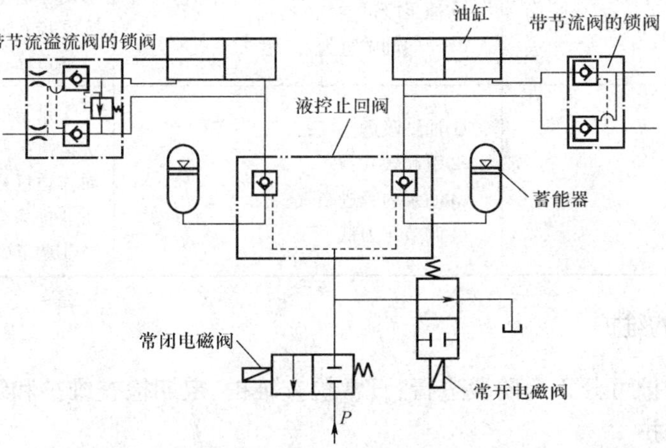

图 7-3-17　铲刀缓冲液压回路

当铲刀遇到障碍并产生冲击时，可把电器开关处在“开”的位置，于是常闭电磁二位二通阀开启，常开电磁二位二通阀关闭，液压泵来油（压力近似为 15MPa）通向双液控止回阀（液压锁）的控制活塞处，并打开液压锁，液压缸大腔与蓄能器接通，铲刀缸的液压冲击被蓄能器吸收。蓄能器中氮气的充气压力为 2.1MPa。

5）转向机构液压回路

平地机前桥转向由奥比托全液压转向器完成。转向压力由组合阀中的减压阀来提供。转向压力一般为 15MPa 左右。回路中设有两个溢流阀作双向过载及补油阀用。

四、液压系统常见故障与排除方法

液压系统常见故障与排除方法见表 7-3-8。

自行式液压平地机常见故障与排除方法　　表 7-3-8

故　　障	故障原因分析	排除方法
作业装置操纵失灵，不能选定位置	①操纵杆不能回中位（复位弹簧太软或折断）； ②油泵的故障； ③工作油量不够； ④进油管堵塞或破损； ⑤调压阀压力不正确或不能保持	①更新； ②更换油泵； ③补充油量； ④清洗或更换进油管； ⑤检修或更换
执行元件动作缓慢	①油泵的流量不够； ②调节压力低	①更换泵组件； ②重新调整压力

续上表

故　障	故障原因分析	排除方法
执行元件动作不稳，如铲刀颤动等	①引起气穴现象； ②油泵吸进空气； ③导向间隙过大	①清洗吸油滤油器；工作油量不够时作适量补充； ②检查油管、油面； ③更换导板衬套
平整刀片振动厉害	①油缸吸进空气； ②引起气穴； ③油泵内吸进空气； ④调节压力低	①排除油缸中空气； ②清洗吸油滤油器；工作油不够时作适量补充； ③排除空气； ④调节到规定的压力

五、液压系统的维护

液压系统的维护可分3个阶段进行：日常检查维护、定期检查维护和综合检查修理。

1. 日常检查维护

日常检查是减少液压系统故障最重要的环节，正常工作时每天均应检查。检查的主要内容有：各连接处有无漏油现象；油箱油量是否充足；管道有否变形或损伤；紧固件和管接头有无松脱；油温是否合适；泵和马达的温度状况是否正常及有无不正常噪声；滤油器有否堵塞及系统中空气是否排尽等。

日常检查还包括对液压泵启动前后、运转和停止时的情况进行检查。

1）泵启动前检查、油箱油量及油温检查

一般来说，最好在0℃以上启动；冬季，气温低于0℃以下时必须按照要求小心启动，必要时加温启动。当温度低于10℃时应使其在无负荷下运转20min以上。泵应在卸荷状态下启动，并检查压力表是否正常。

2）泵启动过程中的检查

用间歇法或点动法逐渐启动液压泵，使油温逐渐上升。在液压泵运转灵活后再进入正常运转。在启动过程中如发现泵无输出，应立即停止运转检查原因。泵启动后要注意检查噪声，如噪声过大，则要查明原因，排除后方可进行正常工作。

3）系统工作过程中的检查

在系统稳定工况下除随时注意油量、油温、压力、噪声等变化外，还要注意查看液压缸、液压马达、换向阀、溢流阀的工作情况。注意整个系统有无漏油和松动。

2. 定期检查维护

为保持液压系统正常工作，提高其寿命与可靠性，必须进行定期检查维护，以便早日发现潜在故障及时排除或修复。

定期检查维护的内容主要有：测试泵的压力和流量；检验液压油污染情况；清洗或更换滤油器；检查油箱内脏污情况，定期清洗；测试液压缸的沉降量和工作速度；检查活塞杆有无损伤；检查多路阀的操纵性能；检查液压马达的转矩大小；检查管道、胶管有无损伤及各部分紧固螺母的松动程度，定期紧固；检查密封件老化、磨损程度（密封件的使用寿命一般为一年半左右)。

定期检查维护时应注意不要盲目拆卸各类元件,不能任意解体;不能把不同牌号的油混合使用;更换管类辅件必须在油压消失后进行。

液压系统的检查周期及方法见表7-3-9。

液压系统维修检测的周期与方法　　表7-3-9

检测项目	检测周期	检测方法与内容
液压泵噪声	1天(或每班)	听检(或用声级计)检查进入空气,滤芯(或滤网)有无堵塞、异常磨损等
泵的吸入真空度	3个月	靠近吸油口安装真空表检查滤芯(或滤网)有无堵塞、异常磨损等
泵壳体温度	3个月	手感和电阻式温度计检查内部有无零件的磨损、轴承烧坏等
泵的出口压力	2个月	压力表检查油泵磨损
联轴器噪声	1个月	听检及千分表检查有无异常磨损、同轴度的变化
吸油滤油器的附着物	3个月	用溶剂冲洗或从内侧吹风清除
液压马达噪声	3个月	听检(或声级计)检查液压马达内部有无异常磨损
各压力表指示情况	5个月	检查并校正压力表指针的异常摆动,查明有关元件不正常及磨损引起的内泄漏程度
各机构运动速度	6个月	查明各工作元件动作有无正常及磨损引起的内漏程度
轴承的温度	6个月	轴承有无异常磨损
蓄电池的充气压力	3个月	如压力不足用乳化液检查有无泄漏
压力表、温度计的指示误差	1年	与标准确性仪表比较,并校正
电磁阀及溢流阀噪声	5个月	听检或声级计检查其阀芯运动情况,有无堵塞、损伤

3. 综合检查修理

综合检查修理如同对一台整机进行全面检修(大修),内容比较全面。部件、零部件、管件及其他辅助装置等都要一一拆卸分解检查。分别鉴定各元件的磨损情况、精度及性能,重新估算寿命。根据检查鉴定,进行必要的修理或更换。

课题四　振动压路机液压系统分析

一、振动压路机的作用和组成

振动压路机作为土方施工机械的一种,已被广泛用于路基土石填方和沥青混合料路面的压实作业。振动压路机是依靠机械自身质量及激振装置产生的激振力的共同作用,降低被压材料颗粒间的间隙,将土粒楔紧,达到压实的目的。

与静力光轮压路机比较,振动压路机具有压实效果好、压实深度大、压实均匀、压实密实度与生产率较高、适应能力强、使用范围宽等优点,在相同的条件下,振动压实的最佳深度可达500mm。

目前，自行式振动压路机、两轮串联振动压路机及大型拖式振动压路机均普遍采用了液压传动技术和全液压铰接转向技术，并装有可调频调幅的液压振动装置、电子速度控制和电子监控检测装置，可随时检测压实层的密实度和均匀性。

振动压路机主要由动力装置、传动系统、振动及行走装置、液压控制系统、前后机架（车架）、减振系统及操纵系统等组成，其液压控制系统一般由液压行走系统、液压振动系统和液压转向系统3部分组成。下面介绍几种典型振动压路机的液压系统及其使用保养。

二、振动压路机的液压系统分析

1. YZ18C 全液压重型振动压路机

YZ18C 全液压重型振动压路机是我国三一重工集团生产的超重型压路机，大量借鉴了国内外同类产品的先进技术，并采用了国外先进的液压配套件，具有优越的性能和较高的可靠性。其主要用于高等级公路及铁路、机场、大坝、码头等高标准的路基压实作业，具有较大的激振力，压实效果好、压实深度大、生产率高等特点。该振动压路机采用全液压控制、双轮驱动、双频、双幅、铰接转向、自行式结构，其总体结构见图 7-4-1。

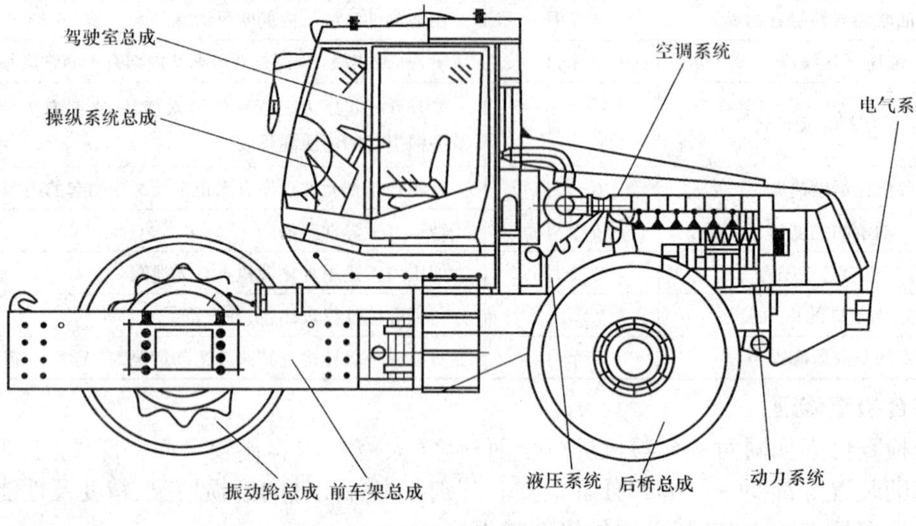

图 7-4-1　YZ18C 振动压路机结构图

1）液压系统主要元件的结构特点

（1）三联泵组总成

型号：A4VG12SHWDL1/32R + A4VG71EZ2DM1/32R + 1PF2G2-4X/019。

①第一泵：$p_A = p_B = 38\text{MPa}$，$p_{\text{cut off}} = 38\text{MPa}$，带补油泵，补油压力为 2.1MPa，排量为28.3 mL/r，有中位锁定功能，安装好二位二通电磁阀（常通）。

②第二泵：$p_A = p_B = 38\text{MPa}$，$p_{\text{cut off}} = 38\text{MPa}$，24V 电磁控制两挡变量，不带补油泵。

③第三泵为齿轮泵，排量 19mL/r，额定压力 21MPa。

④泵组总成旋向：从轴端看为顺时针。

（2）后驱动马达

型号：A6VM107EZ4/63W。

特点:两挡排量分别为 107mL/r、60mL/r,24V 电磁控制二挡变量带线插头,带冲洗阀。

(3)振动马达

型号:A2FM63/61W。

特点:带冲洗阀。

单台数量:1 件。

(4)前驱动马达

型号:A6VE55HZ3/63W。

单台数量:1 件。

(5)前驱动减速机

型号:CTU3300$_{\mathrm{I}}$ = 81.4。

单台数量:1 件。

(6)转向系统(含全液压转向器、转向阀块、转向柱)

型号:DANFOSS。

①转向器。OSPC400 ON。

②转向柱。C = 650mm。

③转向盘。外径为 ϕ380 ~ 400mm。

2)液压系统分析

YZ18C 压路机前轮为振动轮,后轮为轮胎式,其行走驱动由驱动轮胎与振动轮两部分共同完成,而振动由驱动轮产生。其液压系统主要由液压驱动系统、液压振动系统、液压转向系统 3 部分组成。前两者为闭式液压系统,后者为开式液压系统,3 部分相互独立,各自配有自己的液压泵和执行元件(马达和液压缸),同时 3 个工作泵又相互串联与发动机相连,系统共用 1 只液压箱。其液压工作原理如图 7-4-2 所示。

(1)液压行走驱动系统

系统主要由行走液压泵,前、后行走驱动马达,各类阀、油管等元件组成的闭式行走系统。

①行走调速。两行走马达通过管路并联分置,由驱动泵驱动。通过调速电磁阀(前钢轮电磁阀与马达分置,后驱动马达电磁阀由马达自带)作用,改变两马达的排量(大排量为小排量 2 倍),实现 3 挡速度。1 挡速度时,两马达均为大排量,此时为低速大扭矩,速度为 0 ~ 0.5km/h,适用于恶劣工况时的各种压实作业;2 挡速度时,钢轮马达为小排量,后轮马达为大排量,此时前轮马达扭矩为最大排量时 1/2 扭矩,速度为 0 ~ 0.7km/h,适用于坡道作业时,前轮附着力小,发生打滑现象的工况;3 挡速度时,两马达均为小排量,此时扭矩只能发挥最大排量时扭矩的一半,速度为 0 ~ 10.5km/h,适用于转场时高速、低负载工况。

②三级制动功能,即行车制动、工作制动和紧急制动,能够确保压路机在各种动、静态的有效制动。当手动伺服阀手柄回到中位时,压路机实现工作制动。此时,行走泵斜盘回零位,供给行驶马达的流量降到零,压路机停止运行。

行车制动是压路机高速行驶时快速停车用,此时手动伺服阀手柄回到中位,同时按下制动按钮(控制制动电磁阀),静液制动和制动器制动同时起作用,实现快速制动。

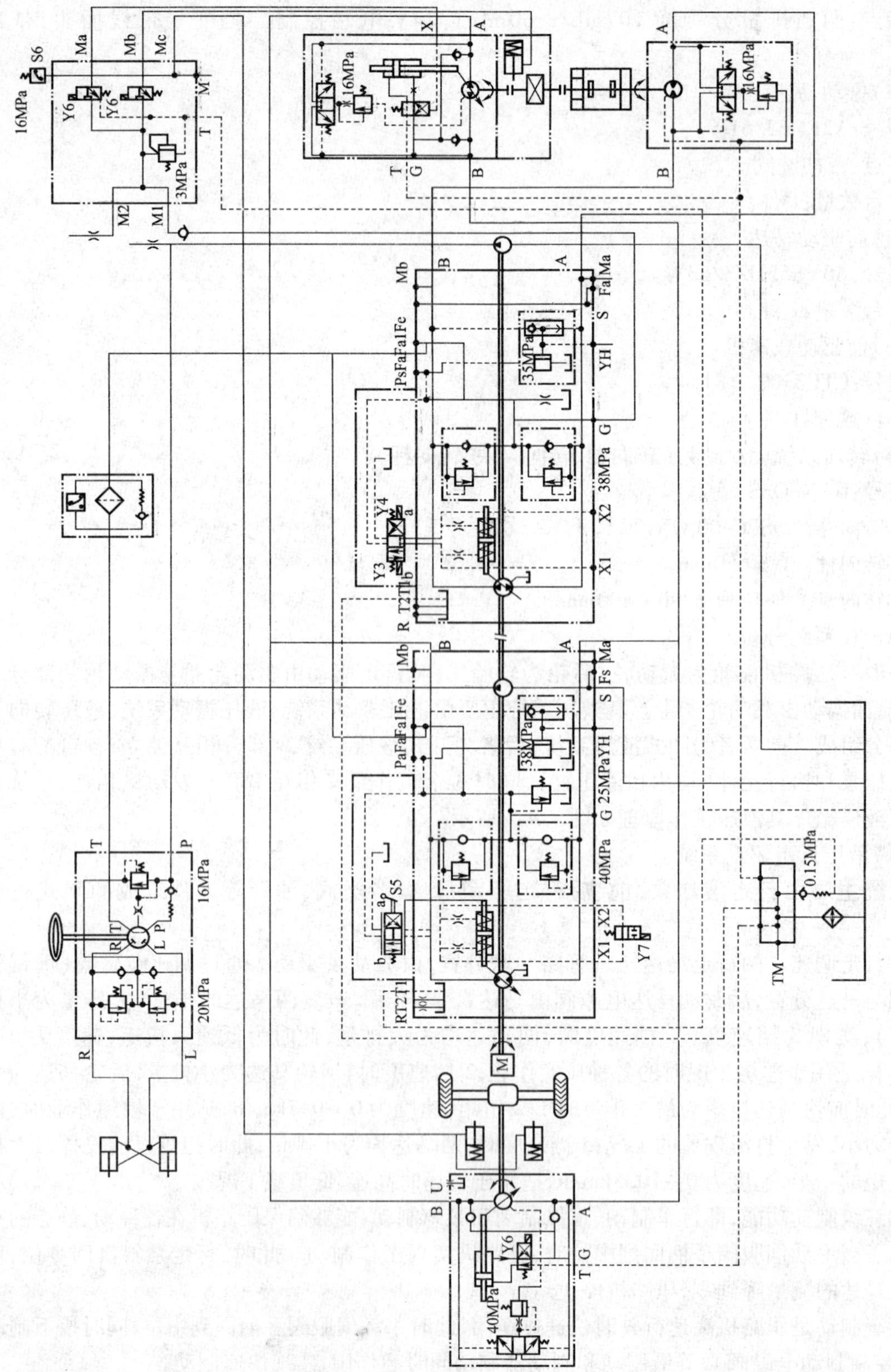

图 7-4-2　YZ18C 型振动压路机液压系统原理图

紧急制动是由液压伺服制动，辅以机械制动。当压路机因故障造成行车制动失灵并出现紧急情况时，可以采取紧急制动措施，即按下紧急制动开关，制动阀线圈失电，压路机实现紧急制动。当按下紧急制动按钮后，二位二通电磁阀处于中位工作，此时手动伺服阀的供油也被切断，驱动泵的排量降至零，行驶变量泵斜盘作用油缸，立即回归零位，产生液压制动，与此同时前驱减速器与后桥制动器也产生制动作用。

③行走驱动误操作保护。当制动阀的线圈失电时，压路机处于制动状态，手动伺服阀的供油被切断，此时即使误操纵手动伺服阀手柄，驱动泵的排量依然为零，避免了压路机在制动状态下，因误操纵手动伺服阀手柄而造成的系统压力冲击及高压溢流使系统油温升高，实现了压路机行走驱动和制动之间的互锁保护功能。

④回路特点。液压泵选用美国 SAUER—SUNDSTRAND 公司 90 系列，驱动泵、振动泵均装有 2 只多功能阀。如图 7-4-3 所示，多功能阀由补油止回阀、压力限制阀、高压安全阀以及旁通阀组成，安装在一个可更换的阀筒中。选用美国 SAUER—SUNDSTRAND 公司 90 系列马达均设计有回路冲洗阀，用于将系统高压回路中的部分热油排入冷却油路，通过冷却器将两系统的泵和马达壳内的热油冷却后排入油箱，并将其中的污物冲走。

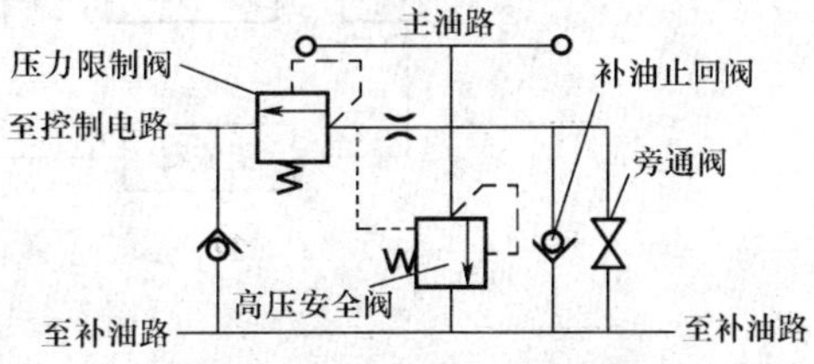

图 7-4-3　多功能阀

液压行走泵设有“中位”启动自锁装置，只有方向操纵杆置于中位时柴油机才能启动，避免柴油机带载启动和发生危险。

前钢轮马达选用法国的 Poclain 公司 MSK 系列的低速大扭矩马达，设有失压机械刹车制动器，通常情况下处于制动状态，只有柴油机启动后，系统补油压力建立起来，压力油通过制动电磁阀至前驱动马达，才能将制动解除。

(2)液压振动系统

①回路特点。振动系统主要由振动泵、振动马达、冷却器等元件组成的单泵单马达闭式回路。液压元件选用高性能、高可靠性的进口泵和振动马达(带有冲洗阀)，提高了整机可靠性，确保整机的使用性能。

振动轮内的偏心轴与振动马达相连，由液压泵组中的振动轮泵供高压油给振动马达带动偏心轴旋转而产生强大的激振力(260～380kN)。振动频率和振幅可通过液压系统控制 Y3 或 Y4 通电来使压路机获得两种不同的振动频率。振动轮还可以由行驶泵输出的高压油来驱动振动轮左边的液压马达旋转，从而驱动振动轮行驶，使振动轮还具有自身行走的功能。

②回路控制原理。振动液压回路由单泵(斜盘式双向变量泵)、单马达(双向柱塞式斜轴定量马达)组成闭式液压系统，工作压力为 38MPa。振动泵通过花键串联在驱动泵上，通过操纵振动泵上三位四通电磁阀，可以使振动泵斜盘具有两种方向的斜盘斜角，使泵输出不同方向和流量的高压油，从而调整振动马达转速与转向，实现 29Hz、35Hz 两种振动频率的功能；再通过振动马达正反转，使振动轮内大、小偏心离心力的叠加、叠减，实现 1.66mm、0.91mm 的双振动幅度功能，从而有效压实不同种类及不同厚度的铺料层。低频时为大振幅，用于基础层的压实；高频时为小振幅，用于面层的压实。

(3)液压转向系统

①回路特点。液压转向回路由齿轮转向泵、溢流阀、过载补油阀、全液压转向器(开式无反馈)、2个转向液压缸等元件组成开式系统,装在后车架上。

②回路控制原理。转向泵通过花键直接与振动泵串接,液压油经过滤油器、转向齿轮泵、转向器到转向液压缸进行工作,同时转向油缸另一端的回油又经过转向器流回油箱。系统工作压力为14MPa,设有溢流阀及双向缓冲阀,以保证系统安全可靠工作,且性能稳定。其工作油路如图7-4-4所示。

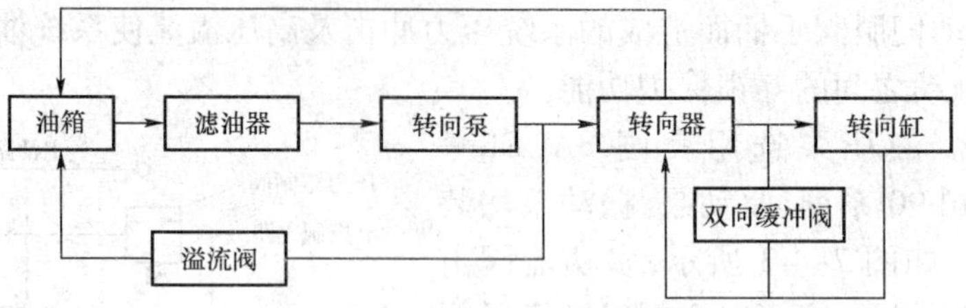

图7-4-4 转向工作油路示意图

(4)其他液压回路

①控制油路:油箱→补油泵→滤油器。

②补油油路:

油箱→补油泵→过滤器→补油止回阀(设在多功能阀中)→主油路低压侧,向主油路补充新油,确保系统正常工作。

③冷却油路:

主油路→冲洗阀→壳体→散热器→油箱。

④制动油路:

油箱{ →补油泵→制动电磁阀→控制前钢轮制动
→转向器→截止阀→止回阀→后钢轮制动解锁

2. BW217D/PD型振动压路机

BW217D/PD型振动压路机是洛阳建筑机械厂引进德国BOMAG(宝马)公司先进技术,最新生产的BW系列全液压振动压路机。其工作质量大,具有强大的激振力,是一种高性能、高效率的大型土石方工程压实设备,适合碾压砾石、碎石、砂石等非黏性混合料和砂性土壤,对黏性铺筑材料也具有良好的压实效果,使用范围宽,适应性强。

1)压路机液压系统结构特点

①行走系统采用静液压内曲线低速大扭矩行走马达全轮驱动,行走马达和振动液压马达分别装在振动碾的两侧结构紧凑,便于布置,操纵轻便。

②振动油泵与行走油泵由发动机共轴驱动,当液压系统油温过高时,油温控制阀换向,系统的回油经冷却后再回油箱。

③该机通过配置的振动测试器可以随时了解作业层的压实情况。

④压路机的行驶方向采用先进的前进后退换向装置控制。该装置采用液压伺服联运机构,通过改变行走变量柱塞斜盘的倾角方向来改变液流方向,实现压路机的换向。

⑤压路机通过液控压力位移比例阀实现调速，具有稳定行驶速度的作用。

⑥压路机液压振动系统具有调频调幅功能，可根据不同的压实要求选用高幅低频或低幅高频进行振动压实。

2）液压系统分析

如图 7-4-5 所示，该机的液压系统由行走驱动回路、转向回路、振动回路及行车制动系统等组成。

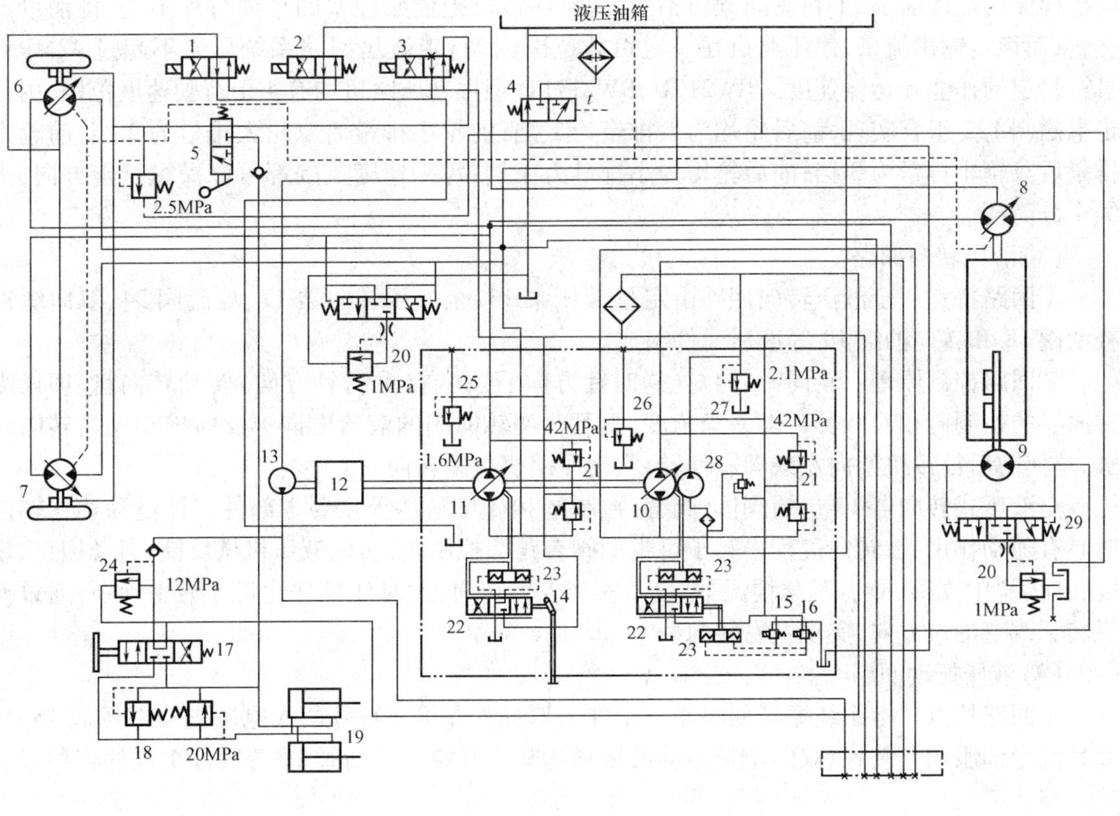

图 7-4-5　BW217D/PD 型振动压路机液压系统原理

1、2-行走电磁阀；3-停车制动阀；4-油温控制阀；5-锁定阀；6-左后轮行走马达；7-右后轮行走马达；8-振动碾行走马达；9-振动碾振动马达；10-主油泵（前部）；11-主油泵（后部）；12-发动机；13-转向油泵；14-行走操纵杆；15、16-可调频率电磁减压阀；17-转向阀；18-缓冲补油阀；19-转向油缸；20-背压阀组合；21-安全阀；22-三位四通伺服阀；23-压力位移比例阀；24、25、26、27-溢流阀；28-辅助定量油泵；29-平衡阀

（1）液压行走驱动回路

①回路特点。行走驱动回路由双向变量泵 11 和 3 个内曲线行走马达 6、7、8 组成。轴向柱塞泵同时向 3 个内曲线马达供油。通过行走操纵杆 14 的左右移动控制双向变量泵的压力油流向。压路机换向装置由手动三位四通流量伺服阀 22、液控压力位移比例阀 23 和行走油泵双向变量联动机构组成。

由于液压马达是内曲线双向液压马达，故在液压马达的回路上均需设置背压阀组 20。当压路机在作业或行驶过程中突然过载时，行走油泵 11 的输出油压将随之迅速上升，若系统工作压力超过 42MPa，行走油泵 11 的安全阀 21 则迅即开启，直接卸荷，确保行走系统安全。

②回路控制原理。液压系统中，伺服阀 22 的入口压力油由辅助定量油泵 28 提供，辅助泵输出的压力油经滤清器过滤后，以低于 1.6MPa 的恒定压力输入伺服阀 22 的入口（当油压超过 1.6MPa 时，溢流阀 27 即开始溢流卸荷）。这样，压路机在前进或后退运行过程中，从伺服阀 22 输出的液控压力油可稳定控制压力位移比例阀 23 的阀芯的位移量，并通过双向变量联动机构保持行走油泵 11 斜盘的倾角不变，从而保证行走油泵柱塞的排油行程不变，排油量不变，从而稳定输出流量，使压路机在一定负载范围内（行走液压回路系统压力不超过 42MPa）具有稳定的作业和运输速度。BW217D、BW217PD 型振动压路机均有 4 个行驶速度范围，由行走电磁阀 1、2 组合实现，前后轮均为大排量为 1 挡；前轮小排量后双轮大排量为 2 挡；前轮大排量后双轮小排量为 3 挡；前后轮均为小排量为 4 挡，每一速度范围都可以操纵行走方向，操纵十分简便。

（2）液压转向回路

①回路特点。全液压转向回路由定量液压泵 13、全液压转向器 17、溢流阀 24、双向缓冲补油阀 18 和转向油缸 19 等液压元件组成。

②回路控制原理。转向时，向左（逆时针方向）或向右（顺时针方向）转动转向盘，即操纵转向器的控制阀相对阀套转动一个角度，则可改变转向阀的液流方向。反向推动左右转向油缸，迫使前后铰接机架向左或向右偏转，实现压路机折腰转向。

全液压式转向器 17 包括阀体、阀套、控制阀和计量马达等主要零部件。计量马达在转向时具有随动作用，在转向过程中转子可带动阀套跟踪控制阀，实现液压机械反馈，自动回正，恢复转向器“中立”位置。紧急情况下，也可实现人力转向，此时计量马达将作为手动泵，通过操纵转子改变油流方向，实现左右转向。

（3）液压振动回路

①回路特点。本系统振动回路是一个柱塞双向变量泵 10、可调式电磁先导减压阀 15、16 及其流量伺服调频装置、双向定量振动液压马达 9 及其背压平衡阀 29 等元件组成的容积式调速回路。

双向变量泵的伺服系统由两个频率选择阀（可调式电磁减压阀 15、16）、压力位移比例阀 13、三位四通伺服阀 22 等来控制。

②工作原理。当柴油机达到额定转速后，激振器才能正常起振。液压振动油马达可双向驱动激振器，得到高、低两个相应的固定振动频率。当确定适合被压层的振动频率后，先应接通与之对应的可调式电磁减压阀 15、16。此时，由振动辅助油泵提供的压力油（其油压与行走油泵伺服调速装置液控油路压力相等）通过电磁减压阀减压后，控制压力位移比例阀 23、振动柱塞油泵伺服阀 22 及其联动机构，确定柱塞振动油泵斜盘的倾斜方向，使振动液压马达按预定的旋转方向旋转。然后，再通过液控压力位移比例阀改变振动油泵的斜盘倾角，调节振动油泵的输出流量，获得所需要的固定振动频率。电液伺服阀具有控制振动油马达正、反旋向两个工作位置，分别由 2 个可调式电磁减压阀 15 和 16 控制。当振动油泵 10 输出的压力油改变流向时，振动油马达 9 的旋向也随之改变，其输出转速也得到改变，压路机的振动频率随着旋向的变化而得到调节。在振动油马达的排油道上也设有液控背压

阀组20,除保证有足够背压值满足马达结构要求外,且当回油背压超过额定值1MPa时,振动液压油马达回油道将通过溢流阀节流卸荷,尚可稳定振动液压油马达的转速,防止惯性冲击,提高振动压实质量。

(4)液压制动系统

①回路特点。BW217D型振动压路机的液压制动系统可实现压路机的行车紧急制动,也可通过锁定阀5实现可靠的机械式停车制动。

液压紧急制动包括定量辅助油泵、制动电磁阀3、多片式液压制动器等液压元件。

②实现紧急制动时,行走油泵停止向行走马达供油,同时切断振动油泵,使压路机处于非振动和空挡行驶工况。接通制动器电磁阀3,制动液压系统进入制动工况,辅助油泵和转向油泵同时向制动器提供压力油,实现紧急停车。

当压路机由于意外事故造成发动机熄火,这时停车制动将自动起作用,位于后驱动轮轮毂内的制动油缸回油,制动盘靠弹簧的压力制动住轮毂实现机械制动。锁定阀压力油来自转向油缸出口油,当需要牵引压路机时,可推动锁定阀换位,然后通过转向盘的转动,向轮毂内的制动油缸提供压力油,使制动解除,这时压路机才能拖动。

3. SP—60D/PD型振动压路机

由美国英格索兰公司生产的SP—60D/PD型铰接式振动压路机是一种进口的大型振动压路机。该机采用全液压控制系统,主要用于矿山、堤坝、机场和高速公路等大型路基的压实作业。

1)液压系统工作原理

该机为静液压驱动,其液压系统如图7-4-6所示,主要由液压行走驱动回路、液压振动回路和液压转向回路等组成。

(1)液压行走驱动回路

该回路是由1个变量轴向柱塞泵和2个并联的定量轴向柱塞马达组成的闭式容积调速回路,可以实现前进、后退、停车及作业速度的无级调速。

①回路特点。行走驱动泵为美国森特(Sundstrand)公司24系列变量泵,排量为118.6 cm^3/r,转速为2 370 r/min,最高工作压力为35 MPa。前桥驱动马达为美国森特公司23系列定量马达,排量为89.1 cm^3/r,调整压力为35.1 MPa,碾滚驱动马达也为美国森特公司23系列定量马达,安全阀调速压力为35.1 MPa。

②回路控制原理。驱动泵安装在分动箱左侧,由发动机经分动箱带动。碾滚驱动马达和前桥驱动马达是并联的,2个马达同时由1个控制阀组控制。液压驱动系统工作压力在平地工作时为4.2~9.8 MPa,爬坡20%坡度时为14.0~28.1 MPa,变量泵调节装置由辅助泵通过三位四通电磁阀供油。辅助泵同时也可向主泵油路供油。前桥驱动马达经二级变速器、差速机构和轮边减速器驱动前轮。碾滚驱动马达经行星减速器驱动碾滚。在前桥马达上装有过载溢流阀,以实现安全保护和液压缓冲制动。三位三通液动换向阀组实现低压油路冷却,二位二通电磁阀实现驱动轮的制动。

(2)液压振动回路

①回路特点。该回路由变量轴向柱塞泵和定量马达组成的闭式容积调速回路,可以实现碾滚振动频率的无级调节,同时也可根据行车方向,改变泵输出液流的方向,从而改变起振偏

心块的旋转方向,使其与行车方向一致获得最佳压实效果。振动泵为森特公司21系列变量泵,排量为51.6 cm^3/r,转速为2 730 r/min,最高工作压力为35 MPa。振动马达为森特公司23系列定量马达,排量为89.1 cm^3/r,调整压力为35.15 MPa。

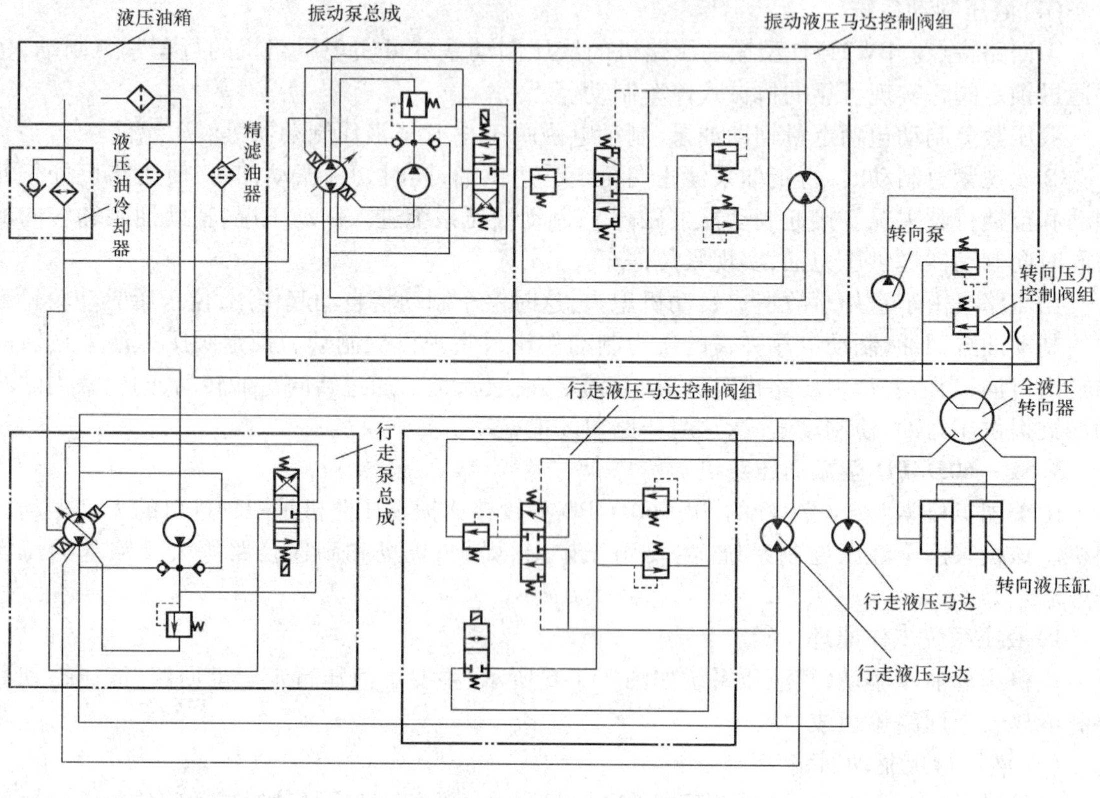

图7-4-6　SP-60D/PD 液压系统原理图

②回路控制原理。振动马达直接带动主动挠性轴,然后通过挠性轴再带动振动偏心块,偏心块在高速转动下产生离心力,由其离心力(最大272 kN)致使碾滚产生振动。液压回路工作原理基本与行走液压回路相同。

(3)液压转向回路

①回路特点。液压转向回路主要由转向泵、全液压转向器和转向油缸组成开式回路。转向泵为齿轮泵,流量为45.42 L/min,转速为2 730 r/min,调节压力为15.82 MPa。转向液压缸内径为101.6 cm,行程260 mm。

②性能。全液压动力转向具有转向轮结构紧凑等特点,转向器可随驾驶室一起旋转180°以适应多操纵位置的需要。当发动机熄火,转向泵不供油时仍能实现手动转向。压路机可实现±40°的转向,同时碾滚还可以相对前桥倾斜15°以适应不平路面作业的需要。该回路装有过载阀以防止系统过载,并装有溢流阀、节流阀以保持回路流量基本恒定。

三、振动压路机的故障诊断与排除

液压系统的故障一般表现为滤清器堵塞、阀芯卡死、元件过度磨损等,使系统工作速度减慢,减小直到不能工作,而且随着工作时间的延长,故障率和严重程度会逐步增大。这些故障,对于振动压路机而言，则主要表现为驱动系统行走无力或者根本就不能行走，振动系统振动频率低或不振动，以及系统过热等现象，直接影响压路机的正常工作。因此，一旦发现液压系统有故障，不论大小，都应立即停止工作，查找原因，并加以排除。如果带“病”作业，往往造成本来非常容易排除的故障很快发展成大得难以排除的故障，最终导致整个液压系统不能正常工作甚至报废。

振动压路机液压振动系统、液压行驶驱动系统、液压转向系统及其他液压回路故障分析与排除方法分别见表7-4-1、表7-4-2、表7-4-3。

液压振动回路故障分析与排除　　表7-4-1

故障特征	故障发生原因	排除方法
只有单挡振动	振动开关至振动控制电磁阀电路断路	检查振动开关至振动控制电磁阀电路，将断点接好
两挡振动均无反应或只有微弱振动	①振动开关至振动控制电磁阀电路断路； ②联轴器尼龙套损坏； ③液压泵内部磨损严重； ④液压马达内部磨损严重	①进行电路检查，方法同上； ②当确认电路正常，电磁阀工作正常时可将振动马达从振动轮上抽出，检查联轴器尼龙套是否损坏； ③检查液压泵； ④检查液压马达
振动压实无力或振动时整车抖动	①发动机工作正常，功率不够； ②液压滤芯堵塞； ③液压泵内部磨损严重； ④液压马达内部磨损严重	①发动机功率不够，检修发动机； ②更换滤芯； ③检查液压泵； ④检查液压马达
液压系统中进入了空气	①液压油箱中油量不够； ②吸油管不密封	①检查油位，加注新油； ②检查吸油管，拧紧其连接元件
振动液压泵效率低	①密封元件磨损； ②元件磨损	①拆检并更换新密封件； ②拆检并更换新元件
振动马达效率低	①密封圈冲坏； ②元件磨损； ③花键轴或花键套切齿	①拆检并更换新密封件； ②拆检并更换新元件； ③更换新件
液压回路阻塞	①油箱中油液过脏； ②液压软管或接头处阻塞； ③过滤网堵塞； ④液压油冷却器内部阻塞	①过滤或更换新油； ②查出阻塞处并进行清除； ③拆下并清洗干净； ④拆下并清洗干净
振动频率异常	①振动液压系统故障（如效率低、漏油、压力不适）； ②振动偏心块油腔间油液过多或过少； ③加速踏板操纵机构不适； ④发动机转速不适	①检查并排除振动液压系统故障； ②检查偏心块油腔，放出多余油液或加到合适量； ③检查并调整加速踏板操纵机构； ④调整合适转速

液压行驶驱动回路故障分析与排除 表 7-4-2

故障特征	故障发生原因	排除方法
行驶无力	①发动机功率不够； ②液压油过滤器滤芯堵塞； ③液压泵、液压马达内部磨损	①进行发动机检修； ②清洗或更换滤芯； ③由专业人员去排除
液压系统中进入空气	①液压油箱中油量不足； ②吸油管不密封	①检查油位，加注新油； ②检查吸油管，拧紧其连接元件
行驶时，前进正常、后退单向无力	泵内部控制阀失灵	由专业人员排除
停车制动失灵	摩擦片磨损严重或损坏	由专业人员调整摩擦片间隙或更换摩擦片
行走速度异常	①发动机加速踏板操纵机构松脱； ②轮胎气压不足； ③发动机转速不适	①重新调整加速踏板操纵机构； ②给轮胎充气到合适压力； ③调定合适转速
传动系统有较大的冲击声或转动不灵活	①齿轮过度磨损或断齿； ②齿轮间夹有污垢； ③轴承过度磨损； ④润滑油脂不足	①更换新件； ②消除污垢； ③更换新件； ④加足润滑油脂

液压转向系统及其他回路故障分析与排除 表 7-4-3

故障特征	故障发生原因	排除方法
铰接转向架转动不灵活或有冲击	①球铰轴承间隙过大或过度磨损； ②螺栓松动或退出； ③定位销松动或退出	①调整球铰轴承间隙或更换新件； ②重新拧紧螺栓； ③重新拧紧定位销或配上合适的销钉
转向液压泵效率低	①密封件磨损严重； ②元件磨损严重	①检查并更换新密封件； ②拆检并更换新元件
全液压转向器失效	①压力不适； ②滤网或管路堵塞； ③漏油	①调整压力； ②检查滤网和管路，清除堵塞物； ③更换接头或密封件
转向油缸故障	①油缸无力，内泄严重； ②外部漏油； ③螺纹拉脱； ④关节轴承磨损严重	①检查活塞处密封，更换密封圈； ②更换密封； ③更换螺纹连接件； ④更换新关节轴承

四、振动压路机的维护与保养

为保证压路机经常处于良好的技术性能状态，应充分重视机械的技术维护保养，在出现异常工作情况时，要及时做好故障检查排除。压路机的技术维护重点一般分为日常维护、周期性维护、长期停放维护。

1. 日常技术维护

①清洁压路机：清除压路机表面堆积的泥块和黏砂；清除发动机、液压元件和各部件表面上的尘土油垢。

②检查压路机各零部件的连接和紧固情况，对松动和断裂者予以紧固或更换。

③检查和排除压路机各部位的渗漏油现象。

④检查发动机的机油、燃油及液压油油量并按规定加入新油至规定指示刻度。

⑤检查振动轮内的冷却润滑油是否处于正常油位。方法如下：转动振动轮，使一个油口处于轮轴正上方（可向另一个油口方向稍偏），拧开另一个油口上的螺塞，此时若有油溢出则正常。否则，应从正上方的油口加注新的 Mobil—629 冷却润滑油至有油溢出为止。

⑥油料和辅助用料见表 7-4-4。

BW217D/PD 型振动压路机油料及辅助用料一览表 表 7-4-4

用料名称	牌号及标准	所用部位	用量	季节或环境温度
轻柴油	-10 号或 00 号	发动机燃油箱	340L	冬季用 -10 号
机油	CD20W(30W)机油	发动机曲轴箱	适量	冬季用 CD20W； 夏季用 CD30W
工业润滑油	20 号(30 号)齿轮油	后桥减速器	适量	冬季用 20 号；夏季用 30 号
	Mobil—629	振动轮	22L	全年
润滑脂	锂基润滑脂	振动轮十字轴承	按需	全年
	钙基润滑脂	各操纵装置油嘴		
液压油	美孚 60 号抗磨油	液压油箱	150L	全年
防冻液		发动机冷却水	4 瓶（有暖气装置时另加 1 瓶）	全年

2. 周期性技术维护

1）发动机 50 h 磨合后的技术维护

压路机在正式投入使用之前，应进行 50 h 磨合试运行，以磨合柴油机为目的。50 h 磨合运行，按发动机使用说明书中有关规范进行。磨合试转结束后，须按以下内容进行技术维护。

①更换柴油机机油。

②更换机油滤清器。

③更换柴油滤清器。

④检查液压油油位，加液压油至规定量。

⑤检查减振块是否有裂纹，如裂纹长度大于 10 mm 必须更换。

⑥检查振动轮、后桥及液压系统是否有渗漏现象，有则必须排除。

⑦柴油机每工作 50 h，必须清理空气滤清器。

2）压路机每工作 100 h 技术维护

①进行日常技术维护。

②按发动机使用说明书中 100 h 技术维护项目进行柴油机的维护。

③向振动轮十字轴承加注锂基润滑脂。

3）压路机工作 200 h 技术维护

①进行 100 h 技术维护。

②按发动机使用说明书中 200 h 技术维护项目进行柴油机的维护。

③检查压路机振动频率，必要时进行调整。

④后桥各部件油位检查或加油、换油维护。

4）压路机工作 600 h 技术维护

①进行 200 h 技术维护全部项目。

②按发动机使用说明书中 600 h 技术维护项目进行柴油机的维护。

③检查减振块的弹性，对变形大已破裂缺损的予以更换。

④检查后桥、车架、振动轮等各重要部件的焊接处有无裂纹，传动件有无变形，如有则予以更换。

⑤检查后桥和振动轮的轴承径向间隙，必要时予以调整。

⑥检查轮辋和轮毂的连接情况，损坏的必须立即更换。

⑦检查振动开关、操纵监视装置的电气线路是否正常，如有损坏则立即修复。

⑧检查振动马达与偏心轴之间弹性联轴垫的完好情况，若损坏则更换。

5）压路机每工作 1 200 h 技术维护

①重复 600 h 技术维护全部项目。

②按发动机使用说明书中 1 200 h 技术维护项目进行柴油机的维护。

③更换液压油和液压油滤清器。

④给振动轮中十字轴承及转向油缸关节轴承加注润滑脂。

除以上介绍的周期性技术维护外，压路机在每年的冬季须进行大维护——对压路机进行一次全面检查维修，并更换振动轮内的润滑油。

3. 长期停放技术维护

压路机如果停放 3 个月不使用时，应按长期停放技术维护要求作如下维护。

①按发动机使用说明书要求作长期停放的技术维护，作防锈处理。

②平行垫起前车架，调整垫块厚度，直至减振块完全不产生剪切、拉伸变形为止。

③将压路机内外表面清洗干净，有条件时应停放在库房里，露天应停放在通风处，用帆布盖好。

④对压路机各润滑点加注新油或润滑脂。

⑤用中央铰接架固定装置将前后车架固定在一起。

思考题

1. BW217D/PD振动压路机液压转向回路由哪些元件组成？它是如何实现折腰转向工作的？

2. 一般振动压路机在长期停放时如何作技术维护？

3. 简要分析振动压路机不能产生振动或振动很微弱的原因。如何排除？

课题五　全液压挖掘机液压系统分析

一、全液压挖掘机的作用和组成

在公路工程的土石方施工作业中，挖掘机担负着70%以上土石开挖工作。单斗挖掘机不仅可以完成土石方的挖掘工作，而且通过更换工作装置，还可进行起重、装载、抓取、打桩、钻孔等多种作业。

液压挖掘机主要由发动机、液压系统、工作装置、行走装置和电气控制等部分组成。液压挖掘机挖掘作业过程中主要有铲斗转动、斗杆收放、动臂升降和转台回转等4组动作。作业操纵系统中工作油缸的推拉和液压马达的正、反转，绝大多数是采用三位轴向移动式滑阀来控制油液流动的方向，而作业速度则是根据液压系统的型式（定量系统或变量系统）和阀的开度大小等，由操作人员控制或者通过辅助装置来控制。

二、全液压挖掘机的液压系统构成和原理

全液压挖掘机的液压系统主要由液压泵、先导操作阀、主阀、中心接头、铲斗油缸、斗杆油缸、大臂油缸、回转马达、左右行走马达、液压油箱、管路、滤清器等元件组成，各液压主要元件的安装位置如图7-5-1所示。液压传动系统通过液压泵将发动机的动力传递给液压马达、液压缸等执行元件，推动工作装置动作，从而完成各种作业。

根据挖掘机工作装置和各个机构的传动要求，把各种液压元件用管路有机地连接起来，并以油液为工作介质，利用液压泵将发动机的机械能转变为液压能并进行传送，通过液压缸和液压马达等将液压能转换为机械能，实现挖掘机的各种动作，从而构成挖掘机的液压系统。

全液压挖掘机的动作复杂，机构经常启动、制动、换向、负载变化大，冲击和振动频繁，而且野外作业温度和地理位置变化大，液压系统必须适应其工作和环境特点。按液压泵特性，液压挖掘机采用的液压系统大致上有定量系统、变量系统和定量/变量系统等3种类型。

1. 定量系统

在液压挖掘机采用的定量系统中，其流量不变，即流量不随负载而变化，通常依靠节流来调节速度。根据定量系统中油泵和回路的数量及组合形式，分为单泵单回路定量系统、双泵单回路定量系统、双泵双回路定量系统及多泵多回路定量系统等。

2. 变量系统

在液压挖掘机采用的变量系统中，是通过容积变量来实现无级调速的，其调节方式有3种：变量泵—定量马达调速、定量泵—变量马达调速、变量泵—变量马达调速。

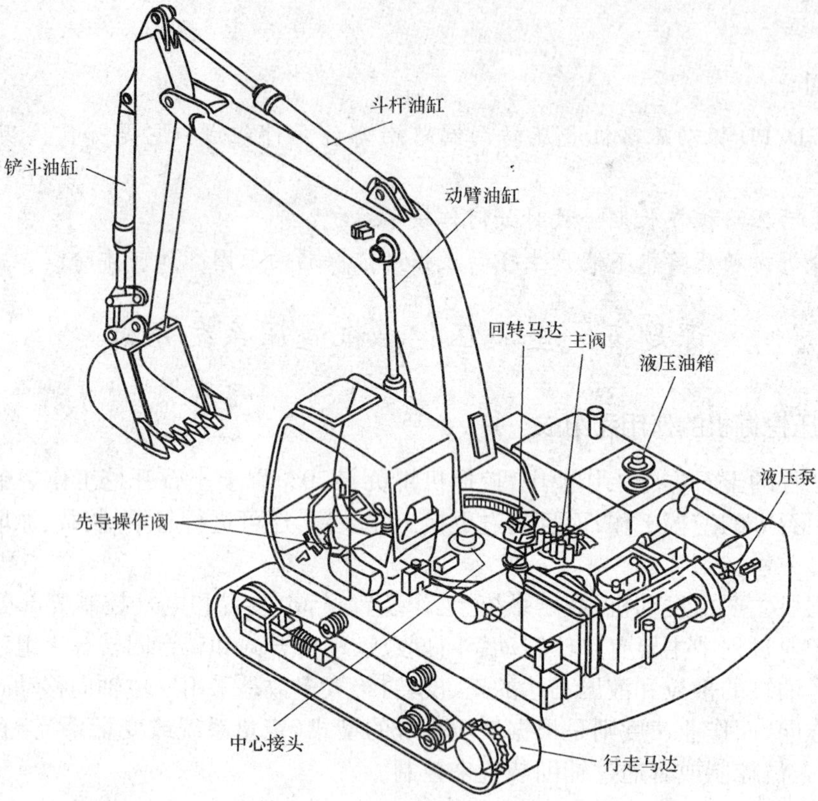

图 7-5-1　挖掘机的液压系统主要元件及位置

液压挖掘机采用的变量系统多采用变量泵—定量马达的组合方式实现无级变量,且都是双泵双回路。根据两个回路的变量有无关联,分为分功率变量系统和全功率变量系统两种。其中的分功率变量系统的每个油泵各有 1 个功率调节机械,油泵的流量变化只受自身所在回路压力变化的影响,与另一回路的压力变化无关,即 2 个回路的油泵各自独立地进行恒功率调节变量,2 个油泵各拥有一个发动机输出功率。全功率变量系统中的 2 个油泵由一个总功率调节机构进行平衡调节,使 2 个油泵的摆角始终相同,同步变量,流量相等。决定流量变化的是系统的总压力,2 个油泵的功率在变量范围内是不相同的,其调节机构有机械联动式和液压联动式 2 种形式。

三、常见挖掘机的液压系统分析

1. 国产 WY21A 液压挖掘机液压系统

该机以 B5.9-C 型康明斯发动机为动力,发动机带动双联轴向柱塞泵和先导齿轮泵,其液压回路如图 7-5-2 所示,液压主泵输出的压力油经主阀进入各执行元件,主阀共有 9 联,分为左右控制阀,左控制阀用于控制左行走、回转、斗杆、动臂;右控制阀用于控制右行走、动臂、斗杆、铲斗及破碎锤。左右控制阀分别由左右泵供油,主阀的操纵采用液压遥控方式,通过操纵驾驶室手柄控制比例减压阀,不同的操纵位置可以获得不同的控制压力,不同的控制压力对应于主阀不同的滑阀开度,从而控制执行元件的工作速度。

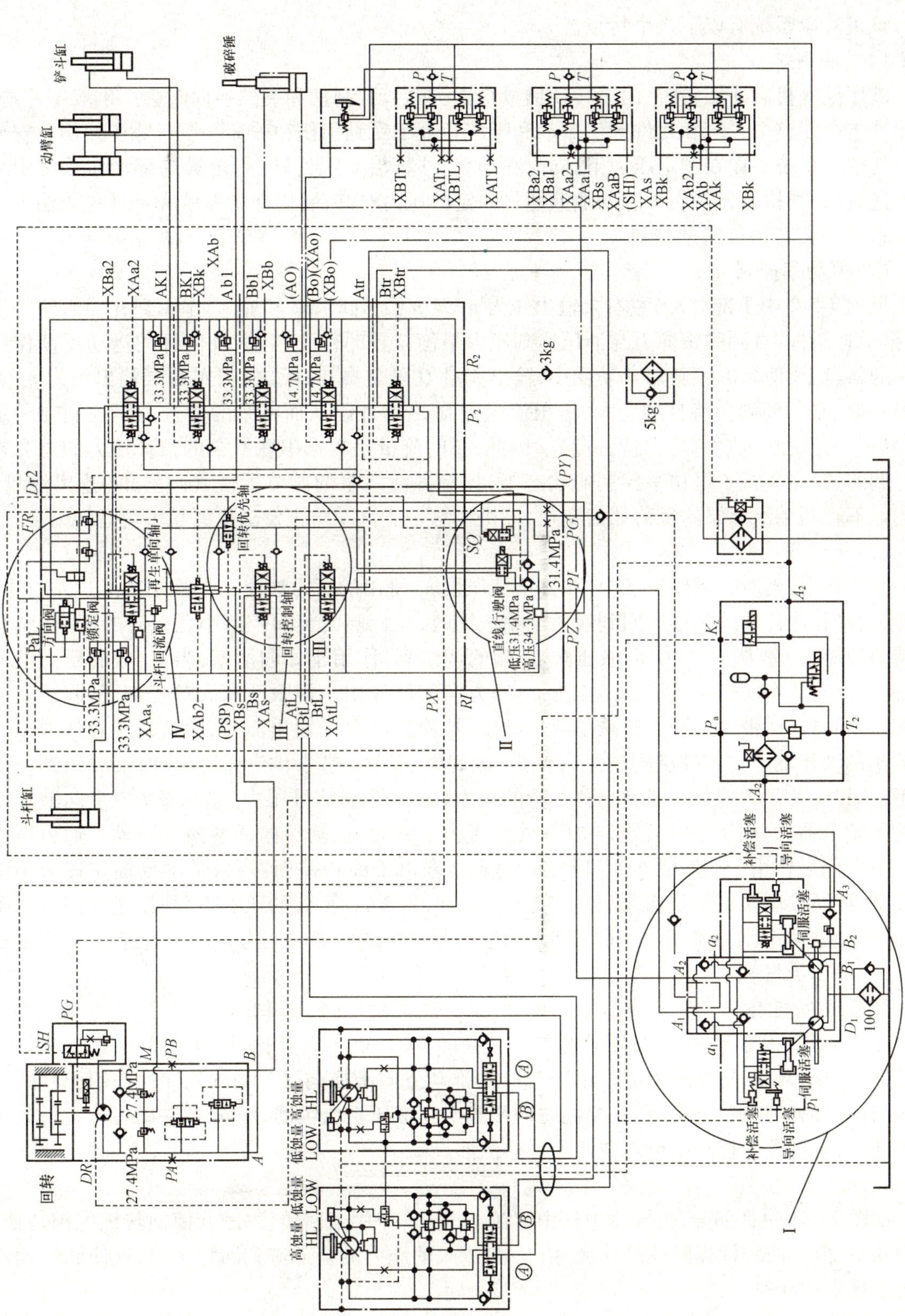

图 7-5-2　WY21A 液压挖掘机液压系统图

该机液压系统有以下几个特点。

1）缓冲回路

液压挖掘机满斗回转时，由于转动惯量很大，在启动、制动和突然换向时会产生液压冲击，液压冲击会使整个系统和元件产生振动和噪声乃至于受到损伤和破坏。该机除了使用总安全阀以使整个系统工作在额定压力下，同时在动臂、斗杆、铲斗、回转、行走等局部动作系统中采用了过载阀，当执行元件高压腔的油液超过一定的压力时卸荷，以保护系统和元件免受伤害。

2）双泵恒功率负流量控制

（1）恒功率控制

见图7-5-2中Ⅰ部分，当左右泵输出压力 p_1 及 p_2 上升时，p_1 和 p_2 会作用到补偿活塞的端部，推动补偿杆，直到弹簧弹力与油压达到压力平衡位置时停止移动，补偿杆的运动反馈作用到泵的斜盘上，使泵的倾斜角自动变小，输出流量 Q 随之减少；反之，当左右泵输出压力 p_1 及 p_2 减小时，泵的倾斜角将自动变大，输出流量 Q 随之增加。从而将泵的输入力矩控制在一定值（转速一定时输入功率也保持一定）。因此，泵的流量是根据串联双泵的负荷压力的总和来进行调节的，在实行了恒功率控制的状态下，控制各活塞泵的调节器使其倾斜角（输出流量）相同。不管两个活塞泵的负荷如何变化，该机构总是能自动防止发动机的超负荷运转。

（2）负流量控制

主回路中，当所有阀柱位于中位时，从液压泵 p_1 排出的压力油流经左控制阀通过左行走、回转、动臂和斗杆的阀柱最后回到液压油箱。同时，斗杆侧的负向控制小孔上游的压力（负向控制信号压力）被从 F_L 口引向液压泵 p_1 侧的调节器，作用于导向活塞，当 F_L 处的压力上升时，推动导向活塞向右移动。输出压力 p_1 经方向阀后作用于伺服活塞大口径部，伺服活塞由于面积差而右移，带动反馈连杆减小斜盘倾角，从而控制泵的输出流量，使其减小。从液压泵 p_2 输出的液压油通过左控制阀流经右行走、破碎锤、动臂、挖斗和斗杆的阀柱，最后回到液压油箱。同时，动臂侧的负向控制小孔上游的压力（负向控制信号压力）被从 FR 口引向液压泵 p_2 侧的调节器，作用于导向活塞，当 FR 处的压力上升时，推动导向活塞向左移动。输出压力 p_2 经方向阀后作用于伺服活塞大口径部，伺服活塞由于面积差而左移，带动反馈连杆减小斜盘倾角，从而控制泵的输出流量，使其减小。同理，当 FL、FR 处的压力下降时，通过伺服活塞带动反馈连杆增大泵的倾角，从而增加泵的输出流量。改变导向压力 p_i，可任意控制活塞泵的倾斜角（输出流量）。

3）直线行驶阀

见图7-5-2中Ⅱ部分，当在操纵左右行驶阀的同时，上车有其他动作时，先导部分 PX、PY 口处的压力均升高，先导压力油作用于 SQ 口，推动方向阀换向，PX 处的先导油作用于直线行驶阀，直线行驶阀向左位换向，p_1 泵同时向两阀上车液压系统供油，而 p_2 泵在向右行走马达供油的同时，通过直线行驶阀也向左行走马达供油。

4）回转优先

如图7-5-2中Ⅲ部分，先导压力油由 PSP 口进入，作用于回转优先阀，使回转优先阀转换。主回路中，由于回转优先阀柱的转换，由 p_1 口进入的压力油全部流到回转主阀，这使回转动作成为最优先的动作。

5）阀内合流

(1)动臂

动臂举升动作:当操纵操作杆处于举升位置时,PX 口处的压力升高。在动臂提升动作过程中,先导压力分别同时作用于左右控制阀,推动左右控制阀中的动臂主阀芯移动换向,两泵来的压力油 p_1、p_2 流过动臂主阀芯并通过阀内通道汇合后一起流向动臂无杆腔。另一方面,从动臂液压缸有杆腔一侧来的回油经过右控制阀的动臂阀芯后回到液压油箱。动臂举升时由于实现了合流,油缸的运动速度增加了一倍。

动臂下降动作:动臂下降时只有从 p_1 来的压力油进入动臂油缸有杆腔,另一方面,从动臂液压缸的无杆腔一侧来的回油经右控制阀的动臂阀芯后回到液压油箱。因此液压缸下降速度变慢,避免了油路中的吸空现象。

(2)斗杆

斗杆回缩动作:当操纵操作杆处于斗杆回缩位置时,先导回路中,PX 口的压力升高。在斗杆回缩动作中,先导压力同时作用于左右控制阀中的斗杆阀芯,推动阀芯同时换向,从 p_1、p_2 来的压力油通过阀内通道汇流入斗杆油缸有杆腔,从而使斗杆收缩以两倍速度进行。斗杆伸出动作:当操纵杆处于斗杆伸出位置时,从先导泵来的压力油亦同时作用于主阀的斗杆阀芯两端,斗杆阀芯被推动换向,主油路 p_1、p_2 同时供油,汇合的压力油使斗杆快速伸出。

6)斗杆回流

见图 7-5-2 中Ⅳ部分,在斗杆伸出动作中,仅在轻载过程斗杆液压缸有杆腔一侧的回油,同时也被斗杆的自重加压并回到主控制阀阀芯入口,此时因斗杆回流阀关闭,全部回油又流入斗杆无杆腔,以防止出现吸空现象,这叫斗杆的回流动作。随着斗杆液压缸无杆腔一侧内压力的升高,当无杆腔入口的压力升高达到 3MPa 时,斗杆阀芯内的止回阀关闭,而回路中的斗杆回流阀开启,从有杆腔一侧来的回油经过斗杆回流阀全部流回油箱,这就结束了斗杆的回流动作。

7)斗杆锁定

见图 7-5-2 中Ⅳ部分,斗杆锁定阀安装于斗杆油缸和主控制阀之间,用于将系统泄漏和机器自重引起的液压缸的自然下降速度控制在最低。

当操纵斗杆操作杆回缩时,先导回路中 PX 处的压力升高,被引至导向口 Pa_1 口,当 Pa_1 口的压力超过 0.4MPa 时,Pa_1 口的先导压力油作用于方向阀使之换向到右位,斗杆锁定阀弹簧腔和卸油口 Dr_3 接通回油箱,在主回路中,从主泵来的压力油经斗杆主阀芯后,作用于斗杆锁定阀右侧,打开斗杆锁定阀进入斗杆油缸有杆腔。在停止操纵杆操作时,当所有阀柱位于中位时,先导回路中,PX 处的压力为零,方向阀左侧的 Pa_1 口没有压力,其右侧的弹簧推动方向阀复位如图示位置,斗杆液压缸有杆腔一侧的回油由于被自重加压并回到斗杆锁定阀右侧,同时也经方向阀和弹簧一起作用于斗杆锁定阀左侧,此时斗杆锁定阀关闭,从而切断斗杆油缸有杆腔来的压力油,斗杆油缸因此被锁定。

2. 国产 WY—100 型单斗液压挖掘机液压系统及分析

国产 WY—100 型履带式单斗液压挖掘机的工作装置、行走机构、回转装置等均采用液压驱动,其液压系统如图 7-5-3 所示。

该挖掘机液压系统采用双泵双向回路定量系统,由两个独立的回路组成。所用的油泵为双联泵，分为A、B两泵。八联多路换向阀分为两组，每组中的四联换向阀组为串联油路。油泵A输的压力进入第一组多路换向阀，驱动回转马达、铲斗油缸、辅助油缸，并经中央回转接头驱动右行走马达。该组执行元件不工作时油泵A输出的压力油经第1组多路换向阀中的合流阀进入第2组多路换向阀，以加快动臂或斗杆的工作速度。油泵B输出的压力油进入第2组多路换向阀，驱动动臂油缸、斗杆油缸，并经中央回转接头驱动左行走马达和推土板油缸。

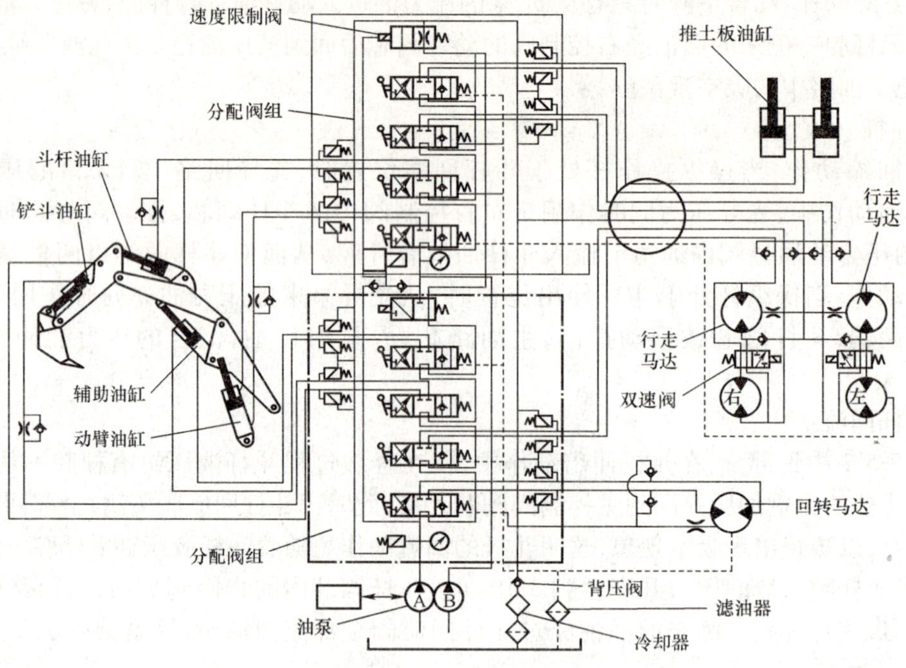

图7-5-3　WY—100型单斗履带式挖掘机液压系统

该液压系统中两组多路换向阀均采用串联油路，其回油路并联，油液通过第2组多路换向阀中的限速阀流向油箱。限速阀的液控口作用着由梭阀提供的A、B两油泵的最大压力，当挖掘机下坡行走出现超速情况时，油泵出口压力降低，限速阀自动对回油进行节流，防止溜坡现象，保证挖掘机行驶安全。

在左、右行走马达内部除设有补油阀外，还设有双速电磁阀，当双速电磁阀在图示位置时，马达内部的两排柱塞构成串联油路，此时为高速；当双速电磁阀通电后，马达内部的两排柱塞呈并联状态，马达排量大，转速降低，使挖掘机的驱动力增大。

为了防止动臂、斗杆、铲斗等因自重而超速降落，其回路中均设有单向节流阀。另外，两组多路换向阀的进油路中设有安全阀，以限制系统的最大压力，在各执行元件的分支油路中均设有过载阀，吸收工作装置的冲击；油路中还设有止回阀，以防止油液的倒流，阻断执行元件的冲击振动向油泵的传递。

WY—100型单斗液压挖掘机除了主油路外，还有如下低压油路。

①排灌油路。将背压油路中的低压油，经节流降压后供给液压马达壳体内部，使其保持一

定的循环油量,及时冲洗磨损产物。同时回油温度较高,可对液压马达进行预热,避免环境温度较低时工作液体对液压马达形成“热冲击”。

②泄油回路。将多路换向阀和液压马达的泄漏油液用油管集中起来,通过五通接头和滤油器流回油箱。该回路无背压以减少外漏。液压系统出现故障时可通过检查泄漏油路滤油器,判定是否属于液压马达磨损引起的故障。

③补油油路。该液压系统中的回油经背压阀流回油箱,并产生0.8~1.0MPa的补油压力,形成背压油路,以便在液压马达制动或出现超速时,背压油路中的油液经补油阀向液压马达补油,以防止液压马达内部的柱塞滚轮脱离导轨表面。

该液压系统采用定量泵,效率较低,发热量大,为了防止液压系统过大的温升,在回油路中设置强制风冷式散热器,将油温控制在80℃以下。

3. 美国卡特匹勒CAT325型挖掘机的液压系统

CAT325型挖掘机由美国卡特匹勒(Caterpillar)公司生产,其整机液压系统由3个系统驱动并控制,如图7-5-4所示。即主液压系统(为挖掘机的油缸和马达供油)、先导液压系统(为控制回路供油)、电子控制系统(控制发动机和液压泵的输出功率)。

1)主液压系统

主液压系统由主泵上泵和下泵驱动。主泵上泵和下泵是斜轴式变量柱塞泵,二者的使用性能是相同的。下泵通过弹性联轴器直接与发动机相连,主泵上泵和下泵通过齿轮分动箱与发动机连接,先导齿轮泵安装在箱体内,直接与下泵相连,驱动先导液压系统。发动机的所有输出功率都用来驱动这个液压泵。

每个主泵在空载时的流量为240L/min,先导泵在额定荷载下的流量为20L/min。当发动机运转时,主泵就给主液压回路供油。

当荷载增加时,主泵的排量降低。当系统压力增加或减少时,保持液压功率与发动机功率大体相同,上、下泵输出的油分别进入主控制阀的右、左阀体。如果挖掘机不工作,主泵输出的油就经控制阀返回到液压油箱。此时主控制阀给每个主泵发出信号(反向流动控制),使主泵的排量最小。如果操纵杆不动作,则主控制阀直接将油送入各个液压缸(动臂、铲斗、斗杆)和液压马达(回转和行走)。主控制阀包括不同的阀杆、阀口通道、止回阀和节流孔,既允许单独操作,又允许与其他部分联合操作。主液压系统的最大工作压力由主溢流阀限制,在行走操作时设置为34.3MPa,在工作机构和回转操作时设置为31.4MPa。

2)先导液压系统

先导泵34向先导回路中连续输送压力油,先导操纵压力由先导溢流阀设定,压力为3.45MPa。先导油路有如下3种功能。

①操作控制阀:当操作操纵杆或踏板时,先导油流经先导操纵阀分别进入主控制阀。先导油的压力推动主控制阀杆,使主泵中的油流入液压缸和液压马达的供油回路中。

②控制主泵输出:比例减压阀23收到电子信号后,使用先导液压油来形成液压信号压力。液压信号压力进入主泵的调节器,控制主泵的输出流量。

③在先导油路中形成先导信号压力,使以下油流控制得以实现:

a. 启动发动机自动速度控制(AEC)系统,在不需要或只需要轻微的液压操作时,可以自动降低发动机转速。

b. 改变行走或工作装置、回转操作设置的主溢流压力。

c. 释放回转马达停车制动器。

d. 根据机器荷载，自动将行走速度变为高或低。

e. 操作直线行走控制阀，使之在进行行走和工作装置复合操作时能保持机械直线行走。

f. 控制单一装载或挖沟作业时的有关操作。

3）电子控制系统

电子控制系统通过控制器控制发动机和液压泵的输出功率。控制器通过发动机转速调节控制器确定发动机调整器中调节杆的位置。控制器也可通过安装在开关板上的功率模式开关确定功率模式。控制器处理信息并向液压泵发送压力信号，于是液压泵能够根据机器负载和发动机转速提供最佳输出功率。

电子控制系统有如下 4 种主要功能。

①当机器负载很大时，系统使主泵有较大的排量，使之输出与发动机相匹配的最大功率。

②根据机器负载情况，系统通过 3 种不同的模式设置，将液压泵的输出功率模式控制在最佳功率模式，使机器以最佳速度运转，并减少燃油消耗。

③在空载或荷载很小的情况下，系统自动降低发动机转速，以改善燃油消耗量并降低噪声。

④系统控制用于微动控制和回转优先的电磁阀，使机器能够进行简易地面平整或沟槽内壁表面垂直修整工作。

四、挖掘机液压系统常见故障分析及诊断排除

挖掘机的完整液压系统包括 5 个部分，即动力元件（液压泵）、执行元件（油缸、油马达）、控制元件（阀）、辅助元件（油管、油箱、滤清器、散热器等）和液压油。分析和排除液压系统故障就要从以上 5 个方面入手，进行检测、分析和判断。

出现故障时，应先判断出是整机故障还是个别动作故障，然后判断是压力故障还是速度故障，从可能引发故障的元件入手，才能很快诊断排除故障。在对一种新机型作故障诊断前，要认真阅读随机的使用维护说明书，以对该机液压系统有一个基本的认识。目前，中小型挖掘机液压系统几乎都是由主油路和先导操纵油路两部分组成；主油路采用双泵双回路变量开式系统，先导操纵油路皆为定量系统。通过阅读技术资料，掌握其系统的主要参数，如主安全阀的开启压力、先导操纵压力和流量等；熟悉系统的原理图，掌握系统中各元件符号的职能和相互关系，分析每个支回路的功用；对每个液压元件的结构和工作原理也应有所了解；分析导致某一故障的可能原因；对照机器了解每个液压元件所在的部位，以及它们之间的连接方式。具体诊断故障时，应遵循"由外到内，先易后难"的顺序，对导致某一故障的可能原因逐一进行排查。

下面对常见的故障现象和原因进行分析。

1. 整机无动作

发生这种整体性的故障，要从可能引发整体故障的元件入手来判断。

①液压油是否足够。检查油面和油质。

②液压泵是否正常工作。

挖掘机一般有2个或2个以上的主泵向系统供油。如果不是机械故障造成油泵主轴不能转动，一般来说几台泵同时出现故障的概率很低。必要时可以在各油泵的测压口安装量程合适的油压表测定供油压力，来判断是否为油泵故障。

③安全锁紧阀故障。

它是位于驾驶室内的一个简单的机械开关，控制低压油路和驾驶室内的3组PPC阀（比例压力控制阀，即左、右操纵手柄和行走推拉杆）之间的通与断。当该阀出现卡死或堵塞时，油液不能供给PPC阀推动主控制阀动作，就会出现全车无动作现象。清洗检修安全锁紧阀。

④自压减压故障（有先导泵的，无此阀）。

它是位于主控制阀体上的一个调压阀。由于油泵输出的油压时高时低，不利于作为控制油压。自压减压阀则把这种不稳定的油压变成一支始终恒定压力的油流输出到全车的PPC阀和电磁阀完成控制功能。如果自压减压阀出现堵塞或卡死，使主泵来油不能通过自压减压阀而是从主溢流阀安全泄掉，则控制油流不能进入PPC阀和电磁阀，也无法推动主控制阀动作，就必然出现全车不动作的现象。清洗检修自压减压阀。

⑤主溢流阀故障。

如果安全锁紧阀和自压减压阀都没有问题，此时要检查主溢流阀。它是位于主控制阀体上的一个安全阀。其作用是限制整个系统的最高压力，若超过最高压力，则自动卸压，保护整个系统不致损坏。如果该阀弹簧断裂或调定压力过低，将导致整个系统压力过低，主泵压力油不能推动执行元件工作，而从主溢流阀全部泄露，就出现这种全车无动作现象。判断方法：启动发动机，接通安全锁紧阀，操纵手柄给机器回转或挖掘动作。由于故障机器不会动作，此时用手触摸主溢流阀体，若该阀温升很快并烫手，则可以断定就是主溢流阀故障。测试、检修、调定主溢流阀。

2. 整机动作缓慢、无力

出现这种故障现象的原因是供给到各执行元件的液压油流量和压力不足。排除机器因为长期使用，各部位密封不良、磨损量加大、油泵压力排量均下降的情况，可能的原因如下。

①合流分流阀故障。

它位于主控制阀体上，作用就是控制多泵的压力油根据工作需要处于分流或合流状态。以PC400—5机为例，该机前后2台主泵仅当行走时分流，分别供应右、左行走马达工作；在其他状态下双泵合流工作。所以当合流分流阀出现卡滞，始终处于分流状态，那么在除行走以外的工况下，只有前泵工作，后泵卸荷，就会出现整机动作缓慢的现象。如果发生机器行走正常而挖掘和回转动作缓慢的情况，可以认定就是合流分流阀故障，此时应检修该阀。

②主溢流阀调定压力过低。

由于调定压力低于标准值，所以在工作时系统很容易溢流。对于有多个主溢流阀的液压系统，只要其中任一出现上述故障，都会造成整个系统最高压力降低、工作无力的现象。为此需要测定主溢流阀的调定压力。测压时，参照说明书，选择量程合适的油压表安装在相应的测压口。发动机要全油门转动，液压油温度在45～55℃，把铲斗油缸、斗杆油缸、动臂油缸分别伸、缩到尽头，使系统溢流，测量压力值。如果这6个数值当中有4个或以上的数值基本相等且低于标准值，则能断定故障就出在主溢流阀。为了进一步明确是哪个主溢流阀故障，可以分别测左、右行走泵的溢流压力来确定（此时前、后主泵分流工作）。仍以PC400—5机为例：在上述测试状态下，用坚固的棒状物卡在驱动轮和履带之间，使机器不能行走，系统溢流。后泵测压口测得的值是左行走溢流压力，前泵测压口测得的值是右行走溢流压力。然后和标准值比较，判断出故障阀，同时进行调试。

③自压减压阀调定压力过低（有先导泵的，测量泵输出压力和流量）。

如果自压减压阀的输出油压过低，那么通过 PPC 阀打开主控制阀芯的开度就会比正常时小，通过主控制阀芯的主泵压力油力量减少，导致执行元件动作变缓。因此需要测量自压减压阀的压力。测量时，参照说明书，选择量程合适的油压表安装在相应的测压口；工作装置要降到地面，液压油温度在 45 ~55℃，发动机熄火，慢慢松开液压油箱加油口盖，释放油箱内的压力；然后把安全锁紧阀置于油路断开位置，启动发动机在空载状态下测量回路油压；如果低于标准值，同时进行调整，顺时针转动调整螺钉增加压力，直到标准值，然后锁紧螺母。

④卸荷阀和 LS（负荷传感系统）旁通阀故障。

卸荷阀位于主控制阀上，其作用是当操纵手柄处于中立位置时，主泵的液压油不必因为执行元件无动作从主溢流阀高压溢流，而是通过卸荷阀低压卸荷返回油箱，使油泵不必在无负载情况下输出高压油，避免了不必要的浪费。在正常工作时，PLS（负荷传感压力）压力始终略小于主泵压力 p_0，加上阀芯底部弹簧的弹力，与 p_0 保持平衡，卸荷阀关闭；在手柄中立时，PLS 压力为 0，此时主泵压力 p_0 打开阀芯，主泵压力油回油箱卸荷。常见的故障是 PLS 压力偏低，造成卸荷阀背压不足，使卸荷阀在机器正常工作时处于半开或全开的状态，主泵压力油部分或全部卸荷，导致系统缓慢无力。而导致 PLS 压力偏低的原因，常见的是 LS 旁通阀故障。LS 旁通阀的作用是增加操作的柔和性，防止 PLS 油压力急剧变化造成主泵流量的急剧变化。有了 LS 旁通阀以后，当 PLS 油压力急剧变化时，PLS 油被 LS 旁通阀上的节流孔轻微地泄露掉一部分流入油箱，从而使 PLS 压力降低。在 LS 旁通阀芯上有一个 O 形密封圈来保证 PLS 油压力平稳时不泄入油箱。若该 O 形密封圈损坏，就会使 PLS 油泄入油箱而压力降低，导致卸荷阀背压不足，处于半开或全开的状态，系统动作缓慢无力。检修卸荷阀和 LS 旁通阀。判断卸荷阀好坏的一个简单办法是：热车时发动机高速转动，操纵手柄到满行程，给机器动作并使之处于溢流状态。由于卸荷阀卸荷压力远低于主溢流阀，此时只要用手触摸几个卸荷阀，温升最快且烫手的便是故障阀了。当然如果卸荷阀都不烫手而是其中一个主溢流阀有升温烫手现象，说明故障不在卸荷阀，而是由于该主溢流阀溢流压力过低造成的，此时应检修该阀。

3. 局部故障

①动臂油缸。有时液压挖掘机会出现斗杆油缸或铲斗油缸伸、缩缓慢、无力，行走或回转缓慢、无力的现象，其可能的原因如下。

a. 油路、活塞等密封件失效，造成低压腔和高压腔液压油内泄互窜。

松开低压腔的油管，放掉腔内液压油，然后使高压腔工作，若此时有液压油从低压腔油管中流出，则表明油缸活塞密封件密封不良，高压腔的油窜入了低压腔，需要更换密封件。也有液压油外泄的可能，只要观察油缸、马达工作时是否有油流外泄即可确诊。

b. 安全吸油阀故障。

安全吸油阀安装在各个执行元件（油缸、马达）上，其作用是当工作装置受到外界巨力冲击时（如山崖落石），泄露油缸或马达内的异常高压，保护油管不受损坏。安全吸油阀是一个双向保护阀，当油缸或马达的某一腔产生瞬间高压时，高压腔的高压油就会打开安全吸油阀中的溢流阀溢流，同时负压腔一侧的安全吸油阀打开止回阀从油箱吸油来补充负压，起到了油路保护的作用。动臂油缸、斗杆缸、铲斗缸、回转、行走工作回路上都分别有2个安全吸油阀。显然，如果某个回路上的止回阀失效变成了双向直通；或者当溢流阀失效，打开压力很低时，都会造成该侧油腔的油压不能建立，而是直接通过止回阀或溢流阀部分或全部地泄入油箱，使油缸、马达动作缓慢无力甚至不能工作。这种故障同时伴有的现象是:在中立或停机后，油缸会缓慢自落（或称掉缸）。如果同时出现上述2种故障现象，则需要检修相应的安全吸油阀，可用工作正常的安全吸油阀替换故障回路上的安全吸油阀；如果故障消失，即可确诊。

c. PPC 阀故障。

如果发生了个别动作缓慢而其他动作正常的故障现象，在排除了油缸马达内泄的可能之后，要检查 PPC 阀。PPC 阀是一种比例压力控制阀，根据驾驶员操作手柄行程的大小输出相应的控制油压和流量，使主控制阀芯有相应的移动量从而控制工作执行元件的速度。如果某一阀芯磨损、卡滞，甚至堵塞，就会造成相应动作迟缓甚至不动作。只要把工作回路的控制油管调换到工作正常的 PPC 阀上，若故障消失，则确定问题就是相应的 PPC 阀故障，拆卸检修。

d. 主控制阀故障。

如果 a、b、c 的可能都排除而故障仍然存在，则需要检查主控制阀中控制相应动作的阀芯是否磨损、卡滞、堵塞。每一根阀芯控制一支油路的通断，如果出现阀芯磨损、卡滞，堵塞，就会导致供给相应执行元件的压力油压力和流量的降低，出现动作无力、缓慢甚至不动作的现象。

②蓄能器故障。

蓄能器是储存控制油路压力的一种装置。安装在主泵与 PPC 阀之间，其作用是保持控制油路压力的稳定，以及当发动机熄火后，仍能通过它放下工作装置，以保证整机的安全。它的蓄能来源于正常工作时自压减压阀的压力油压缩蓄能器皮囊内部的氮气而积蓄起来的。发动机关闭后，如果打开安全锁紧阀，操纵手柄，主控制阀芯就能靠压缩氮气推动控制油路打开，工作装置靠自重落下。反之，如果工作装置不动，就是蓄能器出现故障，需要检查更换。

③LS（负荷传感系统）选择阀故障。复合动作时，若出现动臂提升缓慢而回转加快的现象，一般就是 LS 选择阀发生故障。该阀安装在回转 PLS 油压力出来的回路上，主要作用是控制动臂和回转复合动作的协调性。清洗检查 LS 选择阀的密封件。

五、挖掘机液压系统的日常维护

全液压挖掘机液压系统的正常运行是其良好技术状况的一个主要标志，合格的液压油是液压系统可靠运行的保障，正确的维护是液压系统可靠运行的根本。

1. 选择适合的液压油

应按随机《使用说明书》中规定的牌号选择液压油，特殊情况需要使用代用油时，应力求其性能与原牌号性能相同。不同牌号的液压油不能混合使用，以防液压油产生化学反应、性能发生变化。深褐色、乳白色、有异味的液压油是变质油，不能使用。

2. 防止固体杂质混入液压系统

液压系统中有许多精密偶件，如阻尼小孔、有的有缝隙等，若固体杂质入侵将造成精密偶件拉伤、发卡、油道堵塞，就会危及液压系统的安全运行。要防止杂质从以下途径入侵液压系统：液压油不洁；加油工具不洁；加油和维修、保养不慎；液压元件脱屑等。

3. 防止空气和水入侵液压系统

在常压常温下液压油中含有容积比为 6% ~8% 的空气，当压力降低时空气会从油中游离出来，气泡破裂使液压元件"气蚀"，产生噪声。大量的空气进入油中将使"气蚀"现象加剧，液压油压缩性增大，工作不稳定，降低工作效率，执行元件出现工作"爬行"等不良后果。另外，空气还会使液压油氧化，加速油的变质。维修和换油后要按随机《使用说明书》规定排除系统中的空气，才能正常作业。

油中含有过量水分，会使液压元件锈蚀、油液乳化变质、润滑油膜强度降低，加速机械磨损。因此维修保养时要采取过滤、油水分离等措施，以避免水分混入油液。

4. 机械作业要柔和平顺

必须严格执行操作规程，液压阀开、闭不能过猛过快，避免使工作装置构件运动到极限位置产生强烈撞击。

5. 保持适宜的油温

液压系统的工作温度一般控制在 30 ~80℃之间为宜（危险温度≥100℃）。油温太高会导致油液黏度下降，油泵容积效率降低，润滑膜变薄，增加机械磨损，密封件老化变质，丧失密封性能等故障。为了避免温度过高：不要长期过载；热器散热片保持清洁以防尘土附着影响散热效果；保持足够的油量以利于油的循环散热；油温过低时，油的黏度大，流动性差，阻力大，工作效率低；当油温低于 20℃时，急转弯易损坏液压马达、阀、管道等。此时需要进行暖机运转，启动发动机，空载怠速运转 3 ~5min 后，以中速油门提高发动机转速，操纵手柄使工作装置的任何一个动作（如挖掘机张斗）至极限位置，保持 3 ~5min 使液压油通过溢流升温。如果油温更低则需要适当增加暖机运转时间。

6. 控制液压油箱气压和油量

压力式油箱在工作中要随时注意油箱气压，其压力必须保持在随机《使用说明书》规定的范围内。压力过低，油泵吸油不足易损坏，压力过高，会使液压系统漏油，容易造成低压油路爆管。对维修和换油后的设备，排尽系统中的空气后，要按随机《使用说明书》规定的检查油位状态，将机器停在平整的地方，发动机熄火 15min 后重新检查油位，必要时予以补充。

7. 定期保养注意事项

目前有的工程机械液压系统设置了智能装置，该装置对液压系统某些隐患有警示功能，但其监测范围和程度有一定的局限性，所以液压系统的检查保养应将智能装置监测结果与定期检查保养相结合。按照随机《使用说明书》规定的运行 250h、500h、1 000h、5 000h、10 000h 的保养、维护要求清洗滤清器，更换滤芯，清洗液压油箱，更换液压油，进行必要的调整和维修液压元件。

8. 定期检测液压系统各检测点的压力

防止液压系统长期在不正常压力下工作，减少液压系统磨损并保证液压系统正常工作。

思考题

1. 全液压挖掘机的液压系统由哪些主要元件组成？

2. 全液压挖掘机的液压系统有几种形式？各有什么特点？

3. 全液压挖掘机的液压系统在定期保养时有哪些注意事项？

4. 简述全液压挖掘机液压系统的故障判断步骤。

5. 如果全液压挖掘机液压系统中卸荷阀和LS(负荷传感系统)旁通阀出现故障，应如何处理？

课题六　稳定土拌和机械液压系统分析

稳定土拌和机用于道路或机场等工程基层土壤的加固工作，通过它完成土壤混合料的制备(包括粉碎土壤、喷洒黏结料、混合料拌和、摊铺)。

铣刀式稳定土拌和机又称路铣机。它的关键设置是有一个铣削筒(又称转子)，用于粉碎土壤、搅拌混合料，并使黏结料发生搅拌。铣削筒与机器纵轴垂直安装，在沿筒轴的长度方向上，安装有一定数量及角度的叶片铣头。铣筒带有外罩，罩内为粉碎土壤、喷洒黏结剂、搅拌混合料等的密闭工作腔。

稳定土拌和机按机组数、履带式或轮胎式、机械传动或液压传压传动、铣筒数量等分为许多种。下面简介两种型号(WBY210和MPH—100)的稳定土拌和机。

一、WBY210型全液压稳定拌和机

这种机型适用于道路、机场、货场等工程施工现场土壤稳定土的拌和作业，其主要技术参数见表7-6-1。

WBY210型全液压稳定拌和机主要技术参数　　表7-6-1

柴油发动机型号	6135K—5	工作速度(km/h)	0～1
功率(kW)	117.6	最高运动速度(km/h)	5.5
工作装置型式	单转子后悬挂式	最大爬坡度(°)	20
拌和深度(mm)	100～130	主传动系统压力(MPa)	32
拌和宽度(mm)	2 100	辅助传动系统压力(MPa)	14
转子转速(r/min)	137、164		

该机采用了封闭式专用刀具拌和、转子滚切、粉碎、拌和的工作原理，通过切、撞、磨等作用实现均匀拌和的目的。拌和工作装置为后悬挂式，它由悬挂架、转子、浮动罩及升降机构等部件组成。

悬挂架与后机架相铰接，用来支撑转子并借助液压缸控制拌和深度或将转子提升到拌和机的运行状态。在左右悬挂侧板上附有链条减速机构。定量柱塞马达通过侧减速装置带动转子工作。

转子是直接拌和装置。在转子轴上焊有几个刀盘，每个刀盘上均匀布置安装有4把拌和刀，拌和刀在转子轴线方向上按螺旋线方式排列。随拌和材料的改变，选用相应的刀具。

浮动罩装置由吊架、罩壳和平衡杠杆组成。在非拌和状态时,罩壳随转子的升降而升降;在拌和状态时,罩壳不随转子拌和深度的变化而改变高低位置,始终浮动在地面上。浮动罩装置保证了转子拌和室有良好的密封性,同时也有利于被拌和材料的整平工作。平衡杠杆使浮动罩在浮动过程中相对轴线保持平移运动,借以防止在铺料不平或碰到障碍物时浮动罩与转子之间出现卡滞现象。

该机的液压系统如图 7-6-1 所示。

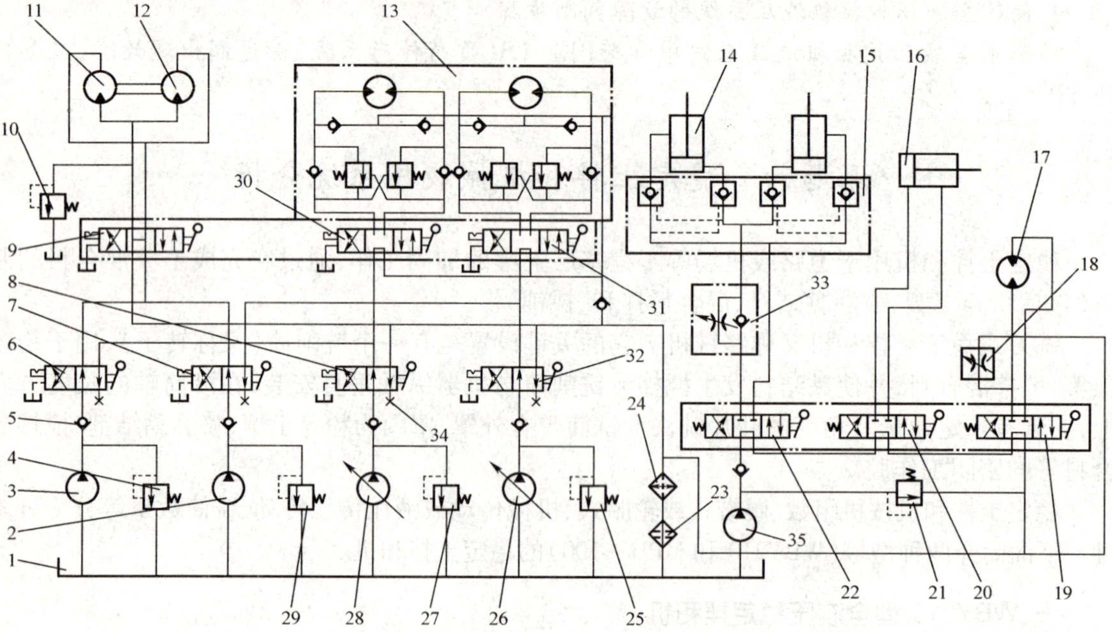

图 7-6-1　WBY210 稳定土拌和机液压系统图

1-液压油箱;2、3、35-定量泵;4、21、25、27、29-溢流阀;5-止回阀;6、7、8、32、34-合流阀;9、19、20、22、30、31-三位四通换向阀;10-过载阀;11、12-转子液压马达;13-行走液压马达;14-工作装置(转子)升降油缸;15-液压锁;16-尾门液压缸;17-风冷却液压马达;18-可变节流阀;23-精滤油器;24-液压油冷却器;26、28-变量泵;33-单向节流阀

柴油发动机动力输出轴通过万向节传动轴与分动箱相连接,从而带动安装在分动变速器上的 5 个泵(2、3、28、26、35)工作。

该液压系统为多泵开式系统。分动变速器为一个有两挡速度和 5 个动力输出的箱体。5 个液压泵中,其中有 2 台大流量的斜轴式定量柱塞泵 2 和 3,2 台小流量的轴向手动变量柱塞泵 26、28 和 1 台齿轮泵 35。

该系统由转子驱动回路、行走回路以及控制回路等组成。

1. 转子驱动回路

转子驱动回路是由 2 台斜轴式定量柱塞泵 2 和 3,2 个二位四通手动换向阀 6 和 7,2 个溢流阀 4 和 29,1 个过载保护安全阀 10 以及 2 台斜轴式定量马达 11 和 12 等组成。2 台斜轴式定量泵排出的高压油合流后经三位四通手动换向阀 9 驱动定量马达 11 和 12。当手动换向阀 9 处于中位时,压力油经过换向阀 9 再经过冷却器 24 和精滤油器 23 流回油箱。当手动换向阀 9 分别位于左、右位时,就驱动 2 个马达 11 和 12 正、反向旋转,从而带动转子工作。溢流阀 10 是防止转子过载,起安全保护作用,从一定程度上保证刀具的使用寿命。由于分动变速器有2个挡位，相应的液压泵的流量也得到改变，因此转子的转速也可得到两挡速度。二位四通手动阀6和7为合流阀。

2. 行走驱动回路

行走驱动回路是由2个手动变量柱塞泵26和28、三位四通手动换向阀30和31以及内曲线液压马达13等组成。通过调节手动变量泵26、28的排量，其行走速度可实现无级变速。当换向阀30和31均在左、右位（阀8和32均在右位）时，就实现了整机的前进、后退。当换向阀30、31一个在中位、另一个不在中位时，即一个马达旋转，一个不旋转，就实现了拌和机的左（或右）转向。

各自的溢流阀25、27起过载保护作用。二位四通手动阀34、32为合流阀。

3. 控制回路

控制回路是由齿轮泵35，多路换向阀19、20、22，工作装置升降油缸14，尾门油缸16等组成的开式回路。

齿轮泵35排出的高压油通过组合阀分别控制工作装置液压缸14的升降、尾门液压缸16的开启以及风冷液压马达17。当19、20、22这3个换向阀均处于中位时，齿轮泵排出的高压油经过冷却器24、滤油器23流回油箱。当手动换向阀22在左、右位时，高压油只控制工作装置液压缸14的升降，单向节流阀33的作用是控制升降速度。2个液压锁是为了保证工作装置保持其一定的升降速度，保证一定的拌和深度。当换向阀20处于左、右位时，就实现尾门液压缸的下降、上升。当换向阀19处于左、右位时，就只驱动风冷马达17运转，启用冷却液系统。可变节流阀18的作用是根据气温情况调节控制马达17的转速。

二、MPH—100型液压稳定土拌和机

MPH—100型液压稳定土拌和机是德国宝马（BOMAG）公司生产的。该机具有操作轻便，自动控制，行走系统采用轮胎式底盘，运行速度快，全液压转向灵活轻便，转子可以进行无级调速和无冲击换向等优点。其主要技术参数见表7-6-2。

MPH—100型液压稳定土拌和机主要技术参数 表7-6-2

发动机型号	GMC8U—71	工作速度（m/min）	0~6.4
功率（kW）	223.4	运行速度（km/h）	0~25
转子转速（r/min）	0~135（破碎） 0~270（拌和）		

该机前面为轮胎式拖拉机，后面悬挂着路铣工作装置。该机的液压系统如图7-6-2所示。整个液压系统由行走回路、转子回路、转向回路、转子升降回路、尾门开闭回路、制动回路等构成。

1. 行走回路

该回路是由斜轴式变量泵（见泵组总成17）以及定量马达22等组成。主泵向定量马达22提供高压油以带动马达旋转，驱动行走机构行走。辅助泵一方面向主油路的低压管路提供一定的补偿油，另一方面向控制回路提供控制油。控制油通过液动二位三通阀和三位四通阀控制主泵的2个伺服油缸，使其斜盘倾角变化，从而达到控制主泵的输出流量和液流方向目的，实现无级变速和无冲击换向。节流阀的作用是调节进入控制油路的流量。二位二通液动阀的控制油是由转子泵总成18提供的。

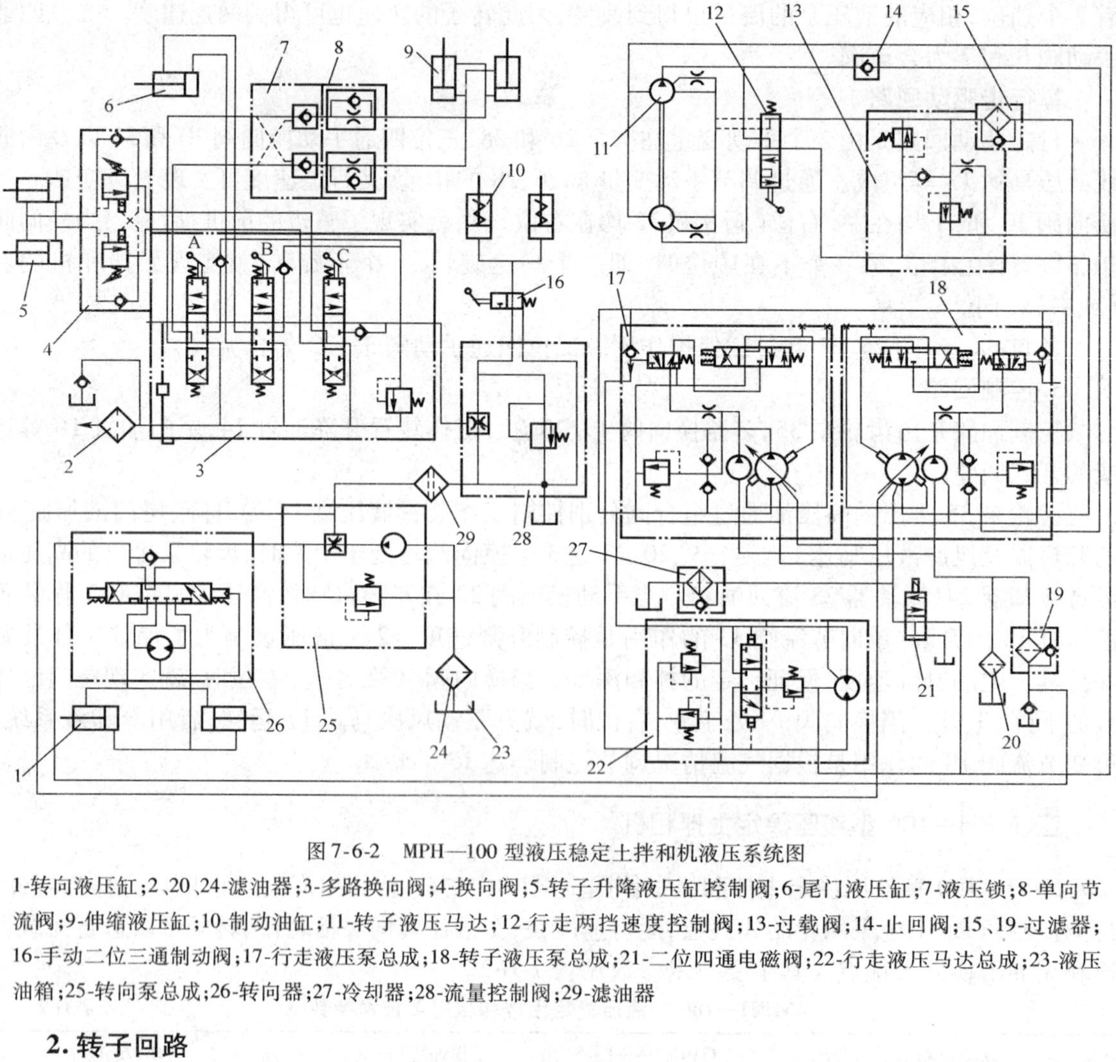

图 7-6-2　MPH—100 型液压稳定土拌和机液压系统图

1-转向液压缸;2、20、24-滤油器;3-多路换向阀;4-换向阀;5-转子升降液压缸控制阀;6-尾门液压缸;7-液压锁;8-单向节流阀;9-伸缩液压缸;10-制动油缸;11-转子液压马达;12-行走两挡速度控制阀;13-过载阀;14-止回阀;15、19-过滤器;16-手动二位三通制动阀;17-行走液压泵总成;18-转子液压泵总成;21-二位四通电磁阀;22-行走液压马达总成;23-液压油箱;25-转向泵总成;26-转向器;27-冷却器;28-流量控制阀;29-滤油器

2. 转子回路

该回路由 1 个变量泵 18、2 个转子马达 11、过载阀 13、止回阀 14 以及滤油器 15 等组成。主油泵是通过手动两挡速度阀 12 进入液压马达,驱动转子工作。

止回阀 14 起补油作用。当发动机突然停止工作或换向阀突然处于中位时,主泵不能向主油路提供压力油,由于转子的惯性作用,转子马达就暂时处于液压泵的工作状态,将进油路的油吸空,此时止回阀 14 打开,向进油路补油,以防止主进油路产生气蚀现象。

手动两挡速度控制阀 12 可使转子得到两个速度:破碎时为 0 ~ 135 r/min;拌和时为0 ~270 r/min。

滤油器 15 的作用是过滤主油路的工作油液中的杂质,使工作油始终维持在清洁状态,保证工作的顺利进行。

当转子遇到大的石块或其他障碍物时,主油路的进油路压力升高。此时高压油就打开止回阀,推动变量泵中的二位三通液动阀,使其处于右位工作,变量泵操纵油路卸荷,以保证转子的安全。

3. 转向回路

该回路通过一个辅助泵 25 提供压力油。通过全液压转向器 26 控制转向油缸 1 的动作，从而实现转向。全液压转向器为开式有反应型，驾驶员有一定的路感（通过转向盘感受到路面的变化）。

4. 控制回路

辅助泵 25 的另一部分油通过滤油器 29，再经过流量控制阀 28 分别进入控制制动回路和尾门、转子升降回路。

手动阀 16 是控制制动油缸的，当阀芯位于左腔时，制动油缸工作，起制动作用；位于右腔时，工作油就通过手动阀回油，制动解除。

3 个三位六通手动控制阀组 3 分别控制转子升降液压缸 5 的升降和尾门升降油缸 6 的升降，以及液压油缸 9 的伸缩动作。C 阀控制转子的升降，从而控制拌和机的拌和深度。B 阀控制尾门的开启。A 阀控制油缸 9 的伸缩。

辅助泵 25 通过滤油器 24 从油箱中吸油。

转子回路、行走回路的回油和泄漏油通过油冷却器 27，使油温不致过高，以保证系统的正常工作。

三、稳定土拌和机液压系统常见故障、故障原因及排除方法

稳定土拌和机液压系统常见故障、故障原因及排除方法，见表 7-6-3。

常见故障、故障原因及排除方法　　　　表 7-6-3

故障现象		故障原因	排除方法
行走液压回路	(1) 压油不足或无压油，使行走速度慢或不行走	①主泵有故障； ②操作泵及操作系统出现故障； ③泵与动力源连接出现问题； ④行走液压马达总成内出现严重泄漏； ⑤节流阀堵塞，主泵变量系统失灵； ⑥止回阀泄漏	①检查动力源功率； ②检查主泵及辅助泵； ③检查操纵系统； ④检查液压马达总成及止回阀磨损情况
	(2) 油温升高或过高	①马达总成三位三通梭阀及卸荷阀出现故障； ②冷却器出现故障	检查梭阀及冷却器
转子回转回路	(1) 转子回转无力或转速过低	①调节后的压力值太低； ②主泵变量调节系统失灵； ③节流阀堵塞； ④止回阀泄漏； ⑤手动调速阀阀内故障	①检查调压阀及变量调节系统； ②检查止回阀磨损情况； ③检查液压油污染情况
	(2) 振动、噪声严重	①调整相应负荷； ②过载补油阀失灵； ③压力调节不适应； ④回转马达故障； ⑤回路内存在空气	①检查外负荷； ②检查过载补油阀； ③检查液压马达； ④排除回路中的空气

续上表

故障现象		故障原因	排除方法
转向回路	转向不灵或不能转向	①转向泵定压不适应； ②节流阀堵塞； ③液压转向器出现故障； ④转向油缸泄漏严重	①检查供油泵节流阀； ②检查转向器； ③检查液压缸
转子升降回路	(1)转子升降油缸动作不灵，或升降速度过慢	①液压缸泄漏； ②换向阀泄漏； ③调压阀压力不适应，调压过低； ④止回阀故障； ⑤供油不足	①检查回路内液压缸、液压阀的泄漏情况； ②检查止回阀是否磨损或泄漏； ③重新调压； ④检查供油泵供油情况
	(2)转子升降油缸停不住	①液压锁、止回阀失灵； ②液压缸本身存在内泄漏	检查液压锁、止回阀液压油缸泄漏情况
尾门回路	尾门油缸起闭不灵或速度过慢	①供油不足； ②调压过低； ③尾门油缸及换向阀存在内泄漏	检查供油泵压力、溢流阀调压情况及液压缸、换向阀内泄情况
制动回路	制动不灵或制动力不足	①流量控制阀内压力调节过低； ②二位三通阀存在内泄； ③制动油缸内弹簧疲劳折断； ④调速阀堵塞	①检查回路内各元件是否损坏、内泄； ②检查弹簧； ③检查液压油及清除污染物
冷却回路	系统油温过高	冷却器或冷却回路失去作用： ①冷却回路风冷液压马达损坏，造成风量不足； ②回路供油泵来油流量不足； ③换向阀内泄严重； ④冷却器堵塞或损坏； ⑤调速阀堵塞	①检查回路内各液压元件，进行维修或更换； ②检查冷却器是否堵塞损坏，进行维修或更换
液压油	污染变质	①使用了质量不合格的液压油； ②使用了黏度不适合的液压油； ③液压油长期使用、从未过滤或更换； ④不断进入灰尘、泥沙及其他杂物； ⑤使用温度过高，导致氧化变质； ⑥进入水分及空气，产生气蚀等； ⑦过滤器堵塞	①检查液压油质量； ②定期过滤液压油； ③定期清洗过滤器； ④更换液压油

思考题

1. WBY210 型全液压稳定土拌和机液压系统由哪几个回路组成?
2. 稳定土拌和机转子回转无力或转速过低的原因是什么?
3. 稳定土拌和机转向不灵或不能转向的原因是什么?
4. 稳定土拌和机转子升降油缸动作不灵或升降速度过慢的原因是什么?

课题七　沥青混凝土摊铺机液压系统分析

沥青混凝土摊铺机是用来铺筑沥青混凝土路面的专用机械。其功用是将拌制好的沥青混合料按照路基或路面的设计要求以一定的厚度、平整度迅速均匀地摊铺在已平整好的路基上,并给予初步捣实和整平。沥青混凝土摊铺机也用来进行路基层的摊铺作业。

沥青混凝土摊铺机的类型较多,有履带式、轮胎式、机械式和液压式等。沥青混凝土摊铺机大致结构基本相同,主要由料斗、链式输送器、螺旋摊铺器、振动—振捣装置、熨平装置、行驶系统和发动机等组成。

早期的沥青混凝土摊铺机以机械传动为主,如西安筑路机械厂生产的 LT6 型摊铺机,镇江路面机械厂生产的 LT—4500 型摊铺机等。随着技术的不断发展,特别是液压元件制造技术的提高,全液压沥青混凝土摊铺机逐渐替代了机械式摊铺机,尤其是摊铺宽度 4.5m 以上的摊铺机。

全液压沥青混凝土摊铺机一般配用大功率、高性能水冷柴油机。如 ABG325 型摊铺机采用德国道依茨(DEUTZ)公司的 BF6M1013 型水冷柴油发动机,其功率为 171kW;西安筑路机械厂研制开发的 LT1200 型摊铺机,采用德国道依茨(DEUTZ)公司原装 DB6M1013C 型发动机,功率为 156kW。全液压沥青混凝土摊铺机行驶系统一般采用恒速控制技术,履带两侧的轴向柱塞马达可在一定速度范围内调节,能在行驶中直接换挡,驱动变量泵一般带有限压装置,以防液压系统过热。预置速度可通过转动控制电位计在有限的变化范围内选定。行驶中平滑曲线转向是由安装在链轮箱入口处的传感器来保证的,由传感器来测定每侧履带的行驶速度,这些被测值将与控制电位计中的预置值进行比较,通过新型电控系统纠正预置值与实际值之间的偏差,即使遇到极大冲击,亦能保持按预定的速度和转角行驶,克服了摊铺过程中因发动机转速变化、液压元件容积效率变化以及履带滑转率变化等因素导致的摊铺速度不稳定。各液压回路的连续压力使用值及尖峰压力值的合理设计使得其液压系统工作稳定、可靠;先进的机电一体化设备、电控液压回路,使各执行元件的动作有机地联系起来,进行协调和精确控制;全液压沥青混凝土摊铺机设有故障报警诊断装置,能对电气故障报警,对行走电控系统电气故障部位进行识别。

一、LTU4 型沥青混凝土摊铺机

1. 系统概述

我国自行仿美研制的斗容量为 4t 的 LTU4 型全液压沥青混凝土摊铺机,是由机架、工作装

置、履带行走装置、液压系统、电气系统、发电机及机械传动系统、顶推轮、操纵系统等部分组成。

工作装置包括:料斗、斗门、螺旋分料器、熨平装置(含厚度调整机构、路拱调整机构、振动器、延伸熨平板)。

履带行走装置包括:三级链轮减速器、履带、轮组。

液压系统由液压泵、各种阀、液压缸、液压马达、散热器、滤清器、油箱、管路等组成。

电气系统包括:蓄电池、电流表、发电机、起动机等。

机械传动系统包括:三组皮带传动及张紧装置等。

其中工作装置及履带行走装置全部为液压传动。

图 7-7-1 为该机液压系统图。该液压系统为开式多泵系统。除行走回路采用变量泵系统外,其余回路(工作装置回路、螺旋分料器的振动熨平回路)为定量泵系统。

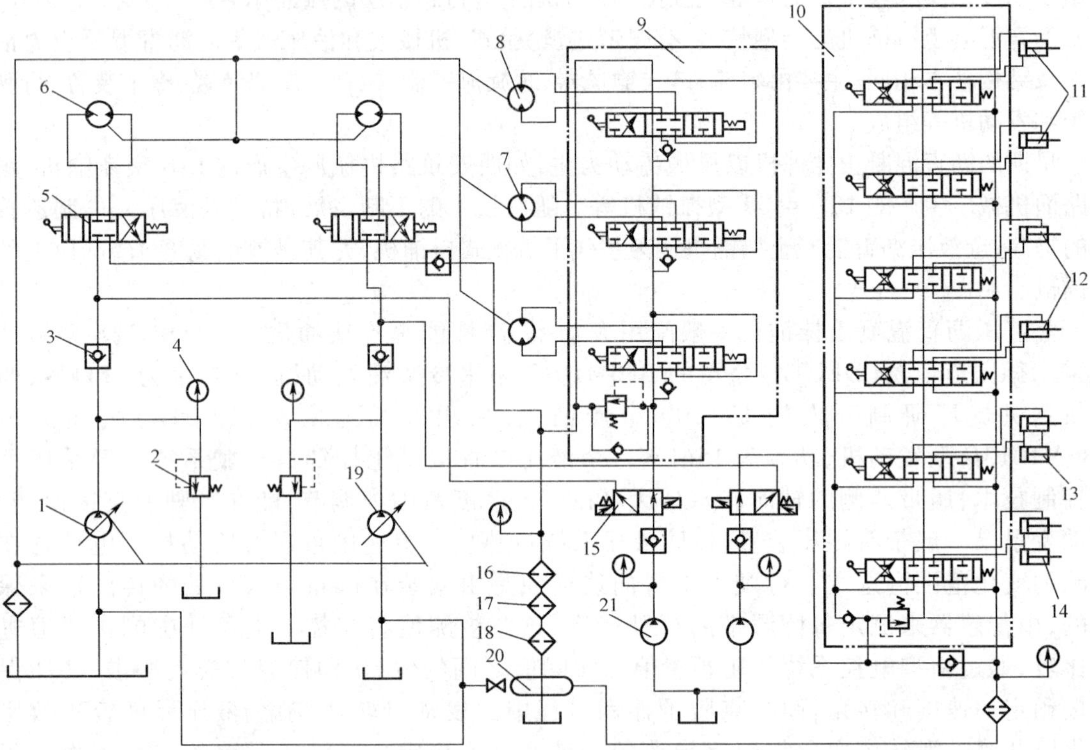

图 7-7-1　LTU4 型全液压履带式沥青混凝土摊铺机

1、19-变量液压泵;2-安全阀;3-止回阀;4-压力表;5-手动换向阀;6、7、8-液压马达;9、10-多路换向阀;11-熨平板伸缩液压缸;12-料斗门液压缸;13-熨平板升降液压缸;14-料斗液压缸;15-电磁阀;16-粗滤网;17-纸质滤油器;18-液压油冷却器;20-小液压油箱;21-定量液压泵

行走手动换向阀 5 可操纵整机的前进、后退、转弯及停止;2 个液压马达 7 和液压马达 8 分别是用来带动 2 台螺旋分料器和熨平板振动工作的;伸缩液压缸 11 供延伸熨平板加大摊铺宽度用;提升液压缸 13 可将熨平板升起或下落;料斗液压缸 14 可合拢料斗使物料形成料堆;

液压缸 12 为左、右料斗闸门油缸，用来调节闸门的开闭程度以改变物料的流动。本机还装有 2 个合流换向阀 15，可有效地增加行走转移速度。

本液压系统压力为 12.5MPa，合流行走速度可达 1.2km/h。爬坡时，若柱塞泵吸油不足，可打开位置较高的小油箱 20 开关，补充供油。

2. LTU4 沥青混凝土摊铺机故障排除及维修

LTU4 沥青混凝土摊铺机故障排除及维修，见表 7-7-1、表 7-7-2。

LTU4 沥青混凝土摊铺机故障排除及维修整机部分　　表 7-7-1

状　态	可能原因
发动机运转不正常	按发动机使用说明书寻找原因，并排除
直线行驶操作困难，出现跑偏现象（出现时允许在低速无负荷状态下 50m 跑偏 0.5m）	①操纵杆没有向前或向后推到位； ②操纵杆双联控制受阻； ③履带没有校直； ④两履带张紧程度不一； ⑤由于橡胶轮上有柴油，而使驱动橡胶轮在履带内圈打滑； ⑥动力传输链条被拉断； ⑦传送系统皮带打滑； ⑧松软和不规则路面也会引起跑偏
行驶速度慢或动力损失太大（行驶速度 0～18.4m）	①发动机没有在额定转速下工作； ②胶轮上有柴油，而使其在履带内圈打滑； ③驱动油马达磨损过量，内泄漏严重； ④油泵输出的流量不够
液压油缸或马达外泄漏严重或管接头漏油	密封元件损坏或装配时没有放正密封件
压力不足	①安全阀调定压力偏低； ②液压元件磨损超限； ③液压元件内泄漏太大
熨平板加热不够	①发动机转速不高； ②废气泄漏量超量； ③熨平板一端的排气孔堵住
油泵输出流量不够	①发动机转速太低； ②油泵调节不适当； ③油位太低

注：①发动机按其说明排除故障。

②滤清器脏了以后，应清洗磁性滤油器和油箱入口的滤网，更换纸质滤清器的滤芯等。

其他故障 表 7-7-2

故 障	原 因	排除方法
油路泄漏	①油封损坏； ②接头松动； ③焊接式管接头质量差； ④软管损坏	①更换； ②拧紧； ③焊好； ④更换
噪声严重	①油箱内油量不足； ②管路中空气未排除干净； ③油黏度过高或油温过低； ④滤油器堵塞； ⑤吸油路堵塞	①加满油箱； ②打开小油箱排气塞，排尽空气； ③更换适当黏度的油液； ④清洗滤清器或更换滤芯； ⑤清洗油管
油温高（环境温度不高于 35℃，接近满负荷工况下连续工作 4h，系统油温不超过 80℃）	①油箱内油量不足； ②油被污染； ③安全阀调定压力不适当； ④环境温度过高	①加满油箱； ②用干净的油更换； ③调定正确压力； ④冷却
油压过低	①安全阀开启压力过低； ②系统泄漏严重； ③油泵损坏	①调节； ②消除； ③更换
油中起泡沫	①油位低； ②空气进入输油管路； ③油的型号不对	①加满油箱； ②排除； ③更换正确型号

技术维护规程：

1）维护须知

①液压油采用 YC—N46（原牌号兰稠 30—1 或上稠 30—1），大油箱容量约 100L，小油箱容量约 10L。

②滤油器：1 个磁性滤油器，2 个纸质滤油器（ZU—A63X10，$p = 1.6\text{MPa}$，$Q = 63\text{L/min}$，过滤精度 10μm）。

③润滑油及润滑脂：

a. 发动机按其说明选用；

b. 链轮减速器先用 30 号齿轮油，标号 HL—30，加入量以淹没第 2 级链传动被动链轮为准，大约 3.2kg。

c. 所有轴承润滑脂选用 4 号钙基润滑脂，标号 ZG—4。

④动力调节链条的调节：

a. 用千斤顶顶起机器，使履带离开地面，并用木材固定支撑，以防发生事故；

b. 松开前橡胶轮轴轴承座螺栓，使链条上部和下部重量相等；

c. 调整链条调节螺栓，使链条平稳张紧，并使上、下重量相等；

d. 测量左右履带前橡胶轮轴到前框架距离，相差不应超过 6mm；

e. 紧固轴承座和拧紧调节螺栓的锁紧螺母；

f. 调节履带和链条时，要同时兼顾履带和链条张紧程度适当。

⑤检查液压油油位和更换滤油器时，应在液压油冷却后进行，以免热油溢出。

⑥三角皮带的张紧程度，按《沥青混凝土摊铺机技术条件》(JT3125—87)检查和调节。

2)维护规程

(1)例行维护(每班进行见表7-7-3)

表7-7-3

作业部分	作业项目	要求及说明
柴油机	检查柴油、润滑油、冷却水等的存量	不足时应添加
	检查燃油箱滤杯、沉淀杯是否有积污或水分	必要时清洗干净
	清除空气滤清器内的积尘	必要时清洗并更换池内的机油
	检查各处是否有漏油、漏气、漏水现象	无渗漏
	检查蓄电池电解液液压面高度	应保持高出极板5~10mm，不足时加添电解液
	检查各连接件及紧固件是否有松动现象	松动件要紧固，对于新机械应在使用30h后对汽缸盖紧固螺母及排气管等受热螺母重新拧紧一次
	清除柴油机及其附属件外部的泥垢、灰尘及油污	整洁
	注意观察、检听柴油机的运转状态	应启动容易、运转正常无异响
操纵行走及工作部分	检查机器的操纵及履带橡胶轮有无油污	操纵有效及无油污
	检查料斗的倾斜情况	能平稳上下、倾斜
	检查螺旋分料器的转动	转动平稳、无异响
	检查熨平板的提升和下落	平稳提升和下降
	检查熨平板的伸缩	能均匀平稳连续伸缩至最大宽度
	检查熨平板的振动	能顺利起振
传动系统	检查三角皮带张紧度	用手指下压一根带的中点，其挠曲量为10~15mm为宜
液压系统	检查大小油箱油量及4个压力表读数	油量正常工作时压力表读数小于或等于10MPa
	检查各接头部位是否有漏油现象	无渗漏
	检查橡胶管是否有磨破现象	无破损，必要时更换
整机	除去履带上和料斗、螺旋分料器、顶推滚表面及熨平板底面的沥青等杂物	必要时用柴油清除
	清洁所有与沥青混合料接触的零件表面	清洁
	除去堆积在熨平板排气孔的沥青混合料	机械排除
	检查各部分连接螺栓是否松动	紧固

(2)一级维护(每200h进行,见表7-7-4)

表7-7-4

作业部分	作业项目	要求及说明
	完成例保全部项目	不足时应添加
柴油机	更换机油(新机在工作60h后进行)。清洗润滑系(拆洗机油集滤器、机油滤清器、更换机油滤芯)	如环境差、负荷重,可累计100h后进行本项作业
	清洗燃油滤清器(必要时更换滤芯)、空气滤清器及燃油输油泵滤网	同上
	检查风扇皮带张紧度	必要时调整,用大拇指压住皮带中间,挠曲量达10~15mm为合格
	检查蓄电池电解液密度或电压	电解液密度(20℃时)应为:1.28~1.29g/cm^3,如低于1.18g/cm^{3}应充电
	检查调整气门间隙及减压间隙	在冷车状态下,进、排气间隙分别为:0.3~0.35mm,0.35~0.40mm
	向水泵轴承、喷油泵及调速器内等处添加润滑剂	油脂或润滑油
	检查各处保险装置是否完好(包括连杆保险铁丝)	完好
履带	检查履带张紧度	左右履带前部橡胶轮轴到前框架距离相等,要同时兼顾履带链条张紧度适当
液压油箱	检查大、小油箱油量	在规定范围内
链轮减速器	检查油面高度	在规定范围内
滤油器(液压油)	清洗网式滤油器、磁性滤油器,更换纸质滤油器滤芯	注意保证液压油的清洁
前推辊轴承	轴承润滑	油枪压油15次
螺旋分料器	轴承润滑	油枪压油15次
柱塞泵前支撑轴承	轴承润滑	油枪压油15次
熨平板	伸缩件润滑	表面涂以足够润滑剂
	厚度调整丝杆和下部轴承润滑	丝杆涂抹,轴承压注润滑剂

(3)二级维护(每600h进行,见表7-7-5)

表7-7-5

作业部分	作业项目	要求及说明
	完成一级维护全部项目	
柴油机	检查气气门密封性	用煤油试,要求无渗漏,必要时研磨
	清除燃烧室、活塞、活塞环等处的积炭	去除积炭
	拆下喷油器检查喷油压力和雾化质量	喷油压力为12.3MPa,必要时调整
	检查调整喷油提前角	喷油提前角为上止点前16±2°
	更换喷油泵及调速器内机油	夏季为HC—14,冬季为HC—11或HC—8柴油机油
	清除进排气系统及曲轴箱通风系统的沉积物	去除积炭和灰尘
	检查水泵水封部件的密封性	必要时更换水封
	检查冷却水水套中的水垢层厚度	超过1mm时提前清理
	检查电器设备及其线路工作的可靠性	发现烧损给予清理或更新
链轮减速器	检查箱内润滑油的高度	应符合规定的要求
履带传动橡胶轮	检查橡胶轮是否脱胶及有无脏物	清除脏物,必要时更换橡胶轮
传动三角带	检查三角带是否失效或破损	必要时每组三角带同时更换
液压油冷却器	清洗外表污垢及检查有无渗漏	清洁消除渗漏
整机	清除灰尘和机件上的油污及沥青黏结物	清洁

(4)三级维护(每1 800h进行,见表7-7-6)

表7-7-6

作业部分	作业项目	要求及说明
	完成二级维护全部项目	
柴油机	清洗冷却水水箱中的水垢	用配制的专用清洗剂按规范进行
	更换空气滤清器滤芯	更换新滤芯
	整机解体	用柴油清洗全部零件,去除油污、积炭及锈层等
	检测主要易损件(包括活塞环、缸套连杆轴瓦、主轴瓦等)的磨损情况	必要时调整、修理或更新
	装配前用煤油检查气门密封性	密封环带宽度符合要求,光滑连续,保证无渗漏
	检查润滑系、冷却系各处的密封可靠性	必要时修理或更换零件
	解体清洗起动机和发电机	检查、润滑、调整

续上表

作业部分	作业项目	要求及说明
液压系统	去除橡胶管外部的油污和沥青黏结物	必要时更新.
	清洁全部油管接头	去除油污
	换油	
	清洁全部操作阀、溢流阀和止回阀的外部表面	用柴油清洗
	清洁全部油泵、液压马达外部表面	去除油污
	检查全部管接头处是否泄漏	无泄漏
	检查各工作油缸有无渗漏	必要时更换密封件
	检查系统调定压力值	机上4个压力表安全阀溢流时均应指示10MPa
蓄电池	拆卸检查蓄电池	清洗、充电,必要时更换或修复损坏件
熨平板	除去熨平板上所有部件的油污及沥青黏结物	清洁
行走系统	检查机械行走直线度	无负荷状态下行走50m,准许跑偏0.5m
整机	检查各部件连接螺栓及零件的完整性	紧固、配齐零件

(5)润滑周期表(见表7-7-7)

表7-7-7

部件名称	润滑周期
前推滚轴承	30~60h,每个润滑点油枪压油10次
螺旋分料器轴承	30~60h,每个润滑点油枪压油10次
柱塞泵前支承轴承	30~60h,每个润滑点油枪压油10次
厚度调整丝杆	60~100h涂润滑脂
厚度调整丝杆下部轴承	60~100h,每个润滑点油枪压油10次
链轮减速器	250h,检查补充30号齿轮油
液压油箱	每班检查补充YC—N46、YC—N68抗磨液压油,1 800h换油

注:有关发动机的润滑见295型柴油机说明书。

(6)大修主要技术要求(见表7-7-8)

表7-7-8

修理部件	技术要求
柴油机	按苏州动力机械厂295B柴油机规定进行
机械传动部分	更换三角皮带
	更换柱塞泵前支撑内的轴承
	更换其他损坏件
链轮减速器	打开清洗,检查出磨损件和损坏件并予以更换
	换油,重新加入30号齿轮油,加入量以淹没第2级链传动被动轮链条为准,大约3.2kg
履带总成	清洗全部零件上的沥青黏结料
	对脱胶的及磨损过量的橡胶轮进行更换
	更换其他损坏件

续上表

修理部件	技术要求
螺旋分料器	更换螺旋分料器
	清洗螺旋分料器的支撑、检查内部轴承
液压系统	清洗软管及硬管，损坏者更换
	清洗全部操纵阀、溢流阀、止回阀
	清洗冷却器和全部油管接头
	清洗滤油器、更换滤油器滤芯
	检查全部泵和马达，损坏轻者修整，严重者更新
	检测全部操纵阀、溢流阀、止回阀并进行复位安装和调试，对损坏者修复或更新
	更换全部液压油，加注清洁液压油总量为110L
	检查全部液压泵、液压马达和液压油缸，应无渗漏现象
	系统压力均调整为10MPa
料斗底板	检查底板磨损状况，必要时更换
机架	清除沥青黏结物和油污
	除锈
	整理外形
	检查全部焊缝，不应有裂缝
	重新喷漆
熨平板	清除板上沥青黏结物
	除锈
	整理外形
	刨平底平面，加焊和底平面大小相同、厚5mm的钢板
	重新调整和喷漆
蓄电池	拆卸检查蓄电池，根据具体情况修复或更新
电器线路	接通蓄电池到柴油机线路
	接通回油滤油器报警器线路
	其他

二、TITAN411型沥青混凝土摊铺机

1. 主要性能参数

TITAN411型沥青混凝土摊铺机是德国ABG公司生产的，该机主要性能参数如表7-7-9。

TITAN411型沥青混凝土摊铺机主要性能参数　　表7-7-9

摊铺宽度(m)	2.5~9
最大摊铺厚度(cm)	30
最大摊铺速度(m/min)	54
最大行驶速度(km/h)	3.24
料斗容量(t)	13

2. 液压系统分析

该机的液压系统是一个多泵多回路系统，按其功能不同可分为以下几个回路：行走液压回路、振捣液压回路、自动调平回路、料斗臂折放回路、给料闸门开度控制液压回路、牵引侧臂提升液压回路和供料液压回路等。整机液压系统图如图 7-7-2 所示。现将其各液压回路工作原理介绍如下。

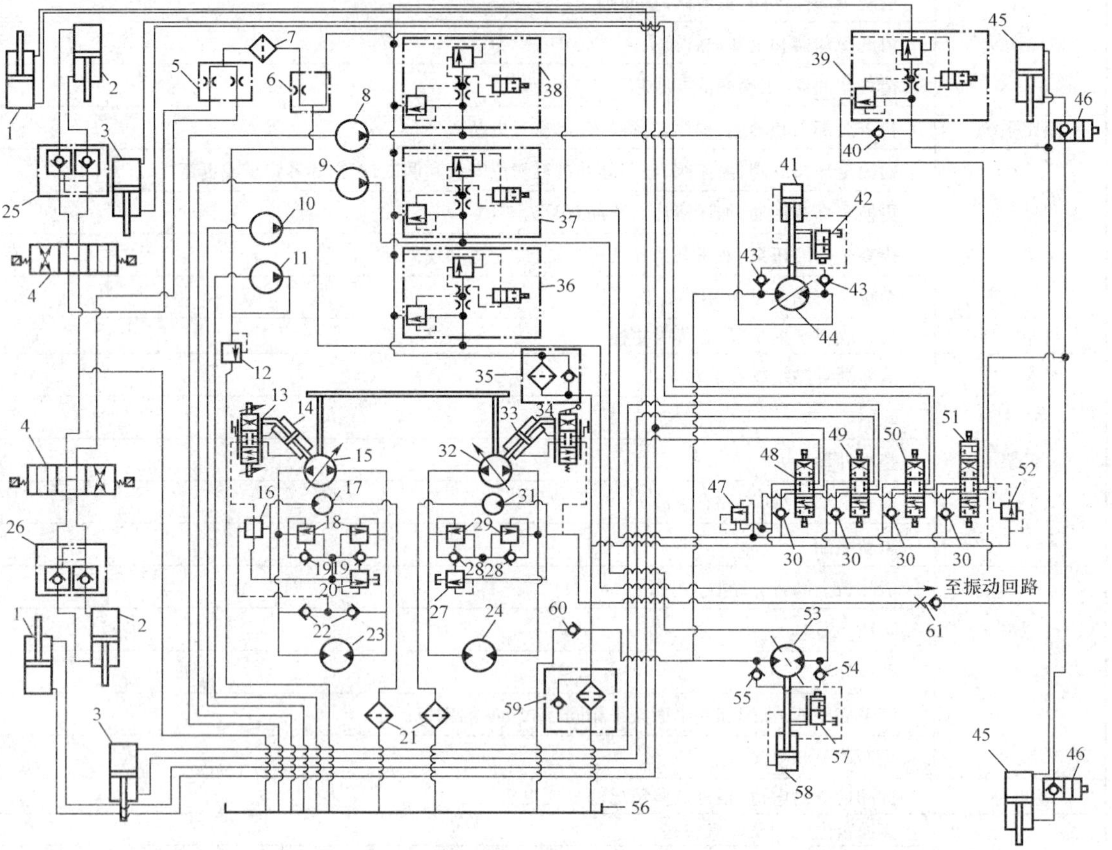

图 7-7-2　TITAN411 型沥青混凝土摊铺机液压系统图

1-斗臂折放油缸；2-自动找平油缸；3-闸门开度控制油缸；4、48、49、50、51-电磁换向阀；5、6-分流阀；7、21-滤清器；8、9、10、11、15、17、31、32-液压泵；12、20、27、35、47、52-溢流阀；13、42、57-比例伺服控制阀；14、33、41、58-伺服控制油缸；16-减压阀；18、29-过载补油阀；19、28、40、43、54、55、60-止回阀；22-梭阀；23、24、44、53-液压马达；25、26-液压锁；34-手动伺服换向阀；30-冷却器；36、37、38、39-两级调压阀；45-侧臂升降液压油缸；46-电磁阀；56-液压油箱；59-滤油器阀组；61-补油阀

1）行走液压回路

该回路是变量泵闭式回路。主要由变量泵 32、液压马达 24、过载补油阀组（由过载阀 29、止回阀 28 组成）、手动伺服阀 34、伺服油缸 33 和溢流阀 27 组成。

操作手动伺服控制阀 34，使伺服油缸 33 的上腔或下腔进油，改变变量泵斜盘的倾角，从而使变量泵 32 的流量和流向都可改变，实现定量液压马达 24 的转速和转向的改变，使摊铺机行驶速度和行驶方向可变。

2)振捣回路

振捣回路和行走回路类似,也是变量泵闭式回路。主要由变量泵15、振捣液压马达23、过载补油阀组(由溢流阀18、止回阀19组成)、减压阀16、比例伺服电磁阀13和伺服油缸14等组成。

此回路分析与行走回路基本相同。所不同的是,变量泵15流量和流向的控制采用比例伺服控制,使振捣液压马达23的转速(即振捣棒的振动速度)与行走液压马达24(即摊铺作业速度)相适应。此外,通过对液压马达的调速,可使之适用于任何厚度的混合料的摊铺,并与熨平板上的不同振动频率相适应,使摊铺层达到最佳振实效果。

从系统图上还可看出,变量泵一启动,就有一部分压力油推开止回阀作用到减压阀16上,使得从定量泵17泵出的油经减压阀16后再经比例伺服控制阀13,并由伺服阀根据不同情况决定伺服油缸14的哪一腔进油,达到改变变量泵15的流量和流向的目的,从而改变振捣速度。

3)自动找平液压回路

液压回路是开式、单泵、定量并联系统回路,主要由定量泵11,溢流阀12,稳流阀6,分流阀5,电磁换向阀4,液压锁25、26,自动找平油缸2组成。

当路基不平时,路基平整度的变化由传感器感应后转化成电信号,使电磁换向阀4的某一端电磁阀通电,从而使其在左位或右位工作。此时,从定量泵11来的压力油依次经过稳流阀6、滤清器7、分流阀5、电磁换向阀4、液压锁25,进入自动调平油缸2的下腔或上腔,实现自动找平。由于此回路中设有稳流阀6和分流阀5,使得此回路中的调平稳定,能实现两个调平油缸2的同步动作,且整平精度高。回路的压力由溢流阀12调定。

4)料斗臂折放液压回路

该回路也是开式、单泵、定量并联系统回路。主要由定量泵11、稳流阀6、止回阀30、电磁换向阀48、溢流阀47和料斗折放油缸1组成。

操纵电磁换向阀48,从稳流阀6来的压力油推开单向换阀30,经过电磁换向阀48到达料斗臂折放油缸1,使2个料斗臂能够在电磁换向阀48的操纵下同步折放。回油经电磁阀48和精滤器阀组59到油箱。此回路压力(以及闸门开度压力)由溢流阀47调定。溢流阀47的调定压力低于溢流阀12的调定压力。止回阀30的作用是防止电磁阀48换向时回油。

5)给料闸门开度控制液压回路

该回路的2个给料门油缸分别可由电磁换向阀49、50控制。该回路主要由定量泵11,稳流阀6,换向阀49、50,止回阀30和给料门控制油缸3等组成。

操纵电磁换向阀49、50,使阀在某一阀位工作,此时从稳流阀来的压力油推开止回阀30,进入电磁换向阀49、50后到达给料闸门开度控制油缸3使其工作,控制给料闸门开度,改变到摊铺机螺旋铺料器的供料量。由于两电磁换向阀49、50采用的是并联方式,故两闸门开度油缸3只能单独动作,而不能同时运作,从而使得摊铺机螺旋摊铺器的供料尽量安全、合理。

6)牵引侧臂提升液压回路

该回路是开式并联回路,主要由液压泵11、31,电磁换向阀51,止回阀30、40,两级安全调压阀39,电磁阀46,侧臂提升油缸45,溢流阀52和补油阀61等组成。

当电磁控制阀51下位工作时，从稳流阀6来的液压油顺次经止回阀30、电磁换向阀51、电磁阀46的左位，到达侧臂提升油缸45的下腔，使侧臂下降，回油经两级调压阀39（缸45工作时，二位二通电磁阀为右位工作，起二级调压作用；缸45不工作时，二位二通电磁阀左位泄油）回油。当电磁换向阀51上面第1位（靠近中位的工作位）工作时，从稳流阀6来的压力油依次经止回阀30、电磁换向阀51、止回阀40到达侧臂提升油缸45的上腔，使侧臂上升；回油经电磁阀46右位和电磁换向阀51回油箱；当摊铺机摊铺作业时，电磁换向阀51位于上面第2位时，此时，侧臂提升油缸处于浮动状态，熨平板有可能上下移动；当提升油缸45中的压力不太高时，经两级调压阀39的上面一个溢流阀回油（2个阻尼孔起稳流作用）；当提升油缸45中的压力较高时，高压油又打开两级调压阀39的下面一个溢流阀回油。电磁阀46的作用是：锁定侧臂，使之与自动找平油缸2相适应，从而达到更高的摊铺精度。

液压泵31除供手动伺服操作阀操作控制油外，通过补油阀（节流止回阀）61还为本油路提供提升辅助补油用。

7）螺旋供料液压回路

该回路是定量开式并联回路，由定量泵8、9，螺旋器液压马达44、53，止回阀43、54、55、60，伺服控制油缸41、58，两级调压阀37、38和比例伺服控制阀42、57等组成。

摊铺机前物料的多少，经传感器感应后以电信号的形式传给电磁比例伺服控制阀42（或57），使其在某一位工作，从而改变液压马达44（或53）斜盘倾角，使液压马达向某边分配物料。在进油路上旁接的两级调压阀37、38的作用是：根据各工况的不同，使回路中有不同的工作压力，可节省动力，降低油温。

3. 液压系统故障的检查

液压系统常见的故障有：滚筒不回转，马达的输出轴正反向或单向不工作，搬动泵的控制手柄时系统反应慢，泵的控制手柄对中（回到中立位置）困难，工作时系统温度高于90℃等。

1）滚筒不回转

①检查液压泵，是否是液压泵故障。如果是泵内零件有损坏，需要更换泵组件；如果是双向变量泵控制部分有故障，必要时需更换。

②检查液压马达，是否是液压马达有毛病，特别是液压马达的轴易损坏。如果是液压马达轴损坏需更换。

2）马达的正反转都不工作

①检查液压油箱的油面是否过低。如果过低，补充同标号的油液到油标处。

②检查排量控制装置的连杆和外部操纵机构是否损坏。如果有，应修理或更换。

③检查补油压力是否正常。

如果控制手柄在中立状态时过低，或中立状态和工作状态都低，那么应检查补油溢流阀是否损坏，或阀芯上是否有杂物，检查滤清器是否堵塞，检查补油泵是否损坏。如果有，应修理或更换。

如果工作状态过低，那么检查补油压力阀是否损坏或阀芯内是否有杂物。如果有，应修理、更换或清除。

④检查系统压力是否正常。如果过低，应检查高压安全阀、排量控制阀是否损坏。如果有，应修理或更换。如果上述检查都没有问题，则需要更换泵或马达。

3)马达只有正转(或反转)单向工作

检查排量控制连杆和外部操纵连杆、高压安全阀、补油阀、排量控制阀、梭形阀是否损坏,如果有,需修理或更换。如果上述检查都没有问题,则需更换泵和马达。

4)系统响应缓慢

①检查补油压力是否正常。

如果工作状态时油压力过低,应检查补油溢流阀是否损坏,若损坏时,应予修理或更换。

如果中立状态时油压力过低或中立状态和工作状态油压力都低,应检查补油溢流阀是否损坏,检查滤清器是否堵塞,检查补油泵是否损坏,如果损坏,应修理或更换。

②应检查排量控制阀是否损坏,如果损坏,应修理或更换。

③如果上述检查都没有问题,则需要更换泵或马达。

5)系统发热(温度高于90℃)

①检查液压油箱的油面是否过低,如果过低,需补充同标号的油液到油标处。

②检查冷却器是否工作,如果没有工作,需关闭旁通阀使其工作。

③检查滤清器是否堵塞,如果堵塞,需更换。

④检查系统压力是否正常,如果过高,需减少机械荷载。

⑤如果上述检查都没有问题,则需要更换泵或马达。

6)泵的控制手柄不能对中或对中困难

①检查排量控制连杆或外部操纵连杆是否损坏,如果损坏,应修理或更换。

②检查排量控制阀是否损坏,如果损坏,需修理或更换。

③如果上述检查都没有问题,则应更换泵。

4. 液压系统故障排除的操作方法及注意事项

在进行拆卸工作时,首先清理拆卸部位的外表面,防止拆卸时杂物进入系统,然后做好标记,便于装配。在取下零部件时,一定要保护好其裸露的外表面,防止划伤和损坏。无论是新的元件,还是修理后旧的元件,清理对保证系统及其各元件的使用寿命是十分重要的。装配前,必须将内腔及所有零部件的化学物质和机械颗粒清洗干净,清洗时要用干净的溶剂(一般使用90号汽油),对零部件进行清洗,然后用干净的空气吹干。在清洁干净的环境下进行装配。

在装配过程中,一定要注意系统的清洁,防止零件及杂物进入系统中。

1)检查控制连杆

首先将泵的控制手柄与外部操纵机构脱离,这时应注意控制手柄是否处在中立位置,若不在中位,松开控制手柄的锁紧螺母,将手柄调到中立位置,再拧紧螺母。用手慢慢地转动手柄到两侧最大工作位置,再放开,观看系统工作是否正常。如果正常,说明系统没有问题,如果系统工作不正常,则控制阀可能有问题。

卸去9个六角螺栓,转动移开控制阀,检查连杆、销轴、螺母、挡簧和O形密封圈,是否有漏装、损坏、堵塞或其他异物。如果没有问题,按顺序装好。

2)检查滤油器

首先放出油箱内的液压油,卸去滤清器端盖的螺栓,将滤清器抽出,检查滤芯外部是否有杂质。如果有,换上与原来型号相同、过滤精度一样的滤芯(若是可以清洗,请按有关说明清洗)。如果没有问题,按顺序装好。

3)检查补油溢流阀

该阀安装在补油泵的壳体上,如果控制手柄处于中立位置时,补油压力小于1.2MPa,向前或向后补油压力都正常,就应检查补油溢流阀,卸下六角螺塞取出弹簧、阀芯、调整垫片,检查各元件是否损坏或有无异物卡住。损坏时,应修理或更换,有异物要清除干净。如果没有问题,按顺序装好。如果装好后补油压力还低,可增厚调整垫片,提高补油压力,使之达到规定数值。

4)检查补油阀

补油阀有2个,均为球形止回阀,安装在泵壳体的后端盖上。

首先拆下补油泵,然后拆下补油阀总成,用力推动阀中的钢球,检查阀弹簧情况,钢球推离阀座时,应感受到不大的阻力。当撤销推力时,弹簧应使钢球复位,同时检查阀内是否有异物。如果故障是发生在系统的一侧时,最好的检查方法是将2个补油阀总成交换位置安装,看看系统的故障是否随之改变到系统的另一侧,如果改变了,那么对应的补油阀一定有问题,应更换此阀。如果没有问题,按顺序装好。

5)检查补油压力阀

该阀安装在马达阀块上,如果泵的控制手柄在中位时,补油压力正常,而向前或向后补油压力小于1.0MPa时,就应检查补油压力阀。

方法是:卸去六角螺塞,取出弹簧、阀芯、调整垫片,检查各元件是否损坏或有异物卡住。有损坏时,应修理或更换,有异物要清除干净。如果没有问题,按顺序装好。如果装好后补油压力还低,可增厚调整垫片,提高补油压力,使之达到规定数值。

注意:补油压力阀的设定值,必须低于补油溢流阀的设定值,否则冷却回路不能正常工作。

6)检查梭形阀

梭形阀是一个由弹簧对中的三位三通滑阀,安装在马达阀上。

卸下2个六角螺塞,取出弹簧、垫圈、阀芯、O形密封圈和支撑垫片。检查各元件是否损坏或有异物卡住。有损坏时,应修理或更换,有异物要清除干净。如果没有问题,按顺序装好。零件的安装位置在阀块的两侧是可以互换的。

注意:阀芯与阀体(马达阀块)孔是选配的,如果要更换,应一同更换,切不可单独更换其中的任何一个。

7)检查高压安全阀

它有2个,是先导式锥阀总成,安装在马达阀块上。

当故障出现在系统的一侧时,最好的方法是将2个阀总成交换位置安装,看看系统的故障是否随之改变到另一侧,如果改变了,那么对应的高压安全阀一定有问题,应更换此阀。如果没有问题,按顺序装好。

8)检查补油压力值

在泵体的补油压力测量口上,安装一块量程为4.0MPa的防震压力表。

①检查控制手柄处于中立位置时的补油压力,一般在1.2~1.4MPa之间,过高或过低都不合适。如果过高或过低,应检查或调节安装在补油泵上的补油溢流阀(详见补油溢流

阀)。

②检查系统工作状态时的补油压力,一般在1.0~1.2MPa之间,过高或过低都不合适。如果过高或过低,应检查或调节安装在马达阀块上的补油压力阀(详见补油压力阀)。

9)检查系统的工作压力值

在马达阀块的系统压力测量口上,安装两块量程为60MPa的防震压力表。

随着荷载的增加,系统的压力也逐渐升高。美国萨澳—桑斯川特公司的22系列泵和马达的额定压力为34.5MPa,最高压力可达41.4MPa。如果系统的压力过高,应适当减少荷载和调整或更换外部机械传动部分。

10)检查冷却器

安装在水箱体内,当液压油箱内出现油水混合现象时,应检查冷却器的无缝钢管是否渗漏。将水箱体两封头外部的橡胶弯管拆下,向水箱内注满水,加压1.2MPa,保压3h,检查无缝钢管内是否有水渗出。如果没有问题,再检查空气滤清器处是否损坏,有损坏时,应修理或更换。如果没有问题,按顺序装好。

11)检查真空表

当系统处于正常工作状态,真空表的读数若大于0.03MPa,应检查滤清器内的滤芯是否堵塞或吸油管路是否畅通(详见滤清器)。

12)检查旁通阀

当液压油需要冷却时,检查旁通阀是否关闭,当液压油不需要冷却时,检查旁通阀是否打开。

13)检查液压管路及接头

检查液压管路及接头,是否有渗漏或损坏。若有,需修理或更换。

14)泵和马达的更换

如果在进行完上述的检查和调节后,仍不能排除系统的故障,则要更换泵和马达。在一般情况下,泵和马达最好同时更换,因为系统内任何故障的发生,很有可能造成油液的污染。系统污染后,泵和马达都会有不同程度的损坏。若只换其中一件,即使系统能正常工作,那也是暂时的,维持不了多久还会再发生同样的故障。因此,还是同时更换的好。

为便于维修人员熟练地掌握泵和马达的维修方法,泵的拆卸及装配程序及注意事项,见表7-7-10。

泵的拆卸、装配程序及注意事项　　表7-7-10

序号	操作程序及注意事项
1	使用的专用工具:7号轴用弹性挡圈、拆装钳、套筒扳手、轴承拆卸器(普通的需要改制)、深度游标卡尺
2	将泵轴向上放置,卸下装在泵轴端部的卡簧,然后卸下铝密封座(静密封环),它靠O形密封圈的摩擦力固定在前端盖上,用两把螺丝刀向轴端方向,轻轻地撬出密封座,直到O形密封圈脱落,取下密封座。铜密封环(动密封环)也是靠O形圈固定在泵轴上的,小心取下密封环 注意:铜密封环极易损坏,从轴上取下时,只能用手沿轴向轻轻取出,不能与轴相碰
3	将泵体水平放置,在补油泵壳体和泵端盖上作出标记,以便于装配。卸下补油泵后端成矩形分布的4根螺栓,取下补油泵总成及垫片,做好标记。用转向套筒扳手取出补油阀,由于补油阀是组合件,最好整体更换,不要拆散 注意:不要拆卸补油泵后盖上顶部和底部圆弧处的2个螺栓

续上表

序号	操作程序及注意事项
4	若只检查补油安全阀,可卸下六角螺栓、弹簧阀芯和垫片,如果需更换零件,那么补油溢流阀必须重新调定 调定的方法是:增减垫片厚度,使补油压力值在1.2~1.4MPa之间
5	卸下9个六角螺栓,将排量控制装置从泵体上拿起,直到露出连杆和连杆销的开口销,拆下开口销和连接销。建议在开口销的销孔中穿上铁丝,以防万一开口销掉进泵时,不容易取出
6	卸下后端盖的8个六角螺栓,但要在呈对角线的位置上留2个螺栓,然后交替松开。在内部弹簧的作用下,后端盖与泵体将逐渐分开,直到完全脱离取下后端盖与配流盘,再从缸体上取下支承盘和定位环 注意:如果配流盘与后端盖分离开,就要用手先将配流盘固定在后端盖上,然后一同取下来
7	用轴承拆卸器卡勾,拉住轴承内环,再用一个垫块保护泵轴端部,将轴承卸下来。由缸体中心孔中取出支承套、缸体弹簧和垫圈,用手托住轴的后部从泵壳内取出缸体总成,再从缸体中取下柱塞和滑靴回程板、球面支承
8	将泵体前端向上放置,卸下前端盖螺栓,取下前端盖、垫片
9	卸下4个六角螺栓,取下定位圈,在伺服柱塞上画一条线,以标记缸体对泵壳体的高度,然后夹住柱塞缸体头部的扁面拧松,取出伺服柱塞缸体,拆下柱塞及弹簧等
10	在泵体两侧面的侧面盖上做好标记,卸下6个六角螺栓,取出侧端盖、垫片、O形密封圈、轴承,再从泵壳中取出斜盘
11	检查拆下的零部件是否损坏,清洗后准备组装
12	首先将斜盘、推盘装入泵壳内,再将反馈连杆向前装入,使连杆伸出壳体上的大孔,以便于与排量控制装置连接
13	按泵体两侧对应标记,安装轴承、侧端盖、垫片、O形密封圈,拧紧螺栓 注意:必须保证斜盘在侧端盖轴向上没有间隙存在,但斜盘又能自由地摆动。如果有间隙可用垫片进行调整
14	将伺服柱塞装好后旋入缸体,并将缸体旋入泵壳体,按照拆卸时做好的标记,调整缸体到原来的位置 注意:如果伺服弹簧更换过,螺栓、尼龙垫也要更换
15	检查斜盘是否在中立位置,也就是说在原水平放置时的角度应为零 检查方法:测量泵体后端盖平面到止推盘平面的距离差要小于0.025mm 测量方法:用深度游标卡尺,卡在泵体后端盖的平面上,另一点要在与泵体两侧端盖轴线成直角的止推盘的外边缘上,测出距离值。在止推盘的另一侧也做同样的测量,将距离值做比较。如果距离差超出0.025mm,则按下列步骤进行调整: ①松开伺服缸体,用手摆动斜盘来感觉伺服缸体内弹簧力的大小,直到作用在斜盘上的弹簧力消失; ②旋入伺服缸体,直到斜盘刚好受到柱塞弹簧的作用力; ③按上述测量方法重新测量,直到距离差小于0.025mm
16	调整伺服缸体后,装上定位环
17	取下止推盘,将泵体前端向上放置,把泵轴和轴承组合好后,穿过斜盘中心孔装入泵体,把轴承面轻轻靠在斜盘中心孔的边上。如果有的零件更换了,那么必须检查轴向间隙,轴向间隙0.15~0.4mm,若需调整间隙,拆下这些零件,在前端盖的轴承外环座与前端盖之间加垫片 注意:定位销是否放入前端盖,并使其安装孔与泵体一致

续上表

序号	操作程序及注意事项
18	①使泵体的排量控制装置的孔向上,在止推盘上涂上干净的液压油,并把其装在斜盘上。 ②装入球面支承,将回程板、柱塞和滑靴装在缸体上。 ③装入缸体总成,此时,必须将球面支承与缸体的花键相对应排列,两缺齿处一定要对正。转动缸体,再使泵轴的花键缺齿处与之对正,用干净的液压油润滑止推盘、滑靴和柱塞,然后握住泵轴的外端部,以支承盘的定位销为参照物,从泵体排量控制部分的大孔中可以看见轴和球面支承的缺齿处在同一位置上。 ④将缸体总成对正轴的花键推上,再将泵体垂直放置,把缸体弹簧和垫圈装入缸体的中心孔内。 ⑤装上轴承,轴承要紧压在轴肩上并保证装配间隙,涂上干净的润滑油。将定位销装在缸体上,定位环装在支承盘的内孔中,把支承盘上的定位槽与定位销对正,并把缸体的中心孔与定位环对称,装上支承盘,涂上干净的液压油。 ⑥将轴承外环座圈、定位销装在后端盖上,在其表面上涂上干净的液压油。再将定位槽对正定位销,并对正中心孔,然后把配流盘装在后端盖上,将垫片装在泵体上,最后将O形密封圈放到与后端盖相对的泵壳体的孔上。 ⑦安上后端盖,先在成对角线的位置上,拧上2个螺栓,交替地拧紧它们,直到后端盖紧贴在泵壳上,然后再装上其他螺栓并拧紧 注意:安装后端盖和配流盘时,要对准垫片和装配孔,并拿住配流盘,不要让它掉下来。如果配流盘更换了,必须检查配流盘是否与原配流盘的槽孔一致
19	先将O形密封圈涂上液压油,小心地旋入后端盖,防止O形密封圈被螺纹损坏,安装后阀端部要低于后端盖的端面。在安装补油阀时,要使垫片与后端盖的位置对正,不要让垫片把补油溢流阀的油孔堵塞。将补油泵总成装好,旋转补油泵轴,使其与主油泵轴上的槽口对正,装上补油泵总成,拧紧4个螺栓 注意:保证定位销的正确安装,防止垫片错位,堵塞油孔
20	安装排量控制装置时,先将连接销的头部朝向泵的中心一侧,滑动地插入斜盘的连接孔内,装好平垫开口销。在泵体孔上装好垫片,同时将节流孔垫片和O形密封圈装在排量控制装置上,一同装在泵体上,拧紧9个螺栓 注意:此时一定不要使零件掉入泵壳体内
21	将泵体前部朝上放置,安装油封总成。先将O形密封圈装在铜密封环和铝密封环上,然后将6个弹簧装在泵轴上包一块软塑料,再将铜密封环沿泵轴轻轻地旋入泵壳体中,此时,只能用手安装,不能施加机械外力。把固定密封环装在铝密封座上,并把密封环上的开口对准铝密封座上的定位销,然后滑动地旋入泵体,使其紧贴在铜密封环上,由于有6个弹簧的作用,铝密封座会起出泵轴的卡簧槽,因此先把卡簧的一侧先装入卡簧槽,再慢慢地推卡簧的中部及另一侧,使其克服弹簧力后进入卡簧槽
22	至此,泵的拆卸、装配全过程完毕,应特别注意: ①拆卸时,各零件一定不要碰伤; ②装配时,一定要注意清洁、润滑

三、SA125型履带式沥青混凝土摊铺机

SA125型履带式沥青混凝土摊铺机是由美国BARBER-GREEN公司生产的产品。整机液压系统由以下几个相互独立的液压回路组成:行走液压回路、供料液压回路、坡度控制及振动成型等液压回路。

行走液压回路采用双向变量泵、双向变量马达来控制摊铺机行走方向和速度,马达斜盘倾角有18°和7°两位置,可适用于不同的调速范围。

供料回路有左右2个供料输送系统分别向2个螺旋布料器输送沥青混合料。供料器和螺旋摊铺器均由同一液压马达通过机械传动来驱动，且设有两套装置来调节供料量，都有开关控制和自动控制。供料器只能向一个方向输送物料，而螺旋摊铺器则可向2个方向输送物料。

坡度控制采用自动控制，控制精度较高，振动成型采用熨平板成型装置。沥青摊铺机整车液压系统，见图7-7-3。

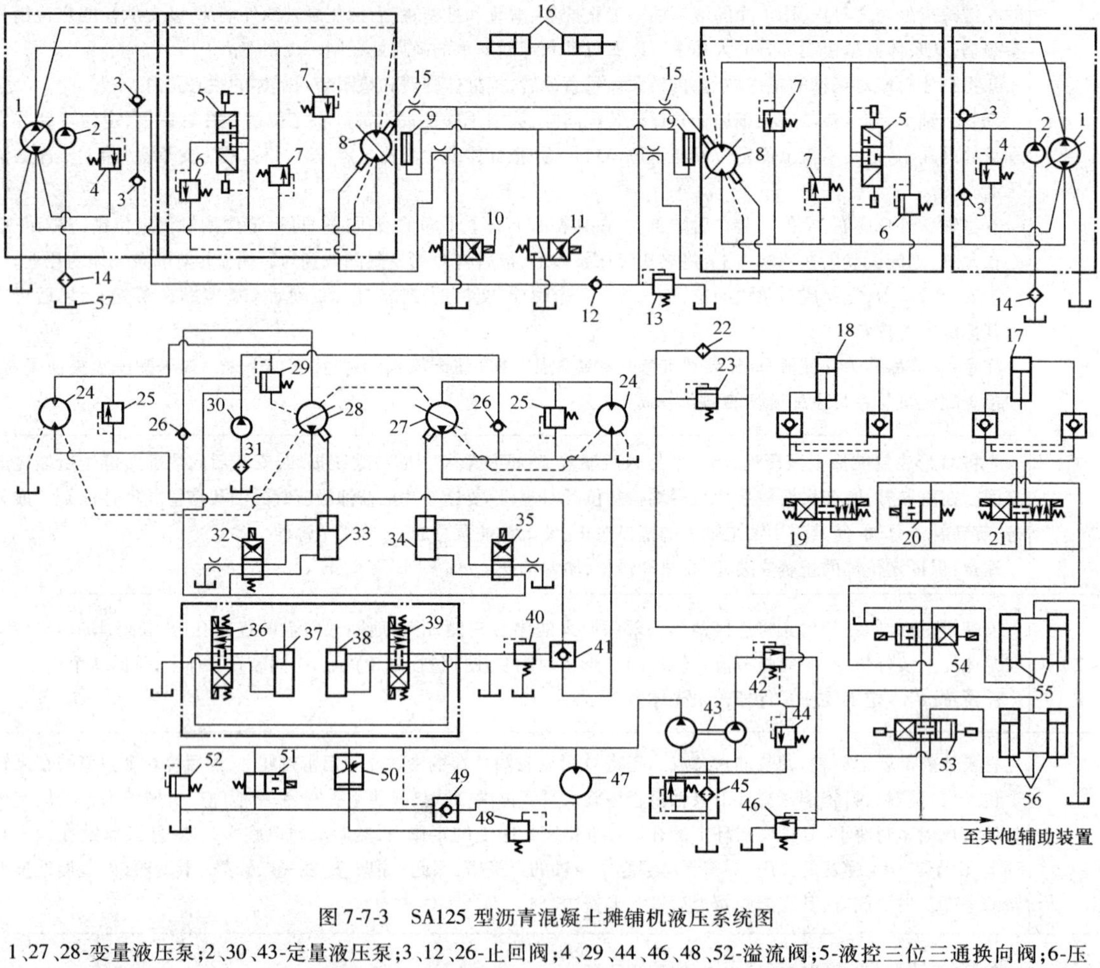

图7-7-3 SA125型沥青混凝土摊铺机液压系统图

1、27、28-变量液压泵；2、30、43-定量液压泵；3、12、26-止回阀；4、29、44、46、48、52-溢流阀；5-液控三位三通换向阀；6-压力阀(卸荷阀)；7、23、25-过载阀；8、28-变量液压马达；9-液压制动器；10、32、35-二位二通电磁换向阀；11-二位三通电磁换向阀；13-背压阀；14、22、31-滤油器；15-节流小孔；16、17、18、33、34、37、38、55、56-液压油缸；19、21、36、39、53、54-三位四通电磁换向阀；20、51-二位三通电磁换向阀；24、47-定量液压马达；40-减压阀；41-梭阀；42-顺序阀；45-背压阀组；49-液控止回阀；50-可变节流阀；57-液压油箱

现将其液压系统的回路工作原理介绍如下。

1. 行走液压回路

该回路是闭式多泵变量回路。其主要由行走变量泵1，定量泵2，止回阀3、12，溢流阀4、6、13，过载阀7，液控换向阀5，行走液压马达8和电磁换向阀10、11等组成。

行走变量泵1的压力油直接驱动行走马达8，使其旋转，使摊铺机行走。此时行走泵出口的压力油使液控换向阀5在高压油侧位工作。由于溢流阀6的卸荷作用，使低压侧的油可先去冷却行走马达 8 和行走泵 1 后，再流回油箱。溢流阀 6 的调定压力较溢流阀 4（辅助泵 2 控制压力）低。整个闭式回路压力由溢流阀 7 调定，调定值为 38.5MPa。

操纵电磁换向阀 10 可控制行走马达斜盘的倾角，使其在 18°或 7°倾角位置工作，满足不同工况的要求。在通往行走马达斜盘伺服缸油路上设有节流口，使马达斜盘倾角变化缓慢，从而使摊铺机行驶速度变化不剧烈。

定量泵 2（作辅助供油泵用）通过止回阀 3 给闭式回路补油的同时，为控制马达斜盘倾角和常闭式制动器 9 提供控制压力油，以及通过止回阀 12 推动履带张紧油缸 16，使履带张紧，张紧力由溢流阀 13 控制，溢流阀 13 的调定压力为 21MPa。定量泵 2 压力由溢流阀 4 调定，调定压力为 1.4MPa。

2. 螺旋供料液压回路

供料液压回路是多泵变量并联回路。主要由供料泵 27、28，螺旋供料液压马达 24，止回阀 26，安全阀 25、29，定量泵 30，电磁换向阀 32、35、36、39 和液压缸 33、34、37、38 及梭阀 41、减压阀 40 等组成。

供料时，从供料泵 27 或 28 来的压力油直接输入螺旋供料马达 24，使其旋转，给摊铺机供料，回油直接回到供料泵吸口。供料回路的压力由安全阀 25 调定，调定值为 28MPa。止回阀 26 给闭式回油路补油。

螺旋摊铺器和供料器由 2 个供料马达 24 驱动，供料器和螺旋摊铺器之间通过机械传动来驱动，供料器只能向一个方向供料，而螺旋摊铺器通过操纵机械结构来改变其旋转方向，实现不同的摊铺需求。

供料的多少是通过改变供料泵油量来实现。摊铺机设有主控装置和辅助控制装置，可自控和手控，保证供料精度。在主控装置中，手动时，直接操纵驾驶室上的按钮开关使换向阀 32、35 上位或下位工作，改变供料泵 27、28 斜盘倾角来调节供料量的多少；自动控制时，若沥青混合料足够，则开关不通电，保持原状（斜盘倾角最小），当沥青混合料降到最低线时，与闸门相连的电磁阀通电，液压缸移动，使供料泵 27、28 斜盘倾角增大，增加泵 27、28 的流量，从而加大供料量，混合料达到要求时，电磁阀又自动断电，斜盘倾角又慢慢减小。在辅助控制供料时，其控制油来自供料泵 27、28，且经减压阀 40 减压。

3. 坡度自动控制回路、熨平振动等液压回路

这些回路主要由双联齿轮泵 43，顺序阀 42，溢流阀 44、46、48、52，振捣马达 47，液控止回阀 49，电磁换向阀 19、20、21、51、53、54，可调节流阀 50，熨平板坡度控油缸 17、18，熨平板升降油缸 55 和料斗升降油缸 56 等组成。

坡度自动控制回路由双联齿轮泵 43 的小齿轮泵控制，当进行坡度控制时，换向阀 20 通电，传感器将路面的情况转变成电信号，控制电磁换向阀 19 和 21，使熨平板坡度控制油缸 17、18 的不同腔通高压油，使熨平板形成一定角度，同时，坡度控制油缸 17、18 的回油经电磁换向阀 54，带动熨平板升降油缸 55 动作，使熨平板的提升和角度相吻合。熨平板升降油缸 55 的粗调是通过操纵电磁换向阀 54 来控制的。此坡度控制回路的压力由溢流阀 44 调定。

经顺序阀 42 的压力油到达电磁换向阀 53，操纵电磁换向阀 53 即可控制料斗升降油缸 56 的升降。此回路的压力由溢流阀 46 调定，调定值为 14MPa。

熨平板振动由双联齿轮泵43的大齿轮泵驱动振动马达47来实现。当电磁阀51通电时，振动马达起振，振动马达的转速由调速阀50控制。此振动回路压力由溢流阀52调定。

四、沥青摊铺机的维修及故障排除

1. 沥青摊铺机的维护及使用调整技术

完善的维修和正确的使用、调整是降低施工设备操作费用，保证施工质量和延长机器使用寿命的关键，这对于沥青摊铺设备尤为重要。因为一旦摊铺设备停车或失灵，施工现场的很多其他作业都会受到影响。

下面主要介绍维修要求内容和调整技术。

1）预检步骤

摊铺作业开始以前，对整个机械应按下列步骤进行检查。为了防止部件损坏和突然停机，以下检查至少每周进行1次。

①检查发动机冷却系统液面高度。

②检查发动机润滑油液面高度。

③检查泵传动箱油面高度。

④检查液压油箱液面高度。

⑤检查蓄电池电解液液面高度。

⑥检查制动器主油缸液面高度。

⑦检查驱动轮胎压力。

⑧调整运输机输送带的张紧度。

⑨检查输送机的拉杆、链条、链轮或胶带有无严重磨损。

⑩检查螺旋输送机的间隙调整是否正确。

⑪检查螺旋输送机有无严重磨损。

⑫检查整台摊铺机按照制造厂制定的规范进行润滑的情况。

⑬检查所有机械功能是否正常。

⑭检查发动机离合器调整是否正确。

⑮检查发动机转数（空转或满载）。

⑯检查发动机运转是否平稳、协调。

⑰检查发动机风扇皮带的松紧度。

⑱检查发动机安装螺栓的松紧度。

⑲检查传动系统、轴和其他机械传动部件安装螺栓的松紧度。

⑳检查车轮滑板螺母的松紧度。

㉑检查所有液压管路和接头的松紧度。

㉒检查手动制动器调整是否正确。

2）每日清洗程序

摊铺机部件上堆积摊铺材料会造成操作困难及部件过早损坏，为此须确保设备清洁。

将摊铺机退离新铺的路面层，以防残余的溶剂妨碍摊铺作业的连续性。将刮板或熨平板升起，由前向后用喷洗器清洗或刮刀刮除。每日清洗程序如下。

①进料辊:注意清洗,保持转动自如。

②底卸槽和漏料口:注意由顶向下清洗四壁。清洗底卸槽时,不得开动输送机;在发动机运转时,不得站在底卸槽内。

③输送机:运行时,须彻底喷洗每根链条或拉杆若干次,进行充分清洁;对于道路展宽机,应从运行胶带上刮除多余的材料,注意不要浸泡胶带;不要让脏物或物料结集在胶带下面的托辊上,脏污的托辊会加速胶带的磨损,托辊很难清理,但要尽力去做。

④外围:提升漏料槽,清除所有多余物料。

⑤输送机后传动链轮:边运转边清洗,保持链轮的自清洁功能。

⑥螺旋输送机:边运行边刮洗。

⑦刮板:刮除机架和刮板上的所有黏结物料;充分清理刮板顶面和底面;润滑振动器轴承。

⑧边板:拆卸并清理,保持上下正确滑动,内表面清洁。

⑨液压刮板:能外伸,应全面清洁,特别是起配合作用的滑板表面;润滑滑道。

⑩熨平板和道路展宽机:全面清洁熨平板表面和底缘。

3)定期维修的要点

①建立正规维修计划,包括填写维修记录,防止异常磨损造成重大损失。

②在摊铺机温升时润滑机械,保证润滑达到所有关键部位。物料处理区的所有轴承宜每天清洗,并趁有温热时润滑,清除操作过程中进入轴承中的任何物料。

③定期检查通向轴承的润滑脂管路,确保轴承不损坏。

④储备常用的易磨损备件,供定期或紧急更换。

⑤摊铺机上修理费用最高的是输送机链条。为此可将整条输送机链条翻转使用,以延长链条的使用寿命,额外增加摊铺作业时数。

⑥道路展宽机上的输送机的胶带应保持正确的张紧度和跨距,以取得最大的使用寿命。

⑦检查胶带输送机、螺旋输送机和行走部分传动链和传动皮带。传动皮带要求保持一定的张紧度。

⑧在磨损深入到螺旋输送机螺旋片主要材质之前,螺旋输送机宜重新进行材质处理。如果螺旋片磨损严重,可将其中严重磨损的螺旋片更换。

⑨检查漏料斗铰链有无磨损,必要时进行更换。

⑩定期检查熨平板有无磨损的零件。同时参考制造厂的摊铺操作说明书,正确使用熨平板,使熨平板取得最长的使用寿命。

a. 最好是正确使用熨平板,保持熨平板整体均匀磨损。实际上熨平板中心磨损较轻。

b. 熨平板未预热到接近摊铺材料的温度,摊铺材料容易在刮板上黏结,这就会影响摊铺工作正常进行。

c. 如果熨平板前端左右严重磨损,熨平板就借助其刮板摊铺。

d. 如果熨平板后部左右严重磨损,熨平板则会借助其尾部摊铺。

e. 如果熨平板刮板严重扭曲,则说明熨平板预热过分。

f. 熨平板预热后,应立即润滑振动器轴承,补偿从轴承中流出的润滑脂。

⑪定期检查电子元件,了解其功能是否正确。不用时,可拆卸的部件,如控制箱、传感器等,要妥善保管,以防损坏。

⑫按规定检查链轨系统，看有无磨损部件。按正常的时间维护链轨系统，维护地点应离开作业现场。更换所有在摊铺过程中有可能发生故障的零件。

⑬要特别注意防止污物在维护时进入液压系统，灰尘或水分混入液压系统是液压元件发生故障的主要原因。

⑭不要过分润滑离合器。

⑮在装有熨平板汽油预热装置和冲洗系统的摊铺机上，定期排放积水和污物。

⑯在装有压缩空气系统的摊铺机上，定期排放积水和污物。

4）长期停放的保管

摊铺沥青的工作结束后，摊铺机长期停放不用时，建议遵守下列摊铺机维护程序，确保重新使用时工作性能可靠。

①彻底清洗整台摊铺机，清洗所有摊铺材料。

②将油箱注满燃油。

③排放发动机曲轴箱中用过的润滑油，更换机油的滤清器，并用推荐的润滑油注满发动机曲轴箱。

④排放液压油箱，更换主液压管路过滤器，用推荐的液压油注满油箱。

⑤卸下蓄电池，充电并妥善保管。

⑥卸下座位，放在干燥的地方保管。

⑦按操作说明书列出的规程，润滑整台摊铺机。

⑧全面检查摊铺机零部件有无磨损或损坏，按需要更换或修理。

5）摊铺机胶带输送机的调整

正确调整摊铺机两个输送机，可保证输送机、链轮和轴具有最长的使用寿命。正确调整的胶带输送机离地面有一定的空间高度，可防止拖碰障碍物。链条不得过紧，链条应有足够的垂度，这样通过链轮时才不致发生滞阻。移动导轮轴和摊铺机漏料斗前端下面的轴承组，即可对胶带输送机进行调整。

为了调整输送机，须将前端料斗闸门升起，并将漏斗一端升起，拧松输送机导轮轴支座的固定螺钉，锁紧螺母，采用调整螺钉，将导轮轴后移，使胶带输送机链条与地面的间距至少为70mm。注意调整胶带输送机两边相等，保证输送机顺利运转。调整结束后将轴承螺钉重新拧紧，并将锁紧螺母锁定在调整螺钉上。

对于新装的胶带输送机需要在摊铺机过程中作几次调整以使链条行走顺利。

6）螺旋输送机和胶带输送机传动链的调整

螺旋输送机的转子与器壁之间应有少量的径向间隙，约需20mm，以防止启动和停车时产生振动和碰撞。这个间隙通过手动和旋转螺旋输送机即可检查。

胶带输送机传动链条宜保持少量垂度。在很多摊铺机上，胶带输送机与螺旋输送机由同一链条传动。但在某些摊铺机上，胶带输送机传动链条是单独安装的，位于每个输送机的后端外部。

正确调整这些链条极为重要，因为这样可保证摊铺机供料系统顺利工作，并防止链条损伤。

7）输送机胶带的调整

输送机胶带必须正确调整，以保证正常工作，防止过早磨损。正确调整后，输送机胶带在负荷下不会打滑，但是，不得张紧到胶带接头拉断的程度，调整正确的胶带会在空载下徐徐向前运动，而在负荷下会徐徐向后运动。胶带不得运动过快，以防止边缘磨损。

注意：为了保证胶带在输送机的中心位置，应将拉紧螺栓均匀紧固。调整新胶带时，多从卸料端开始，以便最终调整可随着摊铺在尾轴端进行。输送机胶带多在最初运送二三次热混合料以后拉紧，拉紧度需作粗、精调整。胶带的张紧、对准或损坏情况应作定期检查。

新胶带安装后，需要作短时跑合，调整 4 个拉紧螺栓，将胶带保持平而不紧的状态。

大约作业 80h 以后，要进行二次拉紧。将螺栓放松，解除拉力，但保持胶带平而不紧的状态，直至胶带在正常负荷下不再打滑。

积垢层的清除器和氯丁橡胶刮板的使用，可大大减少漏失和防止材料在胶带上的堆积。胶带刮板可调，与胶带保持接触，但对胶带不产生任何压力。

如果胶带调整和清洁不当，可显著缩短胶带寿命。每天清理是保证输送机胶带最长使用寿命的主要环节。

8）行走轮驱动链的调整

摊铺机行走轮驱动链的正确调整是取得光洁平整铺层表面的先决条件，同时也是防止各种驱动系部件承受震动荷载损坏的主要措施。驱动链的垂度大约调整到 20mm。

行走轮驱动链在制动过程中的调整是为了补偿链条的跑合。调整以后需作不定期检查。

9）熨平板的调整

熨平板的磨损取决于在摊铺过程中熨平板调整的好坏。熨平板调整得好，摊铺层施工质量好，且熨平板使用寿命长。相反，熨平板调整得不好，摊铺层施工质量就差，且熨平板出现过早磨损。

摊铺层的厚度取决于熨平板升或降的位置、熨平板的底面对摊铺机行走路面的平行度。

摊铺层厚度可由作用于熨平板上的摊铺速度、迎角大小、材料落差 3 个因素决定。

在摊铺作业中，如果上述 3 个因素中有一个改变，则摊铺层的厚度，质量和结构就会受到影响。

（1）摊铺速度

摊铺速度任何失调都会影响路面质量。速度变化频繁，忽高忽低，如果不改变迎角，则会对路面摊铺造成缺陷。增加速度会减少摊铺厚度，减低速度会增加摊铺厚度。

摊铺速度最好是以用完生产的沥青混合料为宜，即不要在摊铺机前积压大量运输车辆，也不要使摊铺机停工待料。任何摊铺作业的最佳摊铺速度应与摊铺材料的供给速度相匹配，以求摊铺机的作业时间利用率接近 100%。

（2）迎角

迎角即熨平板底面和道路坡面之间的角度。自由浮动的熨平板本身可升可降，直至底面与其行走的路面（坡面）平行，控制这个角度可以控制摊铺层的厚度，比如，摊铺层的厚度为 25mm，熨平板底面距原路的高度为 25mm 以上，并与地面（坡面）平行。当迎角确定后，其他因素保持不变，熨平板即保持这一平均高度，刮去较凸部位，填平较凹部位，形成平滑路面。增加迎角，可增加路面摊铺层厚度，反之，可减小路面摊铺层厚度。

人工操纵入土深度调节杆可使熨平板部件产生转动，从而改变熨平板相对侧臂的位置和坡度。在装有自动接头匹配器或坡度控制机的摊铺机上，路面摊铺层的厚度通过升降熨平板拉杆在摊铺过程中进行控制。入土深度调节杆如果采用自动控制，在最初设定后可不再调整。

极为重要的是保持熨平板横向的迎角。如熨平板板面扭曲，不仅形成不了优质路面，并且会使熨平板加速磨损。

(3)物料落差

落差是指直接掉落在熨平板前端的物料量。物料由螺旋输送器沿熨平板全宽送入。控制物料的恒定落差是最重要的，因为占90%的摊铺缺陷是由于不能保持恒定物料量造成的。

物料的恒定落差不仅要沿熨平板全宽保持相等的落料深度，同时还要在温度、骨料混配和搅拌工序上保持一致。

物料落在熨平板下面，便成为最终路面层的一部分，如果物料向上返回螺旋输送器，则供料继续摊铺。摊铺部位可发生剪切线，干扰摊铺料的均匀输送，造成路面摊铺质量低劣。

向螺旋输送器供料过多，会造成各种路面缺陷，诸如起皱，螺旋器印痕，长、短波纹等。不仅摊铺质量恶劣，各零件部件由于螺旋输送器出料孔拥有大量压实材料而迅速磨损。

向螺旋输送机送料过多或落料波动也会严重恶化摊铺质量。针对具体摊铺条件，设定投料闸门的高度，选择螺旋输送器速度，可以正确地设定螺旋输送器的自动关停时间，以确保摊铺质量和速度，摊铺机螺旋运输器和熨平板总成的最长使用寿命。随着熨平板宽度的增加，投料闸门开口宜相应减小，防止物料在熨平板中心部位过多堆积，影响物料在其他部位的摊铺。最佳料门开口的设定需要一定的经验。调整不当会造成螺旋器吃料过多或不足。

凸面的调整：很多摊铺作业要求在路面形成一个拱面。后低刮板可调整，以便在路面上形成最终凸面。前高刮板应相对后低刮板进行调整，在熨平板下面形成固定的物料流，在熨平板全宽的上面形成致密的面层结构，在整个熨平板上面形成均匀的重量分布。

2. 沥青摊铺机液压系统的故障排除

沥青摊铺机液压系统出现故障大部分是由于对系统中各液压回路使用操作不当、维护不良，液压油过脏及设计制造安装不佳等原因引起的。由于故障不尽相同，现将液压系统中一般常见故障的分析与排除方法列表，见表7-7-11。

沥青混凝土摊铺机常见液压系统故障及排除方法 表7-7-11

故障	故障原因分析	故障排除方法
定量泵故障	①侧板严重磨损（齿轮泵、叶片泵），配流盘不正常磨损（柱塞泵），齿轮、泵壳异常磨损（齿轮泵），泵轴磨损（齿轮泵）； ②气穴； ③轴承破损、柱塞滑靴破损； ④密封不好； ⑤侧板与齿轮，侧板与转子叶片，柱塞缸滑靴斜盘烧坏； ⑥齿轮泵的铝制泵壳，使用初期出现铝粉不是故障。如连续出现大的铝片，为异常现象	①更换泵组件或由生产厂进行性能检查后更换有关零件，工作油中的污物引起严重磨损的事例很多，要注意； ②适当降低泵的转速； ③更换泵组件； ④更换密封件； ⑤更换元件； ⑥金属粉末增多，更换泵组件

续上表

故障	故障原因分析	故障排除方法
变量泵故障	①柱塞滑靴磨损,配流盘严重磨损或咬死; ②伺服油缸不正常或供给泵流量不足; ③负荷压力不够; ④柱塞滑靴破损,弹簧断损,联轴器破损; ⑤密封不好; ⑥配流盘烧坏,柱塞烧坏; ⑦配流盘柱塞滑靴异常磨损	更换泵零件,补偿装置、伺服油缸因污物卡住引起的事故很多,对污物多的工作油应予以更换,更换有关零件时,要进行清洗
泵压力脉动大	①泵出口压力与溢流阀、配管等产生共振; ②冲击压力高	互换溢流阀及改变所配管路的直径及长度,消除共振因素
泵的供给压力不够	①泵高速运动时不能得到规定的流量,最高速度缓慢; ②高速运动时泵噪声大; ③闭合回路中液压马达噪声大	①增压泵供调压用的调压阀调节至规定值; ②闭合回路低侧调压阀,压力上升到规定值
油缸有故障	①活塞端盖密封不良; ②活塞杆密封不良; ③因异物损伤油缸内壁	更换密封或油缸组件
液压马达有故障	①轴折断、花键轴磨损,侧板、齿轮、轴烧坏——齿轮泵; ②柱塞烧坏,配流盘烧坏,滑靴破损——斜盘式柱塞马达;轴承接头破裂——斜轴式柱塞马达;轴承破损、滑靴与曲轴烧坏——径向柱塞马达; ③阀配流不好——多作用马达; ④侧板、齿轮、主轴烧坏——齿轮马达; ⑤柱塞滑靴、曲轴烧坏——径向马达; ⑥配流盘异常磨损、滑动副烧坏、卡死,柱塞滑靴破损,有爬行、抖动、振动现象——齿轮马达 叶片马达低速时有爬行和振动现象,动作不稳定属正常情况	①更换马达组件,按生产单位规定的规格更换弹簧、轴等; ②仅仅轴承破损时,更换合适型号的轴承; ③更换马达组件或与阀同步调整
系统压力低	先导溢流阀调节压力降低或溢流阀工作不良,控制供给泵工作不良	调节控制压力,调节溢流阀。更换溢流阀或供给泵,升高到规定压力值
溢流阀的压力调节不当	①调节压力过低; ②调节压力过高; ③泵一启动就是负荷状态	①升到规定压力; ②降至规定压力; ③泵启动时卸荷,溢流阀调节至“0”压力
背压高了	①遥控阀的回路管路阻塞,控制阀的回油阻塞; ②回油滤清器阻塞	清除油污,清洗回油滤清器

续上表

故障	故障原因分析	故障排除方法
溢流阀有故障	①主溢流阀(即安全阀)被异物卡住或弹簧折断; ②溢流阀被污物卡住或弹簧折断; ③溢流阀的调节压力下降或弹簧变形; ④溢流阀弹簧变形; ⑤溢流阀阀芯变形或阀座变形	①拆开清洗或更换弹簧; ②溢流阀不能复位或不能调压时,要分解检查,更换弹簧; ③更换阀组件
溢流阀过载,溢流阀有故障	①阀被异物卡住; ②阀调节压力过高,易引起阀卡死; ③弹簧折断; ④溢流流速声音的大小会因各过载溢流阀而有差异; ⑤调节压力不符合要求	①拆开检查、清洗换油; ②检查过载溢流阀调节压力,达到规定值; ③拆开清洗或更换弹簧; ④更换阀组件; ⑤调节阀的调节压力至规定值
手动式换向阀有故障	①阀体与滑阀滑动副弄伤或磨损; ②因阀的流体附着与液压卡紧,往往使微动控制变难,阀本身的微动控制也有所差异; ③止回阀动作不正常; ④阀安装螺钉压得过紧,工作油中异物卡住阀芯; ⑤液压卡紧; ⑥液压密封不良	①更换阀零件,更换阀芯; ②如是污物卡住,要更换液压油,换阀; ③清洗阀; ④安装螺钉不应过紧,按规定夹紧力矩均匀拧紧螺钉,更换液压油; ⑤调节溢流阀的调节压力至规定值,换阀; ⑥换密封件
电磁阀有故障	①电磁阀烧坏,由于异物卡死阀芯不能运动而引起,或由于受潮,线圈绝缘不良以及换向频率过高时引起电磁阀线圈烧坏; ②滑阀卡住或弹簧复位力不够回到中间位置; ③滑阀的配合间隙大; ④活塞(推杆)密封漏油,使电磁铁绝缘不良	①异物卡死阀芯的情况出现较多,在拆洗电磁阀的同时,要清洗滤清器并换油,查明烧坏的原因,并更换电磁铁; ②拆洗电磁阀,清洗滤清器,换油; ③更换阀的零件,使用间隙小的电磁阀时,要注意液压油中杂质的影响; ④更换密封
背压阀、液控止回阀故障	①阀芯或控制活塞卡住或配合过紧; ②弹簧折断或变形; ③滑阀磨损(间隙大)——背压阀,锥阀或阀座不密合——液控止回阀; ④液控止回阀的泄压有故障; ⑤背压阀工作不正常,滑阀卡住,缓冲过大	①更换阀芯组件或阀芯,更换控制活塞; ②更换弹簧; ③更换; ④更换阀组件或泄压缓冲机构; ⑤更换阀组件
减压阀、流量控制阀、止回阀故障	①减压阀、流量控制阀(带压力补偿)的滑阀卡死或安装有问题,如安装过紧; ②止回阀弹簧变形或阀芯与阀座之间有污物存在; ③流量控制阀(压力补偿阀)动作不良,减压阀压力低; ④止回阀(截止阀)工作不正常	①更换阀组件,按规定力矩拧紧安装螺钉; ②拆洗,弹簧折断时更换; ③更换流量控制阀零件,调整调节压力; ④拆开清洗

续上表

故障	故障原因分析	故障排除方法
油缸活塞损坏,配管管类夹板松动	①活塞密封破损,活塞控制不正常或活塞破损; ②由于泵的脉动压力往往引起管路的共鸣振动; ③管道弯曲部分受压力作用产生力,导致法兰焊接部分的割裂和联管螺母的松动	①更换活塞密封,更换活塞杆或油缸组件; ②拧紧管路夹板; ③如果拧紧管路夹板还不行时,移动管夹的位置或增设管路夹板,改变管路长度更好; ④增加管路夹板夹紧力; ⑤增设管道夹板
金属管接头、软管等有故障	①工作箱内有配管的管子开裂,以及阀配管内的密封不良而产生外漏,难以分清与判断不明而被忽略; ②低压管(吸油管)软管夹板松动而进气,并产生噪声; ③接头焊缝断裂,管接头螺母松动,O形圈密封不好而泄漏	①管破裂时要及时更换; ②密封不良时,更换密封件; ③管夹板紧固; ④变形的软管夹板要更换; ⑤更换不合格零件
异物堵塞管路或吸油软管破损	①检修及清洗油箱时往往会将棉纱遗忘在油箱内,造成吸油管路堵塞,吸油软管老化导致破损; ②拆开管子时,用纱布堵住管口,纱布容易进入管路,将吸油滤清器堵塞,管子再接通时吸收性能变坏; ③特别是低温启起时,吸油管容易弄破	①检查液压油箱、进油滤网; ②检查液压油泵; ③检查回油滤清器; ④加热工作后才启动,要间接加热,避免直接加热; ⑤采用耐低温的液压油
油冷却器堵塞或漏油	①油冷却器穿孔漏油; ②油冷却器堵塞	①更换油冷却器; ②用压缩空气或用水洗空冷却式冷却器
冷却器风量或水量不足	空冷式因风扇松动而使风扇转速降低	张紧风扇皮带
液压油滤清器堵塞	①吸油滤清器堵塞; ②管路回油滤清器堵塞; ③由于滤清器堵塞而使滤清器破损	①清洗油箱,清洗滤清器滤网、滤芯; ②吸油滤清器被油泥封住,说明液压油劣化变质,应更换; ③对金属网多层板,烧结式滤清器铜丝网可进行清扫,对纸质滤清器可更换滤芯; ④清洗或更换滤清器
密封油箱压力升高	油缸的伸缩产生密封油箱油面的升降,或由于气温、油温的变化引起油箱内压力变化,油箱压力升高会产生低密封件位置的漏油	油箱内油量应按规定加入,气温、油温升高时,打开加油口减压
加压油箱压力不当	采用柱塞泵时,泵吸油的吸入压力即充填压力为0.05~0.15MPa,为此液压油箱采用密封式压力油箱,如吸入压力低时,泵不能充分吸油,而发生气穴,致使噪声增加	调节液压油箱的气动压力阀,上升到规定的压力

续上表

故障	故障原因分析	故障排除方法
液压油箱油量过多或过少	①上述吸入压力过高时，低压油路会产生漏油； ②封闭油箱内油量过多，使油箱内压力上升（油缸的伸缩而使油升降，也使压力上升），严重时进油箱膨胀变形	①调整压力调节阀，降至规定的压力； ②油泵在液压油不充足的条件下运转后，要检查泵是否产生不正常现象，如果必要更换泵组件，按制造厂要求补充油液至规定油面； ③油量过多，则应使油箱工作油面降至规定的高度
没有使用合适的液压油	①使用了黏度高的液压油，油面低时吸油困难，同时因油的黏性阻力大，油温也容易升高，另外，泵的噪声增大，使用消泡性差的油时，由于气泡的绝热压缩液压油变质，使油温上升； ②液压油黏度低时，由阀间隙产生的泄漏增加，产生液压元件滑动副的早期磨损。叶片泵、柱塞泵（马达）不可使用无添加剂透平油	更换液压油
液压油污染、变质	①在高温曝晒下，液压油变质速度加快，变质后黏度增大，更易使油温上升生成油泥造成滤清器堵塞或破损； ②变质后的液压油无润滑能力，因而使液压元件滑动部分的磨损加剧	更换液压油，清洗滤清器
液压油中混有污物水分等	①工作中的污物带进阀的配合间隙内，使阀卡住不动，往往使溢流阀不能开启； ②液压油中的水分易引起气穴，另外，使润滑性能降低； ③液压油中的土、砂、金属及水分加快液压元件滑动部分的磨损和堵塞阀孔	①更换液压油，查明污物侵入途径（如密封不良），污物多时要进行清洗，阀动作不正常时应进行清洗； ②金属屑增多时，检查马达、油缸； ③细微污物多时，应进行清洗
主回路管内排气不良	①主回路配管内积存有空气； ②主回路内积存的空气过多时，会出现类似的现象，即使是小量空气，泵和马达的脉动压力也增大，往往出现配管振动及产生泵和马达的噪声	启动泵，回路内的油液全部循环，各执行元件运转5～10min，容易积存空气的位置，稍稍松动管接头，启动泵进行排气（空气积存在上部，上部液压油不能循环到的位置应特别注意），按上面方法进行
泵执行元件排气不良	①在泵比油箱液面高时，泵容易吸进空气，更换泵组件时要注意，尤其是叶片泵，不仅没有流量排出，而且成为烧损的原因； ②正反转频繁的液压马达往往难以排气，制动时发出噪声，更换组件后泵启动2～3min后噪声还不能减小时，要考虑其他原因	①泵及配管内注油再运转，对柱塞泵，要在泵内注满油后再运转；干运转往往导致轴承破损等事故，必须特别注意，更换泵零件后，单作用油缸和垂直安装的油缸难以排掉空气，要另想办法（如灌油）； ②液压马达向一个方向运转2～3min进行排气

续上表

故障	故障原因分析	故障排除方法
控制管路排气不良	遥控阀和平衡阀的控制配管内因无油循环，难以排气，要特别注意配管的拆卸和安装时从控制管路进油处侵入的空气	①控制管路末端管接头稍稍松动，然后加压，让液压油和气体一起排出； ②漏油的一些地方，也是容易进气的地方，因此要拧紧接头，防止漏油
液压油中空气泡增多	①液压油中混入空气，停机时空气泡积存于配管，执行元件排气不良时，同样会出现更多的气泡； ②液压油中含有气泡时噪声增加； ③液压油中的小气泡妨碍热传导，另一方面，还会因绝热压缩发热，温度升高； ④气温、油温过低； ⑤气温、油温过高	①检查工作油量是否过小，尤其要注意液压油箱在倾斜厉害的状况下长时间使用时，油面应比油泵吸油管口高 7cm 以上，要考虑使用条件； ②检查泵密封情况是否良好，吸油管管夹是否松动，必要时紧固； ③使用消泡性好的液压油； ④暖机加温； ⑤停机冷却至合适的油温

五、维护保养

1. 液压系统

①检查系统本身的密封情况、异响、液压缸与活塞的磨损及卡住、管路的损坏、皮带的张紧度、安全阀的工作情况，并采取必要的措施。

②检查液压油的油量、油温和脏污情况。

油量一般要每天检查一次，必要时给予添加。如发现油量减少很快，应检查漏油情况。如发现油量突然增加，有可能是混入水分或其他油，应查出其原因，并采取相应防治措施。

机械运转 1h 后，油温应达到 60 ~ 70℃，超过 80℃时，应检查系统中的各部分通风冷却情况是否工作正常。

新机械的液压油第 1 次使用时，工作 125h 更换 1 次（主要针对机械初次磨损），以后每 2 000h 换油，保持液压油性能，但每年至少更换 1 次。

③对配有电磁阀等电气设备的液压系统，要注意避免雨水及露水等侵入电磁阀，以防其生锈或失效。

④检查、调整系统各部分的压力。

⑤每班工作结束之后，必须认真清除各个液压马达、液压油缸处可能黏附的沥青，防止次班启动时因过载出故障。

⑥油泵分动齿轮箱的润滑油初次使用，工作 125h 更换 1 次，随后每工作 1 500h 换油，但每年至少更换 1 次。

2. 熨平装置

①定期检查牵引大臂与熨平板主机架连接的连接销以及牵引铰销的磨损情况。如松动过大应扩铰销孔，换配新销，并在确保无松动后，注足润滑脂，否则熨平板工作迎角不能得到保证。

②检查熨平装置的各铰销、连接销和安装螺栓等都应该无松动，保持熨平板安装正确，确保熨平板的工作迎角在摊铺过程中不会自动改变，破坏其力系的平衡，影响铺层的厚度均匀和表面平整。

③防止熨平板承受外来碰撞、振捣梁的异常振动或对底板加热过度引起变形（一般的允许变形值在1mm以内）。当出现整体变形时，可以通过调整路拱调节装置来校正。如果仍不能将变动校正，可在主机架和熨平板之间的隙缝里填塞垫片来予以校正。

④调整好振捣梁与熨平板的相对位置（下端面离熨平板底面的距离和它与熨平板之间的间隙）。用增减振捣梁偏心轴座下面的调整垫片，使之符合该机型说明书中的规定值的方法进行调整。施工时要注意振捣梁的工作速度及其底面的磨损情况，避免铺层产生裂缝、拉沟。

⑤检查熨平装置的滤清器，如受污染应立即更换滤芯。

3. 整机维护

①在摊铺工作之前，应在料斗内侧、板链输送器、螺旋输送器、熨平板等部位喷轻油（柴油），防止粘料。

②每天工作完毕，在摊铺机冷却前将黏着的混合料除掉，喷洒轻油，用浸油布将熨平器上导向管擦干净。

③每月清扫1次滑板部位，然后涂上一层薄薄的干油。

④每月向路拱控制器和调整螺栓部分补充1次黄干油。

⑤摊铺器长期停用时，液压延伸熨平板应全部缩回，伸缩导管应涂油保护。

思考题

1. 全液压沥青混凝土摊铺机行驶系统有什么特点？

2. TITAN411型沥青混凝土摊铺机的液压系统是一个多泵多回路系统，按其功能不同可分为哪几个回路？

3. SA125型履带式沥青混凝土摊铺机液压系统由哪几个相互独立的液压回路组成？

4. 简述TITAN411型沥青混凝土摊铺机行走液压回路的组成及工作原理。

课题八　水泥混凝土摊铺机液压系统分析

水泥混凝土路面与沥青混凝土路面相比较，具有原材料来源有保证、路面承载能力大、防滑性能好、寿命长等优点，所以近年来在我国得到了快速的发展。

机械化施工水泥混凝土公路路面的摊铺设备，目前分为两类：一类是自二次世界大战期间使用至今的轨道式摊铺机；另一类是20世纪60年代以后逐渐发展起来的滑模式摊铺机。轨道式摊铺机又称摊铺列车，施工时，布料、整平夯实及表面精整三大机械部分均在道路两侧预先架好的钢轨道上运行；滑模式摊铺机则属于集计算机、自动控制、精密机械制造及现代高等级公路工程技术于一体的一次性完成布料、振动、整平及精整等工序的现代化新型水泥混凝土摊铺机。下面分别将它们的液压传动系统介绍如下。

一、轨道式水泥混凝土摊铺机

轨道式水泥混凝土摊铺机种类繁多，而且液压系统也是各不相同，下面分别以国内的HTG4500型和美国的Curbmaster型为例分别介绍。

1. HTG4500型轨道式摊铺机

HTG4500型轨道式摊铺机是由长沙筑路机械厂消化吸收了德国沃格勒公司的同类产品，经适当改进后自行研制的产品。HTG4500型轨道式水泥摊铺机的一些主要技术参数如下。

动力：风冷式柴油机2台（郑州柴油机厂）。

第1台柴油机功率：14.2kW，额定转速：1 800r/min。

第2台柴油机功率：15.5kW，额定转速：1 800r/min。

最大摊铺厚度：300mm。

摊铺宽度：3～4.5m。

行走速度：第1台机组：19.5m/min。

第2台机组：0.41～19.5m/min，有8个挡位。

机重：共8t，其中第2台机组3t，第1、3台机组各2t。

生产率：450m³/天（以摊铺宽度为4.5m计算）。

摊铺精度：3m以内误差≤3～5mm。

HTG4500型轨道式水泥混凝土摊铺机由3台机组构成。

第1台为分料机。此机使用自己的动力，单独作业。

第2台为夯实机。

第3台为抹平机。第3台机浮式悬挂在第2台机上，并使用第2台机的动力。施工时，3台机组顺序排列，依次完成分料、夯实、整平、抹光等工序。

此机行走机构采用机械传动，发动机输出动力，经过变速器、传动轴后，最后由一链条机构带动行走钢轮。

分料机上的主梁为一可伸缩的钢套结构。人工调节主梁两端的螺杆机构可改变主梁长度，达到改变摊铺宽度的目的。分料器为刮板式分料器。

夯实机上的振捣梁，通过连杆和上方主梁上的凸轮相连，发动机带动主梁旋转，振捣梁在凸轮机构作用下起振。振捣梁的振幅可调，频率不可调，恒定为40r/min。在振捣梁的前面有一个控制虚方（即未经振实的混凝土）高度的刮板。

抹平机为一斜角式抹平机，斜角为10°。抹平板前面的微振梁由液压马达带动，其振幅和频率均可调。此机无专门的调拱装置，路拱是靠两次摊铺路面时形成。

HTG4500型为中小型水泥混凝土摊铺机，工作压力不太高。其液压部分采用中压系统。齿轮泵的调整压力为160MPa。

1）第1台（分料）机的液压系统

该机的液压系统组成如图7-8-1所示。

在这个单泵定量系统中有2个回路，即支腿升降回路和刮板摊铺器旋转控制回路。机架为马鞍形的，支腿油缸有2个，分别布置在轨道一侧的2个鞍腿之间，通过支腿油缸的伸缩使鞍腿分开或收拢，机架也就相应地降低或升高。

在两种情况下需要调节机架高低:一种是调节摊铺器的高度,另一种是需要重复摊铺路面时,抬起机架倒行。刮板式摊铺机有两个自由度,横向移动和绕自身轴线旋转。在此机中,横向移动是通过机械传动实现的,而旋转运动则是由双向油缸带动与刮板相连的齿轮齿条机构实现的。当刮板横向移动到一端终点时,由人工控制离合器实现转向。

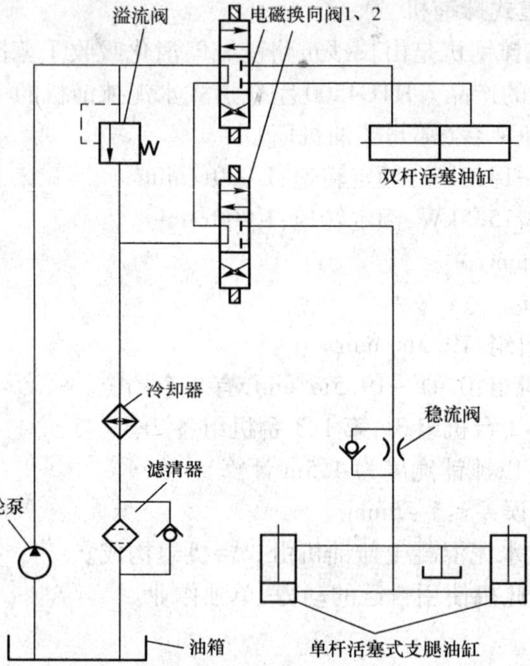

图 7-8-1 HTG4500 型水泥混凝土摊铺机第 1 台机(分料机)液压系统图

刮板摊铺机旋转控制回路主要组成有:齿轮泵、溢流阀、三位四通电磁换向阀 1、双杆活塞油缸等。系统的压力由溢流阀调定。液压油经液压油泵出来后,经换向阀 1 直接进入双杆活塞油缸。双杆活塞油缸工作时,缸套不动,而是缸轴来回移动带动齿轮也来回移动。电磁换向阀 2 控制油缸的换向,实现刮板反向旋转摊铺。电磁换向阀与油缸是连动的,比如,接通换向阀 1 上的电源,换向阀打到下位,油缸右腔进高压油,缸轴左移。当移动到左顶端时,阀 1 上的电源被换向,于是换向阀 1 又打到图中上位的位置,油缸的左腔进油,缸轴右移,当缸轴移动到右顶端时,换向阀 1 又自动换向。如此不断循环,实现摊铺机的连续作业。支腿升降控制回路主要组成有:齿轮泵、溢流阀、三位四通电磁换向阀 2、稳流阀和支腿油缸、油箱等。回路压力由溢流阀调定。液压油从泵出来后,经换向阀 2 和稳流阀后,进入支腿油缸。在此回路中,支腿油缸是单作用油缸。当需要抬高机架时,电磁换向阀 2 打到图中上位,高压油进入油缸大腔,推动活塞上行,支腿合拢,机架上升;需要降低机架时,换向阀 2 打到下位,回路处于卸荷状态,在机重作用下,推动活塞下行,支腿油缸大腔的油回到油箱。两支腿油缸并联,可使两边支腿动作一致。

此回路的另外一个重要元件是稳流阀(即单向节流阀),该阀起到限流降压的作用。它由固定式节流阀和止回阀并联组成,安装在支腿油缸的进油口处。当支腿油缸进油时,节流阀限制了进入油缸的最大流量,机架上升缓慢平稳,这样可精确调节控制机架高度。下降机架时,油缸下腔出来的油经止回阀回油，故下降迅速，节省时间。

支腿升降控制回路和摊铺器旋转控制回路是串联在一起的，故两回路能同时工作。

2）第2（夯实）、3（抹光）台机组液压系统

此系统是双泵系统，共有4个回路：夯实机支腿升降控制回路、微振梁振动回路、抹平机支腿升降控制回路、抹平板移动控制回路。前两个回路共用泵1，后两个回路共用泵2。

HTG4500型水泥摊铺机第2、3台机的液压系统如图7-8-2所示，下面就各回路分别作介绍。双泵出口压力分别由溢流阀调定，并由压力表14监控。在泵1系统中的两个工作回路（夯实机支腿升降控制回路和微振梁振动回路）不同时工作，由回路选择阀3（二位四通电磁换向阀）实现。当阀3打到左位，微振回路工作；当阀3打到右位，夯实机支腿回路工作。

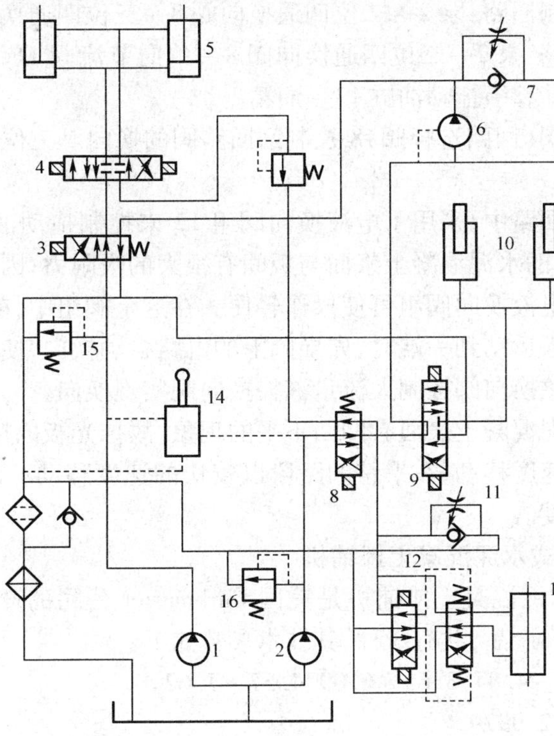

图7-8-2 HTG4500型水泥混凝土摊铺机第2（夯实）、3台机（抹光机）液压系统图

1、2-齿轮泵；3、8-二位四通电磁阀（回路选择阀）；4、9-三位四通电磁阀；5-支腿油缸；6-微振马达；7、11-单向节流阀；10-支腿油缸；12-电液换向阀组；13-拖动油缸；14-压力表检测开关；15、16-溢流阀

夯实机支腿升降控制回路：泵1→二位四通换向阀3→三位四通换向阀4→支腿油缸5→油箱。

微振回路：泵1→二位四通阀3→单向节流阀7→马达6→油箱。

夯实机支腿升降回路：当三位四通换向阀4打到左位，支腿油缸大腔进油，机架上升；当换向阀4打到右位，支腿油缸小腔进油，机架下降。背压阀调定压力不高，其主要作用是限制支架升降速度，使支架升降平稳及避免发生撞击。

微振回路：在该回路中，液压马达带动抹光板前面的微振梁起振，使水泥混凝土得到进一步的压实。它要求振动不能过大，而且振幅和频率均可调，以期对不同坍落度的材料都有较好

的振实效果。以上的要求在液压回路中由节流调速阀7来保证,调节节流阀7的流量,使液压马达回转速度改变,从而改变振动梁的振幅和频率。

抹平机支腿升降控制回路和抹光板的移动控制回路:HTG4500型轨道式混凝土摊铺机采用斜角式抹光板来完成路面的精抹工作。用斜角式的一个好处是能消除路面的横向波纹,因为在前面的工序中,刮板、振动梁等工作装置均横向平行布置,施工时必然会留下横向波纹。由于斜角式抹光板布置与前面的工作装置不平行,所以能把前面工序留下的横向波纹消除掉。抹光板在施工时一方面随机器沿轨道向前移动,一方面又是斜移,因此其运动轨迹为锯齿形。抹光板的横向移动是靠拖动油缸实现的。

泵2系统中的两个液压回路是抹平机支腿升降回路和抹光板横向移动回路。

抹平机支腿升降控制回路:泵2→二位四通换向阀8→三位四通换向阀9→支腿油缸10。

抹光板横向移动回路:泵2→二位四通换向阀8→单向节流阀11→油箱;或泵2→二位四通换向阀8→电液换向阀12→拖动油缸13→油箱。

二位四通电磁换向阀(回路选择阀)8控制两回路阀的换向。三位四通电磁换向阀保证支腿油缸的换向。

在抹光板横向移动回路中,采用了电液换向阀组12来控制拖动油缸13的换向。由于抹光板面积大,使得经振捣的水泥混凝土浆面与板间有很大的吸附力,因此必须用很大的力才能带动抹光板工作。利用电液换向阀组可使操作轻便。在这个阀组中,前面是电磁先导阀,后面是液动换向阀。当抹光板运动到一端时,先导阀上的电路自动换向,使液动阀换位。因此阀组实质上是用小流量的电磁换向阀控制大流量液控换向阀实现换向。

由于经夯实后的水泥混凝土表面有凹凸不平的现象,故抹光板的横向移动速度可调,使其在不平的路段以较慢的速度移动,在平整的路段以较快的速度移动。回路中采用旁路节流来调节抹光板横向移动速度。

2. Curbmaster 轨道式水泥混凝土摊铺机

Curbmaster 轨道式水泥混凝土摊铺机是美国 Curbmaster 公司的产品。Curbmaster 轨道式水泥混凝土摊铺机是系列产品,共有3种,其技术参数如下。

摊铺宽度(m):3.04~4.87、3.65~6.09、4.57~7.62。

机重(kg):8618、9072、9979。

行走速度(m/min):0~6.09。

最大摊铺厚度(cm):30。

此机的施工流程为:摊铺→振捣→整平→(真空吸水)→抹光→拉毛→切缝,整套工作连续作业,施工速度快。

该机工作装置:

①摊铺器中螺旋式摊铺器:直径为30.4cm,配有15.2cm长的加宽件。

②振动整平板:振动频率40r/min,移动行程为15.2cm,振动整平板随着机器行走自动工作。

③振动器:排式振动,频率10 500r/min,也能随机器行走自动工作。

④抹光板:宽度为76.2cm,由弹簧浮式悬挂在主机上。

增加摊铺宽度是提高水泥混凝土摊铺机综合性能、扩大作业范围的重要手段。Curbmaster

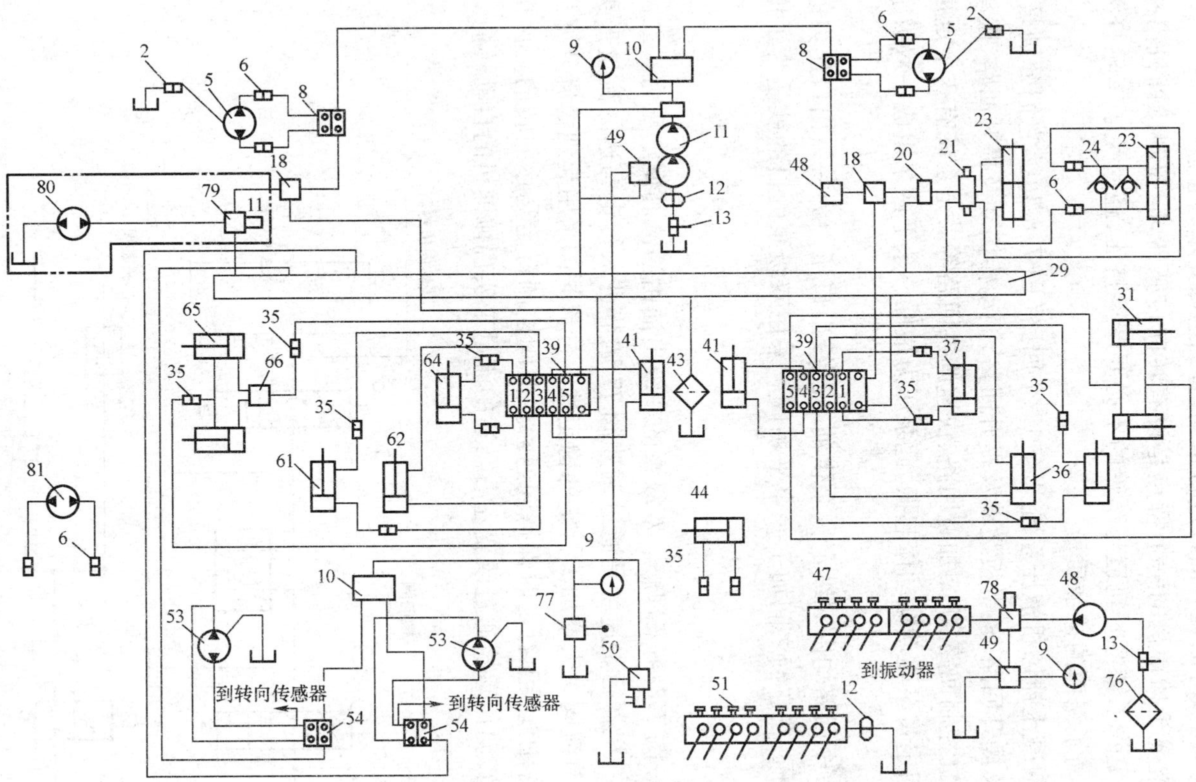

图 7-8-3　Curbmaster 轨道式水泥混凝土摊铺机液压系统图

1、3、4、7-管路；2、6-快速接头；5-摊铺马达；8-换向阀；9-压力表；10-分流阀；11、48-泵；12、76-滤清器；13-单向球阀；14-吸油管；15、16、17、75-管路；18-流量调节器；19、22、25、26、27、28-管路；20-调速阀；21-换向阀；23-整平板驱动油缸；24-止回阀；29-回油总管；30、32、33、34-管路；31-支腿油缸；35-快速接头；36、61-整平板（抹光板）提升油缸；37、64-螺旋摊铺器提升油缸；38、40、42、45-管路；39-多路换向阀；41-振动器提升油缸；43-冷却器；44-加宽油缸；46-管路；47-振动棒进油集流压力总管；49-溢流阀；50-电磁阀；51-振动棒回油集流总管；52、55、56、57、58、59、60、62、63、67、68、69、70、71、72、73、74-油管；53-行走马达；54-换向阀；65-搬动油缸；66-分流阀；77-调速阀；78、79-电磁阀；80-压力水清洗机马达；81-调拱马达轨道式水泥混凝土摊铺机机架的加宽是由加宽油缸伸缩来控制可伸缩机架的长度实现的。而工作装置,如螺旋摊铺器、整平板,可以接上单位长度为15.2cm的加宽部分进行有级加宽。

工作装置的高度决定了摊铺厚度,因此工作装置高度调节相当重要。Curbmaster轨道式水泥混凝土摊铺机则有粗、细调节装置实行精确控制,先用支腿油缸对机架升降进行粗调,然后调节螺旋摊铺器、整平板、抹光板等的提升油缸进行精调,直到达到要求为止。

Curbmaster轨道式水泥混凝土摊铺机的一个特点是设有转向传感器,能控制摊铺机沿路面情况自行转弯。这样不但免除了转弯时轨道与车轮的不必要摩擦挤压,还避免了车轮打滑的现象,从而节省动力,又提高了路面的摊铺质量。

Curbmaster轨道式水泥混凝土摊铺机液压系统共有12个回路(图7-8-3)。它们分别是:行走回路、螺旋摊铺器运转及提升回路、整平板搓动及提升回路、振动棒振动及提升回路、搬动回路、压力清洗回路、支腿油缸控制回路、机架加宽回路、快速调拱回路等。全系统有3个定量泵,其中泵48为振动回路,用定量泵驱动振动棒起振,此泵压力最低。余下两泵组成一双级定量泵11。

除振动回路以外其余11个回路均由双级定量泵供油。二级出口压力为一级出口压力的两倍。为了平衡两出口的油压,在它们之间加了一个平衡阀。采用双级泵的目的就是为了增加泵出口的压力。

1)行走回路

图7-8-3中行走回路可按图7-8-4来理解。双级泵的一级出油由溢流阀调定压力。二位二通电磁阀用于紧急卸荷用。机器行走速度是通过调速阀77调节进入行走马达的流量来实现调节的。采用调速阀取代节流阀大大增加了行走的稳定性。分流阀的采用起到稳流分流及达到同步的作用,使左右两轮在直线上行走时保持同速。换向阀控制行走马达的转向。该机的转向由转向传感器控制。转向传感器通过改变左右马达的流量来实现摊铺机的自动转向。

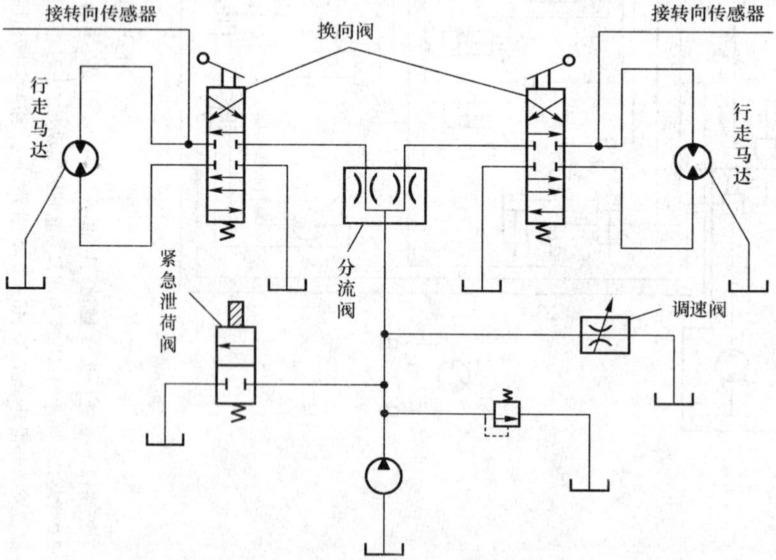

图7-8-4 Curbmaster轨道式水泥混凝土摊铺机行走液压系统图

2）螺旋摊铺器运转和提升回路

图 7-8-3 中的螺旋摊铺器运转回路可用图 7-8-5 来理解。螺旋摊铺器从中间分成左右两部分，并分别由液压马达 5 驱动。由分流阀 10 控制各液压马达同步运转。螺旋摊铺器两端各设有一个提升油缸 37、64，从而组成螺旋摊铺器的提升回路，以控制螺旋摊铺器的工作高度。

3）整平板搓动及提升回路

整平板在工作时由整平板驱动油缸 23 完成其搓动动作。图 7-8-3 中的搓动回路工作原理，如图 7-8-6 所示。

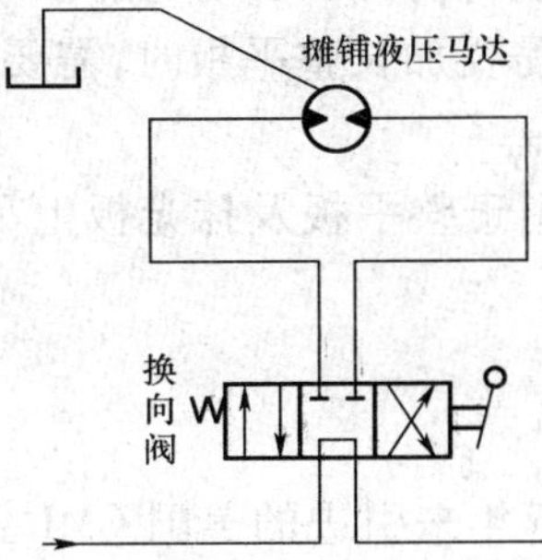

图 7-8-5 Curbmaster 轨道式水泥混凝土摊铺机螺旋摊铺器运转回路

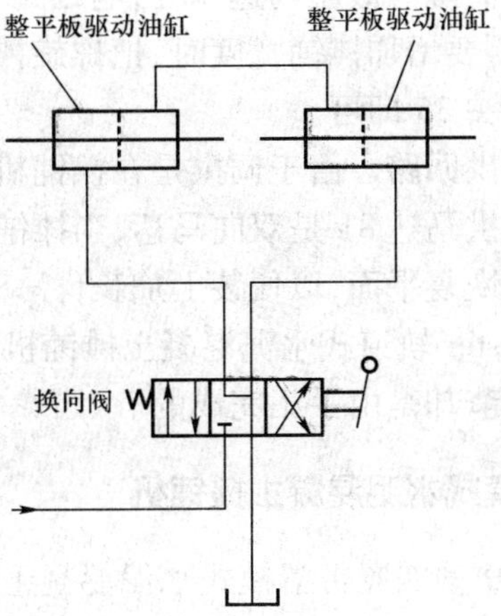

图 7-8-6 Curbmaster 轨道式水泥混凝土摊铺机整平板搓动回路

两整平板驱动油缸串联在一起，均为浮动油缸，浮动油缸能随着路况的变化而自行调整动作速度。外界阻力大时，浮动油缸降低速度，反之增大速度。这样整平板在预整平时能在不平处减慢速度增加搓动时间，而在平整的路面则快速前进。整平板两端各有一对提升油缸（图 7-8-3 的 36、61）控制整平板的工作高度。

4）振动器振动及升降回路

图 7-8-3 中的振动回路工作原理示意如图 7-8-7 所示。

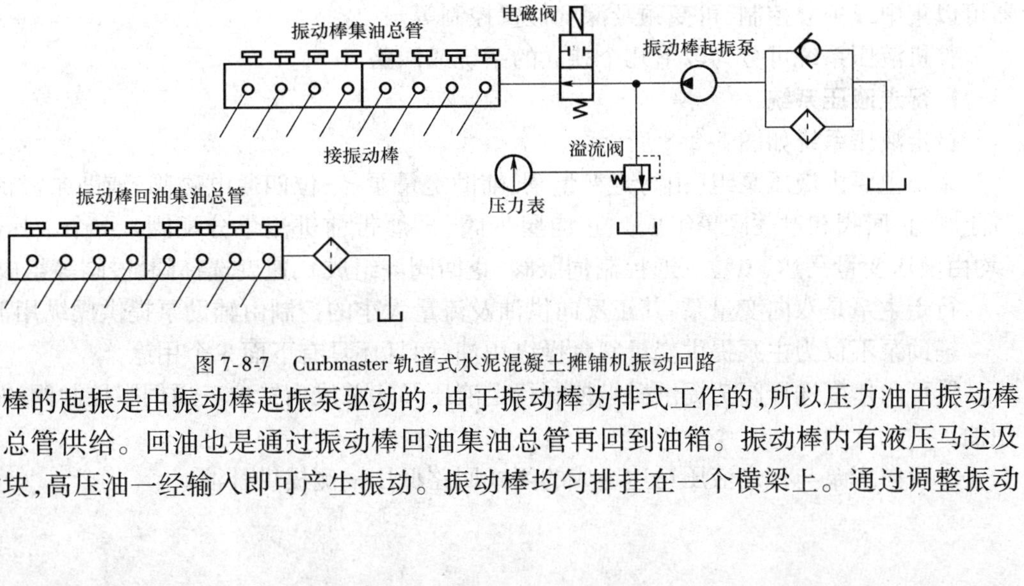

图 7-8-7 Curbmaster 轨道式水泥混凝土摊铺机振动回路

振动棒的起振是由振动棒起振泵驱动的，由于振动棒为排式工作的，所以压力油由振动棒集流压力总管供给。回油也是通过振动棒回油集油总管再回到油箱。振动棒内有液压马达及偏心振动块，高压油一经输入即可产生振动。振动棒均匀排挂在一个横梁上。通过调整振动提升油缸(图7-8-3的41)可调节振动棒的插入深度。

5)其他回路(图7-8-3)

搬运油缸65受多路换向阀组合阀左块39控制。一旦摊铺机要转换工地时,调整搬运油缸动作使搬运轮胎着地,然后牵引车将摊铺机拖走,分流阀66将均分进入两个搬运油缸的流量。支架腿油缸控制机架的升降,由多路换向组合阀右块控制。

压力清洗机的作用是在摊铺机施工完毕后,液压马达80旋转带动清洗机产生高压水,对摊铺机进行清洗。液压马达80由电磁阀79控制。机架加宽油缸44一般不接入油路而处于游离状态,需要增加摊铺宽度时,把螺旋摊铺器提升油缸两边的快速接头接上加宽油缸44两边的快速接头35即可。

快速调拱回路。由于调拱是在摊铺机正式作业之前进行的,故调拱回路并不是常接在主油路中。调拱马达81是双向马达,当摊铺机施工完毕或需要加长整平板时,需要使马达反转使工作装置恢复平面,以便装上加长件。82也是快速接头。

Curbmaster轨道式水泥混凝土摊铺机的快速调拱只用于整平板及抹光板上,而螺旋摊铺器的拱度调节却是由手工完成的。

二、滑模式水泥混凝土摊铺机

SF—350型四履带滑模式水泥混凝土摊铺机是我国近年来引进的美国CMI公司的产品。摊铺宽度为3.7~9.75m,最大摊铺水泥混凝土厚度为610mm,工作速度为0~9m/min,行走速度为1km/h,最大摊铺能力为10~21.5m^3/min。发动机型号为V型8缸四冲程增压柴油机,功率为186kW,转速为2 550r/min。

该机可以一次完成螺旋摊铺器布料、进料控制板限料、振动棒(倾斜式)振动、捣实板捣实、成型模板成型、浮动抹光板整平、拖布精整平及吸水。而路面拉毛、喷养生剂养护及伸缩缝切割等有关工序则由其他机械完成。

滑模式摊铺机行走装置为四条履带,滑动模板在其内侧,沿机器行走方向安装。行走方向和路面摊铺高度,均靠路面两侧桩上拉紧的基准线控制自动调平装置(自动找平和自动转向传感器构成的自动控制系统装置)来进行。为确保水泥混凝土有良好的振压效果,液压振动器可以集中或独立控制,可变频及深度位置控制等。

整机液压系统可分为以下几个独立的系统或回路。

1.行走液压系统

行走液压系统如图7-8-8所示。

系统主要由液压泵组(由行走变量泵、辅助定量泵、三位四通电磁阀、辅助泵溢流阀、单向节流阀、止回阀和过载阀等组成)、正向履带阀(即履带前进流量分配阀)、4个液压马达总成(均由液压变量马达、二位三通控制伺服阀、止回阀等组成)、速度选择阀、梭阀等组成。

行走主泵是双向变量泵,其正反向供油及流量大小的控制由辅助泵提供操纵用油。

辅助泵不仅为主泵提供变量斜盘操纵用油,而且还具有下面3个用途。

①可向速度选择阀7提供操纵控制行走液压马达总成内二位三通伺服控制阀的操纵控制用油。

②可向主泵与行走液压马达组成的闭式回路低压一侧提供补油。

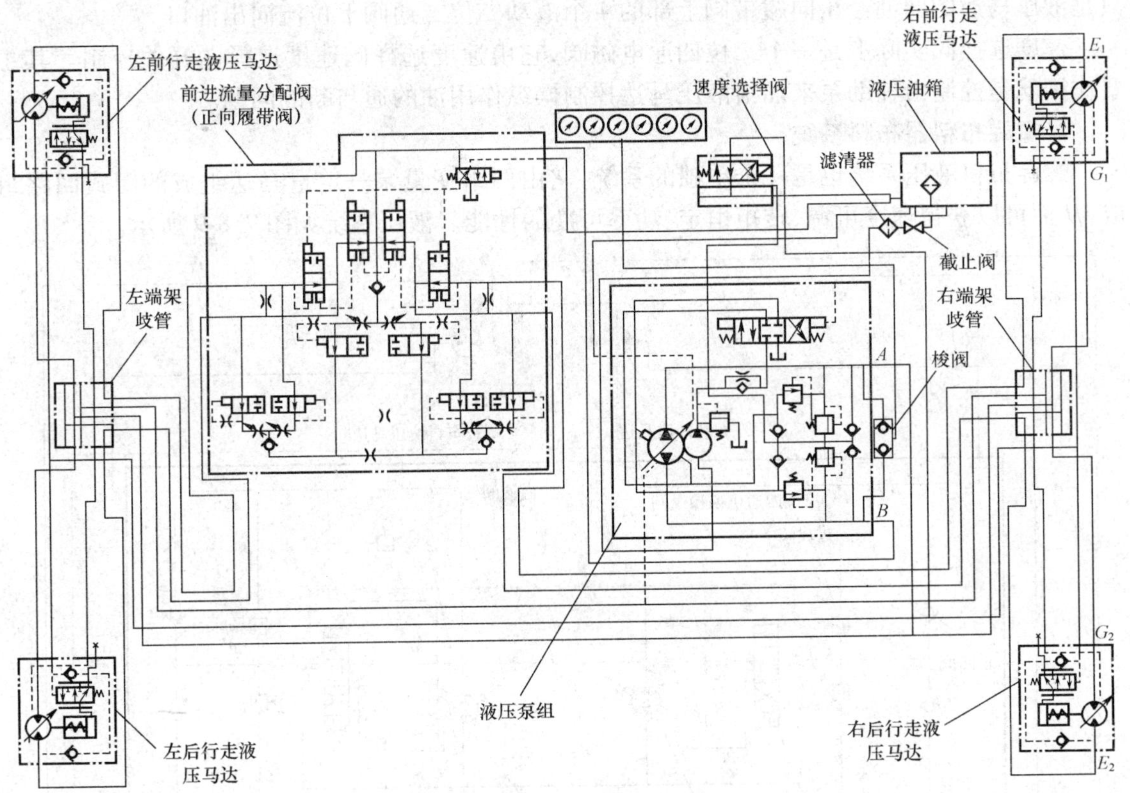

图 7-8-8　行走液压系统图

③可向主泵体内通过溢流阀提供一定量的冷却油。

行走马达也是变量马达。它的变量装置由二位三通伺服阀及控制缸组成。当速度选择阀不来操纵控制油时，伺服控制阀处于弹簧端位，控制缸活塞大腔进压力油，液压马达在控制缸弹簧作用下斜盘处于最大倾角位置，从而输出最小流量和最大扭矩；当从速度选择阀 7 来控制油并使伺服阀处于液控端位工作时，控制缸活塞腔进油，斜盘被推到最小转角位置，液压马达可输出最大流量和最小转矩。行走液压马达的正反转决定于液压主泵供油的方向，而液压主泵的正反供油方向决定于泵组内的三位四通电磁阀方向的改变。液压马达内泄漏油、液压马达控制阀组内的回油均可流入泵体内，增加泵体内冷却效果。

梭阀用于接压力表，它能保证高压油口始终与压力表相通，使压力表能测出其工作压力。

正向履带阀的主要作用是：使履带前进作业时，由主泵来的压力油可等量分流到四个行走液压马达中去；而当履带后退停止作业时，主泵压力油不经阀内而直接去四个液压马达。具体工作过程是：当履带前进时，二位四通电磁阀处于右端位工作，由主泵来的液压油经电磁阀右位同时作用在 4 个二位二通液控阀顶部。4 个二位二通阀上位工作，从而使主泵来的液压油直接顶开止回阀，经中位 2 个二位二通液动流量分配阀等分流后再到下部的 4 个二位二通液动流量分配阀。液流经 2 次流量分配后到液压马达，每个液压马达所得到的流量均是正向履带阀从主泵来油进口流量的 1/4。从而实现了每个液压马达的流量相等的同步动作。履带倒退时，由于主泵来油直接流到液压马达，不经正向履带阀。所以后退时没有流量分流的问题，只是液压马达的回油经正向履带阀上部的 4 个液动二位二通阀下位流向出油口。

速度选择阀实际上是一个二位四通电磁阀，它由速度选择阀速度选择电开关控制。其主要作用就是控制由辅助泵来油给液压马达控制操纵作用油的通与断的问题。

2. 螺旋布料器布料系统

螺旋布料液压系统也是一个单独的系统，它由两组变量泵—定量马达组成的闭式回路组成，从而可以获得速度可调、转矩恒定、功率可变的性能。液压系统如图 7-8-9 所示。

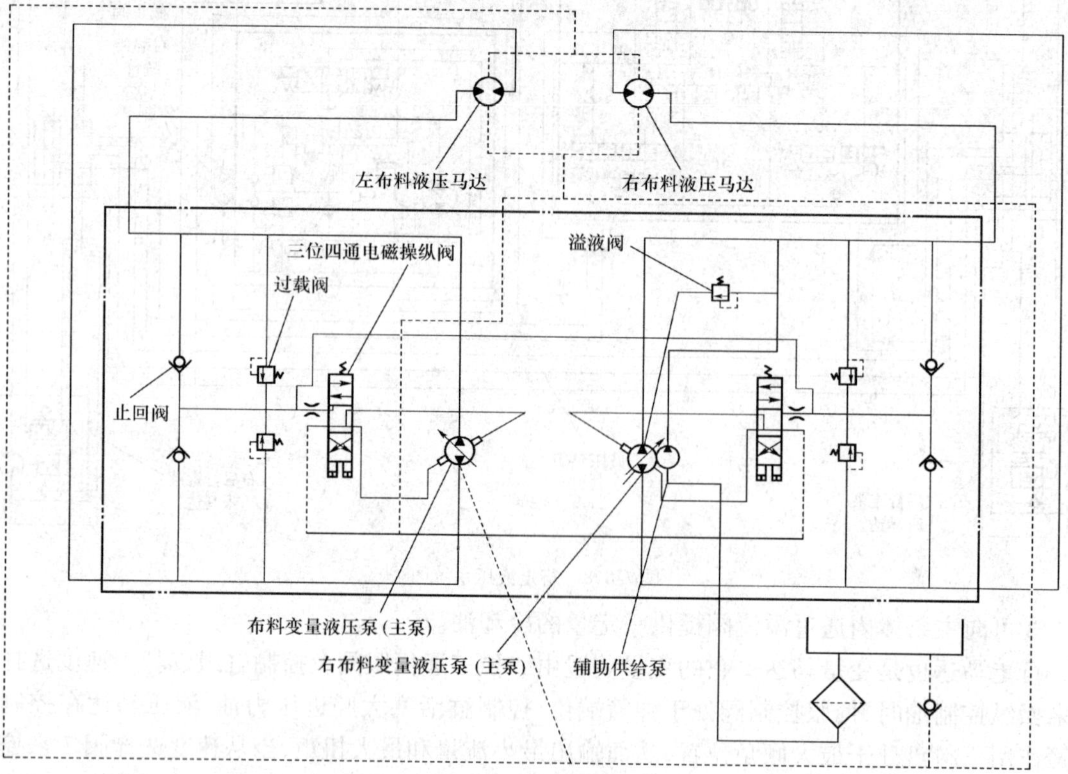

图 7-8-9　螺旋布料器液压系统图

两个变量泵均通过三位四通电磁阀实现变量斜盘的正负角度变化和流量的控制，控制油来自辅助供油泵。辅助供油泵由溢流阀进行压力控制，从而满足操纵油压的要求。从溢流阀溢出来的液压油直接进入变量泵壳体内，又达到了冷却主泵壳体的作用。当液压泵停止供油、液压马达制动时，液压马达有可能因惯性造成一侧真空一侧过载现象（尤其是当快速突然制动时），辅助泵将可通过液压止回阀向此时的液压马达实现真空补油。过载阀与止回阀共同起到对液压马达过载补油的作用。

由上可知，每个回路中的液压马达可以单独地正反转，两个回路液压马达的配合则可组成对水泥混凝土混合料的许多组合形式布料的要求。

3. 振动棒振动液压系统

滑模式摊铺机的混合料振实及达到一定的密实度要求，是由若干个振动棒组成的振动装置完成的。由于施工中对不同性质的混凝土（材料、级配、水灰比、坍落度、干硬性等）要求经常在变化,所以它的振幅、频率也要求随时可调。

悬挂振动棒的支撑横梁也是通过液压油缸操作的,操作者首先把支撑横梁调定到一个合适位置后,振动棒振动液压系统工作才有效。

振动棒振动液压系统主要由振动变量泵(主泵)、振动增压泵(辅助泵)、流量分配控制阀组、三联电磁阀组、电磁卸荷阀组、液压油冷却器及压力油歧管等组成,如图 7-8-10 所示。

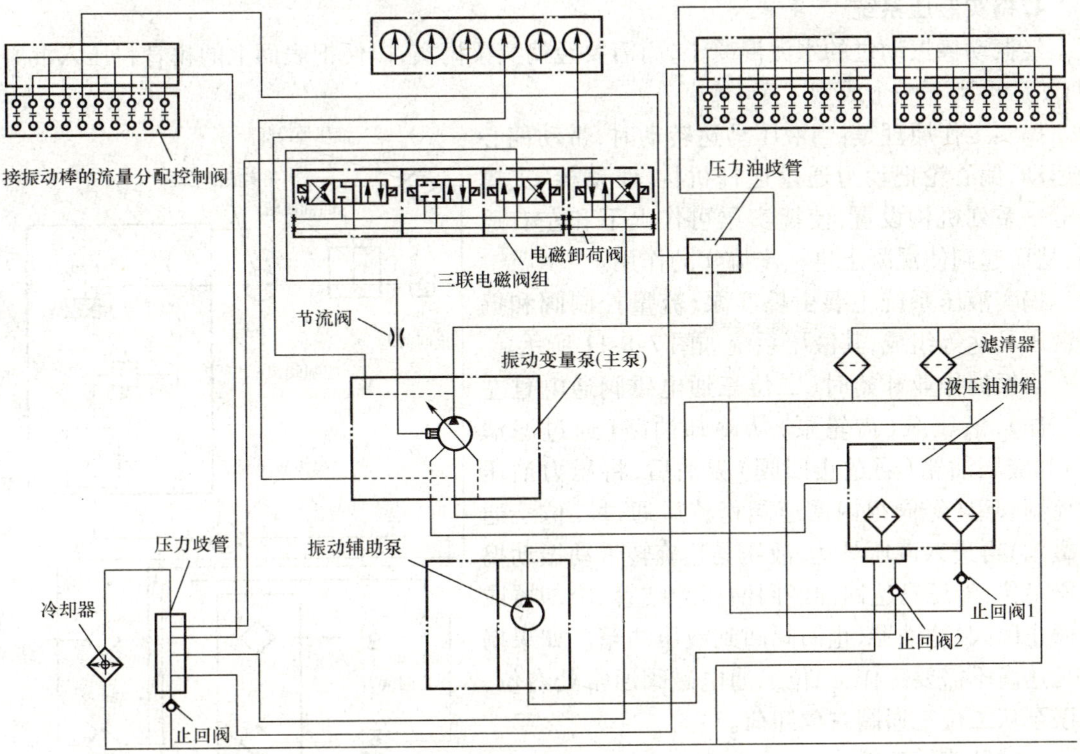

图 7-8-10　振动棒液压系统图

振动变量泵从液压油箱经止回阀 1 或滤油器进油后,压力油直接进入压力歧管,再从压力歧管分配到系统的左、中、右流量分配控制阀组中去,每组流量分配控制阀都有 5 个独立的流量控制阀,每组流量分配控制阀就可接 10 个振动棒,图示有 3 组阀,总共可接 30 个可调频的振动棒供系统使用。由于振动变量泵是压力补偿变量泵,其压力补偿控制器可控制调节轴向柱塞泵斜盘的一个方向倾斜由零到最大的角度,在确保出口压力恒定的情况下,以供给系统需要的无级调速泵流量。

振动辅助泵又可称振动增压泵,主要是将从油箱吸入的液压油压入压力歧管后经冷却器至滤清器,使经过一定加压及过滤过的压力油,一路经止回阀 2 可重返液压油箱(相当于给液压油箱内的液压油加压),另一路可供变量主泵增压吸油,提高振动主泵的自吸效果。与振动辅助泵装在一起的还有行走辅助泵、捣实泵(图中未将这两个泵画出)。

二位四通电磁阀是一个卸荷阀,当内燃机启动时,主泵流量可通过同时接通电磁阀端电路的二位四通阀右位卸荷。发动机正常工作后,阀又回到左位,切断主泵的卸荷。

三联电磁阀组中右边的二位四通电磁阀是控制主泵压力补偿器进行操纵控制油的阀。

从主泵来的液压油进入该阀右位(主泵供应起振压力油后,电磁阀端电磁线路自动通电,使右位工作),经节流阀节流减压成低压操作油,作压力补偿器操纵控制油用。

可见,振动棒振动流量的大小完全是通过主泵压力油随外负荷变化提供相适应的操纵控制油,从而达到泵斜盘角度相应的变化,使振动棒振动流量得到相应的保证。三联电磁阀组中左边的三位四通电磁阀是机架伸缩控制用阀,三联电磁阀组中间的二位四通阀是供喷水清洗设备用阀。

4. 捣实液压系统

经振动棒振动过的水泥混凝土,尚需要经捣实梁捣实,以便把表面上的粗骨料压入混凝土中,然后再到下一个成型工序。

捣实工作原理是:当液压马达转动时,带动偏心轮运动,偏心轮把动力通过连杆机构、驱动棒、支撑杆等一系列机构设置,使捣实梁可作上下和左右运动,从而起到使混凝土进一步捣实的作用。

捣实液压系统主要由捣实泵、流量控制阀和捣实液压马达等组成,其液压系统如图7-8-11所示。

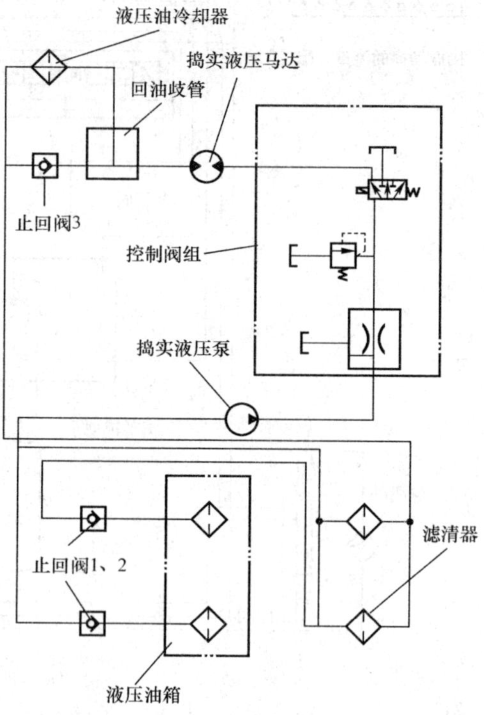

图7-8-11　捣实液压系统图

当振捣作业开始时(二位三通电磁阀通电且左位工作),液压泵(齿轮泵)从冷却油路(通过滤清器)和液压油箱(通过止回阀)吸油后,将压力油压入控制阀组(经阀组内调速阀稳流后通过二位三通电磁阀)再进入液压马达,液压马达旋转带动振动捣实梁工作,液压马达回油经回油压力歧管、冷却器或旁通止回阀、滤油器、止回阀回到液压油箱。如果捣实马达尚不需要工作,二位三通电磁阀通常处右位,液压泵从二位三通阀右位卸荷。

5. 辅助液压系统

辅助液压系统是由摊铺机主机架宽度伸缩回路、整机自动调平回路、整机自动转向回路、水喷洗回路及摊铺机摊铺控制装置各个回路(包括混合料进机高度控制、振捣棒提升、成型模板拱度调节及浮动盘控制等液压控制回路)等组成。系统供油是一台液压辅助系统泵(变量泵)提供,压力油由液压辅助系统泵出来经压力滤清器、压力歧管后流向各工作回路的。为清楚起见,下面将该辅助液压系统分为图7-8-12和图7-8-13两张图来简要分析如下。

1)主机架伸缩、自动调平、自动转向、喷水等回路系统图

图7-8-12所示为主机架伸缩、自动调平、自动转向、喷水等回路组成的系统图。

(1)主机架伸缩液压回路

如图7-8-12所示,来自辅助系统泵的液压油经压力油滤清器、压力歧管后到达电磁组合阀的三位四通双向电磁阀,从而控制主机架2个并联的伸缩液压缸的伸出或回缩的动作。

(2)水喷洗液压回路

如图7-8-12所示,来自辅助系统泵的压力油同样经压力油滤清器、压力歧管后到达电磁

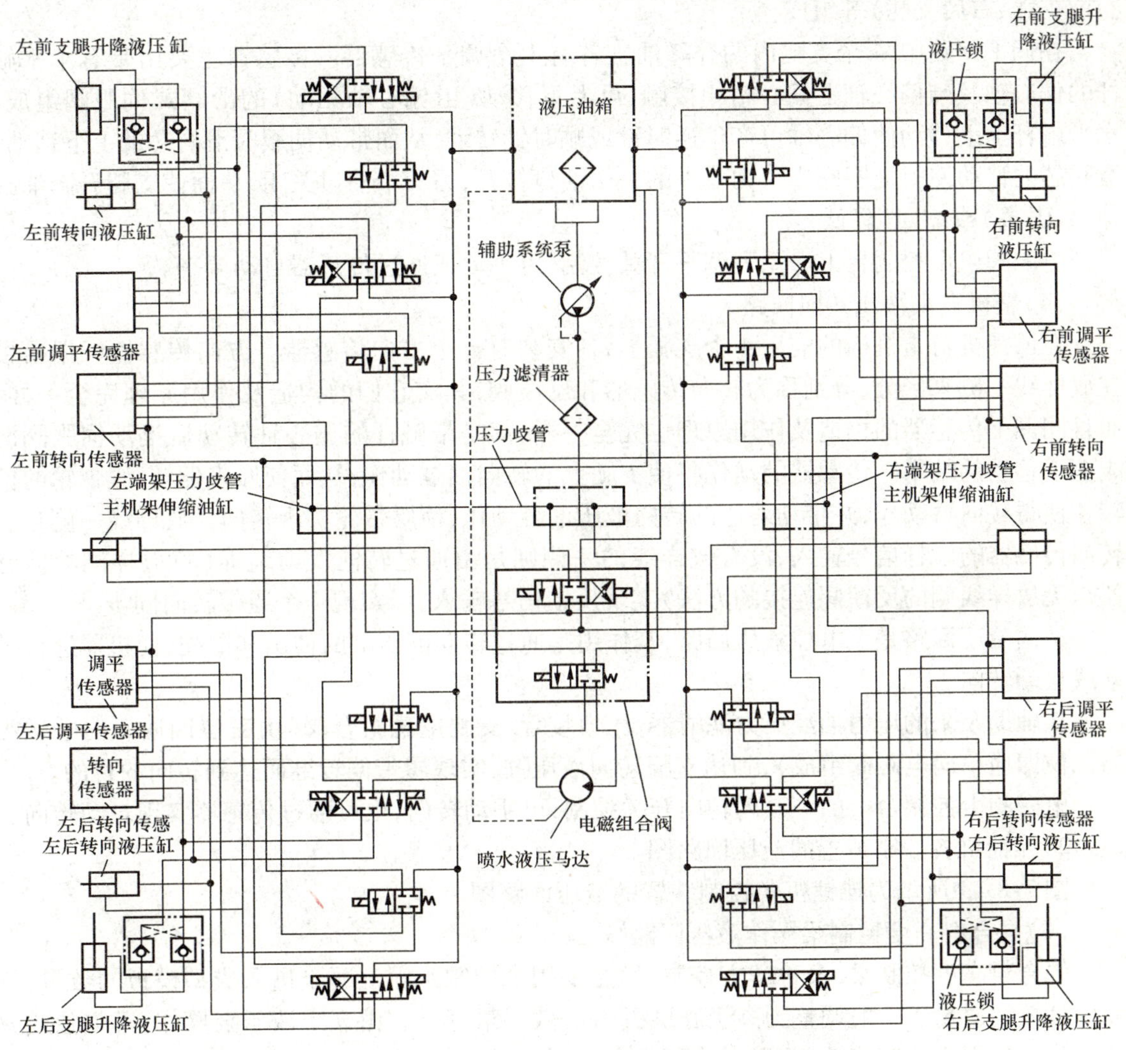

图 7-8-12　调平、转向、主机架伸缩及喷水液压系统图

组合阀的二位四通电磁阀，控制喷水液压马达旋转，使冲洗水带有一定压力而喷出。

(3)整机自动调平液压回路

摊铺机作业时，具有不管路基高低不平而使混凝土摊铺层保持在预定设计的高度上的功能。其工作原理是在4个行走机构的支腿升降油缸上分别安装有水平传感器（液压随动器），其上铰接有触杆，触杆的一端靠自重始终压紧在侧边路基上拉紧的钢丝绳上。当机器作业时因路基高低而下降、抬高时，触杆端（与压紧在钢丝绳端对应的偏心轴相接的触杆端）便会相应地升高、下降，从而使液压传感器（液压随动器）内阀芯移动，使来自泵的高压油相应地只进入升降油缸的上腔、下腔，使机器又上升、下降。

如图 7-8-12 所示调平液压系统液压回路由辅助系统泵，压力歧管，左、右端架歧管，调平电磁阀组（由1个三位四通双向电磁阀和1个二位四通单向电磁阀组成），4个调平传感器（左前调平、左前转向、右前调平、右前转向），液压锁及4个支腿升降油缸（左前支腿、左后支腿、右前支腿、右后支腿)等组成。

在调平回路中,4 个支腿内的升降油缸各有 1 个调平传感器。传感器主要由带有水平触杆的偏心轴及与偏心轴上偏心轮相接触、可上下移动(由偏心轴驱动)的滑阀式伺服阀组成。水平触杆上下移动使偏心轴可产生逆时针或顺时针转动,从而带动伺服阀滑阀芯的上下移动,滑阀芯的移动使得伺服阀 2 个油口中的一个油口打开,另一个油口关闭,从而使支腿升降油缸伸出(升高)或缩回(降低)。

电磁阀组由控制台上一系列调平开关控制,可手动或通过传感器自动调平。

(4)整机自动液压转向回路

在摊铺机行走机构的前后 4 个支腿上,各安装有一个方向传感器。方向传感器根据是否在放样线一侧来区分,分别称为转向传感器和反馈阀,其实它们的构造及作用原理完全一样。而且同调平传感器的构造及作用原理也完全一样,都是带触杆的偏心轴转动后推动伺服阀滑阀上下移动的结果。传感器的动作将使支腿上的转向油缸动作,从而使履带偏转,履带轮的偏转才使得转向臂动作,并带动对应的转向液压油缸动作,使履带轮实现转向。放样线一侧是由转向传感器的触杆信号输入,没有放样线的一侧则是由通过转向反馈缆绳(将放样侧的传感器与无放样线侧的反馈阀连接的方法)实现反馈信号输入,以实现 4 个履带转向同步。

转向液压回路是个电控液压回路,其作用是通过转向液压缸的伸出和回缩,使机器进行手动或自动转向。

从辅助泵来的压力油经压力滤清器、压力歧管、支腿电磁组合阀(由三位四通双向电磁阀与二位四通单向电磁阀组成),到达支腿转向液压缸,实现履带偏转继而达到转向的目的。

电磁阀由控制台上的一系列转向开关控制,可手动转向,也可通过传感器实现自动转向。

2)摊铺机各控制装置的液压回路图

图 7-8-13 所示为摊铺机各控制装置的液压回路图。

(1)混合料高度控制梁操作液压回路

混合料高度控制梁(又称虚方控制梁)主要用来控制水泥混凝土进入成型模板的数量,从而保证摊铺质量。一般调整到高于底拱板 3cm 效果最好。它由 3 个液压缸操作,可单独或整体升降。最大升降高度为 30cm。液压缸的上端固定于主机架。其液压回路如图 7-8-13 所示,由辅助系统泵、压力歧管、双作用电磁阀 4 及液压缸 1 组成。

(2)成型盘(成型模板)操作液压回路

经振动捣实的混凝土进入成型盘后,经进一步挤压成型成为所设计断面的水泥混凝土路面。成型模板宽度(即摊铺宽度为 3.6 ~ 9.7m),它可以通过标准块(每块 1.5m 长)组成,相互间是螺栓连接,中间部分是铰接形式,以保证路面路拱调节的需要。

路拱调节装置不仅用于摊铺时调节路拱,而且也对拖架的中央部分起支持作用。路拱调节上部装置与主机架相连接,而下部装置用销与成型模板的中央部分相连接。上部总成由 2 对摊铺轴承、2 个调拱链轮、1 个主动链轮、路拱液压马达和驱动链条组成。

其液压回路如图 7-8-13 所示,当压力油进入电磁换向阀 6、液压马达 17 后,驱动主动链轮再驱动链条,带动驱动链轮和路拱轴旋转,使得铰接的成型顶模板可上下移动,从而形成路面的路拱。

在弯道作业时,通过液压装置可以改变路面模板一侧的拱度,以使中央路拱消失,直至成为单边坡施工；成型模板还可以根据施工需要调整仰角大小，仰角一般控制在6mm之内，过大会影响摊铺质量；成型模板与机器左、右两侧模板组合，可调整成前宽后窄的喇叭口，从而使混凝土受到挤压，增加边缘密实度；为减少路边施工塌落，在成型模板左、右两侧设置有一块超铺板，它与侧模板组合，可调整成为一个内八字形，以免摊铺过后的混凝土的边缘塌落。

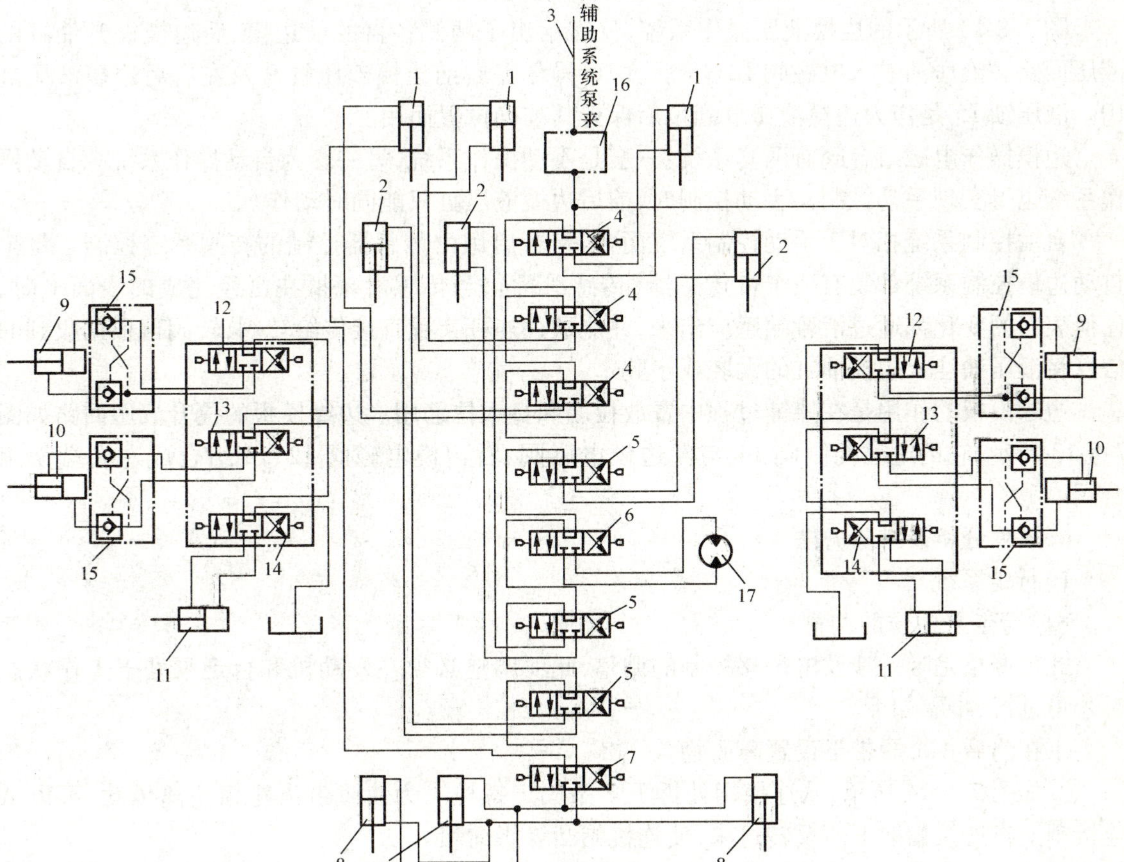

图7-8-13　摊铺装置液压系统图

1-混合料高度控制（虚方控制）梁液压缸；2-振动棒提升液压缸；3-由辅助系统泵来的压力油；4-混合料高度控制梁电磁阀；5-振动棒提升电磁阀；6-成型盘路拱马达电磁阀；7-浮动盘电磁阀；8-浮动盘提升油缸；9-前边模液压缸；10-后边模液压缸；11-边缘液压缸；12-前边模电磁阀；13-后边模电磁阀；14-边缘电磁阀；15-液压锁；16-压力歧管；17-路拱马达

（3）浮动盘（浮动模板）液压回路

浮动模板是处于成型模板后端，是一块刚性结构的弹性悬挂浮动盘。浮动模块由若干每个长1m的小模板组成。不振动，以较小的变形在混凝土表面上用来对路面进行第2次平整之用。

浮动模板的悬挂液压回路如图7-8-13所示，压力油进入电磁阀7后即可操作浮动模板液压缸8的提升。

浮动模板两侧的扩张、收缩由边缘液压缸控制。

（4）边模板、边缘板的操作液压回路

边模即摊铺机的滑动模板(或称侧模板),左右两侧各有前后两块。边模的作用是在摊铺过程中,从两边挡住水泥混凝土,以利于挤压成型。边模的提升、下降以及边模的压入或移出均由边模液压缸进行操作。为此,左右侧模板分别装有4个液压缸:2个用来控制模板的升降(可整体升降,也可前后端边模的独立升降);另外2个液压缸用来控制侧模板的压入或移出(也可同时操作,也可前后端独立操作),改变摊铺宽度。

图7-8-13所示的边模液压操作系统,仅表示出了两侧各自的前边模、后边模提升油缸的液压回路。液压油进入电磁阀12、13后,即可操作左右前边模液压缸9及左右后边模液压缸10。液压锁15是作为边模液压缸到位后保持其准确位置而用。

边模操作电磁组合阀有两套系统:一套是手动操作系统,另一套为自动操作系统。自动操作系统也可实现手动控制。手动控制时,前后边模液压缸只能同时动作。

自动控制系统相对于手动控制系统而言,是否启用由传感器控制的转阀系统控制。每个自动边模控制系统都装有一个带传感器(传感滑靴),当传感滑靴抵在已经完成的表面上时,任何表面的变化都通过滑靴端感应出来,并能通过连杆装置直接传给转阀,转阀再根据收到的信息将液压油注入边模油缸的大腔或小腔。

边缘模板的作用是在摊铺过程中置放拉筋和打入拉筋用。边缘模板的提升液压回路如图7-8-13所示,它的电磁控制阀14与左边模电磁阀、右边模电磁阀12、13组合成左右端架组合阀。

6. 故障分析及排除方法

1)行走系统

(1)行走泵中位的调整

此项调整是唯一涉及电位移控制的调整,此项调整必须在发动机和行走泵处于工作状态时才可进行,步骤如下。

①在前后4个履带下设置障碍物。

②如图7-8-14所示,从连接帽处拆下2条固定螺栓。为使履带齿轮箱脱离传动,可以从连接销上将连接帽取下。反转过来,使连接帽凸缘指向毂。

③将连接帽的阻断块放入连接销的槽内,将连接帽的凸缘和销一起向里(毂内)推,直到连接帽抵住盖板为止。

④安装好连接帽,固定螺栓。

⑤在其他3个履带行星齿轮箱上重复上述步骤。

⑥如图7-8-15所示。全面清泵,以及所有将要从泵上拆下的油塞和连接装置。

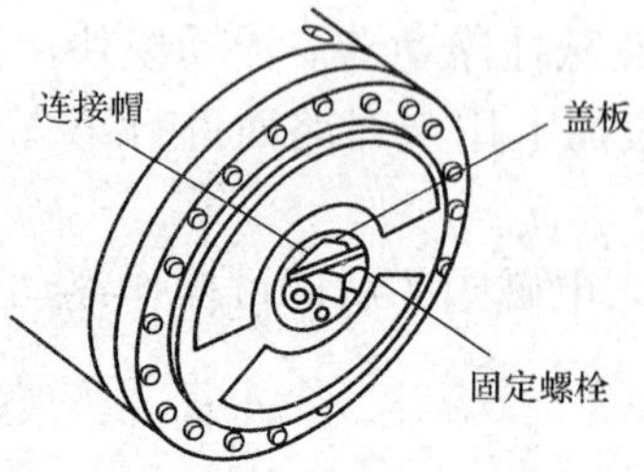

图7-8-14 履带行星齿轮箱

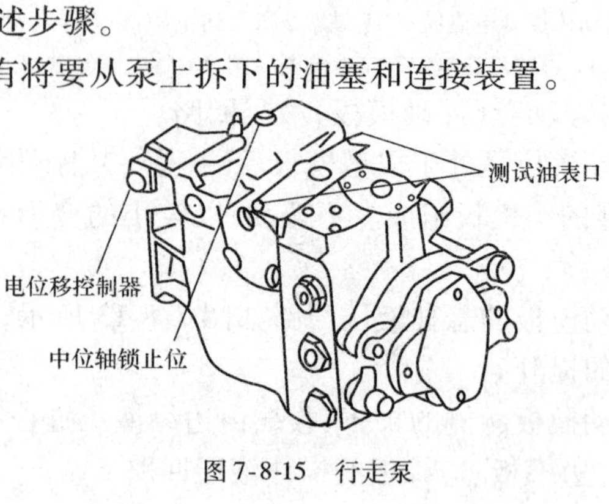

图7-8-15 行走泵

⑦从电位移控制口上拆下电接头。

⑧从行走泵顶的油口拆下油塞，并立即安装上 2 个 3 450kPa 的测试表。

⑨强制将正向履带开关打到"OFF"位置。

⑩启动发动机，并慢慢加速到正常工作时的转速。

⑪用扳手松开中心轴锁止螺母。

⑫旋转中心轴，直到两系统压力表读数一样。

⑬如图 7-8-16 所示，将中心轴顺时针旋转直到一个表的压力刚刚开始向上升，记下此时用六角扳手旋转到此刻的角度位置 1。

⑭将中心轴反时针旋转，直到另外一个表的压力刚刚开始向上升，记下此时用六角扳手旋转到此刻的角度位置。

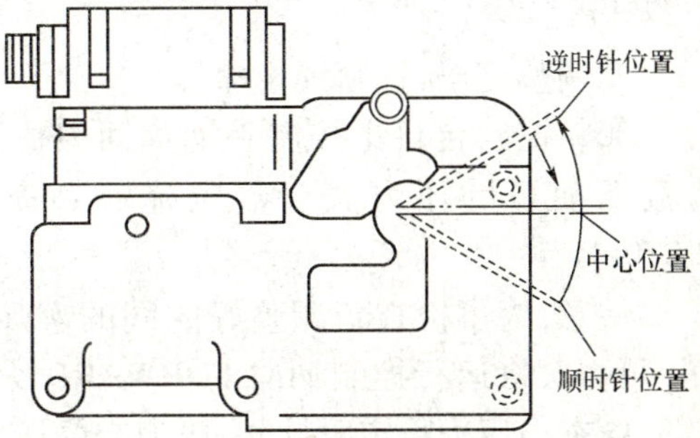

图 7-8-16　行走泵伺服中位的调整

⑮再将扳手顺时针旋转到顺时针位置和逆时针位置的中心位置。注意：现在的扳手位置为控制中位，此时两表的压力读数应该相同。

⑯握住此时的中心轴位置不动，拧紧中心轴的锁止螺母。拧紧力矩为 15N · m。

⑰停止发动机运转，重新装上电位移控制电接头。

⑱重新启动发动机，沿一个方向扳动控制台上的运行控制柄，先到中位再到顶位，再反方向扳动控制柄又到中位。而此时泵也正好连续与控制柄同步地回到中位。

⑲泵中位调整结束后，停止发动机运行，拆下压力表并重新装上油口油塞。

⑳拆下连接帽固定螺栓 1，拉出连接销使连接帽 2 一起朝向毂外。

㉑重新安装连接帽使其凸缘由毂向外，并将连接帽阻断块插入连接销的槽内。

㉒结合履带行星齿轮箱动力后，将前后履带底的阻挡物移开，检查机器的工作情况。

(2)多功能阀的调整

多功能阀的调整主要是压力调整，此项工作将使限压阀和高压溢流阀的压力设置同时进行，并且要求发动机与行走泵处于工作状态。调整步骤如下。

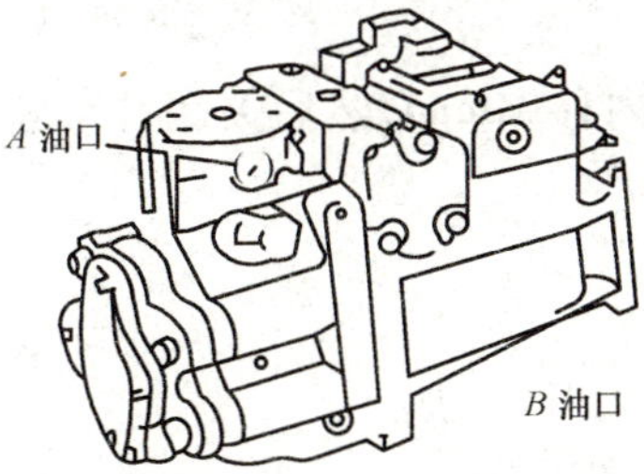

图 7-8-17　行走泵

①全面清洗泵表面。

②如图 7-8-17 所示，拆下两个高压仪表油塞并在 A 及 B 油口各安装一个压力值为 68 950kPa 的压力表。

③将各履带固定于一个固定栓上。

④强制将正向履带开关打到"OFF"位。

⑤启动发动机并逐渐增速至风门全开。注意：进行下列调整工作时要尽量快速，因为流经溢流阀的液压油会使泵产生过热。

⑥将行走控制手柄移到 FORWARD(前进)位。如果这时 B 油口处的压力表的读数为 22 750kPa，则无须调整。否则，该阀应进行调整。

⑦如图 7-8-18 所示，将上多功能阀上的压力调整锁止螺母(小六角螺母)松开。

⑧用六角扳手慢慢旋转调整螺钉，直到压力表上指针指到要求的压力设置为止。

注意:顺时针方向旋转压力调整螺钉是增加压力设置,逆时针方向旋转压力调整螺钉是减小压力设置。旋转1圈压力调整螺钉的压力变化为8 275kPa。

⑨调整完毕,拧紧锁止螺母。

⑩将控制台行走控制手柄移回中位。这时,A高压油口的压力表读数应降回到充油压力2 070kPa。

注意:为了检查新调整好的阀的实际压力设置,可再次将运行控制柄向FORWARD方向移动1/5,检查当压力稳定时,同一压力表的压力读数。然后将行走控制柄扳回中间位置。

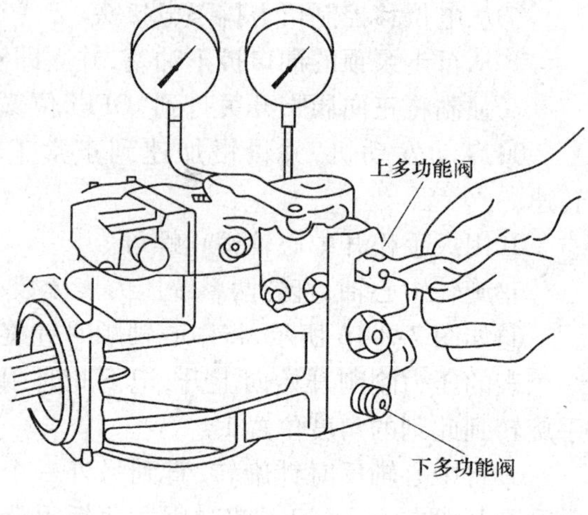

图7-8-18 调整多功能阀

⑪重复⑥~⑪步骤对下多功能阀进行调整。

注意:这时行走控制手柄应移到REVERSE(后退)位,并且应取高压A油口的压力表读数调整和检查。

⑫当以上调整结束后,停止发动机运转,拆下两高压油表并装上油塞。

⑬将履带固定栓链拆除。

(3)履带链张紧装置调整的调整步骤

①垫高将要调整的履带处的主机架一端。

②将升降开关打到LOWER(降),使履带装置升起,直到履带升离地面。

③从履带顶部上将松散泥碴清除,然后在履带装置两端底部放置阻挡物。

④全面清洗注油阀和溢出阀,清除灰尘,防止污物、灰尘进入油缸。检查溢出阀是否拧紧处于关闭状态。

⑤将高压油枪对准注油阀注油,直到履带张紧,取出高压油枪。

警告:润滑脂在履带装置内有很高的压力。润滑脂由溢出阀中射出会伤害人体。因此不要用眼观察溢出阀。应观察履带或履带张紧调节油缸,看履带是否松动。松开溢出阀,注意仅旋转1圈。

⑥慢慢旋开溢出阀使润滑脂喷出,直到履带张紧装置叉架向内移10mm,然后关闭并旋紧溢出阀。

⑦启动发动机升起履带,移开下面的阻挡物。

⑧降下履带至地面,直至主车架由垫物上升离开后,移开垫物。

(4)行走系统常见故障及原因

①机器在某一方向不移动。

a.行走控制手柄处于中位。

b.履带行星齿轮箱离合器脱开。

c.液压油不够。

d.电线断开,脱开或连接错误。

e.行走控制失效。

f. 行走泵油压太低。

g. 系统压力低。

h. 行走泵旁路阀失效。

i. 电位移控制失效。

j. 液压传动系统失效。

②机器仅在一个方向移动。

a. 电线断开,脱开或连接错误。

b. 行走控制失效。

c. 电位移控制失效。

d. 多功能阀卡住或失效。

e. 进油止回阀卡住或失效。

③行走控制手柄处于中位、或中位和后位、或中位和前位时油压低。

a. 行走泵的进油滤清器阻塞。

b. 行走泵溢流阀失效。

c. 供给泵失效。

④系统压力低。

a. 多功能阀设置不正确或限压阀卡住或失效。

b. 电位移控制失效。

⑤机器无法置于运行状态。

a. 电线断开、脱开或连接错误。

b. 软管阻塞或扭折。

c. 电磁阀失效。

d. 行走马达流量控制失效。

⑥行走控制手柄中位挡无法实现。

a. 行走控制失效。

b. 电位移控制阀失效。

c. 泵中位未调整准确。

d. 泵失效。

⑦操作系统过热。

a. 系统液压油量不足。

b. 液压油冷却器阻塞。

c. 液压油冷却器旁路止回阀阻塞、贯穿或失效。

d. 行走泵多功能阀失效,使得系统压力增加。

e. 液压传动装置失效。

⑧行走系统动作缓慢。

a. 吸油滤清器阻塞。

b. 电位移控制阀失效。

c. 行走马达旁通阀失效。

d.液压传动装置失效。

⑨行走控制系统发动机不运转。

a.行走控制手柄不在中位。

b.电线断开、脱开或连接错误。

c.发动机启动开关失效。

⑩机器对运行控制装置无反应。

a.电线断开、脱开或连接错误。

b.电阻失效。

c.泵电位移控制阀失效。

⑪保险警铃不响。

a.电线断开、脱开或连接错误。

b.保险警铃开关失效。

c.保险警铃失效。

2)螺旋布料器系统

(1)螺旋布料器在任何方向都不运行

①螺旋布料器控制开关处于“OFF”位置。

②行走“STOP”/“GO”开关处于“STOP”(停止);而螺旋布料器控制开关处于“AUTO”(自动)状态。

③液压油箱油量不足。

④吸油管路上止回阀关闭。

⑤行走“STOP”/“GO”开关或螺旋布料器控制选择开关接头松脱或锈蚀,接线断开、脱开或连接错误。

⑥电线断开、脱开或连接错误,锈蚀或布料器控制装置失效。

⑦进油滤清器阻塞。

⑧泵旁路阀失效。

⑨油泵溢流阀在油压低时功能失效,使液压油溢流。

⑩电位移控制阀在油压低时失效。

⑪泵伺服油孔阻塞。

⑫系统单向/溢流阀失效。

⑬螺旋布料器泵或马达失效。

⑭螺旋布料器齿轮减速装置,链驱动及轴承损坏。

(2)螺旋布料器仅在一个方向上运转

①电线连接错误或断开,接头松脱或锈蚀或布料器控制装置失效。

②系统单向/溢流阀失效。

③电位移控制(EDC)失效。

(3)噪声或振动过大

①油箱内液压油量不足。

②系统内混入空气。

③泵进油压力低。

④泵的联轴器失效。

(4)泵的中位控制不易或无法达到

①电线断开、脱开，线接头松脱或锈蚀或螺旋布料器控制手柄失效。

②当螺旋布料器控制手柄处于中位时，泵伺服阀各端压力不均。

③电位移控制失效。

④泵失效。

(5)系统操作时温度过高

①液压油箱油量不足。

②液压油冷却器阻塞或失效。

③进油滤清器阻塞。

④泵旁路阀失效。

⑤系统压力过高。

⑥螺旋布料器泵或马达失效。

(6)系统反应迟缓

①充油压力低时，泵的充油溢流阀失效。

②进油滤清器阻塞。

③电位移控制阀(EDC)失效。

④泵旁路阀失效。

⑤泵伺服孔阻塞。

⑥供给泵失效。

⑦泵或马达内部渗漏。

⑧螺旋布料器泵或马达失效。

3)振动棒系统故障分析

(1)压力补偿器控制的调整

泵的最大系统压力的调整是通过调节位于泵底部的压力补偿器调整螺钉来实现的。

①启动发动机并慢慢地加速到正常工作转速，使得液压油达到通常的工作温度。

②如图7-8-19所示，记下所有振动棒流量控制阀旋钮的现行位置，然后将所有旋钮拨到“0”。

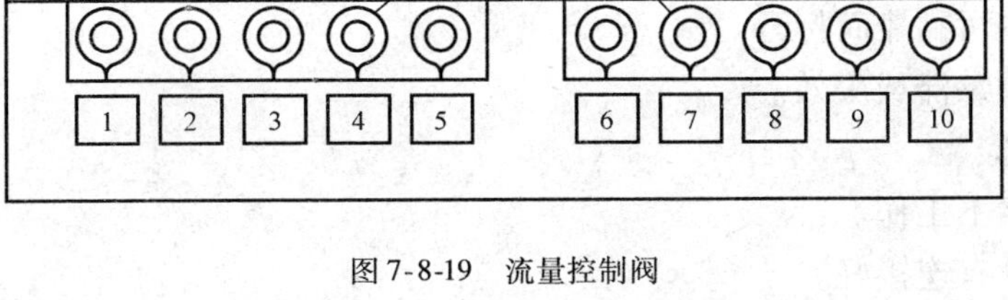

图7-8-19　流量控制阀

③在摊铺装置控制台上，将控制台电源开关及振动棒选择开关打到“ON”。将发动机转

速增至全速。

④如果控制台下振动棒压力表 5 的读数为 13 790kPa，则无须调整。否则，应调整压力补偿器。

⑤如图 7-8-20 所示，拆下位于补偿器端的调整螺钉护盖，并松开调整螺钉的锁止螺母。

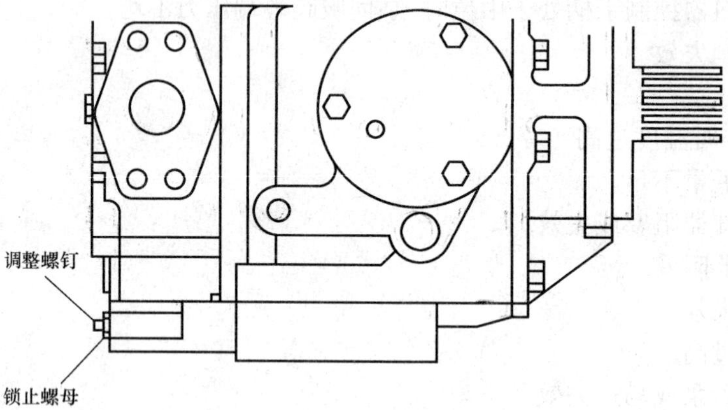

图 7-8-20　压力补偿控制器

⑥用六角扳手顺时针方向旋转调整螺钉 7 为增压；逆时针方向为减压。

注意：压力补偿器控制装置的调整范围是从 6 895 ~ 34 475kPa。每旋转螺钉一圈的压力变化为 4 550kPa。

⑦当控制台振动棒压力表读数为 20 685kPa 时，固定调整螺钉不动，拧紧锁止螺母。并重新装上调整螺钉的护盖。

⑧将振动棒选择开关打到位，发动机转速降至空转或停止运转。

⑨将所有振动棒流量控制阀旋钮 1 转回它们在第 2 步时的原位置。

(2)振动棒系统常见故障

①振动棒不工作。

a. 摊铺装置控制台电源开关处于“OFF”位置。

b. 主控台止/动开关处于“STOP”且振动棒开关不处于“OVERRIDE”位置。

c. 控制台电路断电器跳闸。

d. 行走开关或振动棒开关接头松脱或锈蚀，电线断路、脱开或开关失效。

e. 振动棒控制电磁阀接头松脱或锈蚀，电线断路、脱开或阀电磁绕组失效。

f. 控制台断电器接头松脱或锈蚀，电线断路、脱开或断电器失效。

g. 卸荷阀因油污黏滞而打开。

h. 泵补偿器阀黏滞或失效。

i. 振动泵失效。

②单个振动棒不工作。

a. 快速接头没有连接好。

b. 该流量控制阀堵塞。

c. 振动棒马达失效。
③只要发动机运转，振动棒就不停止工作。
a. 振动棒开关处于“OVERRIDE”位置。
b. 振动棒开关接头松脱，或锈蚀，或开关失效。
c. 振动棒控制电磁阀因油污黏滞而闭合。
④系统工作温度过高。
a. 液压油箱内液压油量不足。
b. 进油滤清器阻塞。
c. 液压油冷却器回油歧管旁通阀失效。
d. 压力补偿阀及其阀组功能失效。
⑤泵输出流量低。
a. 液压油箱内液压油量不足。
b. 泵压力补偿器失效。
c. 电磁阀接线头松脱或锈蚀，电线断开、脱开或阀/电磁绕组失效损坏。
4）捣实系统
（1）捣实板不工作
①摊铺装置控制台电源开关处于“OFF”位置。
②主控制台行走止/动开关处于“STOP”（停止），而捣实板开关处于“ON”。
③控制台回路断电器断开。
④流量控制阀关闭。
⑤快速接头同马达连接不正确。
⑥行走开关或捣实板开关接头松脱或锈蚀，电线断开、脱开或阀/电磁绕组（线圈）失效。
⑦捣实板电磁阀接头松脱或锈蚀，电线断开或脱开或阀/电磁线圈失效。
⑧控制台继电器接头松脱或锈蚀，电线断开、脱开或继电器失效。
⑨流量控制阀失效。
⑩捣实板泵或马达失效。
⑪捣实板驱动臂轴承卡死。
⑫捣实板支撑架不同步。
（2）一旦发动机运转，捣实板就无法停止工作
①捣实板开关处于“OVERRIDE”。
②捣实板开关接头松脱或锈蚀或开关失效。
③捣实板电磁阀因油污黏滞而打开。
（3）捣实板驱动马达的路拱装置马达漏油
①软管接头渗漏。
②油封损坏。
③联轴器及油封磨损。
（4）承受荷载时速度低
①泵的供油量低。

②马达内部泄漏大。

(5)马达工作时机械效率低或需要过高的油压推动

①液压油管阻塞。

②马达内部损坏。

5)辅助系统

(1)主机架伸缩回路故障分析与排除

①两油缸不工作。

a. 主机架伸缩电源开关不在"POWER"(接通)位置。

b. 行走止/动开关处于"GO"(前进)位置。

c. 控制台电路通断器将电路断开。

d. 主机架伸缩电路开关接头松脱或锈蚀,电线脱开、断开或连接错误。

e. 主机架伸缩出/入开关接头松脱或锈蚀,电线脱开、断开或连接错误。

f. 主机架伸缩电磁阀接头松脱或锈蚀,电线脱开、断开或连接错误。

g. 主机架的夹固件还未放松取下。

②一个油缸有动作。

a. 主机架其中一边的夹固件还未放松取下。

b. 液压缸失效。

(2)水喷射系统故障分析与排除

①水泵不启动。

a. 控制台喷水选择开关不处在"START"状态。

b. 控制台电路断电器断开。

c. 控制台喷水选择开关接头松脱或锈蚀,电线断开或脱开或开关失效。

d. 电磁阀接头松脱或锈蚀,电线断开或脱开,阀/电磁线圈失效。

e. 控制台继电器接头松脱或锈蚀,电线断开或脱开,继电器失效。

f. 水泵马达进口处无压力。

g. 液压马达失效。

h. 水泵失效。

②系统水压低。

a. 水箱贮水量不足。

b. 水过滤器阻塞。

c. 水泵漏气。

d. 旁路溢流阀设置不当或阀失效。

e. 马达进油处液压油压力低。

f. 电磁阀接头松脱或锈蚀,或阀/电磁线圈失效。

g. 水泵失效。

h. 液压马达失效。

③当开关处于"RUN"位置时,泵却停止不工作。

a. 喷水选择开关处于"START"(启动)位置时间太短,还不足以使水压达到1 380kPa的工作力。

b. 水箱贮水量不足。

c. 进水软管弯折不能进水。

d. 水过滤器阻塞。

e. 喷水选择开关接头松脱或锈蚀,电线断开或脱开,或开关失效。

f. 水压开关接头松脱或锈蚀,电线断开、脱开或开关失效。

g. 水泵失效。

④当喷水孔打开时,水泵却停止工作。

因水泵在喷水孔打开,排出压力水后,水压就降低,当水压降低到小于 1 380kPa 时,水泵又重新工作建立起压力。

(3)调平系统故障分析与排除

①手动调平回路中,所有升降油缸不工作。

a. 控制台电源开关处于“OFF”位置。

b. 调平自动/手动选择开关处于自动状态。

c. 控制电路熔断器烧断。

d. 控制台电源开关或自动/手动选择开关接头松脱或锈蚀,电线断开、脱开或连接错误。

e. 控制台继电器接头松脱或锈蚀,电线断开、脱开或连接错误。

②手动调平回路中,一个升降油缸不工作。

a. 远控升/降开关接头松脱或锈蚀,电线断开、脱开或连接错误。

b. 电磁阀接头松脱或锈蚀,电线断开、脱开或连接错误或阀/绕组失效。

c. 在支腿后部的液压锁锁死。

d. 支腿液压缸失效。

③自动调平回路中,所有升降油缸不工作。

a. 控制台升降电源开关处于“OFF”位。

b. 升降自动/手动选择开关处于“MANUAL”位。

c. 控制台上熔断器烧断。

d. 控制台电源开关或自动/手动选择开关接头松脱或锈蚀,电线断开、脱开或连接错误或开关失效。

e. 控制台继电器接头松脱或锈蚀,电线断开、脱开或连接错误及继电器失效。

④自动调平回路中,一个升降油缸不工作。

a. 电磁阀接线松脱或锈蚀,电线断开、脱开或阀失效。

b. 在支腿后部的液压锁锁死。

c. 调平传感器失效。

d. 支腿液压缸失效。

(4)转向系统

①手动转向回路中,所有的转向油缸不工作。

a. 控制台电源开关处于“OFF”状态。

b. 自动/手动转向选择开关处于"AUTOMATIC"(自动)状态。

c. 控制台电路熔断器烧断。

d. 控制台电源开关或自动/手动选择开关接头锈蚀,电线断开、脱开或继电器失效。

②手动转向回路中,一个转向油缸不工作。

a. 转向油缸左/右选择开关接头松脱或锈蚀,电线断开、脱开或开关失效。

b. 电磁阀接头松脱或锈蚀,电线断开、脱开或阀/绕组失效。

c. 转向油缸失效。

③自动转向回路中,所有转向油缸不工作。

a. 控制台电源开关处于"OFF"位。

b. 转向自动/手动选择开关处于"MANUAL"(手动)位。

c. 控制台电路熔断器烧断。

d. 控制台电源开关或自动/手动选择开关接头松脱或锈蚀,电线断开、脱开或开关失效。

④自动转向回路中,一个转向油缸不工作。

a. 电磁阀接头松脱或锈蚀,电线断开、脱开或阀失效。

b. 液压转向传感器失效。

c. 转向油缸失效。

d. 转向反馈缆绳断开或损坏。

e. 转向反馈阀失效。

(5)摊铺装置故障分析与排除

①调整辅助泵的压力补偿器控制装置。

a. 将主车架降低至最低位。

b. 如图 7-8-21 所示,从辅助泵底拆下系统压力软管并在 T 形管处连一个比例止回阀。而 T 形管另一端连接的辅助压力表软管不要拆或松动。

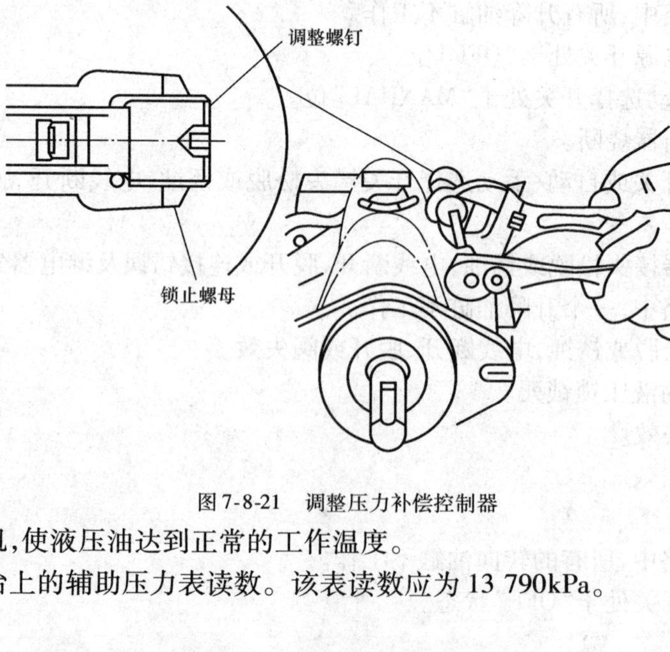

图 7-8-21　调整压力补偿控制器

c. 启动发动机,使液压油达到正常的工作温度。

d. 记下控制台上的辅助压力表读数。该表读数应为 13 790kPa。

e. 如图 7-8-21 所示，如果读数不正确，松开压力补偿控制器的锁止螺母。用六角扳手顺时针旋转调整螺钉 1 为增压，逆时针旋转为降压。

f. 一旦所要求的压力设置已达到（在压力表上指示出），则固定住调整螺钉，拧紧锁止螺母，拧紧力矩为 22 ~ 27N·m。

g. 现将发动机的转速增加和减少 2 ~ 3 倍，看压力设置是否有变化。

h. 停止发动机运行。

i. 从 T 形管上拆下止回阀并重新连上系统压力软管。

②调整最大流量。

注意：通过旋转位于泵轴端的流量调整螺钉可以调整最大流量。此泵已在工厂进行了正确的流量调整，使用时一般无需再调。

a. 如图 7-8-22 所示，用扳手松开锁止螺母 1，逆时针旋转调整螺钉为增大最大泵流量，顺时针旋转为减小最大泵流量。

注意：每旋转调整螺钉 1 圈，增大或减小流量约为 2.46ml，当斜盘角度为 9°和 18°时是调整螺钉的最小和最大的极限调整位置。

注意：过大的扭矩会损坏螺纹，致使在工作时调整值发生变化。

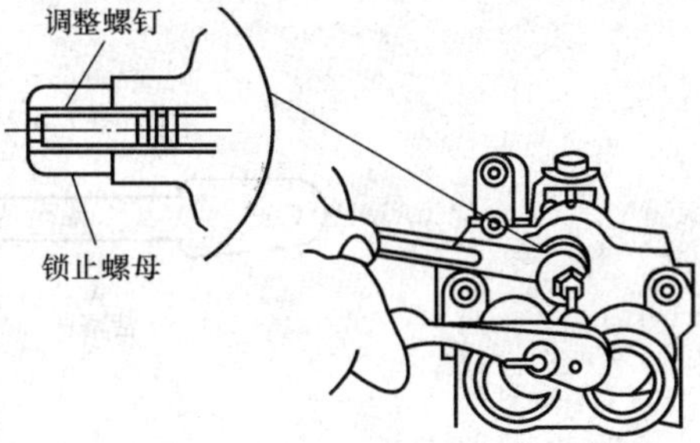

图 7-8-22　辅助泵流量调整

b. 调整后，固定住螺钉，拧紧锁止螺母，拧紧力矩为 16 ~ 22N·m。

③液压缸的内泄漏检查。

注意：如果液压缸处于某一位置时出现爬行现象，则说明油缸的高压油向低压处渗漏。在重新安装油缸或油缸出现爬行时可用下面的步骤检查油缸内漏油。

油缸渗漏检查（不在机器上），如图 7-8-23 所示。

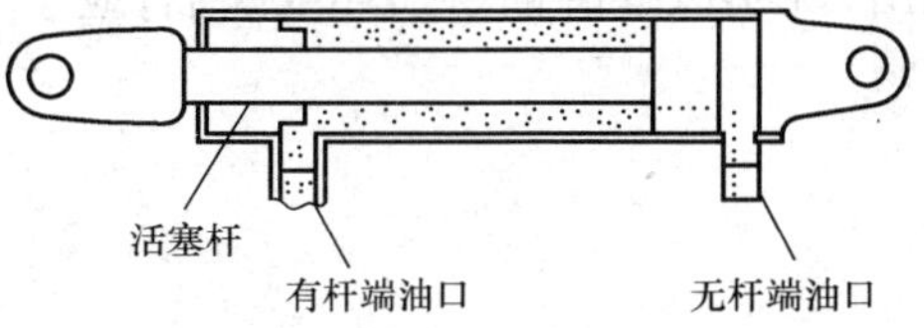

图 7-8-23　油缸渗漏检查

如果液压缸是被重新安装好或从机器上拆下：

a. 使液压缸活塞杆全部收回。

b. 在油缸有杆端油口安装适当的管接头。

c. 通过有杆端油口向缸内注入清洁的液压油。

d. 在有杆端油口接头处安装液压油软管，软管的另一端连到液压动力装置。

e. 启动液压动力装置，从有杆端油口向缸内压油。

f. 检查无杆端油口的情况，如果这时有油从此油口流出，说明此油缸的油封渗漏，应予以更换。

g. 如果无杆端油口无油流出，则说明油封没有坏。拆去液压动力装置及软管。

④油缸漏油检查（在机器上），如图 7-8-24 所示。

警告：如果油缸全部收缩并承受一个拔起的荷载，或油缸全部伸出且承受一个拉出的荷载，而这时进行装拆油缸则该荷载可能会坠落而造成人身伤害。应事先将荷载固定好或移走或释放油缸油压，然后再进行油缸管路拆装。

如果油缸装在机器上：

a. 全部伸出或全部收回液压油缸活塞杆使得缸杆不承受机器的各种荷载，或将由油缸承受的荷载固定使之不致落下，如图 7-8-25 所示。

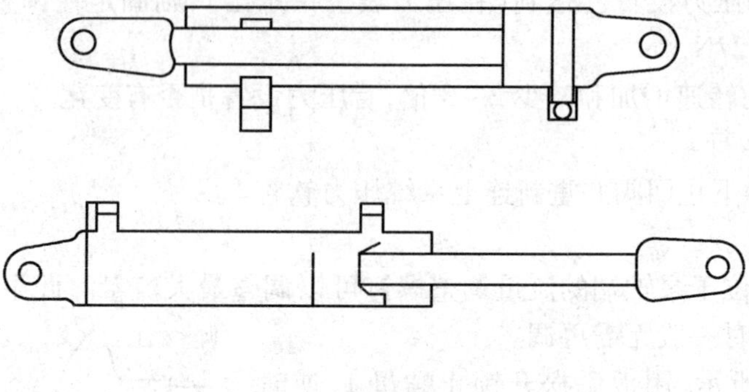

图 7-8-24　油缸在荷载作用下杆的位置

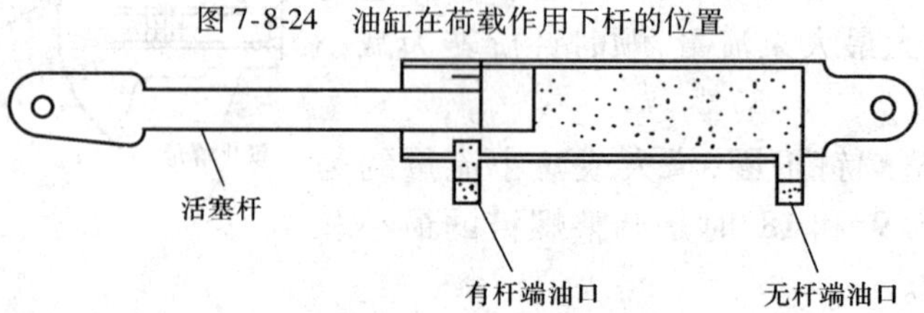

图 7-8-25　油缸泄漏检查

b. 按下面情况从油缸的正确端处拆下软管：

如果缸杆全部伸出，应从有杆端油口处拆下软管。

如果缸杆全部收缩，应从无杆端油口处拆软管。

c. 将拆出软管的油口盖住。

d. 启动发动机，使用适合的控制方法使得油缸可以从已在的位置动作。

e. 检查油缸另一个开油口。如果有油从这个油口流出，说明该缸的油封损坏或漏油，应予以更换。

f. 如果该油口无油漏出，则油封工作良好，无须更换。

g. 重新装上软管，检查系统液压油量是否足够。

(6)辅助泵主回路常见故障

①噪声或振动过大。

a. 液压油箱内液压油量不足。

b. 系统内混入空气。

c. 泵的进油压力低。

d. 泵的联轴器损坏。

②系统工作温度过高。

a. 液压油箱内液压油量不足。

b. 液压油冷却器阻塞或损坏。

c. 系统减压阀设置压力过低。

d. 补偿器阀损坏或被油污黏住。

e. 泵进油压力低。
f. 控制阀不能工作或损坏失效。
g. 泵内有泄漏。
③系统反应过慢。
a. 系统减压阀压力设置值过低。
b. 泵补偿器的控制设置不正确。
c. 泵流量控制设置不正确。
d. 泵内有泄漏。
④泵输出流量过低。
a. 液压油箱内油量不足。
b. 系统减压阀压力设置值过低。
c. 泵进油压力低。
d. 发动机运转速度太低。
e. 泵流量控制设置不正确。
⑤补偿器阀不能工作。
a. 补偿器弹簧的压力范围不适合。
b. 补偿器阀有泄漏。
c. 补偿器阀芯损坏或腐蚀。
⑥泵进油处高度真空。
a. 液压油温太低。
b. 进油滤清器阻塞。
c. 液压油黏度太高。
d. 进油管弯折或阻塞。

思考题

1. 水泥混凝土摊铺机目前分为哪两类？
2. HTG4500 型水泥混凝土摊铺机中，横向移动是通过什么来实现的？
3. HTG4500 型水泥混凝土摊铺机中，旋转运动是由哪些机构来实现的？
4. 简述 SF—350 型四履带滑模式水泥混凝土摊铺机行走装置的特点。

课题九　水泥混凝土专用机械液压系统分析

水泥混凝土是建筑及筑路等工程中的一种主要材料，用途广、用量大。混凝土是以水泥为黏结剂，把水泥和水及砂、石等骨料按一定比例配合、搅拌而成。在推广商品混凝土的过程中，必须十分注意混凝土运输设备的发展，给推广商品混凝土创造条件。混凝土料的运输，过去主要是采用自卸车和搅拌车。自卸车不是专为运送混凝土而设计的，所以在运送混凝土时容易发生离析，运输时间较长还会发生混凝土初凝现象。即使在道路较好的情况下，运输时间也不应超过1个小时。混凝土搅拌输送车是专门用来运输混凝土的。由于混凝土是装在搅拌筒里边走边搅动，所以不容易发生离析现象。它的运输时间可超过1.5个小时。在发展应用搅拌车时，必须把搅拌车的数量配齐，使之能不间歇地向所需工地供应混凝土。混凝土运到现场以后，向浇注处运送以前主要是用井式提升机和塔式起重机，现在已开始使用混凝土输送泵。使用混凝土泵可以节省劳力、加快进度、降低施工费用。现重点介绍水泥混凝土搅拌输送车、混凝土泵及泵车的液压系统。

一、混凝土搅拌输送车

在公路或建筑施工中，为了把混凝土从制备地点及时送到施工现场进行浇灌，必须使用运输机械。当混凝土的运送距离（或运送时间）超过某一限度时，使用一般的运输机械进行运送，混凝土就可能在运送途中发生分层离析，甚至初凝等现象，严重影响混凝土的质量，这是施工所不允许的。因此，为适应商品混凝土的输送，发展了一种混凝土专用运输机械——混凝土搅拌输送车（以下简称搅拌运输车）。

混凝土搅拌输送车实际上就是在载货汽车或专用汽车底盘上安装一种独特的混凝土搅拌装置的组合机械。它兼有载运和搅拌混凝土的双重功能，可以在运送混凝土的同时对其进行搅拌或扰动。因此能保证输送的混凝土质量，允许适当延长运距（或运送时间）。

图7-9-1是搅拌输送车的一个比较典型的液压传动系统。它是由双向（伺服）变量柱塞泵和定量柱塞液压马达以及随动控制阀等组成，是一个闭式液压系统，采用了典型的变量泵容积式无级调速。

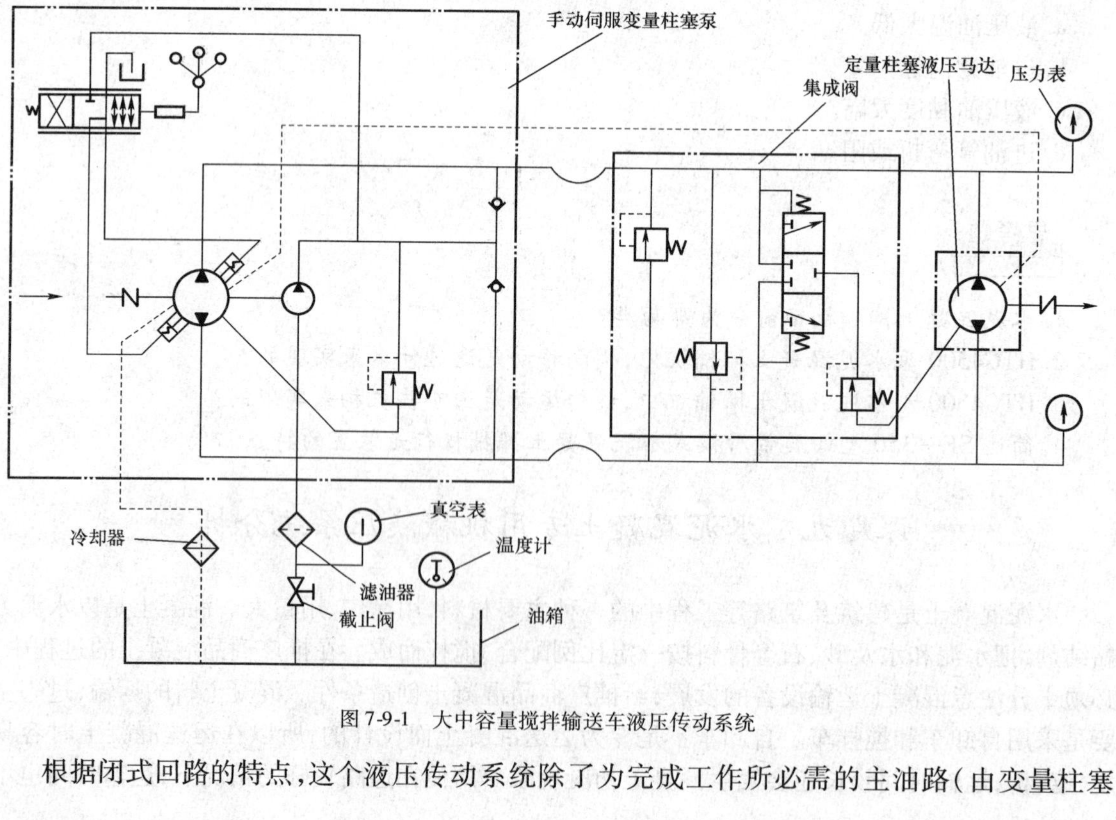

图7-9-1　大中容量搅拌输送车液压传动系统

根据闭式回路的特点，这个液压传动系统除了为完成工作所必需的主油路（由变量柱塞泵和定量柱塞液压马达组成)外,还有与柱塞泵(以下简称主泵)同泵设置并装成一体的辅助泵(摆线转子泵)和由它组成的辅助低压回路以及冷却回路等。

辅助泵一路通过两个止回阀向主回路低压区补油;一路经手动伺服控制阀与调节主泵斜盘倾摆角度的伺服液压缸相通,组成液压泵的伺服变量机构油路;还有一路是经溢流阀通入主泵和液压马达壳体,最后经冷却器回油箱,对工作中的泵和液压马达进行冷却保护。

为完成工作所需要的性能,在主油路中设置了手动伺服控制阀。它是主泵斜盘伺服液压缸的随动阀,与主泵斜盘伺服液压缸一齐配合控制其排油量,它经常与主泵做成一体。工作中,可根据搅拌筒的不同工况操作此控制阀的手柄,实现对搅拌筒的速度调节。此阀的操作手柄从中间位置向左、右的操作方向和幅度,相应确定主泵的斜盘方向和倾摆角度,决定主泵的排油方向和排油流量,从而通过液压马达的转换去控制搅拌筒的转向和转速。因属于随动控制,主泵流量的变化是连续的,因而可实现对搅拌筒的无级调速。但为便于准确掌握不同工况时搅拌筒需要的转速,一般在控制阀操作手柄的面板上相应注明加料搅拌、搅动、停止、卸料4个具体位置,以指示手柄应该操作的幅度。从这里可以看出,这种液压传动的搅拌筒其调速操作十分简单方便,而动作又可以十分灵敏而平顺。

在主回路中,为了保证闭式传动系统的正常工作,还设置了由2个安全阀、1个梭阀和1个低压溢流阀组成的集成阀块,安装在液压马达上。2个安全阀可防止主回路在任何一个方向超载时过载溢流及液压马达制动时过载补油用,并可起制动作用。梭阀确保工作时给主回路低压油路提供一个溢流通道,并由低压溢流阀保持低压区油的压力(此压力低于辅助泵的补油溢流阀的压力),同时也使其溢流油加入冷却油路。

冷却回路是使冷却油带走液压马达在工作时所产生的热量,保证它们的正常运转。其油流由辅助泵的溢流阀和集成阀的低压溢流阀供给。

这个液压传动系统较前述开式系统在调速性能上有很大改进,可实现无级调节,控制平稳,结构也十分紧凑,操作只用一个手柄,集中简便。

二、水泥混凝土输送车

混凝土泵是一种用于输送和浇注新拌混凝土料的施工设备。它能一次连续完成水平运输和垂直运输,效率高,节省劳动力,费用低,因而在国内外引起重视,逐步得到推广。

混凝土泵的种类很多,按泵送混凝土的工作原理可分为活塞式混凝土泵、挤压式混凝土泵等。活塞式混凝土泵是发展最早的一种,这种泵能达到很高的出口压力,输送距离远,且易于控制,技术上比较成熟。所以应用最为广泛。

根据工作缸数的不同,活塞式混凝土泵又可分为单缸和双缸两种,其中双缸应用最广泛。

活塞式混凝土泵是靠活塞在缸内往复运动并在泵送换向分配阀的配合下完成混凝土的吸入和泵出的。工作时,料斗装满新拌混凝土料,两个泵送油缸中的一个在液压系统的控制下活塞杆缩回,从而带动一输料活塞回缩,以吸入混凝土料。与此同时,另一个泵送油缸和输料活塞则反向运动,将前一冲程中吸入的混凝土料通过混凝土分配阀打入输送管道。这两组交替进行,从而连续不断地输出混凝土。在此过程中,一个关键的问题就是要保证在吸入冲程时,输料缸与料斗相通,而泵出冲程时则与输料管道相通。这个功能是由分配阀通过液压控制及驱动来实现的。

混凝土泵液压系统主要是完成两个功能:一是控制及驱动两个泵送油缸的交替运动;二是在两个油缸交替工作时适时地控制和驱动混凝土分配阀,使整个系统实现连续泵送混凝土料。此外,混凝土泵的液压系统还常常带有搅拌及高压水清洗等辅助回路。

混凝土泵液压系统形式按其泵送回路油液的循环方式可分为开式系统和闭式系统。

所谓开式系统,指油液的循环过程是液压泵从油箱吸油,压力油经换向阀进入油缸,油缸的回油再经换向阀流回油箱。

开式系统的特点是系统较为简单、油箱容积较大、系统散热条件较好。但系统易渗入空气,由于采用换向阀换向,系统易产生压力冲击,能耗大。由于液压泵从油箱吸油,液压泵吸油口易产生气穴,因而液压泵的允许转速较低。因此开式系统只适用于小功率液压系统。

对于双缸液压活塞式混凝土泵来说,其完整的一个工作循环有 4 次换向过程,且混凝土泵的工作周期一般只有 4s 左右,也就是说,混凝土泵每小时换向次数可达 3 600 次。由于开式系统采用换向阀换向,换向时间极短(一般为几十毫秒),换向过程为瞬时过程,且换向时液压油的流量为恒定值,因而造成系统压力冲击,不仅带来了严重的环境噪声污染,而且降低了液压元件的疲劳寿命,同时消耗了额外的功率。此外,开式系统的混凝土泵在换向过程中,由于混凝土的惯性,容易造成混凝土的泌水和混凝土坍落度减小,导致泵送阻力加大,甚至产生堵管现象。

而所谓的闭式系统,指液压泵的吸油与油缸的回油直接连通,油液在系统的管路中进行封闭循环,形成一个闭合回路。

闭式系统具有以下特点:由于闭式系统一般采用双向变量柱塞泵换向,因而换向冲击小,节能效果好;另外闭式回路中的油液都有一定的压力(高压或低压),空气不易进入管路,系统较为干净。缺点是系统较为复杂,造价高。由于油液是闭式循环,因而系统的散热条件较差。闭式系统适用于大功率液压系统。

在闭式系统中,由于换向是通过改变柱塞变量泵的斜盘方向来实现的,混凝土泵所用变量泵斜盘的换向时间(从一个方向的最大排量到另一方向的最大排量),一般在 0.3s 左右,比换向阀的换向时间长,而且斜盘在此换向时间内,液压泵的排量是从最大到零,再从零到最大,因而系统的换向冲击小。这使得泵送油缸在启动和停止时较为柔和,混凝土缸中的混凝土被较低的初始压力所推送,混凝土也不易泌水。

按混凝土分配阀油缸是否与泵送油缸为同一回路可分为单回路系统和双回路系统。

单回路混凝土泵液压系统的关键就是如何实现混凝土分配阀油缸和泵送主油缸的自动顺序动作。通常单回路系统采用压力控制顺序动作,或采用行程开关控制。

由于单回路中,一个油缸行程结束与另一个油缸行程开始之间或多或少存在一定的间隔时间(无论是电控信号还是液控信号)不可能有重叠部分或形成封闭。这就使得液压系统在换向过程中承受溢流阀设定的高压峰值,并引起液压元件严重疲劳。

虽然在系统中设置蓄能器可以吸收压力冲击,然而在正常工况下,混凝土泵的泵送阻力与其分配阀阻力差值较大,造成混凝土泵从泵送状态转换到分配状态时,系统产生急剧压降,致使液压元件无法工作在理想条件下。其次,对于顺序阀或根据负载压力大小实现顺序动作的单回路,有可能出现混凝土分配阀不到位的情况,即分配阀油缸未完成其行程时,分配阀与耐磨板的孔不能完全对准。第三,由于分配阀油缸与泵送油缸为顺序动作,且一个油缸行程结束与另一个油缸行程开始之间有时间间隔,使得单回路混凝土泵的泵送机构每分钟行程次数较双回路混凝土泵的少,从而降低了主液压泵的使用效率。

而在双回路系统中,由于采用两个液压泵分别驱动泵送油缸和分配油缸,因而它们的动作容易实现同步,不需顺序动作,也就不会产生单回路的上述不利情况。但其系统相对复杂、成本较高,而且双回路系统均需使用蓄能器作为辅助动力源为分配阀油缸供油,而蓄能器是一种使用效率较高的液压元件,一旦蓄能器损坏,混凝土泵将无法正常工作。

1. BP750R 型混凝土泵的液压系统分析

下面以德国施维因(SCHWING)公司生产的 BP750R 型混凝土泵为例,具体介绍混凝土泵的液压系统。BP750R 型混凝土泵的液压系统,如图 7-9-2 所示。

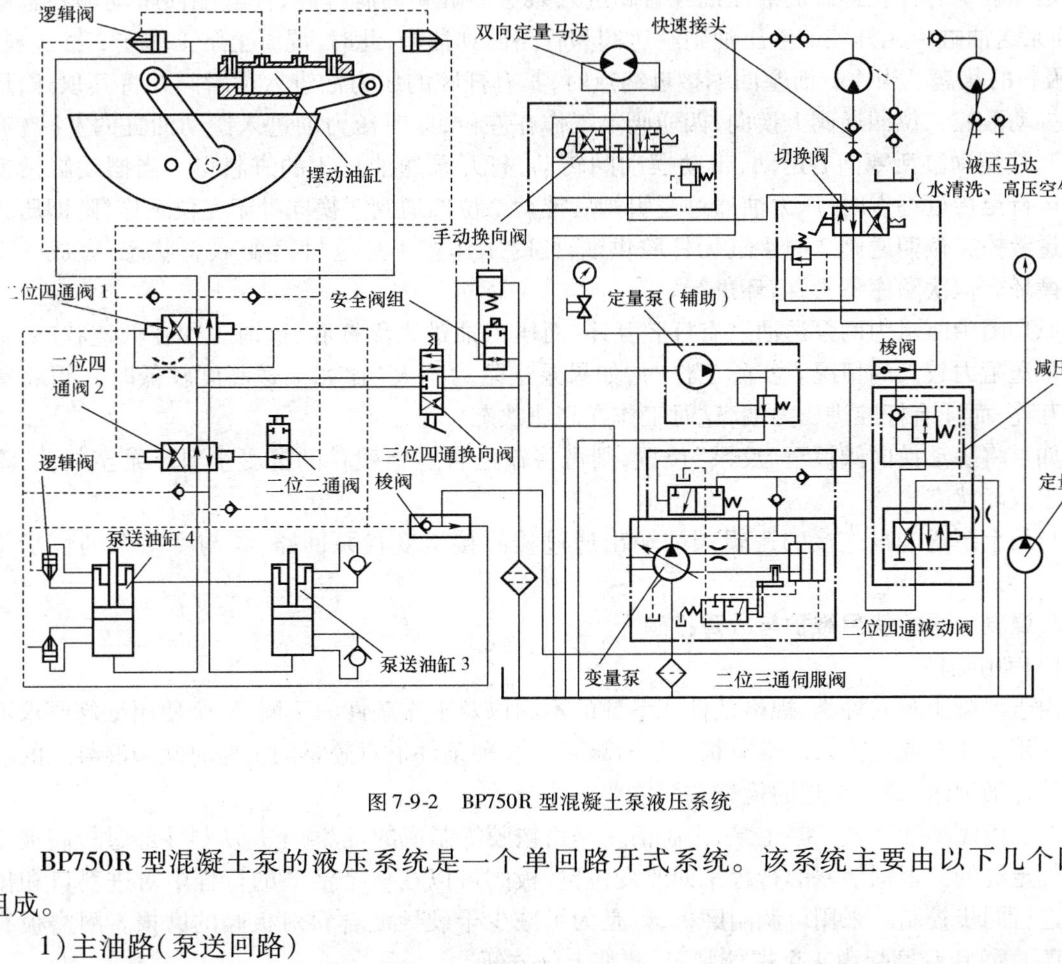

图 7-9-2　BP750R 型混凝土泵液压系统

BP750R 型混凝土泵的液压系统是一个单回路开式系统。该系统主要由以下几个回路组成。

1)主油路(泵送回路)

由变量泵、安全阀组、手动三位四通换向阀、摆动液控二位四通阀 1、泵送油缸液控二位四通阀 2、泵送油缸 3 和 4、摆动油缸、4 个逻辑阀以及止回阀、节流阀和回油滤清器等组成。

2)搅拌回路

由定量泵、安全阀组、手动换向阀、双向定量马达等组成。

3)变量泵恒功率调节回路

由变量泵、调节缸、2 个二位三通阀、液控二位四通闽、减压阀以及辅助控制定量泵等组成。

4)辅助液压系统

由定量泵、安全阀组及水清洗和高压空气液压马达等组成辅助回路;由切换阀、定量马达、快速接头等组成水清洗系统及高压空气清洗系统。

各回路中,泵送回路是最关键的一部分,下面着重介绍其工作原理。

变量泵通过换向阀向泵送回路供油,驱动泵送油缸及摆动油缸 3 运动。图中给出的是摆动缸活塞 3 在最左面时的状态,此时变量泵输出的液压油经过液控二位四通阀 2 输入泵送油缸 3 的无杆腔,使泵送油缸 3 活塞杆伸出以推动输料缸送料。同时,因为两缸有杆腔相通,所以泵送油缸 3 有杆腔排出的液压油经管路进入泵送油缸 4 的有杆腔,使其缩回带动输料缸吸料,而泵送油缸 4 无杆腔的液压油则经过阀和管路回到油箱,此时,混凝土泵工作在 3 缸送料、4 缸吸料的状态。当 4 缸活塞回缩接近终点时,其有杆腔的压力油进入逻辑阀并将其顶开,压力油推动液控二位四通阀 1 换向,四通阀 1 工作在左位,此时压力油进入摆动油缸的左腔(有杆腔),使摆动缸活塞向右运动,带动摆动阀转动,打开泵送油缸 3 的进料口。当摆动缸活塞向右运行至接近终点时,压力油通过逻辑阀后推动二位四通阀 2 换向处于左位工作,随即压力油通过液控二位四通阀 2 向 4 缸无杆腔供油,此时工作在 4 缸送料、3 缸吸料状态,完成一个工作循环。依次顺序下去,循环进行。

原理图中所示为两泵送油缸有杆腔互连,而压力油进入无杆腔,这时工作在低速状态,适应于泵送阻力较大的情况。实际工作时,如果泵送阻力不大(比如泵送高度较低时),可将无杆腔互连,而让有杆腔进压力油,这时工作在高速状态。

如果将手动换向阀扳至"反泵"位置,则可将输送管道中残存的混凝土料反泵至料斗,常常用于故障状态。

与两个泵送油缸连接的逻辑阀的输出通过梭阀接至变量泵回路,参与变量泵的恒功率调节。

2. 混凝土泵的使用维护与故障排除

1)使用维护

由于混凝土泵的种类、规格及性能参数的不同以及工作条件的不同,一个使用维修要求不可能适用于所有混凝土泵。唯有根据平时该泵在各种条件下对砼泵的工作时间和混凝土的输送量的详细记录,提出常规的检查和润滑要求才合适。

对于板阀型活塞式混凝土泵,由于活塞是由橡胶等制成的,混凝土是从料斗经过板阀被吸进混凝土缸的。根据活塞的行程来回改变位置,板阀可以在一个活塞的行程中对进料口和排料口进行同步控制。采用可调耐磨板,则是为了减少干硬性混合料对板阀的磨损。耐磨板有 4 个槽孔,每块耐磨板由 4 个螺栓紧固,调整十分方便。

根据实际工作时间确定混凝土泵的利用率,这是一个好办法。譬如,有些用户规定,每天操作 5h,每星期操作 3 天,混凝土泵的利用率就算达到 100%。并规定每月须对混凝土泵维修 1 次,如果混凝土泵的利用率为 200%,则维修就应每月 2 次。如果利用率为 50%,则维修就应每2个月1次。

总之，维修计划一定要适应不同的泵送工作强度，诸如在高压力情况下泵送距离的远近，骨料的粗细，混凝土等级的优劣等。

每次定期检查和维修都必须有详细的永久记录。这类记录资料首先应包括操作人员日常维护情况记录以及故障和其他观察到的情况记录报告。记录应包括下列各项。

①当天混凝土泵运转了几小时？

②泵送了多少混凝土？

③混凝土泵是否需要维修？

④有无噪声、渗漏或泵送方向错误？

⑤浇注速度是快还是慢？

第⑤项与泵送系统的磨损有关。该项在制订常规维修计划时是必须考虑的。以每小时 $60m^3$ 的速度泵送 $3\ 750m^3$ 的混凝土，对泵送系统所造成的磨损与以每小时 $30 \sim 38m^3$ 的速度泵送 $7\ 500m^3$ 的混凝土所造成的磨损是相当的。

由操作人员提供的记录资料，为混凝土泵历史记录的一部分。历史记录应填明混凝土泵的编号，应包括车间修理加工单、零件更换的记录以及泵的使用情况的记录。

查阅所有的历史记录，对有计划、有目的地准备备用零部件有很大的帮助。在需要更换零部件的情况下，采用手中现有的备用件比故障出现后临时去采购要快得多，在经济效益方面也要高得多。因此每个混凝土泵任何时候都应有供紧急情况下使用的备用零部件。

(1)搅拌器轴的轴承和密封件

如果润滑不当，那就很可能要付出很大代价更换这些零件。一般来说，搅拌器轴轴端的密封件一天应润滑2次。每次都应在密封件后面填满润滑脂，并经常检查密封件的状况，以防止砂粒进入轴承，延长轴承的使用寿命。

(2)搅拌器的料斗壁与桨叶

搅拌器的料斗壁、桨叶由于过度的磨损，常常会发生断裂，并进入泵送系统，卡在肘形弯管处。为了避免这种情况，保证顺利搅拌，须坚持定期检查，并将料斗壁与搅拌器桨叶之间的间隙控制在37mm，及时将搅拌器的磨损部位修复或加固。

(3)活塞

坚持正确的泵送操作，活塞使用寿命便可以延长。混凝土泵不得在水箱无水情况下运转。如在以全行程速度运转时无水帮助润滑，则活塞就会很快地被磨损。因此水箱里的水必须保持清洁，并经常更换。活塞泵在每次启动前，应用水龙带将混凝土缸冲洗一遍。

聚积在活塞顶面上的混凝土会给密封边缘造成磨损。磨损的活塞就会使砂粒和水泥进入活塞的后部，从而快速磨损缸壁。砂粒和水泥还可能阻塞润滑水水管，导致活塞的干行程，从而使活塞烧毁。新活塞安装后，应经常注意活塞和缸壁的润滑。

(4)泵送压力

如果任何高压泵以超过额定的压力运转，则都有可能导致软管和金属管的破裂。为此，应选用额定值高于泵的额定压力的金属和软管。在超极限的压力下工作，一旦混凝土输送管路阻塞，就应立即停机检查，取出堵塞物。如果输送压力低于额定压力，则输送速度就十分缓慢，泵不能达到良好的工作性能。

油缸活塞杆与混凝土泵的活塞用中间接头连接,因此油缸活塞杆将混凝土泵活塞从缸内拉出来在水箱内进行检查。如果活塞磨损严重,则活塞还可在水箱内进行拆卸和更换。安装新活塞前,水箱内的水泥浆凝结层须先用油灰刀刮净,以保证安装时活塞边缘不受损坏。

(5)液压油管的连接

每次泵送操作结束和泵送操作期间,都应检查液压油管和管接头有无漏油情况。所有管接头都应保持密封,防止漏油,但在液压系统有压力的情况下,绝对不能试图拧松或紧固液压油管。因为拧紧由于管接头破裂而漏油的油管,其结果反而会使漏油现象更加严重。

任何修理或更换液压元件的工作,只能由有经验的维修人员来完成。如果由新手来进行这类修理或更换,即使是最小的问题也可能导致不必要的高费用,而且还可能留下后患。

(6)液压油的过滤

通常工作时间每隔一个月或200h 应更换一次液压油。液压油在用于液压系统之前,必须经过过滤精度为 10μm 的滤油器过滤。液压油过滤工作一般应在维修车间进行。这种过滤系统通常应有 3 个油罐来配合。使用过的液压油先被泵入第 1 个油罐,然后将其滤入第 2 个油罐。过滤后的液压油再由第 2 个油罐输入第 3 个油罐储存,直到再次用于液压系统时为止。

如果液压油在油罐里已保存 4 天,看上去已很清洁,那就说明液压油中已无污染物。由于油液中的水无法滤去,因此经过过滤的液压油须在被泵入第 1 个油罐后先沉淀一段时间,待水全都沉到油罐底层以后,再进行过滤。

(7)钢管与橡胶软管

提高输送系统效率的办法之一,就是尽可能地使用钢管。假如整个输送管长度为 30m,则最好在前部使用长 23m 的钢管,在后部使用长 7.5m 的橡胶软管。混凝土在橡胶软管中摩擦阻力相当于在钢管中的 2.2 倍。这样大的阻力无疑会使泵送压力增大。泵送相同量的混凝土所需要的动力越大,泵磨损也就越快。换句话说,在相同的阻力情况下,使用钢管所能泵送的距离为使用橡胶软管时的 2.2 倍。

(8)大输送管与小输送管

输送管的最小直径必须为最大直径骨料的 3 倍。譬如,混凝土中的粗骨料最大直径为 30mm,输送管的直径就起码为 100mm($30mm \times 3 = 90mm$)。如果管的直径再大一点,那就更好,因为这样对泵所造成的磨损就会更小。在泵送速度相同的情况下,混凝土从直径为 100mm 的管进入直径为 125mm 的管,泵送压力就会减小 50%。因此,此时的大直径管内摩擦系数仅为小直径管的 50%。使用小规格的输送管有可能减少一些手工劳动。但是,它给泵附加了额外的阻力,并很有可能出现输送管堵塞,酿成更大的经济损失。

使用稍大一点的输送管有下列几方面的优点。

①在同样的液体压力情况下,大管的输送量比小管的输送量大。

②对于给定的输送量,施工时间可以缩短很多,从而使同样的一个混凝土泵有可能完成更多的泵送任务。

③可用来泵送不能在高压情况下泵送的勉强达到标准的混合料。例如不够标准重量的轻质混合料,因为在泵送时高压会迫使水和水泥进入多孔骨料,导致输送泵堵塞。

④输送距离更远。

⑤能减少液压系统的维修工作，输送管本身的使用寿命会更长一些。

(9)钢管、软管和管接头

钢管应经常保持清洁，无混凝土结垢，并无薄壁部位及碰撞凹陷的伤痕。橡胶软管应无扭结现象，内表面应平滑无阻。在寒冷季节，对软管内表面应经常检查。软管内表面如有严重磨损，输送混凝土时，管的摩擦阻力就会增大，所需要的泵送压力也就增高。使用期间，软管不得接触油脂类物质。入库时，软管应就其整个长度平放保存，不得折叠或捆卷，以防永久性扭曲或内壁黏结。

管接头密封垫圈一般都用橡胶制成。如果这些垫圈磨损，输送管就会出现渗漏。因此，应定期对垫圈进行检查，必要时，应予以更换。为了保护密封垫圈，还应定期对密封垫圈进行清理和涂油。对管接头也应经常清理和涂油，以防生锈和混凝土黏结。

(10)混凝土泵悬臂

混凝土泵送装置的悬臂也应有一个相应的维修计划以保证其工作的可靠性和安全性。

操作人员或维修人员对于悬臂的每日例行检查应按制造厂规定的有关程序进行。对于每隔2星期的一次检查，应检查整个悬臂(包括输送系统、两侧支腿和悬臂控制器)，并将检查时发现的异常情况记入维修记录手册，签具日期和姓名。

每月，按相当于悬臂中输送的混凝土加尾端软管的重量，并按制造厂推荐的安全系数对悬臂进行一次负载试验。每年对整个悬臂进行一次磁力探伤，检查油漆层下有无裂缝。

任何一个维修计划都必须由维修人员和操作人员两方面实施。如果操作人员忽视维修工作或胡乱使用和操作，悬臂就不可能保持良好的工作状态。

(11)悬臂输送系统

为防止在使用过程中突然出现故障，应定期对悬臂输送系统进行检查。一旦发现磨损的弯管、输送管和减径管，应予立即修理或更换。如果焊接技术过硬，对弯管也可进行焊接修补，不过，修后的弯管使用时间太长，泵送压力有可能使修补区的焊口脱裂。对安装在鞍形管座上的或由U形螺栓固定的输送管，也应经常紧固，以免输送管经常摩擦到管座而磨损。

(12)混凝土输送车支腿

液压式支腿的维修工作应包括对下列现象的检查：横梁弯曲、铰销磨损、垫板破裂、液压止回阀漏油、液压油管损坏及安全锁闭装置损坏等。

手拉式支腿，应经常保持良好的工作状态，无混凝土及其他污物黏结。如果支腿作用不良，操作人员就很有可能忽视安装定位安全锁紧装置。如果不使用安全锁紧装置，混凝土输送车就会来回滑动，从而使支腿失去支承作用，导致悬臂损坏。

(13)悬臂枢轴

如果不定期检查和维修，悬臂枢轴有可能导致很严重的问题。枢轴需经常检查，并需保持良好的状态。实践证明，有些枢轴看上去状态良好，但取出来检查，就会发现它已有严重磨损。

加长摇臂盒对安全销和安全夹应经常进行检查。如果这些安全销没有安装入位，加长摇臂就会滑出悬臂。超出摇臂或悬臂的最后一段输送管往往有一定的危险性，因为它没有摇臂或悬臂支撑。随着磨损或管壁变薄，这段输送管有可能出现断裂。

为了杜绝不必要的事故发生，对这段输送管应加用安全链，并应每天进行检查。

(14)悬壁控制盒

悬臂控制盒常被忽视，常常被水冲洗、被混凝土沾污、下垂和过位。控制盒下垂往往会导致接头松脱和开关弯曲。

维修时，应拆下控制盒盖，检查有无接头松脱和开关磨损现象。绝大多数控制盒有防水密封垫圈，要求紧固密封，使水不能进入控制盒。

混凝土泵已成为建筑行业的常用机械。用它将混凝土从汽车式搅拌机压送到浇注点，使用户获得很高的工作效率和经济效益。

成功的泵送操作，首先需要一个训练有素的操作人员，其次需要适合使用的设备，第三需要实施有效的维修计划，以保证泵送系统在整个操作过程中性能的最佳发挥，第四需要混凝土能适应泵送要求。这4个方面的需要如果都得到满足，则混凝土输送泵无疑就是浇注混凝土的一种理想的工具。

挤压式混凝土的清洗与冬天防冻挤压式混凝土泵的清理工作简单易行。当混凝土全部从搅拌斗排出后，将残留部分冲洗入泵。然后将泵停止，从进口处塞入一块海绵，并往料斗注入一定量的清洁水。重新启动混凝土泵，让海绵将输送管内的残留混凝土挤出整个系统。清洁水紧随着海绵，对整个系统进行一个冲洗。

挤压式混凝土泵在严寒气温下，在清理工作完毕后，应将输送管拆卸下来，以防管内的剩水冻结。拆卸下来的输送管应送至温暖而又干燥的库房保存。

2)各回路故障分析与排除方法

(1)主油路(泵送回路)

①液压泵输出流量不足或无流量输出。

a. 吸入量不足。原因可能是泵的转向，油箱液压油面过低，油温过高，进油管漏气，滤油器堵塞等。

b. 泄露量过大，密封不良造成的。例如：泵体和配油盘的支承面有沙眼或裂痕，配油盘被杂质划伤，变量机构及其中止回阀各元件之间配合和密封不好等。这可通过检查泵体内液压油中的异物来判断泵中损坏或泄露的部位。

c. 泵斜盘实际倾角太小，使泵排量小，这需要调整手动操纵杆或伺服操纵系统，增大斜盘倾角。

d. 压盘损坏。当柱塞泵压盘损坏时，泵不仅无法自吸，而且是碎渣部分流入液压系统，没有流量输出，除应更换压盘外，应进行排除碎渣等。

②斜盘零角度时仍有排油量。

斜盘耳轴磨损，控制器的位置漏油，松动或损坏等。这需要更换斜盘或研磨耳轴，重新调零，紧固或更换控制器元件以及调整控制油压力等来解决。

③输出流量波动。

a. 若流量波动与旋转速度同步，有规则变化，则可以认为与排油行程有关的零件发生了损伤。

b. 若流量波动很大，对变量泵来讲可以认为是变量机构控制作用不佳。出现这类故障一般要拆开液压泵，更换受损零件，加大阻尼，改进弹簧刚度，提高控制压力等。

④振动和噪声。

a. 机械振动和噪声。

泵轴和原动机不同心，轴承、传动齿轮、联轴器的损伤以及装配螺栓松动等。

b. 管道内的液流产生噪声。

进油管道太细、粗滤器堵塞不通或通油能力减弱，进油管道中吸入空气，油液黏度过高，油面太低吸油不足，高压管道中压力冲击等均会产生噪声。需正确设计油箱，选择滤油器、油管、方向控制阀等。

⑤漏油。

漏油可分为外漏与内漏两种，内漏在漏油量中比例最大，其中缸体与配油盘之间的内泄漏又是主要因素。为此要检查缸体与配油盘是否被锈蚀、磨损，安装是否合适等。检查滑靴与斜盘间的滑动情况，变量机构控制活塞的磨损状态等。

⑥活塞杆推力不足，工作过慢。

a. 缸体与活塞配合间隙太小，或开槽太浅使O形密封圈形成阻力太大。应重新配制间隙，加大开槽深度。

b. 缸体与活塞配合间隙太大，使活塞两面高低压互通，应重新配制活塞。

c. 活塞杆弯曲，应予校正，使其全长均在传动范围内。

d. 端面内密封圈压得太紧。适当放松压紧螺钉，以不泄露为限。

e. 缸体油管因装配不良被压扁。更换油管，且避免再次出现被压扁现象。

⑦活塞杆或缸体不能运动。

a. 长期不用造成锈蚀。可拆洗、修去锈斑，严重时，重新镗磨，再配活塞。

b. O形密封圈老化、失效、内泄严重，应更换。

c. 缸内精度差，表面粗糙或损坏，使内泄增大，应修复或更换。

d. 杂物进入润滑部件。可拆下清洗，必要时更换油液。

e. 缸体两端密封圈损坏，更换。

f. 缸装配质量差。重新装配和安装，不合格零件应更换。

⑧柱塞缸推力不足。

a. 液压系统压力不足，提高系统压力，检查溢流阀调定压值力。

b. 柱塞和导向套磨损后，阀隙增大，漏油严重。更换导向套，其内孔与柱塞外圆配合间隙为0.02～0.03mm。

c. 进油口管接头损坏或螺母未拧紧，严重漏油。应更换管接头或拧紧螺母，防止漏油。

⑨液动换向阀动作不灵。

a. 止回阀封闭性差，更换钢球，配对研磨阀座孔。

b. 节流阀堵塞。

c. 换向阀内部卡死或泄漏过大。清除阀内部的杂质或更换。

(2)搅拌回路

①溢流阀失灵。

a. 油液过脏或装配时滑阀阻尼孔未清洗干净，使阻尼孔被堵塞，滑阀不能移动。过滤或更换液压油，清洗滑阀，使阻尼孔畅通。

b. 滑阀弹簧断裂或弯曲，滑阀不能复位，更换滑阀弹簧。

c. 滑阀在开启位置卡死。拆开检修。

d. 先导阀弹簧折断、更换。

e. 远控口油直通油箱。在远控口加装堵塞，并拧紧，防止泄露。

②液压马达转速不足发出噪声。

a. 搅拌器被混凝土黏着，摩擦阻力大。拆开并用柴油清洗。

b. 安全阀压力失调。应拆开检查并更换零件。

c. 液压油黏度太低。应更换新油。

(3)变量调节回路

①液控调节阀失灵。

a. 油液污染使阀卡死。应拆开清洗阀芯，并更换液压油。

b. 控制弹簧失灵，控制杆脱落或变形，控制缸泄漏。检查及维修或更换相应零部件。

c. 油温过高，油液黏度相应降低。应增加油液冷却、散热。

d. 液压系统内进入空气，应排除系统内空气。

②减压阀不起减压作用。

a. 滑阀与阀体孔的制造精度差，滑阀被卡住。研配滑阀与阀体孔，使之移动灵活无阻滞。

b. 滑阀上的阻尼小孔被堵塞。清洗并疏通滑阀上的阻尼孔。

c. 调压弹簧太硬或发生弯曲被卡住。更换软硬、长度适合的弹簧。

d. 钢球或锥阀与阀座孔配合不良。更换钢球或修磨锥阀，并研配阀座孔。

e. 泄露通道被堵塞，滑阀不能移动。清洗滑阀和阀体，使泄露通道畅通。

③减压阀压力不稳定。

a. 滑阀与阀体配合阀隙过小，滑阀移动不灵活。修磨滑阀并研磨滑阀孔，使它们之间的配合间隙符合要求。

b. 滑阀弹簧太软，产生变形在阀芯中被卡住，使滑阀移动困难，更换软硬合适的弹簧。

c. 滑阀阻尼孔时通时阻塞。更换液压油，清洗并疏通阀上的阻尼孔。

d. 调压弹簧变形，更换调压弹簧。

e. 液压系统内进入空气。排除液压系统内空气。

④减压阀泄露严重。

a. 滑阀磨损后与阀体孔之间的配合间隙过大，更换。

b. 密封件老化或磨损，更换密封件。

c. 阀芯与阀座孔接触不良或磨损严重，修磨，研配。

d. 各连接处螺钉松动或拧紧力不均匀。紧固各连接处螺钉。

以上是对 BP750R 型混凝土泵常见故障及排除进行分析，在实际生产过程中，会出现其他故障，应根据其系统及时提出解决方案。

三、水泥混凝土泵车

混凝土泵车也称为混凝土布料泵车，主要用于混凝土的快速布料，用自身所带的混凝土泵通过布设于布料杆上的输送管道将混凝土泵送到需要的高度和范围。它主要由混凝土泵送系统、混凝土分配阀、搅拌器、折叠式布料杆及混凝土输送管等组成。

现以国内厂家与日本石川岛合作生产的 IPF85B—2 型混凝土泵车液压系统(图 7-9-3)为例进行分析。

该液压系统为多泵开式系统。系统的 4 个定量液压泵由一台 180kW 的柴油机驱动。

液压泵配置如下:

液压泵 16:为回转马达,3 节悬臂,支腿油缸供油。

液压泵 18:即主液压泵,为混凝土泵的泵送油缸、分配阀油缸供油。

双联泵 19:分别为水泵或空压机马达以及搅拌器马达供油。

下面介绍各主要回路的工作原理。

1. 搅拌回路

在搅拌回路中,当搅拌换向阀组 21 中的手动三位四通换向阀 a 处于左位时,液压泵 19 泵出的压力油经手动换向阀 a 到达搅拌马达 20,使搅拌器旋转。若在搅拌过程中遇混凝土料卡滞使荷载增加,当正转压力大于 11MPa 时,阀组中的压力控制阀 b 打开,液流通过止回阀 c 使二位四通液控阀 d 到左位工作,进油阀的控制压力油使二位四通液控阀 e 工作在右位,从而使搅拌马达自动反转,以消除卡料现象。

当手动控制阀 a 处于中位时,马达处于浮动状态。

当手动换向阀处于右位时,马达反转。回路中还设有 15MPa 的溢流阀。若手动二位换向阀 25 处于左位,则回油经此阀到达液压油冷却器的风扇马达。

2. 清洗回路

混凝土泵车压送混凝土完毕后的清洗,各种车型有各种不同的方法,即使同一车型在不同的工况下亦可采用不同的措施。一般来说,常用清洗有:利用空气压缩机的空气情况和利用高压水泵情况两种可供选择。

空气情况是由空气压缩机提供一定压力的压缩空气,通过气体软管连接到混凝土的输送管压送清洗活塞进行空气清洗。压缩机驱动方式有液压马达和电机驱动,本系统采用液压马达 26 驱动气压机 27 回路进行。

水清洗是利用高压水泵提供一定压力的水来压送残余混凝土输送泵车的形式。水清洗方式在大多泵车上得到运用。因为,它较压缩空气清洗有较多优点,如压力高、排量大、清洗效率高及较为安全等。水清洗因动力的不同有电泵、涡轮泵水清洗。本系统采用的是一种往复式活塞泵的水清洗液压系统。

水清洗回路由液压泵 19、往复式活塞泵缸总成 31、水洗操作换向阀 22、水泵缸总成内二位三通行程开关先导阀 32、液动三位四通辅助阀 30、液动三位四通泵缸换向阀 33 等组成。

在水洗操作换向阀 22 打开后(左位),液压泵 19 经液控三位四通换向阀 33 向活塞式水泵缸 31 供油,驱动泵缸 31 动作(图示向左),活塞行程终了,活塞推动二位三通先导阀 32 换向,控制油路通过先导阀上位并使三位四通液动辅助换向阀 30 换向(左位工作),同时经过辅助阀的油路使三位四通主液动换向阀 33 换向,液压泵供油方向改变使活塞式水泵缸动作方向立即改变(向右)。当活塞向右行程终了时,水泵缸右端的油路经节流孔减压形成一定的液控压

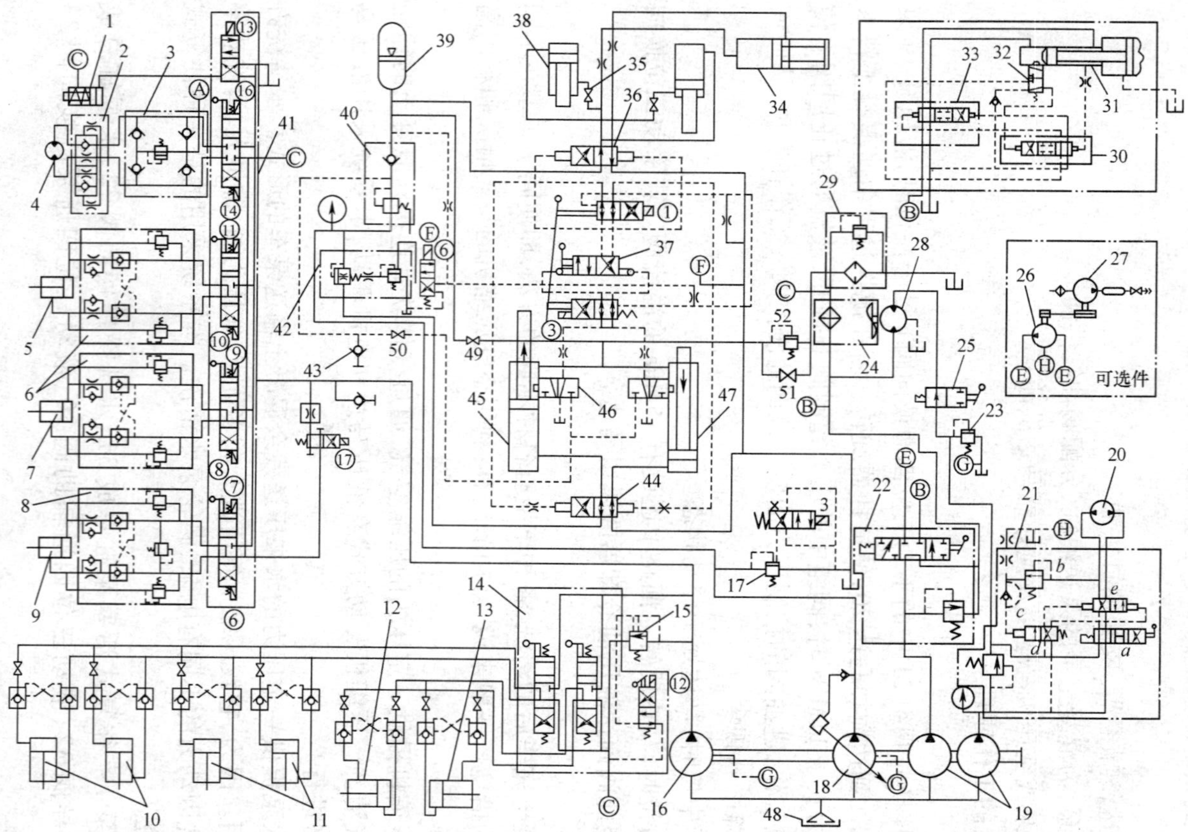

图 7-9-3　IPF85B-2 型混凝土泵车液压系统

1-制动油缸;2-背压阀;3-过载补油阀;4-回转液压马达;5-上臂油缸;6-液压锁阀组;7-中臂油缸;8-液压锁阀组;9-下臂油缸;10-前部垂直支腿油缸;11-后部垂直支腿油缸;12-左水平支腿油缸;13-右水平支腿油缸;14-支腿操作阀;15-溢流阀;16-布料系统油泵;17-溢流阀;18-主液压泵;19-双联泵;20-液压马达;21-搅拌换向阀;22-换向阀;23-溢流阀;24-油冷却器;25-二位换向阀;26-液压马达;27-气压机;28-液压马达;29-过滤器;30-增压阀;31-水泵总成;32-先导换向阀;33-液压换向阀;34-油脂泵;35-截止阀;36-分配阀油缸四通阀;37-增压阀;38-分配阀油缸;39-蓄能器;40-减压阀;41-悬臂电磁阀;42-顺序阀;43-手动运转阀;44-主四通阀;45-左主油缸;46-先导换向阀;47-右主油缸;48-吸滤器;49、50、51-截止阀;52-溢流阀力,再经三位四通液控辅助换向阀 30 换向(右位工作),然后使三位四通液控换向阀 33 换向,水泵缸动作再次反向,这样形成一个循环动作。

3. 冷却和润滑回路

冷却和润滑回路如系统图中所示都相对独立。

冷却回路由双联泵 19,换向阀 22、25,液压马达 28,冷却器 24,过滤器总成 29 组成。其操作由手动换向阀 22、25 进行,比较简单。也有的用温控器自行控制。

润滑回路设置在泵送回路(主液压回路内)。它由主液压泵 18、蓄能器 39、液动二位四通滑阀 36、油脂分配阀缸 38、润滑油脂泵缸 34 等组成。润滑回路的油路比较简单,它主要与泵送混凝土的主滑阀油缸油路相连,这是因为润滑回路主要是作用于主油缸(混凝土主输送缸)油路相连以保证其动作的一致性。

4. 混凝土泵送回路(主液压回路)

主液压回路用来控制主油缸(泵送混凝土缸)的工作,是泵车最主要的主液压回路。回路由主液压泵(手动伺服恒功率变量柱塞泵)18、主安全阀 17、顺序阀组 42、主二位四通液控换向阀 44、泵送主油缸 45 和 47、先导换向阀 46、增压阀 37、分配阀驱动油缸 38、二位四通液控阀 36、减压阀组 40、蓄能器 39 等组成。

主安全阀 17 作为液压回路的安全保护,工作时先打开二位三通电磁阀即可。顺序阀组 42 保证主油泵 18 提供的液压油先经减压阀组 40 进入润滑油脂回路及蓄能器 39 充液。当回路压力达到顺序阀的设定值时,顺序阀打开,由主泵来的液压油经主液控换向阀 44 进入主泵送油缸 45、47 工作。当主泵缸的活塞行程终了触击先导阀 46(装在主油缸上),控制油路来的油使手动液控二位四通阀 37、换向阀 36 和主换向阀 44 换向。主换向阀的控制油路上设有阻尼孔,以控制 2 个换向阀换向的先后顺序。另外,蓄能器中的油快速释放,为润滑油脂缸 34 迅速动作提供了液压能量(蓄能器释放的能量能使滑阀有效动作 2 ~3 次)。当蓄能器内的压力降到不能维持顺序阀打开和供给滑阀油脂缸动作用油时,顺序阀关闭,顺序阀完成一次开闭工作循环。主回路中另外 2 个手动电磁换向二位四通阀是控制混凝土泵逆运转的。在主油缸上有杆腔油路上设有 1 个进油截止阀 49、1 个出油截止阀 50 和 1 个溢流压力阀 52。其中,溢流压力阀用于设定压力,进油截止阀用于主油缸工作行程变短时进行补油,出油截止阀用于调节主油缸的工作行程。

5. 回转油路、悬臂伸缩回路、支腿工作回路

回转油路、悬臂伸缩回路、支腿工作回路均由布料系统液压泵 16 供油。

1)回转油路

当电磁阀 13 和电磁阀 15 右位同时工作时,液压泵 16 供给的压力油经由悬臂阀组 41 中的电磁阀 13 进入制动油缸的无杆腔,活塞克服弹簧压力左行,使液压马达的制动器松开,同时压力油经由电磁阀 15(右位)、过载补油阀组 3、背压阀组 2 进入液压马达 4,驱动回转机构旋转。若回转过程中遇到障碍物,使得进油压力升高,超过过载补油阀 3 中限压阀的允许压力 8MPa,则进油经阀组 3 中的止回阀、限压阀、止回阀,再经回油口 C 流回油箱。

当电磁阀 13 左位和阀 14 一起工作时,压力油经电磁阀 14(左位)、过载补油阀 3、背压阀 2 进入马达,使马达反转。

2)悬臂伸缩回路

悬臂伸缩回路由液压泵16、悬臂电磁阀组41、液压锁阀组6和8、上臂油缸5、中臂油缸7、下臂油缸9组成。

当电磁阀11工作时,上臂油缸无杆腔进油,进油压力同时打开液压锁,使有杆腔回油;反之亦然。

中臂油缸的油路原理与上臂油缸相同。

下臂油缸的油路原理与上、中臂的类似,不同之处在于液压锁阀组中溢流阀的设置,上臂油缸和中臂油缸因为可能双向受力,所以油缸两腔的溢流阀是对称的,而下臂油缸基本上是单向受力,所以油缸两腔溢流阀不对称。

3)支腿回路

支腿回路由支腿操作阀14,垂直支腿油缸10、11,水平支腿油缸12、13,以及液压锁等组成。

当垂直、水平两支腿操作阀均处于上位时,所有油缸无杆腔进油,各支腿伸出。

反之,各支腿缩回。当手动操作阀处于中位时,由于双向液压锁的作用,保证了油缸不会自动缩回,以保证安全。

四、系统常见故障分析与排除

混凝土泵车常见故障的分析与排除见表7-9-1。

泵车常见故障与排除　　表7-9-1

故障现象	产生原因	排除方法
1. 泵启动困难	①蓄电池电液不足或已耗尽; ②起动机损坏; ③电路中断; ④停止警示灯一直在开的位置; ⑤液压油压力开关警示灯一直在开的位置	①用同样新蓄电池替换旧者,检查发电机; ②更换起动机; ③重新连接; ④检查相应系统,排除故障; ⑤停机检查
2. 主油泵压力计指示不动,主活塞也不动	①取力手柄不到位; ②变速手柄未在正确位置; ③电源开关或操作台、遥控盒上的开关不在正常位置; ④主回路电磁阀的电路出现故障; ⑤排量调节装置的限位开关损坏或断路,连杆机构出现故障等	①将取力手柄挂到位; ②变速手柄按说明挂到正确位置; ③检查各开关应在各自正确位置; ④机械锁定电磁阀,工作结束后,务必松开锁定; ⑤可用机械方式锁定,工作结束后再检修
3. 液压系统有噪声或异响	①吸油管发生障碍; ②液压油黏度太高; ③油中含水分和空气; ④液压油量不足或液压油变质; ⑤发动机和液压泵之间连接器磨损	①清除障碍或更换油管,若是滤芯问题则更换滤芯; ②更换液压油,严格按说明书规定进行; ③更换液压油,并经常注意液压油量保持在最低油面以上; ④更换损坏零件,并检查液压油; ⑤拆卸连接器,更换已磨损零件

续上表

故障现象	产生原因	排除方法
4. 液压系统油压低	①主安全阀的压力未达到设定压力，主安全阀阀芯磨损或渗入杂质； ②主泵内部零件磨损； ③主油缸密封磨损； ④液压油黏度太低； ⑤油温过高（超过80℃）	①仔细清洗，当阀芯有磨损时更换阀芯，重新调整压力值； ②更换油泵或损坏的零件； ③更换已磨损部分，检查零件状况； ④更换液压油； ⑤停机检查冷却系统的效率
5. 液压油温过高	①空气通路有阻碍； ②散热器风扇损坏，或油温传感器不工作； ③主安全阀有渗漏现象； ④液压回路中应关闭的支路未关闭	①除掉阻碍； ②更换风扇，或更换传感器； ③检修安全阀； ④锁定支路
6. 油缸不能正常伸缩	①液压回路供油不足，活塞行程缩小； ②油缸内渗漏过多； ③主油泵调节装置安全阀的故障引起； ④自动换向出现故障，导致主油缸不动作； ⑤闭合回路出现故障，导致主油缸行程变短或变长； ⑥混凝土堵塞	①检查油量（可查看调整流量调整器出口流量或检查排量手柄），排除相应的故障； ②拆卸油缸，检查零件的情况，予以更换； ③排除故障； ④检查并排除故障； ⑤检查并排除故障，重点可检查闭合回路两边的截止阀和安全阀； ⑥排除混凝土堵塞
7. 混凝土吸吐循环不能完成	①电磁阀被机械卡住； ②滑杆因沙砾嵌入锁住； ③油温太高； ④控制回路出现故障； ⑤电气部分失灵	①推动电磁阀两端看是否锁住，如锁住则排除其故障； ②滑杆拆卸清洗，检查是否损伤； ③检查过滤器； ④检查并排除故障； ⑤检查原因，更换其中损坏的元件
8. 油缸循环次数少，混凝土排出量较少	①油泵内漏过大； ②主油泵输出功率处于最低调整位置； ③主油缸行程过长； ④输送活塞磨损； ⑤输送缸磨损； ⑥管阀（或滑阀）磨损	①检修； ②调整； ③可按说明书规定调整； ④更换活塞； ⑤更换输送缸； ⑥检查管阀或滑阀
9. 阀或滑阀动作不正常	①控制其动作的截止阀未打开； ②阀旁或滑阀内混凝土硬结； ③骨料料径过大； ④回路的阀锁出现故障或压力值设置过低； ⑤驱动油缸的活塞密封件损坏； ⑥润滑系统故障，润滑不到位使其咬住； ⑦回路中蓄能器损坏或气压不足	①打开球阀； ②清除硬结的混凝土并空车无负荷运行； ③检查料斗的保护栅格； ④检查并排除故障，调定压力至正常； ⑤更换损坏的元件； ⑥检查并排除故障； ⑦更换损坏的元件，充加氮气

续上表

故障现象	产生原因	排除方法
10. 润滑系统失灵	①润滑油箱未加满润滑油； ②管道或过滤器堵塞； ③润滑脂泵工作有故障或阻尼阀关闭； ④润滑脂分配器动作不平衡； ⑤润滑脂太稠； ⑥管末端被堵塞； ⑦缓冲器调整失灵	①加满润滑油（油量不少于油箱总容量的1/4）； ②清理管道过滤器； ③检查并排除故障； ④更换分配器； ⑤更换润滑脂； ⑥清除堵塞； ⑦修理故障
11. 负载时搅拌装置不能转动	①搅拌系统安全阀设置压力过低； ②搅拌马达磨损或损坏； ③手动换向阀未在正确位置或内漏过大； ④混凝土坍落度过低	①重新设置系统压力； ②更换液压马达检查故障原因； ③更换损坏零件或总成； ④建议使用坍落度合适的混凝土
12. 搅拌轴不能自动反转	①自动反转的压力未调整好； ②自动反转恢复时间调节螺栓未调节好； ③自动反转装置有损坏或有故障； ④液压回路油管出现错误	①调到正常压力； ②调到正常时间； ③修理或更换； ④重新布置油管
13. 水泵工作不正常	①水箱水量不足； ②吸水管中有阻碍物或滤清器阻塞； ③水泵动力不够； ④水泵内泄过大； ⑤水系统安全失灵	①增加水量； ②清除阻碍； ③更换马达； ④检查水泵，更换密封件； ⑤检修或更换
14. 臂架动作不正常	①电气线路故障引起臂架不动； ②电磁阀故障； ③中心回转接头的挡圈和O形圈损坏； ④臂架安全阀的故障； ⑤平衡阀有故障或内漏使臂架缓缓下降； ⑥臂架油缸密封件磨损使其缓缓下降； ⑦回转制动器的安全阀有故障； ⑧回转制动器的止回阀有故障； ⑨回转制动器打开的电磁阀或电气线路有故障使其不能回转	①检修故障； ②检修或更换，紧急时可锁定电磁阀； ③更换挡圈和O形圈； ④维修故障； ⑤维修故障； ⑥更换密封件； ⑦维修故障； ⑧维修或更换； ⑨维修故障，如果是电磁阀，紧急时可锁定

以上所列故障仅是一些常见故障及排除的经验资料。泵车故障多种多样，原因也较复杂，要想减少故障，应坚持定期维护及日常维护。

思考题

1. 搅拌输送车的液压传动系统是由哪几部分组成?
2. 混凝土泵的种类很多,按泵送混凝土的工作原理可分为哪些泵?
3. 叙述活塞式混凝土泵的工作原理。
4. 混凝土泵液压系统主要完成哪两个功能?

参考文献

[1] 颜荣庆,李自光,贺尚红.现代工程机械液压与液力系统.北京:人民交通出版社,2001
[2] 杨占敏,王智明,张春秋,等.轮式装载机.北京:化学工业出版社,2005
[3] 朱烈舜.公路工程机械液压系统故障排除.北京:人民交通出版社,2005
[4] 朱齐平.进口工程机械使用维修手册.辽宁:辽宁科学出版社,2004
[5] 唐银启.工程机械液压与液力技术.北京:人民交通出版社,2003
[6] 姜继海,宋锦春,高常识.液压与气压传动.北京:高等教育出版社,2002
[7] 李芝.液压传动.北京:机械工业出版社,1999